2천년 동안 베일에 가려 있던
신비의 비경전 고대 히브리어 문헌

〈일러두기〉

1.

신약 및 구약 성서에 포함된 고대 문헌을 '카논〈Canon〉'이라고 하고, 카논에서 제외된 문헌을 '아포크리파〈Apocrypha〉'라고 한다.

2.

이 책에 등장하는 고유명사는 가능한 한 〈공동번역 성서〉에 따른다. 다만 성서에 등장하는 인물과 동일인이 아닌 개인의 이름이나 지명은 당시의 발음에 따른다.

3.

〈하느님〉 또는 〈하나님〉의 표기는 원래가 〈니은〉 받침 밑에 〈아래 아〉가 붙은 구한말 표기로부터 현대한글에서, 특별한 의미 부여 없이, 그것을 〈느〉 또는 〈나〉로 표기하게 된 것이라고 이해하고, 애국가에도 "하느님이 보우하사"라고 되어 있고, 국어사전에도 "하느님"이 표준어로 되어 있으며, 〈주기도문〉에 "하늘에 계신 우리 아버지"라고 하는 점을 고려하여 〈하느님〉으로 표기한다.

4.

로마총독 〈본디오 빌라도〉는 라틴어로 Pontius Pilatus로 표기하는데, 원래의 발음은 대중적 또는 중세 라틴어에 따르면 "뽄씨우스 삘라뚜스"가 되고, 기원 전 고전 라틴어에 따르면 "뽄띠우스 삘라뚜스"이지만, 우리 나라의 가톨릭에서는 〈본시오 빌라도〉, 개신교에서는 〈본디오 빌라도〉로 표기하는 점을 고려하고, 많은 사람이 이해한다는 점에서 〈본디오〉로 표기한다. 그러나 그 어느 쪽도 정확한 것은 아니다.

5.

로마황제를 의미하는 〈카이사르〉 즉 Caesar는 원래가 우리가 말하는 이씨나 김씨와 같은 가문의 명칭이다. 영어 발음의 〈쥴리어스 시저〉가 초대 황제로 대접을 받으면서 그 이후에 명칭이 황제를 의미하게 되었다. 그리고 원래의 발음은 고전 라틴어로는 〈카에사르〉이고, 대중적 또는 중세 라틴어로는 〈체사르〉이며, 가톨릭에서는 이 〈체사르〉라는 발음을 사용했고, 프랑스어는 〈세자르〉, 이탈리아어는 〈체사레〉, 영어는 〈시저〉로 발음하고, 독일어로는 〈카이저〉가 되고, 러시아어로 넘어가면 〈짜르〉가 된다. 여기서는 〈체사르〉라고 표기한다.

6.

몇 가지 간단히 예를 들기는 했지만, 고유 명사의 표기가 어떤 식이든 구애받지 말고 앞뒤의 문맥을 잘 살펴서 읽어 주기 바란다.

편집자

초대교회에서 읽었던
원초적 성서

제2의 성서

신약

초대교회에서 읽었던
원초적 성서

제2의 성서

신약

초판 1쇄 | 2001년 9월 19일
1판 14쇄 | 2014년 8월 5일
2판 2쇄 | 2023년 4월 17일

번역편찬·이동진
펴낸곳·해누리
펴낸이·김진용
편집주간·조종순
마케팅·김진용

등록 | 1998년 9월 9일(제16-1732호)
등록변경 | 2013년 12월 9일(제2002-000398호)
주소 | 서울특별시 영등포구 당산로 20길 13-1
전화 | 02)335-0414 팩스 | 02)335-0416
E-mail | haenuri0414@naver.com

ISBN 978-89-6226-100-4 (03200)

* Apocrypha(New Testament)
  Edited And Translated by Dong Jin, Lee

초대교회에서 읽었던
원초적 성서

제2의 성서

감추어진 성서/Hidden Bible

신약

이동진 편역

((해누리

지금의 성서가 신앙의 교과서라면
〈제2의 성서〉는 가장 우수한 참고서이다

이동진〈편역자〉

　인류 역사상 사람들이 가장 많이 읽었으며, 지금도 가장 많이 읽고 있는 책이 성서이다. 또한 성서는 2천 년 이상 최장 베스트셀러였으며 인류 역사상 가장 광범위하고, 가장 지속적으로, 또 가장 크게 인류의 문화와 문명에 영향을 끼쳤다고 할 수 있다.

　따라서 그리스도교 신자거나 아니거나, 우리는 성서를 이해할 필요가 있고, 그것도 '반드시 올바르게' 이해할 필요가 있다. 만일 성서를 바르게 이해하지 못하면 불필요한 논쟁이 발생하고, 비인간적인 투쟁이 전개되며, 수많은 사람을 속이고 막대한 피해를 주는 각종 이단이나 컬트가 발생하게 된다.

　그러나 성서를 이해한다는 것은 결코 쉬운 일이 아니다. 성서에 대해 아무리 많은 지식을 가졌다고 해도 성서의 참된 내용을 이해하지 못할 수가 있다. 지식이란 그 속성상 완벽할 수 없기 때문이다.

　또한 '교회에서 공인된' 카논, 즉 경전 73권(개신교에서는 66권)으로 구성된 신약과 구약 성서 자체만 가지고 아무리 연구해도, 성서가 제시하는 메시지와 그 세계를 완전히 이해할 수는 없다.

　성서 구절 중에는 의미가 모호한 것이 많고, 서로 상반되는 내용도 적지 않으며, 역사적인 사실과 전후관계가 잘 들어맞지 않는 대목도 상당히 있기 때문이다. 따라서 성서를 제대로 이해하기 위해서는 보조 수단이 절실히 필요하게 된다. 그 보조 수단 중에 가장 중요한 자료가 바로 이 〈제2의 성서〉다.

비경전은 초대 교회의 윤리관과 가치관, 종교의 의식구조를 이해하는 데 필수적이다

〈제2의 성서〉는 지금 우리가 읽는 성서와 같은 시대에 저술되었으면서도 성서에 포함되지 못한 고대 문헌(아포크리파, 비경전)들로 구성되어 있다.

과거에 몇천 종류가 있었는지 알 길도 없는 고대 문헌들 가운데서 지금까지 발견된 것은 수백여 종류가 되지만, 그 가운데서도 중요한 문헌들만 발췌해서 신약시대와 구약시대의 〈제2의 성서〉두 권으로 이번에 출간하게 되었다.

특히 비경전 고대 문헌들 중에서도 "고린토인들에게 보낸 클레멘스의 편지", "이냐시우스의 편지들", "바르나바스의 편지", "헤르마스의 목자", 기타 다른 문헌들은 초대 교회에서 성서와 똑같이 인정을 받아 사용되던 것들이다.

또한 이 문헌들은 성서에 나오지 않는 귀중한 내용을 전해주기도 한다. 예를 들면 마리아의 생애, 예수의 어린 시절, 12사도들의 활동 등은 이 고대 문헌들을 통해서만 알 수가 있기 때문에 참고자료로서 그 가치가 매우 높다.

메시아를 가리키는 용어인 '사람의 아들'은 다니엘서 7장 13절 이하에 나오는 것이 원천이 되어, 신약에서 그 개념이 발전되었는데, 바로 '사람의 아들'이라는 용어는 다니엘서보다도 먼저 〈에녹의 책〉에 처음 등장했고, 〈에즈라 제4서〉에도 나온다.

수호천사에 관한 이야기도 비경전 문헌에서만 찾아볼 수 있다. 그리고 이 고대 문헌들은 신약과 구약이 경전으로 확정되기 이전 상태인 초대 교회 당시 신자들의 윤리관, 가치관, 종교적 의식구조 등을 이해하는 데 필요한 자료가 된다.

아울러 비경전은 신·구약 성서가 왜 경전으로서 높은 가치를 지니고 있는지 더욱 명백히 실감할 수 있게 해준다는 점이 중요하다. 말하자면 완전한 것과 불완전한 것을 비교하여, 완전한 것이 왜 완전한 것인지 깨닫고, 그것을 더욱 아끼게 되는 것과 마찬가지다. 성서를 교과서라고 한다면, 비경전 고대 문헌들은 교과서의 내용을 잘 이해하도록 도와주는 참고서라고 할 수 있다.

바오로의 계시록이 단테 〈신곡〉의 모델이 된 것처럼 고대 문헌은 세계 문학의 보물 창고가 되었다

문화적으로는 이 문헌들이 아름다운 문체, 놀라운 상상력, 풍부한 설화를 동원하여 그 자체로서 미학적·문학적 가치가 높은 작품이 될 뿐 아니라, 오랜 세월에 걸쳐서 지중해와 유럽의 미술과 문학에 커다란 영향을 끼쳤다는 점을 주목해야 한다.

〈진주의 노래〉, 〈솔로몬의 노래〉와 〈솔로몬의 시편〉, 〈시빌의 신탁집〉, 그리고 〈에녹의 책〉은 성서적 관점을 떠나서도 그 자체가 최고 수준의 문학적 걸작들이다.

〈에즈라의 환상〉은 단테가 〈신곡〉을 저술하는 데 영감과 기본 문헌 자료를 제공했으며, 〈신곡〉의 지옥편은 〈바오로 계시록〉을 모델로 삼은 것이다.

또한 〈에즈라의 환상〉은 아랍의 동화 〈신밧드의 모험〉의 기초

자료를 제공했다.

밀턴의 〈실락원〉은 아담과 하와의 이야기에서 영감을 받아 썼으며, 가장 오래된 지혜의 문서인 〈아히카르〉에서 아랍 문학의 세계 고전 명작 〈아라비안나이트〉와 〈이솝의 생애〉가 탄생했다.

18세기 영국의 위대한 시인 윌리엄 블레이크의 시도

나일강 상류「나그함마디」에서
발굴된 파피루스 묶음

이 고대 문헌들로부터 많은 영향을 받은 것이다. 영화 〈쿼바디스〉에서 베드로가 예수에게 "쿼바디스, 도미네?(주님, 어디로 가십니까?)"라고 묻는 장면에 관해서는 〈베드로 행전〉에 자세히 묘사되어 있다.

그뿐만 아니라 이 책의 〈포칠리데스의 잠언〉은 유럽 도덕 교과서의 기초가 되기도 했다. 〈셈의 예언서〉에서는 로마시대 악티움 해전에서 패한 안토니우스가 알렉산드리아에서 자살하는 장면이 예언되어 있으며, 이 문헌이 발굴된 이후에 버나드 쇼의 〈시저와 클레오파트라〉, 플루타르크의 〈영웅전〉이 집필되었다.

르네상스 시대의 위대한 화가 미켈란젤로와 라파엘로도 이 고대 문헌들로부터 영감을 받아 걸작품들을 남겼다. 이처럼 〈제2의 성서〉는 세계 문학 걸작들의 창작 발상과 자료를 제공한 문화유산의 보물 창고라고 말할 수 있다.

이 문헌은 콜럼버스가 아메리카 신대륙을 발견하는 단서와 동기를 제공했다

특히 흥미로운 점은 콜럼버스가 왜 목숨을 걸고 서쪽으로 무작정 항해를 해서 아메리카 신대륙을 발견하게 되었는가 하는 질문에 대해서 이 고대 문헌들이 해답을 준다는 것이다.

즉 〈제2의 성서〉에 포함된 〈레카브의 역사〉와 〈에즈라 제4서〉는 콜럼버스의 신대륙 발견에 중요한 단서를 제공하여 오늘날 아메리카가 존재하는 핵심적인 역할을 했다.

고대 문헌에 따르면, 레카브가 40년 동안 하느님께 신비의 섬을 보여달라고 기도한 결과 천사의 안내를 받는다. 이와 관련해서, 아일랜드의 수도자 브랜다누스가 서쪽으로 끝없는 항해를 계속하여 마침내 이상한 섬에 도착하는 대목이 나온다.

콜럼버스는 항해를 떠나기 전에 스페인 왕을 설득하기 위해 〈에즈라 제4서〉의 6장 42절에 기록된 '지구는 바다가 7분의 6이고 육지가 7분의 1이다'라는 대목을 인용하여 왕을 설득하는 데 성공하여, 마침내 항해에 나서게 되었다. 콜럼버스는 이 고대 문헌을 읽고 나서 육지가 바다에 둘러싸여 있다는 확신을 갖게 되었고, 아메리카 신대륙 발견에 성공한 것이다.

구약은 1천 년에 걸쳐서 저술되었지만 신약은 불과 50년 동안에 완성된 것이다

우리는 단행본으로 출판된 성서를 읽고 있기 때문에, 성서가 마치 단일 저자에 의해서 어느 일정한 시기에 저술된 책이라는 착각을 하기 쉽다. 그러나 그렇지가 않다.

성서는 기본적으로 구약 46권(개신교에서는 39권)과 신약 27권으로 구성되어, 전체가 73권(개신교에서는 66권)이다. 저자가 73명인가 하면 그렇지도 않다. 구약의 상당 부분은 그 저자가 누구인지 모른다. 신약의 여러 권에 대해서도 저자가 누군가에 대한 논란이 아직도 있다. 또 어떤 것은 여러 명의 글이 한 권으로 묶인 것도 있다.

성서는 오랜 기간에 걸쳐서 저술된 것이다.

구약은 기원 전 1200년(또는 900년)부터 기원 전 50년까지, 그러니까 약 1천 년에 걸쳐서 저술되었고, 신약은 예수가 처형된 지 20년이 지난 기원 후 50년에서 마지막 사도인 요한이 죽기 직전인 기원 후 95년까지 약 50년에 걸쳐서 저술되었다.

다시 말하면, 아브라함이 가나안 지방에 정착한 것은 기원 전 1850년경, 즉 지금부터 약 4천 년 전의 일인데, 그 이후 약 950년이 지나서 입으로 전해내려오던 구약시대의 이야기들이 창세기를 비롯한 고대 문헌으로 처음 기록되기 시작했다.

우리 나라의 경우, 단군에 관한 이야기가 수천 년이 지나 〈삼국유사〉 등에 기록되는 것과 비슷하다고 하겠다. 그런 고대 문헌들은 다시 6백 년이 지난 기원 전 300년에 종합적으로 편집되어 히브리어에서 그리스어로 번역되었다. 그래서 '70인역'이 나온 것이다.

그 이후에도 구약의 경전들은 계속해서 집필되었다. 이에 비하면 신약의 경전들은 약 50년이라는 비교적 짧은 기간에 저술된 것이다. 그런데 구약이든 신약이든 최초의 원본이 남아 있는 것은 한 권도 없다.

가장 오래된 필사본이라고 해도 모두 원본이 저술된 지 수백 년이 지나서 앞의 것을 손으로 베껴 쓴 것이다. 말하자면 최초의 저자의 원고가 완전히 없어졌다는 말이다.

또한 구약이든 신약이든 그 최초의 저자들은 자기 글이 요즈음 우리가 말하는 성서로 남아서 그것만이 교회에서 유일하게 사용될 줄은 몰랐다. 그렇게 사용될 것을 염두에 두고 저술한 것도 아니다.

왜냐하면 그들이 살아 있을 당시, 그리고 그 후 수백 년이 지날 때까지도 지금 우리가 말하는 73권(또는 66권)이라는 성서 목록이 확정되지 않은 채, 유대교와 그리스도교에서는 성서는 물론이고 그보다 수십 배나 많은 다른 고대 문헌들을 교회에서 사용해왔던 것이다.

구약의 저술은 기원 전 50년에 끝나고, 신약의 저술은 기원 후 50년에 시작되었다. 그렇다면 그 사이의 1백 년 동안은 공백기간이다. 문제는 이 공백기간에 예수 그리스도가 지상에 살면서 중요한 가르침을 베풀었다는 사실이다.

그렇다면 이 공백기간에는 성서에 포함된 문헌 이외의 다른 종교적 고대 문헌들이 저술되지 않았단 말인가? 그렇지가 않다. 기원 전 2세기부터 기원 후 2세기까지 약 4백 년 동안은 유대교와 그리스도교 초기의 중대한 시련기였다.

기원 전 167년에 유대인에 대한 대박해가 일어났고, 기원 전 63년에는 로마제국의 폼페이우스 장군이 예루살렘을 점령했으며, 기원 후 30년에 예수가 십자가에 처형되었고, 기원 후 70년에는 로마 군이 반란을 진압한 뒤 예루살렘을 철저히 파괴했던 것이다.

이 시련의 시기에 종교적 고대 문헌이 가장 많이, 가장 정열적으로 저술되었다. 그리고 신앙을 가진 사람들에게 엄청난 영향을 미쳤다.

고대 문헌이 없었다면 기원 전 200년부터 기원 후 100년까지의 종교사는 쓸 수 없었을 것이다

영국의 오스코트 대학의 성서학 교수인 R. J. 포스터 신부는 비경전 고대 문헌들의 저술 배경과 그 가치에 관해서 다음과 같이 설

히브리어 모세 5경 필사본. 14세기

명했다.

"구약시대의 비경전은 구약시대 말기와 그리스도교 초기의 유대민족의 암울한 시대상황에서 나온 것인데, 곧 성취될 메시아의 승리를 강조하고, 희망을 주제로 삼는다.

이 문헌들은 유대인들의 필연적인 승리에 대한 신앙을 다시 불붙이고, 민족을 위로하고, 예언적 길잡이 역할을 했다. 기원 후 66년에 로마제국에 대항해서 일으킨 전국적인 반란은 이 문헌들의 영향력이 얼마나 컸는지를 잘 증명해준다.

한편, 신약시대의 비경전은 성서에 기술된 내용이 너무 짧거나 자세하지 못해서 예수, 성모 마리아, 사도들, 내세의 삶 등에 관하여 좀더 자세히 알고 싶어하는 신자들의 궁금증에 해답을 주지 못했기 때문에 저술되었고, 이 고대 문헌들은 성서에서 누락된 부분을 보충하고, 새로운 내용을 추가한다.

그리고 신약시대의 비경전 가운데 유대교 문헌들은 예수의 생존 당시 유대민족이 가장 중요시했으며 보편적으로 믿었던 교리들을 드러내주고, 그리스도교 문헌들은 초대 교회 신자들이 어떤 문제에 관해서 가장 관심이 많았고, 무엇을 믿고 존경했는지를 알려준다.

또한 이 문헌들은 교회의 전례, 중세의 문화와 예술에 미친 영향을 절대로 과소평가해서는 안 된다. 성모 마리아의 봉헌, 요아킴과 안나의 이름은 이 문헌들로부터 유래한 것이다.

비경전의 전설, 기적, 오류 등을 읽은 결과, 성서가 단순하면서도 위대하다는 점을 우리가 더욱 더 절실히 깨닫게 되는데, 이것이 바로 이 문헌들의 공헌이다."(가톨릭 성서주해사전, 121-126 참조)

구약시대의 비경전 문헌들의 중요성에 대해서 프린스턴 신학대학교의 제임스 H. 찰스워즈 교수는 "이러한 문헌들이 없다면, 기원 전 200년부터 기원 후 100년까지의 종교 발전의 흐름을 설명하기가 절대적으로 불가능하다."고 말했다.(구약시대 비경전 문헌, 서문 참조)

사도들의 활동을 기록한 비경전 고대 문헌들에 대해서 독일의 본 대학교 교수 빌헬름 슈네멜커는 이 문헌들이 기원 후 2세기 교회에서 '사도'에 대한 개념과 사도 중심 규범의 신학적 발전에 막대한 영향을 미쳤고, 그 이후의 성인 전기 작가들에게도 계속해서 영향을 미쳤다고 말했다.(신약시대의 비경전 고대 문헌, 서문 참조)

그리고 브리태니커 백과사전에는 신약시대의 비경전 고대 문헌들이 예수와 사도들에 관한 초창기 교회의 여러 전통들을 전해주기 때문에 중요하다고 지적되어 있다.(Bible 항목 참조)

지금의 성서는 로마 교황의 승인을 받아
1546년 트렌트 공의회에서 확정된 것이다

그렇다면 넓은 의미에서 모두 고대 문헌에 속하는 카논(경전)과 아포크리파(비경전)는 언제 무슨 이유로 분리되었는가?

기원 후 약 200년 동안의 초대 교회에서는, 카논과 아포크리파를 구별하지 않은 채, 각 지역의 교회들의 판단에 따라 모든 고대 문헌들을 공개 낭독, 인용 등 종교적인 목적으로 자유롭게 사용해왔다. 그러다가 유대교는 그리스도교의 출현 때문에, 그리스도교는 내부의 이단 발생 때문에, 〈카논〉, 즉 '교회에서 공인된 경전'의 목록의 필요성을 느끼게 되었다.

유대교는 기원 후 90년경에 얌니아에서 지도자 회의를 개최하여 구약의 경전 목록을 확정했는데, 이 목록에서는 기원 전 300년에 완성된 그리스어 번역집(셉투아진타, 즉 70인역)에 있던 7권 등이 제외되었다. 이 구약 경전 목록의 확정은 구약을 기록하기 시작한 이래 약 1300년이 지난 뒤에 이루어진 것이다.

그리스도교는 구약과 신약 경전 73권의 목록을 기원 후 393년 북아프리카의 카르타고 주교회의에서 결정하여 로마 교황의 승인을 받았고, 그 후에도 목록에 대한 논란이 계속되다가 트렌트 공의회(1546년)에서 확정되었다. 카르타고 주교회의를 기준으로 본다면, 신약 목록은 그 저술이 끝난 지 약 3백 년 뒤에 확정된 것이다.

한편 종교개혁 때 개신교에서는 구약에서 히브리어 필사본이 없는 7권과 일부 내용을 경전에서 제외하였다.

고대 문헌들의 인류학적 유산 가치는 높이 평가되고 있다

고대 문헌들 가운데 왜 어느 것은 신·구약의 경전이 되고, 어느 것은 거기 포함되지 못하여 비경전이 되는가 하는 의문이 생긴다. 이 점에 관해서 예수회 신부 존 메켄지는 그의 『성서 사전』에서 다음과 같이 설명한다.

"경전은 영감을 받은 책이다. 그러나 영감을 받았다고 해서 모두 경전이 되는 것은 아니다. 영감을 받은 책은 저자인 인간을 수단으로 삼아서 하느님이 기록한 것이다. 경전은 그 책이 영감을 받았고, 하느님의 말씀으로서, 계시된 교리의 원천으로서 신자들에게 제공된 것이라고 교회가 인정한 책이다."

그러니까 하느님의 영감을 받기는 했지만, 경전에는 포함되지 않은 책이 있다는 말이 된다. 비경전의 저자들도 나름대로 신앙을 가지고 열심히 기록했을 것이라는 점을 고려할 때, 비경전이라고 해서 무조건 배척할 것이 아니라 참고할 것은 참고하고, 그 자체에 포함된 아름다움이나 가치, 그리고 읽은 재미를 제대로 평가해주는 것이 현대의 상황에서 바람직하지 않을까 생각한다.

선입견을 버리고 고대 비경전을 일종의 문화 유산으로 대한다면, 신앙인에게 오히려 도움이 될 것이다. 아울러 이 고대 문헌들이 일반 독자에게도 흥미 있고 유익한 읽을거리가 되리라 믿는다.

어쨌든 정통 교회의 기준에 적합하지 않다는 이유로, 성서에 경전으로 포함되지 못한 고대 문헌들을 〈아포크리파〉, 즉 '숨겨진 문헌' 또는 '비밀의 책'이라고 부르는데, 이 문헌들은 기원 전 4세기에서 기원 후 2세기까지 약 6백 년에 걸쳐서 저술되었다.

이 고대 문헌들은 그 종교적·문화적·예술적 가치에도 불구하고, 교회의 배척과 인간적인 편견 때문에 불태워지거나 점차 필사본의 명맥이 끊어지거나 사람들의 기억에서 사라졌다.

물론 전문적인 성서학자들이 성서를 연구, 해설하는 보조수단으로서 이 아포크리파를 그 동안 연구하고 이용해왔다. 그러나 남아 있는 자료가 너무나 빈약했다. 그러다가 2천 년 가까이 묻혔던 대량의 자료들이 우연한 기회에 세상의 빛을 보게 된 것이다.

그리고 전 세계에 엄청난 충격을 주고 흥분을 일으켰던 것이다. 다시 말하면, 방대한 분량의 고대 문헌들이 1947년에서 1956년 사이에 요르단 서쪽 사해 근처의 쿰란 동굴에서, 그리고 1945년 12월 이집트 나일강 상류에 위치한 '야발 알 타이프' 산의 나그함마디에서 발견되어 전 세계를 놀라게 한 것이다.

쿰란에서 발견된 사해문서에는 기원 전 150년부터 서기 68년 사이에 히브리어로 기록된 것으로, 현존하는 것 가운데 가장 오래된 필사본 조각들이 포함되어 있다. 그리고 무덤으로 사용되던 동굴이 150개나 있는 나그함마디에서 발견된 52종류의 고대 문헌은 서기 50년에서 150년 사이에 필사한 것들이다. 이 고대 문헌들은 인류학적 유산으로 높이 평가되었다.

고대 문헌들이 경전에서 제외되었던 것은
정치 · 종교적 대립 때문이었다

미국의 인디애나 대학의 비교문학 교수이자 시인인 윌리스 반스토운이 고대 문헌들을 편집한 책인 〈또다른 성서〉의 서문에서 지적한 다음 요지는 독자들에게 많은 참고가 될 것이다.

"구약성서가 확정된 이후, 그리고 기원 후 수백 년 동안 하느님의 계시를 받은 수많은 저자들이 계속해서 거룩한 문헌들을 저술했다. 이 가운데 많은 문헌이 놀랄 만큼 아름답고, 종교적인 중요성을 지니는 한편, 경전으로 공인된 성서들과 경쟁 관계에 있었다.

…역사의 흐름이 달리 진행되어서, 하느님의 계시를 받은 이 문헌들 가운데 일부가 오늘날의 성서에 포함되었더라면, 우리는 종교 사상의 전통을 근본적으로 다른 시각에서 이해하게 되었을 것이다.

…오늘날 우리는 엄격한 교리의 속박에서 벗어나 유대교 및 그리스도교 세계의 '보다 더 풍부한 내용의 성서'를 자유롭게 읽을 수가 있다. …성서에 포함되지 않은 이 고대 문헌들은 심미적으로나 종교적으로나 성서에 비해 전혀 손색이 없고, 오히려 예수의 어린 시절에 관한 복음서들처럼 결정적인 자료를 제공해줄 뿐 아니라, 성서의 주요 내용을 다른 각도에서 전해주기도 한다.

…〈전도서〉나 〈아가서〉처럼 훌륭하지만 위험한 문헌을 경전에 포함시킬 때나, 수많은 고대 문헌들을 경전에서 제외시킬 때의 과정이 자의적이고 의심스러운 경우가 적지 않았다. 고대 문헌들을 경전에서 제외시킨 것은 유대인, 그리스도교 정통파, 그노시스파 사이의 격렬한 정치적 · 종교적 대립 때문인 경우가 많았다.

그리스도교의 비경전 문헌들은 초대 교회의 생활과 이상을 명확하게 그려준다. 사도들이 소아시아와 인도를 떠돌아다니는 모습을 볼 수 있고, 전설적인 모험담, 순결에 관한 설교, 열망하던 순교의 피비린내나는 장면 등을 알 수 있다.

비경전은 특히 계시록 분야가 탁월한데, 고대 문헌들을 읽는 독자는 요한계시록이 이상하고 모호한 문서가 아니라, 비경전이 유대교 및 그리스도교 문헌과 완전히 일치한다는 사실을 깨닫게 될 것이다.

…또한 고대 문헌들은 고대의 사상을 다양하게 드러낸다. 다양한 관점이 서로 상충하는 듯이 보이기도 한다. 독자들은 나름대로 자기 관점을 동원하여 해석과 판단을 하게 될 것이다."

이 고대 문헌들은 우리가 타임 머신을 타고 2천 년 전의 초대 교회 시절로 되돌아가게 만든다. 그리고 당시 성서의 세계를 다양한 관점에서 바라보게 해준다.

이 문헌들은 성서에 대한 획일적인 해석이란 불가능하고 또 바람직하지 않으며, 다양한 각도에서 바라보는 것이 오히려 보다 깊은 신앙을 위해 크게 도움이 된다는 점에서 매우 중요하다.

인간이 하느님의 계시를 완전히 깨달을 수는 없겠지만, 어쨌든 그 계시에 가까이 접근하는 길은 무수히 많다고 하겠다. 이 고대 문헌들은 그러한 목적을 위해 중요한 참고자료가 될 것이다.

이동진

제1부
복음

제2부
빌라도 문헌

제3부
사도들의 활동

제4부
사도들의 편지

 제5부
계시록

 제6부
성모 마리아의 승천

제7부
기타 문헌

제1부

복음

마리아 탄생 복음

성전에 봉헌된 마리아

해설

신약성서에는 예수의 어린 시절에 관한 기록이 거의 없다. 마르코와 요한은 전혀 언급하지 않았다. 그러나 예수의 어린 시절에 관한 이야기가 2세기부터 대단한 인기를 누렸다. 성탄절을 공식적으로 기념하기 시작한 것은 4세기였다.

성탄 장면부터 예수가 열두 살이 될 때까지의 시기에 관해서는 루가복음 2장 40절의 "아기가 자라서 튼튼하게 되었다."는 구절 이외에는 복음서에 아무런 언급이 없기 때문에, 예수의 어린 시절에 관한 이야기는 복음서 이외의 다른 자료를 이용해서 저술되었다.

이 문헌은 마리아의 탄생과 구세주의 어린 시절에 관한 '가명 마태오 복음'을 근거로 해서 저술된 것으로 추정된다. 그리고 초대 교회 신자들은 이것의 저자를 마태오라고 보았다. 그리고 고대의 몇몇 교파에서는 성경으로 받들었다.

4세기의 교부인 성 예로니무스의 전집에 이것의 본문이 포함되어 있는데, 고대의 다른 필사본들과 그 내용에 차이가 있다.

예를 들면, 에피파니우스는 예로니무스의 본문과 다른 필사본에서 아래와 같은 구절을 인용한 적이 있다.

"즈가리야가 성전에서 분향을 하고 있을 때 당나귀의 형상을 한 남자를 보았다. 그래서 성전 밖으로 나가서 사람들에게 '당신들은 저주를 받았습니다. 도대체 당신들은 누구를 숭배하고 있는 것입니까?' 라고 말할 작정이었다.

그러나 성전에서 즈가리야의 눈에 띄었던 그 사람이 즈가리야를 벙어리로 만들었다. 얼마 후 말을 할 수 있게 된 즈가리야가 사실대로 말했더니, 유대인들이 그를 죽여버렸다.

그 후 대사제로 임명된 사람은 제물을 바치러 성전 안에 들어갈 때 방울을 달았다. 숭배를 받는 그 사람이 방울 소리를 듣고 미리 몸을 숨겨 그 흉한 모습을 드러내지 않게 하려는 것이었다."

마리아의 아버지 요아킴이 대사제에게 야단맞는다

제1장

1. 축복을 받고 영원히 영광스러운 동정녀 마리아는 다윗왕가의 후손으로서 나자렛에서 태어나 예루살렘에 있는 주님의 성전에서 교육을 받았다.

2. 그 아버지는 요아킴이고 어머니는 안나였다. 요아킴의 집안은 갈릴리의 나자렛에 있었고, 어머니 안나의 집안은 베들레헴에 있었다.

3. 요아킴과 안나는 주님 앞에서 평범하고 올바르게, 사람들 앞에서는 경건하고 흠 잡을 데가 없는 생활을 했다. 그들은 재산을 세 몫으로 나누었고,

4. 한 몫은 성전과 그 관리인들에게 바치고, 한 몫은 나그네와 가난한 사람들에게 나누어주고, 나머지 한 몫은 자신들과 가족들을 위해서 사용했기 때문이다.

5. 그렇게 20년간 고결한 부부생활을 하여 하느님의 은총을 받고 사람들의 존경을 받았으나 자녀가 없었다.

6. 그들은 하느님이 자녀를 주신다면 그 자녀를 주님을 섬기는 데 바치겠다고 맹세했다. 그래서 축제 때마다 성전으로 올라갔다.

7. 봉헌 축제가 가까워지자 요아킴이 친척들과 함께 성전으로 올라갔는데, 그때 이사카르가 대사제였다.

8. 대사제는 친척들과 함께 제물을 가지고 온 요아킴을 보고는 경멸에 찬 질문을 던졌다.

9. 자녀도 없으면서 왜 자녀가 있는 다른 사람들 틈에 끼어서 자녀가 있는 척하는 거요? 그리고 자녀를 가질 자격이 없다는 하느님의 판단을 받은 사람은 제물을 바쳐도 하느님이 받아들이지 않는다고 덧붙여 말했다. 이스라엘 사람 가운데 아들을 낳지 못하는 사람은 저주를 받은 사람이라고 하는 성서 구절이 있기 때문이다.

10. 게다가 대사제는, 자녀를 낳아서 그 저주로부터 먼저 풀려난 뒤에 하느님 앞에 제물을 바치러 오라고 말했다.

11. 책망을 받고 수치감에 휩싸인 요아킴이 목장에서 양떼를 지키는 목동들이 있는 곳으로 물러갔다. 대사제가 한 말을 옆에서 다 들은 친척들이 대사제처럼 자기를 책망할까 두려워서 그는 집으로 돌아가고 싶지 않던 것이다.

천사가 마리아의 탄생과 하느님의 아들의 탄생을 예고한다

제2장

1. 그곳에서 지내고 있는 동안 요아킴이 홀로 있을 때, 주님의 천사가 찬란한 광채 속에서 나타났다.

2. 천사는 자기의 출현으로 놀라는 그를 안심시키려고 이렇게 말했다.

3. "요아킴, 두려워하지 마시오. 내 모습을 보고 근심에 잠길 것 없소. 나는 주님이 파견한 천사인데, 당신의 기도가 받아들여졌소. 당신의 자선행위가 주님의 눈에 들었다는 사실을 알리려고 온 것이오.

4. 주님이 당신의 수치를 똑똑히 보았고, 자녀가 없다고 억울하게 야단맞는 것도 다 들었소. 하느님은 자연상태가 아니라 죄악에 대해서 벌을 주는 분이지요.

5. 그래서 그분이 어떤 사람의 자궁을 막아놓은 것은, 더욱 놀라운 방식으로 다시 열고 거기서 태어나는 아기는 욕정의 산물이 아니라 하느님의 선물이라는 것을 보여주기 위한 목적 때문이지요.

6. 이 백성의 최초의 어머니 사라는 여든 살이 될 때까지 자녀가 없었지만, 노년기 끝 무렵에 이사악을 낳았고, 이사악을 통해서 모든 민족에게 축복을 약속한 것이오.

7. 하느님의 총애를 받고 거룩한 야곱의 사랑을 듬뿍 받은 라켈도 오랫동안 자녀가 없었지만, 그후 요셉의 어머니가 되었고, 요셉은 이집트의 총독이 되었을 뿐 아니라, 많은 민족을 굶주림의 위험에서 구원했소.

8. 민족 지도자들 가운데 누가 삼손보다 더 힘이 세고, 사무엘보

성모 승천. 에스테반 무리요 작. 17세기

다 더 거룩하단 말이오? 이 두 사람의 어머니도 한때는 아이를 낳지 못했소.

9. 내 말에 대해서 이론적으로 확신이 가지 않는다면, 노년기에 임신하는 예가 많고 또 아이를 낳지 못하던 여자가 출산하고 놀라는 일이 많다는 사실을 기억하시오. 그러니까 당신 부인이 딸을 낳을 테니, 마리아라고 이름을 지어주시오.

10. 마리아는 당신이 맹세한 대로 어려서부터 주님께 봉헌될 것이고, 어머니 뱃속에서부터 성령으로 충만하게 될 거요.

11. 마리아는 더러운 것을 먹지도 마시지도 않을 것이고, 일반 백성들과는 어울리지 않고 오로지 성전 안에서만 말을 할 것이오. 이 것은 마리아가 비방이나 의심을 받을 여지를 없애려는 것이오.

12. 그래서 아이를 낳지 못하는 여자에게서 놀라운 방식으로 태어난 것과 마찬가지로, 마리아는 처녀의 몸으로 과거에 전례가 없는 방식으로 가장 높으신 하느님의 아들을 낳을 것이니, 그 이름은 예수라고 하시오. 예수는 그 이름이 뜻하는 바와 같이 모든 민족들의 구세주가 될 것이오.

13. 내가 선언한 이 모든 것에 대한 증거를 주겠소. 당신은 이제 예루살렘의 황금의 문으로 가시오. 그러면 아내 안나를 만날 것이오. 안나는 당신이 여태껏 귀가하지 않아서 몹시 걱정하고 있는데, 당신을 만나면 더없이 기뻐할 거요."

14. 말을 마친 천사가 떠나갔다.

천사가 안나에게 여러 가지를 예언한다

~~~~~~

제3장

ı. 그 다음에 천사가 요아킴의 아내 안나에게 나타나서 이렇게 말했다. "두려워 마시오. 허깨비를 본다고 생각하지도 마시오.

2. 왜냐하면 나는 당신의 기도와 자선행위를 하느님 앞으로 전달한 천사이기 때문이지요. 내가 파견된 것은 당신이 딸을 낳을 것이고, 그 이름을 마리아라고 부르며, 마리아는 모든 여인들보다 더 축복을 받을 것이라는 사실을 알려주기 위한 것이지요.

3. 마리아는 태어나자마자 하느님의 은총으로 충만하고, 3년간 당신 집에서 양육되다가 그 후에는 주님을 섬기는 데 봉헌되어, 분별 연령에 도달할 때까지 성전을 떠나지 않을 것이오.

4. 한 마디로 마리아는 밤낮으로 단식과 기도로 주님을 섬기고, 더러운 것은 일체 피하고, 남자를 절대로 알지 못할 것이오.

5. 그러나 오염되지 않고 순수한 면에서 그 누구와도 비교가 안 되는 마리아는 남자를 전혀 모르는 처녀의 몸으로 아들을 낳을 것이오. 그분은 자신의 은총과 이름과 업적으로 세상을 구원하는 구세주가 될 것이오.

6. 그러니까 이제 일어나서 예루살렘으로 올라가시오. 황금의 문(금으로 도금된 문이기 때문에)으로 가면, 내 말의 증거로서 당신이 그토록 안부를 걱정하는 남편을 거기서 만날 것이오.

7. 남편을 만나게 되면, 나머지 일들도 모두 분명히 이루어진다는 것을 믿으시오."

8. 천사의 지시에 따라 두 사람이 각각 자기가 있던 곳을 떠나 황금의 문으로 가서 만났다.

9. 반갑게 만난 부부는 자녀의 출산 약속에 만족하고, 겸손한 사

람을 높이 올려주는 주님에게 감사했다.

10. 주님을 찬미한 뒤에 귀가한 부부는 하느님의 약속을 굳게 믿고 기대감에 넘쳐서 즐거운 나날을 보냈다.

11. 이윽고 안나가 임신하여 딸을 낳았다. 부모는 천사의 지시대로 마리아라고 불렀다.

세 살 때 성전의 계단을 걸어올라간 마리아

제4장

1. 어느덧 3년이 지났고 젖도 떼었기 때문에, 부모가 제물을 준비하여 동정녀를 성전으로 데리고 갔다.

2. 성전 주변에는 15편의 시편에 따라서 15계단이 있었다.

3. 성전을 산 위에 지었기 때문에, 바깥에 있는 번제의 제단에 접근하려면 반드시 계단을 걸어올라가야만 했다.

4. 축복받은 동정녀이자 아기인 마리아를 부모가 계단에 내려놓았다.

5. 그러나 부모가 여행할 때 입고 있었던 옷을 벗고 관습에 따라서 좀더 깨끗한 옷으로 갈아입는 동안,

6. 주님의 동정녀가 다른 사람의 인도나 도움을 전혀 받지 않은 채 계단을 하나씩 모두 올라갔다. 누가 보아도 분별의 연령에 도달했다고 여길 지경이었다.

7. 주님은 이렇게 비상한 일을 동정녀의 어린 시절에 보여주었고, 앞으로 마리아가 얼마나 위대한 인물이 될 것인지를 이 기적을 통해서 증명했다.

8. 그러나 부모는 율법의 관습에 따라서 제물을 바치고 자기네 맹

세를 이행한 뒤에, 다른 어린 처녀들이 양육되는 성전의 별도 건물에 동정녀를 맡기고 집으로 돌아갔다.

대사제들이 마리아를 위해 남편을 선발한다

제5장

1. 주님의 동정녀는 나이가 들면서 날이 갈수록 더욱더 완전해졌다. 시편에 따르면, 부모가 아이를 버렸어도 주님이 아이를 돌보아주었기 때문이다.

2. 날마다 천사들과 대화를 하고, 날마다 하느님이 보낸 방문자들을 맞이했고, 그 결과 모든 악을 피하고 모든 선을 갖추게 되었다.

3. 그래서 마리아가 열네 살 되었을 때, 사악한 무리가 그 어떠한 것도 비난할 여지가 없었으므로, 마리아를 아는 착한 사람들은 그 생활과 대화에 감탄했다.

4. 그 무렵 대사제가 공식 명령을 내렸다. 성전에서 사는 처녀들 가운데 열네 살 된 경우에는 모두 집으로 돌아가고, 이제 충분히 성숙했으니까 관습에 따라 결혼해야 한다고 명령한 것이다.

5. 다른 처녀들은 즉시 복종했으나, 오로지 마리아만이 복종할 수 없다고 말했다.

6. 마리아는 부모뿐 아니라 자기도 주님을 섬기는 데 자신을 바쳤고, 게다가 주님께 동정을 지키겠다고 맹세했으며, 남자와 잠자리를 같이해서 그 맹세를 깨뜨릴 수는 없다고 복종을 거절하는 이유를 들었다.

7. 대사제가 난처한 입장에 놓이게 되었다.

8. 마리아의 맹세를 풀어줄 수도 없고, 맹세하면 반드시 지켜야

한다는 성서 구절을 따르지 않을 수도 없었다.

9. 또한 백성들에게 생소한 새로운 관습을 도입할 수도 없었다.

10. 그래서 다가오는 축제에 예루살렘과 인근 지방의 모든 주요 인사들이 한자리에 모여서 가장 좋은 해결책을 자기에게 건의하라고 지시했다.

11. 한자리에 모인 주요 인사들은 이 문제에 관해서 주님에게 해답을 구하자고 의견 일치를 보았다.

12. 모두 기도를 바치고 있을 때, 늘 하던 방식대로 대사제가 하느님의 지시를 받으러 갔다.

13. 즉시 계약의 궤와 속죄소에서 목소리가 들려왔는데, 거기 참석한 사람들이 모두 그 소리를 들었다. 동정녀를 누구와 결혼시킬 것인지는 이사야 예언서에서 해답을 찾으라고 하는 목소리였다.

14. 이사야는 예세의 줄기에서 한 지팡이가 나오고, 그 뿌리에서 꽃이 필 것이며,

15. 주님의 영혼이 그 사람 위에 머물고, 지혜와 이해의 영혼, 의견과 세력의 영혼, 지식과 경건함의 영혼, 주님에 대한 두려움의 영혼이 그를 채울 것이라고 말했기 때문이다.

16. 예언에 따라서 대사제가 다윗 가문의 남자들 가운데 결혼할 연령에 도달했지만 미혼인 남자들에게 지팡이를 가지고 와서 제대에 올려놓으라고 지시했다.

17. 지팡이에서 꽃이 피고 그 꼭대기에 주님의 성령이 비둘기 모습으로 앉아 있게 된다면, 마리아는 그 지팡이의 주인과 약혼해야만 했다.

요셉이 마리아와 약혼한다

제6장

1. 다윗 가문 출신인 요셉은 이미 나이가 매우 많았기 때문에, 다른 사람들이 지팡이를 제대에 올려놓을 때 그는 지팡이를 놓지 않았다.

2. 하늘의 목소리에 맞는 일이 전혀 일어나지 않자, 대사제가 하느님의 의견을 들으러 다시 갔다.

3. 그러자 하느님은 모인 사람들 가운데 지팡이를 제대에 올려놓지 않은 사람이 한 명 있는데, 바로 그 사람과 마리아가 약혼해야 한다고 대답했다.

4. 그래서 요셉이 들통났다.

5. 요셉이 지팡이를 가져오고 하늘에서 날아온 비둘기가 그 위에 앉자, 모든 사람이 동정녀의 약혼 상대가 누구인지 알게 되었다.

6. 따라서 관례대로 약혼식을 마치고, 요셉이 결혼식 준비를 하기 위해서 자기 집이 있는 베들레헴으로 돌아갔다.

7. 그러나 주님의 동정녀 마리아는 대사제가 자기의 시중을 들라고 지정한 일곱 명의 처녀, 즉 같은 시기에 성전에 봉헌된 동갑내기 처녀들과 함께 부모의 집이 있는 갈릴리로 돌아갔다.

가브리엘 천사가 마리아에게 성령으로 잉태할 것이라고 알린다

제7장

1. 마리아가 갈릴리로 처음 돌아갔을 때, 하느님이 가브리엘 천사를 보내서 우리 구세주를 잉태할 것이라고 알리고, 아울러서 그 잉태 방식도 알리게 했다.

2. 그래서 천사는 마리아의 방으로 들어갈 때, 그 방을 놀라운 광채로 가득 채우고 가장 정중한 태도로 인사했다.

3. "마리아님께 인사드립니다! 주님의 눈에 가장 잘 든 동정녀여! 오, 은총으로 충만한 동정녀여! 주님이 당신과 함께 계시고, 당신은 지금까지 태어난 모든 여자들보다도, 모든 남자들보다도 더한층 축복을 받았습니다."

4. 그러나 예전부터 천사들의 얼굴을 잘 알고 또 그런 광채가 특이하다고 보지도 않고 지내던 마리아였기 때문에,

5. 천사를 보고도 겁내지 않고, 엄청난 광채에 놀라지도 않았다. 다만 천사의 말 때문에 걱정이 되었다.

6. 그리고 너무나도 특이한 인사말이 무슨 의미인지, 무엇의 전조인지, 그 결말이 어떻게 될 것인지에 대해서 궁리하기 시작했다.

7. 그 생각에 대해서 하늘로부터 영감을 받은 천사가 대답했다.

8. "마리아님, 이 인사말을 통해서 내가 당신의 동정과 상충되는 일이라도 의도하지 않을까 하는 걱정은 하지 마십시오.

9. 당신이 동정을 선택했기 때문에 주님의 총애를 받았습니다.

10. 따라서 동정을 고스란히 지키면서도 당신은 죄 없이 잉태하여 아들을 낳을 것입니다.

11. 그는 바다에서 바다까지, 강물로부터 지구의 끝까지 다스릴

것이므로 위대한 인물이 될 것입니다.

12. 그는 지상에서 비천한 신분으로 태어나지만 하늘나라에서는 가장 높은 사람으로 통치할 것이기 때문에, 가장 높으신 분의 아들이라고 불릴 것입니다.

13. 그리고 주님은 그의 아버지 다윗의 옥좌를 그에게 주고, 그는 야곱의 가문을 영원히 다스리며, 그 왕국은 끝이 없을 것입니다.

14. 왜냐하면 그는 왕들 가운데 왕, 주님들 가운데 주님이고, 그 옥좌는 영원히 존속하기 때문입니다."

15. 그 말이 믿기 어렵지만 어떻게 그런 일이 이루어질지 알고 싶어하기라도 하는 듯이 동정녀는 대꾸를 하지 않고 있다가 이렇게 말했다.

16. "그런 일이 어떻게 가능하지요? 제가 동정을 맹세했기 때문에 남자를 전혀 알지 못하는데, 남자의 씨를 받지 않고 어떻게 제가 임신할 수 있단 말인가요?"

17. 그 질문에 천사는 "마리아님, 정상적인 방법으로 임신할 것이라는 생각은 마십시오.

18. 동정녀로 계속 있으면서도, 남자와 잠자리를 같이 하지 않고서도, 당신은 출산을 할 것입니다. 그리고 동정녀로 남아 있으면서 젖을 물릴 것입니다.

19. 왜냐하면 전혀 욕망의 맥박 없이 성령이 당신 위에 내리고, 가장 높으신 분의 힘이 당신을 덮을 것이기 때문입니다.

20. 당신에게서 태어나는 그는 죄 없이 잉태된 유일한 분이고, 태어난 뒤에는 하느님의 아들이라고 불릴 것이므로, 그는 유일하게 거룩한 분입니다." 라고 대답했다.

21. 그러자 마리아는 두 손을 앞으로 내밀고 하늘을 향해 눈을 든 채 말했다. "주님의 하녀가 여기 있습니다. 당신 말씀에 따라 모든 일이 제게 이루어지게 해주십시오."

요셉이 마리아와 결혼하고,
계속해서 동정을 지킨다

제8장

1. 요셉이 약혼녀 마리아와 결혼하기 위해서 유대에서 갈릴리로 갔다.

2. 약혼한 지 3개월 가까이 시간이 지났기 때문이다.

3. 드디어 마리아가 임신한 사실이 뚜렷하고, 요셉이 눈치채지 않을 수 없었다.

4. 약혼자로서 자유롭게 동정녀에게 접근하고 또 친밀하게 말을 걸 수 있어서 요셉은 그 임신 사실을 알게 되었다.

5. 그래서 어떻게 해야 좋을지 몰라 불안했고, 또 의심도 들었다.

6. 하지만 요셉은 정의로운 사람이었기 때문에 마리아를 폭로하고 싶지도 않았고, 경건한 인물이었기 때문에 마리아를 창녀라고 의심하여 수치를 주고 싶지도 않았다.

7. 그래서 개별적으로 결혼 합의를 파기하고 마리아를 버릴 작정이었다.

8. 그러나 요셉이 그런 궁리를 하고 있을 때, 주님의 천사가 꿈에 나타나서 "다윗의 아들 요셉이여, 두려워하지 마시오.

9. 동정녀가 간통했다고 의심하거나 마리아를 나쁘게 보지 마시오. 또한 마리아를 아내로 맞아들이는 것도 두려워할 필요가 없소.

10. 당신을 괴롭히고 있는 마리아의 임신은 사람이 아니라 성령의 일이기 때문이오.

11. 왜냐하면 모든 여자 가운데 오로지 동정녀만이 하느님의 아들을 낳을 것이니, 그 이름을 예수, 즉 구세주라고 부르시오. 그는 자기 백성들을 죄에서 구원할 것이기 때문이오."라고 말했다.

l2. 요셉은 천사의 지시에 따라 동정녀와 결혼했다. 그리고 마리아를 알지 않았고, 계속해서 동정을 지키게 했다.

l3. 임신한 지 아홉 달이 가까워지자, 요셉이 필요한 물건들을 챙겨서 아내를 데리고 자기 출신지인 베들레헴으로 돌아갔다.

l4. 그리고 거기 머물 때 해산 시기가 닥쳤다.

l5. 마리아는 거룩한 복음서 저자들이 가르친 바와 같이 첫아들, 즉 우리 주님 예수 그리스도를 낳았다. 주님은 성부와 성자와 성령과 함께 영원히 살아 계시고 다스린다.

야고보의 최초의 복음

그리스도와 동정녀 마리아 탄생 복음

해설

이 복음의 원제목은 '최초의 복음' 또는 '주 예수의 사촌이자 형제, 대표적 사도이자 예루살렘의 초대 주교인 작은 야고보가 쓴 그리스도와 그 어머니 동정녀 마리아의 탄생에 관한 역사적 서술' 이다.

작은 야고보는 요셉의 첫번째 결혼에서 나온 아들로서 예수의 이복형제가 되는 셈인데, 실제로 이것을 저술한 저자는 미확인이다. 그 저자는 팔레스타인의 지리와 당시 유대인들의 풍속에 관해서 무지함을 드러냈기 때문에 유대인은 아니라고 본다.

이것은 2세기 후반(서기 150년 이후)에 저술되었다고 추정된다. 그리고 당시에 예수가 판테라라는 군인의 사생아라는 비난이 유포되어 있었는데, 그것이 근거 없는 낭설임을 증명하려는 것이 예수의 어린 시절에 관한 문헌들을 저술한 동기라고 보는 학자들도 있다.

비경전 복음서들 가운데서 이것이 가장 중요하고 또 가장 큰 영향력을 발휘했다. 마리아에 관한 교리(마리아론)가 이것을 근거로 해서 발전했다고 보는 견해도 적지 않다. 고대 교회에서 이것이 대단한 인기를 누려서, 3세기 때 작성된 그리스어 필사본이 130편 넘게 지금 남아 있다. 이것이 마태오 복음과 루가 복음에 나오는 예수의 어린 시절 부분의 원천이 되었다거나, 마태오·루가 복음과 함께 이것이 다른 원천에서 나왔다고 하는 학설도 있지만, 광범위한 지지를 받지는 못한다.

초대 교회의 교부들이 자주 이 복음에 관해서 언급한 것으로 미루어볼 때, 초대 교회가 이것을 성경으로서 매우 광범위하게 인정한 것으로 보인다. 그리스도가 탄생할 때의 요셉의 나이, 그리고 요셉이 마리아와 결혼할 때 이미 자녀들을 둔 홀아비였다는 부분이 논란의 대상이 된다.

에피파니우스, 성 요한 크리소스토무스, 치릴루스, 그리고 성 암브로시우스에 이르는 서방 라틴교회의 모든 교부들과 그 이후의 동방 교회의 교부들이 이 복음의 기록을 믿는데도 불구하고, 후대의 교회 전통은 요셉이 동정을 지켰다고 가르친다.

원본은 히브리어로 작성되었다고 보는데, 포스텔루스가 라틴어로 번역했고, 1552년에 처음 인쇄되었다. 시리아어, 아르메니아어, 이디오피아어, 조르지아어, 슬라브어로 된 필사본도 많이 남아 있다. 초기의 라틴어 필사본은 남아 있지 않다.

여기 나오는 마리아의 부모의 이름, 그리고 루벤, 즈가리야, 사무엘은 실제 인물의 이름이 아니다. 여기 나오는 즈가리야를 마태오 복음 23장 35절의 즈가리야로 보는 것은 잘못이다. 시메온은 대사제가 아니었다. 결백을 증명하려고 마시는 질투의 물은 남자에게는 주어지지 않았다.

요아킴의 제물을 대사제 루벤이 거절한다

제1장

1. 우리가 읽는 이스라엘 열두 부족의 역사에는 요아킴도 포함되어 있다. 대단한 부자인 요아킴은 하느님에게 제물을 두 배로 바치고 이렇게 결심했다. "내 재산을 온 백성의 이익을 위해서 사용하여 주님으로부터 내 죄를 용서받겠다."

2. 주님의 성대한 축제일에 이스라엘의 자녀들이 제물을 바쳤고 요아킴도 바쳤는데, 대사제 루벤이 "당신은 슬하에 자녀를 두지 못했으니 제물을 바치는 것이 율법에 어긋나오."라고 말하고 그 제물을 거절했다.

3. 몹시 속이 상한 그는 슬하에 자녀를 두지 못한 사람이 자기 혼자인지를 확인하려고 자기 부족의 기록을 조사하러 갔다.

4. 그 결과, 정의로운 사람은 누구나 자녀를 가지고 있다는 사실을 확인했다.

5. 한편 그는 선조 아브라함을 기억했다. "하느님은 아브라함의 생애가 끝날 무렵에 왜 이사악을 주었을까?" 그는 너무나도 낙심하여 다시는 아내를 보지 않기로 작정했다.

6. 그래서 광야로 들어가 천막을 친 뒤에 40일간 밤낮으로 단식하며 이렇게 말했다.

7. "주 하느님이 나를 굽어살필 때까지 아무것도 먹지 않고 마시지도 않겠다. 오로지 기도만이 나의 음식이고 음료수다."

자녀가 없어서 안나가 한탄한다

제2장

1. 한편 그의 아내 안나는 두 가지 이유로 근심 걱정에 휩싸여 어쩔 줄을 몰랐다. "과부가 되고 또 아이도 못 낳는 신세이니 어쩌란 말인가!"

2. 주님의 성대한 축제일이 다가왔다. 하녀 유디트가 "언제까지 이렇게 한탄만 하고 있을 작정이세요? 주님의 축제에 탄식하는 것은 율법에 어긋납니다.

3. 어떤 사람이 이 머리 수건을 만들어주었는데, 하녀인 제게는 어울리지 않고 훌륭한 인품을 지닌 마님에게 꼭 어울리는 거지요. 그러니까 이 수건을 머리에 쓰세요." 라고 말했다.

4. 그러자 안나가 "썩 물러가지 못해? 난 이런 물건 따위를 사용해본 적이 없어. 게다가 주님이 나를 아주 비참하게 만들었어.

5. 악의를 품은 사람이 이것을 네게 주었을 거야. 넌 나를 죄로 더럽히려고 온 거야." 라고 대꾸했다.

6. 하녀 유디트는 "제 말을 듣지 않으니 무슨 악담을 해주어야 될까요? 마님의 자궁을 하느님이 닫아버렸고 그래서 어머니가 될 수 없는 마님의 그 불임증 자체보다 더 큰 저주가 어디 있겠어요?" 라고 말했다.

8. 그 말에 더 속이 상한 안나가 결혼식 때 입었던 옷을 걸친 뒤 오후 3시경에 산책을 하러 정원으로 나갔다.

9. 그리고 월계수 아래 앉아서 이렇게 기도했다.

10. "오, 조상들의 하느님, 사라의 자궁을 축복하고 아들 이사악을 주신 것처럼 저도 축복하고 제 기도를 들어주십시오."

안나는 참새 둥지를 보고 불임증을 탄식한다

제3장

1. 안나가 하늘을 향해 고개를 들었을 때, 월계수 가지에 붙은 참새 둥지를 발견했다.

2. 그래서 속으로 한탄했다. "누가 저주받은 이 몸을 낳았지요? 이스라엘의 자녀들 앞에서 저주받고, 하느님의 성전에서 책망과 멸시를 받다니, 어떤 자궁이 저를 낳았는가 말이에요. 저주받은 이 몸을 그 누구와 비교하겠어요?

3. 오, 주님, 지상의 짐승들조차 새끼들을 거느리고 있으니, 그들과 비교할 수도 없는 이 몸이에요.

4. 야수들도 새끼를 거느리고 있으니, 그들과 비교할 수 없지요.

5. 물조차 그 안에 결실이 있으니, 이것과 비교할 수 없지요.

6. 바다의 물결조차 고요하든 출렁이든 그 안에 든 물고기들이 당신을 찬미하니, 파도하고도 이 몸을 비교할 수 없습니다.

7. 땅 자체도 결실을 내고 당신을 찬미하니, 이것하고도 저를 비교할 수가 없어요."

천사가 안나에게 임신할 것이라고 알린다

제4장

1. 그러자 주님의 천사가 안나 곁에 서서 "안나, 안나, 주님께서 당신 기도를 들었소. 당신이 임신하여 자녀를 낳을 것이며, 온 세상이 그 자녀에 대해서 말할 것이오."라고 알렸다.

2. 안나는 "주 하느님이 살아 계시니까, 제가 아들이든 딸이든 낳기만 하면 주님께 그 자녀를 봉헌하여 평생 거룩한 일에 종사하면서 주님을 섬기게 하겠어요."라고 대답했다.

3. 천사 두 명이 안나에게 "당신 남편 요아킴이 목동들과 함께 오고 있소."라고 말했다.

4. 왜냐하면 한 천사가 이미 그에게 내려와서 "주 하느님이 당신 기도를 들어주었으니 얼른 돌아가시오. 안나가 임신할 것이니까 말이오."라고 알려주었기 때문이다.

5. 요아킴이 내려가서 자기 목동들을 불러놓고 "흠이 없는 암컷 어린 양 열 마리를 가져오너라. 주 하느님께 바치려고 한다.

6. 그리고 사제들과 장로들에게 바칠 흠 없는 송아지 열두 마리도 가져오너라.

7. 또한 백성들에게 줄 염소 백 마리도 가져오너라." 하고 지시했다.

8. 그는 목동들과 함께 내려갔다. 안나는 대문 옆에 서 있다가 남편이 오는 것을 보았다.

9. 그래서 달려가 목을 꺼안고 "주님이 저를 크게 축복한 줄을 이제야 알겠어요. 왜냐하면 이제는 더 이상 제가 과부가 아니고, 또한 불임증 여자가 임신할 테니까요."라고 말했다.

안나가 마리아를 낳는다

제5장

1. 요아킴은 첫날을 자기 집에서 지내고 다음날 제물을 바치면서 말했다.

2. "주님이 저를 축복하신다면, 사제의 이마에 달린 동판에 축복

의 표시를 나타내주십시오."

3. 그래서 동판을 살펴보니, 자기에게 죄가 없다고 드러났다.

4. 그는 "주님이 나의 모든 죄를 없애주셨음을 이제야 알겠다."고 말했다.

5. 정의로운 사람이 된 그가 주님의 성전을 떠나 귀가했다.

6. 임신한 지 9개월이 지나서 안나가 출산하고, 산파에게 "아들인 가요, 딸인가요?"라고 물었다.

7. 산파가 "딸이에요."라고 대답했다.

8. 안나는 "오늘 주님이 제 영혼을 크게 축복해주셨어요."라고 말하고 딸을 침대에 뉘었다.

9. 산모의 정화 기간이 지난 뒤, 안나가 아기에게 젖을 물리고 마리아라고 불렀다.

마리아가 첫돌을 맞자, 요아킴이 크게 잔치를 벌인다

제6장

1. 아기가 날로 자라 9개월이 지나서 어머니가 제 발로 서는지 보려고 방바닥에 놓았다. 그랬더니 아홉 걸음을 걷고 나서 어머니의 무릎으로 돌아왔다.

2. 아기를 잡아주고 나서 안나는 "주님의 성전으로 데리고 갈 때까지 네가 다시는 땅바닥을 걸어다니지 않게 하겠어."라고 말했다.

3. 그래서 안나는 딸의 방을 거룩한 장소로 만들고, 이상하거나 불결한 것이 접근하지 못하게 했으며, 이스라엘의 더럽혀지지 않은 딸들을 초대해서 함께 지내게 했다.

성모 마리아와 아기 예수, 아씨시의 안드레아 디 루이지 작, 15세기

4. 딸의 첫돌이 되자 요아킴이 사제들, 학자들, 장로들 그리고 이스라엘의 모든 백성을 초대했다.

5. 요아킴이 딸을 대사제들에게 바치자, 그들이 축복의 말을 했다. "우리 조상의 하느님, 이 딸을 축복하시고, 대대로 유명하고 대대로 이어질 이름을 내려주십시오." 모든 백성이 "그렇게 이루어

지기를 빕니다. 아멘."이라고 응답했다.

6. 요아킴이 다시 딸을 사제들에게 바치자, 그들이 축복의 말을 했다. "오, 가장 높으신 하느님, 이 딸을 굽어보시고 영원한 축복을 내려주십시오."

7. 이윽고 안나가 딸을 받아서 젖을 먹이고는 다음과 같은 찬미가를 주님께 바쳤다.

8. "저는 새로운 노래를 주 하느님께 바치겠습니다. 왜냐하면 주님이 저를 방문했고, 제 원수들의 책망을 듣지 않게 해주었으며, 제게 그분의 의로움의 열매를 주었고, 안나가 젖을 물린다고 루벤의 자손들에게 말할 수 있게 되었기 때문입니다."

9. 이어서 안나는 자신이 축성한 아기 방에 딸을 데려가 쉬게 하고, 손님들을 접대했다.

10. 잔치가 끝나자 모두 기뻐하고 이스라엘의 하느님을 찬미하면서 돌아갔다.

마리아가 세 살 때 제대 계단에서 춤을 춘다

제7장

1. 마리아가 두 살이 되었을 때, 요아킴이 안나에게 "주님에게 맹세한 대로 딸을 주님의 성전으로 데리고 갑시다. 주님이 화를 내서 우리 제물을 거절할까 두려우니까."라고 말했다.

2. 그러나 안나는 "아이가 아버지 얼굴도 못 알아보면 안 되니까 1년만 더 기다려요."라고 대꾸했다. 그러자 요아킴이 "그렇게 합시다."라고 대답했다.

3. 아이가 세 살이 되자, 요아킴이 "히브리인들의 정숙한 딸들에

게 각자 등불을 켜들고 오라고 초대합시다. 아이가 주님의 성전에 마음을 붙이고 친가에 돌아오지 않도록 합시다."라고 말했다.

4. 그렇게 해서 그들이 성전으로 올라갔다. 대사제가 마리아를 받아들이고 축복하고는 "마리아, 주 하느님이 네 이름을 영원히 빛나게 했고, 이스라엘의 자녀들에게 너를 통해서 영원히 구원을 보여주었다."라고 말했다.

5. 대사제가 마리아를 제대의 세번째 계단에 내려놓자, 주님이 힘을 주어 마리아가 스스로 춤을 추었다. 이스라엘의 모든 사람이 마리아를 사랑했다.

마리아가 12세 때 요셉이 배우자로 선출된다

제8장

1. 딸이 자기들에게 돌아오지 않았기 때문에 마리아의 부모는 크게 놀라고 하느님을 찬미하면서 귀가했다.

2. 마리아는 성전에서 길들여진 비둘기처럼 성전에 머물고, 천사들의 손에서 음식을 받아먹었다.

3. 마리아가 열두 살이 되자, 사제들이 회의를 열고 "마리아가 열두 살이 되었으니 어떻게 하면 좋겠소? 주 하느님의 거룩한 장소가 더럽혀질 우려가 있으니 말이오."라고 말했다.

4. 그러자 사제들이 대사제 즈가리야에게 "당신이 주님의 제대 앞에 서고, 거룩한 장소로 들어가서 해답을 요청하십시오. 무슨 해답이 나오든 그대로 시행하는 겁니다."라고 말했다.

5. 지성소로 들어간 대사제가 재판의 가슴 받침을 벗고 기도했다.

6. 주님의 천사가 와서 "즈가리야여, 즈가리야여, 홀아비들을 모

두 불러모으는데, 각자 지팡이를 가져오라고 하시오. 주님의 징표를 받는 사람이 마리아의 남편이 될 것이오."라고 말했다.

7. 소식을 알리는 전령들이 전국으로 파견되고 주님의 나팔이 울렸다. 모든 백성이 달려와서 한 군데에 모였다.

8. 요셉도 도끼를 집어던지고는 거기 참석했다. 사람들이 각자 지팡이를 들고 대사제에게 갔다.

9. 지팡이를 모두 접수한 대사제가 성전으로 들어가 기도했다.

10. 기도를 마치고 대사제가 지팡이를 각자에게 돌려주었으나, 징표로서 기적이 일어나지 않았다.

11. 요셉이 마지막으로 지팡이를 돌려받았는데, 그 지팡이에서 비둘기가 튀어나와 요셉의 머리 위에 올라앉았다.

12. 그러자 대사제가 "요셉, 당신이야말로 주님의 동정녀를 데리고 가서 잘 보살피도록 선택되었소."라고 말했다.

13. 그러나 요셉은 "저는 늙은이인데다가 자녀들이 있고 이 여자는 나이가 매우 어리니, 제가 이스라엘에서 웃음거리가 될까 염려됩니다."라고 말하면서 거절했다.

14. 대사제가 "요셉, 당신의 주 하느님을 두려워하시오. 하느님이 자기를 거스른 다탄, 코라, 아비람을 어떻게 다루었는지, 땅이 갈라져서 그들을 삼켜버린 사실을 기억하시오. 당신 집안에도 이런 일이 일어나지 않도록 하느님을 두려워하라 이거요."라고 말했다.

15. 그 말에 겁을 먹은 요셉이 마리아를 자기 집으로 데리고 가서 "마리아, 내가 성전에서 너를 데리고 왔으니 이 집에 머물러도 좋아. 난 내 직업인 건축일에 몰두해야만 해. 잘 있어."라고 말했다.

대사제 즈가리야가 벙어리가 되고,
마리아는 엘리사벳을 방문한다

제9장

1. 사제들이 회의를 열고 "성전의 휘장을 새것으로 바꿉시다."라고 제의했다.

2. 대사제가 "다윗의 가문에서 더럽혀지지 않은 처녀 일곱 명을 데려오시오."라고 말했다.

3. 하인들이 나가서 처녀들을 데려오자, 대사제가 "금실, 청실, 주홍색 실, 가는 아마 실, 짙은 자주색 실로 천을 짤 사람을 각각 결정하려고 하니, 내 앞에서 제비를 뽑아라." 하고 말했다.

4. 대사제는 마리아가 다윗 가문 출신임을 알고 마리아도 불렀다. 짙은 자주색 실이 마리아에게 부여되었다. 그래서 마리아가 집으로 돌아갔다.

5. 그때부터 즈가리야가 벙어리가 되었는데, 다시 말을 할 수 있을 때까지 사무엘이 그 직책을 맡았다.

7. 어느 날 마리아가 물을 긷기 위해서 물동이를 들고 나갔을 때 "은총으로 충만한 당신에게 인사드립니다. 주님이 당신과 함께 계시고, 당신은 여자들 가운데서도 축복을 받았습니다."라는 말소리가 들려왔다.

8. 소리가 나는 곳을 확인하려고 좌우를 둘러본 뒤에 마리아는 몸을 떨면서 집으로 들어가 물동이를 내려놓고, 자주색 실을 가지고 천 짜는 일을 계속했다.

9. 주님의 천사가 그 곁에 서서 "마리아님, 하느님의 총애를 받았으니 두려워하지 마십시오."라고 말했다.

10. 마리아는 그 인사말의 의미를 곰곰이 생각했다.

11. 천사가 "주님이 당신과 함께 계시고, 당신은 임신할 것입니다."라고 말했다.

12. 마리아가 "뭐라고요? 제가 살아 계신 하느님에 의해서 잉태하고, 다른 모든 여자들이 하듯이 출산을 할 거란 말이에요?"라고 물었다.

13. 천사는 "오, 마리아님, 그렇지는 않습니다. 성령이 당신 위에 오시고, 가장 높으신 분의 힘이 당신을 덮을 것입니다.

14. 따라서 당신이 낳을 그분은 거룩한 분이고 살아 계신 하느님의 아들이라고 불릴 것입니다. 그리고 그분이 자기 백성을 죄에서 구원할 것이니까 그 이름을 '예수'라고 부르십시오.

15. 당신 사촌인 엘리사벳도 늙은 나이에 임신하였고,

16. 이제 6개월이 지났는데, 엘리사벳도 과거에는 불임이었지요. 그러니까 하느님에게는 불가능한 것이 없습니다."라고 대답했다.

17. 마리아는 "주님의 하녀가 여기 있습니다. 당신 말 그대로 제게 이루어지기를 바랍니다."라고 대답했다.

18. 자주색 천을 짜 가지고 대사제에게 바치자, 대사제가 마리아를 축복하면서 "마리아, 주 하느님이 당신 이름을 높였고, 당신은 영원히 축복을 받을 것이오."라고 말했다.

19. 그러자 기쁨에 넘쳐서 마리아가 사촌 엘리사벳을 방문하여 문을 두드렸다.

20. 엘리사벳이 달려가 문을 열어주고는 마리아를 축복하면서 "내 주님의 어머니가 이렇게 찾아오시다니, 이게 웬일인가요?

21. 당신의 인사말을 듣자마자 내 뱃속의 아기가 뛰어노는가 하면, 당신을 축복했어요."라고 말했다.

22. 대천사 가브리엘이 자기에게 말한 모든 신비로운 일들에 관해서 아직 깨닫지 못한 마리아가 하늘을 향해 눈을 들어 "주님! 제가 무엇이라고, 지상의 모든 세대들이 저를 축복받은 여자라 부를

것이라고 하는가요?"라고 말했다.

23. 그러나 날이 갈수록 몸이 더 커지자 겁이 난 마리아가 집으로 돌아가, 이스라엘의 자녀들의 눈에 띄지 않도록 몸을 숨겼다. 이런 일들이 일어났을 때, 마리아는 열네 살이었다.

질투심과 근심으로 요셉이 마리아를 야단친다

제10장

1. 마리아가 임신한 지 6개월이 지났을 때, 요셉이 다른 지방에서 건축일을 하다가 돌아와 동정녀의 몸이 무거운 사실을 발견했다.

2. 그래서 자기 얼굴을 때리면서 "내가 무슨 면목으로 주 하느님을 대하겠는가? 이 젊은 여자에 관해서 내가 무슨 말을 하겠는가?

3. 성전에서 동정녀를 데려왔는데 제대로 보호해주지 못했으니 말이다.

4. 누가 나를 속였는가? 누가 우리 집에서 이런 사악한 짓을 저지르고, 동정녀를 유혹하여 더럽혔단 말인가?

5. 아담의 역사가 내 경우에 그대로 재현된 것이 아닌가?

6. 아담이 영광을 받을 바로 그 순간에 뱀이 홀로 있는 하와에게 가서 유혹했으니까.

7. 바로 그 꼴이 내게도 일어난 것이다."라고 말했다.

8. 방바닥에서 일어난 요셉이 마리아를 불러서 "그렇게도 하느님의 총애를 받은 당신이 왜 이런 짓을 했소?

9. 지성소에서 교육을 받고, 천사들 손에서 음식을 받아먹은 당신이 왜 스스로 자기 영혼을 구렁텅이에 처넣은 거요?"라고 물었다.

10. 마리아는 눈물을 펑펑 쏟으면서 "전 죄가 없어요. 남자를 전

혀 알지 못해요."라고 대답했다.

11. 요셉이 "그렇다면 어떻게 임신을 할 수가 있단 말이오?"라고 물었다.

12. 마리아가 "맹세하지만, 어떻게 해서 임신이 되었는지는 저도 몰라요."라고 대답했다.

13. 지독한 근심에 휩싸인 요셉이 밖으로 나가서 처리 방안을 궁리하면서 속으로 이런 생각을 했다.

14. "저 여자의 죄를 덮어준다면, 내가 주님의 율법을 거스르는 죄인이 된다.

15. 그렇다고 사람들에게 폭로하는 경우, 천사에 의해서 임신했을지도 모르는데 무죄한 사람의 목숨을 빼앗는 죄를 지을까 두렵다.

16. 어찌하면 좋단 말인가? 개인적으로 저 여자를 버리는 수밖에 없지."

17. 밤이 되자 요셉의 꿈에 천사가 나타나

18. "젊은 여자를 맞이하는 것을 두려워하지 마시오. 아기는 성령으로 잉태된 분이니까 말이오.

19. 마리아는 아들을 낳을 것이오. 그 아들은 자기 백성을 죄에서 구원할 분이니까 예수라고 부르시오."라고 말했다.

20. 잠에서 깨어난 요셉이 자기를 그토록 총애한 이스라엘의 하느님을 찬미하고, 동정녀를 보호했다.

안나스가 요셉과 마리아를 대사제에게 고발한다

제11장

1. 율법학자 안나스가 요셉을 찾아와서 "여행에서 돌아온 이후 통 얼굴을 볼 수 없으니 어찌된 일이오?"라고 물었다.

2. 요셉은 "너무 피곤해서 첫날은 집에서 쉬었답니다."라고 대답했다.

3. 그러나 몸을 돌린 안나스가 임신한 마리아를 발견했다.

4. 그래서 사제에게 가서 "당신이 극진하게 신뢰하던 요셉이 몹쓸 죄를 저질렀소. 주님의 성전에서 데리고 간 동정녀를 더럽혔고, 개인적으로 결혼하고는 그 사실을 숨기고 있소."라고 말했다.

5. 사제가 "요셉이 그런 짓을 했단 말이오?"라고 물었다.

6. 안나스는 "아무 하인이나 보내도 금세 그 여자의 임신 사실을 확인할 수 있소."라고 대답했다.

7. 하인들이 가서 사실을 확인했다.

8. 그래서 마리아와 요셉이 함께 재판을 받게 되었는데, 사제가 마리아에게 "마리아, 무슨 짓을 했는가? 지성소에서 천사들이 주는 음식을 받아먹고 천사들의 노래를 들은 당신이 왜 스스로 영혼을 타락시키고 하느님을 잊어버렸는가?

10. 왜 이런 짓을 했는가?"라고 물었다.

11. 마리아가 눈물을 흘리면서 "전 하느님 앞에 죄가 없어요. 남자를 전혀 알지 못해요."라고 대답했다.

12. 그러자 사제가 요셉에게 "왜 이런 짓을 했소?"라고 물었다.

13. 요셉은 "전혀 이 여자와 관계한 적이 없소."라고 대답했다.

14. 사제가 "거짓말 말고 진실을 선언하시오. 개인적으로 이 여자와 결혼하고는 숨기고 있지 않았소? 하느님의 강한 손 아래 자신

을 낮추어 당신 씨가 축복을 받도록 한 게 아니오?"라고 추궁했다.

15. 요셉이 입을 다물었다.

16. 사제는 요셉에게 "성전에서 동정녀를 데려갔으니, 당신은 성전에 그 동정녀를 다시 바쳐야만 하오."라고 덧붙여 말했다.

17. 요셉이 격심하게 흐느꼈다. 사제는 이어서 "두 사람에게 그 악행이 드러나게 하기 위해서 주님의 물(극약이 든 물)을 내리겠소."라고 말했다.

18. 사제가 준 물을 마시고 요셉이 산으로 올라갔다.

19. 무사히 되돌아온 요셉을 본 사람들은 그의 죄가 드러나지 않은 데 크게 놀랐다.

20. 사제는 "주님이 당신의 죄를 드러내지 않았으니, 나도 단죄하지 않겠소."라고 말했다.

21. 그래서 사제가 둘을 돌려보냈다.

22. 요셉이 마리아를 데리고 집으로 돌아갔는데, 그는 기쁨에 넘쳐서 하느님을 찬미했다.

로마 황제의 칙령 때문에 요셉이 마리아를 데리고 베들레헴의 동굴로 간다

제12장

1. 유대의 베들레헴에 소속된 유대인들은 모두 세금을 바쳐야 한다는 아우구스투스 황제의 칙령이 내렸다.

2. 요셉은 "내 자녀들이 세금 내는 것은 내가 돌보겠다. 그러나 이 젊은 여자는 어떻게 할 것인가?

3. 아내로서 세금을 내게 한다면 내가 창피하다. 딸로서 세금을

내게 한다면, 누구나 이 여자가 내 딸이 아니라는 걸 알고 있지.

4. 때가 되면 주님이 뜻하시는 대로 하도록 맡기자."고 생각했다.

5. 당나귀에 안장을 얹고 마리아를 태운 뒤에, 요셉과 시몬이 그 뒤를 따라 5킬로미터 가량 떨어진 베들레헴에 도착했다.

6. 몸을 돌려 슬픔에 젖은 마리아를 보고는 요셉이 "임신 때문에 고통스러운 모양이군."하고 생각했다.

7. 다시 몸을 돌이키자, 이번에는 마리아가 웃고 있었다.

8. 그래서 "얼굴에 슬픔이 깃들이는가 하면 기쁨에 넘쳐 웃는 까닭은 뭐요?"라고 물었다.

9. 마리아가 "내 눈에 두 민족이 보이는데, 하나는 슬피 울고, 또 하나는 기쁨에 넘쳐서 웃기 때문이지요."라고 대답했다.

10. 계속해서 길을 가고 있을 때, 마리아가 "아기가 당장이라도 나올 듯하니 당나귀에서 좀 내려주세요."라고 말했다.

11. 요셉은 "여긴 사막인데 어디로 데려가 달라는 거요?"라고 대답했다.

12. 마리아가 다시금 졸라댔다.

13. 그래서 요셉이 내려주었다.

14. 그리고 동굴을 발견하고는 그곳으로 마리아를 데리고 갔다.

요셉이 히브리인 산파를 구하고 있을 때 이상한 일들이 벌어진다

제13장

1. 마리아와 자기 아들들을 동굴에 남겨둔 채 요셉이 히브리인 산파를 구하러 베들레헴으로 내려갔다.

2. (이하는 요셉이 말한 내용) 내가 길을 가고 있을 때, 구름들이 놀라고, 새들이 공중에서 정지하여 더 이상 날아가지 않는 것을 보았다.

3. 지상을 내려다보니 식탁이 있고 그 주위에 일꾼들이 둘러앉았는데, 두 손을 식탁 위에 올려놓았으나 움직이지 않았다.

4. 입 속에 고기를 넣고 있는 사람들은 그것을 먹지 않았다.

5. 두 손을 머리 위로 높이 쳐든 사람들은 그 손을 내리지 않았다.

6. 입으로 손을 가져간 사람들은 그 입에 아무것도 넣지 않았다.

7. 모든 얼굴이 위를 향했다.

8. 양떼가 흩어졌지만 부동 자세로 서 있는 것이 내 눈에 보였다.

9. 양떼를 내리치려고 손을 치켜든 목동의 손이 허공에 머물러 있었다.

10. 강을 바라보니 강물에 입을 댄 사람들이 물을 마시지 않고 있었다.

아기가 태어날 때까지 동굴이 점점 찬란한 광채로 뒤덮인다

제14장

1. 내가 산에서 내려오는 여자를 만났는데, 그 여자가 "어디로 가는 중이지요?"라고 물었다.

2. 나는 "히브리인 산파를 찾고 있소."라고 대답했다.

3. "산모가 어디 있지요?"라고 여자가 물었다.

4. "동굴에 있소. 내 약혼녀요."라고 내가 말하자,

5. "당신 아내가 아니란 말이에요?"라고 물었다.

6. 요셉은 "산모는 주님의 집에 있는 지성소에서 교육받은 마리아요. 내가 제비에 뽑혔지만 마리아는 내 아내가 아니고, 성령으로 잉태했소."라고 대답했다.

7. "그게 정말인가요?" 하고 산파가 물었다.

8. 그가 "와서 보시오."라고 대꾸했다.

9. 그래서 산파가 그를 따라 동굴에 들어갔다.

10. 그러자 찬란한 구름이 동굴을 뒤덮었고, 산파가 "내 눈이 놀라운 일들을 보았고, 구원이 이스라엘에게 이르렀으니, 오늘 내 영혼이 크게 축복을 받았어요."라고 말했다.

11. 그러나 갑자기 구름이 동굴 안에서 엄청나게 찬란한 광채로 변해서 그들은 눈을 뜰 수가 없었다.

12. 이윽고 광채가 서서히 사라지고 아기가 모습을 드러냈는데, 어머니 마리아의 젖을 빨고 있었다.

13. 산파가 "내 눈이 이토록 놀라운 광경을 보았으니, 이 날은 얼마나 영광스러운 날인가!" 하고 외쳤다.

14. 동굴에서 나간 산파가 살로메와 만나서,

15. "살로메, 살로메, 제가 얼마나 놀라운 일을 보았는지 말해주겠어요.

16. 자연법칙에 반대되는 일이지만, 처녀가 아이를 낳았어요."라고 말했다.

17. 살로메가 "이 일에 대한 특별한 증거를 확보하기 전에는 처녀가 아이를 낳았다는 말을 믿지 않겠어요."라고 대꾸했다.

18. 살로메가 안으로 들어가자, 산파가 "마리아, 당신에 관해서 엄청난 분쟁이 생겼으니 당신 자신을 보여주세요."라고 말했다.

19. 이윽고 살로메가 만족했다.

20. 그러나 그 손이 말라비틀어져서 몹시 신음했다.

21. 그래서 살로메가 "내가 마음씨가 고약해서 천벌을 받았어요.

예수 탄생. 루이스 데 바르가스 작. 16세기

살아 계신 하느님을 시험했기 때문에 내 손이 떨어져나갈 지경이 거든요."라고 말하고는,

22. 이어서 "오, 우리 조상의 하느님, 아브라함과 이사악과 야곱의 자손인 저를 기억해주세요.

23. 백성들 앞에서 책망을 받게 하지 마시고, 부모 앞에 건강한 모습을 보일 수 있게 회복시켜주세요.

24. 당신 이름으로 저는 많은 자선사업을 했고, 당신의 보답을 받았으니까요."라고 간청했다.

25. 그러자 주님의 천사가 살로메 옆에 서서 "주 하느님이 당신의 기도를 들었소. 그러니까 당신 손을 뻗어 아기를 안아보시오. 그러면 회복될 거요."라고 말했다.

26. 기쁨에 넘친 살로메가 아기에게 가서 "아기를 만져보겠어요." 라고 말했다.

27. "이분은 이스라엘에 태어난 위대한 왕이에요."라고 말한 것으로 보아 살로메는 아기를 숭배할 작정이었다.

28. 살로메는 즉시 치유되었다.

29. 하느님의 인정을 받은 산파가 동굴에서 나갔다.

30. 그러자 살로메에게 "아기가 예루살렘으로 올라갈 때까지는 네가 본 이상한 일들을 알리지 마라."고 하는 소리가 들렸다.

31. 살로메도 하느님의 인정을 받고 떠나갔다.

동방 박사들이 나타나서 헤로데 왕이 놀란다

제15장

1. 동쪽으로부터 지혜로운 사람들(동방 박사들)이 온다고 하여 베들레헴에서 큰 소동이 벌어졌기 때문에, 요셉이 떠날 채비를 했다.

2. 그들은 "갓 태어난 유대인들의 왕은 어디 계신가요? 동쪽에서 우리가 그의 별을 보고 숭배하러 왔습니다."라고 말했기 때문이다.

3. 그 말을 들은 헤로데 왕이 근심 걱정에 사로잡혀서 전령들을 지혜로운 사람들에게 보냈다. 그리고 사제들에게도 파견해서 커다란 회의실에 모아놓은 뒤에,

4. "왕 그리스도가 어디에서 태어난다고 기록되어 있소? 아니면, 어디에서 반드시 태어날 것인지 말해보시오."라고 물었다.

5. 사제들이 유대의 베들레헴이라고 대답했다.

6. 왕이 대사제들을 돌려보낸 다음, 지혜로운 사람들을 불러서 "갓 태어난 왕에 관해서 무슨 징표를 보았소?"라고 물었다.

7. 그들은 "비상하게 커다란 별이 하늘에서 빛나는 모습을 보았소. 이 별의 광채가 얼마나 대단한지, 다른 별들은 보이지도 않았소. 그래서 이스라엘에 위대한 왕이 태어난 것을 알았소. 우리는 그분을 숭배하려고 왔소."라고 대답했다.

8. 헤로데가 "가서 열심히 찾아보시오. 만일 아기를 발견하게 되면 내게 알려주시오. 나도 가서 경배할 생각이오."라고 말했다.

9. 그래서 지혜로운 사람들이 길을 떠났다. 동쪽에서 보았던 그 별이 나타나 아기가 어머니 마리아와 함께 머물고 있는 동굴에 이르러서 멈추었다.

10. 그들은 황금과 유향과 몰약을 바쳤다.

11. 꿈에 나타난 천사가 유대를 거쳐서 헤로데에게 돌아가지 말라

고 경고했기 때문에, 그들은 다른 길로 고향에 돌아갔다.

마리아가 아기를 여물통에 숨기고, 엘리사벳은 산으로 도망치며, 즈가리야가 살해된다

제16장

1. 지혜로운 사람들에게 속았다고 깨달은 헤로데가 격분하여, 베들레헴의 두 살 이하 아기를 모조리 살해하라고 명령했다.

2. 그 소문을 들은 마리아는 몹시 두려워서 아기를 포대기로 싼 뒤에 소 여물통에 숨겼다. 여관에는 그들이 묵을 빈 방이 없었기 때문이다.

3. 엘리사벳도 자기 아들 요한을 데리고 산으로 가서 숨길 장소를 찾아보았다.

4. 그러나 으슥한 장소가 눈에 띄지 않았다.

5. 그래서 신음하며 "오, 주님의 산이여, 아기와 어머니를 받아주세요."라고 말했다.

6. 엘리사벳은 산을 올라갈 수 없었기 때문이다.

7. 그러자 산이 즉시 쪼개지고 그들을 안으로 받아들였다.

8. 그리고 그들을 보호해주려고 천사가 나타났다.

9. 요한을 찾던 헤로데가 하인들을 제대에서 봉사하고 있던 즈가리야에게 파견해서 "아들을 어디 숨겼는가?"라고 추궁했다.

10. 즈가리야가 "나는 하느님의 사제이자 제대에서 일하는 하인인데, 아들이 어디 있는지를 어떻게 안단 말이오?"라고 대꾸했다.

11. 하인들이 돌아가서 경과를 보고하자, 헤로데가 격분하여 "그

사람 아들이 이스라엘의 왕이 될 가능성이 크지 않겠는가?"라고 말했다.

12. 그래서 다시 하인들을 파견하여 "네 아들이 어디 있는지 솔직하게 말하라. 네 목숨이 내 손에 달려 있다는 것은 너도 잘 알지 않는가?"라고 전하게 했다.

13. 하인들이 명령을 이행했다.

14. 그러나 즈가리야는 "나는 하느님의 순교자요. 그가 내 피를 흘리겠다면, 주님이 내 영혼을 받아줄 거요.

15. 게다가 당신들은 무죄한 사람의 피를 흘린다는 것을 아시오."라고 말했다.

16. 그러나 즈가리야는 성전과 제대의 입구, 즉 구획을 가르는 곳 근처에서 살해되었다.

17. 백성들은 그가 살해되었을 때 그 사실을 몰랐다.

18. 인사를 하는 시간에 사제들이 성전에 들어갔는데도 즈가리야가 관례에 따라 그들을 만나서 축복해주지 않았다.

19. 사제들이 계속해서 기다렸다.

20. 아무리 기다려도 즈가리야가 나오지 않자, 한 사제가 제대가 있는 거룩한 곳으로 들어가 땅바닥에 피가 응고된 것을 보았다.

21. "즈가리야는 살해되었다. 그 피에 대한 보복이 이루어지기 전까지는 그의 피를 씻어내지 말라." 하는 소리가 공중에서 들렸다.

22. 그 말을 들은 사제가 두려움에 떨면서 밖으로 나와 보고 들은 대로 알렸다. 사제들이 모두 안으로 들어가서 사실을 확인하였다.

23. 성전의 지붕들이 무서운 소리를 내더니, 꼭대기에서 바닥까지 갈라졌다.

24. 그들은 시체를 찾을 수가 없었고, 그의 피만 돌처럼 굳어진 상태였다.

25. 사제들이 돌아가서 즈가리야의 피살 소식을 백성들에게 알렸

다. 이스라엘의 모든 부족이 그 소식을 듣고 3일간 애도하고 탄식했다.

26. 사제들이 모여서 즈가리야의 후계자 선출을 의논했다.

27. 시메온과 다른 사제들이 제비를 뽑았는데, 시메온이 선출되었다.

28. 지상에 오신 그리스도를 직접 눈으로 볼 때까지 그가 죽지 않을 것이라고 성령의 보증을 받은 사람이기 때문이다. 나 야고보가 예루살렘에서 이 역사를 기록했다. 소란이 발생했을 때 나는 헤로데가 죽을 때까지 사막으로 피신했다. 얼마 후 예루살렘에서 소란이 가라앉았다. 하느님을 사랑하고 신심이 깊은 여러분에게 이 글을 보내는 지혜를 내게 마련해준 하느님을 찬미한다. 그분에게 영광과 권세가 영원히 있을 것이다. 아멘.

예수 그리스도의 어린 시절 제1복음(아랍어)

기적을 일으키는 아기

해설

　　이 아랍어 필사본은 5~6세기경의 시리아어로 된 원본을 번역한 것으로 보인다. 그리고 이것은 '야고보의 최초 복음'과 '어린 시절 토마스 복음'을 기초로 하고, 이집트에서 유래한 환상적 이야기들을 추가한 것이다. 이것은 그노시스파가 전해준 문헌으로 추정한다.

　　이 환상적 이야기들은 〈아라비안나이트(천일야화)〉에서 채용하여 추가되기도 했다. 또한 마호메트와 그 제자들이 코란을 집대성할 때 여기 나오는 설화들을 채용했다. 그리고 이 문헌의 내용은 페르시아(이란)와 인도의 설화에도 크게 영향을 미쳤다.

　　이란의 염색업자들이 그리스도를 자기들 직업의 수호성인으로 삼고, 염색 가게를 '그리스도의 상점'이라고 부르는 것은 이 문헌에서 유래한다. 이것은 1697년에 헨리 사이크가 영어로 처음 출판했다.

아기 예수가 자기는 하느님의 아들이라고 어머니에게 말한다

제1장

1. 대사제 요셉(어떤 사람들은 카야파스라고도 부른다)의 책에 다음과 같은 이야기가 들어 있다.

2. 요셉이 말하기를, 예수가 요람에 누워 있을 때 어머니에게

3. "마리아, 나는 하느님의 아들 예수이고, 가브리엘 천사가 당신에게 선언한 대로 당신이 낳은 것입니다. 온 세상의 구원을 위해서 아버지가 나를 파견했지요."라고 말했다는 것이다.

4. 알렉산더 시대로부터 309년이 되던 해에 아우구스투스 황제는 누구나 자기가 소속된 마을에 가서 세금을 내야 한다는 칙령을 내렸다.

5. 요셉이 약혼녀 마리아를 데리고 예루살렘으로 갔다가 다시 베들레헴으로 갔다. 자기 조상의 마을에서 세금을 내기 위해서 그런 것이다.

6. 동굴에 가까이 이르렀을 때, 마리아가 출산 시기가 임박해서 마을까지 갈 수가 없다고 고백하고는 "이 동굴로 들어가요."라고 말했다.

7. 해가 막 질 무렵이었다.

8. 산파를 데려오려고 길을 재촉하던 요셉이 예루살렘 출신인 히브리인 노파를 만나 "이리 좀 오시지요. 저 동굴로 들어가면 막 출산하려는 여인을 만날 겁니다."라고 말했다.

9. 노파와 요셉은 해가 진 뒤에 동굴에 도착했다.

10. 그런데 동굴 안은 등불과 촛불들보다 더 찬란한 광채, 해 자체보다 더 밝은 빛으로 가득 차 있었다.

성모 마리아와 아기 예수, 알로조 카노 작, 17세기

II. 아기는 포대기에 싸인 채 어머니 성모 마리아의 젖을 빨고 있었다.

I2. 그 광채를 본 두 사람이 놀랐고, 노파가 성모 마리아에게 "당신이 이 아기의 엄마인가요?"라고 물었다.

I3. 성모 마리아가 그렇다고 대답했다.

I4. "당신은 다른 모든 여자들과 매우 다릅니다."라고 노파가 말

하자,

15. 성모 마리아가 "내 아기와 같은 아기가 세상에는 없으니까, 그 아기의 엄마와 같은 엄마가 이 세상에는 없는 것이지요."라고 대답했다.

16. 노파가 "마님, 저는 영원한 보답을 받기 위해서 여기 왔어요."라고 말했다.

17. 그러자 성모 마리아가 "당신 두 손을 아기 위에 놓으세요."라고 말했다. 노파가 시키는 대로 하자 완전히 치유되었다.

18. 그리고 떠나갈 때 "지금부터 죽을 때까지 저는 이 아기를 위해 봉사하겠어요."라고 말했다.

19. 그 후 목동들이 와서 모닥불을 피우고 몹시 기뻐했는데, 하늘의 천사들이 그들에게 나타나 하느님을 찬미하고 숭배했다.

20. 목동들도 하느님을 찬미하고 숭배했다. 동굴은 그때 주님 그리스도의 탄생으로 천사들과 사람들이 함께 하느님을 찬미하고 숭배했기 때문에 영광스러운 성전과도 같았다.

21. 히브리인 노파는 이 모든 기적을 보고 나서 역시 주 하느님을 찬미했다.

노파가 아기 예수의 음경 끝(또는 탯줄)을 기름 단지에 넣어 보존한다

제2장

1. 태어난 지 8일이 지났을 때, 그들이 아기에게 할례를 베풀었다.

2. 노파가 아기의 음경 끝(탯줄이라고 하는 사람들도 있다)을 감송향 기름 단지에 넣어 보존했다.

3. 그리고 약을 파는 자기 아들에게 "3백 냥을 준다고 해도 이 기름 단지는 절대로 팔지 마라."하고 지시했다.

4. 그런데 죄인인 마리아가 바로 이 기름 단지를 손에 넣은 뒤, 우리 주 그리스도의 머리와 발에 그 기름을 바르고 자기 머리카락으로 씻었던 것이다.

5. 열흘이 지난 뒤 그들이 아기를 예루살렘으로 데리고 갔고, 태어난 지 40일째 되는 날 아기를 성전에 데리고 가서 모세의 율법에 따라 제물을 바쳤다.

6. 동정녀 성모 마리아가 아기를 품에 안고 올 때, 그 아기가 빛기둥처럼 빛나는 것을 본 시메온이 말할 수 없는 기쁨에 가득 찼다.

7. 그리고 천사들이 왕의 근위병처럼 아기를 둘러싸고 숭배했다.

8. 성모 마리아에게 다가선 시메온이 두 팔을 뻗어 "주님, 이제 당신 말씀에 따라 당신의 하인인 이 몸이 평온하게 떠날 것입니다.

9. 당신이 모든 민족들의 구원을 위해서 준비한 당신의 자비, 즉 모든 백성의 빛과 당신 백성 이스라엘의 영광을 제가 두 눈으로 보았기 때문입니다."라고 그리스도에게 말했다.

10. 그 자리에 있던 여자 예언자 한나도 가까이 다가와서 하느님을 찬미하고 마리아의 행복을 축하했다.

마리아가 준 아기의 포대기가 기적을 일으킨다

제3장

1. 헤로데 왕 시절에 유대의 베들레헴 마을에서 주님 그리스도가 탄생했을 때, 지혜로운 사람들(동방 박사들)이 조로아스터의 예언에 따라 동쪽에서 예루살렘으로 왔는데, 황금과 유향과 몰약을 선

물로 바치고 아기를 숭배했다.

2. 그러자 마리아가 아기를 쌌던 포대기 가운데 하나를 축복 대신에 그들에게 주었다. 그들은 가장 고귀한 선물을 받은 것이다.

3. 동쪽에 나타났던 바로 그 별이 자기네 나라로 돌아가는 길을 다시금 인도해주었다.

4. 왕들과 왕자들이 그들에게, 무엇을 보았고 무슨 행동을 했는지, 왕복 여행은 어떠했는지, 길에서 어떤 사람들과 어울렸는지 질문했다.

5. 그들은 마리아가 준 포대기를 꺼내어 보이고는 축제를 벌였다.

6. 그리고 그 나라의 관습에 따라 모닥불을 피우고 포대기를 숭배했다.

7. 그들이 포대기를 불 속에 던지자, 불이 그것을 받아서 보존했다.

8. 그들이 불을 끄고 포대기를 꺼내니, 포대기는 불에 전혀 타지 않고 고스란히 남아 있었다.

9. 그들이 포대기에 키스하고 머리와 눈에 대고는, "이것은 의심할 바 없는 진리다. 불에도 타지 않는 것은 참으로 놀라운 일이다."라고 말했다.

10. 그래서 최고의 존경을 표시하면서 포대기를 보물 창고에 넣어 보존했다.

아기 예수 앞에서 이집트의 우상들이
쓰러지는 소동이 벌어진다

제4장

1. 지혜로운 사람들이 돌아오지 않자, 헤로데가 사제들을 모아놓고는 "그리스도가 어디서 태어날 것인지 말하라."고 지시했다.

2. 베들레헴이라는 대답을 들은 그는 주 예수 그리스도를 죽이겠다는 생각을 품었다.

3. 그러나 천사가 요셉의 꿈에 나타나 "일어나시오. 닭이 홰를 치자마자 아기와 그 어머니를 데리고 이집트로 가시오."라고 말했다. 요셉이 일어났다.

4. 그리고 여행을 어떻게 할까 궁리하고 있는데, 날이 밝았다.

5. 여행 도중에 안장의 끈이 끊어졌다.

6. 커다란 도시에 가까이 접근했는데, 그 도시에는 이집트의 다른 우상들과 신들로부터 제물을 받고 지배하는 우상이 있었다.

7. 그 우상을 섬기는 사제는, 사탄이 우상의 입을 통해서 이야기할 때마다 그 말을 이집트와 다른 나라의 백성들에게 전달했다.

8. 이 사제에게 세 살짜리 아들이 있었다. 그 아들은 수많은 악마들에게 신들려 있고, 이상한 일들에 관해 많이 이야기하고, 악마에게 이끌려 옷을 찢고 발가벗은 채 밖으로 뛰어나갔고, 구경꾼들에게 마구 돌을 던졌다.

9. 그 우상 근처에 있는 여관에 요셉과 성모 마리아가 머물렀는데, 그 도시의 모든 주민들이 크게 놀랐다.

10. 그래서 관리들과 우상들을 섬기는 사제들이 그 우상 앞에 모여서 "사람들이 이토록 놀라고 무서워하는 이유는 무엇입니까? 왜 온 나라가 경악과 공포에 휩싸였습니까?"라고 물었다.

11. 그러자 우상이 "미지의 신, 즉 참된 하느님이 여기 왔기 때문이오. 그분 이외에는 아무런 신도 없소. 그는 참으로 하느님의 아들이기 때문에 참된 숭배를 받아 마땅하오.

12. 그의 명성 때문에 이 나라가 부들부들 떨고, 그가 왔기 때문에 사람들이 놀라서 소동을 벌이는 것이며, 우리들도 그의 엄청난 힘 때문에 공포에 질려 있소."라고 대답했다.

13. 말을 마치자 우상이 쓰러졌고, 그 바람에 이집트의 모든 주민들이 줄행랑을 쳤다.

14. 그러나 악마들에게 사로잡힌 사제의 아들은 여관으로 들어가서 거기 남아 있던 요셉과 성모 마리아를 보았다.

15. 성모 마리아가 포대기를 빨아서 막대기에 걸어 말리고 있을 때, 신들린 소년이 포대기 하나를 집어서 머리 위에 얹었다.

16. 그러자 소년의 입에서 악마들이 차례로 나와, 까마귀와 뱀이 되어 날아갔다.

17. 그 순간 소년은 주 그리스도의 힘으로 치유되었고, 주님을 찬미하고 감사하는 노래를 부르기 시작했다.

18. 과거의 정상 상태로 돌아간 아들을 본 아버지가 "무슨 일이 있었느냐? 어떻게 해서 치유가 되었느냐?"고 물었다.

19. 아들이 "악마들에게 사로잡혀서 제가 여관으로 들어갔는데, 거기 아름다운 여인이 사내아이와 함께 있는 것을 보았지요. 여인은 아이의 포대기를 막 빨아서 널었어요.

20. 그 가운데 하나를 집어서 머리에 얹었더니 즉시 악마들이 저를 떠나서 달아났어요."라고 대답했다.

21. 아버지가 너무나도 기쁨에 넘쳐서 "아들아, 그 아이가 어쩌면 하늘과 땅을 창조하신 살아 있는 하느님의 아들인지도 모른다.

22. 왜냐하면 그가 오자 우상이 부서지고 모든 신들이 더 큰 힘에 의해서 쓰러지고 파괴되었기 때문이야."라고 말했다.

23. 이렇게 해서 "내가 아들을 이집트로 불러들였다."고 한 예언이 이루어졌다.

요셉과 마리아가 다가가자 강도들이 달아난다

제5장

1. 우상이 쓰러져서 파괴되었다는 말을 들은 요셉과 마리아가 겁에 질린 채 떨면서 "이스라엘에서는 예수를 죽이려던 헤로데가 베들레헴과 그 일대의 모든 아기들을 살해했지요.

2. 그런데 이 우상이 파괴되었다는 말을 들으면 이집트인들이 우리를 산 채로 불에 태워 죽일 게 틀림없어요."라고 말했다.

3. 그들은 여행자들을 습격하여 옷과 마차를 빼앗고 여행자들 자신은 묶어서 데리고 가던 강도단의 비밀 소굴로 갔다.

4. 그들이 가까이 다가갔을 때, 강도들은 마치 왕이 대규모의 기병대를 거느리고 접근하는 듯한 소리, 왕궁에서 출발할 때 요란한 나팔소리가 나는 것과 같은 그런 소리를 듣고는 겁에 질려서 모든 전리품을 내버려둔 채 허겁지겁 달아나버렸다.

5. 포로들이 자리에서 일어나 서로 밧줄을 풀어주고는 자기 자루를 메고 그 자리를 떠났다. 가까이 다가오는 요셉과 마리아를 본 그들이 "왕은 어디 계신가요? 그분이 오는 소리에 강도들이 달아나서 우리가 이제 자유의 몸이 되었는데 말이오."라고 말했다.

6. 요셉이 "그분은 우리 뒤에서 오는 중이오."라고 대답했다.

아기 예수를 씻은 물이 문둥병 여자를 고쳐준다

제6장

1. 그들이 다른 도시로 갔는데, 거기에는 마음 속에 저주받은 반역자 사탄이 들어 있는 여자가 살았다.

2. 이 여자는 물을 길러 갈 때 옷을 걸치지 않았고, 어느 집에서도 가만히 들어앉아 있지를 못했다. 그리고 쇠사슬과 밧줄로 자주 묶어두었지만 끊어버리고는 사막으로 달아났다. 가끔 교차로에 서 있거나 무덤에 가 있었는데, 사람들에게 돌을 마구 던졌다.

3. 성모 마리아가 이 여자를 바라보면서 동정심을 느꼈다. 그러자 여자한테서 사탄이 나와 청년의 모습으로 변하여 날아가면서 "마리아, 당신과 당신 아들 때문에 내가 저주를 받았소."라고 말했다.

4. 고통에서 해방된 여자가 자기 몸이 나체라는 것을 깨닫고 얼굴을 붉혔다. 아무도 만나지 않고 옷을 걸친 뒤에 집으로 돌아간 여자가 아버지와 친척들에게 자세히 설명했다. 그 도시의 상류층인 그의 아버지와 친척들이 요셉과 성모 마리아를 최대한으로 정중하게 모셨다.

5. 여행에 필요한 물건을 충분히 선물받고 다음날 요셉과 마리아가 떠났다. 저녁 무렵에 다른 도시에 도착했는데, 거기서는 결혼식이 성대하게 거행되고 있었다. 그런데 사탄의 장난과 몇몇 마술사들의 마술로 신부가 벙어리가 되어 아무 말도 하지 못했다.

6. 아기를 안고 마을로 들어오는 마리아를 본 벙어리 신부가 팔을 뻗어 아기를 자기 품에 꼭 껴안은 채 몇 번이고 키스를 하고 또 계속해서 흔들어주었다.

7. 그러자 여자의 혀가 풀리고 귀가 열렸으며, 하느님을 찬미하는 노래를 불렀다.

8. 주민들이 여간 기뻐하지 않았다. 하느님과 천사들이 자기들을 방문했다고 생각했기 때문이다.

9. 그들은 3일간 거기 머물면서 극진한 존경과 대접을 받았다.

10. 그런 다음 여행에 필요한 물건을 받은 뒤 다른 도시로 갔다. 그들은 유명한 그 도시에서 머물 작정이었다.

11. 거기 사는 한 귀부인이 하루는 목욕을 하러 강에 갔는데, 뱀의 모습을 한 사탄이 달려들었다.

12. 뱀은 여자의 배 주위를 칭칭 감고는 밤마다 여자를 괴롭혔다.

13. 이 여자가 아기인 주 그리스도를 품에 안은 성모 마리아를 보자, 아기에게 키스하고 자기 품에 안아보고 싶다고 말했다.

14. 마리아가 허락하고 여자가 아기를 안자마자 사탄이 여자에게서 떠나 날아가버렸고, 두 번 다시 나타나지 않았다.

15. 그래서 이웃사람들이 모두 최고의 하느님을 찬미하고, 여자는 그들에게 푸짐한 선물로 보답했다.

16. 다음날 아침 바로 그 여자가 주 그리스도의 몸을 씻기 위해 향수 뿌린 물을 가지고 왔다. 그리고 아기를 씻은 뒤에 그 물을 보존했다.

17. 거기 문둥병에 걸려 피부가 하얀 소녀가 있었다. 그런데 그 물을 뿌리고 피부를 씻으니 즉시 치유가 되었다.

18. 사람들은 "요셉과 마리아와 저 아기는 사람으로 보이지 않으니 신들이 분명하오."라고 말했다.

19. 그들이 출발하려고 할 때, 문둥병이 치유된 소녀가 따라가겠다고 해서 허락했다. 이어서 위대한 왕의 궁전이 있는 도시에 도착했고, 그들이 머문 여관은 왕궁에서 그리 멀지 않았다.

20. 하루는 소녀가 왕비에게 갔더니, 눈물을 흘리며 비탄에 잠겨 있었다.

21. 이유를 묻자 "내가 겪는 불행은 하도 엄청난 것이어서 감히

아무에게도 말할 수가 없단다."라고 왕비가 대답했다.

22. 소녀는 "비탄의 원인을 제게 털어놓으신다면 혹시 제가 그 해결책을 가르쳐드릴지 누가 알겠어요?"라고 말했다.

23. 왕비는 "절대로 딴 사람에게 말해선 안 돼!

24. 광대한 영토를 다스리는 이 왕과 내가 결혼해서 오랫동안 함께 살았지.

25. 드디어 임신을 해서 아들을 낳았는데, 불행히도 문둥이가 아니겠느냐! 왕은 자기 아들로 인정하지 않았단다.

26. 그리고 '당신 손으로 아이를 죽여버리든가, 아니면 영영 소식이 들리지 않을 먼 곳으로 보내시오. 당신이나 잘 지내시오. 다시는 당신을 만나지 않을 테니까.'라고 왕이 말했어.

27. 그래서 이 비참한 신세를 한탄하는 거야. 가련한 아들아! 가련한 내 남편아! 이제야 알아듣겠느냐?"라고 말했다.

28. 소녀가 자기 문둥병이 치유된 경위를 자세히 말했다.

29. 왕비는 소녀가 말하는 그 신이 어디 있느냐고 물었고, 소녀는 그분이 왕비와 같은 여관에 머물고 있다고 대답했다.

30. "도대체 그런 일이 어떻게 있을 수가 있어? 그분은 어디 있지?"라고 왕비가 말했다. 소녀가 "요셉과 마리아와 함께 있는 아기가 예수인데, 이 예수가 제 병과 고통을 치유해주었답니다."라고 대답했다.

31. 왕비가 어떤 방법으로 치유해주었는지 물었다.

32. 소녀는 "아기 예수의 몸을 씻은 물을 제 몸에 부으니까 문둥병이 사라졌어요."라고 대답했다.

33. 그러자 왕비가 일어나서 요셉을 위해 많은 사람을 초대하여 성대한 잔치를 열었다.

34. 다음날 왕비가 향수 뿌린 물로 주 예수의 몸을 씻고 난 뒤, 그 물을 자기 아들에게 붓자 문둥병이 깨끗이 나았다.

35. 왕비가 하느님을 찬미하고 감사하면서 "오, 예수님, 당신을 낳은 어머니는 축복받았습니다!

36. 당신과 똑같은 본성을 가진 사람들을 당신은 당신 몸을 씻은 물로 이렇게 치유해주는 겁니까?"라고 말했다.

37. 그리고 마리아에게 아주 푸짐한 선물을 바치고는 극진하게 떠나보냈다.

노새로 변했던 청년이 다시 사람으로 변해서 문둥병이 치유된 소녀와 결혼한다

제7장

1. 그들은 다른 도시로 갔고, 거기에 머물기로 했다.

2. 하루는 어떤 사람의 집에 갔는데, 그 사람은 결혼한 지 얼마 안 되었으나 마술사의 마법에 걸려서 아내와 즐길 수가 없었다.

3. 그러나 그들이 그 집에 머물자, 밤에 사내는 치유가 되었다.

4. 다음날 아침 일찍 떠나려고 하자, 주인 남자가 만류하면서 성대한 잔치를 열었다.

5. 그 다음날 다른 도시로 갔는데, 세 여자가 구슬프게 울면서 어떤 무덤을 떠나는 것이 보였다.

6. 성모 마리아가 동행하는 소녀에게 "무슨 일인지, 어떤 불행을 겪었는지 가서 알아보라."고 지시했다.

7. 여인들은 대답 대신 소녀에게 "너희들은 누구이며 어디로 가는 거냐? 해가 이미 이울기 시작했고 곧 밤이 올 텐데 말이야."하고 물었다.

8. 소녀는 "우린 여행자들인데 묵을 곳을 찾는 중이에요."라고 대

답했다.

9. "그렇다면 우릴 따라오는 게 좋아."라고 여자들이 말했다.

10. 그들이 여자들을 따라 새로 지은 집으로 갔는데, 온갖 가구가 잘 갖춰져 있었다.

11. 때는 겨울철이었다. 소녀가 여자들의 거실로 들어가보니, 여자들이 여전히 눈물을 흘리면서 탄식하고 있었다.

12. 그 옆에 몸을 비단으로 감싸고 목에는 흑단 목걸이를 한 노새가 한 마리 서 있고, 여자들이 노새에게 키스하며 음식을 주었다.

13. 소녀가 "참으로 멋진 노새예요!"라고 말하자, 여자들이 "이 노새는 같은 배에서 나온 우리 오빠야.

14. 아버지는 막대한 유산을 남기고 돌아가셨는데, 우린 외아들인 오빠를 위해서 적절한 배우자를 찾아주려고 했어. 그런데 우리도 모르는 사이에 어떤 미친 여자가 질투 때문에 마술을 걸었지 뭐야?

15. 어느 날 새벽에 보니, 문이 모두 잠긴 상태인데도 오빠가 노새로 변해 있지 뭐야.

16. 아버지의 위로도 받을 수 없는 비참한 처지에 빠진 우리는 온 세상의 지혜로운 사람들, 마술사들, 점쟁이들에게 부탁해보았지만 아무 효과가 없었어.

17. 자주 비탄에 잠기는 우리는 어머니를 모시고 아버지 무덤에 가서 실컷 울고 난 다음에 집으로 돌아오곤 한단다."라고 울면서 대답했다.

18. 그 말을 듣고 난 소녀가 "용기를 내시고 눈물을 거두세요. 당신들의 불행을 치유할 수 있는 방법이 가까운 곳에, 아니 이 집 한 가운데 있으니까요.

19. 저도 문둥이였는데, 예수라는 이 아기의 몸을 씻은 물로 완전히 치유가 되었지요.

20. 저는 예수가 당신들의 비탄도 없애줄 거라고 믿어요. 그러니까 마리아를 여기 모시고 와서 불행의 원인을 털어놓고 자비를 간청해보세요."라고 말했다.

21. 여자들이 마리아를 모시고 와서 그 앞에 무릎을 꿇고 울었다.

22. 그리고 "오, 성모 마리아여, 당신 하녀들에게 자비를 베풀어주세요. 우리 집안에는 우두머리가 없고 우리보다 나이 많은 오빠도 없으니까요.

23. 이 노새는 우리 오빠였는데, 어떤 여자가 마술을 걸어서 이 꼴로 만들었어요."라고 말했다.

24. 성모 마리아도 같이 비탄에 잠겨서 주 예수를 그 노새의 등에 올려놓았다.

25. 그리고 자기 아들에게 "오, 예수 그리스도여, 당신의 비상한 힘으로 이 노새를 회복시켜(또는 치유하여) 주고, 사람과 이성적 생물의 예전 모습으로 돌아가게 해주세요."라고 말했다.

26. 그 말이 끝나기가 무섭게 노새가 사람의 모습을 회복하여 번듯한 청년이 되었다.

27. 청년과 그의 어머니와 누이들이 성모 마리아를 숭배하고, 아기를 머리 위로 치켜들고 키스했으며 "오, 예수여, 오, 온 세상의 구세주여, 당신 어머니는 축복을 받은 분입니다! 당신을 바라보는 눈들은 행복하고도 축복받은 것입니다!"라고 말했다.

28. 두 자매가 자기 어머니에게 "오빠는 주 예수 그리스도의 도움으로, 그리고 마리아와 그 아들에 관해서 말해준 저 소녀의 친절 덕분으로 예전 모습을 되찾은 것이 분명해요.

29. 오빠가 아직 미혼이니까 하녀인 이 소녀와 결혼하는 것이 마땅하지요."라고 말했다.

30. 이윽고 마리아와 상의하여 승낙을 받자, 성대한 결혼식을 거행했다.

31. 결국 그들의 슬픔이 기쁨으로, 비탄이 환희로 변했고, 가장 값진 옷을 입고 팔찌로 장식한 뒤 기쁘게 노래하며 즐겁게 지냈다.

32. 그런 다음 하느님을 찬미하고 "오, 다윗의 후손인 예수여, 당신은 슬픔을 기쁨으로, 비탄을 환희로 바꾸어주는 분입니다!"라고 말했다.

33. 거기서 열흘간 머문 뒤에 요셉과 마리아가 극진한 존경을 받으면서 떠났다.

34. 환송을 하고 집으로 돌아온 가족들, 특히 그 소녀가 이별의 슬픔으로 눈물을 쏟았다.

예수는 강도들이 자기와 함께 십자가에 매달려 죽을 것이라고 예언한다

제8장

1. 그들은 사막지방에 들어섰는데, 강도들이 날뛴다는 말을 듣고 밤에 통과하기로 작정했다.

2. 한참 길을 가다가 보니, 길가에서 두 명의 강도와 무수한 부하들이 잠자고 있는 모습이 눈에 들어왔다.

3. 두 명의 강도는 티투스와 두마쿠스인데, 티투스가 "부하들이 눈치채지 못하는 사이에 저 사람들을 조용히 보내자."라고 말했다.

4. 두마쿠스가 거절하자, 티투스가 "은화 40냥과 내 허리띠를 주겠어."라고 말하고는 입막음으로 허리띠를 풀어주었다.

5. 그 강도의 친절을 본 성모 마리아가 "주 하느님이 당신 죄를 용서하고 자기 오른편에 받아줄 것입니다."라고 말했다.

6. 그러자 주 예수가 어머니에게 대답하여 "어머니, 30년이 지나

면 유대인들이 나를 십자가에 못박을 테고,

7. 또한 티투스를 내 오른쪽에, 두마쿠스를 내 왼쪽에 매달 것입니다. 그때 티투스가 나보다 먼저 낙원에 들어갈 것입니다."라고 말했다.

8. 마리아가 "아들아, 넌 절대로 그런 운명에 처해서는 안 된다."고 말했다. 그후 그들이 여러 우상들이 있는 도시로 갔는데, 그들이 가까이 다가갔을 때 그 도시가 모래벌판으로 변해버렸다.

9. 그 다음에 무화과나무가 있는 마타레아로 갔는데,

10. 거기서 주 예수가 우물에서 물이 솟아나오게 했고, 마리아가 그의 겉옷을 빨았다.

11. 그리고 주 예수의 땀방울이 떨어진 자리에서 발삼나무 한 그루가 솟았다.

12. 그 다음에 이집트의 멤피스로 가서 파라오 왕을 보았고, 거기서 3년을 지냈다.

13. 주 예수는 어린 시절에 관한 복음이나 완성의 복음에도 기록되지 않은 수많은 기적을 이집트에서 일으켰다.

14. 이집트에서 3년을 지낸 뒤 유대에 가까이 이르렀을 때, 요셉은 그 땅에 들어가기를 꺼렸다.

15. 헤로데가 죽고 그 아들 아르켈라오가 대신 다스린다는 말을 듣고 겁을 먹은 것이다.

16. 유대에 갔을 때 천사가 요셉에게 나타나서 "요셉, 나자렛으로 가서 거주하시오."라고 말했다.

17. 모든 나라들의 주님이신 그분이 이렇게 많은 나라를 두루 돌아다녀야만 한 것은 참으로 이상한 일이다.

병든 아이들이 예수가 목욕한 물로 치유된다

제9장

1. 베들레헴으로 들어가자 급성 전염병에 걸려서 심하게 고생하는 어린이들의 비참한 모습이 보였고, 어린이 대부분이 죽었다.

2. 그 병에 걸려서 죽어가는 아들을 둔 여자가, 성모 마리아가 예수 그리스도를 물로 씻는 것을 보고 찾아왔다.

3. 그리고 "오, 마리아님, 무서운 고통으로 신음하는 제 아들을 굽어 살펴주세요."라고 말했다.

4. 마리아가 "제 아들의 몸을 씻은 이 물을 조금 가져가서 당신 아들에게 뿌려보세요."라고 대꾸했다.

5. 여자가 시킨 대로 하자, 그 아들이 잠이 들었다. 그리고 잠시 후 잠에서 깨었는데 완전히 치유되었다.

6. 여자가 기쁨에 넘쳐서 마리아에게 다시 왔을 때, 마리아는 "당신 아들을 치유해주신 하느님을 찬미하세요."라고 말했다.

7. 그 여자의 이웃에 다른 여자가 살고 있었는데,

8. 그 여자의 아들도 역시 같은 병에 걸려 눈이 거의 감겨 있어서 어머니가 밤낮으로 비탄에 잠겼다.

9. 치유된 아들의 어머니가 그 여자에게 성모 마리아에게 가보라고 권유했다.

10. 그 여자가 물을 얻어다가 아들을 씻기자, 아들의 눈이 즉시 예전의 정상상태로 회복되었다.

11. 여자가 아들을 데리고 마리아에게 다시 찾아가자, 마리아는 하느님을 찬미하고 아무에게도 누설하지 말라고 지시했다.

칼렙을 죽이려던 여자가 우물에 빠진다

제10장

1. 역시 베들레헴에서 한 남자가 두 명의 아내를 두고 있었는데, 아내들이 각각 병든 아들을 두었다. 한 아내는 마리아고, 아들의 이름은 칼렙이었다.

2. 이 마리아가 아들 칼렙을 데리고 성모 마리아를 찾아가서 아름다운 양탄자를 바친 뒤에 "이 양탄자를 받으시고 그 대신 작은 포대기를 하나 주세요."라고 말했다.

3. 칼렙의 어머니가 포대기를 하나 얻어가지고 가서 외투를 만들어 아들에게 입히자, 그 병이 완전히 치유되었다. 그러나 다른 아내의 아들은 죽었다.

4. 일주일씩 번갈아가며 집안 일을 맡기로 한 두 아내 사이에 그때부터 불화가 시작되었다.

5. 칼렙의 어머니 마리아가 집안 일을 맡았을 때, 빵 굽는 가마에 불을 때는 도중 아들을 거기 두고 반죽을 가지러 갔다.

6. 라이벌인 다른 아내가 혼자 있는 칼렙을 보고는 매우 뜨거운 가마 속으로 처넣어버렸다.

7. 마리아가 돌아와보니 아들 칼렙이 가마 한가운데 누워서 웃고 있었다. 그리고 가마는 불을 때지 않은 듯 싸늘한 상태였다. 그래서 자기 라이벌인 다른 아내의 짓이라는 것을 깨달았다.

8. 마리아가 칼렙을 데리고 성모 마리아에게 가서 설명하자, 성모 마리아는 "조용히 하세요. 이 일이 세상에 알려질까 봐 난 걱정이에요."라고 말했다.

9. 그후 라이벌인 다른 아내가 우물에서 물을 긷고 있을 때, 마침 칼렙이 우물가에서 놀고 있었다. 아무도 보는 사람이 없다고 확인

한 여자가 아이를 우물 속에 처넣었다.

10. 여러 남자들이 우물에 와서 보니, 칼렙이 물 위에 앉아서 놀고 있었다. 밧줄로 아이를 꺼낸 사람들이 크게 놀라면서 하느님을 찬미했다.

11. 이윽고 그 어머니가 아이를 데리고 성모 마리아에게 가서 울면서 "언젠가는 제 라이벌이 이 아이를 죽이고 말 거예요."라고 하소연했다.

12. 성모 마리아가 "하느님이 당신의 억울한 사정을 보복해줄 거예요."라고 대답했다.

13. 며칠 후 다른 아내가 다시 물을 길러 우물에 갔을 때, 발이 밧줄에 얽혀서 거꾸로 우물 속에 처박혔다. 사람들이 구조하러 달려갔으나, 여자의 두개골이 깨지고 뼈들이 부러진 뒤였다.

14. 그래서 그 여자가 비참한 최후를 맞이했고, "그들이 우물을 깊이 팠지만, 자기가 판 그 우물에 자기들이 빠졌다."고 한 예언이 적중되었음을 보여주었다.

병든 아이 바르톨로메오가 예수의 침대에 눕자 기적적으로 치유된다

제11장

1. 베들레헴에 사는 어떤 여자도 두 아들이 같은 병에 걸려 있었다.

2. 한 아이는 이미 죽었다. 그래서 여자가 다 죽게 된 다른 아이를 안고 성모 마리아에게 가서 눈물을 펑펑 쏟으면서,

3. "저를 구해주세요. 한 아이는 방금 묻고 오는 길이에요. 숨이 막 넘어가는 이 아이를 보세요. 하느님의 은총을 얻으려고 제가 얼

베들레헴, 포빈 작

마나 열심히 기도하는지도 보세요."라고 하소연했다.

4. 이어서 그녀는 "오, 주님, 당신은 자상하고 자비롭고 친절합니다. 제게 두 아들을 주셨으나, 하나는 당신이 데려가셨으니 이 아들만은 살려주십시오."라고 말했다.

5. 여자의 슬픔이 얼마나 큰지 깨달은 성모 마리아가 측은한 마음이 들어서 "당신 아들을 내 아들 침대에 눕히고 내 아들 옷으로 덮어주세요."라고 말했다.

6. 아이가 죽어서 두 눈이 감기는 순간에 여자가 그 아이를 그리스도가 누웠던 침대에 눕혔다. 주 예수 그리스도의 옷 냄새가 아이에게 닿자마자 아이가 눈을 뜨고 큰 소리로 어머니를 찾았으며, 빵을 달라고 소리쳤다. 그리고 빵을 받아먹었다.

7. 아이의 어머니가 "오, 마리아님, 하느님의 힘이 당신에게 머물고 있어서, 당신 아들이 자기와 똑같은 아이들을 그 옷에 닿기만 해도 치유할 수 있다는 것을 전 확신해요."라고 말했다.

8. 치유를 받은 이 아이는 복음성서에서 바르톨로메오라고 부르는 그 사람이다.

문둥병자인 여자와 공주가 그리스도의 목욕물로 치유된다

제12장

1. 문둥병자인 어느 여자가 성모 마리아에게 가서 "오, 성모여, 도와주세요."라고 간청했다.

2. 성모 마리아가 "무엇을 원하지요? 황금 또는 은인가요? 아니면 문둥병이 치유되는 건가요?"라고 물었다.

3. 여자가 "누가 그렇게 해줄 수 있지요?"라고 물었다.

4. 성모 마리아가 "내 아들 예수를 목욕시키고 침대에 눕힐 때까지 잠시만 기다리세요."라고 말했다.

5. 얼마 후 마리아가 예수의 목욕물을 여자에게 주면서 "이 물을 가지고 가서 당신 몸을 씻어보세요."라고 말했다.

6. 여자가 시키는 대로 하자 즉시 몸이 깨끗해졌고, 하느님을 찬미하고 감사했다.

7. 그 여자가 마리아와 3일간 지낸 뒤에 떠나갔다.

8. 그리고 어느 도시에 들어가서 왕자를 보았는데, 그 왕자는 다른 왕의 딸과 결혼한 사람이었다.

9. 그러나 왕자가 신부를 보자, 신부의 두 눈 사이에 별과 같은 문

둥병의 징후를 발견하고는 결혼 무효를 선언했다.

10. 그런 처지에 놓인 여자들이 비탄에 잠겨 하염없이 우는 모습을 본 그 여자가 무슨 곡절인지 물었다.

11. 그들이 "묻지 마세요. 누가 우리의 비참한 불행을 알아주겠어요?"라고 대꾸했다.

12. 그러나 그 여자가 집요하게 물고늘어지면서 자기가 혹시라도 해결책을 가르쳐줄지도 모른다고 말했기 때문에,

13. 그들이 젊은 여자를 데리고 가서 두 눈 사이에 나타난 문둥병의 징후를 보여주었다.

14. 그 여자가 "저도 예전에 똑같은 전염병에 걸렸었는데, 베들레헴에 볼일을 보러 갔다가 어느 동굴에 들어가 예수라는 아들을 둔 마리아라는 여자를 만났어요.

15. 제 문둥병을 보고 마리아가 크게 걱정하면서 자기 아들의 목욕물을 주어 그것으로 제 몸을 씻었더니 깨끗이 나았어요."라고 말했다.

16. 여자들이 성모 마리아에게 인도해달라고 부탁했다.

17. 그 여자가 승낙하고는 일어나서 매우 고귀한 선물들을 마련한 그 여자들을 데리고 성모 마리아에게 갔다.

18. 여자들이 선물을 바치고 나서 문둥병자인 젊은 여자를 보여주었다.

19. 성모 마리아가 "주 예수 그리스도의 자비가 여러분 위에 내리기를 빕니다!"라고 말했다.

20. 이어서 예수 그리스도의 몸을 씻었던 물을 약간 주면서 병자의 몸을 그 물로 씻으라고 말했다. 여자들이 시키는 대로 했고, 젊은 여자는 깨끗이 치유되었다.

21. 치유된 여자와 일행, 그리고 거기 있던 모든 사람이 하느님을 찬미했다. 기쁨에 넘친 그들이 자기 도시로 돌아가서 다시금 하느

님을 찬미했다.

22. 자기 아내가 치유되었다는 말을 들은 왕자가 두번째 결혼식을 거행하고, 아내의 건강을 회복시켜준 하느님께 감사했다.

사탄이 여자의 피를 빨아먹는다

제13장

1. 거기 또한 사탄에게 시달림을 당하는 소녀가 있었다.

2. 이 저주받은 천사가 용의 모습으로 자주 나타나서 소녀를 통째로 삼키려 들었고, 이미 소녀의 피를 다 빨아먹어서 소녀는 송장처럼 보였다.

3. 그러나 제 정신을 차릴 때마다 소녀는 두 팔을 비틀어 머리를 감싼 채 "저 악독한 용으로부터 나를 구원해줄 사람이 하나도 없다니, 이 얼마나 비참한 운명인가!" 하고 울부짖었다.

4. 부모와 주위 사람들이 그 광경을 보고 슬피 울었다.

5. 소녀가 울부짖는 소리를 듣는 사람들은 누구나 하염없이 울면서 "이 살인자로부터 소녀를 구해줄 사람이 정말 없단 말인가?"라고 탄식했다.

6. 문둥병이 치유된 공주가 소녀의 울부짖음을 듣고는 성 꼭대기로 올라가 비탄에 잠긴 소녀와 많은 사람을 내려다보았다.

7. 공주는 신들린 여자의 남편에게 장모가 아직 살아 있는지 물었다. 그는 "저 여자의 부모가 생존해 있습니다."라고 대답했다.

8. 장모를 불러오라고 한 뒤, 공주는 그 여자의 어머니에게 "저 신들린 여자가 당신 딸이오?"라고 물었다. 어머니가 울부짖으면서 그렇다고 대답했다.

9. 공주가 "나는 문둥이였지만 예수 그리스도의 어머니 성모 마리아가 치유해주었어요. 그러니까 당신 딸의 비밀을 내게 털어놓으세요.

10. 딸이 예전의 정상상태로 회복되기를 바란다면, 베들레헴으로 데리고 가서 예수의 어머니 마리아를 수소문하세요. 반드시 치유될 테니 의심하지 마세요. 딸이 회복된 뒤 당신들이 기쁨에 넘쳐서 돌아올 것을 난 의심하지 않거든요."라고 말했다.

11. 그러자 어머니가 신들린 딸을 데리고 마리아에게 가서 하소연했다.

12. 성모 마리아가 예수의 몸을 씻은 물을 약간 주고 그 딸의 몸을 씻으라고 지시했다.

13. 그리고 주 예수의 포대기 하나를 주면서 "원수가 나타날 때마다 이것을 보여주세요."라고 말하고는 축복해서 떠나보냈다.

14. 그들이 집으로 돌아갔을 때 사탄이 나타날 시간이 되었다. 이 저주받은 천사가 용의 모습으로 나타나면 여자가 겁에 질리고는 했다.

15. 어머니가 딸에게 "애야, 겁내지 마라. 놈이 아주 가까이 다가올 때까지 내버려두었다가 마리아님이 준 포대기를 보여주어라. 그리고 어떻게 되는지 보자."하고 말했다.

16. 무시무시한 용의 모습으로 사탄이 다가오자, 여자가 몸을 부들부들 떨었다.

17. 그러나 여자가 포대기를 머리와 눈 위에 놓고 보여주자, 그 포대기에서 즉시 화염과 불타는 석탄덩어리들이 나와서 용에게 떨어졌다.

18. 용이 주 예수의 포대기를 보자마자 거기서 불이 튀어나와 용의 머리와 두 눈 위로 쏟아져내렸다니, 이 얼마나 위대한 기적이었던가! 그래서 용이 "마리아의 아들 예수여, 당신에게는 두 손을 들

수밖에 없지 않은가! 내가 어디로 달아나야 좋단 말인가?"라고 외쳤다.

19. 용이 겁에 질린 채 물러서더니 여자에게서 떠나갔다.

20. 그 시련에서 구원된 여자와 기적이 일어나는 곳에 있었던 모든 사람이 하느님을 찬미하고 감사했다.

어린 유다가 예수를 울린다

제14장

1. 또 다른 여자가 거기 살았는데, 그 아들이 사탄에게 신들려 있었다.

2. 유다라고 하는 이 아이는 자주 사탄에게 신들려서 근처에 있는 사람을 무조건 물어뜯으려고 했다. 곁에 아무도 없으면 자기 손과 다른 신체 부분을 물었다.

3. 가련한 아이의 어머니가 성모 마리아와 그 아들에 관한 이야기를 듣고는 자기 아이를 안고 성모 마리아에게 갔다.

4. 한편 야고보와 호세스가 어린 예수를 데리고 다른 아이들과 함께 밖에서 놀고 있었다.

5. 신들린 유다가 나와서 예수의 오른쪽에 앉았다.

6. 사탄이 힘을 발휘하자 유다가 예수를 물어뜯으려고 했다.

7. 그러나 물어뜯지 못하자, 예수의 오른쪽 옆구리를 쳐서 예수가 소리쳐 울었다.

8. 그 순간에 사탄이 유다로부터 나와서 미친 개의 모습으로 달아났다.

9. 예수를 때린 이 아이는 예수를 배반하여 유대인들에게 넘겨준

이스카리오트의 유다였다.

10. 그리고 유다가 때린 바로 그 옆구리를 유대인들이 창으로 찔렀다.

예수가 진흙 짐승들을 걸어가게 하고, 진흙 새를 날아가게 한다

제15장

1. 예수가 일곱 살이 되었을 때, 다른 동갑내기들과 함께 놀고 있었다.

2. 아이들은 진흙으로 당나귀, 황소, 새 그리고 다른 형태의 짐승들을 만들며 놀았는데,

3. 각자 자기가 만든 것을 자랑하면서 다른 아이보다 더 잘 만들려고 애썼다.

4. 주 예수가 다른 아이들에게 "내가 만든 이 짐승들을 걸어가라고 명령하겠어."라고 말했다.

5. 그러자 그 진흙 짐승들이 즉시 움직였고, 예수가 돌아오라고 명령하자 돌아왔다.

6. 그는 또한 진흙으로 새들을 만들어 날아가라고 하자 그 새들이 날아갔고, 가만히 서 있으라고 명령하면 가만히 서 있었다. 그는 새들에게 고기와 마실 것을 주었고, 새들이 그것을 먹고 마셨다.

7. 드디어 소년들이 집으로 돌아가서 각각 부모들에게 그 일을 얘기했다. 부모들은 "얘들아, 앞으로 그 아이와 놀지 않도록 조심해라. 그 아이는 마술사니까 절대로 같이 놀아서는 안 되는 거야."라고 말했다.

8. 어느 날, 주 예수가 다른 아이들과 놀면서 뛰어다니다가 살렘이라는 사람의 염색 가게를 지나치게 되었다.

9. 가게 안에는 주민들이 여러 가지 색으로 염색해달라고 맡겨놓은 옷들이 많았다.

10. 주 예수가 안으로 들어가서 옷들을 집어 한꺼번에 염색 가마에 처넣었다.

11. 집에 돌아온 살렘이 옷들이 망가진 것을 보고는 고래고래 소리를 지르며 주 예수를 야단쳤다.

12. "오, 마리아의 아들아, 이게 무슨 짓이냐? 너는 나와 내 이웃들을 해쳤어. 그들이 각자 다른 색으로 염색해주기를 원했는데, 네가 모조리 망쳐버렸구나."

13. 주 예수가 "당신이 원하는 대로 옷마다 다른 색으로 염색이 되게 해주겠어요."라고 말했다.

14. 이어서 예수가 옷을 하나씩 가마에서 꺼내자, 주인이 원하는 색깔로 각각 염색이 되어 있었다.

15. 이 놀라운 기적을 본 사람들이 하느님을 찬미했다.

예수가 목수 요셉을 기적으로 돕는다

제16장

1. 요셉은 대문, 우유통, 체, 상자 등의 주문을 받으러 시내로 들어갈 때는 언제나 예수를 데리고 다녔다.

2. 그런데 요셉은 자주 주문받은 물건을 더 길게 또는 짧게, 더 넓게 또는 좁게 만들었는데, 그때마다 예수가 물건을 향해서 팔을 뻗었다.

3. 그러면 요셉이 만들고 싶어했던 바로 그 물건으로 변했다.

4. 목수 일에 그리 솜씨가 좋지는 않았던 요셉이기 때문에 자기 손으로 물건을 완성시킬 필요가 없었다.

5. 하루는 예루살렘의 왕이 요셉을 불러서 "내가 주로 앉는 장소에 딱 들어맞는 옥좌를 만들어라." 하고 지시했다.

6. 요셉이 그 말에 복종하여 일을 시작했는데, 왕궁에서 2년을 일하여 겨우 끝냈다.

7. 그런데 옥좌를 그 장소에 맞춰보니 양쪽 다 두 뼘씩 모자랐다.

8. 왕이 보고는 몹시 화를 냈다.

9. 겁에 질린 요셉이 저녁식사도 하지 않은 채 잠자리에 드러누워 버렸다.

10. 주 예수가 요셉에게 무엇이 그렇게 두려운지 물었다.

11. 요셉은 "2년 동안 열심히 일했는데 실패했기 때문이야." 라고 대답했다.

12. 예수가 "두려워하지도 말고 낙심하지도 마세요.

13. 우리가 각각 옥좌의 한쪽을 붙잡아서 꼭 들어맞게 만들면 돼요." 라고 말했다.

14. 둘이 옥좌를 잡고 힘껏 당기자, 옥좌가 그 자리에 딱 들어맞게 변했다.

15. 옆에서 그 기적을 지켜본 사람들이 크게 놀라고 하느님을 찬미했다.

16. 그 옥좌는 솔로몬 시대에 있던 나무, 즉 여러 가지 형태로 장식된 나무와 똑같은 것으로 만든 것이었다.

예수가 아이들을 어린 염소들로 만든다

제17장

1. 어느 날, 예수가 길에 나가서 다른 소년들과 어울려 놀았다.

2. 소년들은 예수를 술래로 삼고 자기들은 숨었다.

3. 주 예수가 어느 집 대문에 가서 여자들에게 "소년들이 모두 어디로 갔지요?"라고 물었다.

4. 거기 아무도 없다는 대답을 들은 예수가 "저기 가마 속에 있는 것은 뭐지요?"라고 물었다.

5. 여자들이 "세 살짜리 염소들이지."라고 대답했다.

6. 그러자 예수가 "염소들아, 너희들의 목자인 내 앞으로 나오너라." 하고 고함쳤다.

7. 즉시 소년들이 염소로 변해서 나와 예수 주위를 뛰어다녔다. 그 모습을 본 여자들이 까무라치게 놀라며 몸을 떨었다.

8. 그리고 즉시 예수를 숭배하고 간청하면서 "오, 마리아의 아들, 우리 주 예수여, 당신은 참으로 이스라엘의 착한 목자입니다! 당신 앞에 서 있는 이 하녀들은 주님인 당신이 멸망이 아니라 구원을 하려고 오셨다는 것을 의심치 않으니 자비를 베풀어주세요."라고 말했다.

9. 주 예수가 "이스라엘의 자녀들은 백성들 가운데 있는 이디오피아 사람들과 같다."라고 말했고, 여자들은 "주님이 모든 것을 알고, 주님 앞에서는 아무것도 감출 수가 없어요. 이제 당신의 자비를 간청하니, 소년들을 원래 상태로 회복시켜주세요."라고 말했다.

10. 그러자 예수가 "애들아, 이제 같이 가서 놀자."라고 말하자, 그 여자들 앞에서 염소들이 즉시 소년들로 변했다.

예수가 아이들의 왕이 되고 독사를 죽인다

제18장

1. 아다르의 달에 예수가 아이들을 불러모으고는 마치 왕처럼 각각 서열을 매겨주었다.

2. 아이들이 옷을 벗어서 깔고 그 위에 예수를 앉게 한 뒤 꽃으로 만든 왕관을 씌워주고, 왕의 호위병처럼 그의 좌우에 늘어섰다.

3. 그리고 지나가는 사람들을 붙잡고는 "편안하게 여행하려면 이리 와서 우리 왕을 숭배하시오."라고 말했다.

4. 그렇게 하고 있을 때, 사람들이 들것에 소년을 싣고 다가왔다.

5. 땔나무를 구하려고 친구들과 그 소년이 산에 갔는데, 자고새 둥지를 발견하고 새알을 꺼내려고 손을 넣었다가 독사에게 물렸다. 소년이 살려달라고 고함쳐서 친구들이 달려가 보니, 이미 죽은 사람과 같이 보였다.

6. 얼마 후 이웃사람들이 달려와서 시내로 데려온 것이었다.

7. 예수가 왕처럼 앉아 있고 다른 소년들이 장관들처럼 늘어선 장소에 이르자, 소년들이 뱀에 물린 아이와 그 이웃사람들에게 "이리 와서 우리 왕에게 절을 하시오."라고 말했다.

8. 슬픔에 잠긴 사람들이 거절하자, 소년들이 강제로 끌어왔다.

9. 예수가 "왜 저 소년을 데려온 거요?"라고 물었다.

10. 뱀에 물려서 그렇다는 대답을 들은 예수가 "가서 뱀을 죽이자."라고 소년들에게 말했다.

11. 그러나 물린 소년의 부모는 아들이 죽기 직전이니까 산으로 갈 수 없다고 했다. 소년들이 "가서 뱀을 죽이자고 한 왕의 말씀을 못 들었소? 왕의 명령에 거역하겠다는 거요?"라고 말했다.

12. 그래서 사람들이 원하든 원하지 않든 상관없이 소년들이 들

것을 끌고 다시 산으로 갔다.

13. 새 둥지 아래 이르자 예수가 "이것이 바로 그 뱀이 숨어 있던 둥지냐?"하고 물었고, 그렇다는 대답을 들었다.

14. 주 예수가 뱀을 소리쳐 부르자, 뱀이 즉시 나와서 엎드렸다. 예수가 "네가 저 소년의 몸에 집어넣은 독을 모두 빨아내라."하고 뱀에게 명령했다.

15. 그래서 뱀이 기어가 소년의 몸에서 독을 모조리 빨아냈다.

16. 예수가 뱀을 저주하자, 뱀은 몸이 터져서 죽어버렸다.

17. 예수는 손으로 소년을 만져서 원래의 건강을 회복시켜주었다.

18. 소년이 울음을 터뜨리자, 예수가 "오늘부터 너는 내 제자가 될 테니까 더 이상 울지 마라."하고 말했다.

19. 이 소년이 복음서에 나오는 가나안 출신의 시몬이다.

예수가 여러 가지 기적을 일으킨다

제19장

1. 하루는 요셉이 자기 아들 야고보를 땔감을 구하러 보냈는데, 예수도 같이 갔다.

2. 야고보가 땔감을 구하는 도중에 독사에게 물려 울고불고 난리를 쳤다.

3. 예수가 다가와서 뱀에게 물린 상처 위로 입김을 불었더니 상처가 즉시 치유되었다.

4. 하루는 평평한 지붕 위에서 다른 아이들과 놀고 있을 때, 한 아이가 아래로 떨어져서 죽었다.

5. 다른 아이들은 모두 달아나고 예수 혼자 거기 남았다.

6. 죽은 아이의 친척들이 달려와서 "네가 우리 아들을 밀어서 떨어뜨렸어."하고 뒤집어씌웠다.

7. 예수가 그렇게 하지 않았다고 대답하자, 그들이 "우리 아들이 죽었는데, 바로 이 아이가 죽였단 말이오."라고 외쳤다.

8. 예수가 "터무니없는 살인죄로 나를 몰지 마시오. 아무 소용도 없으니까. 차라리 아래로 떨어진 소년에게 가서 물으면 진실이 드러날 거요."라고 응수했다.

9. 주 예수가 아래로 내려간 뒤 죽은 아이 머리맡에 서서 "제이누누스야, 제이누누스야, 누가 널 지붕에서 떨어지게 했니?"하고 큰소리로 물었다.

10. 그러자 죽은 소년이 "네가 한 것이 아니라, 이러이러한 아이가 했어."라고 대답했다.

11. 주 예수가 주위 사람들에게 그 소년의 말을 잘 들어두라고 말하자, 모든 사람이 그 기적을 보고 하느님을 찬미했다.

12. 하루는 성모 마리아가 주 예수에게 우물에서 물을 길어오라고 지시했다.

13. 그가 물을 길러 가서 물동이를 채우자 물동이가 깨졌다.

14. 그러나 그는 외투를 벗어서 펴고 거기에 물을 담아서 가지고 왔다.

15. 그 기적을 보고 마리아가 놀랐다. 그리고 그 일뿐 아니라 자기가 본 모든 다른 일들도 잘 기억해두었다.

16. 어느 날 예수가 다른 아이들과 함께 강가에서 놀았는데, 다른 아이들이 도랑을 파고 물을 빼어 물고기들이 노는 웅덩이를 만들고 있었다.

17. 그러나 예수는 진흙으로 참새 열두 마리를 만들어서 웅덩이 사방에 각각 세 마리씩 배치했다.

18. 그날은 마침 안식일이었다. 유대인 하나니의 아들이 지나가

다가 그 광경을 보고는 "안식일에 진흙으로 형상 있는 물건 따위를 만들다니!"라고 말하고는 달려가서 물웅덩이를 뭉개버리려 했다.

19. 그러나 예수가 진흙으로 만든 참새들 위로 손뼉을 치자, 새들이 짹짹거리면서 날아갔다.

20. 드디어 하나니의 아들이 예수의 물고기 웅덩이를 뭉개려고 왔을 때 물이 모두 없어졌고, 예수가

21. "이 물이 없어진 그 방식대로 네 목숨도 사라질 거야."라고 말했다. 그 소년이 그 자리에서 죽어버렸다.

22. 어느 날 저녁 예수가 요셉과 함께 집으로 돌아가는데, 마주 달려오던 소년이 어찌나 세차게 들이받았던지 예수가 그만 나동그라졌다.

23. 예수가 "나를 넘어지게 한 그 방식대로 너도 넘어지고 다시는 일어나지 못할 거야."라고 말했다.

24. 바로 그 순간 소년이 넘어져서 죽었다.

어린 예수가 스승 자케우스를 가르친다

제20장

1. 예루살렘에 자케우스라는 선생이 살았다.

2. 그가 요셉에게 "예수를 우리 학교에 보내서 철자법을 배우게 하시오."라고 권고했다.

3. 요셉이 고개를 끄덕인 다음에 성모 마리아에게 그렇게 하라고 말했다.

4. 그래서 부모가 예수를 그 선생에게 데리고 갔다. 예수를 보자마자 선생이 히브리어 알파벳 하나를 적었다.

5. 그리고 알레프라고 발음하라고 지시하자, 예수가 알레프라고 발음했다. 선생이 다음 알파벳인 베트를 발음하라고 지시했다.

6. 그때 주 예수가 "먼저 알레프의 의미를 설명해주세요. 그러면 제가 베트라고 발음을 하겠어요."라고 말했다.

7. 선생이 때리려고 위협하자, 주 예수가 알레프와 베트의 의미를 설명해주었다.

8. 또한 직선인 알파벳과 장방형인 것, 이중 형태인 것, 점이 있는 것과 없는 것, 한 알파벳이 왜 다른 것보다 먼저 오는지, 그 외에도 많은 것을 예수가 선생에게 말해주고, 선생이 들어본 적도 없고 책에서 읽은 적도 없는 내용을 설명해주었다.

9. 게다가 주 예수가 선생에게 "제 발음을 똑똑히 잘 들으세요."라고 말하고는 알레프, 베트, 기멜, 달레트 등에서부터 알파벳의 끝까지 분명하게 발음했다.

10. 드디어 선생이 소스라치게 놀라며 "이 아이는 노아보다 먼저 태어난 것이 분명해."라고 말했다.

11. 그리고 요셉에게 "나더러 가르치라고 데려온 이 아이는 선생보다 더 박식하오."라고 말했고,

12. 성모 마리아에게는 "당신 아들은 더 이상 배울 것이 없소."라고 말했다.

13. 부모가 예수를 한층 학식이 많은 다른 선생에게 데리고 갔다.

14. 선생이 알레프와 베트의 발음을 해보라고 지시했다. 예수가 먼저 알레프의 의미를 설명해달라고 요구했다.

15. 선생이 때리려고 손을 쳐들자, 그 손이 즉시 말라비틀어지고 그는 죽었다.

16. 그래서 요셉이 성모 마리아에게 "그를 불쾌하게 만드는 사람은 누구나 죽어버리니까, 앞으로는 절대 밖에 못 나가게 합시다."라고 말했다.

예수가 성전의 박사들과 율법, 천문학, 물리학, 형이상학에 관해 논쟁한다

제21장

1. 그가 열두 살이 되었을 때 부모가 예루살렘의 축제에 데리고 갔는데, 축제가 끝나자 그들은 돌아왔다.

2. 그러나 예수는 성전에 남아서 박사들, 장로들, 학자들에게 여러 가지 유식한 질문을 던지고 그들의 질문에 답변했다.

3. 그가 "메시아는 누구의 아들이지요?"라고 물었고, 그들이 "다윗의 아들이지."라고 대답했던 것이다.

4. "그렇다면, 다윗이 '주님이 나의 주님에게 말하기를 내가 네 원수들을 가지고 네 발판으로 만들 때까지 내 오른쪽에 앉아 있어라.' 하고 말한 이유가 무엇이지요?"라고 물었다.

5. 그러자 원로 라비가 "책들을 읽었는가?"라고 물었다.

6. 예수가 책들을 읽었을 뿐만 아니라 그 안에 든 내용도 다 파악했다고 대답했다.

7. 그리고 율법에 관한 책들, 계명과 세부 지침들, 예언자들의 책에 포함된 신비들, 그리고 그 누구도 알아듣지 못했던 일들에 관해서 설명해주었다.

8. 그 랍비가 "난 이렇게 엄청난 지식을 들은 적도 본 적도 없소! 여러분은 저 소년이 앞으로 어떤 인물이 될 것으로 보시오?"라고 말했다.

9. 거기 참석한 천문학자가 예수에게 천문학을 공부했는지 물어보았다.

10. 예수가 천구와 천체들의 수효, 삼각형·사각형·육각형의 모습, 전진과 후퇴 운동, 크기와 여러 가지 징후들, 그리고 인간의 이

성으로 절대로 발견하지 못한 것들에 관해서 설명했다.

11. 거기에는 물리학과 자연철학에 조예가 깊은 철학자가 있었는데, 예수에게 물리학을 공부했는지 물었다.

12. 그가 대답하여 물리학과 형이상학에 관해서 설명해주었다.

13. 동시에 자연의 힘 그 위와 아래에 있는 것들도 설명해주었다.

14. 또한 육체의 힘, 그 체액들과 효과,

15. 사지의 수효, 뼈, 혈관, 동맥들, 신경들,

16. 뜨겁고 건조하고 차고 습기 찬 육체의 상태, 그 경향,

17. 영혼이 육체에 어떻게 작용하는지,

18. 육체의 여러 가지 감각들과 기능,

19. 말의 기능, 분노, 욕망,

20. 끝으로 합성과 분해, 그리고 어떠한 생명체도 이해할 수 없었던 다른 것들에 관해서도 설명해주었다.

21. 그러자 철학자가 일어나서 예수를 숭배하고 "오, 주 예수여, 지금부터 저는 당신의 제자이자 하인이 되겠습니다."라고 말했다.

22. 그런 토의를 하고 있을 때, 그를 찾아서 요셉과 3일간을 헤매던 성모 마리아가 들어섰다.

23. 그리고 "아들아, 우리에게 왜 이런 짓을 했느냐? 내가 네 아버지와 함께 얼마나 애타게 찾아다녔는지 아느냐?"라고 말했다.

24. 그는 "왜 저를 찾아다녔어요? 제가 저의 아버지 집에서 마땅히 일해야 되는 걸 몰랐나요?"라고 대꾸했다.

25. 그러나 부모는 그 말을 알아듣지 못했다.

26. 박사들이 마리아에게 그가 아들이냐고 물었고, 그렇다는 대답을 듣자, "이런 아들을 낳았으니 마리아는 얼마나 행복하겠소!"라고 말했다.

27. 이윽고 그가 부모와 함께 나자렛으로 돌아갔고, 모든 일에 순종했다.

28. 그리고 그의 어머니는 이 모든 일을 자기 마음속에 깊이 간직했다.

29. 예수는 키가 커지고 지혜가 더욱 풍부해졌으며, 하느님과 사람들의 총애를 받았다.

예수가 기적들을 감추고 율법을 공부하고 세례를 받는다

제22장

1. 그때부터 예수가 자신의 기적들과 은밀한 일들을 감추기 시작했다.

2. 그리고 서른 살이 될 때까지 율법 공부에 몰두했다.

3. 드디어 서른 살이 되자, 성부께서 그를 공개적으로 요르단 강으로 인도하고, "이 사람은 내가 가장 좋아하고 사랑하는 나의 아들이다."라는 음성을 하늘로부터 내려보냈다.

4. 그때 성령이 비둘기의 모습으로 나타났다.

5. 우리가 가장 극진하게 숭배하는 분이 바로 이분이다. 왜냐하면 그가 우리에게 생명과 존재를 주었고, 어머니 뱃속에서 나오게 했기 때문이다.

6. 그는 우리 때문에 인간의 육체를 가졌고, 우리를 영원한 자비로 껴안기 위해서, 또한 그의 풍성하고 관대하고 무상인 은총과 선을 보여주기 위해서 우리를 구원했다.

7. 그분에게 영광과 찬미, 권세와 지배가 지금부터 그리고 영원히 있기를 빕니다. 아멘.

우리가 원본에서 발견한 바 그대로, 가장 높으신 하느님의 도움으로 어린 시절의 복음 전체를 여기서 끝마친다.

예수 그리스도의 어린 시절 토마스 복음

진흙 참새들을 날아가게 한 소년

해설

이것은 예수의 어린 시절에 관한 복음 중에서 가장 먼저 저술된 것이다. 초대 교회에서 수백 년 동안 이것은 엄청난 인기를 누렸고, 그래서 여러 나라 말로 번역되었다.

현재 남아 있는 필사본 가운데서 가장 오래된 것은 시리아어로 5세기에 필사한 것이지만, 그 원본은 그리스어로 서기 150년경에 저술한 것으로 본다. 그리고 이것은 원래 '마리아 복음'과 관련이 있었다고 추측된다.

필사본에 나타난 저자의 이름은 토마스가 많지만, 야고보라고 한 것도 있다. 또한 이것의 제목이 다양해서, '주님의 어린 시절에 관한 이스라엘 사람이자 철학자인 토마스의 설명', '토마스에 의한 예수 그리스도의 어린 시절', '주님의 생애와 어린 시절에 관한 거룩한 사도 토마스의 책', '우리 주 예수의 어린 시절' 등이 있다.

이것은 우리 주님이고 구세주인 예수 그리스도의 어린 시절의 행동과 기적들에 관한 기록이다.

예수가 안식일에 진흙 참새들을 만들어 날아가게 한다

제1장

1. 이스라엘 사람인 나 토마스는 그리스도가 어린 시절에 한 행동과 기적들을 이방인들 가운데 사는 형제들에게 알릴 필요가 있다고 판단했다. 우리 주님이자 하느님이신 예수 그리스도는 우리 나라의 베들레헴에서 탄생한 이후 이런 일들과 기적들을 보여주었고, 나 자신도 이런 것들에 대해서 크게 놀라는 바이다. 그 시작은 다음과 같다.

2. 어린 예수가 세 살이 되었을 때, 소나기가 내리다가 그치자 그가 다른 히브리 소년들과 함께 냇가에서 놀고 있었다. 그리고 넘친 냇물이 작은 웅덩이들을 만들었다.

3. 그러나 그가 물에게 말로 명령했을 뿐인데 물이 복종하여 즉시 맑아지고, 다시 사용할 수 있는 물이 되었다.

4. 그리고 그가 냇가의 둑에서 부드러운 진흙을 떼어서 참새 열두 마리를 만들었다. 다른 소년들도 같이 놀고 있는 중이었다.

5. 안식일에 진흙으로 참새를 만드는 모습을 본 어느 유대인이 예수의 아버지 요셉에게 가서,

6. "당신 아들이 진흙으로 참새 열두 마리를 만들어서 안식일을 모독했소."라고 말했다.

7. 요셉이 아이들이 노는 곳에 와서 아들을 불러 "안식일에 해서

는 안 되는 짓을 왜 하느냐?"고
말했다.

8. 예수가 손뼉을 치면서 참새
들에게 "너희는 날아가라. 그리
고 살아 있는 동안 나를 기억하
라."고 소리쳤다.

9. 참새들이 요란한 소리를 내
면서 날아가버렸다.

10. 그것을 본 유대인이 크게
놀라 다른 곳으로 가서 예수의
이상한 기적을 본 이야기를 윗
사람들에게 전했다.

토마스 복음 원본

예수가 다른 소년을
죽게 하고, 요셉이
그의 귀를 잡아당긴다

제2장

1. 그 자리에 요셉과 함께 있던 율법학자 안나의 아들이 버드나무
가지를 집어서 예수가 모아놓은 물을 빼버렸다.

2. 예수가 화가 나서 "이 바보야, 물웅덩이가 너를 해치지도 않는
데 왜 물을 빼버렸어?

3. 너는 나무처럼 말라버려서 잎도 가지도 열매도 없을 거야."라
고 말했다.

4. 그 소년은 즉시 온몸이 말라버렸다.

5. 예수가 집으로 돌아갔다. 그러나 그 소년의 부모가 불행을 한 탄하면서 아들을 요셉에게 데리고 가서 "이런 못된 짓을 하는 아들을 왜 가만 두는 거요?"라고 말했다.

6. 거기 있던 모든 사람들이 요청하는 바람에 예수가 경고하는 의미로, 소년의 몸의 작은 일부분을 남긴 채 나머지는 치유해주었다.

7. 어느 날 예수가 길에 나갔는데, 달려오던 소년이 그의 어깨에 부딪쳤다.

8. 화가 난 예수가 "너는 더 이상 걸어갈 수가 없어."라고 말했다.

9. 그 소년이 즉시 넘어져서 죽었다.

10. 그 광경을 본 사람들이 "이 아이가 말만 하면 그대로 시행되니, 도대체 어디서 태어난 아이인가?"라고 말했다.

11. 죽은 아이의 부모가 요셉에게 가서 항의하면서 "이런 아이를 둔 당신은 우리와 같은 도시에서 살 자격이 없소.

12. 당신 아들에게 저주가 아니라 축복을 하도록 가르치거나, 아니면 여기서 떠나시오. 당신 아들이 우리 아이들을 죽이기 때문이오."라고 말했다.

13. 요셉이 소년 예수를 불러서 훈계하고 "너는 왜 사람들을 해쳐서 그들이 우리를 미워하고 박해하게 만들었느냐?"라고 말했다.

14. 예수가 "당신이 자진해서 그런 말을 하는 게 아니라고 난 알기 때문에 탓하진 않겠어요.

15. 그러나 그런 말을 당신에게 한 사람들은 영원한 벌을 받을 거예요."라고 말했다.

16. 그러자 예수를 비난한 사람들이 즉시 눈이 멀었다.

17. 그것을 본 사람들이 모두 겁을 먹고 당황해하면서 "그가 말하는 것은 좋은 것이나 나쁜 것이나 즉시 시행된다."고 말했다. 그리고 크게 놀랐다.

18. 그리스도의 행동을 사람들이 보았을 때, 요셉이 자리에서 일

어나 예수의 귀를 세게 잡아당겼다. 소년 예수가 화가 나서 "진정하세요.

19. 그들이 우리를 찾아내려고 해도 발견하지 못할 거예요. 당신은 매우 경솔한 행동을 했어요.

20. 내가 당신에게 속해 있다는 걸 모르세요? 더 이상 날 괴롭히지 마세요."라고 말했다.

예수가 해박한 지식으로 선생들을 놀라게 한다

제3장

1. 예수가 자기 아버지에게 그런 말을 하는 것을 자케우스라는 선생이 곁에서 듣고는

2. 어린애가 어떻게 그런 말을 할 수 있을까 생각하고 크게 놀라서, 며칠 후 요셉을 찾아와

3. "당신은 지혜롭고 똑똑한 아이를 두었소. 내게 보내면 잘 가르쳐주겠소."라고 말했다.

4. 그가 자리를 잡고 앉아서 예수에게 알레프(히브리어 알파벳의 첫 글자)라는 글자부터 가르치려고 했다.

5. 그러나 예수는 두 번째 글자 베트와 나머지 알파벳 글자를 모두 발음했다.

6. 그리고 책을 펴고는 선생에게 예언자들에 관해서 가르쳤다. 선생이 부끄러워졌고, 어떻게 아이가 알파벳을 다 아는지 이해할 수가 없었다.

7. 그리고 그 이상한 일에 크게 놀라서 집으로 돌아갔다.

염색 가게에서 벌어진 일에 관한 단편

제4장

1. 예수가 어느 가게 앞을 지나가다가 젊은이가 옷과 양말들을 가마에 넣고 염색하는 광경을 보았다. 손님들의 주문에 따라 우중충한 색으로 염색하는 것이었다.
2. 소년 예수가 그 젊은이에게 다가가서 옷들을 집었다.

예수 그리스도의 어린 시절 토마스 복음의 단편은 여기서 끝난다.

마리아의 탄생과 구세주의 어린 시절에 관한 가명 마태오 복음

이집트 우상들을 파괴한 어린 예수

해설

이 문헌은 '야고보의 최초 복음'과 '예수의 어린 시절 토마스 복음'을 근거로 해서 저술된 것이기는 하지만, 다른 내용도 추가한 것이다.

그리고 이것은 중세 시대에 교회와 종교 예술에 대해서 영향력이 대단히 컸고, 야고보의 최초 복음과 예수의 어린 시절 토마스 복음을 널리 알려서 인기를 모으게 한 매개체였다. 그래서 중세의 예술을 논의할 때에는 이것에 관해서 언급하지 않을 수가 없다.

이것은 8~9세기에 라틴어로 저술된 것이고, 현존하는 필사본 가운데 가장 오래된 것은 11세기의 것이다.

이것을 저술한 동기는 마리아에 대한 존경을 강화하는 데 있다고 본다.

복되신 마리아의 탄생과 구세주의 어린 시절에 관한 책의 시작이다. 이것은 복되신 복음 저술가 마태오가 히브리어로 작성한 것인데, 복되신 장로 예로니무스가 라틴어로 번역했다.

마리아의 아버지 요아킴

제1장

예루살렘에 유다 지파의 요아킴이라는 사람이 살았는데, 제물을 두 배로 바치고, 모든 재산을 세 등분하여 한 몫은 가난한 사람들, 한 몫은 경건한 사람들, 나머지는 자기를 위해서 사용했다. 하느님이 그의 재산을 증가시켰다. 그는 열다섯 살 때부터 자선을 시행했고, 스무 살 때 같은 유다 지파의 이사카르의 딸 안나와 결혼했다.

대사제 루벤이 요아킴의 제물을 거절한다

제2장

루벤이 그의 제물을 받아들이기를 거절하자, 양떼를 몰고 산으로 가서 5개월을 지냈다.

안나가 참새 둥지를 바라보다가 자기에게 자녀가 태어나지 않는다고 탄식하고, 아이가 태어나면 성전에 바치겠다고 맹세했다. 천사가 나타나서 딸이 태어날 것이라고 약속했다.

두려움과 슬픔에 젖어 그녀가 꼬박 하루를 침대에 쓰러져 있었다. 하녀에게 빨리 오지 않았다고 야단을 치자, 하녀가 대들었다.

그래서 더욱 슬프게 울었다.

마리아가 대사제의 선물을 거절한다

제7장

사제 아비타르가 마리아에게 자기 아들과 결혼하기를 바란다면서 많은 선물을 주었으나, 그녀는 평생을 동정녀로 지내기로 맹세했다고 말하면서 선물을 거절했다.

요셉이 마리아의 보호자로 지정된다

제8장

마리아가 열네 살 되었을 때, 대사제가 성전에서 회의를 열었다. 그리고 솔로몬 시대부터 거룩한 처녀들이 성전에서 양육되었고, 나이가 차면 결혼한다고 말했다. 그러나 마리아가 동정녀로 살기로 맹세했기 때문에 보호자를 정해야만 한다고 덧붙였다.

아내가 없는 남자들에게 지팡이를 가지고 모이라고 지시했다. 천사의 지적으로 요셉의 지팡이가 뽑혔다. 요셉이 수락을 거부하다가 드디어 받아들였다. 그러나 거룩한 처녀 몇 명이 마리아와 동행하게 해달라고 요구했다. 레베카, 세포라, 수산나, 아비제아, 자헬 등의 처녀들이 뽑혔다.

처녀들이 성전의 휘장을 짜는 일을 할 때 각자 맡을 색깔을 결정하기 위해 제비를 뽑았다. 마리아에게 자주색이 맡겨졌다. 다른 처

녀들이 시기하여 마리아를 '처녀들의 여왕'이라고 불렀다. 천사가
그녀들을 야단쳤다. 얼굴을 붉힌 처녀들이 마리아에게 기도를 부
탁했다.

천사가 마리아에게 나타난다

제9장
마리아가 우물가에서 천사의 인사를 받았다. 다음날 마리아가
휘장을 짜고 있을 때, 천사가 다시 와서 구세주의 탄생을 알렸다.

마리아의 임신을 알고 요셉이 통곡한다

제10장
가파르나움에서 돌아온 요셉이 마리아의 임신 사실을 알고는 통
곡했다. 다른 처녀들이 마리아를 옹호했지만, 요셉은 통곡을 멈추
지 않았다.

사제가 마리아와 요셉을 시험한다

제12장

소문이 퍼져서 사제들이 요셉과 마리아를 소환하였고, 아비아타르가 질투의 물(독약을 탄 물)을 둘에게 마시게 한 뒤 제대를 일곱 바퀴 돌라고 했다. 둘이 죽지 않고 아무런 징조도 보이지 않아 무죄가 증명되었다.

마리아가 두 가지 백성을 본다

제13장

각자 고향으로 돌아가서 등록하라는 아우구스투스 황제의 칙령이 내려졌고, 유대에서는 시리아 총독 치리누스가 총책임자였다.

요셉과 마리아는 유대 부족과 다윗 가문에 소속되었기 때문에 베들레헴으로 가서 등록해야 했다.

길을 가던 도중에 마리아가 요셉에게 "제 앞에 있는 두 사람이 보이는데, 하나는 울고, 하나는 기뻐해요."라고 말했다. 그는 "나귀 위에 얌전히 앉아 있기나 해요. 쓸데없는 말은 하지도 말고."라고 대꾸했다.

흰 옷 차림의 아름다운 소년이 나타나서 요셉에게 "마리아의 말이 왜 쓸데없는 말이란 거요? 그녀는 유대인들이 하느님을 떠났기 때문에 울고, 이방인들이 주님에게 가까이 다가섰기 때문에 기뻐하는 것을 보았는데 말예요."라고 했다.

천사가 마리아에게 나귀에서 내려 캄캄한 지하 동굴로 들어가라고 지시했다. 곧 해산을 해야 하기 때문이다. 마리아가 들어서자 동굴 속이 대낮같이 밝아졌다. 아들이 태어나자 천사들이 둘러싸고 숭배했다.

한편 산파를 구하러 간 요셉이 산파 두 명을 데리고 왔더니, 마리아가 이미 아기를 안고 있었다. 그래서 "젤로미와 살로메라는 두 산파를 데리고 왔는데, 여기 광채가 하도 찬란해서 감히 들어오지 못하고 있소."라고 말했다.

마리아가 미소를 지었다. 요셉이 "미소를 거두시오. 그리고 산파들을 들어오게 해서 도움을 받아야지요."라고 했다. 마리아가 산파들에게 들어오라고 말했다.

젤로미가 마리아의 몸을 살펴보고 나서 "아들을 낳고도 여전히 처녀로 남아 있다니! 이런 일은 본 적도 들은 적도 없어요. 피도 흘리지 않고, 고통도 없이 해산한 거예요. 처녀가 임신하고, 처녀가 해산하고, 그리고 여전히 처녀로 남아 있다 이거예요!"라고 크게 소리쳤다.

살로메는 "믿을 수 없어요!"라고 소리쳤는데, 자기 눈으로 자세히 살펴본 뒤에는 비통하게 울면서 "오, 주님, 저의 불신을 용서해 주십시오! 제가 감히 주님의 동정녀를 검사했습니다."라고 말했다.

빛나는 옷을 입은 젊은이가 살로메에게 "저 아기는 온 세상의 구세주, 자기를 믿는 사람들의 구세주니 가서 어루만지고 숭배하시오. 그러면 당신이 용서를 받을 것이오."라고 말했다.

여러 명의 목자들도 "모든 사람의 구세주, 그리스도 주님이 탄생했다. 구원이 이스라엘에게 그를 통해서 다시 돌아왔다."고 한밤중에 노래하고 하느님을 찬미하는 천사들을 보았다고 증언했다.

천지창조 이후 보였던 그 어느 별보다도 더 큰 별이 밤부터 아침까지 동굴 위에서 빛났다. 예루살렘에 있던 예언자들은 그 별이 이스라엘뿐 아니라 모든 민족들에게 약속을 실현시켜줄 그리스도의 탄생을 가리킨다고 말했다.

황소와 당나귀가 예수를 숭배한다

제14장

주 예수 그리스도가 탄생한 지 3일 뒤에 마리아가 동굴에서 나가 아기를 마구간의 구유에 뉘었다.

황소와 당나귀가 그를 숭배했다. 그래서 "황소가 주인을, 당나귀가 주인의 구유를 알아본다."고 말한 이사야 예언자의 예언이 실현되었다.

황소와 당나귀가 아기를 자기들 사이에 두고 계속해서 숭배했다. 그래서 "당신은 두 짐승 사이에서 스스로 드러났습니다."라고 한 하바꾹 예언자의 예언이 실현되었다. 요셉이 마리아와 함께 마구간에서 3일을 지냈다.

아기 예수의 할례

제15장

6일째 날에 그들이 베들레헴으로 가서 안식일을 지키고, 8일째 되는 날에 아기에게 할례를 시행했다.

예수가 용들을 물리친다

제18장

이집트로 가는 도중, 어느 동굴에 이르러 마리아가 쉬려고 나귀에서 내려섰다. 그때 요셉은 소년 셋을, 마리아는 소녀 한 명을 거느리고 있었다.

갑자기 동굴에서 수많은 용들이 튀어나왔고, 용을 본 소년들이 공포에 질려서 울부짖었다. 그러자 예수가 어머니 무릎에서 내려와 두 발로 섰다. 용들이 그를 숭배하고 물러갔다.

"용들이여, 바다의 깊은 곳들이여, 주님을 찬미하라."고 말한 다윗의 말이 실현된 것이다.

아기 예수가 용들 앞에서 걸어다니면서 아무도 해치지 말라고 명령했다. 그러나 마리아와 요셉은 용들이 아기를 해칠까봐 가슴이 조마조마했다. 예수가 그들에게 "두려워하지 마시오. 나는 항상 완전한 상태로 있어 왔고, 숲 속의 모든 짐승들이 내 앞에서 양순할 수밖에 없으니까, 나를 어린아이라고 생각하지 마십시오."라고 말했다.

사자와 표범들이 예수를 호위한다

제19장

사자와 표범들도 고개를 숙이고 꼬리치면서 그를 숭배하고 사막에 이르기까지 그들을 따라갔다. 마리아가 처음에 야수들을 보았을 때는 겁에 질렸는데, 예수가 "어머니, 저 야수들은 우리에게 봉사하려고 왔으니까 두려워하지 마십시오."라고 말했다.

야수들은 그들이 유대에서 몰고 온 양떼와 염소떼 속에서도 온순하게 행동했고, 전혀 해치지 않았다. 황소와 당나귀들 그리고 다른 가축들이 짐을 운반했다. 그들은 늑대들 사이로 걸어가면서도 두려워하지 않았다.

황소 두 마리가 끄는 마차에 가재도구를 싣고 운반했다. 사자들이 길을 안내했다.

종려나무가 예수에게 복종한다

제20장

사흘을 걸어간 뒤에 마리아가 사막의 엄청난 열기에 지쳤다. 종려나무 한 그루를 발견한 그녀가 요셉에게 "그늘에서 좀 쉬고 싶어요."라고 말했다. 그리고 열매를 좀 따달라고 부탁했다.

요셉은 "나무가 저렇게 높은 것을 보고도 열매를 먹고 싶어하고 또 당신이 그런 말을 다 하다니 놀랄 뿐이오."라고 대꾸했다.

아기 예수가 "나무야, 가지를 굽혀서 우리 어머니의 원기를 네 열매로 돋워주어라."고 명령했다. 나무 꼭대기가 마리아의 발 밑까지 휘어져서 그들이 열매를 먹고 기운을 회복했다.

예수가 "종려나무야, 허리를 펴고 튼튼해져라. 그리고 나의 아버지의 낙원에 있는 내 나무들의 친구가 되어라. 땅 속에 숨겨진 수맥을 네 뿌리로부터 열어서 물이 흐르게 해라. 그래야 우리가 갈증을 면할 수 있으니까."라고 지시했다.

나무가 일어서자 맑고 시원한 탄산수가 솟아나왔다. 사람뿐 아니라 가축들도 갈증을 면하고 기쁨에 넘쳐서 하느님을 찬미했다.

종려가지는 승리의 상징이다

제21장

그날 다시 길을 떠날 때 예수가 "종려나무야, 한 가지 특권을 주겠다. 천사가 네 가지 하나를 낙원으로 가져가서 심을 것이다. 그러면 네 가지가 승리의 상징이 될 것이다."라고 말했다. 천사가 나타나 가지를 낙원으로 가져갔다.

그들이 땅에 엎드렸는데, 죽은 사람들처럼 되었다. 예수가 "이 가지들이 축복받은 모든 성인들을 위해서 준비된 것인 줄 모르세요?"라고 말했다.

예수가 30일 동안에 갈 거리를 하루에 간다

제22장

한참 가다가 요셉이 "주님, 햇볕이 너무 강해서 온몸이 통닭구이가 될 지경입니다. 바닷가의 여러 도시에서 쉬어갈 수 있도록 바다로 갑시다."라고 말했다.

예수가 "요셉, 두려워하지 말아요. 30일 동안에 갈 거리를 하루에 갈 수 있도록 거리를 단축시켜주겠어요."라고 대답했다. 그러자 즉시 그들의 눈에 이집트의 산들과 도시들이 보였다.

그들이 이집트에 도착해서 헤르모폴리스 지방의 소티넨 도시에 들어갔다. 아는 사람도 없고 여관도 모르기 때문에 신전으로 갔는데, 거기에는 365종류의 우상이 있어서 각자에게 지정된 날짜에 고유한 예식이 거행되고 있었다.

이집트의 신들이 파괴된다

제23장

마리아가 아기를 안고 신전에 들어서자, 모든 우상들이 땅바닥에 엎드려서 산산이 부서지고 말았다. 우상들은 자기들이 아무것도 아니라는 것을 보여주었다.

이집트의 총독이 주님을 믿는다

제24장

보고를 받은 그 도시의 총독 아프로도시우스가 군대를 모두 이끌고 신전으로 왔다. 모든 신들이 엎드려 있는 것을 본 총독이 "우리 신들은 그가 참으로 하느님이라는 것을 말없이 자백했소."라고 말하고 자기도 엎드렸다.

그 도시의 모든 사람이 예수 그리스도를 통하여 우리 주님을 믿게 되었다.

사자들이 예수를 숭배한다

제35장

예리고에서 요르단 강으로 가는 길이 있는데, 강가 근처에 있는 동굴에서 암사자가 새끼 사자들을 길렀다. 매우 위험한 길이었다.

모든 사람이 보는 가운데 여덟 살 난 예수가 동굴로 들어가자 암사자가 마중나와서 그를 숭배했다. 다른 사자들도 그를 숭배하고 꼬리를 흔들었다.

예수가 사람들에게 "야수들이 여러분들보다 얼마나 더 훌륭한지 보시오. 이들은 나를 보고 알아보지만, 사람들은 나를 보고도 주님으로 인정하지 않고 있소."라고 말했다.

요르단 강물이 둘로 갈라진다

제36장

사자들을 거느리고 예수가 요르단 강을 건너려고 하자, 강물이 둘로 갈라졌다. 예수가 사자들에게 "가서 사람을 해치지 말고, 사람들이 너희들을 해치게 하지도 마라." 하고 말했다.

예수를 때린 선생이 죽는다

제38장

예수가 다른 학교에 갔다. 선생이 예수를 때리고 나서 죽어버렸다. 요셉이 마리아에게 "이 아이 때문에 내 영혼이 너무 슬퍼서 죽을 지경이오. 악의를 가지고 이 아이를 때리면 누구나 죽어버린단 말이오."라고 말했다.

예수가 부자 요셉을 부활시킨다

제40장

그후 요셉이 마리아와 예수를 데리고, 원수들의 악의 때문에 배를 타고 가파르나움으로 갔다. 그 도시에 큰 부자인 요셉이라는 사람이 살았는데, 병에 걸려서 죽었다.

통곡과 애도 소리를 들은 예수가 요셉에게 "당신과 이름이 같은 사람이 죽었는데, 왜 그에게 도움을 주지 않는 거지요?"라고 물었다. 요셉이 "내가 무슨 능력이 있다고 그러는 거요?"라고 반문했다.

예수가 "당신 머리수건으로 죽은 사람의 얼굴을 덮고 '그리스도가 당신을 구원합니다.'라고 말하면 즉시 일어날 거요."라고 말했다.

요셉이 그대로 했고 "예수가 당신을 구원합니다."라고 말했다. 죽은 사람이 다시 일어나서 예수가 누구냐고 물었다.

예수의 가족들

제42장

요셉이 야고보, 요셉, 유다, 시메온 등 자기 아들들과 두 딸을 거느리고 와서 예수와 그 어머니 마리아, 그리고 클레오파스의 딸 마리아(예수의 어머니 마리아의 동생)를 만났다.

클레오파스의 딸 마리아는 예수의 어머니 마리아가 성전에 바쳐진 뒤에 주님이 클레오파스와 안나 부부에게 선물로 준 딸이었다. 그 부부는 나중에 낳은 딸을 자기들의 위로의 원천으로 삼기 위해서 똑같이 마리아라고 불렀다.

　가족들이 식탁에 모일 때는 언제나 예수가 그들을 먼저 축복하고, 또 먼저 먹고 마시는 것이 관례였다. 예수가 식탁에 없을 때는 그들이 예수를 기다렸다. 예수가 원기를 회복하기 위해 식탁에 오는 것을 싫어할 때는 요셉과 마리아, 요셉의 아들들, 즉 그의 형제들도 식탁에 오지 않았다.

　형제들은 그의 생활을 최대의 본보기로 소중히 여겼고, 그를 관찰하고 또 두려워했다.

　예수가 밤이든 낮이든 원하는 때에 잠자고 있으면, 하느님의 광채가 그를 비추었다.

토마스 복음

예수의 비밀의 가르침들

해설

고대 문헌들 가운데서 이 문헌이 최근에 가장 큰 주목을 받고 있다. 내용이 신약의 복음서들과 매우 밀접한 관련이 있기 때문이다. 여기 기록된 내용의 일부가 실제로 예수가 한 말일지도 모른다는 점에 대해서 수긍하는 학자들이 많다.

1945~6년 나그함마디에서 발견된 그노시스파 문헌 속에 콥트어로 작성된 이 문헌이 포함되어 있는데, 그리스어 원본을 번역한 것이다.

이것은 그리스어로 기원후 1세기 중엽에서 서기 200년 경 사이에 시리아, 팔레스타인, 또는 메소포타미아에서 저술된 것으로 본다. 저자는 디디무스 유다 토마스라고 하는데, 그는 '쌍둥이' 유다, 즉 시리아 교회에서는 예수와 쌍둥이 형제로 보는 사도 유다를 가리킨다.

토마스 복음에 관해서는 초기 교회의 오리제네스와 예루살렘의 치릴루스가 그 존재를 증언했다.

이것은 살아 있는 예수가 한 비밀의 말씀들인데, 그것을 디디무스 유다 토마스가 기록했다.

1. 그리고 그는 "이 말씀들의 해석을 발견하는 사람은 죽음을 맛보지 않을 것이오."라고 말했다.

2. 예수는 "발견할 때까지 쉬지 않고 탐구하는 사람은, 발견하게 됐을 때 어려움에 처할 것이고, 어려움에 처하면 크게 놀라고, 모든 것을 다스릴 것이오."라고 말했다.

3. 예수는 "여러분을 인도하는 사람들이 '보시오, 왕국은 하늘에 있소.' 라고 말한다면, 하늘의 새들이 여러분보다 먼저 거기 갈 것이오. 그들이 '왕국은 바다 속에 있소.' 라고 말한다면, 물고기들이 여러분보다 먼저 거기 갈 것이오.

오히려 왕국은 여러분 안에, 그리고 여러분 밖에 있는 것이오. 여러분이 자기 자신을 안다면 여러분이 알려질 것이고, 여러분이 살아 있는 성부의 아들들임을 스스로 알 것이오.

그러나 자기 자신을 모른다면 여러분은 가난 속에 있고, 여러분 자신이 가난 속에 있는 것이오."라고 말했다.

4. 예수는 "나이 든 사람이 태어난 지 7일 된 아기에게 생명의 장소에 관해서 묻기를 주저하지 않는다면, 그는 생명을 얻을 것이오. 이것은 가장 높은 자리에서 가장 낮은 자리로 전락하는 사람이 많고 그들은 하나가 될 것이기 때문이오."라고 말했다.

5. 예수는 "여러분 바로 앞에 있는 것을 잘 알아보도록 하시오. 여러분에게 감추어진 것이 여러분에게 드러날 것이오. 이것은 숨겨진 것 가운데 드러나지 않을 것이 하나도 없기 때문이오."라고 말했다.

6. 제자들이 그에게 "우리가 단식하기를 원하십니까? 어떻게 기도해야 좋을까요? 자선행위를 할까요? 음식에 대한 절제를 어떻

게 하는 것이 좋을까요?"라고 물었다.

예수는 "거짓말을 하지 말고, 여러분이 미워하는 일을 행동으로 보여주지 마시오. 왜냐하면 모든 일이 하늘나라에서 드러날 것이기 때문이오. 드러나지 않는 것이 하나도 없고, 탄로나지 않고 그대로 숨겨진 채 남아 있는 것이 하나도 없기 때문이오."라고 말했다.

7.   예수는 "사람이 잡아먹을 그 사자는 축복을 받았고, 그 사자는 사람이 될 것이오. 사자가 잡아먹을 그 사람은 저주를 받았고, 그 사자는 사람이 될 것이오."라고 말했다.

8.   그리고 그는 "사람은 바다에 그물을 던지는 지혜로운 어부와 같소. 그는 작은 물고기로 가득 찬 그물을 끌어내오. 지혜로운 어부는 그 안에서 크고 좋은 생선을 발견하오. 작은 물고기들은 바다에 다시 처넣고 큰 고기들을 서슴지 않고 골라내오. 들을 귀가 있는 사람은 듣도록 하시오."라고 말했다.

9.   예수는 "자, 씨뿌리는 사람이 밭으로 나갔소. 씨를 손에 쥐고 땅에 뿌렸소. 어떤 씨들은 길가에 떨어졌는데, 새들이 와서 먹어버렸소. 다른 씨들은 바위 위에 떨어져서 뿌리를 내리지 못하고, 하늘에 이르는 싹을 틔우지 못했소. 어떤 씨들은 가시덤불에 떨어졌소. 가시덤불이 그들을 질식시키고 벌레들이 먹어버렸소. 그러나 다른 씨들은 좋은 땅에 떨어졌고, 하늘에 이르는 좋은 열매를 맺었소. 이들은 60배 그리고 120배의 수확을 거두었소."라고 말했다.

10.   예수는 "나는 세상에 불을 집어던졌고, 보시오, 그 불이 세차게 타오를 때까지 지켜보고 있소."라고 말했다.

11.   예수는 "이 하늘은 지나가고, 이 하늘 위에 있는 것도 지나가고 말며, 죽은 것은 살지 못하고, 산 것은 죽지 않을 것이오. 여러분이 죽은 것을 먹었던 시절에는 여러분이 죽은 것을 살게 했는데, 여러분이 빛 안으로 들어가면 무엇을 하겠소? 여러분이 하나였던

시절에는 여러분이 둘이었는데, 여러분이 둘이 되면 무엇을 하겠소?"라고 말했다.

12. 제자들이 예수에게 "우리가 알기에 당신은 우리를 떠나갈 것입니다. 누가 우리의 지도자가 되지요?"라고 물었다. 예수는 "여러분이 어디를 가든지, 정의로운 야고보에게 가시오. 하늘과 땅은 그를 위해서 창조되었소."라고 말했다.

13. 예수가 제자들에게 "나를 다른 사람과 비교하여 내가 누구와 같은지 말해보시오."라고 말했다. 시몬 베드로가 "당신은 정의로운 천사와 같습니다."라고 말했다. 마태오는 "지혜로운 철학자와 같습니다."라고 말했다. 토마스는 "선생님, 제 입은 당신이 누구와 같은지 말할 수가 없습니다."라고 말했다.

예수가 "나는 당신의 스승이 아니오. 왜냐하면 당신은 내가 측량한 거품의 샘에서 물을 마셨기 때문이오."라고 대꾸했다.

그리고 토마스를 한쪽으로 불러세운 뒤에 세 마디를 해주었다. 토마스가 돌아오자 제자들이 "예수가 당신에게 무슨 말을 했소?"라고 물었다. 토마스가 "그가 한 말들 가운데 한 마디라도 내가 전해준다면, 여러분은 돌을 들어 나를 칠 것이오. 그러면 그 돌에서 불이 튀어나와 여러분을 태워버릴 것이오."라고 대답했다.

14. 예수가 그들에게 "여러분이 단식을 한다면 여러분 위에 죄를 불러올 것이고, 기도를 한다면 여러분 자신을 단죄하게 될 것이며, 자선을 베푼다면 여러분의 영혼을 해치는 것이 될 것이오. 여러분이 여행 도중에 어느 지방을 지나가게 되었을 때, 그들이 영접해준다면 대접하는 음식은 무엇이든지 드시오. 그들 가운데 있는 병자들을 치유해주시오. 왜냐하면 입으로 들어가는 것은 여러분을 더럽히지 못하지만, 입에서 나오는 것이 여러분을 더럽히기 때문이오."라고 말했다.

15. 예수가 "여자의 몸에서 태어나지 않은 사람을 만나면 그 앞에

엎드려 그를 숭배하시오. 여러분의 아버지가 바로 그 사람이오." 라고 말했다.

16. 예수는 "내가 세상에 와서 베풀려는 것이 평화라고 사람들은 생각하지만, 내가 세상에 와서 뿌리려고 하는 것이 갈등, 즉 불과 칼과 전쟁이라는 것을 그들은 모르고 있소. 왜냐하면 한 집안에 다섯 명이 있는데, 세 명이 두 명에 대항해서, 두 명이 세 명에 대항해서 싸우고, 아버지가 아들에 대항해서, 아들이 아버지에 대항해서 싸우며, 그들은 각각 행동할 것이기 때문이오." 라고 말했다.

17. 예수는 "어떠한 눈도 보지 못했고, 어떠한 귀도 듣지 못했고, 어떠한 손도 만지지 못했고, 그 누구도 생각해본 적이 없는 것을 내가 여러분에게 주겠소." 라고 말했다.

18. 제자들이 예수에게 "우리의 최후가 어떤 방식으로 올 것인지 알려주십시오." 라고 말했다. 예수는 "여러분이 참으로 시작을 발견했다면 어찌하여 최후를 찾으려고 하는 거요? 시작이 있는 바로 그곳에 최후가 있을 것이오. 시작이 있는 곳에 서 있는 사람은 축복을 받았소. 그는 최후를 알 것이고 죽음을 맛보지 않을 것이오." 라고 말했다.

19. 예수는 "창조되기 전에 존재했던 그는 축복받았소. 여러분이 나의 제자가 되고 내 말을 듣는다면, 이 돌들이 여러분을 섬길 것이오. 왜냐하면 여러분은 여름이나 겨울이나 움직이지 않고 낙엽도 지지 않는 나무 다섯 그루를 낙원에서 가지고 있기 때문이오. 이 나무들을 아는 사람은 누구나 죽음을 맛보지 않을 것이오." 라고 말했다.

20. 제자들이 예수에게 "하늘의 왕국이 어떠한 것과 같은지 알려주십시오." 라고 말했다.

그는 "그 나라는 모든 씨 가운데 가장 작은 겨자씨와 같소. 그 씨가 손질이 잘된 밭에 떨어지면, 흙이 커다란 나뭇가지를 뻗게 해주고 하늘의 새들을 위한 피난처를 마련해주는 거요."라고 말했다.

21. 마리아가 예수에게 "네 제자들은 어떤 사람이냐?"고 물었다. 예수는 "그들은 자기 소유가 아닌 밭에서 사는 어린아이들과 같지요. 밭의 주인들이 오면, 주인들은 '우리 밭을 되찾자.'라고 말할 테지요. 그러면 그들은 주인들 앞에서 발가벗고 밭을 돌려주고 떠나지요.

그러므로 나는, 만일 도둑이 올 것을 집주인이 안다면, 그 주인은 도둑이 올 때까지 깨어 있고, 도둑이 침입해서 재산을 가져가도록 내버려두지 않는다고 말하는 거요.

그러나 여러분은 세상에 대항해서 항상 경계하시오. 강도들이 여러분을 덮칠 방도를 찾지 못하게 하도록 강한 힘으로 무장하고 있어야 하오. 왜냐하면 여러분이 우려하는 어려움이 현실에 나타날 것이기 때문이오.

여러분 가운데 이해심이 깊은 사람이 있어야 하오. 곡식이 다 익으면 그는 재빨리 와서 손에 낫을 들고 추수했소. 들을 귀가 있는 사람은 듣도록 하시오."라고 말했다.

22. 예수가 젖을 빠는 아기들을 보았다. 그래서 제자들에게 "젖을 빨고 있는 이 아기들은 (하늘의) 왕국에 들어가는 사람들과 같소."라고 말했다. 그들이 "저희가 만일 어린아이들이라면 왕국에 들어갈 것인가요?"라고 물었다.

그는 "여러분이 둘을 하나로 만들 때, 안을 밖으로, 밖을 안으로, 위를 아래로 만들 때, 남성과 여성을 하나로 합치고, 남성이 남성이 아니고, 여성이 여성이 아니게 만들 때, 그리고 한 눈이 있는 곳에 한 눈을, 한 손이 있는 곳에 한 손을, 한 발이 있는 곳에 한 발을, 한 이미지가 있는 곳에 한 이미지를 만들 때, 여러분은 왕국에 들어갈 것이오."라고 대답했다.

23. 예수는 "나는 여러분을 선택하는 데 있어서 천 명 가운데서

성모 마리아와 아기 예수, 라파엘로 작, 15세기

한 명을, 만 명 가운데서 두 명을 뽑을 것이오. 그리고 선택된 그들은 한 명으로 서 있을 것이오."라고 말했다.

24. 제자들이 "당신이 계신 그곳을 보여주십시오. 우리는 그곳을 찾아내야만 하니까요."라고 말했다. 그는 "들을 귀가 있는 사람은 듣도록 하시오. 빛의 사람 속에는 빛이 있고, 그 빛은 온 세상을 비추는 거요. 그 빛이 비추지 않으면 암흑이 있소."라고 말했다.

25. 예수는 "형제를 여러분의 영혼처럼 사랑하고, 그를 여러분의 눈동자처럼 보호해주시오."라고 말했다.

26. 예수는 "여러분은 형제의 눈에 든 티끌은 보지만, 자기 눈에 든 널빤지는 보지 못하고 있소. 여러분 눈에 든 널빤지를 제거한다면, 그때 비로소 형제의 눈에 든 티끌을 제거하기 위해서 여러분의 눈이 보일 것이오."라고 말했다.

27. 그는 "세상에 대해서 단식하지 않는다면 여러분은 하느님의 왕국을 발견하지 못할 것이고, 안식일을 안식일답게 지키지 않는다면 아버지를 보지 못할 것이오."라고 말했다.

28. 예수는 "나는 세상 사람들 가운데 서 있었고, 그들은 육체를 가진 나를 보았소. 내가 보기에는 모든 사람이 취해 있었고 목말라 하는 사람은 하나도 없었소. 그리고 내 영혼은 사람들의 영혼 때문에 괴로웠소. 왜냐하면 그들은 마음의 눈이 멀었고, 자기들이 이 세상에 빈손으로 왔다는 것을 모르며, 빈손으로 이 세상을 떠나려고 안달하기 때문이오. 이제 그들은 취해 있소. 술을 깨고 나면 그들은 후회할 거요."라고 말했다.

29. 예수는 "육체가 영혼 때문에 존재한다면 그것은 기적이오. 그러나 영혼이 육체 때문에 존재한다면 그것은 기적들 가운데 기적이오. 그러나 이 엄청난 재산이 이러한 빈곤 속에서 어떻게 축적되었는지 나는 놀랄 뿐이오."라고 말했다.

30. 예수는 "신이 셋 있는 곳에는 참된 신이 없소. 그러나 신이 하

나뿐인 곳에는 내가 그와 함께 있소. 돌을 위로 들어보시오. 거기서 여러분은 나를 발견할 것이오. 장작을 쪼개보시오. 나는 거기도 있소."라고 말했다.

31. 예수는 "자기 출신 마을(고향)에서 환영받은 예언자는 하나도 없소. 의사는 자기를 아는 사람들의 병은 고치지 못하는 법이오."라고 말했다.

32. 예수는 "높은 산에 건설하여 방어가 잘 되어 있는 도시는 함락될 수 없고 숨어 있을 수도 없소."라고 말했다.

33. 예수는 "여러분이 직접 들은 말을 옥상에 서서 다른 사람들에게 설교하시오. 왜냐하면 등불을 켜서 쌀뒤주나 은밀한 지하실에 처박아두는 사람은 아무도 없고, 그는 등불을 높은 받침대 위에 놓아서 출입하는 사람이 누구나 그 빛을 보도록 하기 때문이오."라고 말했다.

34. 예수는 "소경이 소경을 인도하면 둘 다 도랑에 처박히고 마는 것이오."라고 말했다.

35. 예수는 "힘센 사람의 두 손을 먼저 묶어버리지 않고는 아무도 그의 집에 들어가 강제로 점령할 수 없소. 강제로 점령한 뒤에 비로소 그 집을 약탈할 수 있소."라고 말했다.

36. 예수는 "여러분은 무엇을 먹을까, 무엇을 입을까 하는 문제로 밤낮 걱정하지는 마시오. 실을 잣지도 피륙을 짜지도 않는 백합보다도 여러분은 훨씬 뛰어난 사람들이오. 입을 옷이 없다고 무슨 걱정이오? 누가 여러분의 키를 크게 만들 수가 있겠소? 그것은 여러분에게 옷을 주는 그분이오."라고 말했다.

37. 제자들이 "당신은 언제 우리에게 드러나고, 언제 우리가 당신을 볼 것입니까?"라고 물었다. 그는 "여러분이 부끄럼을 타지 않으면서 옷을 벗고, 어린애들이 하듯이 옷을 벗어서 발 밑에 던지고 그것을 발로 밟을 때, 그때 비로소 여러분은 살아 계시는 그분의

아들을 볼 것이고, 또 두려워하지도 않을 것이오."라고 말했다.

38. 예수는 "여러분은 내가 하는 이 말들을 듣고 싶어한 적이 한 두 번이 아니었고, 이런 말을 여러분에게 해줄 사람은 나 이외에 아무도 없소. 여러분이 나를 찾을 날이 오겠지만, 나를 발견하지 못할 것이오."라고 말했다.

39. 예수는 "바리사이들과 율법학자들이 지식의 열쇠들을 받아 감추어두었소. 그들은 안으로 들어가지도 않고, 또 들어가고 싶어 하는 사람들을 못 들어가게 하고 있소. 그러나 여러분은 뱀처럼 지혜롭고 비둘기처럼 무죄한 사람이 되시오."라고 말했다.

40. 예수는 "포도나무가 아버지와 관계없이 심어졌는데, 튼튼하게 자라지 못하여 뿌리가 뽑힌 채 썩어버릴 것이오."라고 말했다.

41. 예수는 "손에 무엇인가 가지고 있는 사람은 더 많이 받을 것이고, 아무것도 가지지 못한 사람은 아무리 적게 가졌다 해도 그것마저도 빼앗길 것이오."라고 말했다.

42. 예수는 "지나가는 사람들이 되시오."라고 말했다.

43. 제자들이 "우리에게 이런 말을 해주는 당신은 누구십니까?"라고 물었다. 그는 "내가 여러분에게 해주는 말을 듣고도 여러분은 내가 누구인지 모르고 있소. 그러니 여러분은 유대인들과 같은 사람이 되었소. 그들은 나무를 사랑하지만 그 열매를 미워하고, 열매를 사랑하지만 그 나무를 미워하오."라고 말했다.

44. 예수는 "아버지를 모독하는 사람은 용서를 받을 것이고, 아들을 모독하는 사람도 용서를 받을 것이오. 그러나 성령을 모독하는 사람은 지상에서나 하늘에서나 용서를 받지 못할 것이오."라고 말했다.

45. 예수는 "가시나무에서 포도를, 엉겅퀴에서 무화과를 추수할 수는 없소. 가시나무와 엉겅퀴는 열매가 없소. 선한 사람은 자기 보물로부터 선한 것을 만들어내고, 악한 사람은 자기 마음속에 있

는 악한 보물로부터 악한 것을 만들어내고, 악한 것을 말하는 법이오. 왜냐하면 그는 마음에 가득 찬 악을 밖으로 드러내기 때문이오."라고 말했다.

46. 예수는 "아담에서 세례자 요한에 이르기까지, 여자의 몸에서 태어난 사람 가운데 세례자 요한보다 더 위대한 사람은 없소. 그래서 그의 두 눈이… 그러나 여러분 가운데 누구든지 어린아이처럼 되는 사람은 왕국을 알게 될 것이고, 그는 세례자 요한보다 더 위대할 사람이 될 것이오."라고 말했다.

47. 예수는 "한 사람이 말 두 필을 타거나 활 두 개를 쏠 수는 없소. 하인이 두 주인을 섬길 수가 없으니, 그가 한 주인은 공경하고 다른 주인은 경멸할 것이오. 묵은 포도주를 마시고 나서 즉시 새 포도주를 마시고 싶어하는 사람은 없소. 포도주 자루가 터질까 염려해서 새 포도주는 낡은 포도주 자루에 넣지 않는 법이오. 새 포도주 맛이 떨어질까 염려해서, 묵은 포도주는 새 포도주 자루에 넣지 않는 법이오. 낡은 옷이 찢어질까 염려해서, 새 헝겊을 낡은 옷에 대고 꿰매지는 않는 법이오."라고 말했다.

48. 예수는 "만일 한 지붕 아래 사는 두 사람이 서로 화해하고 나서, 둘이 산을 바라보며 '움직여보아라!' 고 말한다면, 산이 움직일 것이오."라고 말했다.

49. 예수는 "고독한 사람과 선택받은 사람은 축복을 받았소. 왜냐하면 여러분은 왕국을 발견할 것이기 때문이오. 여러분은 여러분이 출발한 그 왕국으로 다시 돌아갈 것이오."라고 말했다.

50. 예수는 "그들이 여러분에게 '당신들은 어디서 왔소?' 라고 물으면, '우리는 빛으로부터, 빛이 스스로 생겨서 자신을 그들의 모습 안에 드러내는 그곳으로부터 왔소.' 라고 대답하시오. '당신들은 누구요?' 라고 그들이 묻는다면, '우리는 그분의 아들들이고, 살아 계신 아버지의 선택받은 사람들이오.' 라고 대답하시오. 그들

이 '당신들 안에 있는 아버지의 징표는 무엇이오?' 라고 묻는다면, '그것은 움직임과 휴식이오.' 라고 대답하시오."라고 말했다.

51. 제자들이 "죽은 자들의 휴식이 언제 일어나고 새 세상은 언제 올 것입니까?" 라고 물었다. 그는 "여러분이 찾는 휴식은 이미 왔으나 여러분이 알아보지 못했소."라고 말했다.

52. 제자들이 "이스라엘 안에서 스물네 명의 예언자들이 말했고, 그들은 모두 당신 안에서 말했습니다." 라고 말했다. 그는 "여러분은 여러분과 함께 있는 살아 계신 그분을 잊어버리고 죽은 자들에 대해서만 말했소."라고 말했다.

53. 제자들이 "할례는 유익한 것입니까?" 라고 물었다. 그는 "할례가 유익한 것이라면, 아버지들은 어머니 뱃속에서 이미 할례가 된 상태로 아이들이 태어나게 했을 것이오. 오히려 정신으로 하는 참된 할례가 가장 유익한 것이오." 라고 말했다.

54. 예수는 "가난한 사람들은 축복을 받았소. 왜냐하면 하늘의 왕국이 여러분의 것이기 때문이오." 라고 말했다.

55. 예수는 "자기 부모를 미워하지 않는 사람은 나의 제자가 될 수 없고, 자기 형제자매를 미워하고 내가 하는 것처럼 십자가를 지지 않는 사람은 나를 따를 자격이 없소." 라고 말했다.

56. 예수는 "세상을 이해하게 된 사람은 시체를 발견했고, 세상은 시체를 발견한 사람에게 아무런 가치도 없소." 라고 말했다.

57. 예수는 "아버지의 왕국은 좋은 씨를 가진 사람과 같소. 그의 원수가 밤에 와서 좋은 씨들 사이에 잡초를 뿌렸소. 그는 일꾼들에게 잡초의 제거를 허락하지 않았소. '잡초를 뽑다가는 밀마저도 뽑힐까 염려가 되니 그렇게 하지 마시오.' 라고 말했다. 추수의 날이 되면 잡초는 눈에 유난히 돋보일 것이오. 그래서 뽑히고 불태워질 것이오." 라고 말했다.

58. 예수는 "열심히 일한 사람은 축복을 받았소. 그는 생명을 발

견했기 때문이오."라고 말했다.

59. 예수는 "여러분은 살아 계신 그분을 평생 동안 우러러보시오. 그렇게 하지 않으면 죽어서 그분을 찾아도 여러분이 볼 수가 없을 것이기 때문이오."라고 말했다.

60. 유대로 가는 도중에 어린 양을 운반하는 사마리아인을 그들이 보았다. 그가 제자들에게 "저 사람이 왜 어린 양을 운반하고 있소?"라고 물었다. 그들이 "죽여서 고기를 먹으려고 그러겠지요."라고 대답했다.

그는 "양이 살아 있는 한 저 사람은 그 고기를 먹지 않을 것이오. 양을 죽여서, 그러니까 양이 시체가 된 뒤에야 비로소 먹을 것이오."라고 말했다. 그들이 "그렇군요."라고 대답했다.

그는 "여러분 자신도 휴식의 장소를 찾지 않으면 안 되오. 그렇지 않으면 여러분은 시체가 되어서 먹힐 것이오."라고 말했다.

61. 예수가 "두 사람이 잠자리에서 쉬고 있다가 한 사람은 죽고 또 한 사람은 살 것이오."라고 말했다. 살로메가 "도대체 당신은 누구십니까? 당신은 제 침상에 걸터앉았고 제 식탁에서 음식을 먹었습니다."라고 말했다.

그는 "나는 차별되지 않는 그분으로부터 나왔소. 나의 아버지가 자기 것들을 내게 주었소."라고 말했다.

(살로메가) "저는 당신 제자입니다."라고 말했다. (예수가 살로메에게) "그러므로 그가 결합할 때는 빛으로 충만하고, 분리될 때는 암흑으로 가득 찰 것이라고 내가 말하는 거요."라고 말했다.

62. 예수는 "나는 내 신비들을 들을 자격이 있는 사람들에게 말하는 거요. 여러분은 자기 오른손이 하는 일을 왼손이 알지 못하도록 하시오."라고 말했다.

63. 예수는 "엄청난 재산을 가진 부자가 있었는데, 그는 '내 돈을 씨뿌리고 추수하고 심고 곡물로 창고를 채우는 데 사용하여 아무

것도 부족한 것이 없게 해야지.'라고 말했다. 정말 그렇게 할 작정이었다. 그러나 그날 밤 그는 죽었다. 들을 귀가 있는 사람은 듣도록 하시오."라고 말했다.

64. 예수는 "손님을 즐겨 맞이하는 습관이 있는 어떤 사람이 잔치를 준비하고는 하인을 보내어 손님들을 초대했소. 하인이 첫번째 손님에게 가서 '주인께서 당신을 초대했습니다.'라고 말했소. 그 손님은 '내가 상인들로부터 받을 돈이 있소. 그들이 오늘 저녁에 올 예정이고 나는 가서 그들에게 주문을 해야만 하니 만찬에 참석하지 못하겠다고 하시오.'라고 대답했소.

하인이 다른 손님에게 가서 '주인께서 당신을 초대했습니다.'라고 말했소. 그는 '집을 새로 사서 오늘 집안 일을 해야만 하니 시간이 없소.'라고 대답했소.

다른 손님에게 가서 '주인께서 당신을 초대했습니다.'라고 말했소. 그는 '내 친구가 곧 결혼하는데 그 잔치 준비를 해야 하기 때문에 내가 갈 수가 없소.'라고 대답했소.

또 다른 손님에게 가서 '주인께서 당신을 초대했습니다.'라고 말했소. 그는 '내가 마을을 하나 사서 세금을 걷으러 가야 하기 때문에 잔치에 갈 수가 없소. 양해해달라고 잘 전해주시오.'라고 대답했소.

하인이 돌아가서 주인에게 '주인께서 초대한 분들이 만찬에 참석하지 못한다고 양해를 구했습니다.'라고 보고했소.

주인이 하인에게 '길에 나가서 만나는 사람들을 데려와 잔치를 즐기도록 하라.'고 지시했소. 그러니까 물건을 사는 사람들과 상인들은 나의 아버지의 장소에 들어가지 못할 것이오."라고 말했다.

65. 그는 "착한 사람이 포도밭을 가지고 있었소. 농부들이 그 밭을 경작하고 소작료를 내는 조건으로 임대해주었소. 소작료를 걷기 위해서 하인을 파견했더니 농부들이 하인을 잡아서 초죽음이

되도록 두들겨팼소. 하인이 돌아와 보고했소.

주인은 '그들이 하인을 몰라보았는지도 모르지.' 라고 말하고 다른 하인을 보냈소. 그 하인도 얻어맞았소.

주인이 자기 아들을 보내면서 '내 아들은 저들이 존경할 테지.' 라고 말했소. 그러나 농부들은 아들이 주인의 후계자라는 것을 알고는 잡아서 살해해버렸소. 들을 귀가 있는 사람은 듣도록 하시오." 라고 말했다.

66. 예수는 "건축가들이 버린 돌을 내게 보여주시오. 이것은 모퉁잇돌이오." 라고 말했다.

67. 예수는 "모든 것을 알아도 자기 자신을 모르는 사람은 모든 것이 부족하오." 라고 말했다.

68. 예수는 "미움과 박해를 받을 때 여러분은 축복받은 것이오. 여러분이 박해받았던 곳에서 그들은 아무 자리도 찾지 못할 것이오." 라고 말했다.

69. 예수는 "정신적으로 박해받는 그들은 축복을 받았소. 왜냐하면 그들이 아버지를 참으로 아는 사람들이기 때문이오. 굶주리는 사람들은 축복을 받았소. 왜냐하면 주린 배가 채워질 것이기 때문이오." 라고 말했다.

70. 예수는 "여러분이 자기 안에 있는 것을 만들어낼 때, 여러분이 가진 것이 여러분을 구원할 것이오. 여러분이 가지지 못한 것이 여러분 안에 있다는 사실을 모른다면, 그것(여러분이 가지지 못한 것)이 여러분을 죽일 것이오." 라고 말했다.

71. 예수는 "내가 이 집을 파괴할 것이고, 아무도 이것을 다시 짓지 못할 것이오." 라고 말했다.

72. 어떤 남자가 그에게 "아버지의 유산을 분배하라고 제 형제에게 말씀 좀 해주십시오." 라고 말했다. 그는 "아니, 누가 나를 (재산) 분배자로 만들었단 말이오?" 라고 반문했다. 그리고 제자들을

향해서 몸을 돌리고는 "나는 분배자가 아니지 않소?"라고 말했다.

73. 예수는 "추수할 것은 많은데 일꾼이 너무 적으니 일꾼들을 추수 장소에 보내달라고 주님께 기도하시오."라고 말했다.

74. 그는 "주님, 물통 주위에는 많은 사람이 서 있지만 우물가에는 아무도 없습니다."라고 말했다.

75. 예수는 "문간에는 많은 사람이 서 있지만, 신방에 들어갈 사람은 한둘뿐이오."라고 말했다.

76. 예수는 "아버지의 왕국은 팔 물건들을 가지고 있다가 진주를 발견한 상인과 같소. 이 상인은 지혜로워서 가진 물건을 다 팔아서 진주를 샀소. 여러분도 이와 같이 좀이 슬지도 않고 벌레가 파먹지도 않는 곳에서, 없어지지 않고 오래 견디는 보물을 찾아야만 하오."라고 말했다.

77. 예수는 "나는 모든 것보다 우월한 빛이오. 나는 모든 것이오. 모든 것은 내게서 나왔고 또 나에게 돌아왔소. 장작을 쪼개보시오. 나는 거기 있소. 돌을 위로 들어보시오. 여러분은 나를 거기서 발견할 거요."라고 말했다.

78. 예수는 "여러분은 왜 야외로 나왔소? 바람에 흔들리는 갈대를 보러 왔소? 아니면 여러분의 왕들과 고위 관리들처럼 좋은 옷을 입은 사람을 보러 나왔소? 그들은 좋은 옷을 걸쳤지만 진리는 모르고 있소."라고 말했다.

79. 군중 속에 섞여 있던 어떤 여자가 그에게 "당신을 낳은 자궁과 당신을 젖먹인 유방들은 축복을 받았습니다."라고 말했다.
그는 여자에게 "아버지의 말을 듣고 진리 안에서 그것을 지킨 사람들이 축복을 받았소. 왜냐하면 '임신하지 않은 자궁과 젖먹이지 않은 유방들은 축복을 받았습니다.'라고 당신이 말할 날이 올 것이기 때문이오."라고 말했다.

80. 예수는 "세상을 안 사람은 육체를 발견했으나, 육체를 발견한

사람에게는 세상이 가치가 없소."라고 말했다.

81. 예수는 "부자가 된 사람이 왕이 되게 하고, 권력을 가진 사람은 그것을 버리도록 하시오."라고 말했다.

82. 예수는 "나에게 가까이 있는 사람은 불에 가까이 있소. 그러나 나에게서 멀리 떨어진 사람은 왕국에서 멀리 떨어져 있는 것이오."라고 말했다.

83. 예수는 "이미지들은 그 사람에게 명백하고, 그들 안의 빛은 아버지의 빛의 이미지 안에 숨겨져 있소. 그 자신은 드러날 것이지만, 그의 이미지는 그의 빛으로 숨겨질 것이오."라고 말했다.

84. 예수는 "여러분은 여러분과 유사한 것을 볼 때 기뻐하시오. 그러나 여러분보다 먼저 왔고, 죽지도 않고 명백하지도 않는 여러분의 이미지들을 볼 때, 여러분은 얼마나 참고 견디겠소?"라고 말했다.

85. 예수는 "아담은 엄청난 힘과 엄청난 재산으로부터 태어났지만, 여러분들보다 가치가 없소. 만일 그가 더 가치가 있었다면 죽음을 맛보지 않았을 거요."라고 말했다.

86. 예수는 "(여우들은 자기) 땅들이 있고, 새들은 자기 둥지들이 있지만, 사람의 아들은 머리를 뉘고 쉴 자리가 없소."라고 말했다.

87. 예수는 "다른 육체에 의지하는 육체는 비참하고, 그 두 육체에 의존하는 영혼도 비참하오."라고 말했다.

88. 예수는 "천사들과 예언자들이 여러분에게 와서 여러분의 것을 줄 것이오. 여러분도 자기 손에 있는 것을 그들에게 주고 '그들이 와서 자기네 것을 가져갈 날은 언제일까?'라고 스스로 질문할 것이오."라고 말했다.

89. 예수는 "여러분은 왜 잔의 겉을 씻는 거요? 안을 만든 사람이 겉도 만들었다는 것을 모른단 말이오?"라고 말했다.

90. 예수는 "나에게 오시오. 왜냐하면 나의 멍에는 쉽고, 나의 다

스럼은 부드러우며, 여러분은 스스로 휴식을 발견할 것이기 때문이오."라고 말했다.

91. 그들이 "우리가 당신을 믿도록, 당신이 누구인지 말해주십시오."라고 말했다. 그는 "여러분은 하늘과 땅의 얼굴은 조사하면서도, 바로 여러분 앞에 있는 것은 아직도 모르고, 또한 이 시대를 분별할 줄도 모르고 있소."라고 대답했다.

92. 예수는 "찾으면 여러분이 발견할 것이오. 그러나 전에 여러분이 내게 물은 것들을 그 당시에는 내가 말해주지 않았소. 그런데 이제 내가 말해주려고 하는데도 여러분은 요청하지 않고 있소."라고 말했다.

93. (예수는) "거룩한 것을 개들에게 주지 마시오. 개들이 그것을 똥통에 던질 것이기 때문이오. 진주들을 돼지에게 던지지 마시오. 그렇게 한다면 돼지가 진주를…"라고 말했다.

94. (예수가) "찾아다니는 사람은 발견할 것이고…그것이 그에게 열릴 것이다."라고 말했다.

95. (예수가) "돈을 가지고 있다면 이자를 노리고 빌려주지 말고, 오히려 원금도 되돌려받지 않을 각오로 다른 사람에게 주시오."라고 말했다.

96. 예수는 "아버지의 왕국은 효모를 약간 반죽에 넣어서 커다란 덩어리들을 만드는 여자와 같소. 들을 귀가 있는 사람은 들도록 하시오."라고 말했다.

97. 예수는 "(아버지의) 왕국은 죽이 가득 든 항아리를 지고 가는 여자와 같소. 여자가 아주 먼 길을 걸어가는 동안에, 항아리 손잡이가 떨어져 나가서 죽이 등 뒤로 흘러 길에 떨어졌는데, 여자는 그런 사고가 난 줄도 몰랐소. 집에 도착해서 항아리를 내려놓으니 텅 빈 것이었소."라고 말했다.

98. 예수는 "아버지의 왕국은 힘이 센 사람을 죽이려는 남자와 같

소. 그는 자기 팔의 힘이 얼마나 강한지 시험해보기 위해 집에서 칼을 빼어 벽을 찔렀소. 그런 다음에 그는 힘이 센 사람을 죽였소." 라고 말했다.

99. 제자들이 "당신 형제들과 어머니가 밖에 서 있습니다."라고 말했다. 그는 "나의 아버지의 뜻을 행동으로 옮기는 여기 있는 사람들이 나의 형제들이고 어머니요. 나의 아버지의 왕국에 들어가는 사람은 바로 이들이오."라고 말했다.

100. 그들이 예수에게 금화를 보여주며 "황제의 사람들이 우리에게 세금을 요구합니다."라고 말했다. 그는 "황제에게 속하는 것은 황제에게, 하느님에게 속하는 것은 하느님에게, 그리고 나에게 속하는 것은 나에게 주시오."라고 말했다.

101. (예수는) "내가 하는 것과 같이 자기 (아버지)와 어머니를 미워하지 않는 사람은 나의 (제자)가 될 자격이 없고, 내가 하는 것처럼 자기 (아버지)와 어머니를 사랑하지 않는 사람은 나의 (제자)가 될 자격이 없소. 왜냐하면 나의 어머니는… 그러나 (나의) 참된 (어머니)는 나에게 생명을 주었기 때문이오."라고 말했다.

102. 예수는 '바리사이들은 저주를 받았소. 황소들의 여물통에 누운 채, 자기도 먹지 않고 황소들도 먹지 못하게 하는 개와 같기 때문이오."라고 말했다.

103. 예수는 "강도들이 어디로 들어올지 미리 알아서 강도들이 오기 전에 자리에서 일어나 기운을 차리고 무장을 하는 사람은 축복을 받았소."라고 말했다.

104. 그들이 예수에게 "자, 오늘 다같이 기도하고 단식합시다."라고 말했다. 예수는 "무슨 이유요? 내가 무슨 죄를 지었고, 또는 내가 어떻게 정복당했단 말이오? 신랑이 신방에서 떠나간 뒤에 백성들로 하여금 단식하고 기도하게 하시오."라고 말했다.

105. 예수는 "아버지와 어머니를 아는 사람은 창녀의 아들이라고

불릴 것이오."라고 말했다.

106. 예수는 "여러분이 둘을 하나로 만들 때 사람의 아들들이 될 것이고, '산이여, 움직여라!'고 말할 때 그 산이 움직일 것이오."라고 말했다.

107. 예수는 "왕국은 양 백 마리를 거느린 목자와 같소. 제일 큰 양 한 마리가 길을 잃었소. 그는 아흔아홉 마리를 떠나서 그 한 마리를 발견할 때까지 찾아다녔소. 고생을 한 뒤에 그는 그 양에게 '나는 아흔아홉 마리보다도 너를 더 사랑해.'라고 말했소."라고 말했다.

108. 예수는 "내 입에서 물을 받아 마시는 사람은 나와 똑같이 되고, 나도 그 사람이 될 것이며, 감추어진 것들이 그에게 알려질 것이오."라고 말했다.

109. 예수는 "왕국은 자기도 모르는 사이에 보물이 자기 밭에 숨겨진 그 사람과 같소. 그가 죽은 뒤에 밭을 유산으로 받은 (아들)도 그 사실을 몰랐소. 그래서 아들이 밭을 팔았는데 매입한 사람이 밭을 갈다가 그 보물을 발견했소. 그는 자기 마음대로 아무에게나 이자를 붙여서 돈을 빌려주기 시작했소."라고 말했다.

110. 예수는 "세상을 발견하고 부자가 된 사람이 세상을 거부하도록 하시오."라고 말했다.

111. 예수는 "하늘과 땅이 여러분 앞에서 사라질 것이고, 살아 계시는 그분 안에 사는 사람은 죽지 않을 것이오."라고 말했다. 예수는 "자기 자신을 발견하는 사람에게는 세상이 아무런 가치가 없소."라고 말하지 않았던가?

112. 예수는 "영혼에게 의지하는 육체는 저주를 받았고, 육체에게 의지하는 영혼도 저주를 받았소."라고 말했다.

113. 제자들이 "왕국이 언제 올 것입니까?"라고 말했다. (그는) "오기를 기다리고 있으면 왕국은 오지 않을 것이오. 그들은 '여기

를 보시오.' 또는 '저기를 보시오.' 라고 말하지 않을 것이오. 오히려 아버지의 왕국은 지상에 퍼져나가지만, 사람들이 그것을 보지 않고 있소."라고 말했다.

114. 시몬 베드로가 그들에게 "여자들은 생명을 얻을 자격이 없으니 마리아로 하여금 우리를 떠나게 합시다."라고 말했다.

예수는 "그 여자가 남자들인 여러분과 마찬가지로 살아 있는 영혼이 되게 하기 위해서 내가 지도하여 그 여자를 남자로 만들겠소. 왜냐하면 자기 자신을 남자로 만드는 여자는 누구나 하늘의 왕국에 들어갈 것이기 때문이오."라고 말했다.

마르코의 비밀 복음

마르코 복음에 추가되는 부분

해설

1958년에 예루살렘 근처의 마르 사바 수도원에서 모톤 스미스가 17세기 필사본 끝에 기록된 이 내용을 발견했다. 마르코 복음에 추가되는 부분인 것이다.

이것은 2세기말에 활동한 알렉산드리아의 클레멘스의 편지 안에 그리스어로 쓰여져 포함된 것이다. 복음서의 전통의 역사와 발전 과정에 관해서 많은 참고가 되는 이 문헌은 2세기초에 시리아에서 저술된 것으로 본다. 알렉산드리아의 클레멘스는 이 문헌이 마르코 복음을 확대한 것이라고 말했지만, 현대의 성서학자들은 오히려 마르코 복음이 이 문헌을 줄여놓은 것으로 보고 있다.

〈마르코 10장 32-34절 뒤에 추가〉

젊은이가 살아나다

그들이 베다니아로 갔다. 거기 어떤 여자가 살았는데 그 오빠가 죽었다. 여자가 예수에게 와서 엎드린 채 "다윗의 아들이여, 저에게 자비를 베풀어주십시오."라고 말했다.

제자들이 그 여자를 꾸짖었는데, 예수가 화가 나서 그 여자와 함께 무덤이 있는 정원으로 갔다. 즉시 무덤에서 큰 소리가 들려왔다. 예수가 다가가서 무덤 입구의 돌을 옆으로 밀어냈다. 그리고 젊은이가 누워 있는 무덤 안으로 들어가서 팔을 뻗어 그를 잡고는 일으켰다.

젊은이가 예수를 바라보고 사랑했다. 그래서 예수와 함께 지내겠다고 졸라대기 시작했다. 그들이 무덤에서 나와 젊은이의 집으로 들어갔는데, 젊은이는 부자였다.

6일 후에 예수가 그에게 임무를 부여했다. 젊은이가 몸에 아마포를 두른 채 밤에 예수를 찾아와 함께 머물렀는데, 그때 예수가 그에게 하느님의 왕국의 신비를 가르쳤다. 예수는 거기서 떠나 요르단 저쪽으로 갔다.

〈마르코 10장 46절 뒤에 추가〉

그리고 거기에는 예수가 사랑하는 젊은이의 누나와 그 어머니와 살로메가 있었는데, 예수는 그들을 받아들이지 않았다.

베드로 복음

수난과 부활에 관한 새로운 관점

해설

나일 강 상류 지방의 신비로운 마을 아크밈(옛 지명은 파노폴리스). 그곳에 있는 폐허가 된 수도원에서 어느 수도자의 무덤이 1886년에 발굴되었다. 거기서 베드로 복음의 일부를 적은 양피지가 나왔다. 역사에서 완전히 사라진 것으로 여겨졌던 베드로 복음이 일부나마 처음 세상에 드러난 것이다.

베드로 복음에 관해서는 안티오키아의 주교 세라피온이 서기 190년에, 역사가 오리제네스가 253년에, 체사레아의 주교 에우세비우스가 300년에 각각 언급했다. 그리고 5세기 중엽 테오도레투스는 나자렌파가 이 복음을 사용하고 있다는 기록을 남겼다.

이 문헌의 저자는 예수의 죽음에 대해서 빌라도가 아니라 유대인들이 책임을 져야 한다고 본다.

헤로데가 주님을 끌고가라고 명령한다

제1장

1. 그러나 헤로데나 다른 재판관들 등 유대인들은 아무도 손을 씻지 않았다. 그들이 손을 씻지 않자 빌라도가 일어섰다.

2. 그러자 헤로데가 "내가 저 사람에게 하라고 명령한 것을 그대로 시행하라."고 말하면서 그들에게 주님을 끌고가라고 명령했다.

주님의 친구 요셉이 주님의 시체를 달라고 한다

제2장

3. 거기 빌라도의 친구이자 주님의 친구인 요셉이 서 있었는데, 그들이 주님을 십자가에 못박으려고 하는 것을 알고는 빌라도에게 가서 주님의 시체를 묻겠으니 달라고 했다.

4. 빌라도가 헤로데에게 사람을 보내서 시체를 요구했다.

5. 헤로데가 "형제인 빌라도여, 그 사람의 시체를 아무도 요구하지 않는다고 해도, 안식일이 닥쳤기 때문에 우리가 묻어야만 하오. 왜냐하면 율법에 '사형당한 사람 위로 해가 저물어서는 안 된다.'고 기록되어 있기 때문이오."라고 말했다. 그리고 그는 효소가 들어 있지 않은 빵의 축제 첫날이 시작되기 전에 사람들에게 그를 넘겨주었다.

그들이 주님을 조롱한다

제3장

6. 그래서 그들이 주님을 끌어내고는 달려가면서 그를 밀쳤다. 그리고 "하느님의 아들을 우리가 처치할 힘이 있을 때 그를 끌고가자."고 말했다.

7. 또한 자주색 옷을 입힌 뒤에 그를 재판관의 자리에 앉히고는 "오, 이스라엘의 왕이여, 올바른 판결을 내려주시오!"라고 말했다.

8. 한 사람이 가시관을 가져와서 주님의 머리에 씌웠다.

9. 옆에 서 있던 어떤 사람들은 그의 두 눈에 침을 뱉고, 다른 사람들은 뺨을 때리고, 또 다른 사람들은 갈대로 그를 찔렀다. 어떤 사람들은 "우리는 이런 식으로 하느님의 아들에게 존경을 표시하자."라고 말했다.

주님이 십자가에 못박힌다

제4장

10. 그들이 두 죄수를 데리고 와서 그들 사이에 주님을 세워놓고 십자가에 못박았다. 그러나 주님은 아무런 고통을 느끼지 못하는 듯이 태연했다.

11. 그들이 십자가를 일으켜세우고는 "이 사람은 이스라엘의 왕이다."라고 적었다.

12. 그리고 그의 옷을 벗겨서 제비를 뽑아 나누어가졌다.

13. 한 죄수가 "우리는 지은 죄 때문에 고통을 당하지만, 이 사람

은 사람들의 구세주가 되었는데 당신들을 해친 게 없지 않소?"라고 말하면서 책망했다.

14. 화가 난 그들은 그가 고통 중에 숨을 거두게 할 작정으로 두 다리를 꺾지 말라고 명령했다.

주님이 숨을 거둔다

제5장

15. 정오가 되자 암흑이 유대 전체를 휩쌌다. 그가 아직 살아 있는 동안에 해가 진 것이 아닐까 해서 그들은 몹시 걱정이 되고 불안해졌다. "살해된 사람 위에 해가 저물어서는 안 된다."는 율법 때문이었다.

16. 그들 가운데 하나가 "식초에 쓸개를 섞은 마실 것을 주자."고 말했다. 그들이 그 음료를 만들어 그에게 주었다.

17. 그들은 모든 일을 다 했고 자기네 머리 위에 죄를 쌓아올렸다.

18. 많은 사람들이 밤이 된 줄 알고 등불을 들고 다녔고, 돌에 걸려 넘어졌다.

19. 주님이 큰 소리로 "오, 나의 힘이여, 오, 힘이여, 나를 저버리다니!"라고 외쳤다. 그 말을 마치자 그는 숨을 거두었다.

20. 바로 그 순간, 예루살렘 성전의 휘장이 둘로 찢어졌다.

예수를 무덤에 안치함, 쟈크 바쌍 작, 16세기

주님이 요셉의 무덤에 묻힌다

제6장

21. 이윽고 유대인들이 주님의 손에서 못을 뽑고 그를 땅에 내려 놓았다.

22. 그러자 해가 다시 비치고, 9시라는 것을 알았다.

23. 유대인들을 크게 기뻐하면서 그를 묻도록 요셉에게 넘겨주었다. 요셉은 예수가 한 모든 선행을 목격했기 때문이다.

24. 그가 주님을 받아서 씻기고 아마포로 싼 뒤에 요셉의 정원이라고 부르는 자기 무덤으로 운반했다.

제자들이 숨는다

제7장

25. 유대인들과 장로들과 사제들이 엄청난 잘못을 저질렀다고 깨닫고는 울면서 "우리는 저주를 받았소. 심판이 내려졌고, 그래서 예루살렘의 멸망이 온 것이오!"라고 한탄했다.

26. 그러나 나는 동료(제자)들과 함께 애도했다. 그들은 우리를 범죄자들인 듯이 보고, 우리가 성전에 불을 지르려 한다고 생각하여 체포하려고 했기 때문에 우리는 몸을 숨겼다.

27. 그 외에 우리는 단식하고, 안식일이 될 때까지 밤낮으로 울면서 애도하고 있었다.

로마 군사들이 무덤을 봉인하고 지킨다

제8장

28. 율법학자들과 바리사이들과 장로들이 모였다. 그리고 사람들이 투덜거리면서 자기 가슴을 친다는 말을 듣고, "그가 죽었을 때이 놀라운 징표들이 나타났으니 그는 얼마나 정의로운 사람이었던가!"라고 말했다.

29. 두려움에 휩싸인 그들이 빌라도에게 가서 간청하면서

30. "3일간 그의 무덤을 지키도록 우리에게 군인들을 내주십시오. 제자들이 와서 그를 훔쳐가고, 사람들이 그가 죽은 사람들 가운데서 부활했다고 믿고 우리를 해치지 못하게 하기 위한 것입니다."라고 말했다.

31. 빌라도가 백인대장 페트로니우스와 부하들을 내주어 무덤을 지키게 했다. 장로들과 율법학자들이 로마 군인들과 함께 무덤으로 갔고, 힘을 합하여 큰 돌을 굴려서

32. 입구를 막았다.

33. 로마 군인들이 무덤에 일곱 군데 봉인을 하고는 천막을 치고 망을 보았다.

무덤이 열린다

제9장

34. 안식일의 동녘이 밝아오자 이른 아침에 예루살렘과 그 일대의 많은 사람들이 봉인된 무덤을 보려고 몰려갔다.

35. 밤이 되고 주님의 날이 밝아올 무렵에 군인들이 두 명씩 교대로 보초를 서고 있을 때, 하늘에서 우렁찬 목소리가 들렸다.

36. 그들은 하늘이 열리고 두 사람이 찬란한 광채 속에 내려와 무덤에 접근하는 것을 보았다.

37. 무덤 입구를 막은 돌이 저절로 옆으로 굴러 무덤이 열리고, 두 젊은이가 안으로 들어가는 것도 보았다.

부활의 장면

제10장

38. 그 광경을 본 군인들이 백인대장과 거기서 같이 망을 보던 장로들을 깨웠다.

39. 그들이 보고를 하고 있을 때, 두 사람이 한 사람을 부축해서 나오고 십자가가 그 뒤를 따르는 것을 목격했다.

40. 부축하는 두 사람의 머리가 하늘에 닿았고, 부축을 받는 사람의 머리는 하늘 그 위로 솟았다.

41. 그리고 그들은 "잠자는 사람들에게 가르침을 베풀었는가?"라고 하늘에서 나는 목소리를 들었다. 십자가로부터 "그렇습니다."라고 대답하는 소리도 들렸다.

빌라도가 군사들에게 함구령을 내린다

제11장

43. 그래서 그들은 빌라도에게 가서 그 일들을 자세히 보고하기로 결정했다.

44. 그리고 여전히 의견을 교환하고 있을 때, 하늘이 다시 열리고 한 사람이 무덤으로 들어가는 것을 보았다.

45. 백인대장의 부대와 함께 있던 사람들이 무덤을 내버려둔 채, 밤에 빌라도에게 급하게 달려가서 모든 것을 보고했는데, 매우 흥분한 상태였다. 그리고 "그는 정말로 하느님의 아들이었습니다."라고 말했다.

46. 빌라도가 "하느님의 아들의 피에 관해서 나는 무죄요. 그를 죽인 것은 당신들이오."라고 대답했다.

47. 그들이 모두 빌라도에게 가서, 백인대장과 군인들이 자기네가 본 것을 아무에게도 말하지 못하도록 명령해달라고 애걸복걸했다.

48. 그들은 "유대인들의 손에 잡혀서 돌에 맞아죽는 것보다는 우리가 하느님 앞에서 가장 큰 죄를 뒤집어쓰는 것이 더 낫기 때문입니다."라고 말했다.

49. 그래서 빌라도가 백인대장과 군인들에게 함구령을 내렸다.

막달레네를 비롯한 여자들이 무덤으로 간다

제12장

50. 주님의 날 새벽에 주님의 여자 제자인 막달레네(막달라 마리아)는 화가 난 유대인들을 무서워했다. 그래서 여자들이 평소에 사랑하던 사람이 죽었을 때 관습적으로 해주던 일을 주님의 무덤에서 하지 못했다.

51. 막달레나는 (여자) 친구들과 함께 그가 안치된 무덤으로 갔다.

52. 유대인들이 자기들을 볼까 두려워서 "그가 십자가에 못박히던 날에는 우리가 비록 통곡도 애도도 못했지만, 오늘은 그의 무덤에서 통곡하고 애도하자.

53. 그러나 우리가 안으로 들어가 그의 곁에 앉아 마땅히 해야 할 일을 하도록, 누가 입구의 돌을 굴려서 열어주겠는가?

54. 돌이 엄청나게 크고, 우리는 다른 사람 눈에 띄고 싶지 않은데, 우리가 돌을 밀쳐내지 못한다면, 최소한 우리가 그를 기념하기

위해 가져온 것을 입구에 놓아두자. 그리고 통곡하고 탄식한 뒤에 집으로 돌아가자."라고 말했다.

여자들이 겁에 질려 달아난다

제13장

55. 그러나 도착해보니 무덤이 열려 있는 것을 보았다. 가까이 다가가서 안을 들여다보니, 찬란한 옷을 입은 젊은이가 무덤 한가운데에 단정하게 앉아 있었다. 그가 여자들에게

56. "여기 왜 왔소? 누구를 찾고 있는 거요? 십자가에 못박혔던 그분을 찾는 게 아닌가요? 그는 부활해서 떠났소. 만일 믿지 못하겠다면, 이쪽으로 들어와서 그가 누워 있던 곳을 살펴보시오. 그는 저기 없소. 그는 부활해서 자기가 파견되어 출발했던 그곳으로 갔소."라고 말했다.

57. 여자들이 겁에 질려서 달아났다.

제자들이 주님을 애도한다

제14장

58. 효소가 들지 않은 빵의 축제 마지막 날이었고, 많은 사람들이 축제가 끝나가기 때문에 집으로 돌아갔다.

59. 그러나 주님의 열두 제자들인 우리는 울면서 애도했고, 일어난 일에 관해서 몹시 슬퍼하면서 각자 집으로 돌아갔다.

60. 한편 나 시몬 베드로는 동생 안드레아와 함께 그물을 가지고 바다로 갔다. 거기에 알페우스의 아들인 레비가 우리와 함께 있었는데, 주님은 그를….

목수 요셉의 역사

두 번 결혼한 요셉의 죽음

해설

이것은 '야고보의 최초 복음'에서 영감을 받아 그리스어로 4~5세기에 작성된 것으로 보인다. 예수의 입을 통해서 요셉의 죽음에 관한 이야기를 전해주는 것이 특징이다.

이것은 혈연적으로 그리스도의 아버지이고, 우리의 아버지인 목수 요셉의 몸에 관한 이야기다. 그는 111세에 세상을 떠났다. 이것은 그리스도가 올리브 산에서 사도들에게 말해주었고, 사도들이 기록하여 예루살렘의 도서관에 보관한 것이다. 요셉이 죽은 날짜는 에페프의 달 26일이었다.

1. 그리스도가 올리브 산에서 사도들에게 죽음의 확실성과 하느님의 정의 등에 관해서 말했다.

2. 다윗 왕의 도시이며 유대 마을인 베들레헴의 한 가문 출신인 요셉이라는 사람이 살았다. 그는 지혜와 학식을 겸비하여 주님의 성전의 사제가 되었고, 목수 일도 잘 하였으며, 다른 남자들과 마찬가지로 아내를 얻었다.

그리고 아들 넷과 딸 둘을 낳았다. 아들들의 이름은 유다, 유스투스,

야고보 그리고 시메온이었다. 딸들의 이름은 아씨아와 리디아였다. 정의로운 요셉의 아내, 즉 모든 일에서 하느님의 영광만을 추구해 온 이 여자가 드디어 죽었다. 혈연적으로 나의 아버지이고, 동시에 나의 어머니 마리아의 배우자인 이 정의로운 요셉은 아들들과 함께 목수 일을 하러 떠났다.

3. 마리아는 열두 살이 될 때까지 성전에서 자랐다. 사제들이 마리아에게 남편을 얻어주기로 결정했다.

4. 요셉이 제비에 뽑혔다. 마리아가 야고보를 길렀고, 그래서 야고보의 마리아라고 불렸다. 2년이 지났다.

5. "내가 와서 그녀 안에 머물렀다." 요셉이 곤혹스러웠다.

6. 가브리엘에게 확인을 받았다.

7. 황제의 칙령. '라켈의 무덤'에서 내가 태어났다.

8. 헤로데가 나를 죽이려고 수색했다. 피난. 살로메가 우리와 함께 있었다. 이집트에서 1년을 지냈다.

9. 나자렛으로 돌아갔다. 요셉이 목수 일을 계속했다.

10. 드디어 요셉이 늙었다. 그러나 일할 힘이 줄어들지도 않고, 시력이 약해지지도 않았으며, 이빨이 하나도 빠지지 않았다. 평생 동안 정신이 흐릿해진 적이 없었다. 오히려 일할 때 청년처럼 활기에 넘쳤고 사지가 튼튼했다. 그리고 아무런 고통도 느끼지 않았다. 노년기를 끝까지 다 살아서, 111세까지 살았다.

11. 요셉의 장남과 차남인 유스투스와 시메온이 결혼하여 각각 가정을 꾸몄다. 두 딸도 결혼하여 각자 자기 집에서 살았다. 그래서 요셉의 집에는 유다와 작은 야고보와 동정녀인 나의 어머니가 남았다. 나도 요셉의 아들들과 똑같은 자격으로 그들과 함께 살았다.

나는 한 번도 잘못을 저지르지 않았다. 마리아를 나의 어머니, 요셉을 나의 아버지라고 불렀다. 그들의 말에 모두 순종했고, 한 번도 거스른 적이 없다. 대지가 출산한 다른 사람들이 흔히 그렇듯 나도 부모의 명령에 따랐다. 그들의 화를 돋운 적도 없고, 말대답을 하거나 반대한 적도 없다. 오히려 나는 그들을 내 눈동자처럼 진심으로 깊이 사랑했다.

12. 요셉의 죽음이 가까워졌다. 그는 성전으로 가서 제대 앞에서 기도했다.

13. 그는 죽음 뒤에 오는 공포, 즉 "모든 영혼이 하느님을 만나기 전에 정화되기 위해서 들어가는 불의 강"을 면하게 해달라고 기도했다.

14. 그는 나자렛으로 돌아가 병에 걸렸다. 그는 마흔 살에 결혼하여 49년간 결혼생활을 했고, 아내가 죽은 뒤 1년을 혼자 지냈다. 마리아와 2년을 산 뒤에 그리스도가 탄생했다.

15-16. 기운이 쇠약해진 요셉이 괴로워하면서 온몸이 구석구석 아프다고 탄식했다.

17. 그때 내가 요셉 곁으로 다가가서 그가 심한 고뇌에 휩싸여 영혼이 몹시 번민하는 것을 보았다. 그래서 내가 "나의 아버지 요셉이여, 정의로운 사람이여, 안녕하세요?"라고 말했다.

그는 "그래, 내가 깊이 사랑하는 아들아! 죽음의 고뇌와 공포가 이미 나를 둘러쌌다. 그러나 네 목소리를 듣는 순간 내 영혼은 편안해졌다.

오, 나자렛의 예수, 내 입에서 그리고 그 이름을 사랑하는 모든 사람의 입에서 가장 감미로운 이름인 예수! 내 눈이 겸손하게 당신을 경배하고, 당신 앞에서 내가 눈물을 펑펑 흘립니다.

천사가 여러 번 나에게 말해준 대로, 특히 당신을 잉태한 순결하고 축복받은 마리아에 대해서 내 영혼이 나쁜 생각에 시달리고 내가 마리아를 몰래 버리려고 생각하고 있을 때 천사가 말해준 것처럼, 당신은 나의 하느님, 나의 주님입니다.

내가 그런 생각을 하고 있을 때 주님의 천사들이 꿈에 나타나서 '다윗의 아들 요셉이여, 마리아를 아내로 맞아하는 데 두려워하지 마시오. 슬퍼하지도 말고, 그 잉태에 관하여 쓸데없는 말도 하지 마시오. 마리아는 성령으로 잉태하여 아들을 낳을 것이오. 그 아들은 자기 백성을 죄에서 구원할 것이므로 예수라고 부르시오.' 라고 말했지요.

오, 주님, 나는 당신의 탄생의 신비에 관해서 무지했으나 나무라지 말아주십시오.

주님, 나는 또 뱀에 물려서 소년이 죽은 날도 기억합니다. 그 소년의 친척들이 당신을 살인자로 몰아서 헤로데에게 넘기려고 했지요. 그러나 당신은 그 소년을 다시 살려냈습니다.

그래서 내가 당신에게 다가가서 당신 손을 잡고는 '아들아, 조심해라.' 하고 말했지요. 그때 '당신은 혈연에 따라 나의 아버지가 아닙니까? 내가 누구인지 이제 가르쳐주겠소.' 라고 말했지요.

그러므로 주님, 나의 하느님, 그날의 일 때문에 나에게 화를 내거나 단죄하지 마십시오. 나는 당신의 하인이고, 당신 하녀의 아들입니다. 그러나 당신은 나의 주님, 나의 하느님, 나의 구세주, 그리고 분명히 하느님의 아들입니다." 라고 말했다.

18. 나는 울었다. 나의 어머니가 요셉이 반드시 죽어야만 하는지 물었다. 나는 그렇다고 대답했다.

19. 나는 그의 머리맡에, 마리아는 발치에 앉았다. 내가 그의 가슴에 손을 얹어 보니, 그의 영혼이 목구멍에 걸려 있었다.

20. 마리아가 그의 발과 다리를 만져보니 얼음처럼 싸늘했다. 형제자매들을 불러왔다. 자주색 천을 파는 장녀 리디아가 슬피 울었다. 모두 따라 울었다.

21. 내가 남쪽 문을 바라보니 죽음이 보였고, 그의 부하들이 불을 가지고 있었다. 요셉이 그들을 보고 겁에 질렸다. 내가 호통을 치

자, 그들이 달아났다. 죽음은 문 뒤에 몸을 숨겼다. 나는 기도했다.

22.　"요셉의 영혼이 일곱 층의 암흑의 이온들을 건너갈 때까지" 보호해달라는 기도였다. "불의 강이 물처럼 되고 악마들의 바다가 괴롭히지 말게 해주십시오." 죽음의 공포에 관해서 사도들에게 가르쳐주었다.

23.　이윽고 미카엘과 가브리엘이 와서 나의 아버지 요셉의 영혼을 받아 빛나는 천으로 쌌다. 이렇게 그는 선하신 나의 아버지(성부)의 손에 자기 영혼을 맡겼고, 아버지는 그에게 평안을 주었다. 그러나 자녀들은 그가 잠들었는지를 아직 몰랐다.

천사들이 길목에 도사리고 있는 암흑의 악마들로부터 그의 영혼을 보호했고, 또한 경건한 사람들이 사는 장소로 인도할 때까지 하느님을 찬미했다.

24.　나는 시체 곁에 앉아서 두 눈을 감기고 입을 닫아주었다. 그리고 마리아와 다른 사람들을 위로했다.

25.　나자렛 사람들이 와서 9시까지 애도했다. 나는 모두 돌려보낸 뒤 시체를 씻고 기름을 발라주었다.

"나는 나의 아버지(성부)에게 하늘의 기도를 바쳤다. 그것은 내가 거룩한 동정녀 마리아 안에서 육체를 얻기 전에 내 손가락으로 널빤지 같은 하늘에 쓴 기도였다."

천사들이 와서 시체를 수의로 쌌다.

26.　나는 시체를 축복하여 썩지 않도록 했고, 선행으로 그를 기념하거나 그의 죽음에 관해서 기록하는 사람들에게 축복을 내렸다.

27.　마을의 대표가 장례식을 준비하러 와서 시체가 이미 수의로 싸여 있는 것을 보았다. 장례식을 치렀다. 나는 울었다.

28.　나는 탄식했다.

29.　시체는 무덤으로 운반되어 그의 아버지 야곱의 곁에 안치되었다.

30. 우리 사도들은 이 이야기를 듣고 기뻐했다. 그리고 요셉이 왜 에녹과 엘리야처럼 죽음을 면하지 못했는지 물었다.

31. 예수는 죽음의 불가피성에 대해서, 그리고 에녹과 엘리야가 왜 언젠가는 죽어야만 하고, 그들이 죽을 때까지 어떤 고통을 당했는지 이야기했다. 두 사람이 적그리스도 위에 비난을 산더미처럼 쌓았기 때문에, 적그리스도가 그들의 피를 마치 한 잔의 물처럼 흘릴 것이라고 했다.

32. 우리는 "두 사람이 누구입니까"라고 물었다. 그는 "에녹과 엘리야지요."라고 대답했다.

가말리엘 복음

수난에 관한 별도의 증언

해설

이 문헌은 교부들의 고대 문헌에서 발견되지 않은 것인데, 최근에 성서학자들이 고대 문헌 가운데서 가말리엘의 작품이라고 추정되는 것에서 예수의 수난 부분을 따로 분리한 것이다.

무덤의 기적

예수의 시체를 도난당했다고 보고한 네 명의 로마 군사들을 빌라도가 심문했다. 두번째 군사는 열한 명의 사도들이 시체를 가져갔다고 말했다. 세번째 군사는 요셉과 니코데무스가 가져갔다고 했고, 네번째 군사는 "우리는 잠을 자고 있었습니다."라고 말했다.

그들은 감옥에 갇혔다. 빌라도는 백인대장과 사제들을 거느리고 무덤으로 가서 시체를 쌌던 수의를 발견했다. 그리고 그는 "시체를 도둑맞았다고 한다면, 이 수의들도 도둑들이 가져갔어야 옳다."고 말했다. 같이 간 그들은 "이 수의는 (예수가 아닌) 다른 사람의 것입니다."라고 말했다.

빌라도는 "엄청난 기적들이 나의 무덤에서 일어날 것이오."라고 한 예수의 말을 기억하고는 무덤 안으로 들어갔고, 수의에 엎드려서 울었다. 이어서 그는 백인대장에게 몸을 돌렸는데, 백인대장은 전쟁터에서 눈을 하나 잃어 애꾸눈이었다(백인대장이 수의를 만지자 즉시 눈이 치유되었고, 또한 신앙을 가지게 되었다. 빌라도는 요셉과 니코데무스를 소환했다. 유대인들이 빌라도에게 그 정원의 우물 안에 십자가에 못박힌 남자의 시체가 들어있다고 지적했다). 빌라도와 백인대장이 대화를 나누었다.

그래서 모든 사람이 우물로 갔다. "나 가말리엘은 그 일행에 섞여서 같이 갔다." 그들이 (우물 안의) 시체를 보았고, 유대인들이 "저 마술사를 보십시오…"라고 소리쳤다. 빌라도가 요셉과 니코데무스에게 그 시체가 예수의 것인지를 물었다. 그들은 수의는 예수의 것이지만, 시체는 예수와 함께 십자가에 못박힌 도둑의 것이라고 대답했다.

유대인들이 화가 나서 요셉과 니코데무스를 우물에 처넣으려고 했다…

빌라도가 "죽은 사람이 나의 무덤에서 부활할 것이오."라고 한 예수의 말을 기억하고는 유대인들에게 "여러분은 이것이 틀림없이 그 나자렛 사람(예수)의 시체라고 믿고 있소?"라고 물었다. 유대인들이 "그렇습니다."라고 대답했다.

빌라도가 "그렇다면 그의 시체를 그의 무덤에 안치하는 것이 옳다."고 말했다…

(그 시체를 예수의 무덤에 안치했을 때, 그 시체가 부활하여 진리를 선언했다.)

콥트어 복음

예수를 왕으로 삼으려고 한 사람들

1. 세례자 요한이 출생했다. 예수가 탄생할 때, 수레바퀴 모양의 그의 별이 십자가 형태로 나타났는데, 거기에는 "하느님의 아들 예수"라는 글자가 적혀 있었다. 지혜로운 사람들(동방 박사들)이 그 별을 보고 헤로데에게 왔다.

2. 가나에서 결혼식이 거행되었는데 포도주가 바닥이 났다. 신랑의 부모가 자기들의 누이인 마리아에게 솔직히 고충을 털어놓고는 그녀가 예수에게 부탁해달라고 말했다. 마리아가 예수에게 부탁했다. 예수는 물 항아리들에 물을 채우라고 지시했다. 그래서 하인들이 서둘러서 항아리들을 물로 채웠다.

3. 헤로데가 티베리우스 황제에게 필립보을 모함했다. 티베리우스 황제는 필립보의 모든 재산을 몰수하라고 명령하여, 헤로데가 그 명령을 시행했다. 필립보은 영문을 전혀 몰랐다.

4. 예수가 5천 명을 배불리 먹였는데, 유다가 제일 마지막으로 빵을 받았고, "그 유산에 참여하지 못했다."

토마스는 그리스도의 힘을 보고 싶다고 말했다. 즉 나인이라는 마을에서 관에 든 시체를 부활시킨 것으로는 부족하니, 무덤들에서 죽은 사람들을 부활시켜 보이라고 말했다.

예수는 "디디무스(토마스)여, 라자루스의 무덤으로 같이 갑시다."라고 말하고, 무덤으로 가서 라자루스를 부활시켰다. 부활한 라자루스는 "라자루스여, 일어나서 앞으로 나오라!" 하는 말이 지옥(아멘테; 하데스)에서 울려퍼질 때, 아담이 그 말을 알아들었고 또한 그 증인이 되었다고 말했다.

필립보의 재산 몰수를 시행하는 책임을 맡은 로마군 장교 카리우스가 예수를 만나보았다. 그리고 그는 예수의 위대한 업적들을 헤로데에게 보고하면서, 예수를 왕으로 삼아야 마땅하다고 말했다. 헤로데는 그 말에 찬성하는 사람은 누구든지 사형을 당할 것이라고 위협했다.

안나스와 카야파스가 카리우스에게 가서 예수는 마술사고, 간통의 결과로 태어났으며, 안식일을 지키지 않고, 유대인들의 공회당 제도를 폐지했다고 비난했다. 이에 대해서 요셉과 니코데무스가 반대 의견을 말했다.

헤로데가 요셉과 니코데무스를 감옥에 처넣었다. 카리우스는 그들의 몸에 손을 대면 모두 죽여버리겠다고 유대인들을 위협했다. 이윽고 헤로데가 유대인들의 지도자들로부터 각각 황금 1파운드를 거두어서 카리우스에게 뇌물로 주면서 그 일을 티베리우스 황제에게 보고하지 말라고 부탁했다. 카리우스가 침묵을 약속했다.

요셉이 탈옥하여 아리마태아로 달아났다.

카리우스가 사도 요한을 티베리우스 황제에게 보내어 예수의 일을 보고하도록 했다. 황제가 요한을 정중하게 대접했다. 그리고 황제는 예수를 왕으로 삼으라고 하는 편지를 썼다.

그러나 예수는 (복음서의 기록대로) "홀로 산으로 올라가버렸다." 예수는 사도들을 산으로 불렀고, 거기서 베드로를 축복했다. 베드로는 그때 일곱 개의 하늘이 열리고 삼위일체가 나타나는 것을 보았다. 하늘의 모든 군대와 산의 모든 돌이 베드로에게 삼위일체 찬미가를 우렁차게 들려주었다.

5. 예수가 산에서 사도들을 위로했다. 테오필루스의 전령들이 예수를 왕으로 삼으려고 데리러 왔다. 예수는 "나의 왕국은 이 세상

의 것이 아니오."라고 대답했다.

티베리우스 황제의 신하들이 예수를 왕으로 삼자고 또다시 건의하였고, 빌라도마저 강력하게 추천했다. 그 자리에 있던 헤로데가 "당신은 갈릴리 사람이고, 외국인이고, 이집트 사람인 폰투스요!"라고 빌라도에게 욕을 했다. 그래서 빌라도와 헤로데 사이에는 원한 관계가 시작했다. 헤로데는 로마의 고위층들을 매수하고 예수를 모함했다.

산에서 내려오던 예수가 그물과 갈고리를 든 악마들을 거느린 어부 차림의 우두머리 악마를 만났다. 그 악마들은 산에서 그물을 던지고 있었다. 요한, 빌립보, 안드레아를 비롯한 제자들이 예수에게 무슨 일인지 물었다.

특히 요한이 악마에게 가서 무엇을 잡고 있는지 물었다. 악마가 "물에서 고기를 잡는 것은 전혀 놀라운 일이 아니다. 그러나 이 사막에서 고기를 잡는 것은 참으로 놀라운 일이다."라고 대답했다. 그러고는 각종 물고기(실제로는 사람들)를 잡았는데, 어떤 사람은 눈이, 어떤 사람은 입술이 낚시에 걸려 있었다.

예수가 요한을 시켜서 악마가 그물을 다시 던지게 했다. 악마가 그물을 다시 던지자, 엄청난 연기가 피어오르더니 악마의 힘이 사라지고 말았다. 요한이 악마에게 돌을 던지며 저주하고 달아났다.

바르톨로메오가 예수에게 "당신이 조롱거리로 창조한 그(레비아탄, 바다의 괴수)를 보여달라."고 요청했다. 예수는 그 괴물의 모습이 인간의 눈에 너무나도 무시무시하게 비칠 것이라고 말했다. 그러나 보여주겠다고 허락했다.

그리스도의 모습을 변모시키는 일과 구름이 하늘에 나타났다.

6. 유다가 부정하게 얻은 돈을 아내에게 갖다주었다. 그는 때때로 그 액수를 속였고, 아내는 그 속임수를 조롱했다. 이윽고 아내가 그에게 스승을 배반하라고 충동질했다. 그는 아담이 하와의 말에

넘어갔듯이 자기 아내의 말을 따랐다. 그리고 유대인들에게 가서 약속했다. 그래서 예언이 실현되었다.

7. 유다가 은화 30냥을 받았다. 그의 아내는 태어난 지 7개월 되는 아리마태아 사람 요셉의 아들의 유모였다. 유모가 그 돈을 요셉의 집으로 가지고 들어갔을 때, 그 아기가 병들었다 (또는 쉴새없이 울어댔다.) 요셉이 불려가자, 아기는 그에게 간청하면서 "어제 9시에 그들이 피의 돈을 받았으니, 이 사악한 젖가슴으로부터" 자기를 떼어달라고 말했다.

유다가 사제들에게 갔다. 그들이 예수를 체포하여 빌라도에게 끌고 갔다. 예수는 가시관을 쓰고 십자가에 못박혔고, "아버지, 저 사람들을 용서해주십시오."라고 말했다.

8. 예수가 빌라도와 말을 주고받았다.

9. 빌라도가 "엑체 호모(이 사람을 보라)!"라고 말했다.

10. 예수가 십자가에서 일어날 징표들을 토마스에게 설명해주고 자기 몸을 만져보라고 했다.

11. 성모 마리아가 예수의 무덤으로 갔다. 예수가 그녀에게 나타나서 말을 걸었고, 자기를 만지지 말라고 말했다.

예수 그리스도와
에데싸의 왕 압가루스의 왕복 편지

왕이 예수를 초청한다

해설

4세기 때 팔레스타인의 체사레아 주교였던 에우세비우스가 이 편지들에 관해서 처음 언급했다. 그는 메소포타미아의 도시 에데싸의 기록을 뒤져서 시리아어로 된 원본을 확인하고, 그리스어로 번역하여 교회사에 실었다.

에데싸의 왕 압가루스가 예수를 초대한다

제1장

1. 에데싸의 왕 압가루스가 예루살렘에 나타난 착한 구세주 예수에게 인사드립니다.

2. 약이나 약초를 사용하지 않고 당신이 베푼 치유와 당신 자신에 관해서 나는 보고를 받았습니다.

3. 소경을 보게 하고, 절름발이를 걷게 하며, 문둥이들을 깨끗하게 만들고, 더러운 귀신들과 악마들을 내쫓고, 오랫동안 병에 신음하던 사람들에게 건강을 회복해주고 죽은 사람들을 살렸다는 보고를 받은 것입니다.

4. 내가 들은 모든 이야기를 종합해볼 때, 당신이 하늘에서 내려온 하느님 자신이거나 아니면 하느님의 아들이 분명하다고 나는 확신합니다.

5. 그래서 나는 당신이 불편하더라도 이곳으로 오셔서 나의 병을 고쳐주기를 원합니다.

6. 왜냐하면 유대인들이 당신을 비웃고 또 해치려고 한다는 말을 들었기 때문입니다.

7. 나의 도시는 작지만 그래도 깨끗하고, 우리 둘이 거주하기에는 넓은 것입니다.

예수가 왕의 초청을 거절한다

제2장

1. 압가루스여, 나를 보지도 않고 믿는 당신은 행복합니다.

2. 나를 본 사람들은 믿지를 않고, 나를 보지 못한 사람들이 믿어서 생명을 얻을 것이라고 기록되어 있기 때문입니다.

3. 나를 초청해준 데 대해서는, 내가 이 나라에서 임무를 수행해야만 하고, 그 다음에는 나를 파견한 그분에게 돌아가야 한다고 알려드립니다.

4. 그러나 내가 승천한 뒤에 내 제자 가운데 한 사람을 당신에게 보내서 당신을 치유하고, 당신과 주위의 모든 사람에게 생명을 주겠습니다.

제2부

빌라도
문헌

니코데무스 복음(본디오 빌라도 행전)

지옥에 내려간 예수

해설

이것의 원래 제목은 '우리 주님 구세주 예수 그리스도의 수난과 부활에 관하여 그의 제자 니코데무스가 기록한 복음'이다.

이 복음을 예수의 제자가 된 니코데무스가 직접 쓴 것이라고 믿는 학자들도 있지만, 대개는 신심이 깊은 신자가 3세기 때 저술한 것이라고 본다. 그리스어, 라틴어, 시리아어, 콥트어, 아라메아어로 된 필사본들이 전해지고 있다.

이것은 초대 교회의 문헌들 가운데 가장 극적이고 생생한 현장 기록의 형태를 지니고 있다. 여기서 본디오 빌라도는 무죄하고 덕이 있는 인물로 등장한다. 그는 세례를 받고 비잔틴 전설에서는 성인이 되며, 콥트 교회에서는 지금도 순교자로서 기념되고 있다.

나는 왕궁 근위대 장교인 아나니아스(아나니아)인데, 율법을 공부했고, 성경을 통해서 우리 주님 예수 그리스도를 알게 되었다.

그래서 신앙을 얻고 세례를 받았다.

그리고 예수 그리스도 당시에 본디오 빌라도 치하에서 유대인들이 기록한 문헌들을 조사한 결과 히브리어로 된 이 기록을 찾아내어, 그리스도의 이름을 부르는 모든 사람들에게 알리기 위해서 로마 황제 플라비우스 재위 17년에 그리스어로 번역했다.

로마 황제 티베리우스 재위 19년, 그리고 유대의 왕 헤로데 재위 19년 3월 25일, 로마에서 루푸스와 루벨리오가 집정관으로 있을 때, 202번째 올림피아드 제4년에, 요셉 카야파스가 유대인들의 대사제일 때, 니코데무스가 기록한 내용은 다음과 같다.

로마군의 군기들이 예수에게 경례한다

제1장

1. 대사제들과 율법학자들이 회의를 열었다. 안나스, 카야파스, 세메스, 다타에스, 가말리엘, 유다스, 레비, 네프탈림, 알렉산더, 야이루스, 기타 다른 유대인들이 빌라도에게 가서 예수를 여러 가지 나쁜 죄목으로 고발했다.

2. 그리고 "예수가 목수 요셉의 아들로 마리아한테서 태어났고, 하느님의 아들이자 왕이라고 스스로 선언했으며, 안식일과 우리 조상들의 율법을 폐지하려고 했소."라고 말했다.

3. 빌라도가 "그가 무엇을 선언했고, 무엇을 폐지하려고 했단 말이오?"라고 물었다.

4. 유대인들이 "안식일에는 병을 고치지 못하도록 금지하는 율법이 있는데 그는 절름발이, 귀머거리, 반신불수, 소경, 문둥이, 악마에게 신들린 사람들을 사악한 방법으로 안식일에 치유하고 있소."라고 대답했다.

5. 빌라도가 "그런 일을 어떻게 사악한 방법으로 한다는 거요?"라고 물었다. 그들은 "그는 마술을 부리지요. 악마의 두목 베엘제

붑에 의해서 악마들을 쫓아내는데, 그래서 모든 것이 그에게 복종하지요."라고 대답했다.

6. 빌라도는 "악마를 쫓아내는 일은 불순한 신은 할 수 없고, 아스클레피우스 신의 힘으로 하는 것이오."라고 말했다.

7. 유대인들이 "당신 법정으로 그를 소환하여 직접 심문해주기를 간청합니다."라고 말했다.

8. 빌라도는 "총독인 내가 어떻게 왕을 심문할 수 있단 말이오?"라고 물었다. 그들은 "그는 왕이 아니고, 자칭 왕입니다."라고 대답했다. 빌라도가 전령을 불러서 "예수를 점잖게 데리고 오라."고 말했다.

9. 전령이 파견되었는데, 그는 그리스도를 알기 때문에 숭배했다. 그래서 손에 들고 있던 자기 옷을 땅에 깔고는 "주님, 총독이 부르시니 이것을 밟고 들어가십시오."라고 말했다.

10. 그의 행동을 본 유대인들이 빌라도에게 가서 전령을 악평하고 "전령이 아니라 관리를 파견해서 그를 소환하지 않은 이유가 무엇이지요? 전령이 자기 옷을 깔고 그를 숭배했다 이겁니다."라고 말했다.

11. 빌라도가 전령을 불러서 왜 그랬는지 물었다.

12. 전령은 "총독 각하! 제가 예루살렘의 알렉산더에게 파견되어 갔는데, 예수가 단정한 모습으로 암컷 나귀를 타고 있는 것을 보았습니다. 그리고 히브리인 아이들이 손에 나뭇가지를 들고 그에게 '호산나!'라고 외치는 것도 보았습니다.

13. 다른 사람들은 길에 옷을 깔고는 '하늘에 계시는 당신은 우리를 구원해주십시오. 주님의 이름으로 오시는 분은 축복을 받았습니다.' 하고 외쳤지요."라고 대답했다.

14. 유대인들이 전령을 나무라면서 "그리스인인 당신이 어떻게 히브리어를 알아들었단 말이오?"라고 말했다.

15. 전령은 "아이들이 뭐라고 소리치는지, 어떤 유대인에게 내가 물어보았지요.

16. 그 유대인이 호산나, 즉 '오, 주님, 나를 구원해주십시오' 또는 '오, 주님, 구원해주십시오.' 라고 소리친다고 설명해주었소." 라고 대답했다.
빌라도가 유대인들에게 "그들이 히브리어로 뭐라고 외쳤소?" 라고 물었다. 그들이 "호산나 멤브로메 바루캄마 아도나이" 라고 대답했다. 빌라도가 "무슨 뜻이오?" 라고 물었다. 그들이 "'가장 높은 곳에 있는 분이여, 지금 구원해주십시오. 주님의 이름으로 오시는 분은 축복을 받았습니다' 라는 뜻이지요." 라고 대답했다.

17. 빌라도가 "아이들이 소리친 것을 당신들이 증언했는데, 전령이 무슨 잘못이 있다는 거요?" 라고 물었다. 그들이 입을 다물었다.

18. 총독이 전령에게 "가서 적절한 방법으로 데리고 오라." 고 명령했다.

19. 전령이 나가서 예수에게 "주님, 총독이 부르니 들어가십시오." 라고 말했다.

20. 예수가 군기를 든 기수들 사이로 지나갈 때, 군기들이 저절로 고개를 숙여서 그를 숭배했다.

21. 그러자 유대인들이 더욱 화가 나서 기수들에게 욕을 했다.

22. 빌라도가 그들에게 "군기들이 저절로 고개를 숙여서 예수를 숭배하여 당신들이 불쾌하다는 것은 알겠소. 그러나 기수들이 절을 하기라도 한 듯이 욕할 건 없지 않소?" 라고 말했다.

23. 유대인들은 "기수들이 절을 한 거요." 라고 대답했다.

24. 빌라도가 기수들에게 "왜 그런 짓을 했는가?" 라고 물었다.

25. 기수들이 "우리는 모두 이방인들로서 성전의 신들을 숭배합니다. 그런데 어떻게 그를 숭배하겠습니까? 우린 군기를 들고 있을 뿐이었는데 군기들이 스스로 절을 했지요." 라고 대답했다.

26. 빌라도가 공회당의 지도자들에게 "당신들 손으로 힘센 남자들을 뽑아서 군기를 들고 서 있게 하시오. 그리고 결과를 봅시다." 라고 말했다.

27. 장로들이 힘센 사람 열두 명을 선출해서 군기를 들고 총독 앞에 서 있게 했다.

28. 빌라도가 예수를 데리고 나갔다가 다시 들어오라고 전령에게 지시했다.

29. 그리고 먼젓번에 군기를 들었던 기수들에게 군기들이 저절로 고개를 숙이지 않는다면 그들의 목을 베겠다고 맹세했다.

30. 그리고 예수를 다시 데리고 들어오라고 명령했다.

31. 전령이 옷을 벗어서 깔고 예수에게 그것을 밟고 들어가라고 말했다.

32. 예수가 들어서자 군기들이 저절로 고개를 숙였다.

빌라도의 부인이 예수를 옹호한다

제2장

1. 그것을 본 빌라도가 겁을 먹고 자리에서 일어나려고 했다.

2. 일어날 생각을 하고 있을 때 멀리 서 있던 그의 부인이 사람을 보내어 "제가 오늘 밤 저 사람 때문에 꿈속에서 혼이 났으니, 정의로운 그 사람 일에 당신은 관여하지 마세요."라고 말했다.

3. 그 말을 들은 유대인들이 "그가 마술사라는 것을 우리가 이미 말했잖소? 그가 당신 부인에게 꿈을 꾸게 만든 걸 보시오."라고 말했다.

4. 빌라도가 예수를 불러서 "저들이 비난하는 소리를 듣고도 아

무 말도 하지 않는 거요?"라고 물었다.

5. 예수가 "말을 할 능력이 없다면 저들은 말을 할 수가 없었을 거요. 그러나 각자 자기 혀를 놀려서 좋은 말이든 나쁜 말이든 할 수 있으니까 내버려두시오."라고 대답했다.

6. 장로들이 예수에게 "무슨 말을 해주는 게 좋겠소?

7. 우리가 알기에 우선 당신은 간통을 통해서 태어났고, 둘째 당신이 태어날 때 베들레헴에서 아기들이 살해되었고, 셋째 당신 아버지와 어머니 마리아는 자기네 백성을 신뢰하지 않아서 이집트로 달아났소."라고 말했다.

8. 몇몇 유대인들은 일어나서 호의적인 증언을 하고 "그의 어머니 마리아가 요셉과 결혼했으니 간통으로 태어났다고 말할 수는 없소."라고 했다.

9. 빌라도가 "결혼했다면 간통으로 태어났다는 말은 옳지 않소."라고 말했다.

10. 안나스와 카야파스가 빌라도에게 "그가 간통으로 태어났고 마술사라고 소리치는 수많은 사람들의 목소리를 존중해야 마땅하지요. 간통으로 태어나지 않았다고 주장하는 것은 그의 개종자와 제자들이오."라고 말했다.

11. 빌라도가 개종자들이란 누구냐고 물었다. 그들은 유대인들이 아니라 이방인의 자녀들로서 그를 따라다니는 사람들이라고 대답했다.

12. 그러자 엘레아자르, 아스테리우스, 안토니우스, 야고보, 카라스, 사무엘, 이사악, 피네에스, 크리스푸스, 아그리빠, 안나스, 유다스가 "우리는 개종자들이 아니라 유대인들의 자녀들로 진실을 말하는 사람들이오. 마리아가 결혼할 때 우린 현장에 있었소."라고 말했다.

13. 빌라도는 그렇게 말한 열두 명에게 예수가 간통으로 태어났

는지 여부와 방금 한 말이 진실임을 맹세로써 성실히 선언하라고 지시했다.

14. 그들은 "맹세는 죄라서 금지하는 율법이 있소. 우리 말이 사실이 아니라고 저들에게 황제의 목숨에 걸고 맹세시키시오. 그러면 우리는 사형을 당해도 좋소."라고 대답했다.

15. 안나스와 카야파스는 "그가 자칭 하느님의 아들이자 왕이라고 하고, 그 말을 우리가 믿지 않을 뿐 아니라 듣기만 해도 몸서리를 치지만, 그가 천하게 태어난 마술사임을 우리가 안다는 사실을 저 열두 명은 믿지 않고 있소."라고 말했다.

16. 그러자 빌라도가 열두 명을 제외하고 모두 밖으로 내보낸 뒤에 그들에게 "유대인들이 왜 예수를 죽이려고 작정했소?"라고 물었다.

17. 그들은 "그가 안식일에 병자들을 고쳐주었기 때문에 유대인들이 난 것이지요."라고 대답했다. 빌라도가 "좋은 일을 했는데도 유대인들이 그를 죽일 거란 말이오?"라고 물었다. 그들이 "그럼요."라고 대답했다.

예수가 진실에 관해서 빌라도와 논쟁한다

제3장

1. 화가 난 빌라도가 밖으로 나가서 유대인들에게 "온 세상을 증인으로 불렀으나, 나는 이 사람에게 어떤 죄도 발견하지 못했소."라고 말했다.

2. 그들은 "그가 사악한 사람이 아니라면 우린 데리고 오지도 않았소."라고 말했다.

3. 빌라도가 "그럼 데리고 가서 당신들 율법으로 재판하시오."라고 말했다.

4. 유대인들이 "우리는 사형시킬 권한이 없소."라고 대답했다.

5. 빌라도가 "살인하지 말라는 계명은 내 것이 아니라 당신들 것이오."라고 말했다.

6. 그리고 안으로 들어가서 예수에게 "당신이 유대인들의 왕이오?"라고 물었다.

7. 예수가 "그 질문은 당신 스스로 하는 것이오? 아니면 나에 대해서 유대인들이 그렇게 말했소?"라고 말했다.

8. 빌라도가 "내가 유대인이오? 유대인들의 온 나라와 지도자들이 당신을 내게 넘겼소. 무슨 짓을 했소?"라고 대꾸했다.

9. 예수가 "나의 왕국은 이 세상 것이 아니오. 만일 이 세상 것이라면 내 부하들이 싸워서 나를 유대인들에게 넘겨주지 않았을 것이오. 그러나 나의 왕국은 여기 있는 것이 아니오."라고 대답했다.

10. 빌라도가 "그렇다면 당신은 왕이란 말이오?"라고 물었다. 예수는 "내가 왕이라고 당신이 말하는 거요. 내가 태어나 세상에 온 목적은 진리의 증인이 되고, 진리에 속한 사람들이 이제부터 내 목소리를 듣게 하려는 것이오."라고 대답했다.

11. 빌라도가 "진리란 무엇이오?"라고 물었다.

12. 예수는 "진리는 하늘로부터 오지요."라고 대답했다.

13. 빌라도가 "그러므로 진리는 지상에 없소."라고 말했다.

14. 예수는 "재판을 하는 권한을 가진 사람들이 진리의 지배를 받고 정의로운 판결을 내릴 때, 지상에서는 그 사람들 사이에 진리가 있다고 믿으시오."라고 말했다.

유대인들이 십자가 처형을 요구한다

제4장

1. 빌라도가 예수를 홀에 남겨둔 채 나가서 유대인들에게 "나는 이 사람에게서 아무런 죄도 찾아내지 못했소."라고 말했다.

2. 유대인들이 "그는 하느님의 성전을 자기가 헐어버리고 3일 안에 다시 지을 수 있다고 했소."라고 말했다.

3. 빌라도가 무슨 종류의 성전을 말하는 것인지 물었다.

4. 유대인들은 솔로몬이 46년 동안 지은 성전이라고 대답했다.

5. 빌라도가 "이 사람의 피에 대해서 나는 무죄하니 당신들이 책임지시오."라고 말했다.

6. 유대인들은 자기들과 자손들이 책임을 지겠다고 대답했다. 빌라도가 장로들과 율법학자들과 사제들과 레비 부족 사람들을 따로 조용한 곳에 불러모은 뒤에, "이런 짓을 하지 마시오. 병자 치유와 안식일을 지키지 않았다고 당신들이 내건 죄목에서 그를 사형시킬 죄는 찾지 못했소."라고 말했다.

7. 사제들과 레비 부족 사람들이 "황제의 목숨에 걸고 말하지만, 신을 모독하는 죄를 범하면 누구나 죽어야 마땅한데, 이 사람은 주님을 모독한 거요."라고 말했다.

8. 총독이 유대인들을 다시 내보내고 나서 예수에게 "당신을 내가 어떻게 했으면 좋겠소?"라고 물었다.

9. 예수가 "기록된 대로 하시오."라고 대답했다.

10. "어떤 기록이 있다는 거요?"라고 빌라도가 물었다.

11. 예수가 "모세와 예언자들이 나의 수난과 부활에 관해서 이미 예언했소."라고 말했다.

12. 그 말을 들은 유대인들이 화가 나서 빌라도에게 "이 사람이

신을 모독하는 말을 왜 계속해서 들으려는 거요?"라고 말했다.

13. 빌라도가 "그의 말이 신을 모독하는 말로 들린다면, 그를 당신들 법정으로 데리고 가서 당신들 율법에 따라 재판하시오."라고 말했다.

14. 유대인들은 "독성죄를 처음 지으면 채찍 39대를 맞고, 다시 독성죄를 지으면 돌에 맞아 죽어야만 하지요."라고 대답했다.

15. 빌라도가 "이 사람의 말이 독성죄에 해당한다면 율법을 적용해서 처리하시오."라고 대답했다.

16. 유대인들이 "우리 율법은 사형을 명령하지 않으니 십자가 처형을 해주시기 바랍니다."라고 말했다. 빌라도가 "그는 십자가에 처형될 만한 죄를 짓지 않았소. 채찍 형벌을 내린 뒤 석방하는 게 좋겠소."라고 말했다.

18. 거기 모인 유대인 백성들을 둘러보고, 많은 사람이 눈물을 글썽이는 것을 보고는 빌라도가 대사제들에게 "모든 백성이 그의 사형을 원하지 않소."라고 말했다.

19. 장로들이 "우리와 모든 백성은 그가 사형되는 것을 보려고 왔소."라고 말했다.

20. 빌라도가 "왜 그가 죽어야만 한단 말이오?"라고 물었다.

21. 그들이 "하느님의 아들이자 왕이라고 스스로 선언했기 때문이지요."라고 그들이 대답했다.

니코데무스, 첸투리오, 베로니카가 예수의 기적들에 관해 이야기한다

제5장

1. 그러나 유대인 니코데무스가 총독 앞에서 일어나 "정의로운 재판관인 총독 각하, 부디 제게 발언 기회를 허락해주십시오."라고 요청했다.

2. 빌라도가 "말해보시오."라고 했다.

3. 니코데무스가 "여기 모인 장로들 이하 여러분들에게 '이 사람에게 무슨 짓을 하려는 거요?'라고 묻고 싶소.

4. 그는 과거에 그 누구도 못했고 앞으로도 할 수 있는 사람이 없는 그런 유익하고 영광스러운 기적을 많이 일으켰소. 해치지 말고 석방하시오. 그가 만일 하느님으로부터 왔다면 그의 기적(치유)들은 계속될 것이고, 만일 사람으로부터 나온 것이라면 기적도 끊어질 거요.

5. 그래서 하느님의 파견을 받고 이집트로 간 모세는 하느님이 명령하는 대로 이집트 왕 앞에서 많은 기적을 일으켰고, 그 나라의 마술사 얀네스와 얌브레스도 모세처럼 기적을 보였지만 모세의 모든 기적을 일으키지는 못했소.

6. 율법학자와 바리사이파 당신들이 알 듯이 마술사들의 기적은 하느님으로부터 온 것이 아니고, 마술사들이나 그들을 믿었던 사람들도 모두 죽었소.

7. 여러분이 죄목이라고 고발한 바로 그 기적들은 하느님으로부터 온 것이고, 그는 사형을 당할 아무런 죄도 없으니 이제 석방하시오."라고 말했다.

8. 유대인들이 그에게 "당신은 그의 제자가 되어서 옹호하는 거

요?"라고 말했다.

9. 니코데무스가 "총독도 그의 제자가 되어 호의적으로 말하는 것이오. 황제가 그를 저 높은 자리에 앉히지 않았소?"라고 대꾸했다.

10. 그 말에 유대인들이 몸을 떨고 니코데무스에게 이를 갈았다. 그리고 "당신이나 그의 가르침을 진리로 믿고 그리스도와 함께 같은 운명에 처하시오."라고 했다.

11. 그가 "아멘. 그렇게 하겠소."라고 대답했다.

12. 그러자 다른 유대인이 일어나 발언권을 요청했다.

13. 총독이 "마음속에 있는 것을 털어놓으시오."라고 말했다.

14. 그가 "저는 중병에 걸려서 예루살렘에 있는 양들이 물 마시는 웅덩이 근처에 38년 동안 누워서 지냈지요. 천사가 내려와 물을 움직이면 맨 처음 물에 들어가는 사람은 무슨 병이든 낫는데, 저도 그 치유를 기다린 거요.

15. 저를 본 예수가 '완쾌되기를 바라오?' 라고 물었지요. 저는 '물이 움직일 때 저를 운반해줄 사람이 없어요.' 라고 대답했지요.

16. 그는 '일어나 당신 침상을 들고 걸어가시오.' 라고 지시했지요."라고 말했다.

17. 유대인들이 "총독 각하, 치유된 그 날이 무슨 날이었는지 확인합시다."라고 말했다.

18. 환자였던 그 사람이 "안식일이었소."라고 말했다.

19. 유대인들이 "그(예수)가 안식일을 지키지 않고 악마의 두목에 의해서 악마들을 쫓아낸다고 하지 않았소?" 라고 말했다.

20-23. 소경이었던 유대인이 예수에게 치유되었다고 증언했다.

24. 문둥이였던 유대인이 예수의 말 한 마디로 치유되었다고 증언했다.

25. 등이 굽었던 유대인이 예수의 말 한 마디로 치유되었다고 증언했다.

라자로의 부활, 렘브란트 작, 17세기

26. 베로니카라는 여자가 12년 동안 하혈하다가 예수의 옷자락을
만지고는 즉시 치유되었다고 증언했다.

27. 유대인들이 여자는 증인이 될 수가 없다는 율법을 내세웠다.

28. 몇 명이 더 나온 뒤에, 어떤 사람이 "갈릴리의 가나에서 예수
와 제자들이 결혼식 피로연에 초대된 것을 나는 보았지요. 그 집에
마침 포도주가 동이 났습니다.

29. 그러자 그는 항아리 6개를 물로 가득 채우라고 하인들에게 지

시했지요. 그가 축복하자 물이 포도주로 변해서 모든 손님이 마시고는 그 기적에 크게 놀랐지요."라고 말했다.

30. 또 한 사람이 일어나 "나는 예수가 가파르나움의 공회당에서 가르치는 것을 보았지요. 거기 악마에 신들린 사람이 있다가 '나자렛의 예수여, 나를 내버려두시오. 우리가 당신과 무슨 상관이 있소? 당신이 하느님의 거룩한 분임을 나는 알고 있소.'라고 고함쳤지요.

31. 예수는 '불결한 귀신아, 조용히 해. 그리고 그 사람에게서 나가라.'고 말했지요. 그러자 악마가 즉시 나왔고, 그 사람을 조금도 해치지 못했지요."라고 말했다.

32. 한 바리사이가 "나는 갈릴리, 유대, 해안 지방, 요르단 근처 여러 지방에서 무수한 사람들이 예수에게 몰려온 것을 보았는데, 그는 수많은 병자들을 모두 치유해주었소.

33. 또한 나는 불결한 귀신들이 '당신은 하느님의 아들이오.'라고 소리치는 것을 들었소. 예수는 악마들에게 그 사실을 알리지 말라고 엄하게 명령했소."라고 말했다.

34-37. 첸투리오라는 사람이 가파르나움에서 예수를 만나 자기 하인의 질병을 호소하자, 예수를 자기 집에 모시지도 않았는데 하인을 한 마디로 치유해주었다고 증언했다.

38-40. 한 귀족은 가파르나움에서 죽기 직전에 놓인 아들을 위해 갈릴리로 가서 예수를 만나 호소했는데, 역시 예수가 말 한 마디로 치유해주었다고 증언했다.

41. 그 외에도 많은 유대인이 "그는 참으로 하느님의 아들이고, 오로지 말을 가지고 모든 병을 고치고, 악마들을 복종하게 만드는 분이오."라고 소리쳤다.

42. 어떤 사람들은 "이런 힘은 하느님이 아닌 그 어떤 것으로부터도 나올 수가 없소."라고 말했다.

43. 빌라도가 유대인들에게 "악마들이 박사인 당신들에게는 왜 복종하지 않소?"라고 물었다.

44. 몇몇 사람들이 "이런 힘은 하느님이 아닌 그 어떤 것으로부터도 나올 수가 없소."라고 대답했다.

45. 다른 사람들이 "그는 라자루스의 무덤에서 4일 지난 뒤에 라자루스를 부활시켰소."라고 말했다.

46. 그 말에 총독이 몸을 떨면서 유대인들의 무리에게 "무죄한 사람의 피를 흘려서 무슨 이익이 있겠소?"라고 말했다.

빌라도가 손을 씻고 판결을 내린다

제6장

1. 빌라도가 니코데무스, 그리고 예수가 간통으로 태어난 것이 아니라고 증언한 15명을 불러서 "군중이 폭동을 일으킬 기세이니 어찌하면 좋겠소?"라고 물었다.

2. 그들은 "우리도 모르겠소. 폭동을 일으키는 사람들이 책임지게 하시오."라고 대답했다.

3. 빌라도가 군중들을 불러서 "유월절 축제 때 죄수 한 명을 석방하는 것이 여러분의 관습이라고 알고 있소.

4. 바라빠라고 부르는 살인자는 유명한 죄수요. 그리고 사형에 해당하는 죄를 내가 발견하지 못한, 그리스도라고 부르는 예수가 있소. 누구를 석방하는 것이 좋겠소?"라고 물었다.

5-7. 군중이 바라빠를 석방하고 예수를 십자가에 처형하라고 소리쳤다.

8. 그리고 "예수를 석방한다면 당신은 황제의 친구가 아니오. 당

신은 황제 대신에 그가 왕이 되기를 바라는 것이오?"라고 말했다.

9. 화가 난 빌라도가 "당신들은 언제나 반란을 음모하는 종족이고, 도와줄 사람들에게 대항했소."라고 말했다.

10. 유대인들이 큰 소리로 "누가 우리를 도와줄 사람이란 말이오?"라고 물었다.

11. 빌라도는 유대인들을 이집트에서 구출해준 하느님이 그런 분이라고 대답했다.

12-14. 그리고 유대인들이 우상숭배를 했고, 모세와 아아론을 죽이려고 해서 그들이 장막으로 달아났으며, 다른 예언자들에게도 복종하지 않았다고 말했다.

15. 유대인들은 "예수가 아니라 로마 황제가 우리 왕이오."라고 소리쳤다.

16-17. 예수가 태어났을 때 헤로데가 그를 죽이려 해서 가족이 이집트로 피난했다.

18. 그 이야기에 겁이 난 빌라도가 소란을 피우는 군중에게 조용히 하라고 명령한 뒤, 예수에게 "그러므로 당신은 왕이란 말이오?"라고 물었다.

19. 모든 유대인이 빌라도에게 "헤로데가 죽이려고 찾던 사람이 바로 그 사람이오."라고 말했다.

20. 빌라도가 그들이 보는 앞에서 물로 손을 씻으며 "이 정의로운 사람의 피에 대해서 나는 무죄하니 당신들이 책임지시오."라고 말했다.

21. 유대인들은 자기네와 자손들이 그 피에 대해 책임지겠다고 대답했다.

22. 빌라도가 예수를 불러내어

23. "바로 당신의 백성은 당신이 왕을 자칭했다는 죄목으로 고발했소. 나 빌라도는 전임 총독들의 법률에 따라 채찍의 형벌을 내리

고, 십자가에 매달리는 형벌을 내리는 것이오. 디마스와 제스타스라는 두 죄수도 같이 십자가에 매달릴 것이오."라고 말했다.

예수가 도둑 두 명과 함께 십자가에 매달린다

제7장

1. 이윽고 예수가 도둑 두 명과 함께 끌려나갔다.
2. 골고타라고 부르는 곳에 이르자, 그들이 예수의 옷을 벗기고 아마포로 몸을 두른 뒤에 머리에 가시관을 씌우고 손에 갈대를 쥐어주었다.
3. 또한 두 도둑에게도 같은 방식으로 해주었고, 오른쪽에 디마스를, 왼쪽에 제스타스를 매달았다.
4. 예수는 "나의 아버지여, 저들은 자기네가 무슨 짓을 하는지 모르고 있으니 용서해주십시오."라고 말했다.
5-7. 제비를 뽑아서 예수의 옷을 나누어가지고, 대사제들, 장로들, 로마 군인들이 예수를 조롱했다.
8. 로마 군인 롱지누스가 창으로 그의 옆구리를 찌르자 피와 물이 흘러나왔다.
9. 빌라도가 "이 사람은 유대인들의 왕이다."라는 팻말을 히브리어, 라틴어, 그리스어로 적어 십자가에 붙였다.
10. 왼쪽의 제스타스가 "당신이 그리스도라면 당신 자신과 우리를 구출해보시오."라고 말했다.
11. 그러나 오른쪽의 디마스가 제스타스를 꾸짖었다.
12. 그리고 신음하면서 예수에게 "당신 왕국에 들어갈 때 저를 기억해주십시오."라고 말했다.

13. 예수가 "단단히 말해두지만, 오늘 당신은 나와 함께 낙원에 들어갈 거요."라고 대답했다.

유대인들은 일식이 자연현상이라고 말한다

제8장

1. 그때는 6시경이었는데 9시까지 온 땅이 어둠에 뒤덮였다.

2. 해가 보이지 않게 되고, 성전의 휘장이 둘로 찢어지고, 바위들도 갈라졌으며, 무덤들이 열려 잠자던 많은 성인들이 일어났다.

3. 예수가 9시경에 "헬리, 헬리, 라마 자박타니(나의 하느님, 나의 하느님, 왜 제게 등을 돌렸습니까?"하고 큰 소리로 외쳤다.

4. 그리고 "아버지, 당신 손에 제 영혼을 맡깁니다."라고 말하고 나서 숨을 거두었다.

5. 그 모습을 본 백인대장이 하느님을 찬미하고 "이 사람은 참으로 정의로운 사람이다."라고 말했다.

6-8. 구경하던 사람들이 근심에 사로잡혀 가슴을 치면서 예루살렘으로 돌아갔고, 백인대장의 보고를 받은 총독도 매우 슬퍼했다.

9. 그래서 유대인들에게 일식과 다른 놀라운 기적들을 보았느냐고 물었다.

10. 그들은 일식이 정해진 시기에 일어나는 것이라고 대답했다.

11. 그러나 예수의 모든 친지들이 멀리 서서 바라보았고, 갈릴리로부터 그를 따라온 여자들이 이 모든 일을 지켜보았다.

12. 유대인들이 무서워서 은밀하게 예수의 제자가 된 아리마태아의 어떤 사람이 예수의 시체를 총독에게 요청했다.

13. 총독이 허락했다.

14. 니코데무스가 5킬로그램 가량의 몰약과 알로에 혼합물을 가지고 왔고, 그들이 눈물을 흘리면서 예수를 십자가에서 내린 뒤에 유대인의 관습에 따라 향료를 뿌린 아마포로 예수를 감쌌다.

15. 요셉이 바위를 파고 새로 만든 무덤에 예수를 안치하고, 입구에 커다란 돌을 굴려서 막았다.

유대인들이 요셉을 감옥에 처넣는다

제9장

1. 불의한 유대인들은 요셉이 예수를 묻었다고 하자, 니코데무스와 15명, 그리고 다른 선한 사람들을 잡으러 다녔다.

2. 다른 사람들은 무서워서 숨었으나, 니코데무스가 홀로 유대인들에게 나타나서 "당신들 같은 사람들이 어떻게 공회당에 들어갈 자격이 있겠소?"라고 말했다.

3. 유대인들은 "그리스도와 야합한 당신이야말로 어떻게 감히 공회당에 들어간단 말이오? 당신은 저 세상에서 그와 운명을 함께하시오."라고 말했다.

4. 니코데무스가 "아멘. 그렇게 되기를 나도 바라고 있소."라고 대꾸했다.

5. 요셉도 그들에게 나타나서 왜 자기에게 화를 내느냐고 말했다.

6. 그리고 "나는 그에게 올바르게 행동했소. 그러나 여러분은 십자가에 매달고, 식초를 마시게 하고, 가시관을 씌웠으며, 채찍질을 하는 등 불의한 행동을 했소. 그리고 그의 피에 대한 죄를 스스로 뒤집어썼소."라고 말했다.

7. 그 말에 불안과 고뇌에 휩싸이게 된 유대인들이 요셉을 잡아서

안식일이 끝날 때까지 가두었다.

8. 그리고 "자백하시오. 당신은 무덤에 묻힐 자격조차 없으니, 시체를 새와 짐승들에게 내줄 것이오."라고 말했다.

9-13. 요셉이 그들을 꾸짖고 그들이 영원히 멸망할 것이라고 말했다. 그들은 요셉을 창문이 없는 석굴에 가두었다.

14. 지배자들인 안나스와 카야파스가 요셉을 불러오라고 말했다.

요셉이 감옥을 빠져나가고,
군사들이 예수의 부활 소식을 전한다

제10장

1. 석굴의 봉인이 고스란히 남아 있었지만, 요셉은 그 안에 없었다. 그래서 한 자리에 모인 그들은 크게 놀랐다.

2. 그때 예수의 무덤을 지켰던 군인 가운데 한 사람이 말했다.

3-6. 지진이 일어났고, 천사가 입구의 돌을 굴려서 열었으며, 그 천사가 무덤 근처에 있던 여자들에게 부활 사실을 말해주는 것을 들었다고 보고했다.

7. 그러자 유대인들이 무덤을 지키던 군인들을 모두 불러서 "천사의 말을 들은 그 여자들은 누구요? 왜 체포하지 않았소?"라고 물었다.

8. 군인들이 "여자들이 누군지 모르겠소. 우린 겁에 질려 숨이 넘어갈 지경이었는데, 여자들을 어떻게 체포할 수 있었겠소?"라고 대꾸했다.

9. 유대인들이 "주님이 살아 계시는 것처럼, 당신들 말은 절대로 못 믿겠소."라고 했다.

10. 군인들이 "예수가 무수한 기적을 일으키는 것을 보고 들었으면서도 안 믿은 당신들인데, 어떻게 우리를 믿어주겠소? 주님이 살아 계신다고 당신들이 마침 말을 잘 했소. 그 말 그대로 주님은 지금 참으로 살아 계시는 것이오.

11. 당신들이 봉인된 석굴에 가두어둔 요셉이 없어졌다고 들었소.

12. 당신들이 요셉을 보여준다면, 우리도 예수를 보여주겠소."라고 대꾸했다.

13. 그러자 유대인들이 "좋소. 요셉은 지금 아리마태아에 있소."라고 말했다.

14. 군인들은 "요셉이 아리마태아에 있다면, 예수는 갈릴리에 있소. 천사가 여자들에게 하는 말을 우리가 들었소."라고 응수했다.

15. 그 말을 듣고 유대인들이 겁을 내고 자기네끼리 "이것이 사람들에게 알려진다면 모두 예수를 믿게 될 것이오."라고 말했다.

16. 그래서 거액의 돈을 거두어서 군인들에게 주고 "당신들이 잠든 밤중에 예수의 제자들이 와서 시체를 훔쳐갔다고 백성들에게 말하시오. 총독이 알게 되어도 우리가 납득을 시켜서 여러분을 보호해주겠소."라고 말했다.

17. 군인들이 돈을 받고 유대인들이 시키는 대로 했다. 그러나 그 이야기가 모든 백성에게 퍼져나갔다.

18. 갈릴리에서 예루살렘으로 온 사제 피네에스와 학교 선생인 아다와 레비 부족인 아제우스 등 세 사람이 공회당에 모인 대사제들과 다른 모든 사람들에게

19. "우리는 여러분이 십자가에 못박아 처형한 예수가 열한 명의 제자와 이야기하는 것을 보았소. 그는 올리브 산에서 그들 가운데 앉은 채,

20. '전세계로 퍼져나가서 모든 민족들에게 복음을 전파하고 성부와 성자와 성령의 이름으로 세례를 주시오. 믿는 사람은 누구나

구원을 받을 것이오.'라고 말했소.

21. 제자들에게 그 말을 마치고 하늘로 올라가는 그를 또한 보았소."라고 말했다.

22. 그들은 세 사람에게 보고 들은 것이 사실인지 고백하라고 말했다.

23. 세 사람은 보고 들은 것이 모두 사실이라고 대답했다.

24. 그리고 사실이 아니라면 자기들은 죄를 짓는 것이라고 덧붙여 말했다.

25. 대사제들이 즉시 일어나서 율법 책을 세 사람의 손에 쥐어 주고 선서를 시킨 뒤, "여기서 예수에 관해 이야기한 것을 다시는 선언하지 마시오."라고 명령했다.

26. 그리고 많은 돈을 주어서 고향으로 돌아가게 했는데, 예루살렘에 더 이상 머무르지 못하도록 감시인들을 붙여서 보냈다.

27. 근심 걱정에 휩싸인 유대인들이 모여서 한탄하고 "예루살렘에서 벌어진 이 엄청난 일은 도대체 무엇인가?"라고 말했다.

28. 그러나 안나스와 카야파스는 "천사가 무덤의 돌을 굴려서 열었다는 군인들의 말을 왜 믿어야 한단 말이오?

29. 어쩌면 제자들이 군인들에게 그런 말을 해주고는 돈을 주었고, 그리고 예수의 시체를 가져갔을지도 모르는 게 아니오?

30. 게다가 외국인들(로마 군인들)이란 신용할 게 못 되오. 그들은 우리가 준 거액의 돈을 받고 시키는 대로 말했으니까요. 그러니까 그들은 우리에게 충성하거나 예수의 제자들에게 충성할 수밖에 다른 길은 없소."라고 말했다.

다시 나타난 요셉이 기적의 탈출에 관해서 설명한다

제11장

1. 니코데무스가 일어나서 "이스라엘의 아들들이여, 여러분은 아까 세 사람이 예수가 올리브 산에서 제자들과 이야기했고 하늘로 올라가는 것을 보았다는 말을 들었소.

2. 예언자 엘리야가 하늘로 올라갔다는 성경 기록도 있소.

3. 엘리사와 그의 세 아들이 3일간 산을 뒤졌지만 엘리야를 발견하지 못했소.

4. 어쩌면 예수를 발견할지도 모르니까 사람들을 시켜서 이스라엘의 산들을 뒤지도록 합시다."라고 말했다.

5. 사람들이 파견되어 예수를 찾았지만 발견하지 못하고 돌아와서 "사방을 뒤져보았지만 예수를 찾을 수가 없었소. 그러나 아리마태아에서 요셉을 찾아냈소."라고 보고했다.

6. 그 말에 지배자와 백성들이 크게 기뻐했다.

7. 대사제들이 회의를 열고 요셉을 불러올 방법을 의논했다.

8-16. 그들은 요셉을 가둔 것이 잘못이었고, 요셉의 탈출이 주님의 도움으로 이루어진 것이라고 인정하는 내용의 편지를 썼다. 그리고 요셉의 친구 일곱 명을 선출하여 편지 전달을 맡겼다. 요셉이 그들과 함께 예루살렘으로 돌아와 성대한 영접을 받았다.

17-18. 준비의 날에 안나스와 카야파스와 니코데무스가 요셉에게 무슨 일이 일어났는지 사실대로 알려달라고 요청했다.

19. 요셉이 "나는 준비의 날에 갇혀 있었소.

20. 한밤중에 서서 기도를 하고 있는데, 천사 넷이 다가와 그 집을 둘러쌌지요. 그리고 나는 태양처럼 빛나는 예수를 보고 두려워

서 엎드렸소.

21. 예수가 내 손을 잡고 일으켜세웠으며 내 위에 이슬이 뿌려졌소. 그는 내게 키스로 인사하고는 '요셉, 내가 왔으니까 두려워하지 말고 쳐다보시오.' 라고 말했소.

22. 내가 그를 쳐다보면서 '엘리야 선생님!' 이라고 했더니, 그는 '나는 엘리야가 아니라, 당신이 묻어준 나자렛의 예수요.' 라고 대답했소.

23. 나는 '당신 무덤을 보여주십시오.' 라고 말했지요.

24. 그러자 예수가 내 손을 잡고 무덤으로 데리고 가서 아마포와 머릿수건을 보여주었는데, 그제서야 그가 예수임을 깨닫고 숭배하며 '주님의 이름으로 오시는 분은 축복받았습니다.' 라고 말했지요.

25. 예수가 나를 아리마태아까지 데려다주고 '40일 동안 외출하지 마시오. 나는 제자들에게 가야만 하오.' 라고 말했소."라고 설명했다.

시메온의 두 아들이 부활한다

제12장

1. 그 말을 듣고 난 대사제들과 레비 부족 사람들이 크게 놀라서 땅에 엎드렸는데 죽은 사람과 같았고, 통곡하면서 "예루살렘에서 일어난 이 엄청난 징표는 도대체 무슨 뜻이오? 우리는 예수의 부모를 알고 있지요."라고 말했다.

2. 어떤 레비 부족 사람이 자기는 예수의 친척 가운데 경건한 사람들을 많이 안다고 말했다.

3. 그리고 대사제 시메온이 아기 예수를 품에 안고 한 말을 전해

주었다. 시메온은 "이방인들을 비추는 빛, 이스라엘 백성의 영광을 보았다."고 말했고,

4. 어머니 마리아에게 "이 아기는 많은 사람들이 쓰러지고 다시 일어나게 할 것이고, 악담과 비방의 대상인 징표가 될 거요.

5. 칼이 당신의 영혼도 꿰뚫을 것이고, 수많은 가슴에 묻힌 생각들이 드러날 것이오."라고 말했다.

6. 유대인들이 올리브 산에서 예수를 보았다고 한 세 사람을 불러 왔다.

7. 세 사람은 처음에 한 말을 그대로 반복했다.

8. 안나스와 카야파스가 그들을 다른 곳으로 데리고 가서 따로따로 심문했는데, 예수를 보았다는 말이 일치했다.

9. 안나스와 카야파스는 "두세 명의 증인의 입으로 모든 말이 입증된다는 율법이 있소.

10. 에녹은 하느님의 눈에 들어서 그분의 말씀으로 변화되었고, 모세가 묻힌 장소를 우리는 알고 있소.

11. 그러나 요셉은 십자가에서 죽어 자기 무덤에 묻혔던 예수가 살아 있는 것을 보았다고 증언했소.

12. 그리고 저 세 사람도 마찬가지 증언을 했소."라고 말했다.

13-22. 아기 예수를 품에 안았던 바로 그 대사제 시메온의 두 아들이 부활해서 아리마태아에 있으니, 그들을 데리고 와서 증언을 들어보자고 요셉이 제안했다. 두 아들은 벙어리처럼 아무 말도 안 하지만, 서약을 시키면 부활의 신비에 관해서 이야기해줄지도 모른다고 말했다.

23. 그래서 그 두 아들이 하느님에게 서약하게 한 뒤에, 그들이 "당신들을 부활시킨 분이 예수라고 믿는다면 무엇을 보았는지, 어떻게 부활하게 되었는지 말해보시오."라고 요구했다.

24. 시메온의 두 아들 카리누스와 렌티우스가 몸을 떨고 근심에

찬 표정으로 신음하면서 하늘을 쳐다보고는 혀에다가 손가락으로 십자가 표시를 그렸다.

25. 즉시 그들의 혀가 풀렸다. 그래서 종이를 달라고 한 뒤에 자기들이 본 것을 기록하기 시작했다.

카리누스와 렌티우스가 기록한 내용

제13장

1. 주님이신 예수여, 그리고 하느님이시고 죽은 자들의 부활이자 생명인 성부여, 우리가 사후에 본 신비에 관하여 이야기하도록 허락해주십시오.

2. 당신의 권능으로 지옥에서 일어난 비밀의 일들에 관해서 하인들이 공표하는 것은 금지되어 있기 때문입니다.

3. 칠흑 같은 암흑 속에서 우리가 지옥 깊은 곳에 조상들과 함께 놓여 있을 때, 갑자기 황금과 같은 태양의 색깔이 나타나고 자주색 광선이 비추었다.

4. 모든 선조와 예언자들과 더불어서 아담이 크게 기뻐하면서 "저 빛은 영원한 빛의 원천이고, 우리를 영원한 빛으로 전환시켜주기로 약속한 분이오."라고 말했다.

5. 이사야 예언자가 "이것은 성부의 빛이고 내가 지상에서 예언한 하느님의 아들이오.

6. 암흑 속을 걷던 백성이 찬란한 광채를 보았고, 죽음의 골짜기에 살던 사람들에게 빛이 비쳤는데, 이제 죽음 속에 앉아 있던 우리에게 그가 와서 비추어주었소."라고 소리쳤다.

7. 그때 우리 아버지 시메온이 와서 축하해주고 "하느님의 아들

주님 예수 그리스도를 찬미하라."고 말했다.

8. 시메온은 또 성령으로 움직여서 아기 예수를 알아보고 한 말을 들려주었다.

9. 그 말을 듣고 지옥 깊숙이 있던 모든 성인들이 기뻐했다.

10. 이어서 키가 작은 은둔자와 같은 사람이 왔는데, 모두들 "당신은 누구요?"라고 물었다.

11. 그는 "가장 높으신 분의 예언자, 광야에서 소리치는 사람인 세례자 요한이오.

12. 나는 예수를 보고 세상의 죄를 없애주는 하느님의 어린양을 보라고 말했소.

13. 그분에게 요르단 강에서 세례를 주고, 성령이 비둘기 모양으로 내려오는 것을 보았소.

14. 하느님의 아들이 조금 있다가 여러분을 방문할 것임을 알리려고 내가 온 것이오."라고 대답했다.

아담이 아들 세트에게 비밀을 밝히라고 한다

제14장

1. 예수가 요르단 강에서 세례를 받았다는 말을 듣고 아담이 자기 아들 세트를 불러서

2. "미카엘 대천사에게 들은 말을 네 자손인 모든 선조와 예언자들에게 공표하라."고 말했다.

3. 세트는 "낙원의 문으로 갔을 때 미카엘 대천사가 나타나서 '나는 인간의 육체들을 관리할 임무를 받았지요.

4. 당신 아버지 아담의 두통을 치료하기 위해서 머리에 바를 자

비의 나무의 기름을 달라고 하느님에게 울면서 기도하고 간청하지 마시오.

5. 마지막 날과 시간, 즉 5500년이 지나지 않으면 그 어떤 방법으로도 그 기름을 얻을 수 없기 때문이오.

6. 그 마지막 날에 하느님의 가장 자비로운 아들 그리스도가 아담의 육체를 일으키려고, 동시에 죽은 자들의 육체를 일으키려고 지상에 올 거요. 그리고 요르단 강에서 세례를 받을 거요.

7. 또한 그는 자기를 믿는 모든 사람에게 자비의 기름을 발라줄 것이고, 그 기름은 물과 성령으로 태어나 영원한 생명을 얻을 사람들을 위해 대대로 이어질 것이오.

8. 그리스도 예수가 지상에 내려가는 날, 그는 우리의 아버지인 아담을 낙원으로 데리고 들어가서 자비의 나무 앞으로 인도할 거요.' 라고 했소."라고 설명해주었다.

9. 모든 선조와 예언자들이 한층 기뻐했다.

그리스도의 도착을 둘러싸고 사탄과 지옥의 왕 사이에 의견 충돌이 생긴다

제15장

1. 그때 죽음의 왕이자 대장인 사탄이 지옥의 왕에게

2. "하느님의 아들이라고 뻐기면서도 '내 영혼은 하도 슬픔이 심해서 죽을 것만 같소.' 라고 말할 정도로 죽음을 무서워하는 사람에 불과한 나자렛의 예수를 영접할 준비를 하시오.

3. 그는 나와 다른 많은 악마들에게 큰 타격을 주었소. 내가 소경과 절름발이로 만든 사람들, 그리고 여러 악마들을 데리고 가서 괴

롭히던 사람들을 그가 치유해주었기 때문이오. 내가 당신에게 데려다준 죽은 사람들을 그가 강제로 뺏어갔소."라고 말했다.

4. 지옥의 왕이 사탄에게 "그가 누구요?

5. 지상의 모든 권력자들이 나의 힘과 당신 힘 앞에 굴복했소.

6. 그가 인간의 본성으로도 그토록 강력하다면 신성으로는 전능할 테니, 그 힘에 대적할 사람이 없을 거요.

7. 그러니까 그가 죽음을 두려워한다고 말했다면, 당신을 함정에 빠뜨릴 계략이 분명해요. 영원히 당신이 포로가 된다면 불행한 일이오."라고 말했다.

8. 사탄이 "당신과 나의 공동의 적인 나자렛 예수를 맞이하기를 왜 겁내는 거요?

9. 나로서는 그를 유혹했고, 나의 오래된 백성 유대인들을 열정과 그에 대한 분노로 부글부글 끓게 만들지 않았소?

10. 십자가에 못박힌 그는 이제 죽음이 머지 않았소. 내가 곧 여기 데리고 와서 우리에게 굴복시키겠소."라고 말했다.

11. 지옥의 왕이 "그가 죽은 자들을 강제로 뺏어갔다고 방금 말하지 않았소?

12. 지상에서 다시 살게 될 때까지 여기 갇혀 있는 사람들을 나는 그들 자신의 힘 때문이 아니라, 하느님에게 바치는 기도 때문에 빼앗기는데,

13. 하느님에게 바치는 기도도 없이 말 한 마디로 뺏어가는 예수란 도대체 누구요?

14. 그는 죽은 지 4일이 지나서 썩고 냄새나는 라자루스를 뺏어간 사람과 어쩌면 같은 인물인지도 모르겠소."라고 말했다.

15. 사탄이 "동일 인물이오."라고 대답했다.

16. 지옥의 왕이 "그를 내게 데리고 오지 마시오.

17. 그의 말의 힘에 관해서 들으면 나와 모든 불경한 무리가 겁에

질리고 불안에 떨게 되기 때문이오.

18. 우리는 라자루스를 잡아둘 수가 없었소.

19. 그가 전능한 하느님이라는 것을 나는 알고 있소.

20. 그를 데려오지 마시오. 왜냐하면 그를 믿지 않는 사람들을 내가 이곳 감옥에 처넣고 죄의 사슬로 묶어놓았는데, 그가 와서 풀어주고 영원한 생명으로 모두 데리고 갈 테니까."라고 말했다.

그리스도가 지옥문에 도착해서 밑으로 내려간다

제16장

1. 그때 천둥이 치고 강풍이 부는 듯한 목소리가 들려왔다. "지옥의 왕들은 문을 열라. 영원한 문들이여, 영광의 왕을 영접하라."

2. 지옥의 왕이 사탄에게 "나의 집에서 떠나가시오. 당신이 힘센 전사라면 영광의 왕과 싸우시오. 당신은 그에게 무슨 짓을 했소?"라고 말했다.

3. 그리고 사탄을 내쫓았다.

4. 또한 지옥의 왕은 불경한 부하들에게 "잔인함의 청동문들을 굳게 닫고 쇠몽둥이로 빗장을 지른 뒤에 용감하게 싸워서 포로가 되지 말라."고 명령했다.

5. 모든 성인들이 그 말을 듣고는 화가 나서

6. "영광의 왕이 들어오시도록 문을 여시오."라고 소리쳤다.

7. 거룩한 예언자 다윗도 "주님의 선을 사람들이 찬미하고 그분의 놀라운 업적을 자손에게 전할 것이다.

8. 그는 청동문들을 부수고 쇠몽둥이 빗장들을 부러뜨릴 것이기 때문이다. 그는 악행을 저지른 사람들을 포로로 잡고, 그들은 자기

성 바오로의 환상, 니콜라 푸쌩, 16세기

네 불의로 처벌될 것이다."라고 지상에 있을 때 내가 예언하지 않았던가?"라고 고함쳤다.

9. 거룩한 예언자 이사야도 같은 말을 성인들에게 했다.

10. 즉 "죽은 사람들이 살아나고, 무덤에서 다시 일어날 것이다. 주님으로부터 오는 이슬이 구원해줄 테니까 지상의 그들이 기뻐할 것이다.

11. 죽음이여, 네 승리는 어디 있고 네 독침은 어디 있는가?"라고

예언했던 것이다.

12. 모든 성인들이 지옥의 왕에게 "당신은 이제 묶이고 아무런 힘도 없게 될 테니, 문들을 열고 빗장을 치우시오."라고 소리쳤다.

13. 문을 열라는 엄청나게 큰 소리가 들려왔다.

14. 지옥의 왕이 "영광의 왕이란 누구요?"라고 말했다.

15. 다윗이 "그는 강력한 주님, 전투에서 강한 힘을 발휘하는 주님, 하늘과 땅의 주님이오.

16. 죄수들의 신음소리를 들어주고, 죽음에 처한 사람들을 풀어주는 분이오.

17. 그러므로 더럽고 냄새 고약한 지옥의 왕이여, 문들을 열고 영광의 왕을 안으로 들여보내시오."라고 말했다.

18. 바로 그때 주님이 사람의 모습으로 나타나서, 암흑에 내내 덮여 있던 그곳을 비추었다.

19. 그리고 과거에는 부술 수 없던 족쇄들을 부수고, 사악함으로 인한 짙은 암흑과 죄에 따른 죽음의 그림자에 젖은 사람들을 무적의 힘을 발휘하여 방문했다.

그리스도가 지옥의 왕을 포로로 잡은 뒤에 아담을 천당으로 데리고 간다

제17장

1. 불경한 죽음과 그의 잔인한 부하들이 각자의 왕국에서 그 찬란한 광채를 보고는 공포에 질렸다.

2. 그래서 "주님 앞에서 우리를 꼼짝 못하게 만들 모양인데,

3. 부패의 그림자도 없는 당신은 누구요? 그 찬란한 광채는 당신

의 위대함의 증거인데도 당신 자신은 그것을 모른단 말이오?

4. 이토록 강력하고도 약하고, 이토록 위대하면서도 보잘것 없고, 비천하지만 가장 높은 군인이며, 낮은 계급의 병사로서 하인의 모습으로 지휘를 하는 당신은 누구요?

5. 일단은 십자가에서 살해되었지만, 살아 있는 영광의 왕이 당신이오?

6. 죽어서 무덤에 묻혔지만, 이제는 살아서 당신은 우리에게 내려왔고, 당신이 죽을 때 모든 생물이 몸을 떨었고 모든 별이 흔들렸는데, 스스로 죽은 자들 가운데 자유로이 와서 우리 무리를 혼란시킨단 말인가요?

7. 원죄의 쇠사슬에 묶인 자들을 해방하고, 그들을 원래의 자유로 인도하는 당신은 누구요?

8. 죄의 암흑으로 눈먼 자들을 이토록 영광스럽고 신성한 빛으로 감싸주는 당신은 누구요?"라고 고함쳤다.

9. 모든 악마의 무리가 역시 공포에 질리고 비굴한 태도로 변하여

10. "오, 예수 그리스도여, 더없이 영광스러우며, 티 한 점 없이 찬란하고, 죄 없이 순수한 당신은 어디서 오는 거요? 우리가 지금까지 지배해온 저 아래 땅이 이런 죽은 자를 보낸 적이 없소.

11. 우리 영역에 용감히 들어온 당신, 가장 매서운 처벌로 위협할 뿐 아니라 쇠사슬에 묶인 모든 사람을 구출하려는 당신은 누구요?

12. 당신은 사탄이 우리 지옥의 왕에게 말했던 바로 그 예수인지도 모르겠군요."라고 외쳤다.

13. 그러자 영광의 왕이 죽음을 짓밟고, 지옥의 왕을 잡아서 모든 힘을 박탈한 뒤에 아담을 자기 영광으로 인도했다.

그리스도가 지옥을 사탄에게 넘겨준다

제18장

1. 지옥의 왕이 사탄을 붙잡고 "당신은 파괴의 왕이고, 베엘제붑의 패배와 유배의 원인이며, 천사들이 경멸하고 정의로운 사람들이 지겹게 생각하는 대상이오! 왜 이런 짓을 했소?

2. 영광의 왕을 십자가에 못박아서 우리에게 엄청난 이익을 주겠다고 약속하지 않았소? 그러나 무슨 짓을 하는지 모르는 바보였지요.

3. 자, 나자렛의 예수가 암흑과 죽음의 무시무시한 힘을 모두 없애버렸소.

4. 그는 우리 감옥을 모조리 부수고 죄수들을 모두 석방해서 이제는 그들이 우리를 모욕하고 또 우리는 그들의 기도에 패배하게 되어 있소.

5. 불경한 나라들이 정복되고, 인류 전체가 우리 지배를 벗어났지요. 사람들이 오히려 용감하게 우리에게 대항하는 거요.

6. 죽은 자들이 전에는 우리를 무시하거나 즐겁게 지낸 적이 전혀 없지요.

7. 모든 사악한 자들의 왕이자, 불경스럽고 버림받은 자들의 아버지인 사탄이여, 구원의 희망과 생명이 우리 감옥에 전혀 없다는 것을 알면서 왜 이런 짓을 한 거요?

8. 이제는 아무도 신음하지 않을 것이고, 얼굴에 눈물을 보이지 않을 것이오.

9. 지옥의 위대한 간수인 사탄이여, 금지된 나무와 낙원의 상실로 당신이 얻었던 어마어마한 이익을 이제 십자가 나무 때문에 상실하고 말았소."라고 말했다.

10-13. 그리고 계속해서 사탄을 비난했다.

14. 영광의 왕이 지옥의 왕에게, 사탄은 아담이 있던 방에 갇혀서 영원히 지옥의 왕의 지배를 받을 것이라고 말했다.

그리스도가 아담과 모든 성인의 손을 잡고 낙원으로 올라간다

제19장

1. 예수가 손을 뻗어 "나의 모습에 따라 창조되었으나 금지된 나무의 열매로 단죄되어 악마들과 죽음의 지배를 받은 모든 성인들이여, 나에게 오시오.

2. 지상의 왕인 악마 그리고 죽음이 정복되었으니, 이제는 내 십자가 나무의 힘으로 생명을 누리시오."라고 말했다.

3. 예수가 아담의 손을 잡았고, 모든 성인들이 서로 손을 잡았다.

4. 아담이 예수의 발 아래 엎드려 울었고

5-7. 겸손하고 낮은 목소리로 주님을 찬미했다.

8-10. 성인들도 마찬가지로 발 아래 엎드려 구세주를 찬미했다.

11-12. 주님이 아담과 모든 성인들 위에 십자 성호를 그어주었다. 그리고 손을 잡고 지옥으로부터 위로 올라갔다.

13-15. 왕이자 예언자인 다윗이 주님을 찬미하고 성인들이 아멘이라고 응답했다.

16-18. 하바꾹 예언자를 비롯해서 모든 예언자들이 큰 소리로 주님을 찬미했다.

그리스도가 그들을 미카엘 대천사에게 인계한다

❦

1. 주님이 아담을 미카엘에게 인계했고, 천사는 그들(아담과 성인들)을 낙원으로 인도했다.

2. 그들은 매우 나이가 많은 두 사람을 만나서 "지옥에서 우리가 본 적이 없는데 당신들은 누구요?"라고 물었다.

3. 한 사람이 "나는 에녹인데 하느님의 말씀으로 이곳에 오게 되었지요. 그리고 이 사람은 불타는 마차를 타고 올라온 엘리야지요.

4. 우리는 죽음을 맛보지 않았고, 이제 적그리스도가 지상에 나타날 때 신성한 징표들과 기적들로 무장한 채 싸우려고 다시 내려갈 거요. 우리는 예루살렘에서 적그리스도에게 살해되고 3일 반이지나면 다시 살아서 구름을 타고 올라올 거요."라고 대답했다.

5. 십자가를 진 초라한 모습의 남자가 나타났다.

6. 성인들이 누구냐고 물었다.

7. 그는, 자기는 지상에서 온갖 악행을 저지른 도둑인데

8. 예수와 함께 십자가에 못박혔다고 대답했다.

9-13. 그는 또한 예수가 구원의 징표로 준 십자가를 지고 낙원 입구에 와서 아담과 성인들이 오기를 기다리는 중이었다.

14. 선조들이 주님을 찬미했다.

부활한 카리누스와 렌티우스가 3일 뒤에 사라진다

제21장

1. 이것이 우리(카리누스와 렌티우스)가 보고 들은 것이다.

2. 미카엘 대천사가 "예루살렘으로 가서 기도하고 예수 그리스도의 부활을 선포하고 찬미하라.

3. 그러나 벙어리처럼 아무에게도 말하지 마라."하고 우리에게 지시했다.

4-6. 또한 대천사는 우리에게 요르단 강 건너편으로 가서 부활을 증거하라고 지시했다. 우리는 지상에서 3일간만 살도록 허락을 받았다.

7. 카리누스가 자기의 기록을 안나스, 카야파스, 가말리엘에게 주었고,

8. 렌티우스는 니코데무스와 요셉에게 건네주었는데, 둘은 즉시 새하얀 형상으로 변하더니 보이지 않게 되고 말았다.

9. 두 사람의 기록이 완전히 일치했다.

10-13. 유대인들이 겁에 질려서 부들부들 떨고 근심 걱정에 짓눌려서 집으로 돌아갔다. 요셉과 니코데무스의 보고를 받은 빌라도 총독이 모든 것을 기록으로 남겼다.

빌라도가 유대인 지도자들을 성전에 집합시킨 뒤에 심문한다

제22장

1. 빌라도가 성전으로 가서 지배자들과 율법학자들과 박사들을 모두 불러오게 했다.

2. 그리고 문을 닫으라고 명령했다.

3. 황금과 보석으로 장식된 거대한 성경책을 사제 네 명이 총독에게 가져왔다.

4. 그는 십자가에 못박혀 죽은 예수가 누구인지, 언제 다시 지상에 내려올 것인지 말하라고 명령했다.

5-9. 안나스와 카야파스가 다른 사람들을 모두 밖으로 내보낸 뒤에 문을 걸어잠근 채 빌라도에게 말했다. 예수가 하느님의 아들인 줄을 몰랐고, 마술로 기적을 일으킨다고 생각해서 처형했다고 대답했다.

10-11. 그들은 70권의 성경 가운데 첫번째 책에서 미카엘이 아담의 셋째 아들에게 한 말, 즉 5500년 뒤에 그리스도가 지상에 온다고 한 말을 발견했다고 말했다.

12-13. 계약의 궤의 칫수가 가로 2.5큐비트, 세로 1.5큐비트, 높이 1.5큐비트인데, 합치면 5.5큐비트가 되기 때문에 5500년 뒤에 예수 그리스도가 사람의 몸의 궤 또는 천막의 형상으로 온다고 깨달았다는 것이다.

14-20. 대사제들이 아담에서 예수에 이르는 가계를 계산했다. 아담에서 대홍수까지가 2212년이고, 대홍수에서 아브라함까지가 912년, 아브라함에서 모세까지가 430년, 모세에서 다윗까지가 510년, 다윗에서 바빌론 유배시대까지가 500년, 바빌론 유배시대에서 그

리스도까지가 400년이고, 이것을 합치면 5500년이 된다.

아리마태아의 요셉의 증언

도둑 누명을 쓴 예수

두 강도의 악행

제1장

아리마태아의 요셉인 나는 빌라도에게 주 예수의 시체를 달라고 간청했는데, 그 이유 때문에 유대인들이 나를 감옥에 가두었다. 유대인들은 율법을 준 모세의 말도 듣지 않았고, 하느님을 알아보지도 못하여 그의 아들을 십자가에 못박았다.

주님이 수난을 당하기 7일 전에 강도 두 명이 예리고에서 빌라도에게 이송되었다. 첫번째 강도인 제스타스는 길가는 나그네들을 털고 죽였으며, 여자들을 거꾸로 매달아서 젖가슴을 도려내고 어린아이들의 피를 마셨다. 그는 하느님을 알지 못하고 율법을 어겼으며, 처음부터 폭력만 휘둘렀다.

두 번째 강도인 디마스는 갈릴리 사람으로 여관을 운영했다. 그는 부자들만 털었고, 가난한 사람들에게 선행을 베풀었으며, 심지어는 토비트처럼 가난한 사람들의 장례도 지내주었다. 그는 예루살렘에 있는 율법서(모세 5경)를 훔쳐가서 유대인들에게 강도짓을 하고, 카야파스의 딸, 즉 성전에서 여자 사제 노릇을 하고 있던 그 여자의 재물을 강탈했다. 그는 또한 거룩한 곳에 저장되어 있던 솔로몬의 신비로운 보물들마저도 훔쳐갔다.

예수도 또한 유월절 3일 전 밤에 잡혔다. 그러나 카야파스와 유대인들은 유월절은 생각하지도 않고, 오로지 성전이 강도에게 털린 일에 대해서 몹시 슬퍼했다. 유다스 이스카리오트는 카야파스의 형제의 아들인데, 유대인들에게 설득되어 예수의 제자가 되었으나, 예수의 가르침을 따르는 것이 아니라 그를 배반하는 것이 목적이었다. 유대인들은 이 유다스에게 매일 금화를 주었다. 예수의 제자 가운데 요한이라고 불리는 사람은 유다스가 예수와 함께 2년을 지냈다고 말했다.

유대인들이 유다스를 불러오라고 했다. 예수가 잡히기 3일 전에 그는 유대인들에게 "우리가 회의를 소집해서, 강도가 아니라 예수가 율법서(모세 5경)를 훔쳐갔다고 말합시다."라고 제의했다.

그러나 성전의 열쇠를 맡고 있던 니코데무스는 진실한 사람이었기 때문에 "안 됩니다."라고 말했다. 그러나 카야파스의 딸 사라는 예수가 "나는 성전을 파괴할 수 있다."라고 공개석상에서 말했다고 소리쳤다. 그녀가 여사제였기 때문에 모든 유대인들이 "우리는 당신 말을 믿습니다."라고 말했다. 그래서 예수를 체포한 것이다.

예수가 도둑으로 몰려서 체포된다

제2장

다음날, 즉 수요일 9시에 그들이 예수를 카야파스의 저택으로 끌고왔다. 안나스와 카야파스가 그에게 "너는 왜 율법서를 훔쳐갔느냐?"라고 물었다. 그는 대답하지 않았다. 그들이 "왜 너는 솔로몬의 성전을 파괴하려고 했느냐?"라고 물었다. 그는 역시 입을 다물고 대답하지 않았다.

율법서를 도둑맞아서 유월절을 지낼 수가 없게 되었기 때문에 많은 군중이 밤에 카야파스의 딸을 불태워 죽이려고 찾아다녔다. 그러나 그녀가 "나의 자녀들이여, 잠깐만 기다려주시오. 우리는 예수를 죽입시다. 그러면 율법서도 발견되고 축제도 잘 지낼 수가 있을 겁니다."라고 말했다.

그때 안나스와 카야파스가 몰래 유다스에게 금화를 주면서 "네가 전에 말한 그대로 예수가 율법서를 훔쳐갔다고 말하라."고 지시했다. 유다스가 그렇게 하겠다고 동의했다. 그러나 그는 "당신들이 제게 그런 지시를 했다는 사실을 백성들이 알면 안 됩니다. 그리고 예수를 석방해야 합니다. 제가 백성들을 설득하겠소."라고 말했다. 그래서 그들이 속임수를 써서 예수를 놓아주었다.

목요일 새벽에 유다스가 성전으로 가서 모든 백성에게 "내가 여러분에게 율법의 파괴자와 예언서의 강도를 넘겨준다면 그 대가로 무엇을 주겠소?"라고 말했다. 그들이 "은화 30냥을 주겠소."라고 대답했다. 많은 사람이 예수를 하느님의 아들이라고 믿었지만, 유다스가 바로 그 예수를 넘겨주려고 하는 줄은 몰랐다. 유다스가 은화를 받았다.

4시와 5시에 유다스가 나가서 길을 걸어가는 예수를 발견했다. 밤에 유다스는 수비대 군사들을 이끌고 가면서 "내가 키스하는 사람을 체포하시오. 그는 율법서와 예언서를 훔쳐간 도둑이오."라고 말했다. 그가 예수에게 가서 키스하고 "스승이여, 인사드립니다."라고 말했다.

그들이 예수를 잡아서 카야파스에게 끌고갔고, 카야파스는 그에게 "왜 이런 짓을 했느냐?"고 물었다. 그러나 그는 아무 대답도 하지 않았다. 니코데무스와 나는 죄인들의 회의에 참석하여 함께 멸망하기가 싫었기 때문에 그 자리를 떠났다.

두 강도가 십자가에 못박힌 예수에게 말한다

❧

제3장

그날 밤 그들이 예수에게 참혹한 짓을 많이 저지르고 나서, 그를 준비의 날 새벽에 총독 빌라도에게 넘겼다. 총독이 그를 십자가에 못박게 만들려는 것이었다. 재판을 마친 뒤에 총독은 다른 두 명의 강도와 함께 그를 십자가에 못박으라고 명령했다. 그래서 예수와 함께 제스타스는 왼쪽에, 데마스는 오른쪽에 못박혔다.

왼쪽에 못박힌 제스타스가 큰 소리로 예수에게 "내가 지상에서 저지른 수많은 악행을 너는 아느냐? 네가 왕인 줄을 내가 알았더라면 나는 너도 죽였을 것이다. 하느님의 아들이라고 자칭하면서도 이 위급한 때에 왜 자기 자신을 구출하지 못하느냐? 네 기도로 어떻게 다른 사람들을 도와준단 말이냐? 네가 그리스도라면 십자가에서 내려가라. 그러면 내가 믿겠다. 이제 네가 나와 함께 죽어가는 걸 알겠다. 너는 사람이 아니라 들짐승처럼 죽는 것이다."라고 외쳤다.

그러나 오른쪽에 못박힌 데마스는 예수의 신성한 자태를 우러러보면서 "예수 그리스도여, 저는 당신이 하느님의 아들이라는 것을 압니다. 그리스도여, 무수한 천사가 당신을 숭배하는 것이 제 눈에는 보입니다. 제 모든 죄를 용서해주십시오. 제가 사악한 짓들을 한 것은 밤이었으니까, 당신이 세상을 심판할 때, 별이나 달이 저를 거슬러서 증언하지 못하게 해주십시오. 악마의 손에서 제 영혼을 구해주십시오. 모세와 조상들이 유대인들을 위해서 통곡하고 악마들은 기뻐하고 있으니, 제 영혼이 유대인들의 구역으로 가지 말게 해주십시오."라고 말했다.

예수가 "데마스여, 너는 나와 함께 오늘 낙원으로 들어갈 것이다. 그리고 아브라함과 이사악과 야곱과 모세의 자손들은 암흑 속으로 추방될 것이다. 나의 이름을 고백하지 않는 모든 사람을 심판하러 내가 재림하는 날까지, 너만이 홀로 낙원에서 살 것이다."라고 말했다.

그리고 예수가 준비의 날 9시에 숨을 거두었다. 온 세상이 캄캄해지고, 격심한 지진이 발생했다. 거룩한 곳이 무너지고, 성전 꼭대기도 무너졌다.

낙원으로 들어간 강도의 시체는 발견되지 않는다

제4장

그래서 나 요셉은 그의 시체를 간청해서 내 무덤에 안치했다. 데마스의 시체는 발견되지 않았다. 제스타스의 시체는 용의 모습으로 변해 있었다. 유대인들은 나를 안식일 밤에 감옥에 처넣었다.

일주일의 첫날 밤 5시에 강도 한 명을 오른쪽에 거느린 채 나에게 왔다. 엄청난 광채가 있었고, 그 집은 사방으로 위로 들어올려졌다. 나는 밖으로 나갔다. 나는 먼저 예수를 알아보았다. 그리고 그에게 강도가 편지를 가져오는 것을 보았다. 우리가 갈릴리로 가고 있을 때 사방이 엄청난 광채에 휩싸였고, 강도의 몸에서 감미로운 향기가 발산되었다.

한 곳에 예수가 앉아 다음과 같은 내용을 낭독했다.

"하느님이신 당신에게서 낙원의 정원을 지키라는 명령을 받은, 날개가 여섯 개 달린 케루빔이 당신의 은총으로 당신과 함께 십자가에 못박힌 강도의 손을 통해서 이 보고를 드립니다.

우리가 강도의 손에서 못 자국들을 보고, 또한 하느님이신 당신의 편지의 광채를 보았을 때, 그 못 자국의 광채에 압도되어 불이 저절로 꺼지고, 우리는 겁에 질려서 몸을 웅크렸습니다. 왜냐하면 하늘과 땅과 만물의 창조주가 최초로 창조된 아담을 위해서 지상의 낮은 곳에 내려가 머물고 있다는 말을 우리가 들었기 때문입니다.

흠이 하나도 없는 십자가를 보고 또한 태양보다 일곱 배나 더 찬란한 광채를 뿜어대는 강도를 보았을 때, 우리는 심하게 몸을 떨었습니다.

그리고 지하에서 원수들이 짓밟히는 소리가 들렸고, 지옥(하데스)의 지배자들이 우리와 함께 '태초에 가장 높은 자리에 있던 그분은 거룩하고 거룩하고 또 거룩합니다.' 라고 하는 우렁찬 고함소리가 들렸으며, 권능을 가진 천사들이 '주님, 당신은 하늘과 땅에서 드러났고, 모든 세상에 기쁨을 주고, 당신이 창조한 백성을 죽음에서 구출했습니다.' 라고 고함쳤습니다."

예수의 몸 전체가 빛으로 변한다

제5장

내가 예수와 그 강도와 함께 갈릴리로 가고 있을 때, 예수의 모습이 변하여 그는 몸 전체가 빛이 되었다. 천사들이 그의 시중을 들었고, 그는 천사들과 이야기를 나누었다. 나는 그와 함께 3일을 지냈는데, 주위에는 제자들이 하나도 없었다.

효소가 들지 않은 빵의 축제 기간 중에 그의 제자 요한이 왔고, 강도는 사라졌다. 요한이 그(강도)가 누구인지 물었지만, 예수는 대답해주지 않았다.

요한은 "주님, 처음부터 당신이 저를 사랑한 줄 잘 압니다. 그런데 왜 그가 누군지 알려주지 않지요?"라고 말했다.

예수는 "숨겨진 것들을 네가 알려고 하느냐? 아직도 너는 모른 단 말이냐? 이곳에 넘치는 낙원의 향기를 깨닫지 못하느냐? 그가 누구였는지 모른단 말이냐? 십자가에 못박힌 그 강도가 이제는 낙원의 상속자가 되었다. 진실히 진실히 네게 말하는데, 위대한 그날이 올 때까지 낙원을 그가 혼자 독차지할 것이다."라고 말했다.

요한이 "그를 제게 보여주십시오."라고 말했다. 그러자 갑자기 강도가 다시 나타났고, 요한이 땅에 엎드렸다. 왜냐하면 그 강도는 이제 십자가를 입어서 어마어마한 권력을 가진 왕처럼 보였기 때문이다.

그리고 수많은 사람의 목소리가 들렸는데, 그들은 "당신은 당신을 위해서 준비된 낙원에 들어와 있소. 위대한 그날이 올 때까지 당신을 이곳으로 보낸 그분은 우리에게 당신을 섬기라고 지시했소."라고 말했다.

그런 다음 강도와 내가 동시에 사라졌고, 나는 나의 집에 다시 돌아와 있었고, 그 이후로는 예수를 보지 못했다.

이 모든 것을 내가 보았고, 또 기록했다. 그 목적은 모든 사람이 모세의 율법을 더 이상 지키지 않고, 예수를 믿고, 그리스도의 징표들과 기적들을 믿으며, 그 믿음을 통해서 영원한 생명을 얻고 하늘의 왕국에 들어가도록 하는 것이다.

영광과 권세와 찬미와 위엄이 영원히 그분의 것이기 때문이다. 아멘.

헤로데와 빌라도의 편지

예수의 부활에 관한 보고서

해설

이것은 6~7세기에 시리아어로 작성된 필사본으로서 대영박물관에 소장되어 있다. 파리에서 그리스어로 된 필사본이 발견되기도 했다.

여기 나오는 유스티누스는 요세푸스 시대의 역사가 티베리아스의 유스투스로 보이고, 테오도루스는 티베리우스 황제로 보인다.

헤로데가 빌라도 총독에게 보낸 편지

나는 지금 깊은 시름에 잠겨 있소. 나의 귀여운 딸 헤로디아스가 꽁꽁 언 연못에서 놀고 있었는데, 얼음이 깨지는 바람에 몸은 빠지고 목이 잘려서 머리만 얼음 위에 남았기 때문이오. 아내가 딸의 머리를 무릎 위에 올려 놓고 울고 있어 왕궁 전체가 엄청난 슬픔에 휩싸였소.

예수라는 사람이 당신에게 가려고 한다는 말을 듣고, 나는 그가 사람의 아들과 비슷한지 알아보기 위해서 그를 단독으로 만나서 말을 듣고 싶은 것이오. 나는 세례자 요한과 많은 아이들을 죽이고 그리스도를 조롱한 죄의 정당한 대가를 받았소.

사람은 각자의 생각에 대해서 대가를 받으므로 하느님은 정당하오. 당신은 하느님이자 인간인 그분을 만날 테니 나를 위해서 기도해주시오.

내 아들 아즈보니우스도 고통 중에 죽어가고 있소. 나도 수종증으로 말할 수 없는 고통을 겪는 중이오. 물로 세례를 주기 시작한 요한을 박해했기 때문에 나는 심한 고통을 당하고 있소. 그러므로 하느님의 심판은 정당하오.

우리가 정의로움의 눈이 멀게 되기를 바랐기 때문에, 내 아내도 딸의 죽음으로 비탄에 잠겨서 왼쪽 눈이 멀고 말았소.

사제들과 율법학자들도 정의로운 그분을 당신에게 넘겨주었기 때문에 이미 엄청난 시련을 겪고 있소. 지금은 세상의 종말이고, 이방인들이 상속자가 되는 데 그들이 동의했기 때문이오. 빛의 자녀들은 주님과 그의 아들에 관한 가르침을 준수하지 않았기 때문에 밖으로 내쫓길 것이오. 그러므로 네 허리에 허리띠를 매고 정의로움을 받아들이고… 당신은 당신 아내와 함께 밤낮으로 예수를 기억하시오. 그러면 선택된 백성인 우리가 정의로운 그분을 조롱했기 때문에, 이방인인 당신들이 왕국을 이어받을 것이오.

빌라도여, 나와 우리 가족들의 장례를 잘 치러주기 바라오. 잠시 후 예수 그리스도가 재림할 때 처벌받을 사제들보다는 당신이 우리 장례를 맡는 것이 옳다고 보기 때문이오.

당신 아내 프로쿨라와 당신에게 작별 인사를 보내오.

내 딸의 귀걸이와 내 귀걸이를 여기 보내니 나의 죽음의 기념으로 받아주시오. 일시적 심판을 받아 내 몸에서 벌레들이 이미 기어 나오고 있소. 나는 앞으로 받을 영원한 심판이 두렵소.

빌라도가 헤로데에게 보낸 편지

당신이 예수를 내게 넘겨주었을 때, 나는 나 자신이 불쌍하다고 생각했고, 그래서 그에 대해 내가 무죄하다는 것을 보여주려고 손을 씻었소. 당신은 그의 십자가 처형을 당신과 내가 같이 하기를 원했고 나는 그렇게 했소.

그러나 무덤을 지키던 군인들로부터 그가 부활했다는 보고를 받았소. 그리고 그가 생전의 육체를 고스란히 보존한 채 갈릴리에 나타나서 자신의 부활과 영원한 왕국을 용감하게 설교하고 있다는 사실을 확인했소.

내 아내 프로클라는 이스라엘 백성들이 악의를 품고 예수를 내게 넘겼을 때 그녀가 본 환상을 이제는 믿고 있소. 그리고 예수가 부활해서 갈릴리에 나타났다는 말을 듣고 그녀는 백인대장 롱지누스와 무덤을 지켰던 그 열두 명의 군인들을 데리고 그리스도에게 인사하러 갔고, 제자들과 함께 있는 그를 보았소.

그들이 놀라움에 휩싸인 채 서서 예수를 응시하자, 그는 "왜 그러는 거요? 당신은 나를 믿소? 프로클라여, 모든 육체는 당신이 지금 바라보고 있는 나의 죽음을 통해서 다시 살아난다고 하느님이 약속한 것을 깨달으시오. 당신들이 십자가에 못박은 내가 살아 있음을 당신들은 지금 보고 있소. 나는 죽음의 끈을 풀었고 쉐올(지옥)의 문을 부수었으며, 머지 않아 다시 올 것이오."라고 말했소.

그들이 돌아와서 울며 보고했소. 그래서 나는 병이 들어 침대에 누웠고, 상복을 입고는 아내와 로마군 오십 명을 거느리고 갈릴리로 갔소. 우리가 가까이 다가가자, 하늘에서 어마어마한 목소리가 들리고, 무시무시한 천둥이 치고, 땅이 흔들리면서 엄청난 향기가 솟아났소.

길에 서 있는 나를 제자들에게 둘러싸인 주님이 바라보았소. 우리는 모두 땅에 엎드렸고, 나는 "나는 주님을 재판하는 죄를 지었습니다. 당신이 하느님이고 성자임을 나는 압니다. 그리고 당신의 인간성이 아니라 신성을 나는 바라봅니다. 이스라엘의 하느님, 나에게 자비를 베풀어주십시오!"라고 말했소. 나의 아내는 "당신 영광 안에서 제 남편을 기억해주십시오!"라고 말했소.

주님이 다가와서 우리를 일으켜세웠소. 그는 시간의 주님, 사람의 아들, 가장 높으신 분의 아들이오.

1. 로마 황제 아우구스투스와 티베리우스와 가이우스 시절의 저술가의 한 사람인 유스티누스가 그의 세번째 논문에 이렇게 기록했다. 즉 갈릴리 사람인 마리아는 십자가에 못박힌 그리스도를 잉태했지만, 원래부터 남편 없이 살았다. 요셉은 그녀를 버리지 않고, 아내 없이 거룩한 생활을 계속했는데, 죽은 아내로부터 다섯 아들을 두었다. 그리고 마리아는 여전히 남편 없이 살았다.

2. 테오도루스 황제가 빌라도에게 이렇게 적어 보냈다. 귀하에게 기소되어 팔레스타인 사람들 손으로 십자가에 못박혀 죽은 그는 누구인가? 많은 사람이 이것을 정당하게 요구했다면 귀하는 왜 그들의 정당한 요구에 동의하지 않았던가? 그들의 요구가 부당한 것이었다면, 귀하는 왜 법을 어기고 불법적인 조치를 명령했던가?

빌라도가 황제에게 답장을 이렇게 보냈다. 그가 기적들을 일으켰기 때문에 저는 십자가에 못박아 죽이고 싶지 않았습니다. 고발자들이 말하기를 그가 왕이라고 자칭했다고 해서 저는 십자가에 못박아 죽인 것입니다.

3. 역사가 요세푸스가 이렇게 말했다. 아그립바 왕이 은실로 수놓은 옷을 입은 채 체사레아의 극장에서 쇼를 관람하고 있었다. 찬란하게 빛나는 그의 옷을 보고 사람들이 "지금까지 우리는 폐하를 인

다섯 성인들, 라파엘로 작, 15세기

간으로 보고 두려워했지만, 이제부터는 폐하가 모든 인간을 초월한 신입니다."라고 말했다. 왕이 자기 위에 서 있는 천사를 보았다. 천사가 그를 죽여버렸다.

빌라도가 로마 황제들에게 보낸 편지

수난과 부활에 대한 빌라도의 증언

본디오 빌라도가 티베리우스 체사르 황제에게 보낸 편지

지난번 제 편지에서 자세히 보고했습니다만, 백성들의 요구에 따라 예수 그리스도에게 가혹한 형벌이 떨어졌지만, 저는 내키지 않았고 그에게 동정적이었습니다.

그처럼 선하고 올바른 사람은 과거에 없었고 앞으로도 없을 것입니다. 백성들이 기를 쓰고 요구했고, 율법학자들, 대사제들, 장로들이 진리의 사절이자 자기들의 예언자(우리에게 시빌이 예언자인 것과 같음)인 그를 십자가형에 처하는 데 합의했습니다.

그가 매달려 죽은 뒤에 초자연적인 현상들이 일어났고, 온 세상이 파멸할 것이라는 철학자들의 위협이 등장했습니다.

그의 제자들은 스승을 배신하지 않고, 훌륭한 태도와 절제된 생활로 번영하고 있습니다. 그들은 그의 이름으로 큰 혜택을 받습니다.

너무나 격분한 군중이 반란을 일으킬 우려만 없었다면, 이 사람은 아직도 우리와 함께 살아 있었을 것입니다.

개인 감정에 치우치지 않고 직무에 충실한 나는, 정의로운 사람의 무죄한 피를 흘리지 않도록 모든 힘을 동원해서 막지는 않았습니다. 4월 5일에 쓰다.

빌라도 총독이
아우구스투스 체사르 황제에게 보낸 편지

팔레스타인과 페니키아의 총독인 본디오 빌라도 시절에 우리 주 예수 그리스도가 십자가에 못박혀 죽었을 때, 여기에 적힌 일들이 유대인들에 의해서 예루살렘에서 일어났다. 그리고 총독이 같은 내용을 로마 황제에게 개인적인 보고서와 함께 이렇게 보고했다.

제가 관할하는 예루살렘의 모든 유대인들이 예수라는 사람을 제게 넘기고 수많은 죄목으로 고발했지만, 전혀 증거가 없었습니다.

다만 예수가 안식일을 지킬 필요가 없다고 주장했다고 합니다. 그가 안식일에 많은 병자들을 치유해주었고, 우리 신들이 못하는 일, 즉 죽은 지 4일이 지난 시체를 말 한 마디로 다시 부활시켰습니다. 썩어서 악취가 나는 시체에게 일어나서 달려가라고 그가 말하자, 시체가 일어나서 달려갔고 그 몸에서 향기가 났습니다.

그는 악마에게 신들려 사막에서 사는 사람들을 정상인으로 만들었고, 손이 말라비틀어지고 반신불수가 된 사람도 멀쩡하게 고쳐주었으며, 오랫동안 하혈하던 여자도 치유해주었습니다.

그러나 헤로데, 아르켈라우스, 필립, 안나스와 카야파스, 그리고 모든 백성이 그를 제게 넘기고 대단한 소동을 일으켰습니다. 그래서 죄에 대해 아무런 입증도 없이 저는 우선 그를 채찍으로 때리게 했습니다.

그가 십자가에 매달렸을 때, 하루의 절반 동안 해가 캄캄해졌고, 별들이 빛을 잃고, 달이 핏빛으로 물들었습니다.

유대인들이 증언하듯이 아브라함과 이사악과 야곱과 열두 부족의 조상들과 모세와 욥 등 수많은 죽은 사람들이 부활했습니다. 저도 죽은 사람들이 부활해서 유대인들이 지은 죄를 탄식하고 통곡하는 것을 보았습니다.

지진의 공포가 6시부터 9시까지 계속되었고, 일주일의 첫날의 밤에 하늘에서 소리가 나고, 하늘이 평소보다 일곱 배나 더 밝아졌습니다. 그날 밤 3시에 평소보다 더 밝은 해가 떴습니다. 그리고 십자가에 못박혀 죽은 예수가 부활했다는 어마어마한 함성이 들렸습니다.

땅이 갈라져서 수많은 유대인이 죽고, 예루살렘의 공회당은 하나만 남고 나머지는 모두 사라졌습니다.

티베리우스 황제가 빌라도에게 보낸 편지

빌라도가 체포된다

빌라도를 체포하여 로마로 이송하기 위해 2만 명의 군대를 이끌고 간 라아브가 이 편지를 전달했다.

너는 자비를 조금도 베풀지 않은 채 나자렛의 예수에게 잔인하고 사악한 사형 판결을 내렸다. 너는 뇌물을 받고 그에게 사형을 선고했으며, 입으로는 동정을 표시했지만 마음속으로는 이미 그를 유대인들에게 넘겼다. 따라서 너는 로마로 잡혀와서 너 자신에 관해서 변호해야만 한다.

나는 보고를 받고 매우 깊은 시름에 잠기게 되었다. 즉 예수의 제자로서 마리아 막달레나라는 여자가 있는데, 예수가 그녀의 몸에서 악마 일곱을 쫓아냈다고 한다. 그리고 그녀는 그의 모든 치유를 증언했다.

그런데 네가 어떻게 그를 십자가에 못박을 수 있었단 말이냐? 네가 그를 하느님으로 받아들이지 않았다면, 적어도 훌륭한 의사로서 그를 잘 접대했어야 옳다. 너의 허위 보고서가 너 자신을 단죄하고 있다.

빌라도, 아르켈라우스, 필립보, 안나스, 카야파스가 모두 체포되었다. 라카브와 로마 군사들이 유대인 남자들을 모두 죽이고, 여자들을 겁탈했으며, 그 지도자들을 로마로 잡아갔다. 도중에 카야파스는 크레타 섬에서 죽었다. 땅이 그의 몸을 받아주지 않아서 돌로 덮었다.

예수 시대의 로마황제 티베리우스 은화 AD.14

사형수가 황제의 얼굴을 보면 그는 석방된다는 오래된 로마법이 있었다. 그래서 티베리우스 황제는 빌라도를 접견하지 않고 석굴에 가두었다.

안나스에게는 새로 만든 황소 가죽을 씌웠는데, 그 가죽이 마르는 동안 오그라들면서 그의 몸을 조여 죽여버렸다. 유대인들의 다른 지도자들은 목이 잘렸다. 아르켈라우스와 필립보는 십자가에 못박혔다.

하루는 사냥을 나간 황제가 암사슴을 추격하다가 빌라도의 감옥 문 앞에 이르렀다. 황제의 얼굴을 보려고 빌라도가 밖을 내다보았다. 바로 그 순간 황제가 암사슴에게 화살을 쏘았는데, 그 화살이 창문을 통해서 빌라도에게 명중해서 빌라도가 죽었다.

구세주의 복수

예수의 얼굴이 찍힌 수건의 기적

콧구멍에 암이 걸린 왕

티베리우스 황제 시절에 리비아(부르기달라)의 도시 아퀴테느에는 티투스라는 왕이 살았다. 그는 오른쪽 콧구멍에 암이 생겨서 눈 있는 데까지 얼굴이 썩었다.

당시에 나훔의 아들 나탄이라는 유대인이 살았는데, 유대인들은 조약을 체결하기 위해서 티베리우스 황제에게 그를 파견했다. 황제 자신도 열병과 위궤양과 일곱 가지 문둥병을 앓고 있었다. 나탄이 탄 배가 티투스 왕의 도시가 있는 해변에 표류했다. 나탄이 왕에게 불려가서 자기가 아는 이야기를 해주었다. 왕은 자기 병을 고쳐줄 사람을 아는지 물었다.

나탄이 "최근에 폐하가 예루살렘에 있었더라면, 엠마누엘이라고 부르는 예언자를 만날 수 있었을 것입니다."라고 대답했다. 그리고 여러 가지 기적을 열거했고, 그리스도의 수난, 지옥으로 내려간 일, 부활에 관해서 설명했다.

왕이 "티베리우스 황제 시절에 이런 일이 벌어졌으니 황제는 재앙을 받을 것이다. 나의 주님을 죽인 이 유대인들을 내 손으로 모두 죽이고 싶다."고 말했다. 그 말이 끝나자마자 그의 얼굴에서 딱지가 떨어지고 병이 완전히 나았다. 그리고 그 자리에 있던 모든 병자들이 치유받았다.

예루살렘이 정복당한다

왕이 베스파시아누스에게 군대를 이끌고 오라고 명령하자, 5천명을 지휘하여 달려온 베스파시아누스가 왕에게 "무슨 사명을 주시겠습니까?"라고 물었다. 왕이 "예수의 원수들을 없애버려라."하고 말했다. 왕의 군대가 예루살렘을 향해서 항구를 떠났다.

아르켈라오는 공포에 질려서 왕국을 자기 아들에게 물려준 뒤에 칼로 자결했다. 그 아들이 다른 왕들과 연합하여 예루살렘을 단단히 방어했다. 베스파시아누스의 군대가 예루살렘을 7년 동안 포위하여, 성 안의 백성들이 흙을 먹는 지경에 이르렀다. 드디어 항복하기로 결정하고, 성의 열쇠들을 티투스와 베스파시아누스에게 넘겨주었다. 정복군은 유대인들을 죽이거나, 십자가에 거꾸로 못박거나, 창으로 찌르거나, 노예로 팔아버렸다.

예수의 초상화

그들이 예수의 초상화를 찾아다니다가 그것을 가지고 있는 베로니카를 발견했다. 그들은 4개 중대 군사들로 빌라도를 감시하게 했다. 베로니카는 하혈 치유를 받은 여자인데, 황제의 친척인 벨로시아누스가 도착할 때까지 티투스와 베스파시아누스와 함께 머물렀다.

1년 7일이 지나서 벨로시아누스가 왔다. 그는 먼저 요셉과 니코데무스를 만나보았는데, 요셉이 예수를 묻은 일, 자기가 감옥에 갇힌 일, 그리고 예수가 자기를 구해준 일을 설명했다.

이어서 베로니카가 그에게 와서 자기 병이 치유된 경위를 설명했다. 그는 빌라도를 감옥에 가두었다. 그리고 베로니카를 심문했는데, 그녀는 예수의 초상화를 가지고 있지 않다고 말했다. 고문을 하겠다고 위협하자, 그녀는 드디어 아마포에 예수의 얼굴이 찍혀 있는데 자기가 그것을 매일 숭배한다고 자백했다. 그가 그 초상화를 받아서 숭배하고는 금실로 짠 천으로 덮어서 상자에 넣은 뒤에 배를 타고 로마로 떠났다. 베로니카가 모든 재산을 버리고 로마로 같이 가겠다고 졸랐다. 그래서 그들이 1년에 걸친 항해 끝에 티베르 강을 따라서 로마로 들어갔다.

티베리우스 황제가 그들의 도착을 보고받고 벨로시아누스를 소환했다. 그는 황제에게 유대인들을 죽인 일을 포함하여 자세히 보고했다.

티베리우스 황제의 병이 기적으로 치유된다

그들이 빌라도를 잡아서 나에게 넘겼고, 나는 그를 다마스쿠스에 있는 감옥에 처넣었다. 그리고 4개 중대를 풀어 감시하게 했다.

티베리우스 황제가 벨로시아누스에게 "그 초상화를 가져와서 내 앞에 펴라. 내가 땅에 무릎을 꿇어 숭배하겠다."고 말했다. 그가 주님의 얼굴이 찍힌 그 아마포를 펴보이자 황제가 그것을 보았다. 황제는 즉시 순수한 마음으로 그것을 숭배했다. 그러자 그의 살이 어린아이의 살처럼 깨끗하게 치유되었다. 그리고 그 자리에 있던 모든 소경, 문둥이, 절름발이, 벙어리, 귀머거리뿐만 아니라 각종 병에 걸린 사람이 함께 치유되었다.

황제가 고개를 숙이고 무릎을 꿇은 채, "당신을 잉태한 배는 축복을 받았고, 당신에게 젖을 준 그 가슴은 축복을 받았습니다."라고 속으로 중얼거렸다. 그리고 그는 또한 눈물을 흘리면서 "하늘과 땅의 하느님, 제가 죄를 짓지 못하게 해주시고, 내 영혼과 몸을 강하게 만들어 당신의 왕국에 들어가게 해주십시오. 제가 당신의 이름을 언제나 신뢰하기 때문입니다. 그리고 세 명의 소년을 불타는 가마에서 구출했듯이 저를 모든 악에서 구해주십시오."라고 말했다.

황제가 세례를 받는다

이윽고 황제가 벨로시아누스에게 "그리스도를 보았던 그 사람들 가운데 너는 누군가를 만나보았느냐?"라고 물었다. 그가 만나본 적이 있다고 대답했다. 황제는 "그리스도를 믿는 사람들에게 어떻게 세례를 주는지 물어보았는가?"라고 물었다. 그가 "폐하, 그리스도의 제자 한 명이 바로 여기 있습니다."라고 대답했다. 그리고 곧 나탄을 불러오라고 명령했다. 나탄이 와서 황제에게 성부와 성자와 성령의 이름으로 세례를 주었다. 아멘.

병이 완전히 나은 티베리우스 황제가 즉시 옥좌에서 내려와 "전능하신 주 하느님, 당신은 저를 죽음의 덫에서 구출하고, 모든 악에서 깨끗하게 만들었으니, 축복과 찬미를 받으십시오. 저는 주님 앞에서 많은 죄를 지었고, 주님의 얼굴을 볼 자격이 없습니다."라고 말했다. 이어서 황제는 신앙의 모든 교리를 배우고 진실한 신자가 되었다.

빌라도가 받은 재판과 그의 죽음
빌라도는 자살한다

빌라도가 재판에서 유죄판결을 받다

　로마 황제 앞에서 보고서가 낭독되었다. 그러자 황제를 비롯한 수많은 사람들이 공포에 질렸다. 빌라도의 잘못으로 온 세상이 암흑에 덮이고 지진으로 흔들렸기 때문이다. 화가 난 황제는 군대를 풀어 빌라도를 잡아오라고 했다.

　빌라도가 로마로 끌려왔다는 보고를 받은 황제가 원로원 위에 위치한 신들의 신전에 자리를 잡고 빌라도를 입구에 세웠다. 그 주변에 로마 군대가 배치되고 수많은 시민들이 몰려들었다.

　황제가 "가장 불경스러운 자여, 그 사람의 위대한 기적들을 보고도 너는 왜 감히 이런 짓을 하였는가? 너는 악행을 범해서 온 세상을 멸망시켰다."고 말했다.

　빌라도는 "폐하, 이 모든 일에 대해서 저는 죄가 없고, 오로지 유대인의 무리가 저지른 것입니다."라고 말했다.

　황제가 "유대인의 무리란 누구인가?"라고 물었다. 빌라도가 "헤로데, 아르켈라우스, 필립보, 안나스, 카야파스, 그리고 유대인 군중들입니다."라고 대답했다.

　황제가 "그들의 요구를 들어준 이유가 뭔가?"라고 물었다. 빌라도는 "유대인들은 반란을 잘 일으키고 복종하지 않으며, 황제의 권력에도 굴복하지 않습니다."라고 대답했다.

황제가 "그들이 넘긴 예수를 너는 안전하게 보호하여 나에게 보냈어야 했다. 그리고 네 보고서에 기록된 바와 같이 위대하고 유익한 기적들을 일으킨 이 정의로운 사람을 십자가에 못박으라는 그들의 요구를 거절했어야 마땅하다. 그런 기적들은 예수가 유대인들의 왕 그리스도임을 분명히 드러냈기 때문이다."라고 말했다.

황제가 그렇게 말하고 그리스도라고 언급하자, 모든 신들이 황제와 모든 원로원 의원들이 앉아 있는 곳에 엎어져서 가루가 되었다. 황제 주위에 서 있던 사람들은 신들이 비명을 지르면서 부서지는 것을 보고 공포에 질려서 각자 자기 집으로 돌아갔는데, 어찌된 영문인지를 몰랐다. 황제가 빌라도를 감옥에 가두라고 명령했다.

다음날 황제가 모든 원로원 의원들을 거느린 채 궁전에서 빌라도를 다시 심문했다. 황제가 "가장 불경스러운 자여, 네가 예수에게 저지른 악행이 여기서도 분명하게 드러났다. 신들이 멸망했기 때문이다. 신들을 파괴하는 이름을 가진 그는 누구인지 사실대로 말하라."고 명령했다. 빌라도가 "그에 관한 기록들이 모두 사실입니다. 그의 업적을 보고 저도 그는 우리가 숭배하는 모든 신들보다 더 위대하다고 확신합니다."라고 대답했다.

황제가 "그런 줄 알면서도 왜 감히 그를 죽였고, 또 로마제국을 해치려는 것인가?"라고 물었다. 빌라도가 "무법적이고 신을 모독하는 유대인들의 범죄와 반란 때문에 저는 그런 짓을 했습니다."라고 대답했다.

크게 화가 난 황제가 원로원 의원들과 신하들과 회의를 연 뒤에, 유대인들에 관해서 아래와 같은 명령서를 작성해서 보내도록 지시했다.

동부 지역의 총독 리치아누스에게

예루살렘과 그 일대에 사는 유대인들이 극히 최근에 저지른 범죄와 무법행위, 즉 그들이 빌라도를 강요해서 예수라고 하는 신을 십자가에 못박도록 했고 그 범죄 때문에 온 세상이 캄캄해지고 멸망하게 되었다는 보고를 받았다.

그러므로 귀하는 병력을 이끌고 즉시 그곳으로 가서 그들이 노예신분으로 전락되었음을 이 칙령에 따라 선포하라. 그들을 세계 각지의 외국으로 흩어지게 하고, 노예로 삼으며, 그들을 모조리 유대에서 몰아내라. 그들은 악으로 가득 차 있기 때문이다.

리치아누스는 황제의 명령에 충실하게 복종했고, 유대인들의 나라를 쑥밭으로 만들고, 남은 자들을 노예로 잡아서 모조리 유대에서 추방해버렸다. 황제를 두려워한 그는 황제의 환심을 사려고 애썼던 것이다.

황제가 빌라도를 다시 심문한 다음, 알비우스라는 부대장에게 그의 목을 베라고 명령했다. 그리고 황제는 "그리스도라고 하는 정의로운 사람을 그가 처형했으므로, 그도 마찬가지로 사형을 받아야만 한다."고 말했다.

처형장에 끌려나간 빌라도가 "오, 주님, 사악한 유대인들과 함께 저를 멸망시키지는 마십시오. 저들이 반란으로 위협하지 않았더라면 저는 당신에게 손을 대지 않았을 것입니다.

지금 이 시간에도 제 곁에 있는 아내 프로클라, 즉 당신의 하녀도 처벌하지 말아주십시오. 우리를 용서하고 당신 나라에 받아주십시오."라고 기도했다.

그러자 하늘에서 "모든 이방인들이 대대로 너를 축복받은 사람이라고 부를 것이다. 나에 관한 모든 예언이 너의 통치 아래 이루어졌기 때문이다. 또한 너는 내가 재림할 때 나의 증인으로 다시 나타날 것이다."라고 말하는 목소리가 들렸다.

부대장 알비우스가 그의 목을 잘랐다. 그때 주님의 천사가 그의 목을 손으로 받는 것을 바라본 빌라도의 아내는 기쁨에 넘쳐서 숨을 거두었다. 그리고 남편과 함께 매장되었다.

빌라도가 단검으로 자결한다

로마 황제인 티베리우스 체사르가 중병에 걸려서 신음하고 있을 때, 예루살렘의 예수라는 자가 말을 하기만 하면 모든 병이 치유된다는 소식을 들었다. 유대인들과 빌라도가 이미 예수를 죽인 줄을 모른 채, 로마군 장교 볼루시아누스를 빌라도에게 파견했다.

볼루시아누스가 즉시 빌라도에게 가서 예수를 데리고 오라는 황제의 명령을 전달했다.

질투심 때문에 예수를 살해한 빌라도는 그 명령을 듣자 공포에 사로잡혔다. 그래서 "이 사람은 악당입니다. 그가 많은 무리를 자기 주위에 긁어모았기 때문에, 저는 이 도시의 지혜로운 사람들과 회의를 거쳐서 그를 십자가형에 처했습니다."라고 보고했다.

볼루시아누스가 자기 숙소로 돌아갔을 때, 예수를 잘 아는 베로니카라는 여자를 만났다. 그는 유대인들이 왜 예수라는 자를 죽였는지 물었다. 그녀는 "그는 나의 하느님, 나의 주님인데, 빌라도가 질투심 때문에 그를 넘겨주고 십자가에 못박으라고 명령했어요."라고 울면서 대답했다. 그는 자기 임무를 달성하지 못하게 되어 몹시 슬퍼했다.

베로니카는 "주님이 설교하려고 여행할 때, 저는 그를 볼 수가 없어서 슬퍼했지요. 그래서 그의 얼굴을 화폭에 그려달라는 부탁을 하려고 화가를 찾아가는 중에 주님을 만났어요. 화폭을 달라고 해서 주었더니, 그가 자신의 거룩한 얼굴을 거기에 찍어서 되돌려 주었지요. 그러니까 당신 주인이 그의 얼굴을 경건하게 바라본다면 병이 나을 거예요."라고 말했다.

그가 "그렇게 얼굴이 찍힌 것을 금이나 은으로 살 수가 있소?"라고 물었다. 그녀는 "천만에요. 경건한 신앙으로만 얻을 수 있어요. 제가 이것을 가지고 황제에게 함께 가겠어요."라고 말했다.

두 사람이 로마로 갔고, 볼루시아누스가 들은 대로 보고했다. 황제는 통로에 비단을 깔게 한 뒤에 예수의 초상을 들여보내라고 명령했다. 그가 예수의 얼굴을 바라보자마자 병이 즉시 나았다.

황제의 명령으로 빌라도가 체포되어 로마로 끌려왔다. 황제는 이만저만 화가 나지 않았다.

그때 빌라도는 솔기 없는 예수의 외투를 입은 채 황제 앞에 섰다. 그러자 황제는 그에게 화를 내거나 단죄하는 말을 할 수가 없었다. 빌라도를 밖으로 내보내면 황제가 다시금 분노에 사로잡혔다. 그래서 빌라도는 죽어 마땅한 놈이라고 소리치고 나서 다시 불러들였는데, 이상하게도 그를 보자마자 화를 내기는커녕 친절하게 인사했다.

모든 사람이 놀라고 황제 자신도 놀랐다. 드디어 하늘의 계시로, 또는 어떤 그리스도교 신자의 권유에 따라서 황제가 빌라도의 외투를 벗기라고 명령했다. 그러자 즉시 화가 뻗쳤다. 어찌된 영문인지 몰라서 어리둥절해진 황제에게, 그 현상이 주 예수의 외투 때문에 일어난 것이라고 그들이 설명했다.

빌라도가 감옥에 갇힌 지 며칠이 지나서 가장 치욕적인 사형에 처하라는 판결이 내렸다. 그 말을 들은 빌라도는 단검을 빼서 스스로 목숨을 끊었다.

보고를 받은 황제는 "자기 손도 그를 용서하지 않았으니, 그는 과연 가장 치욕적인 죽음을 당했다."고 말했다.

그들은 빌라도의 시체에 커다란 바위를 매달고는 티베르 강에 던졌다. 사악하고 더러운 악마들이 그 시체 위로 모여들어 천둥과 번개, 폭우와 우박을 마구 일으켰다.

겁에 질린 사람들이 그 시체를 티베르 강에서 끌어낸 뒤, 비엔느로 끌고 가서 로오느 강에 가라앉혔다. 왜냐하면 비엔느는 저주받은 장소인 지옥으로 가는 길이라는 의미였기 때문이다.

비엔느 지방 사람들은 악마들에게 시달리다가 견디지 못하고는 그 시체를 꺼내서 로사니아 지방에 묻었다. 그곳 사람들 역시 악마들에게 시달렸기 때문에 시체를 파서 산으로 둘러싸인 어느 호수에 가라앉혔다.

제**3**부

사도들의
활동

베드로 행전

쿼바디스, 도미네

해설

여기에는 로마를 탈출했던 베드로가 예수에게 "주님, 어디로 가십니까?(쿼바디스, 도미네)"라고 묻는 유명한 장면 (제35장)이 나온다. 이 장면이 영화 〈쿼바디스〉에서 재현되었다. 베드로가 마술사 시몬과 기적을 가지고 경쟁해서 이기는 장면과 나중에 순교하는 장면 등은 탁월한 소설 기법을 보여준다. 열두 사도의 으뜸이고 로마의 초대 주교이자 교황인 베드로의 활동과 처형에 관해서는 초대 교회 시절부터 여러 나라 말로 기록되었다.

이 베드로 행전에 나오는 에피소드들이 초기 교회 시절부터 구전된 사실은 알렉산드리아의 클레멘스, 오리제네스, 디다스칼리아 등이 말하고 있지만, 기록된 문헌의 존재에 관해서는 에우세비우스 이전에 언급된 것이 없다.

에우세비우스는 교회사에서 이것이 이단적이라고 말했다. 4세기말경 브레시아의 필라스테르는 마니케아파와 다른 파들이 이것을 사용한다고 말했다. 젤라시우스 선언은 이것을 배척했다. 현재 남아 있는 것은 그리스어로 된 원문의 3분의 2고, 나머지 3분의 1은 아주 없어졌다고 추정된다.

이것은 그노시스파의 문서가 아니라, 경건한 신심에서 만들어진 것으로 본다. 그리고 그리스어 원문은 2세기말경에 로마 또는 소아시아에서 저술된 것으로 보고 있다.

두 가지 에피소드

주님의 날(일요일)에 수많은 사람들이 병자를 데리고 베드로에게 와서 치유해주기를 원했다. 한 사람이 용기를 내어 "당신은 소경을 보게 하고, 절름발이를 걷게 하는 등 기적을 일으키면서도 왜 처녀인 자기 딸은 고쳐주지 않지요? 보시오. 당신 딸의 한쪽 옆구리가 완전히 마비되어 저기 구석에서 움직이지도 못하고 있습니다. 당신은 자기 딸을 너무 소홀히 대하고 있습니다."라고 말했다.

그러나 베드로가 미소를 지으면서 "내 딸의 몸이 병든 이유는 하느님만이 알지요. 그리고 하느님은 내 딸에게 치유의 선물을 주지 못할 분도 아니오. 그러나 당신 영혼이 확신을 얻고 여기 모인 다른 사람들의 신앙이 더욱 견고해지다면…"하고 말했다.

그리고 자기 딸을 쳐다보며 "예수의 도움으로 네 자리에서 일어나라. 그리고 자연스럽게 걸어서 나에게 오라."고 말했다. 그녀가 일어서서 베드로에게 갔다. 거기 모인 사람들이 모두 크게 기뻐했다.

그래서 베드로가 그들에게 "우리가 요청하는 것들에 대해서 하느님이 무기력하지 않다는 것을 확실히 믿으십시오."라고 말했다.

이어서 딸에게 "네 자리로 돌아가서 다시 꼼짝도 못하는 상태가 되라. 그것이 너와 나에게 유익하다."고 말했다. 그 소녀가 제 자리로 돌아가 과거의 상태로 변했다. 사람들이 울면서 그녀를 치유해 달라고 베드로에게 요청했다.

베드로가 그들에게 "이런 상태가 딸과 나에게 유익합니다. 저 애가 태어나던 날 나는 환상을 보았는데, 그때 주님이 '베드로야, 오늘 네게 커다란 재앙이 태어났다. 이 딸은 몸이 건강한 경우에는 많은 영혼을 해칠 것이기 때문이다.'라고 말했지요. 나는 그 환상이 나를 우롱한다고 생각했습니다.

그러나 열 살이 되었을 때 내 딸은 많은 사람에게 걸림돌이 되었지요. 프톨레미우스라는 엄청난 부자가 내 딸이 어머니와 함께 목욕하는 것을 보고는 자기 아내로 삼겠다고 나섰지요. 물론 내 아내는 반대했습니다.

그는 자꾸 졸라댔고 드디어 도저히 참을 수가 없어서… 그런데 그가 내 딸을 데리고 와서 우리 집 대문 앞에 놓고는 가버렸습니다. 나와 아내가 아래층으로 내려가보니 딸은 몸 한쪽이 머리끝에서 발끝까지 마비되고 말라버렸지요. 우리는 딸을 겁탈과 능욕에서 구출해준 주님을 찬미했지요. 저 애가 지금까지 이런 상태로 있는 이유가 바로 그것입니다.

프톨레미우스는 그후 참회하고 밤낮으로 울었는데, 드디어 너무 울어서 소경이 되었지요. 목을 매어 자살하기로 결심했을 때, 9시경에 엄청난 광채가 집을 환히 비추고, 그는 '프톨레미우스야, 하느님은 부패와 치욕을 위해서 자기 그릇들을 주지 않았다. 나를 믿는 신자인 네가 나의 처녀를 겁탈하는 것은 옳지 않다. 그러나 너는 일어나, 나의 사도 베드로에게 가라. 그가 모든 것을 설명해줄 것이다.' 라는 말을 들었지요.

그는 하인들과 함께 즉시 내게 와서 육체의 눈과 영혼의 눈을 함께 떴습니다. 그는 죽을 때 내 딸에게 약간의 토지를 유산으로 남겼는데, 나는 그것을 팔아서 가난한 사람들에게 나누어주었지요. 나도 내 딸도 거기에 전혀 손을 대지 않았습니다."라고 말했다.

어느 농부에게 처녀인 외동딸이 있었다.

농부가 베드로에게 딸을 위해서 기도해달라고 부탁했다. 기도를 마친 베드로는 주님이 그녀의 영혼에 유익한 선물을 줄 것이라고 말했다. 그러자 그 처녀가 즉시 쓰러져서 죽었다.

육체의 몰염치를 피하고 피의 오만을 파괴하는 것은 얼마나 값진 보상이며, 주님에게 어여쁜 일인가!

그러나 불신에 가득 찬 늙은 농부는 은총의 가치와 하늘의 축복을 깨닫지 못하고, 딸을 다시 살려내라고 요구했다. 그 딸이 다시 살아났다.

며칠 후 신자라고 자칭하는 남자가 그 집으로 들어가 그녀를 유혹했다. 두 남녀는 달아나서 다시는 모습을 드러내지 않았다.

베드로 행전 본문

바오로가 스페인으로 떠난다

제1장

바오로가 로마에서 많은 사람의 신앙을 견고하게 만들고 있을 때, 감옥의 간수인 콰르투스의 아내 칸디다가 바오로의 말을 들은 뒤에 신자가 되었다. 콰르투스는 바오로에게 로마를 떠나 어디든지 가라고 말했다.

바오로가 3일 동안 단식한 뒤에 환상을 보았는데, 주님이 "스페인 사람들의 병을 고치는 의사가 되라!"고 말했다. 그는 주저하지 않고 곧 로마를 떠날 준비를 했다.

다시는 바오로를 보지 못할 것이라고 생각한 신자들이 통곡하고 옷을 찢었다. 그때 하늘로부터 "하느님의 하인이고 평생 사도인 바오로는 사악한 인간인 네로의 권력 아래 너희가 보는 앞에서 최후를 마칠 것이다."라는 소리가 들렸다.

간통한 여자가 벌을 받아 마비된다

제2장

신자들이 바오로에게 빵과 물을 가지고 와서 기도한 뒤에 자기들에게 나누어달라고 했다. 그 가운데 바오로한테서 성찬을 받고 싶어하는 루파나라는 여자가 있었다.

성령에 가득 찬 바오로가 "루파나! 당신은 남편이 아닌 간통자와 동침하고 나서 이 성찬을 받으려고 하는 거요? 사탄이 당신의 심장을 짓밟고 당신을 신자들 눈 앞에 드러낼 것이오. 그러나 당신이 죄를 진심으로 회개한다면, 주님이 용서해줄 것이오. 육체가 살아 있는 동안 회개하지 않는다면, 불과 암흑이 당신을 영원히 삼킬 것이오."라고 말했다.

루파나가 즉시 쓰러져서 머리끝에서 발끝까지 몸의 왼쪽이 마비되었다. 그리고 혀가 굳어져서 말도 하지 못했다.

바오로가 "그리스도를 믿은 지 얼마 되지 않는 형제 여러분! 여러분이 조상의 전통에 따라 과거에 지은 죄를 더 이상 짓지 않고, 속임수와 분노, 잔인, 간음, 부패, 교만, 질투, 무례와 원한을 버린다면, 살아 있는 하느님인 예수께서 무지 속에서 과거에 지은 죄를 모두 용서해줄 것입니다.

그러므로 이제부터는 하느님의 하인들로서 평화, 침착, 온순, 신앙, 사랑, 지식, 지혜, 형제애, 친절, 자비, 절제, 순결, 선행, 정의로움을 입으십시오."라고 말했다.

신자들이 바오로를 항구에서 배웅한다

제3장

수많은 여자들이 바오로를 오스티아 항구까지 배웅했다.

그리고 로마의 기사들이고 저명인사인 아시아 출신의 디오니시우스와 발부스, 원로원 의원 데메트리우스도 배웅했다. 클레오비우스, 이피투스, 리시마쿠스, 아리스테우스 등 황제 가문의 사람들과 귀족 부인인 베레니체와 필로스트라테, 장로 나르치수스도 항구까지 따라와서 작별인사를 했다.

폭풍우의 위협으로 배의 출항이 연기되자, 바오로는 형제들을 로마로 돌려보내서 자기 설교를 듣고 싶어하는 사람들을 데려오라고 말했다.

신자 청년 둘이 바오로와 동행했다.

마술사 시몬

제4장

며칠 후, 아리치아에 사는 시몬의 이상한 일들 때문에 신자들 사이에 소동이 벌어졌다.

그들은 "그가 하느님의 위대한 힘이라고 자칭합니다. 그렇다면 그는 그리스도입니까? 우리는 바오로가 가르친 그리스도를 믿습니다. 그는 우리의 분열을 노리지요. 어쩌면 그는 이미 로마에 도착했을지도 모릅니다. 어제 사람들이 박수 갈채를 보내면서 그에게 '당신은 이탈리아 안에서 하느님이고 로마인들의 구세주요. 빨리 로마로 오시오.' 라고 말했기 때문입니다.

그러자 시몬이 날카로운 음성으로 사람들에게 '다음날 7시경에 여러분은 내가 바로 이 모습으로 로마의 성문 위를 날아다니는 것을 볼 것이오.' 라고 말했지요. 그러므로 형제 여러분, 결과가 어떻게 될지 가서 봅시다."라고 말했다.

그들이 모두 성문으로 몰려들었다. 7시경에 저 멀리서 먼지구름이 피어오르는데 마치 불타는 초원에서 뭉클뭉클 솟는 연기 같았다. 그것이 성문에 이르자 갑자기 사라졌다. 그리고 시몬이 사람들 앞에 서 있었다. 모두 그를 숭배했다.

신자 형제들이 매우 큰 근심에 사로잡혔다. 우리들, 특히 새로 세례받은 신자들의 신앙을 견고하게 만들어줄 바오로가 로마에 없었고, 디모테오와 바르나바도 바오로가 마케도니아에 파견해서 로마에 없었기 때문이다.

시몬의 권위가 날로 강화되고, 그와 대화를 해본 사람들은 바오로를 마술사에 사기꾼이라고 불렀다. 그리고 신자들이 많이 교회를 떠나갔다.

그러나 장로 나르치수스와 비티니아인들의 보호를 받는 두 여인과 집을 떠날 수 없었던 네 명의 형제는 신앙을 버리지 않았다.

베드로가 로마로 간다

제5장

형제들이 슬퍼하면서 단식하고 있을 때, 하느님은 예루살렘에 있는 베드로를 미래에 활용할 준비를 했다. 12년이 지나서 그리스도는 다음과 같은 환상을 베드로에게 보여주었다.

"베드로야, 네가 마술사라고 폭로하여 유대에서 추방한 시몬이 너보다 먼저 로마에 갔다. 나를 믿던 사람들을 모두 그가 사탄의 힘으로 타락시켰다. 내일 체사레아로 가면 거기서 로마로 가는 배를 만날 것이다. 며칠 이내에 내가 풍성한 은총을 네게 보여주겠다."

베드로가 즉시 체사레아에 가서 배를 탔는데, 아무것도 가진 것이 없었다. 그러자 선장 테온이 그에게 필요한 것을 제공해주었다. 며칠 후, 테온은 베드로를 잘 대접하라는 소리를 꿈 속에서 들었다고 말했다.

베드로가 밧줄로 테온을 묶어서 바닷물에 넣은 후 성부와 성자와 성령의 이름으로 세례를 주었다. 6일 후에 그들이 푸테올리에 도착했다.

베드로 일행이 로마에 도착한다

제6장

배에서 내린 테온은 아리스톤이 경영하는 여관으로 갔다. 아리스톤은 바오로가 스페인으로 간 뒤에 시몬이 신자들을 타락시켰고, 자기는 환상을 본 뒤에 로마에서 탈출했다고 말했다.

테온이 화물을 처분한 뒤에 베드로를 따라 로마로 갔다. 아리스톤도 함께 갔다. 그들은 장로 나르치수스의 집으로 들어갔다.

베드로가 신자들에게 회개를 촉구한다

제7장

베드로의 도착이 알려지자 많은 신자들이 모여들었다.

일주일의 첫날(주일)에 베드로가 큰 소리로 "형제 여러분, 나는 물 위를 걸었고, 증인으로서 남아 있습니다. 마리아의 몸에서 태어난 성자가 기적을 일으킬 때, 나는 그 현장에 있었습니다. 나는 주님을 세 번이나 배반했지만, 주님은 육체의 연약함을 돌보시고 나를 용서해주었습니다.

그러므로 주님의 선택을 받은 형제 여러분, 회개하십시오. 유대인들의 경멸과 모욕을 받고 십자가에서 죽은 뒤에 3일 만에 부활한 이 나자렛 사람 이외에는 다른 구세주가 없습니다."라고 말했다.

원로원 의원 마르첼루스

제8장

형제들이 회개했다.

마술사 시몬은 그때 원로원 의원인 마르첼루스의 집에 머물고 있었다. 그 의원은 과거에 가난한 사람과 과부와 고아들에게 크나큰 자선사업을 해왔는데, 시몬에게 속은 뒤로는 과거의 선행을 후회하고 신을 모독했다.

그런 사실을 형제들이 베드로에게 자세히 알려주었다.

개가 사람의 목소리로 말한다

제9장

형제들이 베드로에게 시몬과 싸우라고 독촉했다. 베드로가 즉시 시몬이 머물고 있는 마르첼루스의 집으로 갔다. 거기서 베드로는 쇠사슬에 묶인 커다란 개를 보자 그 개의 사슬을 풀어주었다.

그러자 개가 사람의 목소리로 "살아 있는 하느님의 하인이여, 제가 무엇을 도와드릴까요?"라고 물었다. 베드로가 "안으로 들어가서 시몬에게 베드로가 왔으니 밖으로 나오라고 알려라."하고 말했다.

개가 많은 사람이 모여 있는 안으로 들어가 시몬 앞에서 앞다리를 들고는 "베드로가 왔으니 시몬은 밖으로 나오랍니다."하고 외쳤다. 시몬과 모든 사람이 그 기적을 보고 크게 놀랐다.

원로원 의원 마르첼루스가 회개한다

제10장

마르첼루스가 뛰어나와서 베드로의 발 아래 엎드려 회개했다. 그리고 "시몬은 당신이 물 위를 걸을 때 신앙을 저버려서 신을 믿지 않는다고 말했지요. 그래서 내가 속은 것입니다."라고 말했다.

부서진 황제의 석상이 복원되는 기적

제11장

거기 모인 많은 사람들 가운데서 악마에 신들린 청년이 크게 웃었다. 베드로가 앞으로 나서라고 하자, 그 청년이 달아나서 벽을 등지고 섰다.

그리고 시몬은 개와 싸우고 있었는데, 그 개에게, 심부름을 마치면 베드로의 발 아래서 죽을 것이라고 소리쳤다.

베드로가 악마에게 청년의 몸에서 나가라고 주 예수 그리스도의 이름으로 명령했다. 청년이 안뜰로 달려가서 황제의 대리석 석상을 깨뜨려버렸다. 원로원 의원이 황제의 보복이 두렵다며 떨었다.

베드로는 의원에게 "조금 전에는 신앙을 위해서 무엇이든지 희생하겠다고 하더니 이게 무슨 꼴이오? 당신 손을 물에 넣었다가 그 물을 부서진 조각들 위에 그리스도의 이름으로 뿌리시오. 그러면 석상이 복원될 거요."라고 말했다. 마르첼루스가 그 말을 굳게 믿고 그대로 했더니 석상이 다시 온전해졌다.

사람의 말을 하는 개가 죽다

제12장

한편 시몬이 개에게 "내가 여기 없다고 베드로에게 알려라." 하고 말했다.

개는 마르첼루스가 보는 앞에서 시몬에게 "너는 가장 사악하고 뻔뻔한 놈이다. 신자들의 가장 고약한 원수이며, 사기꾼이다. 그것을 증명하려고 말 못하는 짐승인 내가 사람의 목소리를 받아서 파견되었다. 너는 영원히 꺼지지 않는 불과 암흑으로 처벌될 것이다."라고 말한 뒤에 달아났다. 사람들이 모두 개의 뒤를 따라나가서 시몬만 혼자 거기 남았다.

심부름을 마친 개가 베드로에게 다가와 그 발 아래서 숨을 거두었다. 사람의 말을 하는 개를 보고 많은 사람이 베드로 앞에 엎드렸다. 그러나 다른 기적을 보여달라고 요구하는 사람들도 있었다.

훈제된 다랑어가 부활한다

제13장

그때 베드로가 창가에 매달린 훈제 다랑어를 보고는 "저 물고기가 다시 헤엄치는 것을 보면 믿겠소?"라고 물었다. 모두 믿겠다고 대답했다.

그는 훈제된 생선을 가지고 연못으로 가서 "다랑어야, 예수 그리스도의 이름으로 명령하니, 살아서 헤엄을 쳐라." 하고 말했다. 다랑어가 살아서 힘차게 헤엄쳤다. 수많은 사람들이 믿고, 빵조각을 물고기에게 던져주었다.

시몬의 도전

제14장

신앙이 더욱 견고해진 원로원 의원 마르첼루스는 마술사 시몬을 저주하고 자기 집에서 추방해버렸다. 하인들이 그를 매질하고, 오물을 뿌려서 내쫓았다. 시몬이 베드로가 머무는 장로 나르치수스의 집으로 가서 도전했다.

벙어리가 된 시몬이 로마를 떠난다

제15장

베드로는 젖먹이 아이를 가진 여인을 시몬에게 보내면서 "아무말도 하지 마시오. 다만 당신 아기가 하는 말을 잘 들으시오."라고 말했다.

아기는 태어난 지 일곱 달이 지났는데, 어른의 목소리로 시몬에게 "너는 하느님과 사람들 앞에서 추악한 자다. 진리의 파괴자야! 타락의 가장 사악한 씨앗아! 대자연의 불충실한 열매야! 너는 좋은 땅에 뿌리를 내리지 못하고 독을 빨아먹고 산다.

개가 질책해도 너는 얼굴을 붉히지 않았고, 어린애인 내가 질책해도 역시 마찬가지다.

다가오는 안식일에 너는 율리우스 광장으로 끌려나가서 정체가 탄로날 것이다.

예수 그리스도가 네게 '나의 이름의 힘으로 너는 벙어리가 되어 다가오는 안식일까지 로마를 떠나라'고 말한다."라고 소리쳤다.

시몬이 즉시 벙어리가 되어 로마를 떠나서 안식일까지 마구간에서 머물렀다.

예수가 베드로에게 나타난다

제16장

밤에 잠을 자지 못하고 있는 베드로에게 빛나는 옷을 입은 예수가 나타나서 "대부분의 신자가 돌아왔다. 그러나 이번 안식일에 너는 신앙의 싸움을 하여 더 많은 이방인과 유대인들을 개종시킬 것이다."라고 말했다.

시몬 일당이 유대에서 저지른 도둑질

제17장

베드로가 형제들에게 "유대에서 시몬은 지위가 높고 엄청난 재산을 가진 여자 에우볼라의 집에 머물러 있었습니다. 시몬이 다른 두 명의 사내와 몰래 그 집에 들어갔는데, 하인들은 마술 때문에 그들을 보지 못했지요. 그들이 여자의 금은 보화를 모두 훔쳐서 달아났습니다. 여주인이 하인들을 고문했지요.

나는 3일 동안 단식하고 기도하면서 사실이 사실대로 알려지기를 탄원했습니다. 환상 속에서 나는 내가 세례를 준 이탈리쿠스와 안톨루스, 그리고 발가벗은 채 묶인 소년을 보았습니다.

그들은 내게 빵을 주면서 '베드로여, 2일 동안만 더 기다리면 하느님의 위대한 업적을 볼 것이오. 시몬과 두 공범이 마술로 에우불라의 재산을 털어갔는데, 3일째 되는 날 9시에 그들은 나폴리로 향하는 성문 근처의 아그리퍼누스라는 금세공업자에게 장물을 팔려고 할 거요. 여주인의 하인들을 데리고 가서 잡으시오.' 라고 말했습니다.

그래서 내가 에우불라를 찾아가 자세히 알려주었습니다. 그리고 '사람은 그의 말이 아니라 행동을 보고 판단하시오.' 라고 충고했지요.

여주인의 하인들이 두 청년을 잡아 관청으로 끌고 갔고, 총독 폼페이우스가 그들을 고문한 결과, 시몬에게 매수되어 범행을 저질렀다는 자백을 받았습니다. 시몬은 유대에서 달아났고, 에우불라는 그후 자선사업을 많이 했습니다.

시몬의 정체를 드러나게 하는 단식과 기도

제18장

그러므로 사탄의 전령인 시몬의 정체가 안식일에 탄로되도록 우리는 단식과 기도를 합시다. 모든 사악한 유혹을 멀리하고 우리 영혼을 정화하면 하느님이 우리를 떠나지 않을 것입니다. 우리가 그를 눈으로 바라보면 그는 우리와 함께 있습니다." 라고 말했다.

성수로 집을 정화한다

제19장
마르첼루스가 예수 그리스도의 거룩한 이름을 부르면서 물을 뿌려 자기 집을 깨끗하게 정화했다. 그리고 과부들과 노파들을 초대해서 각각 금화 한 개씩을 주겠다고 말했다. 베드로가 그의 집으로 갔다.

소경인 노파를 치유한다

제20장
그 집으로 들어서자 베드로는 눈먼 노파가 딸의 손을 잡고 오는 모습을 보았다. 그러자 그는 노파에게 "어머니, 이리 오십시오. 오늘부터 예수가 자기 오른손을 당신에게 줄 것입니다. 나를 통해서 그는 당신에게 '눈을 떠서 보라. 그리고 스스로 걸어가라'고 말합니다."라고 했다. 노파가 즉시 눈을 떴다.

마음의 눈

제21장
베드로와 형제들이 응접실에서 복음서를 읽고 의견을 나누고 있을 때, 치유된 노파가 "우리는 예수 그리스도를 믿고 그에게 희망을 걸면서 여기 함께 앉아 있습니다. 그러니 그의 자비와 사랑도 베풀어주십시오."라고 말했다.

베드로는 "두 눈으로 볼 수 없는 것을 마음으로 보십시오. 두 귀가 막힌다 해도 마음속에서는 눈이 열릴 것입니다. 사람과 가축 따위를 보는 육체의 눈은 다시 감겨질 것이고, 모든 눈이 예수 그리스도를 보는 것은 아닙니다."라고 대답했다.

우리가 기도를 마치자 응접실이 마치 구름 속에서 번개가 치는 듯이 찬란한 광채로 가득 찼다. 모두 바닥에 엎드렸지만 소경인 과부들만 일어섰는데, 그들은 모두 눈을 뜨게 되었다.

베드로가 그들에게 무엇을 보았는지 묻자, 도저히 말로 설명할 수 없는 모습의 노인, 또는 청년, 또는 어린 소년을 보았다고 제각기 대답이 달랐다.

마르첼루스의 꿈

제22장

마르첼루스가 꿈을 꾸고 그 내용을 베드로에게 이야기해주었다. 즉 많은 군중이 모인 가운데 높은 연단에 베드로가 서 있었다. 그때 이집트가 아니라 이디오피아에서 온 매우 추하게 생긴 여자가 검고 더러운 누더기옷을 걸친 채 나타나서 목과 손과 다리에 쇠사슬을 걸고 춤을 추었다.

베드로가 마르첼루스에게 "춤추는 저 여자는 시몬의 모든 힘이고 그의 신이오. 여자의 목을 베시오."라고 외쳤다. 마르첼루스는 원로원 의원인 자기는 참새 한 마리도 죽인 적이 없다고 거절했다.

베드로가 "우리의 참된 칼인 예수 그리스도여, 어서 와서 저 여자의 목을 베고, 사지를 모조리 절단해주십시오."라고 소리쳤다. 그러자 즉시 베드로와 비슷하게 생긴 청년이 나타나서 여자의 목과 사지를 베어버렸다. 청년과 베드로는 너무나도 닮았다.

인간은 신이 될 수 없다는 시몬의 주장

제23장

로마의 모든 형제가 모여서 금화 한 개를 내고 자리를 잡았다. 원로원 의원들과 부대장과 장교들도 참석했다. 베드로가 한가운데 서 있었다. 시몬이 베드로 곁으로 와서 노려보았다.

베드로는 "여기 있는 시몬은 바오로의 기적들을 보고 나서 돈으로 기적의 힘을 매수하려고 했소."라고 말했다.

그때까지 벙어리였던 시몬이 "당신이 신이라고 하는 나자렛 사람 예수는 유대 출신으로 목수의 아들이고 그 자신도 목수였소. 로마인들은 바보가 아니오. 로마인들이여, 신이 인간으로 출생할 수 있습니까? 신이 십자가에 못박혀 죽을 수가 있습니까? 자기보다 높은 주인을 섬기는 사람은 그 누구도 신이 될 수가 없습니다."라고 말했다. 군중이 시몬의 말이 옳다고 소리쳤다.

베드로가 시몬에게 도전한다

제24장

베드로가 예언자들의 여러 가지 말을 인용해서 그리스도를 증명했다. 그리고 시몬에게 "사람들을 속였던 당신의 기적을 이제 여기서 다시 해보시오. 내가 예수 그리스도를 통해서 그것을 폭로하겠소."라고 말했다.

시몬이 말 한 마디로 노예를 죽인다

제25장

공정한 태도를 보이고 싶어한 심판관이 자기 노예 한 명을 끌어오게 한 뒤, 시몬에게 그를 죽이라고 명령했다. 그리고 베드로에게는 죽은 사람을 부활시키라고 말했다.

시몬이 노예의 귀에다 대고 뭐라고 한 마디 하자, 노예가 벙어리가 된 뒤에 죽었다.

마르첼루스의 도움을 받던 과부들 가운데 한 사람이 자기 외아들이 죽었다고 소리쳐서, 베드로가 그 아들을 데리고 오라고 했다. 30명의 청년이 자원해서 과부의 집으로 가서 외아들이 정말 죽었는지 확인하고 시체를 운반해왔다.

베드로가 죽은 노예를 부활시킨다

제26장

심판관이 베드로에게 "저기 죽어넘어진 어린 노예는 황제가 아끼던 아이고 나도 총애했소. 나는 당신과 당신의 주님을 신뢰해서 그 아이를 죽이라고 허락했던 거요."라고 말했다.

베드로가 죽은 소년의 주인 아그립바에게 "당신이 가서 저 소년의 오른손을 잡으면 그가 되살아날 거요."라고 말했다. 아그립바가 베드로의 말대로 하자 소년이 부활했다.

과부의 외아들을 부활시킨다

제27장

청년들이 외아들의 시체를 운반해왔다. 베드로가 하늘을 우러러 보면서 두 팔을 높이 든 채 "성자 예수 그리스도의 거룩한 성부여, 외아들 없이는 못 사는 늙은 과부를 가련히 여겨 이 아들을 되살려 주십시오."라고 말했다.

그리고 시체를 향하여 "젊은이여, 일어나라. 그리고 어머니에게 네가 필요한 기간 동안 함께 걸어다녀라. 그 다음에 너는 부제를 거쳐 주교가 될 것이다."라고 말했다. 그러자 죽은 사람이 즉시 일어났다.

마술사 시몬이 죽은 사람을 부활시키지 못한다

제28장

그 소문이 퍼진 뒤에 원로원 의원의 어머니가 달려와서 베드로의 발 아래 엎드려 "내 아들에게도 그 빛을 비추어주십시오."라고 간청했다. 베드로가 그녀에게 "나의 하느님이 당신 아들을 다시 살려줄 것이라고 믿습니까?"라고 물었다. 그녀는 "믿습니다."라고 대답했다.

그는 "로마 시민들이여, 나도 당신들과 똑같이 육체를 가졌고 또 죄인이오. 내가 하는 일이 나의 힘으로 되는 것이 아니라, 주 예수 그리스도의 힘으로 이루어지는 것임을 믿으시오."라고 말했다.

그녀가 노예들을 시켜서 죽은 아들을 광장으로 운반했다. 수많은 원로원 의원들과 귀족 부인들이 그 뒤를 따라왔다.

베드로가 "로마 시민들이여, 나와 시몬 가운데 누가 살아 있는 하느님을 믿는지 여러분이 직접 판결해주시오."라고 말했다. 로마인들이 시몬에게 시체를 부활시켜보라고 독촉했다. 그러나 그는 아무 말도 못하고 서 있기만 했다.

이윽고 시몬이 시체의 머리맡으로 가서 시체가 눈을 뜨고 자기에게 가볍게 고개를 끄덕이게 만들었다. 그러자 로마인들이 즉시 베드로를 태워죽이려고 장작을 운반하기 시작했다.

베드로가 "여러분은 마술에 속은 거요. 죽은 자가 말을 하는지 잘 보시오. 그가 만일 다시 살아났다면 자기 어머니를 소리쳐 부르라고 해보시오."라고 소리쳤다.

로마인들이 마술에 속은 것을 깨닫고 시몬을 화형에 처하려고 했다. 그러나 베드로가 말렸다. 그리고 죽은 사람을 되살려서 그의 어머니에게 보냈다.

베드로에게 내린 로마 추방 명령

제29장

그때부터 사람들이 베드로를 신처럼 숭배하고, 모든 병자를 데려왔으며, 그는 모두 치유해주었다. 무수한 군중이 베드로를 추종하는 것을 본 집정관이 베드로에게 로마를 떠나라고 명령했다. 죽었다가 다시 살아난 소년이 베드로를 계속해서 따라다니겠다고 선언하고는, 자기 집에서 금화 4천 개를 가지고 와서 과부들에게 나누어주었다.

간통한 여인의 헌금

제30장

베드로가 일요일에 형제들에게 설교하고 신앙을 견고하게 했는데, 그 자리에는 많은 원로원 의원들과 기사들과 부유한 여인들과 귀족 부인들이 있었다.

그 가운데, 태어난 이래 금으로 된 그릇 이외에는 사용한 적이 없는 엄청난 부자 여인 크리세가 꿈에 지시를 받았다고 하면서 금화 1만 개를 베드로에게 바쳤다.

베드로는 기꺼이 받아서 가난한 사람들에게 나누어주려고 했다. 그러나 일부 형제들이 그녀가 간통을 하고 심지어는 자기 노예들과 놀아나는 여자니까 그런 돈을 받아서는 안 된다고 충고했다.

베드로는 웃으면서 "나는 그녀의 행실에 관해서 아무것도 모르오. 이것은 그리스도 자신이 우리에게 마련해준 돈이니 받아도 좋은 것이오."라고 말했다.

안식일에 병자들을 치유한다

제31장

그는 안식일에도 반신불수와 통풍환자, 열병환자 등을 많이 고
쳐주었다. 며칠 후, 마술사 시몬이 마술로 사람들을 속이려고 했으
나 베드로가 번번이 그 정체를 폭로해서 그는 로마인들의 신임을
완전히 잃고 조롱거리가 되었다.

시몬이 자기 실력을 과시해보이겠다고 큰소리쳤다.

하늘을 날다가 시몬이 추락한다

제32장

다음날 시몬이 공중을 날아다니는 것을 보기 위해 많은 사람이
비아 사크라(거룩한 길)에 모여들었고, 베드로도 시몬의 정체를
폭로하려고 거기 갔다.

시몬이 연설을 한 뒤에 공중으로 높이 올라가 신전들과 언덕들
위로 날아다녔다.

베드로가 큰 소리로 "오, 주님, 저 사람을 추락시키되 죽지는 말
고 불구자가 되게 해주십시오. 다리가 세 군데 부러지게 해주십시
오."라고 외쳤다.

시몬이 추락해서 다리가 세 군데 부러졌다. 사람들이 시몬에게

돌을 던졌다. 시몬은 들것에 실려서 로마를 떠나 아리치아로 갔는데, 마술 때문에 추방되었던 카스토르와 함께 머물렀다. 그리고 악의 전령은 수술을 받은 뒤에 죽었다.

집정관의 분노

제33장

집정관 아그립바의 첩 네 명, 즉 아그리피나, 니카리아, 에우페미아, 도리스가 순결에 관한 베드로의 설교를 듣고는 회개하여 아그립바와 함께 더 이상 동침을 하지 않기로 결심했다.

아그립바는 그녀들을 매우 사랑했기 때문에 몹시 당황하고 분개했다. 그래서 "나는 베드로를 산 채로 태워죽이겠다."고 말했다.

부부 사이에 동침을 거부하는 경우가 많았다

제34장

황제의 친구인 알비누스에게는 대단한 미모의 크산티페라는 아내가 있었는데, 그녀가 다른 귀부인들과 함께 역시 베드로의 설교를 듣고 남편과 동침을 거부했다.

아내를 사랑하는 알비누스가 야수처럼 격분해서 베드로를 죽이려고 덤볐다.

다른 많은 여자들이 순결에 관한 설교를 듣고 남편과 떨어져서 살고, 또 많은 남자들도 그렇게 아내와 떨어져서 살았다. 그래서 로마에서는 대소동이 벌어졌다.

아그립바와 알비누스가 베드로를 죽이기로 공모했다.

쿼바디스, 도미네? (주님, 어디로 가십니까?)

제35장

그 공모를 알게 된 크산티페가 베드로에게 알려주고는 로마를 떠나라고 권고했다. 마르첼루스를 비롯한 다른 형제들도 그에게 떠나라고 말했다.

그러나 베드로는 "형제들이여, 우리가 배신자처럼 달아나도 되는 거요?"라고 말했다. 그들은 "그런 게 아니지요. 다만 로마를 떠나면 당신은 계속해서 주님을 섬길 수가 있습니다."라고 대답했다.

베드로가 형제들의 말에 복종하여 혼자 로마를 떠나면서 "아무도 따라오지 마시오. 나는 변장을 하고 가겠소."라고 말했다.

로마 성문을 벗어나자, 베드로는 로마로 들어가는 주님을 보았다. 베드로가 "주님, 어디로 가십니까?"라고 물었다.

주님은 "십자가에 못박혀 죽으려고 로마로 가는 길이다."라고 대답했다.

베드로가 "주님, 십자가에 다시 못박히겠다는 말입니까?"라고 물었다.

주님이 "그렇다. 베드로야, 나는 다시 십자가에 못박힐 것이다."라고 대답했다.

그제서야 베드로가 제 정신을 차렸다. 그리고 하늘로 올라가는 주님을 바라보았다. 이윽고 베드로는 기쁨에 가득 차서 주님을 찬미하면서 로마로 돌아갔다. 그리고 "나는 십자가에 못박힐 것이오."라고 말했다. 그 일이 베드로에게 일어나게 되어 있었다.

베드로가 체포된다

제36장

형제들에게 돌아가서 베드로는 자기가 본 환상을 전해주었다. 슬픔에 잠긴 형제들이 울면서 "젊은 우리들을 생각해서라도 제발 다시 떠나가십시오."라고 간청했다.

그러나 베드로는 "우리가 원하지 않는 일이라 해도, 주님의 뜻이라면 그대로 이루어져야 합니다. 주님이 여러분의 신앙을 더욱 굳세게 만들어줄 수가 있소. 주님이 나를 오래 살려두겠다면 난 반대하지 않겠소. 그러나 나를 데리고 가겠다면 역시 기꺼이 받아들이겠소."라고 말했다.

로마 군사 네 명이 와서 그를 잡아다가 아그립바에게 데리고 갔다. 아그립바는 베드로를 독신죄라는 죄목으로 십자가에 못박으라고 명령했다.

가난한 자와 부자, 과부와 고아, 건강한 사람과 불구자 가릴 것 없이 수많은 사람들이 모여들어 베드로를 바라보고 또 그를 구출하고 싶어했다. 그래서 한 목소리로 "아그립바여, 베드로가 무슨 잘못을 저질렀단 말이오? 그가 죽으면 주님이 우리를 멸망시킬까 두렵소."라고 고함쳤다.

베드로가 조용히 하라고 진정시킨 뒤에 "나를 통해서 일어난 그리스도의 기적을 기억하시오. 그리고 그분이 다시 와서 각자의 행동에 따라 보상하는 날까지 그분을 기다리시오.

아그립바는 자기 아버지의 하인이니 그에게 분노하지는 마시오.

성 베드로의 순교, 피에르 쉬블레이라 작, 17세기

주님이 미리 말한 그대로 지금 일이 벌어지고 있는 것이오. 내가 십자가에 가는 것을 왜 꾸물거려야 한단 말이오?"라고 말했다.

십자가에 거꾸로 못박히는 베드로

제37장

십자가에 가서 베드로가 "오, 십자가의 이름, 숨겨진 신비여! 십자가의 이름으로 표현된 형언할 수 없는 자비여! 하느님으로부터 분리될 수 없는 인간의 본성이여! 오, 형언할 수 없고 분리할 수 없는 사랑이여! 지상의 경력을 끝내는 자리에서 나는 당신을 붙잡고 있습니다. 사형 집행자들이여, 나의 머리를 아래로 해서 십자가에 못박아주시오."라고 말했다.

거꾸로 매달린 것의 상징적 의미

제38장

그들이 베드로의 말대로 거꾸로 매달았다.

베드로가 설교를 계속하면서 "최초의 사람은 머리를 아래로 해서 추락했는데 그것은 출생의 모습이었소. 그래서 우주의 모든 것이 뒤바뀌어서 오른쪽이 왼쪽으로, 왼쪽이 오른쪽으로, 추한 것이 아름다운 것으로, 악한 것이 선한 것으로 보이게 되었소.

내가 거꾸로 매달린 것은 최초의 사람을 상징하는 것이오. 그러므로 여러분은 최초의 잘못을 버리고 회개하시오. 성령은 '그리스도는 말씀이고 하느님의 소리다.' 라고 말했소. 십자가의 수직 기둥인 나무는 바로 그 말씀입니다. 그리고 가로지른 나무는 소리, 즉 사람의 본성입니다. 그리고 못은 사람들의 회개와 참회입니다.

베드로가 죽는다

제39장

오, 생명의 말씀이여, 당신은 이제 나무라고 불리고, 이 모든 것을 내게 드러내주었으니 감사합니다." 라고 말했다. 형제들이 아멘으로 응답할 때, 그가 숨을 거두었다.

베드로가 묻힌다

제40장

마르첼루스가 그를 십자가에서 끌어내린 뒤에 우유와 포도주로 몸을 씻었다. 그리고 향료를 바르고 자기 무덤에 묻었다.

그날 밤 베드로가 마르첼루스에게 나타나서 "네가 오늘 시체를 위해서 사용한 비용은 공연한 것이었소. 당신은 살아 있는 동안 죽은 자들을 보살피는 죽은 자와 마찬가지가 될 것이오." 라고 말했다.

네로가 박해를 멈춘다

제41장

베드로가 죽었다는 보고를 받은 네로는 화가 나서 집정관 아그립바를 매우 혹독하게 처벌하려고 했다. 네로 황제의 하인들 가운데 베드로의 제자가 여러 명 있었기 때문이다. 그래서 황제는 오랫동안 아그립바와 말도 하지 않았다.

그리고 네로는 베드로의 가르침을 받은 형제들을 모두 죽이려고 했다. 어느 날 밤에 그는 어떤 사람이 자기를 때리면서 "네로야, 너는 그리스도의 하인들을 박해하지 마라. 그들로부터 손을 떼라."고 말하는 환상을 보았다. 그래서 베드로가 죽은 뒤부터 네로는 형제들을 내버려두었다.

베드로와 12사도들의 활동

진주의 도시와 의사인 사도들

해설

이 문헌은 2천 년 가까이 전혀 알려지지 않았다가, 1948년 나그함마디의 파피루스 문헌들이 갑자기 발견되었을 때 최초로 빛을 보게 되었다. 그리고 콥트어로 기록된 필사본 하나가 유일하게 전해져온다.

이것은 원래 2~3세기에 그리스어로 작성된 것을 콥트어로 번역한 것이라고 본다. 가난한 생활과 금욕주의를 강조한 것이 특색이며, 그리고 확인되지 않는 저자는 신약성서와 전혀 다른 자료나 원천을 이용한 것으로 추정된다.

베드로가 항해한다

우리는 배로 여행했다. 우리는 주님이 맡겨준 사명을 완수하기로 결심하고 또 합의했다.

우리는 서로 약속을 했고, 그리고 주님이 충고해주는 대로 적절한 시기에 바다로 내려갔다.

그리고 항해할 준비가 된 배가 정박해 있는 것을 보았다. 우리는 그 배를 타고 가야겠다고 선원들에게 말했다. 그들은 주님의 지시를 미리 받아서 우리에게 매우 친절했다.

하루 밤낮을 항해하고 났을 때, 폭풍우를 만나서 우리는 바다 한
가운데에 있는 어느 작은 도시에 닿았다.

나 베드로가 부두에 모여 있던 그곳 사람들에게 그 도시의 명칭
이 무엇인지 물었다. 한 사람이 "인내 위에 머물러라"가 그 명칭이
라고 대답했다.

짐을 가지고 배에서 내린 뒤 나는 그 도시로 들어가서 숙소를 찾
아다녔다. 그때 아마포를 허리에 두르고 황금 혁대를 찬 사람이 나
왔는데, 천을 가슴에서 두 어깨와 머리를 감싸고 손도 감쌌다.

그의 모습과 풍채가 훌륭해서 나는 그 사람을 쳐다보았다. 내가
바라볼 수 있는 그의 몸의 일부는 네 군데, 즉 발꿈치와 가슴의 일
부와 손바닥과 얼굴이었다.

진주를 파는 상인

그는 왼손에 공문서의 책표지 같은 것을 들고, 오른손에는 때죽
나무 지팡이를 짚었다. 그가 목청을 돋워 "진주를 사시오! 진주를
사시오!"라고 외치는 소리가 그 도시에 울려퍼졌다.

나는 그가 그 도시의 사람이라고 생각하여 "나의 형제여, 나의
친구여!"라고 말했다. 그가 나에게 "나의 형제여, 나의 친구여! 내
게 무슨 볼일이라도 있소?"라고 대꾸했다. 나는 "우리는 나그네들
이니 나와 나의 형제들이 머물 숙소를 물어보고 싶소."라고 말했
다. 그는 "나도 당신에게 나의 형제여, 나의 친구여!라고 이미 말
했소. 왜냐하면 나도 나그네이기 때문이오."라고 말했다. 그렇게
말하고 난 뒤에 그는 "진주를 사시오! 진주를 사시오!"라고 다시

외쳤다.

그 도시의 부자들이 그의 목소리를 듣고는 숨어 있던 방에서 나왔다. 자기 집의 창문으로 내다보는 사람들도 있고, 높은 창문에서 내려다보는 사람들도 있었다. 그러나 그들은 그에게서 아무것도 보지 못했다. 왜냐하면 그는 자루를 어깨에 짊어지지도 않았고, 아마포 안에 보따리 같은 것이 없었기 때문이다. 그들은 그를 경멸해서 그가 누군지 물어보지도 않았다.

그 도시의 가난한 사람들이 그의 목소리를 듣고는 진주를 팔려고 하는 그에게 왔다. 그리고 "우리는 가난해서 진주를 살 돈이 없으니, 구경이나 하게 진주를 보여주시오. 우리가 진주를 직접 보았다고 친구들에게 자랑할 수 있도록 말이오."라고 말했다.

그는 "가능하다면 여러분이 나의 도시에 오시오. 진주를 보여줄 뿐 아니라, 무료로 주겠소."라고 대답했다.

그러나 가난한 사람들은 "우리는 거지들이고, 또한 거지에게 진주를 거저 주는 사람이 하나도 없다는 것을 잘 알고 있소. 거지들이 보통 받는 것은 빵과 돈이오. 그러니까 우리가 당신에게 바라는 적선은 진주를 보여주어서, 우리가 친구들에게 진주를 보았다고 자랑하게 해주는 것뿐이오. 가난한 사람들, 특히 우리 같은 거지들은 진주를 구경할 기회조차 없으니까요."라고 말했다.

그는 "가능하다면 여러분이 나의 도시에 오시오. 진주를 보여줄 뿐 아니라, 무료로 주겠소."라고 대답했다. 진주를 무료로 준다는 말에 가난한 사람들과 거지들이 몹시 기뻐했다.

사람들이 베드로에게 얼마나 고생이 많았느냐고 물었다. 베드로는 그들 자신도 주님을 섬기기 위해서 고생이 많은 사람들이었기 때문에, 자기가 길에서 들은 것을 모두 이야기해주었다.

베드로가 진주를 팔려고 하는 사람에게 "당신 이름을 알고 싶소. 그리고 당신의 도시에 갈 때 얼마나 큰 고생을 하게 되는지도 알려주시오. 우리는 나그네고 하느님의 하인들이기 때문이오. 우리는 하느님에게 순종하고 그의 말씀을 모든 도시에 전파할 의무가 있소."라고 말했다.

리타르고엘이 사는 진주의 도시

그는 "내 이름은 리타르고엘, 즉 '빛이 찬란한 돌'이라고 합니다. 당신이 물어본 나의 도시로 가는 길에 관해서 설명해드리지요. 자기의 모든 재산을 버리고 매일 밤 단식하지 않으면 나의 도시로 갈 수가 없소. 왜냐하면 거기 가는 길에는 강도와 야수들이 많기 때문이오. 빵을 가지고 그 길을 여행하는 사람은 그 빵을 노리는 검은 개에게 물려죽지요. 이 세상의 비싼 고급 옷을 입고 가는 사람은 그 옷 때문에 강도에게 살해되지요. 물을 가지고 가는 사람은 그 물 때문에 목이 마른 늑대들에게 물려죽지요. 고기와 채소를 가지고 가는 사람은 그 고기 때문에 사자들에게 잡아먹히지요. 그가 사자들을 피한다면, 이번에는 그의 채소 때문에 황소들에게 짓밟혀죽지요."라고 말했다.

그 말을 들은 나는 속으로 신음하면서 "참으로 험난한 길이구나! 우리가 그 길을 걸어갈 힘을 예수가 내려준다면 얼마나 좋을까!"라고 말했다.

신음할 때 내 얼굴이 슬픈 표정인 것을 보고는 그가 "예수라는 이름을 알고 또 그를 믿는다면 당신은 왜 신음하는 거요? 그는 그럴 힘을 충분히 줄 수가 있지요. 나도 그를 파견한 성부를 믿습니다."라고 말했다.

나는 "당신이 향하고 있는 당신의 그 도시의 명칭은 무엇이지요?"라고 물었다. 그는 "나의 도시의 명칭은 '열번째 대문이 가장 큰 문이라고 생각하면서 우리는 아홉번째 대문에서 하느님을 찬미합시다'라고 하는 것이오."라고 대답했다.

그 후에 나는 그와 평안히 헤어져서 나의 동료들을 부르러 갔다.

베드로가 "인내 위에 머물러라"고 하는 도시에 도착한다

나는 그 도시의 강둑을 둘러싼 파도와 높다란 물의 성벽을 보고는 그 엄청난 기적에 소스라치게 놀랐다. 거기에 앉아 있는 노인에게 그 도시의 이름을 물었다. 그리고 그가 내게 가르쳐준 "인내 위에 머물러라"고 하는 명칭이 바로 그 도시의 명칭이냐고 물었다. 노인은 나에게 "그렇소. 우리는 인내하기 때문에 여기에 머물러 있는 거요."라고 대답했다.

나는 "인내를 첫번째 가는 덕이라고 사람들이 말한 것은 옳은 일이지요. 인내로 유혹을 극복하는 사람들이 모든 도시를 채우고, 고상한 왕국을 건설하지요. 왜냐하면 폭풍우가 일으키는 파도와 난관들을 그들이 인내하기 때문입니다. 그리고 이것은 자기 신앙의 멍에를 지고 가는 사람들이 도시를 채우고 그들이 하늘의 왕국에 들어간다는 것을 비유하는 것입니다."라고 말했다.

나는 재빨리 가서 동료들을 불러모았는데, 그것은 리타르고엘이 우리에게 가르쳐준 그 도시로 가려고 했던 것이다. 그가 말한 대로 우리는 신앙의 단결 속에서 모든 것을 버렸다.

우리는 강도들이 노리는 좋은 옷을 입고 있지 않았기 때문에 그들의 손아귀를 피할 수 있었다. 우리는 물을 가지고 있지 않아서 목마른 늑대들을 피했다. 우리는 사자들이 원하는 고기를 가지고 있지 않았기 때문에 그 야수들도 피했다. 우리는 채소가 없었기 때문에 황소들도 피했다. 우리는 주님의 평화 속에서 더없이 기뻐했고, 모든 근심과 걱정을 벗어버렸다.

우리는 성문 앞에서 휴식했다. 우리는 대화를 나누었는데, 그것은 이 세상에 관한 대화가 아니라, 우리가 도중에 피해온 강도들을 회상하면서 신앙에 관해 열심히 끊임없이 토론하는 그런 대화였다.

의사의 모습으로 나타난 리타르고엘

자, 리타르고엘이 나왔는데, 그는 우리가 알던 그런 모습이 아니라 의약품 상자를 옆구리에 낀 의사의 모습이었다. 그리고 젊은 제자 하나가 약이 가득 든 자루를 들고 그를 따라나왔다. 우리는 그 젊은 제자가 누군지 몰랐다.

베드로가 그에게 말을 걸고는 "죄송하지만, 우리는 나그네인데 밤이 되기 전에 리타르고엘의 집으로 안내해주면 고맙겠소."라고 부탁했다.

그는 "그의 집을 기꺼이 당신에게 보여주겠어요. 그러나 당신이 이 착한 분을 어떻게 알았는지 모르겠군요. 그는 위대한 왕의 아들이기 때문에 누구에게나 자기 자신을 드러내지 않기 때문이지요. 내가 그에게 갔다올 때까지 여기서 좀 쉬고 계십시오."라고 대답했다. 그가 서둘러서 떠났다가 재빨리 돌아왔다.

그가 베드로에게 "베드로야!"라고 말했다. 베드로는 그가 자기 이름을 알고 있었으므로 깜짝 놀랐다. 그래서 베드로가 구세주에게 "제 이름을 부르는데, 언제부터 알았는지요?"라고 물었다. 리타르고엘이 "베드로라는 이름을 누가 네게 주었는지 알고싶구나." 라고 말했다. 베드로가 "살아 있는 하느님의 아들 예수 그리스도가 그 이름을 제게 주었지요."라고 대답했다. 리타르고엘이 "그가 바로 나다! 베드로야, 나를 제대로 알아보거라."하고 말했다. 그리고 우리에게 자신을 감추었던 그 옷을 느슨하게 풀어젖혔다.

그가 자신을 우리에게 드러냈을 때, 우리는 주님을 알아보고 땅에 엎드려서 숭배했다. 우리 사도 일행은 11명이었다. 그가 손을 뻗쳐서 우리를 일으켰다. 우리는 그에게 겸손하게 말했다. 우리는 부끄러운 얼굴로 고개를 숙인 채 "우리는 당신이 원하시는 것을 뭐든지 하겠습니다! 그러나 당신이 기뻐하는 일을 우리가 늘 할 수 있도록 힘을 주십시오."라고 말했다.

주님이 사도들에게 의사의 사명을 준다

그가 사도들에게 의약품 상자, 그리고 자기 제자가 손에 들고 있던 약 자루를 주었다.

또한 그는 "너희가 출발한 도시, 즉 '인내 안에서 계속해서 머물러라!' 고 하는 명칭의 그 도시로 돌아가라. 나도 또한 신앙의 어려움들을 인내했다는 것을, 나의 이름 안에서 믿는 모든 사람을 너희가 가르쳐라. 너희에게는 내가 직접 상을 주겠다. 너희는 그 도시의 가난한 사람들에게 그들이 생명을 유지하는 데 필요한 것을 주어야 한다. 때가 되면 내가 그들에게 더 좋은 것, 즉 '내가 그것을 무료로 주겠다' 고 말한 진주를 주겠다."고 말했다.

베드로가 "주님, 주님은 우리에게 이 세상과 그 안에 있는 모든 것을 버리라고 가르쳤습니다. 당신을 위해서 우리는 모든 것을 버렸습니다. 우리가 생각하는 것이란 하루에 필요한 음식이 고작입니다. 그런데 당신이 가난한 사람들에게 주라고 하는 그 필요한 것을 어디서 우리가 구할 수 있겠습니까?"라고 말했다.

주님이 베드로에게 "베드로야, 전에 내가 들려준 비유를 너는 이미 이해했어야 한다! 네가 가르치는 나의 이름이 온 세상의 재산보다 더 가치가 있고, 하느님의 지혜가 금은보석보다 더 값지다는 것을 모르느냐?"라고 대답했다.

그가 약 자루를 그들에게 주면서 "나의 이름을 믿는 이 도시의 모든 병자들을 치유하라!"고 말했다.

베드로는 두번째로 반대 의견을 제시하기가 두려워서 가장 가까이 있는 요한에게 "이번에는 네가 말해라!" 하고 부추겼다.

그래서 요한이 "주님, 우리는 당신 앞에서 긴 말을 늘어놓기가 겁납니다. 그러나 당신이 이런 일을 우리에게 지시하는데, 우리는 의사가 되는 일을 배운 적이 없습니다. 그러니까 사람들의 몸을 치료하는 법을 어떻게 알겠습니까?"라고 반문했다.

주님이 "요한아, 그 말을 잘 했다. 이 세상의 의사들은 육체의 병만 치료하지만, 영혼의 의사들은 마음을 치료한다. 그러므로 먼저 육체의 병을 너희가 치료해주어라. 그러면 세상의 약을 쓰지 않고 육체의 병을 치료하는 놀라운 일을 보여주어, 너희가 마음의 병도 치료하는 힘이 있다는 것을 믿게 하라.

부자들을 정의로 심판하라

그러나 이 도시의 부자들은 내가 누구인지 물어볼 필요조차 느끼지 않았고, 오로지 자기들의 재산과 오만에 대해서만 기뻐하고 있다. 너희는 이런 부자들과 함께 그 집에서 식사를 하지 말고, 그들과 절대로 어울리지도 말고, 그들에게 특별한 호의를 베풀지도 말며, 그들을 편들지도 마라. 부자들의 편을 드는 사람이 너무나 많았다! 그리고 교회 안에 있는 부자들은 스스로 죄를 짓고, 다른 사람들마저도 죄에 빠지게 만든다.

너희는 부자들을 정의로 심판하여, 너희 직책이 찬미받고 나의 이름도 교회 안에서 찬미받도록 하라!"고 말했다.

제자들이 "참으로 옳은 말씀입니다! 당연히 그렇게 해야만 합니다."라고 대답했다. 그들이 땅에 엎드려서 주님을 숭배했다. 그가 제자들을 일으켜세운 뒤에 평안히 떠나갔다.

바오로와 테클라 행전

사자가 미녀 사도를 보호한다

해설

이 문헌의 제목은 '거룩하고 영광스러운 최초의 순교자이자 사도인 테클라의 순교록'이다.

테루툴리아누스는 2세기 말경에 자기 저서에서 테클라를 언급하면서, '바오로에 대한 존경심에서 이것을 작성했다.'고 고백한 아시아의 장로가 이 문헌의 저자라고 지적했다. 그 장로는 이것을 저술했기 때문에 교회에서 추방되었다고 한다.

한편 비경전 고대 문헌을 비판하는 젤라시우스 선언에 포함되었다. 여기 나오는 여주인공 테클라가 자기 손으로 스스로 세례를 받고 사도가 되어 포교 활동을 하는 내용을 교회에서 인정할 수가 없었던 것이다.

그런데 초대 교회에서는 많은 신자들이 이 문서를 진본으로 믿었다는 역사적 기록이 있다. 교부들 가운데서도 이 문서의 정통성을 부인하지 않은 사람들이 있다.

히폴리투스는 204년에 쓴 저서에서 바오로와 사자 이야기가 정통 신앙과 합치한다고 말했다. 이 문서에 대한 최초의 언급은 오리제네스가 했다. 에우세비우스는 이것이 "논쟁의 여지가 없는 경전들" 속에는 포함되지 않는다고 말했지만, 기타 의심스러운 책들과는 분리했다. 예로니무스가 이것의 정통성을 부인했다.

4세기의 치프리아누스, 에피파니우스, 나지안젠의 그레고리우스, 크리소스토무스 등이 테클라에 관해서 언급했다. 셀레우치아의 바실리우스가 테클라의 전기를 서사시로 작성했는데, 교회사 학자인 에우아그리우스 스콜라스티쿠스는 590년경에 "제노 황제가 퇴위한 후, 바실리크가 뒤를 이었다. 그는 거룩한 순교자 테클라를 환상에서 만나보고 제국의 회복을 약속받았다. 그래서 이사우리아 지방의 셀레우치아에 웅장하고 화려한 성당을 신축했는데 지금까지 남아 있다."고 기록했다. 테클라는 셀레우치아에서 성녀로 존경을 받고 있다.

바로니우스 추기경, 웨이크 대주교 등 여러 사람은 이 문헌이 사도 시대에 작성된 것으로 본다.

마니케아파가 이 문서를 사용한다고 알려진 이후에 교회에서는 이것을 비경전으로 보는 경향이 강화되었다. 그래서 젤라시우스 선언에서 배척되었다고 한다.

바오로가 오네시포루스를 방문하여 그 가족들에게 설교한다

제1장

1. 안티오키아에서 탈출한 바오로가 이코니움으로 갈 때, 데마스와 구리 가공업자 헤르모제네스가 동행했다. 그 두 사람은 위선자였고, 바오로에게 아첨했다.

2. 그러나 바오로는 오로지 그리스도의 선을 바라보면서, 그들을 극진히 사랑했다.

3. 따라서 그들이 그리스도의 모든 가르침과 복음의 해석을 받아들이도록 애썼고, 거기에 계시된 그리스도의 위대한 활동 내용을 자세히 가르쳐주었다.

4. 오네시포루스가 아내 렉트라, 그리고 두 아들 심미아와 제노를 데리고 마중을 나가서 바오로를 집으로 초대하려고 했다.

5. 바오로를 만난 적이 없기 때문에 그는 티투스가 해준 설명을 따라서 영접하려고 했다.

6. 그래서 큰길을 따라 리스트라에 가서 지나가는 사람들의 얼굴을 비교하면서 기다렸다.

7. 드디어 바오로가 나타났는데, 그는 키가 작고, 대머리(또는 머리카락을 면도한 상태)이며, 안짱다리지만 다리가 미끈하고, 눈이 움푹 들어갔으며, 매부리코였다. 온화한 인상을 주어서 때로는 사람으로 때로는 천사로 보였다. 바오로가 오네시포루스를 반갑게 만났다. 둘이서 인사를 나누었다.

9. 데마스와 헤르모제네스가 시기심에 가득 찼는데, 데마스는 왜 자기들에게는 인사를 하지 않느냐고 물었다.

10. 오네시포루스는 그들에게서 정의로운 모습을 발견하지 못하고 그랬지만, 만일 하느님의 하인들이라면 자기 집에 받아들이겠다고 대답했다.

11. 그 집으로 들어간 바오로가 기도하고 빵을 같이 나눈 뒤에 절제와 부활에 관해서 다음과 같이 가르쳤다.

12. "마음이 순수한 사람들은 하느님을 볼 것이므로 축복을 받았소.

13. 육체를 더럽히지 않는(순결하게 보존하는) 사람들은 하느님의 전당이 될 것이므로 축복을 받았소.

14. 절제하는 사람들은 하느님과 대화할 것이므로 축복을 받았소.

15. 속세의 즐거움을 포기하는 사람들은 하느님이 그들을 받아들

일 것이므로 축복을 받았소.

16. 아내를 가졌지만 가지지 않은 듯이 사는 사람들은 하느님을 체험할(천사가 될) 것이므로 축복을 받았소.

17. 하느님의 말씀을 매우 두려워하는 사람들은 위로받을 것이므로 축복을 받았소.

18. 자신의 세례를 잘 보존하는 사람들은 성부와 성자와 성령으로 쇄신될 것이므로 축복을 받았소.

19. 예수 그리스도의 지혜(또는 가르침)를 추구하는 사람들은 가장 높으신 그분의 아들들이라고 불릴 것이므로 축복을 받았소.

20. 그리스도의 계명을 준수하는 사람들은 영원한 빛 속에서 살게 될 것이므로 축복을 받았소.

21. 그리스도의 영광을 위하여 세상의 영광을 버리는 사람들은 그들이 천사들을 심판하고 그리스도의 오른쪽에 앉아서 최후의 심판의 고통을 겪지 않을 것이므로 축복을 받았소.

22. 처녀들의 육체와 영혼들은 하느님에게 영접될 자격이 있으며, 반드시 순결의 보상을 받아 성부께서 성자의 날에 그들에게 구원을 줄 것이고, 영원히 기뻐할 것이므로 축복을 받았소."라고 설교했다.

테클라가 열심히 설교에 귀를 기울인다

제2장

1. 오네시포루스의 집에 설치된 교회에서 바오로가 그렇게 설교할 때, 테클라라는 처녀(어머니는 테오클리아였고, 약혼자는 타미리스)가 어느 과부 곁에 앉아 있었다.

2. 그녀는 창가에 앉아서 밤이나 낮이나 순결, 그리스도에 대한 신앙, 그리고 기도에 관한 설교에 귀를 기울였다.

3. 그리고 신앙의 가르침에 완전히 감동했다.

4. 바오로의 얼굴은 보지 못하고 목소리만 들었으므로, 드디어 자기도 안에 들어가 말씀을 직접 듣기를 열망했다.

5. 그녀가 한시라도 창가를 떠나려고 하지 않았기 때문에, 어머니가 약혼자를 오라고 불렀다.

6. 테오클리아는 타미리스에게 자기 딸이 3일간 먹고 마시는 일은 뒷전으로 밀어둔 채 외국인의 교묘하고 허황한 주장에 너무 몰두해서 걱정이라고 말했다.

7. 그리고 그 외국인이 신은 하나뿐이고, 그 신을 숭배해야 하며, 순결을 지켜야 한다고 주장하는데, 수많은 남녀와 테클라가 거기 매혹되었으며,

8. 밤낮으로 거미줄에 붙은 거미처럼 창가에 달라붙어서 열심히 설교를 들어서 제 정신이 아니니까 약혼자가 가서 설득하라고 덧붙였다.

9. 타미리스가 그녀에게 가서 "왜 그렇게 침울한 표정이지?"라고 묻자, 그녀가 몸을 돌리고는 얼굴을 붉혔다.

10. 어머니가 "왜 그렇게 놀라는 거냐? 아무 대꾸도 못하다니!"라고 말했다.

11. 타미리스는 약혼자를, 테오클리아는 딸을, 하녀들은 여주인을 잃었다고 생각하여 다함께 통곡했다.

12. 그러나 설교를 듣는 데 열중한 테클라는 모른 척했다.

13. 타미리스가 길에 나가 출입하는 사람들을 살펴보았는데, 두 사람이 바오로의 설교 내용을 둘러싸고 논쟁을 하고 있었다.

14. 그래서 그는 젊은 남녀를 유혹하여 결혼을 하지 말라고 가르치는 저 사내가 누군지 물었다.

15. 그 도시의 지도자인 그는 정확한 정보를 준다면 많은 돈으로 사례하겠다고 약속했다.

16. 논쟁하던 데마스와 헤르모제네스가 "저 사람에 관해서 자세히는 모르지만, 하여간 그는 순결을 지키지 않고 육체를 더럽힌다면 앞으로 부활하지 못할 것이라고 가르치고 있소. 그래서 총각은 미래의 아내를 잃고, 처녀는 미래의 남편을 잃고 마는 것이지요." 라고 대답했다.

타미리스가 바오로를 체포한다

제3장

1. 그가 두 사람을 자기 집으로 데려가서 술과 음식을 대접했다.

2. 그는 테클라를 사랑해서 결혼하고 싶었기 때문에 그렇게 한 것이다.

3. 그리고 "약혼녀를 뺏길 지경이어서 바오로의 가르침을 알고 싶으니 자세히 말해주시오." 라고 말했다.

4. 두 사람은 "저 사람은 그리스도교 신자들의 새로운 종교로 사람들을 유인하고 있으니 총독 카스텔루스에게 끌고 가서, 황제의 명령에 따라 사형을 시키면 당신은 약혼녀를 손에 넣을 거요.

5. 그리고 우리는 그녀에게 이렇게 가르치겠소. 즉 바오로가 말하는 부활이란 이미 이루어졌는데, 그것은 우리가 자녀를 낳는 것이고, 하느님의 지식을 얻게 되어 우리가 다시 일어난 것이 바로 부활이라고 말이오." 라고 대답했다.

6. 타미리스가 대단한 적개심을 품었다.

7. 다음날 아침 일찍 그는 관리들과 간수와 몽둥이로 무장한 많은

사람들을 이끌고 오네시포루스의 집으로 갔다.

8. 그리고 바오로에게 "당신은 이코니움을 특히 나의 약혼녀를 타락시켰으니 총독에게 갑시다."라고 말했다.

9. 무장한 사람들이 "우리 아내들의 정신을 타락시킨 사람이니 잡아갑시다."라고 소리쳤다.

바오로가 총독에게 고발당하고 투옥된다

제4장

1. 타미리스가 총독 앞에서 큰 소리로

2. "총독 각하, 저는 이 사람이 어디서 왔는지 모릅니다. 그러나 그는 결혼을 불법이라고 가르치고 있지요."라고 말했다.

3. 그러자 데마스와 헤르모제네스가 타이리스에게 귓속말로 "그가 그리스도교 신자라고 말하시오. 그러면 사형을 당할 거요."라고 속삭였다.

4. 그러나 신중한 총독이 바오로에게 여러 가지 질문을 던졌다.

5. 바오로가 자신의 가르침에 관해서 설명하기 시작했다.

6. "복수의 하느님은 자기 피조물들의 구원 이외에는 아무것도 필요가 없는데, 사람들을 사악과 부패, (죄가 되는) 모든 쾌락과 죽음과 인연을 끊고 다시는 더 죄를 짓지 말게 하라고 저를 파견했지요.

7. 바로 그 목적으로 하느님은 성자 예수 그리스도를 보냈고, 그분은 오류에 빠진 이 세상을 너무나 사랑하여, 사람들이 멸망하지 않고 신앙, 하느님에 대한 두려움, 종교에 대한 지식, 진리에 대한 사랑을 배우기를 원하지요. 저는 사람들이 그분에게 희망을 걸도

록 설교합니다.

8. 하느님의 계시로 제가 받은 이 가르침을 전파하는 것이 무슨 죄입니까?"라고 대답했다.

9. 총독은 나중에 좀더 자세히 심문할 때까지 바오로를 묶어서 감옥에 가두라고 명령했다.

10. 테클라가 밤에 감옥을 찾아가서 간수에게 귀걸이를 주고 문을 열게 한 다음 안으로 들어갔다.

11. 또한 은으로 된 거울을 주고 바오로의 감방에 들어가서 가르침을 받았다.

12. 바오로가 고통을 두려워하지 않고 하느님의 도움으로 용기를 가다듬는 자세를 본 그녀는 신앙심이 더욱 뜨거워져서 그의 쇠사슬에 키스했다.

화형에 처해진 테클라가 기적적으로 죽지 않는다

제5장

1. 테클라가 보이지 않자, 그녀의 가족들과 타미리스가 사방으로 찾으러 다녔다.

2. 문지기를 심문하여 그녀가 감옥에 간 것을 알아냈다.

3. 군중을 거느리고 감옥에 가서 그녀를 발견한 뒤 총독에게 자세히 보고했다.

4. 총독이 바오로를 재판정으로 소환했다.

5. 그때 테클라는 감방에 바오로가 앉았던 그 자리에 누워 있었는데, 역시 소환되었다.

6. 바오로를 보자 군중이 "저 사람은 마술사요. 죽어 마땅하니

다."라고 소리쳤다.

7. 그러나 총독은 그리스도의 거룩한 활동에 관한 바오로의 설명을 기꺼이 들었고, 테클라에게는 "왜 이코니움의 법률에 따라서 타미리스와 결혼하지 않는가?"라고 물었다.

8. 그녀는 바오로만 쳐다본 채 대꾸하지 않았다. 어머니 테오클리아가 "결혼을 거부하는 저 아이를 극장 한가운데서 불에 태워 죽여 다른 처녀들에게 본보기를 보여야 합니다."라고 고함쳤다.

9. 겁을 먹은 총독이, 바오로는 도시 바깥에서 채찍으로 때리고, 테클라는 극장에서 화형에 처하라고 명령했다.

10. 총독이 극장으로 들어가고, 시민들은 무서운 광경을 구경하기 위해 몰려들었다.

11. 테클라는 광야의 어린양처럼 목자인 바오로를 찾아서 사방을 둘러보았다.

12. 군중 속에서 그녀는 바오로의 모습으로 나타난 주 예수를 보고 "바오로가 나의 고통을 지켜보기 위해서 왔구나."라고 속으로 생각했다. 그래서 뚫어지게 그를 쳐다보았는데, 그는 즉시 하늘로 올라갔다.

13. 장작과 지푸라기가 쌓인 기둥을 향해 테클라가 알몸으로 끌려갔다. 눈부시게 아름다운 그녀의 몸을 보고는 총독이 크게 놀라서 눈물을 흘렸다.

14. 그녀가 십자가 성호를 긋고 단 위로 올라갔다.

15. 드디어 불이 붙었으나 엄청나게 세찬 불길은 그녀의 몸을 조금도 다치게 하지 못했다. 하느님이 어마어마한 비와 우박을 보냈기 때문이다.

16. 땅이 갈라져서 지하수가 홍수처럼 뿜어져 나와 많은 사람이 죽고 불이 꺼졌다.

바오로가 동굴에서 오네시포루스와 지낼 때 테클라가 따라간다

제6장

1. 바오로가 오네시포루스와 그의 아내와 자녀들과 함께 이코니움에서 다프네로 가는 길가의 동굴에서 6일간 단식했다.

2. 자녀들이 배가 고프다고 하소연했다.

3. 바오로가 외투를 벗더니 소년에게 주면서 빵을 구해오라고 말했다.

4. 빵을 사러간 소년이 이웃에 살던 테클라를 만났다.

5-9. 소년을 따라 동굴에 온 테클라가 바오로를 만나 하느님을 찬미했다. 바오로도 그녀를 불길에서 구해준 주님께 감사의 기도를 드렸다.

10. 동굴에 있는 모든 사람들이 서로 사랑하고 기쁨에 충만했다.

11. 그들은 빵 다섯 덩어리와 약간의 약초와 물만 가지고 견디어 냈다.

12. 테클라는 바오로가 어디를 가든지 항상 따라가겠다고 했다.

13. 바오로는 "사람들이 간통을 얼마나 많이 하는지, 너도 미모 때문에 전보다 더 심한 유혹을 받고 굴복할 위험이 있어."라고 말했다.

14. 테클라는 "제게 그리스도의 봉인을 해주면 어떠한 유혹도 맥을 못출 거예요."라고 말했다.

15. 바오로가 "끈기있게 기다려라. 그러면 그리스도의 선물을 받을 거야."라고 대답했다.

테클라가 야수들에게 던져진다

제7장

1. 오네시포루스 가족을 집으로 돌려보내고 난 바오로가 테클라와 함께 안티오키아로 갔다.

2. 시리아인이며 관리인 알렉산더가 테클라에게 첫눈에 반해서 바오로에게 푸짐한 선물을 보내어 환심을 사려고 했다.

3. 바오로는 "나는 그 여자를 모르고, 또 내게 속한 여자도 아니오."라고 대답했다.

4. 세력가인 그는 길에서 테클라를 붙잡아 강제로 키스했다. 테클라가 바오로를 찾으면서 비명을 질렀다.

5. 그리고 남자의 옷을 찢고 모자를 벗겨서 망신을 주었다.

6. 사랑과 수치감에 휩싸인 알렉산더가 그녀를 총독에게 끌고 갔고, 총독은 여자를 야수들에게 던지라고 명령했다.

암사자가 테클라의 발을 핥아준다

제8장

1. "우리 도시에서의 판결은 부당하다."고 사람들이 말했다. 총독의 호감을 산 테클라는 야수들에게 던져질 때까지 순결을 지킬 수가 있었다.

2. 그래서 최근에 딸을 사별했고 재산이 많은 과부 트리피나가 그녀를 맡아서 보살피기로 자원했다.

3. 원형극장으로 끌려간 그녀는 사나운 암사자가 든 우리에 던져

졌다.

4. '독성죄'라는 팻말이 걸렸다. 그러나 암사자는 그녀의 발을 핥아줄 뿐이었다. 트리피나가 판결이 부당하다고 외쳤다.

5. 트리피나가 테클라를 데리고 집으로 돌아와서 잠자리에 들었는데, 죽은 딸 팔코닐라가 어머니의 꿈에 나타나서 "테클라를 양녀로 삼으세요. 그녀의 기도 덕분에 제가 행복한 곳으로 옮겨가도록 말이에요."라고 말했다.

6. 트리피나가 테클라에게 기도를 부탁했다.

7. 그녀가 기도를 바쳤다.

8. 다음날 새벽에 알렉산더가 와서 테클라를 빨리 극장으로 데려가라고 말했다.

9. 화가 난 트리피나가 무섭게 달려들자, 그가 겁을 먹고 달아났다. 그녀는 왕족이었다.

10-14. 테클라가 다시 원형극장에 끌려갔고, 트리피나는 부당한 판결이라고 부르짖었다.

테클라가 발가벗긴 채 내몰린다

제9장

1. 테클라가 발가벗긴 채 허리띠만 두르고 사자들과 곰들이 우글거리는 원형극장으로 내몰렸다.

2. 가장 힘이 센 암사자가 달려와 그녀의 발 아래 엎드렸다. 그 광경을 본 여자들이 함성을 올렸다.

3. 암곰이 그녀에게 무섭게 달려들었으나, 암사자가 그 짐승을 갈가리 찢어죽였다.

4. 알렉산더가 기르던 수사자는 평소에 사람을 많이 잡아먹었는데, 이 수사자가 달려들었다. 암사자가 대적하여 두 사자가 서로 죽였다.

5. 그녀는 암사자가 죽어버리자 근심에 사로잡혔다.

6. 다른 야수들이 많이 달려나왔다. 하늘을 향해 팔을 들고 기도하던 그녀가 물웅덩이를 발견했다. 이제야 세례를 받을 시간이라고 말했다.

7. 그녀가 물 속으로 몸을 던지자, 부인들과 백성이 "물에 뛰어들지 말라."고 고함쳤다. 바다표범들이 그토록 아름다운 여자를 뜯어먹을 생각을 하니 기가 차서 총독도 고함쳤다.

8. 그러나 그녀는 주 예수 그리스도의 이름으로 물 속에 몸을 던졌다.

9. 바다표범들은 번개와 불에 맞아서 죽어버렸다. 불타는 구름이 그녀를 휩싸서 짐승들이 접근하지 못하고, 사람들은 그녀의 알몸을 보지 못했다.

10. 다른 야수들이 달려들자, 사람들이 향기로운 약초를 산더미처럼 던져서 그 야수들이 취해서 잠자듯이 누워버렸다.

11. 알렉산더가 그녀를 무시무시한 황소들에게 묶어버리자고 제안하고, 총독이 허락했다.

12. 사람들이 그녀의 허리와 두 다리를 밧줄로 묶어서 황소들에게 연결했다. 그리고 그녀의 사지를 찢어 죽이기 위해 황소들의 성기를 시뻘건 쇠몽둥이로 지져서 난폭하게 만들었다.

13. 드디어 황소들이 무서운 소리를 내면서 잡아당기기 시작했다. 그러나 그녀 주위를 감싼 불길이 밧줄을 태워서 끊어버렸다.

14. 구경을 하던 트리피나가 기절해서 숨을 거두었다. 도시 전체가 근심에 싸였다.

15. 겁이 난 알렉산더가 총독에게 "당신과 나, 그리고 도시 전체

가 멸망하지 않으려면 야수들과 싸운 저 여자를 석방해주십시오.

16. 로마 황제의 친척인 트리피나가 죽었으니 황제의 분노를 살까 두렵습니다."라고 말했다.

17. 총독이 그녀를 불러서 "너는 누구인데 야수들도 해치지 못하는가?"라고 물었다.

18. 그녀는 "저는 살아 계시는 하느님의 하녀이고, 성자 예수 그리스도의 신자지요.

19. 예수 홀로 영원한 구원의 길이고, 영원한 생명의 기초이며, 고통당하는 사람들의 피난처입니다."라고 대답했다.

20-23. 총독이 그녀에게 옷을 입으라고 한 다음 석방했다. 여자들이 주님을 찬미했는데 그 소리가 하도 커서 트리피나가 다시 살아나 일어섰다. 그리고 "이제야 나는 죽은 자들이 부활할 것이라고, 내 딸이 살아 있다고 믿어."라고 말하고 그녀를 딸이라고 불렀다.

24. 테클라가 트리피나와 함께 집으로 가서 많은 젊은 여자를 개종시켰다.

25. 그녀는 바오로가 리치아 지방의 미라에 있다는 사실을 알아낸 뒤, 남자 옷차림을 하고 많은 남녀를 데리고 떠나 바오로를 만났다.

테클라가 자기 집으로 돌아갔으나
어머니에게 내쫓긴다

제10장

1. 바오로와 형제들이 그녀를 보고 크게 놀랐다.

2. 그녀는 바오로에게 "당신 설교를 도와주던 사람이 저를 또한 도와주어 저는 이미 세례를 받았어요."라고 말했다.

3. 바오로가 그녀를 헤르메스의 집으로 데리고 갔고, 거기서 그녀는 안티오키아에서 겪은 일을 자세히 설명해주었다. 바오로가 크게 놀랐다. 그리고 함께 있던 형제들의 신앙이 더욱 굳어졌다.

4. 그녀가 이코니움으로 가겠다고 말하자, 바오로는 가서 주님의 말씀을 전파하라고 허락했다.

5. 트리피나는 그녀 편에 가난한 사람들에게 주라고 많은 돈과 옷을 보냈다.

6-7. 이코니움에 도착한 그녀는 바오로가 앉아서 설교하던 방바닥에 엎드려 눈물을 흘리면서 기도했다.

8-9. 타미리스는 죽었고 자기 어머니가 살아 있다는 소식을 들었다. 그래서 어머니 테오클리아가 신앙을 받아들이도록 설득했으나 헛수고였다.

10. 다프네로 가서, 전에 바오로를 만났던 그 동굴에 이르자 땅에 엎드려 울었다.

11. 셀레우치아로 가서 많은 사람을 가르쳤다.

12. 여행을 할 때 눈부신 구름이 그녀를 인도했다.

13. 셀레우치아 지방에 도착했을 때, 그곳 주민들이 우상 숭배자였기 때문에 무서워서 그녀는 도시 밖으로 나갔고,

14. 칼라몬 또는 로데온이라고 부르는 산에서 여러 해 동안 살았

으며, 악마의 심각한 유혹을 많이 받았으나 그리스도의 도움으로 물리쳤다.

15. 많은 귀족 부인들이 그녀에게 와서 가르침을 받고는 함께 수도생활을 했다.

16. 테클라의 명성이 높아지고 병자들을 치유한다는 소문이 퍼졌다. 그 일대의 사람들이 병자들을 들것으로 운반해왔는데, 그녀가 사는 동굴 입구에 오자마자 모두 치유되었다.

17. 더러운 악마들도 비명을 지르면서 쫓겨났다.

18. 의사들은 돈벌이가 전혀 되지 않자, 그녀를 시기하여 죽일 방법을 모색하기 시작했다.

강간당할 위험에 처한 그녀를 바위산이 갈라져서 구해준다

제11장

1. 악마의 사주를 받은 의사들이 어느 날 모여서 "저 처녀는 위대한 여신 디아나의 여사제요. 처녀이기 때문에 신이 무슨 요청이든 다 들어주는 거요.

2. 그러니까 악당들을 많은 돈으로 매수하여 술에 취하게 한 다음 저 여자를 겁탈하게 합시다."라고 말했다.

3. 겁탈에 성공하면 신들과 디아나 여신이 그녀의 요청에 따라 병자들을 고쳐주지 않을 것이라고 생각했던 것이다.

4. 매수된 남자들이 동굴로 가서 문을 두드렸다.

5. 그들의 음모를 미리 안 테클라는 하느님을 신뢰하여 문을 열어주고는 무슨 일이냐고 물었다.

6. 그들은 테클라와 잠자리를 같이 하러 왔다고 대답했다.

7-12. 그리고 강제로 그녀를 잡아 강간하려고 했다.

그녀가 하늘을 우러러보면서 구출해달라고 기도했다. 하늘에서 "두려워하지 말고 내가 열어놓은 장소를 쳐다보아라."하는 목소리가 들렸다. 한 명이 들어갈 만큼 갈라진 바위가 보여서 그녀가 들어서자 즉시 바위가 닫혀서 전혀 틈이 보이지 않았다.

13. 남자들이 그 기적을 보고 멍하니 서 있기만 했다. 그들은 겨우 그녀의 머릿수건만 손에 잡았을 뿐이었다.

14-17. 최초의 순교자이고 사도이며 동정녀인 테클라는 이러한 고통을 당했고, 이코니움을 떠날 때는 18세였는데, 90세에 죽었다. 그녀를 기념하는 축제일은 9월 24일이다.

바오로 행전

아폴로 신전을 무너뜨린 바오로

미라에서 수종증 환자를 치유하고
죽은 청년을 부활시킨다

　바오로가 미라에서 하느님의 말씀을 가르칠 때, 그 도시에 헤르모크라테스라고 하는 수종증 환자가 있었다. 여러 사람들이 보는 앞에서 그가 바오로에게 "살아 계신 하느님을 믿는 사람에게는 불가능한 것이 없습니다. 저는 당신과 마찬가지로 그분을 믿습니다."라고 말했다.

　바오로가 "나는 대가를 받지 않고 무상으로 당신에게 베풀어주겠소. 예수 그리스도의 이름으로 당신 병은 치유될 것이오."라고 말했다. 그러자 그의 배가 열리고 엄청난 물이 흘러나와 그는 쓰러져서 죽은 사람처럼 되었다. "죽으면 고통을 못 느낄 테니 차라리 그가 죽는 게 낫지."라고 말하는 사람도 있었다.

　그러나 바오로가 사람들을 조용하게 만든 뒤 그를 일으켜세우고는 "무엇을 원하시오?"라고 물었다. 그는 "먹을 것을 좀 주십시오."라고 대답했다. 바오로가 빵 한 덩어리를 주자, 그가 먹고는 그 시간으로 치유되었다. 그리고 그와 아내가 주님 안에서 봉인의 은총을 받았다.

　그러나 그의 아들 헤르미푸스가 바오로에 대해서 원한을 품고는 자기 또래와 작당하여 바오로를 죽일 기회를 노렸다. 왜냐하면 자기 아버지가 빨리 죽어서 그 재산을 독차지하고 싶었기 때문이다.

반면에 동생 디온은 바오로의 말을 기꺼이 경청했는데, 바로 그 디온이 죽었다.

디온이 죽자 그 어머니 님파가 자기 옷을 찢고 바오로에게 가서 아들의 죽음을 알렸다.

바오로가 젊은이들을 보내어 디온의 시체를 운반해오라고 말했다. 그러나 헤르미푸스가 길에서 그 시체를 붙잡고 놓지 않았다.

다음날 헤르미푸스가 칼을 빼어든 채, 몽둥이를 든 패거리를 거느리고 바오로에게 왔다.

바오로가 "나는 강도도 아니고 살인자도 아니오. 그리스도의 아버지인 만물의 하느님이 당신 손을 뒤로 돌리고 칼을 칼집에 꽂게 할 것이오."

그러자 헤르미푸스가 눈이 멀었다. 그리고 "바오로를 죽이려고 했으니… 나는 죄를 지었소. 황금이나 재산이란 아무것도 아니오. 이 세상도 아무것도 아니오. 나는 아버지와 동생을 다시 살려낸 그를 조롱했소. 그는 나도 또한 구원할 수가 있소."라고 외쳤다. 또한 자기 친구들과 부모에게 바오로가 자기를 치유해주도록 간청해달라고 빌었다.

그들과 바오로가 하느님에게 기도하자, 헤르미푸스가 시력을 회복했다. 바오로는 미라를 떠나 시돈으로 향했다.

시돈의 아폴로 신전 붕괴

미라를 떠난 바오로가 시돈으로 가려고 하자, 그의 말을 듣고 싶어서 안달을 하던 피시디아와 팜필리아 형제들이 몹시 슬퍼했다. 그래서 트라시마쿠스와 그 아내 알리네, 클레온과 그 아내 크리사 등 페르가에서 온 사람들이 바오로를 따라갔다.

바오로가 그들에게 소돔과 고모라가 당한 일도 모르느냐고 말했다. 그러나 그들은 바오로 일행을 아폴로의 신전에 가두었다. 값진 음식이 많이 나왔지만, 사흘째 단식 중이던 바오로는 하나도 먹지 않고 "오, 하느님, 저들의 위협을 살펴보시고, 우리를 구출해주십시오."라고 기도했다.

그들이 신전에서 떠나 달려가면서 "시돈 사람들의 신 아폴로가 쓰러지고 신전 절반이 파괴되었다!"고 외쳤다. 바오로 일행이 극장으로 끌려갔다.

그러나 그 도시의 지배자들은 바오로와 그 일행에게 티르를 향해 떠나라고 명령했다.

티르에서 악마들을 쫓아낸다

그가 티르에 들어가자 많은 유대인들이 몰려들었다….

그러나 악마들이 즉시 달아났다. 거기 날 때부터 벙어리인 아들을 둔 사람이 있었는데….

에페수스에서 기적적으로 구출된다

　그러나 바오로가 그에게 "당신은 내 육체에 대해서만 지배권이 있고 나의 영혼은 죽일 수가 없소. 하느님은 예수 그리스도를 통해서 우리를 구원하십니다. 당신들의 신들은 돌과 나무로 만든 것이라서 듣지도 먹지도 못하오. 하느님이 분노하여 꺼지지 않는 불로 벌하지 않도록 회개하여 구원을 받으시오."라고 말했다.

　극장에서 그 말을 들은 총독이 "에페수스 시민들이여, 저 사람이 말을 아주 잘했소. 그러나 여러분이 결정하시오."라고 말했다. 태워죽이라고 하는 사람이 있었고, "야수들에게 던지시오!"라고 소리치는 금은 세공업자들도 있어서 큰 소동이 벌어졌다.

　총독 히에로니무스는 바오로를 채찍으로 때린 뒤에 야수들에게 던지라고 명령했다. 6일 후에 총독이 야수들을 선보였다. 묶인 바오로가 기도하기 시작했다.

　사자가 하도 거세게 으르렁댔기 때문에 공포에 질린 바오로가 한때 기도를 중단했다.

　히에로니무스로부터 해방된 노예 디오판테스는 자기 아내가 밤낮으로 바오로를 따라다녔기 때문에 질투하여 사형을 촉구했다.

　히에로니무스의 아내 아르테밀라가 바오로가 하는 기도소리를 듣고 싶어해서 그런 뜻을 디오판테스의 아내 에우불라에게 말했다. 그녀들이 검은옷으로 변장한 뒤 바오로에게 갔다.

　바오로는 "하느님에게 기도하지 않는다면, 여러분의 재산은 아무런 도움도 되지 않소. 황금도 사라지고, 재산도 소모되고, 비단옷도 마멸되고 마는 것이오. 젊은 미인도 늙어지고, 도시들도 변하고, 세상은 사람들의 무법성 때문에 불로 멸망할 것이오."라고 말했다. 아르테밀라가 세례를 받았다. 다음날 바오로는 야수와 싸우게 되어 있었다.

그날 밤 매우 아름다운 청년이 감옥에 나타나서 바오로의 족쇄를 풀어주었다. 그러나 바오로는 달아나지 않았다. 다음날 바오로가 고개를 숙인 채 신음하면서 원형극장으로 끌려나갔다. 모든 시민이 바오로의 위엄 있는 태도에 분개했다. 그러나 아르테밀라와 에우불라는 바오로의 피살 위험을 생각하고 깊은 병이 들어 매우 위독했다.

에페수스 극장의 유적

"마술사를 죽여라!" 하고 사람들이 소리쳤다. 가장 무시무시한 사자가 풀려나왔는데, 바오로와 시선이 마주쳤다.

그러나 바오로는 그 사자가 전에 세례를 받은 바로 그 사자임을 알아보았다. "어떻게 하다가 잡혔는가?"라고 바오로가 물었다. 사자가 "당신과 마찬가지로 잡혔지요."라고 대답했다.

바오로와 그 사자를 죽이려고 총독이 수많은 다른 야수들과 궁수들을 내보냈다. 그러자 맑은 하늘에서 엄청난 우박이 쏟아져서 모두 달아났다. 총독의 귀가 우박에 찢어졌다. 그러나 바오로와 사자는 안전했다.

바오로는 그 도시가 멸망하기라도 하는 듯이 도망치는 시민들 틈에 끼여 해안으로 가서 마케도니아로 떠나는 배를 탔다. 사자는 산으로 돌아갔다.

밤에 아름다운 청년이 나타나서 총독에게 "꿀로 귀를 치료하시오."라고 말하여 그대로 했더니 귀가 온전해졌다.

고린토인들이 이단자들의 말을 듣고 바오로에게 문의한다

때 이르게 죽게 된 바오로 때문에 고린토인들이 비탄에 잠겼다.

시몬과 클레오부스라는 사람들에게 "육체의 부활은 없고 오로지 영혼만 부활한다. 인간의 육체는 하느님이 창조한 것이 아니다. 하느님은 세상을 창조하지 않았고, 세상을 알지도 못하며, 예수 그리스도는 십자가에 못박힌 듯이 보일 뿐이지 실제로 십자가에서 죽은 것이 아니다. 그는 마리아로부터 태어나지도 않았고, 다윗의 후손도 아니다."라고 말했다.

그들은 고린토에서 이렇게 가르쳐서 많은 사람들과 자기 자신들을 속였다. 바오로가 마케도니아의 필리피에 있다는 말을 들은 고린토인들이 아래와 같은 편지를 보냈다.

고린토인들이 바오로에게 보낸 편지

장로 스테파누스와 그의 동료 장로들인 다프누스, 에우불루스, 테오필루스, 제노가 바오로에게 인사합니다.

시몬과 클레오부스라는 사람들이 와서 여러 사람의 신앙을 파괴했습니다. 그들이 하는 말을 우리는 당신이나 다른 사도들로부터 들은 바가 없습니다. 그러니 우리에게 오든가 회신을 주기 바랍니다.

테오노에가 계시를 받은 바와 같이, 우리는 주님이 불경스러운 자들의 손에서 당신을 구출했다고 믿습니다.

그들이 가르치는 내용은 아래와 같습니다. 즉 예언자들에게 도움을 요청해서는 안 된다, 하느님은 전능하지 않다, 육체의 부활은 없다, 하느님은 인간을 창조하지 않았다, 그리스도는 진짜 육체를 가지고 태어난 것이 아니고, 마리아가 낳은 사람도 아니다, 이 세상은 하느님이 아니라 천사들이 창조했다는 것입니다.

부제들인 트렙투스와 에우티쿠스가 필리포로 편지를 가져다가 바오로에게 전달했다. 그때 아폴로파네스의 아내 스트라토니케 때문에 감옥에 갇혀 있던 바오로가 그 편지를 받고 매우 슬퍼했다. "이런 말을 듣고 슬픔에 잠기느니 차라리 진작 죽었으면 더 행복했을 것이다."라고 말했다. 그래서 다음과 같은 답장을 써서 보냈다.

바오로가 고린토인들에게 보낸 답장

예수 그리스도의 죄수인 바오로가 고린토인들에게 인사합니다.

나는 사악한 자의 가르침이 이토록 빨리 퍼지는 것에 대해서 그리 놀라지 않습니다. 나의 주님인 예수 그리스도는 자기 가르침을 무효로 만드는 자들에게 배척을 받았기 때문에 빨리 다시 올 것이기 때문입니다.

나는 무엇보다도 사도들에게서 내가 받은 것을 여러분에게 전달했습니다. 즉 예수 그리스도는 다윗의 후손으로서 마리아에게서 태어났다. 그가 육체를 가지고 태어난 것은 우리를 자기 육체로써 구원하고, 부활의 모범을 보인 것처럼 우리를 부활시키려는 목적 때문이다. …성부는 자비를 베풀어 성령을 갈릴리 사람인 마리아에게 보냈다. 천지와 그 안에 있는 모든 것이 하느님의 피조물이 아니라고 주장하는 사람들은 뱀의 저주된 신앙을 지녔다는 것입니다. 부활이 없다고 말하는 사람들은 부활하지 못할 것입니다.

피르밀라의 딸 프론티나가 죽었다. 바오로가 진흙탕에 무릎을 꿇고 기도한 뒤 그 딸을 되살려냈다. 그리고 롱지누스의 집으로 데려다주었다.

필리피에서 고린토로

바오로가 필리피에서 고린토의 에피파니우스의 집으로 갔을 때 모두 기뻐했다. 그러나 바오로가 필리피와 다른 곳에서 당한 고통을 전해듣고는 모두 눈물을 흘렸다. 사람들은 매일 바오로를 위해서 기도했고, 바오로는 그렇게 신자들이 자기를 위해 열심히 기도하는 것에 대해서 크게 기뻐하고 격려를 받았다. 그는 40일 동안 주님의 말씀을 전했다.

이윽고 로마로 떠날 때가 되자, 성령으로 충만한 바오로가 "형제 여러분, 사랑을 충실히 실천하십시오. …나는 이제 불가마 속으로 들어갑니다. …주님이 힘을 주지 않으면 나는 강하지 못합니다. …내가 소명을 완수하도록 주님의 은총이 항상 나와 함께 머물 것입니다. 강인한 정신으로 끝까지 참고 견디십시오."라고 말했다.

그들은 슬픔에 젖었고 단식했다. 성령에 충만한 클레오비우스가 "바오로가 이제 소명을 완수하기 위해 가야 하고… 죽음을 향해서 가야합니다."라고 말했다. 바오로는 가슴이 찢어지는 듯했다.

성령을 받은 미르타가 "여러분은 이 징표를 보고 왜 놀라는 것입니까? 주님의 하인 바오로는 로마에 가서 많은 사람을 구원하고, 말씀으로 수많은 사람을 양육하며, 모든 신자들 위에 우뚝 드러날 것이며… 로마에 풍성한 은총이 내릴 것입니다."라고 말했다.

다윗의 시편과 찬미가를 부르면서 신자들이 빵을 나누고 관습에 따라 잔치를 벌였다. 하느님의 뜻에 따라 그들이 하룻밤을 꼬박 같이 새웠고, 바오로가 다음날 "여러분, 나는 금요일에 로마로 가는 배를 타겠소."라고 말했다. 바오로가 재난을 당하지 않게 해달라고 그들은 열심히 기도했다.

고린토에서 이탈리아로

그가 탄 배의 선장은 아르테몬이었다. 그는 베드로에게서 세례를 받았고… 바오로는 그를 신임했다. 그는 바오로와 함께 주 예수 그리스도를 찬미했다.

배가 드넓은 바다로 나갔을 때 파도가 잔잔하여 바오로가 잠이 들었다. 단식과 밤샘으로 지쳐 있었기 때문이다.

그때 주님이 바다 위를 걸어와서 "일어나서 보라!"고 말하면서 바오로를 흔들었다. 바오로가 잠을 깨어 "당신은 나의 주님 예수 그리스도, 왕입니다. …그런데 왜 그렇게 침울하고 슬픈 얼굴을 하고 계십니까? …그 모습을 보니 저도 한없이 슬퍼집니다."라고 말했다.

주님이 "바오로야, 내가 다시 십자가에 못박혀 죽을 것이다."라고 말했다. 바오로가 "그런 장면을 저는 절대로 보고 있을 수는 없습니다!"라고 말했다. 주님이 "일어나 로마로 가서 형제들에게 성부의 부르심에 충실하라고 충고하라."고 말했다. 그리고… 바다 위를 걸어서 그들 앞으로 갔고… 길을 인도했다.

항해가 끝나자 부두에서 아르테몬 선장을 기다리는 사람이 보였다. 선장이 그에게 "클라우디우스여, 주님이 사랑하는 바오로가 여기 있소."라고 소개했다. 그가 바오로를 껴안고 인사했다.

그와 선장이 즉시 바오로의 짐을 그의 집으로 옮겼다. 기쁨에 넘친 클라우디우스가 형제들에게 소식을 알렸고, 얼마 되지 않아서 그 집은 형제들로 가득 찼다. 바오로는 슬픈 기분을 접어둔 채 진리의 말씀을 가르쳤다.

그리고 "그리스도의 군사들인 형제 여러분, 하느님은 얼마나 자주 이스라엘을 이방인들의 손에서 구해주었습니까! 그는 무법적인 파라오, 더욱 불경스러운 왕 오그, 아다르와 외국인들로부터 자기 백성을 구원했습니다. 그는 예언자들을 보내서 우리 주 예수 그리스도를 선포하게 만들었습니다.

그러나 유대인들은 그리스도를 죽여 자기들의 영원한 유산을 저버렸습니다. 이제 우리 앞에 엄청난 시험이 놓여 있습니다. 만일 이 시련을 잘 견디어낸다면 우리는 주님의 참된 기쁨을 상으로 받을 것입니다.

이 마지막 시대에 하느님은 권능의 천사를 육체 안에 파견하였는데, 다시 말하면 갈릴리 사람인 마리아가 그리스도이자 우리의 왕인 예수를 유대의 베들레헴에서 낳아 나자렛에서 길렀습니다.

예수는 '하늘의 왕국이 가까이 왔소! 죽음의 암흑 속에 사는 사람들이여, 암흑을 버리고 빛을 받으십시오! 여러분을 위해서 빛이 일어났소!'라고 예루살렘과 온 유대에서 가르쳤습니다. 그는 위대한 기적을 많이 일으켰고, 12지파에서 열두 명의 제자를 선택하여…라고 말했다.

거룩한 사도 바오로의 순교

1. 갈리아에서 온 루가와 달마티아에서 온 티투스가 로마에서 바오로를 기다리고 있었다. 바오로는 그들을 만나자 매우 기뻐했고, 로마 시외에 있는 농가를 빌렸다. 그리고 거기서 그와 형제들이 진리의 말씀을 가르쳤다.

그는 유명해졌고, 황제의 가문 사람들도 많이 그를 찾아왔다. 황제의 술잔을 운반하는 책임을 맡은 소년 파트로클루스는 너무 늦게 농장에 도착해서 인파를 헤치고 바오로 곁에 갈 수가 없었다. 그래서 높다란 창문 턱에 앉은 채 가르침에 귀를 기울였다.

질투심에 사로잡힌 사탄이 장난을 쳐서 파트로클루스가 떨어져 죽었다. 그 소식이 재빨리 네로 황제에게 보고되었다. 그러나 성령의 도움으로 그것을 알게 된 바오로가 "창문에서 떨어져 죽은 소년을 데리고 오시오."라고 말했다. 형제들은 겁에 질렸다.

바오로가 "여러분의 신앙을 보여줄 기회입니다. 소년이 살아나서 우리가 아무런 해도 입지 말게 해달라고 주 예수 그리스도에게 호소합시다."라고 말했다. 모두가 탄식을 하고 있을 때, 소년이 다시 숨을 쉬기 시작했다.

2. 네로 황제는 그 소년이 죽었다는 소식을 듣고 매우 슬퍼했다. 목욕을 하고 나와서 그는 다른 소년을 대신 임명하려고 했다. 그러나 파트로클루스가 살아 있다는 말을 듣고는 겁에 질려서 자기 방에 들어가려고 하지 않았다.

이윽고 방에 들어가서 소년을 보자, 황제가 "파트로클루스야, 네가 살아 있는 거냐?"하고 소리쳤다. 소년이 "예, 저는 살아 있습니다, 폐하."라고 대답했다. 네로가 "너를 되살린 자는 누구냐?"라고 물었다. 신앙의 확신으로 가득 찬 소년이 "영원한 왕 예수 그리스도입니다."라고 대답했다.

실망한 네로가 "그가 영원한 왕이라면 모든 왕국을 멸망시킬 것이냐?"라고 물었다. 파트로클루스는 "예, 그는 하늘 아래 모든 왕국을 멸망시키고, 영원히 홀로 군림할 것이며, 어떠한 왕국도 그를 피할 수가 없습니다."라고 대답했다.

네로가 얼굴을 찡그리면서 "너도 그 왕을 위해서 싸울 것이냐?"라고 소리쳤다. 소년이 "나의 주인이신 황제 폐하, 그분이 저를 되살렸기 때문에 저는 그를 위해서 싸울 것입니다."라고 대답했다.

발바닥이 평평한 바르사바스 유스투스, 카파도키아 출신인 우리온, 네로의 호위대장인 갈라디아의 페스투스도 "우리도 그를 위해서 싸울 것입니다."라고 대답했다.

네로는 영원한 왕을 사랑하는 그들을 고문한 뒤에 감옥에 가두었다. 그리고 위대한 왕 그리스도의 신자들과 군사들을 색출해서 처형하라고 명령했다.

3. 바오로를 비롯한 수많은 사람들이 체포되었다. 모두 바오로를 쳐다보았기 때문에 네로는 바오로가 군사들의 지도자라고 깨달았다. 그래서 "위대한 왕의 심복이자 지금은 나의 죄수인 자여, 어째서 로마제국으로 몰래 들어와서 군사들을 소집하고 있는 거냐?"라고 물었다.

성령에 가득 찬 바오로가 모든 사람이 보는 앞에서 "황제 폐하, 우리는 폐하의 제국뿐 아니라 온 세상에서 군사들을 소집하고 있습니다. 이 세상의 어떠한 재산이나 영광도 폐하를 구원할 수가 없으니 폐하께서도 그를 섬기십시오. 그의 신하가 되고 그에게 간청한다면 폐하도 구원을 받을 것입니다. 그는 단 하루 만에 온 세상을 멸망시킬 수가 있기 때문입니다."라고 말했다.

네로는 모든 죄수를 불에 태워 죽이되, 바오로는 로마법에 따라서 목을 자르라고 명령했다. 그러나 바오로는 가만히 있지 않고 부대장 롱구스와 백인대장 체스투스에게 소식을 전했다. 악마의 사주를 받은 네로가 로마에서 날뛰고 무수한 그리스도교 신자들을 재판도 없이 처형했다.

로마 네로 황제의 동전에 각인된 초상

그래서 로마 시민들이 왕궁 앞에 몰려가서 "폐하, 이제는 충분합니다. 이들은 우리 사람입니다. 폐하는 로마의 힘을 파괴하고 있습니다."라고 외쳤다. 네로는 개별적으로 조사가 진행될 때까지 그리스도교 신자들에게 손을 대지 말라고 지시하고 한 걸음 물러섰다.

4. 황제의 칙령이 내려진 뒤에 바오로가 끌려나가 빨리 처형해달라고 주장했다. 그리고 "폐하, 저는 우리 왕을 위해서 오래 살아왔습니다. 폐하가 저를 처형한다면, 저는 다시 살아나서 폐하에게 나타날 것입니다. 세상을 심판하러 다시 올 예수 그리스도, 즉 우리의 왕 앞에서 저는 죽은 것이 아니라 살아 있는 것입니다."라고 말했다.

롱구스와 체스투스가 바오로에게 탈옥하라고 권했다. 그러나 바오로는 거절했다.

5. 네로가 바오로의 목이 잘렸는지 확인하기 위해서 파르테니우스와 페레타스를 파견했다. 그러나 바오로는 아직 처형되지 않고, 롱구스와 체스투스가 구원에 관해서 계속 질문하자, "아침 일찍 내 무덤에 가시오. 거기서 티투스와 루가를 만날 테니, 그들이 당신들

에게 주님 안의 봉인을 줄 것이오."라고 대답했다.

바오로가 동쪽을 향해 몸을 돌리고 두 손을 높이 든 채 오랫동안 기도했다. 그리고 더 이상 아무 이야기도 하지 않고 목을 내밀었다. 로마 군인이 칼로 그의 목을 내리치자, 그 목에서 흰 우유가 뿜어져 나와 군인의 군복에 튀었다. 주위에서 그 광경을 쳐다보던 모든 군인들이 크게 놀라 주님을 찬미했다. 그들은 돌아가서 황제에게 자세히 보고했다.

6. 황제는 보고를 받고 크게 놀라서 무슨 말을 해야 좋을지 몰랐다. 많은 철학자들과 백인대장이 황제와 함께 모여 있을 때, 9시경에 바오로가 거기 나타나서

"황제 폐하, 여기 하느님의 군사인 바오로가 있습니다. 나는 죽은 것이 아니라 하느님 안에 살아 있습니다. 그러나 불행한 당신에게는 불과 며칠 전에 정의로운 사람들의 피를 흘렸기 때문에 수많은 악행과 처벌이 닥칠 것입니다."라고 말하고는 떠나갔다. 그 말을 들은 네로가 파트로클루스, 바르사바스 등의 죄수들을 석방하라고 명령했다.

7. 바오로가 말한 대로 롱구스와 체스투스가 아침 일찍 바오로의 무덤으로 가서 기도하고 있는 두 사람을 발견했다. 그들은 의외의 기적을 보았다고 여겨 소스라치게 겁을 먹었다.

한편 티투스와 루가는 로마 장교들이 무서워서 달아났다. 그러나 로마 장교들이 그들을 뒤쫓아가서 "우리는 당신들을 죽이려고 하는 게 아니오. 바오로가 약속한 대로 해주시오."라고 말했다.

티투스와 루가는 기쁨에 넘쳐서 그들에게 주님 안의 봉인(세례)을 주었다.

토마스 행전

인도로 간 토마스와 〈진주의 찬미가〉

해설

이 문헌의 제목은 '인도로 가서 복음을 전한 사도 유다 토마스 행전'이다. 다섯 사도의 비경전 행전 가운데서 본문 전체가 남아 있는 것은 이것뿐이다. 그리스어와 시리아어로 된 필사본들이 있는데, 최초의 원문은 3세기에 시리아어로 소아시아의 에데싸에서 저술되었다고 본다.

이것의 존재에 관해 초대 교회에서 증언한 사람들은 에피파니우스, 아우구스티누스, 그리고 아스토르가의 투리부스 등이다. 투리부스는 스페인의 프리쉴리안파가 이것을 5세기에 사용했다고 말했다. 그후 이것은 계속해서 변형을 거쳤는데, 그노시스파의 요소를 제거하고 가톨릭 교회에 알맞게 수정된 것이 대단한 인기를 모았다.

제108장 이하에 나오는 〈진주의 찬미가〉는 저술된 시기가 본문과 다르지만, 시리아어보다 그리스어로 된 것이 원형에 더 가깝다고 본다. 그리고 이것은 종교적으로 탁월할 뿐 아니라, 문학적으로도 걸작으로 평가되고 있다. 회개와 개종을 테마로 하는 가상적 소설이라는 측면에서 본다면, 이것은 존 번연의 〈천로역정〉보다 천 년 이상 앞선 작품이다.

또한 여기에서 구세주를 상징하는 독수리는 인도 신화에 나오는 비슈누 신의 새 가루다 독수리와 유사하다. 그 외에도 이 문헌에 등장하는 그노시스파의 이미지들이 인도의 종교에서 유사한 이미지들로 발견되고 있다.

여기 등장하는 군다포루스 왕은 1세기에 실존한 파르티아와 인도의 왕이었다. 가드와 아반 역시 역사적으로 실존

한 인물이라고 본다. 그래서 메들리코트, 달만, 파르카르 등
의 학자는 토마스가 실제로 인도에 가서 복음을 전했다고
주장하기도 한다. 그러나 현대의 대부분의 학자들은 이 점
에 관해서 회의적이다.

제1권

주님이 토마스를 인도 상인 아반에게 판다

사도들이 선교 구역을 정한다

제1장

그때 우리 사도들, 즉 베드로라고 불리는 시몬, 그의 동생 안드
레아, 제베대오의 아들 야고보와 그 동생 요한, 필립보와 바르톨로
메오, 토마스와 세리 마태오, 알패오의 아들 야고보와 가나안 사람
시몬, 그리고 야고보의 아들(또는 형제) 유다가 예루살렘에 있었다.

우리는 주님이 각자에게 지정해주는 선교 지역을 정하기 위해
서 제비를 뽑았다. 디디무스라고 불리는 토마스에게 인도가 할당
되었다.

그는 몸이 약해서 거기 갈 수가 없다고 말했다. 그리고 "히브리

인인 내가 어떻게 인도인들에게 복음을 전하겠소?"라고 말했다.

그날 밤 주님이 그에게 나타나서 "인도에 가서 복음 전파하는 것을 두려워하지 마라. 나의 은총이 너와 함께 있기 때문이다."라고 말했다. 그는 "다른 곳이라면 어디든지 가겠지만 인도만은 가지 않겠습니다."라고 대답했다.

주님이 토마스를 인도의 상인 아반에게 판다

제2장

마침 거기에는 인도에서 온 상인 아반이 있었다. 그는 인도의 왕 군다포루스로부터 목수를 한 명 데리고 오라는 지시를 받고 온 것이다.

대낮에 시장에서 어슬렁거리는 그를 주님이 보고는 "목수를 원하시오?"라고 물었다. 그가 그렇다고 하자, 주님이 "내게 목수인 노예가 있는데 팔려고 합니다."라고 말하고는 멀리 떨어진 토마스를 손으로 가리켰다.

그래서 주님이 은덩어리 3파운드에 토마스를 넘기기로 하고는 "목수 요셉의 아들인 나 예수는 인도의 왕 군다포루스의 상인 아반에게 나의 노예 유다를 팔아넘긴다."는 매매증서를 써주었다.

이어서 주님이 유다 토마스를 아반에게 데리고 갔는데, 아반이 토마스에게 "이 사람이 네 주인인가?"라고 물었다. 사도가 그렇다고 대답하자, 상인이 "내가 너를 이 사람한테 샀다."고 말했다. 사도는 태연했다.

토마스가 안드라폴리스에 도착한다

제3장

다음날 아침 사도 토마스가 주님에게 기도하면서 "오, 주 예수여, 당신이 원하시는 곳이면 그 어디라도 가겠습니다. 당신의 뜻이 이루어지기를 빕니다."라고 말했다.

그러고는 주님에게 넘겨받은 자기 몸값 이외에는 다른 것은 하나도 지니지 않은 채 상인 아반에게 갔다.

배를 탄 뒤에 아반이 사도에게 "어떤 일을 할 줄 아느냐?"고 물었다. 그는 "목재, 쟁기와 멍에, 저울, 배 만들기, 작은 배의 노, 돛대, 돌, 바위, 기둥, 신전, 왕궁 등에 관해서 뭐든지 알지요."라고 대답했다.

그들이 드디어 왕의 도시 안드라폴리스에 도착했다.

공주의 결혼식

제4장

그들이 도시에 들어서자 플루트, 물풍금, 나팔 소리가 사방에서 들려, 사도가 무슨 축제가 벌어졌는지 물었다. 사람들은 공주가 결혼식을 거행하게 되어 왕이 가난하거나 부유하거나 모든 사람을 잔치에 초청하는 것이라고 대답했다. 참석하지 않으면 벌을 받는다고도 했다.

아반이 "우리는 외국인이니까 왕의 비위를 거스르지 않기 위해서라도 잔치에 참석하자."고 말했다. 여관에서 잠시 휴식을 취한

사도 토마스의 의심, 지롤라모 무치아노 작, 16세기

뒤에 그들이 잔치에 갔다. 사람들이 외국인인 그들, 특히 토마스를
신기한 듯이 쳐다보았다.

잔칫집에서 히브리 여자를 만난다

제5장

사람들이 먹고 마시고 있는데도 토마스는 아무것도 먹지 않았다.

옆 사람이 이유를 물어서 그가 "나는 먹고 마시는 것보다도 더 위대한 사명, 즉 왕의 뜻을 전하는 전령의 일을 하러 왔소. 전령의 말을 듣지 않는 사람은 왕에게 책임을 질 것이오."라고 대답했다.

이윽고 꽃으로 만든 관과 향수를 들여왔다. 사도는 얼굴, 수염, 콧구멍, 귀, 이빨, 그리고 가슴에 그 향수를 바르고 꽃으로 만든 관을 쓴 뒤에 손에 갈대를 들었다.

플루트를 부는 소녀가 그의 앞에 이르자 오랫동안 연주했다. 히브리 여자였다.

토마스가 술잔 나르는 사람에게 얻어맞는다

제6장

사도가 아래를 내려다보고 있을 때 술잔을 나르는 사람이 손으로 그를 때렸다. 사도가 눈을 들어 그에게 "나의 하느님이 이 짓에 대해서 내세에서는 용서해줄 것이오. 그러나 현세에서는 나를 때린 손을 개들이 물어가는 기적을 보여줄 것이오."라고 말했다.

그리고 다음과 같은 노래를 불렀다.

〈빛의 딸〉

그 처녀는 빛의 딸인데 왕들의 찬란한 위엄이 거기 도사리고 있다

눈부신 아름다움이 넘치는 그 모습을 바라보면 얼마나 기쁜가!

봄에 피는 꽃처럼 그 옷은 진귀한 향기를 내뿜는다

그녀의 머리 위에 왕이 앉아서 자기 아래 사는 사람들에게

자신의 꿀 같은 술을 나누어주고 마시게 한다

진리가 그녀의 머리 위에 머물고 기쁨이 그 발에서 나온다

그녀가 입을 벌려 찬미가를 부르고, 서른두 명이 그녀를 칭송한다

그녀의 혀는 안으로 들어가는 사람들을 위해 드리운 휘장과 같다

그것은 최초의 창조주가 만든 것이다

그녀의 두 손은 축복받은 모든 시대의 합창을 예언하는 징표를 그린다

그리고 그 손가락들은 도시의 성문들을 가리킨다

그녀의 방은 밝고, 발삼과 각종 향료, 유향과 약초들의 향기를 풍긴다

그 안에는 도금양 가지와 각종 향기로운 꽃들이 즐비하고 문지방은 갈대로 장식되어 있다

하늘 나라의 잔치

제7장

〈빛의 딸〉(계속)

그녀는 자신이 선택한 일곱 명의 신랑에게 둘러싸여 있다
신부 들러리 일곱 명이 그녀 앞에서 춤을 춘다
그녀 앞에서 열두 명이 그녀의 명령에 따라 시중을 든다
그들이 모두 신랑을 열심히 쳐다보는데,
바라는 것은 그를 쳐다봄으로써 깨달음을 얻고
그 영원한 기쁨 속에서 그와 함께 살며,
왕들이 참석하는 잔칫상에 참가하고,
영원한 사람들이 참석할 자격이 있는 그 만찬에 참석하며,
왕들의 옷을 입고, 찬란한 옷을 입으며,
끝없는 환희에 젖어 모든 것의 아버지를 찬미하는 것이다
그들은 아버지의 빛을 받았고,
자기들의 주님을 봄으로써 깨달았으며,
주님의 영원한 하늘의 음식을 받았고,
그 음식은 부족함이 없는 것이다
그들은 갈증도 욕망도 일으키지 않는 주님의 포도주를 마셨고
진리의 아버지와 지혜의 어머니를 살아 있는 성령과 함께
찬미하고 또 영광을 바쳤다

술잔 나르는 사람이 사자에게 물려죽는다

제8장

사람들은 그의 모습이 변한 것을 보았다. 그러나 그가 히브리어로 노래했기 때문에 무슨 노래인지 알아듣지 못했다. 오로지 플루트를 부는 여자만 그 뜻을 알아듣고 그를 떠난 뒤에도 자주 돌아다보았다. 그가 동족인데다가 다른 참석자들보다도 월등하게 잘생겼기 때문에 그 여자가 사랑을 느낀 것이다.

여자가 그의 맞은편에 앉아서 응시했지만, 그는 땅바닥만 쳐다보면서 돌아갈 때를 기다렸다.

술잔을 운반하는 사람이 물을 길러 우물로 갔다. 마침 거기 있던 사자가 그의 사지를 찢어서 죽인 뒤에 그 자리에 시체를 두고 가버렸다. 개들이 달려들었고, 검은 개가 그의 오른팔을 물고 연회장에 나타났다.

왕이 사도를 신방으로 데리고 간다

제9장

그것을 본 사람들이 겁에 질렸고, 이윽고 그 팔이 술잔을 나르던 사람의 것이라고 알려지자, 플루트를 부는 여자가 그의 발치에 가서 앉았다. 그리고 "이분은 신이거나 신의 사도입니다. 왜냐하면 그가 술잔을 나르는 사람에게 히브리어로 한 말을 제가 들었거든요."라고 말했다. 그 여자의 말을 믿는 사람도 있었고, 믿지 않는 사람도 있었다.

보고를 받은 왕이 사도에게 와서 "일어나라. 나와 함께 가서 나의 딸을 위해 기도해라. 내가 오늘 외동딸을 출가시키기 때문이다."라고 말했다.

사도는 주님의 계시가 아직 없었기 때문에 그와 함께 가려고 하지 않았다. 그러나 왕이 그를 강제로 신방으로 데리고 갔다.

사도가 신혼부부를 위해 기도한다

제10장

그는 "나의 주님, 나의 하느님, 자비의 아들이며 완전한 구세주인 예수 그리스도여, 살아 있는 하느님의 아들 그리스도여, 숨겨진 신비들을 드러내고 비밀의 말들을 선언하는 주님, 이 젊은 부부를 위해서 간청합니다. 이들에게 도움과 혜택과 이익을 내려주십시오."라고 기도했다. 그리고 그곳을 떠났다.

예수가 토마스의 모습으로 신방에 나타난다

제11장

왕이 들러리들에게 모두 신방을 떠나라고 명령했다. 이윽고 신랑이 신부를 데리고 가려고 휘장을 젖혔을 때, 그는 주 예수가 방금 전에 자기들을 축복하고 떠나갔던 유다 토마스의 모습으로 신부와 대화하고 있는 것을 보았다.

그래서 신랑이 "들러리들보다 당신이 먼저 떠나지 않았소? 그런데 어떻게 당신이 아직도 여기 있는 거요?"라고 물었다.

주님이 "나는 유다 토마스가 아니라 그의 형제다."라고 말했다. 주님이 신랑과 신부를 안락의자에 앉으라고 지시하고, 자기는 침대에 앉은 채 다음과 같이 가르쳤다.

불멸과 빛으로 충만한 하늘 나라의 신방

제12장

"나의 자녀들아, 나의 형제가 너희에게 가르치고 권고한 것을 잘 명심하라. 더러운 성교를 피한다면, 너희는 온갖 고통과 시련에서 해방되어 거룩하고 순수한 성전이 될 것이고, 일상생활과 자녀들로부터 오는 모든 근심을 벗어버릴 것이다.

그러나 너희가 많은 자녀를 가지게 되면, 자녀들 때문에 탐욕과 인색함에 빠지고, 고아들을 등치고 과부들을 속이며, 그 결과 가장 심한 처벌을 받을 것이다.

대부분의 자녀들은 공개적으로나 비밀리에 악마에게 신들려 해로운 존재가 될 것이기 때문이다. 그들이 간질병자, 반신불수, 불구자, 귀머거리, 벙어리, 전신 마비자, 천치가 될 것이기 때문이다.

그러나 너희가 하느님에게 순수한 영혼들을 보존한다면, 살아 있는 자녀들을 낳을 것이고, 썩지 않는 참된 결혼을 바라보고, 불멸과 빛으로 충만한 신방으로 들어갈 것이다."라고 말했다.

얼굴의 베일을 벗은 신부

제13장

그들이 주님을 믿고 자신들을 주님께 바친 뒤에 더러운 욕정을 버리고 밤을 새웠다. 주님은 떠나가면서 그들에게 "주님의 은총이 너희와 함께 있기를 빈다."고 말했다.

새벽에 왕이 신방에 들어가서 보니 그들이 서로 마주앉아 있었다. 그리고 신부의 얼굴을 가렸던 베일이 벗겨진 것을 발견했다.

왕비가 들어와서 딸에게 "이렇게 앉아 있으면서도 왜 수치를 모르느냐? 남편과 오랫동안 함께 살기라도 한 듯이 그렇게 행동하는 이유가 무엇이냐?"고 말했다. 왕이 "베일을 벗은 것은 남편을 너무나 사랑하기 때문이냐?"라고 물었다.

신부가 첫날밤에 순결을 지켰다고 고백한다

제14장

신부가 "아버지, 저는 너무나 깊은 사랑을 하고 있어요. 그리고 어젯밤 체험한 그 사랑이 지속되고 제가 저 사람을 맞이할 수 있도록 해달라고 주님께 기도해요. 수치의 거울이 제게서 물러갔기 때문에 저는 베일을 벗었어요. 저는 아무것도 두렵지 않고 오직 기쁠 뿐이에요.

그리고 이 남편과의 결혼식은 우리 눈앞에서 지나가는 것이기 때문에 아무것도 아니고, 저는 다른 결혼에 참여했어요. 그리고 남편과 성교를 하면 영혼의 회개와 슬픔만 초래하기 때문에, 또한 저는 참된 남편과 결합했기 때문에, 저는 지상의 남편하고는 성교를 하지 않았어요."라고 말했다.

신랑이 정신적인 사랑을 선포한다

제15장

신랑이 "외국인이 선포해준 주님, 타락을 거두어가고 내 안에 생명을 심어준 주님에게 감사합니다. 당신은 내게 참된 건강을 주고, 당신 자신을 드러내보였으며, 나를 속세의 사물들에서 해방하여 불멸과 영원한 것을 받을 자격을 주었습니다.

그리고 나 자신을 어떻게 찾아야 할지를 가르쳐주었습니다. 과거의 내가 누구였는지 나는 몰랐지만, 당신이 나를 선택하여 나 자신의 실상을 보여주었습니다. 나는 내 곁에 계셨던 당신에 대한 체험을 잊을 수가 없고, 당신의 사랑은 내 안에 뜨겁게 타오르고 있습니다."라고 말했다.

많은 형제들이 인도로 건너가서 사도를 만난다

제16장

신혼부부의 말을 듣고 난 왕이 주위에 있는 부하들에게 "빨리 나가서 온 도시를 샅샅이 뒤져서라도 그 마술사를 잡아와라. 내 손으로 데려다가 기도를 부탁했더니 그가 나쁜 짓을 저질렀다. 그를 잡아오는 사람에게는 무엇이든지 원하는 것을 상으로 주겠다."고 소리쳤다.

그러나 사도는 이미 배를 타고 떠난 뒤였다. 그들이 여관에 가보니 플루트를 부는 여자가 울고 있었다. 사도가 자기를 데리고 가지 않았기 때문이다.

신혼부부에게 일어난 일을 듣고 나자 그녀가 매우 기뻐했다. 그리고 그들과 왕에게 진리를 가르쳤다. 많은 형제들이 사도가 인도의 여러 도시에 가서 가르치고 있다는 소문을 듣고 인도로 건너가 사도와 합류했다.

제2권

토마스가 왕 앞에 나타난다

사도가 인도에 도착해서 왕을 만난다

제17장

사도가 상인 아반과 함께 인도에 도착했을 때, 아반이 군다포루스 대왕에게 가서 목수를 데리고 왔다고 보고했다.

왕은 자기 앞에 불려온 사도에게 직업이 무엇인지 물었다. 그는 "목수 일과 집 짓는 일을 하고, 왕궁도 지을 수 있습니다. 사실은 왕궁을 짓기 위해서 제가 여기 온 것입니다."라고 대답했다.

사도가 왕궁 신축을 맡는다

제18장

왕이 그를 용납하여 성문 밖으로 데리고 나갔다. 그리고 왕궁 건축에 관해서 의견을 나누면서 왕궁이 들어설 자리에 이르렀다.

사도가 "여기는 왕궁이 들어서기에 적절한 장소입니다."라고 말했다. 그곳은 숲이 우거지고 물이 많았다. 왕이 당장 건축에 착수하라고 명령했다.

그러나 사도는 11월에 시작하여 4월에 완공하겠다고 대답했다. 왕은 모든 건물이 여름에 시작하는데, 어떻게 겨울에 건축을 할 수 있는지 물었다. 사도가 겨울에 공사를 해야만 한다고 대답했다.

왕이 설계도부터 작성하라고 지시했다. 사도가 갈대를 집어서 그 장소의 길이를 재고, 표시를 해두었다. 그리고 정문은 해가 떠오르는 동쪽에 두고, 창문은 바람이 불어가는 서쪽으로 냈으며, 빵 굽는 집은 남쪽에 두었고, 수도관은 북쪽에 두었다. 왕이 칭찬하고는 많은 돈을 맡긴 뒤에 떠나갔다.

왕궁 건축비를 사도가 자선사업에 사용한다

제19장

지정된 날짜에 왕이 건축에 필요한 자금과 인건비를 은화로 보냈는데, 사도는 그것을 받아서 여러 도시와 인근 마을을 돌아다니며 가난한 사람들에게 나누어주고, 다른 자선사업에 모두 써버렸다.

왕이 건축 진전 상황을 보고하라고 전령을 보냈는데, 사도는

"다른 것은 다 완성이 되었는데 지붕만 씌우지 못했습니다."라고 보고했다. 왕이 지붕 건축을 위해서 금과 은을 보냈다.

사도가 주님에게 "주님, 당신 안에서 제가 영원히 살게 하기 위해 당신이 짧은 기간 동안 죽었고, 또한 저를 통해 많은 사람을 구원하기 위해서 당신이 저를 팔아넘긴 것을 감사합니다."라고 말했다.

그는 계속해서 사람들을 가르치고 자선사업을 했으며, "주님이 여러분 각자에게 필요한 음식을 주는 겁니다. 그는 고아와 과부들을 돌보는 분이고, 고통받는 모든 사람들에게 평화와 휴식을 주는 분이기 때문입니다."라고 말했다.

사도의 자선사업이 탄로난다

제20장

도시에 들어온 왕이 자기 친구들에게 토마스라고 불리는 유다가 짓고 있는 왕궁에 관해서 이야기했다.

그러자 그들이 "그가 왕궁을 짓기는커녕 여러 도시와 마을들을 돌아다니면서 가진 것을 모조리 가난한 사람들에게 나누어주고, 새로운 신을 설교하며, 병자들을 치유하고, 악마들을 내쫓고, 많은 기적을 일으킵니다. 우리는 그가 마술사인 줄 알고 있지요.

그러나 그의 자비심과 무료로 베푸는 치유, 소박함과 친절함과 신의에 비추어볼 때, 그는 정의로운 사람이거나 새로운 신의 사도입니다. 그는 계속해서 단식하고 기도하며, 소금과 빵만 먹고, 춥거나 덥거나 옷 한 벌로 견디며, 아무것도 받지는 않으면서 가진 것을 전부 다른 사람에게 주기 때문입니다."라고 말했다. 그 말에 왕이 손으로 자기 얼굴을 때리고 오랫동안 수염을 쥐고 흔들었다.

사도가 감옥에 갇힌다

제21장

왕이 상인과 사도를 소환하여 사도에게 "왕궁을 지었는가?"라고 물었다. 사도는 다 지었다고 대답했다. 왕이 언제 준공하러 가면 되는지 물었다. 사도는 "지금 그것을 볼 수도 있지만, 폐하는 이세상을 떠날 때 볼 것입니다."라고 대답했다.

화가 난 왕이 상인과 사도를 묶어서 감옥에 처넣고는 나중에 죽일 작정을 했다. 감옥으로 가면서도 사도는 기쁨에 넘쳐서 상인에게 "아무것도 두려워하지 마시오. 내가 설교한 하느님을 믿으면, 이세상에서 해방되어 내세에서 생명을 얻을 것입니다."라고 말했다.

왕은 그들에게 매질을 한 뒤에 불에 태워서 죽이기로 결정했다.

그날 밤 왕의 동생인 가드가 병에 걸려 왕이 비탄과 시름에 잠겼다. 가드가 왕에게 "형이 그렇게 모욕을 받은데다가 내가 이제 죽어가고 있으니, 형이 저 마술사를 죽이지 않는다면, 나는 하데스(지옥)에 가서도 영혼이 안식을 취하지 못할 겁니다."라고 말했다.

왕의 동생 가드가 하늘 나라의 궁전을 구경한다

제22장

가드가 죽었다. 동생을 몹시 사랑한 왕은 비통해하며 왕의 옷을 입혀서 그의 장례식을 준비했다.

한편 천사들이 가드의 영혼을 받아서 하늘 나라로 데리고 간 다음, 여러 저택과 궁전을 보여주면서 살 곳을 골라잡으라고 말했다.

토마스가 왕을 위해서 지은 궁전을 본 가드는 "이 궁전의 제일 낮은 방에서 살고 싶습니다."라고 말했다. 천사들이 거기서는 살 수 없다고 하자, 가드가 그 이유를 물었다.

그들은 "이 궁전은 저 아래 그리스도교 신자가 당신의 형을 위해서 지은 궁전이기 때문이오."라고 말했다. 가드가 그들에게 "형에게 이 궁전을 사고 싶으니 나를 저 아래 세상으로 돌려보내 주십시오. 형은 이것이 어떻게 생겼는지 모를 테니까 분명히 팔 겁니다."라고 말했다.

왕의 동생이 하늘 나라의 궁전을 팔라고 한다

제23장

천사들이 가드의 영혼을 놓아주었다. 사람들이 시체에 왕의 옷을 입히고 있을 때, 가드가 되살아났다. 그리고 "형에게 부탁할 것이 있으니 모시고 오라."고 말했다.

그들이 가드가 부활했다는 기쁜 소식을 즉시 왕에게 전달했다. 와서 보고는 왕이 입을 딱 벌리고 말을 하지 못했다. 가드가 왕에게 맹세를 시킨 다음, 왕이 하늘 나라에 가지고 있는 왕궁을 팔라고 말했다.

왕은 "하늘 나라에 있는 왕궁이라구? 그런 것이 어떻게 나에게 주어졌단 말이냐?" 하고 물었다.

가드가 "그리스도교 신자라는 사람이 형을 위해서 지은 궁전 말입니다. 그는 상인이 예수라는 사람으로부터 사가지고 왔는데, 지금 감옥에 갇혀 있지요. 히브리인 노예 말입니다. 형도 속았고, 나도 그 일 때문에 울화병이 나서 죽었지요. 그러나 나는 이제 다시 살아났습니다."라고 말했다.

왕과 그 동생이 깨닫는다

제24장

그러자 왕이 자기에게 예정된 영원한 행복을 깨닫고는 "그 왕궁은 네게 팔 수가 없다. 나는 하늘 나라 주민의 자격을 얻어 거기 살 수 있게 되기를 기도한다. 네가 그런 왕궁을 정말로 사고 싶다면, 그 사람이 아직 살아 있으니까 내 왕궁보다도 더 멋진 것을 네게 지어줄 수 있을 것이다."라고 말했다.

이어서 왕은 사도와 상인을 감옥에서 불러올린 뒤에 "하느님의 하인에게 간청하니 나를 위해 기도하고, 그가 나를 용서해주도록, 내가 한 일과 하려고 한 일에 대해서 너그러이 봐주도록 중개해주십시오. 하늘의 궁전에 살 자격을 얻기 위해서 나는 아무것도 한 일이 없지만, 그 자격을 얻도록 해주십시오. 당신은 홀로 애써서 당신 하느님의 은총의 도움으로 나를 위해 궁전을 지었소. 그러니 나도 그 하느님의 하인이 되어 그를 섬기게 해주십시오."라고 말했다.

왕의 동생 가드도 사도 앞에 무릎을 꿇고는 천사들이 보여준 나라에 들어갈 자격을 얻게 해달라고 간청했다.

사도가 왕과 그의 동생을 위해 기도한다

제25장

기쁨에 넘친 사도가 주님을 찬미하고 감사한 뒤에 "왕과 그의 동생을 당신 양떼 안에 받아들여주십시오. 그들을 세례로써 깨끗이 씻고, 그들에게 당신 기름을 발라주어 모든 잘못에서 구출하며, 늑대들로부터 보호하고, 당신의 초원으로 인도해주십시오."라고 간청했다.

왕과 그의 동생이 기름을 통해서 봉인을 받는다

제26장

사도의 충실한 제자가 된 군다포루스 왕과 그의 동생 가드는 언제나 그를 따라다니면서 가난한 사람들을 도와주고, 가진 것을 모든 사람들에게 나누어주었다.

그들이 말씀의 봉인을 받고 싶다고 말했다. 사도는 "나도 당신들이 이 봉인을 받기를 원합니다. 그래서 당신들이 나와 함께 이 성찬과 주님의 축복된 음식에 참석하여 완전해지기를 바랍니다. 왜냐하면 내가 설교하는 예수 그리스도는 주님, 만물의 하느님, 진리의 아버지이기 때문입니다."라고 말했다.

그들은 밤에 많은 등불을 밝힌 채 기름을 발라서 봉인을 받았다.

봉인의 봉인, 즉 성찬식을 거행한다

제27장

"너희에게 평화가 있기를 빈다!"는 목소리를 통해서 주님이 그들에게 드러났다. 그들은 목소리만 들었지 주님을 볼 수는 없었다. 왜냐하면 봉인의 봉인을 아직 받지 못했기 때문이다. 그래서 사도가 그들의 머리 위에 기름을 부으면서 이렇게 말했다.

〈성찬식의 노래〉

모든 이름을 초월하는 그리스도의 거룩한 이름이여, 오십시오.

가장 높은 분, 그리고 완전한 자비의 힘이여, 오십시오.

최고의 선물이여, 오십시오. 자비로운 어머니여, 오십시오.

남성의 동료여, 오십시오. 비밀의 신비들의 계시자여, 오십시오.

일곱 개의 집의 어머니여, 여덟번째 집에서 당신에게 안식이 있기 위하여 오십시오.

지능, 생각, 현명함, 반성, 논리 등 다섯 명 가운데의 장로여, 오십시오.

와서 이 젊은이들과 대화를 나누십시오!

성령이여, 와서 그들의 허리와 마음을 정화해주십시오.

그리고 성부와 성자와 성령의 이름으로 그들을 봉인해주십시오.

그들이 봉인을 받고 나자 찬란한 등불을 든 젊은이가 나타났는데, 다른 등불들은 그 앞에서 빛을 잃었다. 그는 밖으로 나가서 보이지 않게 되었다.

사도가 주님에게 "주님, 당신 빛은 너무나 강렬해서 우리가 도저히 바라볼 수 없습니다."라고 말했다. 새벽이 되자, 사도가 빵을 쪼개서 그들에게 그리스도의 성찬을 나누어주었다.

모든 죄의 근원인 간음, 탐욕 그리고 음식을 탐내는 짓

제28장

사도는 "간음과 탐욕과 음식을 탐내는 짓 등 이 세 가지에서 모든 사악함이 나오니까 여러분은 이것들을 피해야 합니다.

간음은 마음을 파괴하고 영혼의 눈을 멀게 하며, 육체의 올바른 통제에 장애가 되고, 사람을 허약하게 만들어 온몸을 병들게 합니다.

탐욕은 영혼에게 공포와 수치를 주고, 다른 사람의 물건을 빼앗고, 주인에게 물건을 돌려줄 때 수치를 느낀다고 의심합니다.

음식을 탐내는 짓은 영혼을 근심과 번민과 슬픔에 빠뜨리고, 결핍을 두려워하여 멀리 있는 것을 손아귀에 잡으려고 합니다.

마지막 날에 그가 오면 심판받을 사람은 아무도 변명을 할 수가 없습니다."라고 날마다 설교했다.

채권자의 권리

제29장

그의 말을 듣고 있던 사람들 가운데 일부가 "채권자가 빚을 받을 때가 되었소."라고 말했다. 그는 "채권자는 항상 더 많이 받아내려고 합니다. 그러나 정당한 것만 그에게 줍시다."라고 말했다.

그들을 축복한 뒤 사도는 빵과 기름과 약초와 소금을 축복해서 그들에게 주었다. 주님의 날(일요일)의 새벽이 밝아오기 시작할 때, 그는 계속 단식을 하는 중이었다.

꿈에 주님이 그에게 나타나서 "토마스야, 일찍 일어나서 동쪽 길을 3킬로미터 가량 걸어가라. 거기서 나의 영광을 보여주겠다. 그리고 너는 원수의 본성과 힘을 질책할 것이다."라고 말했다.

그가 일어나서 형제들에게 성찬의 빵을 쪼개어 나누어주면서 "이 성찬이 여러분에게 심판과 처벌이 아니라 동정과 자비를 위한 것이 되기를 빕니다!"라고 말했다.

제3권
뱀에 관하여

길에서 죽은 청년을 발견한다

제30장

그가 두번째 이정표 근처에서 길을 약간 벗어났을 때, 멋진 청년이 누워 있는 것이 보였다. 그래서 그가 "주님, 제가 이런 유혹을 만나도록 보낸 것입니까? 그러나 당신의 뜻대로 모든 것이 이루어지기를 빕니다!"라고 말했다.

그리고 "살아 있는 사람들과 죽은 사람들의 심판자인 주님, 여기 서 있는 저와 저기 죽어서 넘어져 있는 젊은이의 심판자인 주님, 육체 안에 여전히 남아 있는 영혼들이 아니라 육체를 떠난 영혼들의 아버지여, 바로 지금 여기 와서 저기 누워 있는 청년에게 당신의 영광을 보여주십시오."라고 기도했다.

뱀과 미녀와 청년의 관계

제31장

그러자 커다란 뱀이 굴에서 나오더니 머리를 땅에 부딪치고 꼬리를 휘두르면서 큰 소리로 사도에게 "당신이 내 일을 질책하러 왔으니, 내가 왜 저 청년을 죽였는지 말하겠소."라고 했다.

사도가 말해보라고 하자, 뱀은 "이곳에 매우 아름다운 여인이 살았소. 그 여자가 지나갈 때 나는 사랑에 빠져서 뒤를 따라가 망을 보았지요.

그런데 이 청년이 그녀에게 키스와 성교를 하고는 다른 수치스러운 짓을 하는 것을 보았습니다. 수치스러운 짓이 무엇인지 나는 쉽게 말할 수 있지만 그만두지요. 당신은 그리스도와 쌍둥이 형제니까요.

그녀를 괴롭히고 싶지 않아서 나는 현장에서 그를 죽이지는 않았고, 저녁에 이곳을 지나가기를 기다렸다가 때려서 죽였습니다. 그것은 특히 그가 주님의 날에 감히 그런 짓을 했기 때문입니다." 라고 말했다.

뱀의 족보

제32장

사도가 뱀의 족보를 물었더니, 뱀은 "나는 뱀의 자손입니다. 해로운 아버지의 해로운 아들, 서 있는 네 명의 형제를 쳐죽인 자의 아들, 하늘 아래 옥좌에 앉은 자의 아들, 지구를 포위하는 자의 아들, 망망한 바다 너머 꼬리를 입으로 물고 있는 자의 형제입니다.

나는 유다스를 자극하고 매수하여 구세주를 죽음에 넘기게 했소. 나는 타르타루스의 심연을 소유하고 거기에 사는 자요. 나는 지상에서 무엇이든지 할 수 있는 힘을 가지고 동쪽에서 오는 자의 형제요." 라고 말했다.

독사가 몸이 부풀어서 죽는다

제33장

사도가 목청을 돋우어 큰 소리로 "가장 지독한 철면피야, 닥쳐라! 너희들의 멸망의 날이 왔다. 예수의 이름으로 명령하니, 이 사람에게 네가 주입한 독을 모조리 빨아내라!"하고 외쳤다.

뱀이 "우리 멸망의 날은 아직 오지 않았소. 왜 나더러 독을 빨아내서 예정보다 빨리 죽으라고 강요하는 거요? 나의 아버지도 만물에 주입한 자기 독을 빨아낼 때 멸망할 거요."라고 말했다.

사도가 "네 아버지의 본성을 지금 보여라!"하고 말했다. 그러자 뱀이 다가가 청년의 상처에 입을 대고는 독을 빨아냈다.

잠시 후 청년의 안색이 자주색에서 흰색으로 변하고, 뱀은 부풀어올랐다. 뱀이 모든 독을 자기 몸 안으로 빨아들이자, 청년이 벌떡 일어나 사도의 발 아래 엎드렸다. 뱀의 몸이 더욱 부풀어오르다가 마침내 터져서 죽었다.

사도가 왕과 그의 동생에게 "여기를 흙으로 메우고 집을 지어서 나그네들이 머물게 하십시오."라고 말했다.

제4권

당나귀 새끼에 관하여

당나귀 새끼가 말을 한다

제39장

사도가 길에서 수많은 사람에게 설교하고 있을 때, 당나귀 새끼가 와서 "그리스도의 쌍둥이 형제이며 가장 높으신 분의 사도여, 당신은 그리스도의 숨겨진 말씀들을 들었고, 그의 비밀스러운 말씀을 받았습니다.

하느님의 아들의 동업자여, 당신은 노예로 팔려왔지만 많은 사람에게 자유를 주었고, 인도인들의 땅에 생명을 가져다주었습니다. 왜냐하면 오류에 빠진 사람들에게 당신이 와서, 당신의 출현과 거룩한 말씀으로 그들이 이제 진리의 하느님에게 귀의하기 때문입니다. 저의 등에 올라앉아 도시로 가십시오."라고 말했다.

사도는 "완전한 자비의 아들인 예수 그리스도여, 휴식이고 고요함이여, 이성이 없는 짐승마저도 당신에 관해서 말을 합니다. 숨겨진 휴식이여, 당신 업적을 통해서 당신은 우리의 구세주이고 목자임이 드러납니다. 우리의 참된 무적의 승리자여, 거룩하고 가장 영광스러운 우리 장군이여, 당신 백성에게 불멸의 기쁨과 안식을 주십시오."라고 말했다.

사도가 당나귀 새끼를 타고 간다

제40장

사람들은 사도가 당나귀 새끼에게 무슨 대답을 하는지 기다렸다. 그는 황홀경에 빠진 듯이 잠시 침묵을 지켰다.

이윽고 "너는 누구냐? 네 주인은 누구냐? 네가 말을 하다니, 놀랍고도 신기해서 묻는 것이다. 이런 일들은 많은 사람에게 감추어져 있는 것이다."라고 말했다.

당나귀 새끼는 "저는 발라암을 섬기던 짐승들, 당신 주님이자 스승이 타고 간 그 짐승과 같은 족속입니다. 당신이 저를 타고 간다면 제가 축복을 받게 되지요."라고 말했다.

사도가 "네게 사람의 말을 할 수 있게 허락한 그분은 너와 네 족속에게 계속해서 말의 능력을 줄 수가 있다. 그러나 이런 신비에 비하면 나는 무력하기 짝이 없다."고 말하고는 올라타려고 하지 않았다. 그러나 짐승이 하도 졸라대는 바람에 할 수 없이 타고 갔다.

당나귀 새끼를 부활시키지 않는 이유

제41장

도시의 성문에 가까이 이르렀을 때, 사도가 당나귀 새끼에서 내리고는 "어디든지 안전한 곳으로 가라."고 말했다. 그 짐승이 즉시 사도의 발 아래 쓰러져서 죽었다. 거기까지 따라갔던 사람들이 슬퍼하면서 사도에게 "살려주십시오." 하고 간청했다.

그는 "예수의 이름으로 살려낼 수는 있지만 도움이 안 됩니다.

그에게 사람의 말을 준 분은 그를 죽지 않게도 할 수 있었습니다. 내가 할 수 없기 때문이 아니라, 이 짐승에게 최선책이기 때문에 되살리지 않겠소."라고 말했다.

그리고 사람들에게 구덩이를 파고 그 시체를 묻도록 지시했다. 사람들이 사도의 지시대로 했다.

제5권
여인의 몸에 들어간 악마에 관하여

여인의 하소연

제42장

많은 사람을 거느린 채 사도가 그 도시로 들어갔다. 그는 뱀에 물려서 죽었다가 되살아난 청년의 집으로 가려고 했다.

그런데 매우 아름다운 여인이 "새로운 신의 사도여, 당신은 인도로 왔습니다. 거룩하고 유일한 선인 신의 하인이여, 제게 일어난 일을 말하도록 기회를 주세요. 그러면 제게도 희망이 있고, 여기 모인 사람들의 신앙이 더욱 굳어질지도 모릅니다. 저는 5년 동안 원수에게 지독한 시달림을 받아왔어요. 과거에는 제가 여자로서 아무런 걱정 없이 편안하게 살았어요.

악마가 여인과 5년간 성교한다

제43장

어느 날 제가 목욕을 마친 뒤에 우연히 근심 걱정에 가득 찬 듯이 보이는 청년과 만났어요. 그가 다가와서 작은 목소리로 '부부 사이에 하는 것처럼 우리도 성교를 하고 결합합시다.'라고 말했어요.

저는 '내가 결혼하기를 거부해서 약혼자와도 성교를 하지 않았는데, 나와 간통하기를 원하는 당신과 어떻게 성교를 한단 말예요?'라고 대꾸했지요."라고 말했다. 그 여자가 설명한 내용은 다음과 같다.

그녀는 사내를 지나쳐버린 뒤에 하녀에게 "저렇게 뻔뻔스럽고 비열하며 감히 내게 말을 건 청년을 봤지?"라고 말했다. 하녀는 "저는 늙은이가 당신과 대화하는 걸 봤어요."라고 말했다.

집에 돌아가서 저녁을 먹을 때 그녀는 의심이 들었다. 길에서 본 사내가 둘로 보였다는 생각이 떠오른 것이다. 그런 생각을 하면서 그녀가 잠이 들었다. 그날 밤 그가 여자에게 가서 더러운 성교를 했다. 낮이 되면 그가 달아났다. 그리고 밤마다 여자를 찾아와서 더럽혔다. 5년 동안 그런 관계를 계속한 것이다. 여자는 지칠 대로 지쳤다.

그래서 그녀는 사도에게 "악마들과 귀신들과 괴물들조차 당신에게 복종하고 당신 기도에 부들부들 떤다는 걸 제가 알아요. 제발 이 악마를 쫓아주세요. 그래서 제가 자유를 되찾고 본성을 회복하며, 여인들에게 허락된 선물을 받게 해주세요."라고 간청했다.

사도가 원수를 질책한다

제44장

사도가 "오, 뿌리뽑기 힘든 사악함이여! 원수의 뻔뻔스러움이여! 안식을 전혀 모르는 질투하는 자여! 미인들을 능욕하는 소름 끼치는 자여! 본성은 변하지 않으면서도 자기가 원하는 대로 각종 형태로 나타나는 자여! 능숙하고 배신하는 자여! 쓴 열매를 맺는 쓴 나무여! 자기 것도 아닌 것을 가지려고 싸우는 비방자여! 수치를 모르는 사기꾼이여! 뱀과 같이 기어다니고 뱀과 한통속인 사악함이여!"라고 외쳤다.

원수가 사도 앞에 나타났는데, 다른 사람 눈에는 보이지 않고 사도와 여자의 눈에만 보였다. 원수는 모든 사람이 들을 수 있는 큰 소리로 말했다.

악마의 항변

제45장

"가장 높으신 분의 사도, 예수 그리스도의 하인, 하느님의 거룩한 아들의 협조자여, 우리와 당신이 무슨 상관이 있소? 우리의 때가 이르기도 전에 왜 우리를 멸망시키려는 거요? 왜 우리 힘을 빼앗으려는 거요? 당신은 당신 무리를 지배하고 우리는 우리 무리를 지배하고 있소.

다른 사람들에게는 폭력을 쓰지 말라고 가르치면서 왜 당신은 우리에게 폭력을 휘두르는 거요? 당신에게 속하지 않은 무리를 왜 탐내는 거요? 우리를 괴롭힌 하느님의 아들과 왜 당신은 닮으려는 거요? 당신은 그를 아버지로 삼기라도 한 듯이 똑 닮았소.

우리는 다른 사람들과 마찬가지로 그도 우리의 포로로 삼으려고 했소. 그러나 우리가 그를 몰랐기 때문에 그는 자기 힘으로 떠나갔소. 우리는 그가 사람들에게 생명을 주는 줄을 모르고, 그가 육체를 입은 사람이라고 생각했던 것이오. 그는 우리에게 우리 무리를 다스릴 힘을 주었고, 당분간은 우리 무리 안에서 머물도록 했소. 그런데 당신은 강제로 우리를 지정된 시간 이전에 쫓아내려는 거요!"

악마가 다른 여자를 찾아서 떠나간다

제46장

말을 마치자 악마가 울면서 "가장 아름다운 나의 첩이여, 오래전에 내가 너를 발견하고 편안하게 지냈는데, 이제 나는 떠나간다. 나의 사랑이여, 나의 신뢰하는 누이여, 나는 떠나간다.

누구에게 가서 보호를 바라야 할지 모르겠다. 이 사람의 명성이 들리지 않는 곳으로 갈 수밖에 없다. 나의 사랑이여, 네 대신에 다른 이름을 가진 여자를 또 찾아봐야겠다."고 말했다.

그리고 목청을 높여서 "나보다 더 위대한 자에게 네가 달아났으니 평안히 지내라. 나는 떠나가서 너와 같은 여자를 찾아보겠다. 그런 여자를 못 만나면 다시 돌아오겠다. 이 사람이 네 곁에 있으면 네가 피난처를 가지겠지만, 그가 떠나가면 너는 예전 상태로 돌아갈 테니까 말이다.

너는 그를 잊어버릴 것이다. 그러나 내게는 기회가 있고 또 용기가 있다. 그러나 지금은 내가 그의 이름을 무서워한다."고 말했다. 악마가 사라지자 불과 연기가 보였다. 모두 크게 놀랐다.

악마에게서 풀려난 여자가 봉인을 받는다

제49-50장

그 여자가 사도에게 "원수가 제게 다시 돌아오지 못하도록 제게 봉인을 주세요."라고 간청했다. 그가 그녀 머리 위에 두 손을 얹고는 성부와 성자와 성령의 이름으로 봉인을 주었다.

그리고 성찬식을 거행했다. 그는 빵 위에 십자가를 긋고 나누어 주었다. 먼저 그 여자에게 주면서 "이것은 당신의 모든 죄와 영원한 잘못들을 용서해줄 것이오."라고 말했다.

제6권
처녀를 살해한 청년

청년이 애인을 살해한 이유

제51장

방탕한 청년이 성찬식에 참석했다가 두 손이 말라비틀어져서 성찬을 먹을 수가 없었다. 보고를 받은 사도가 그를 불러서 "주님의 성찬이 너를 단죄했으니, 여기 오기 전에 무슨 짓을 했는지 말해보아라. 이 선물은 신앙과 사랑을 품고 오는 많은 사람을 치유해준다. 그러나 네 손이 말라버렸으니 반드시 곡절이 있을 것이다." 라고 말했다.

청년이 사도의 발 아래 엎드려 자백했다.

그는 도시 밖에 사는 어떤 여자와 서로 사랑했다. 사도가 살아 있는 하느님을 선포하는 말을 듣고 그는 믿었다. 그리고 더러운 성교, 특히 간통을 범하는 사람은 생명을 얻지 못한다는 설교를 들은 뒤로는 애인에게 가서 앞으로 순결한 생활을 하자고 말했다.

그러나 여자는 말을 듣지 않았다. 그래서 칼로 여자를 죽였다. 그는 여자가 다른 남자와 간통하는 것을 내버려둘 수가 없었다.

말라비틀어졌던 손들이 치유된다

제52장

사도가 접시에 물을 담아서 가져오라고 한 다음, 그 물을 축복하고 나서 청년에게 주어 그 물로 손을 씻으라고 했다. 청년이 손을 씻으니 즉시 치유되었다.

청년은 "가장 보잘것 없는 인간이지만 저는 주 예수 그리스도를 믿습니다. 그러나 저는 순결을 지키도록 좋은 일을 하려다가 이런 짓을 저지른 것입니다." 라고 말했다.

사도가 죽은 처녀를 위해 기도한다

제53장

청년을 앞세우고 사도가 그 여관으로 갔다. 죽어 있는 아름다운 처녀를 보자, 사도는 슬픔에 잠겼다. 사람들이 시체를 안뜰 한가운데로 운반했다.

사도가 그 위에 손을 얹고는 "우리에게 항상 나타나는 예수여, 당신은 육체의 눈에 보이는 것이 아니라, 영혼의 눈에 보이는 분입니다. 당신은 요청하라, 그러면 받을 것이라고 말했습니다. 그러나 우리는 지금 재물을 요청하는 것이 아니라, 당신의 거룩한 이름으로 이 처녀를 되살려주기를 간청합니다."라고 말했다.

제7권

선장에 관하여

죽은 미녀가 부활한다

제54장

그리고 사도가 청년에게 봉인을 해준 뒤에 "가서 그녀의 손을 잡고 '내가 손에 쇠를 잡고 너를 죽였으나, 이제는 예수를 믿는 신앙으로 내 손이 너를 다시 일으키겠다.'고 말하라."고 지시했다.

청년이 사도에게 기도를 부탁한 뒤에 "주 예수 그리스도여, 이 여자에게는 생명을, 제게는 당신의 신앙의 확신을 주십시오."라고 말했다. 그리고 여자의 손을 잡자, 그녀가 벌떡 일어나 앉더니 주위 사람들을 살펴보았다.

그녀가 사도에게 달려가서 옷자락을 잡고는 "저 무시무시한 곳에서 저를 지켜준 당신의 동료는 어디 갔나요?"라고 물었다.

선장의 아내와 딸이 악마들에게 겁탈당한다

제62장

사도 토마스가 인도에서 하느님의 말씀을 설교하고 있을 때, 미스데우스 왕의 선장이 찾아와서 하소연을 했는데, 그 내용은 다음과 같다.

그는 인도에서 가장 재산이 많은 사람 중의 하나였다. 아내와 딸이 있는데, 그는 가족을 극진히 사랑했다. 그래서 다른 여자와 성교를 한 적이 없었다.

그가 사는 도시에서 그의 절친한 친구들이 결혼식 피로연에 초대해서 가기 싫다는 아내와 딸을 노예들을 많이 딸려서 보냈다. 밤이 되자 그는 횃불과 등불을 밝히고 아내와 딸을 기다렸다.

그런데 노예들이 옷이 찢긴 채 돌아오면서 통곡했다. 그의 아내와 딸이 어떤 사내와 소년에게 각각 겁탈을 당했고, 노예들이 간신히 구출해냈던 것이다. 범인들은 부상을 당한 채 달아났다. 그가 아내에게 자세한 내막을 추궁했다.

그녀는 길을 가다가 배수로 근처에 이르렀을 때, 머리를 약간 흔드는 혹인 사내 두 명과 마주쳤다. 그래서 그녀는 딸에게 "이빨은 우유 같은데 입술은 숯과 같은 저 못생긴 사내들을 보아라."하고 말했다.

해가 진 뒤에 그들이 피로연에서 돌아오다가 배수로를 지나게 되었을 때, 딸이 먼저 그 사내들을 보고는 어머니에게 갔다. 그들은 노예들과 함께 달아나기 시작했다. 그 사내들이 여자들을 두들겨 패고는 땅에 쓰러뜨렸다. 사내들은 악마들이었다.

그녀가 남편에게 자세히 이야기를 전해줄 때 악마들이 나타나서 여자들을 다시금 쓰러뜨렸다. 그후 겁이 나서 여자들은 방을 바꾸어 가면서 문을 잠그고 지냈고, 바깥 출입은 일체 하지 못했다. 그러나 악마들은 번번이 나타나서 여자들을 발가벗겼다.

선장은 딸을 위해서라도 악마들을 영영 추방해달라고 사도에게 하소연하는 것이었다.

사도는 선장을 깊이 동정했다. 그래서 선장에게 "예수께서 치유해줄 수 있다고 믿소?"라고 물었다. 선장이 믿는다고 대답했다. 사도가 부제 크세노폰에게 형제들을 한자리에 모으라고 지시했다.

재산에 의지하지 마라

제66-67장

형제들이 모두 모이자, 사도가 "나의 자녀들과 형제들이여, 나는 이제 여러분을 떠나는데 다시 만날 수 있을지는 아무도 모릅니다. 그러나 나와 마찬가지로 예수를 설교하는 크세노폰 부제를 여기 남겨둡니다. 그와 나는 아무것도 아니고, 오로지 예수만이 중요합니다.

재산을 믿는 것은 부질없는 짓이고, 오히려 재산 때문에 죄를 짓게 됩니다. 부자들이 자선을 실천하는 경우는 거의 없습니다.

자비를 베풀고 마음이 온순한 사람들이 하느님의 왕국을 상속받을 것입니다. 재산에 의지하던 사람에게 노년기가 닥치면, 그는 갑자기 당황하게 됩니다.

모든 것에는 때가 있는 것입니다. 사랑할 때가 있고, 미워할 때가 있습니다.

우리 자신도 계명을 지키지 않는다면, 주님의 제자라고 불릴 자격이 없고, 또한 내세에서 처벌을 받을 것입니다."라고 말했다.

제8권
야생 당나귀들에 관하여

야생 당나귀들이 사도에게 복종한다

제68-70장

사도가 마차를 타자 형제들이 모두 전송했다. 그리고 선장이 마부를 일어나라고 한 뒤에 자기가 마부 자리에 앉아서 마차를 몰았다. 사도에 대한 존경심을 그렇게 드러낸 것이다.

3킬로미터 가량 달려가다가 사도가 선장에게 자기 곁으로 오고 마부에게 마차를 몰라고 말했다. 더위가 너무 심해서 마차를 끌던 당나귀들이 지쳐서 더 이상 움직이지 못하게 되었다. 낙담한 선장이 다른 가축들을 구하기 위해서 걸어가려고 했다. 사도는 선장에게 아무것도 두려워하지 말라고 말했다.

사방을 둘러보다가 사도는 길가에서 풀을 뜯고 있는 야생 당나귀의 무리를 발견했다. 그래서 선장에게 "당신이 예수 그리스도를 믿는다면, 저 야생 당나귀들에게 가서 '새로운 신인 예수의 사도 유다 토마스가 너희 가운데 넷을 필요로 하니까 오라고 한다.'고 말하시오."라고 지시했다.

당나귀들이 하도 많아서 선장은 겁이 났지만, 하여간 다가갔다. 사도가 지시한 대로 선장이 말을 전하자, 당나귀들이 달려와서 무릎을 꿇었다.

그 가운데 가장 튼튼한 네 마리에게 멍에를 메웠다. 나머지는 앞뒤에서 마차를 호위하며 따라왔다. 얼마쯤 전진하다가 사도가 그 짐승들에게 "사막에 사는 짐승들아, 이제는 풀이 있는 곳으로 가라. 너희들이 모두 내게 필요한 것은 아니다."라고 말했다.

네 마리를 제외한 다른 야생 당나귀들이 조용히 떠나갔다.

당나귀가 말을 하고 사도가 악마들을 쫓아낸다

제71-81장

야생 당나귀들은 하느님의 사도가 편안하게 여행하도록 얌전하고 조용하게 마차를 끌고 갔다. 그리고 도시의 성문에 이르자, 곧장 선장의 집으로 가서 그 앞에 멈추었다.

사도는 마차에서 내린 뒤에 "예수 그리스도여, 이 나라에서는 당신에 관한 지식을 경멸하고, 당신에 관해서 사람들이 전혀 들은 것이 없습니다. 어느 나라나 어느 도시에서나 당신은 사도들을 기꺼이 받아들이고 있습니다. 당신이 우리의 구원을 위해서 목숨을 버렸는데, 우리는 당신에게 무슨 선물을 드릴 수가 있겠습니까? 우리의 모든 것이 당신 선물입니다."라고 말했다.

악마들에게 너무나 시달린 선장의 아내와 딸은 아무것도 먹지 못하고 침대에 누운 채 일어날 힘마저 없었다.

사도가 야생 당나귀 한 마리에게 안뜰로 들어가서 "예수 그리스 도의 사도이자 제자인 유다 토마스가 이리 나오라!"고 한다는 말을 악마들에게 전하라고 지시했다.

많은 사람이 뒤를 따르는 가운데 당나귀가 안으로 들어갔다. 그리고 "예수 그리스도의 원수들아, 파괴와 지옥의 자식들아, 악마와 그 아들아, 예수 그리스도의 사도인 유다 토마스가 '여기 모인 모든 사람들 앞으로 나와서 너희가 어느 족속인지 말하라!' 고 명령한다."고 말했다.

그러자 선장의 아내와 딸이 즉시 치욕스러운 시체처럼 걸어나왔다. 그들을 본 사도는, 특히 그 딸 때문에 매우 슬퍼졌다. 그래서 악마들에게 "너희에게는 용서와 인내를 베풀 수가 없다. 그들을 떠나가라!"고 말했다. 여자들이 쓰러져서 죽었다.

악마들이 큰 소리로 "우리 족속의 정체를 조롱하는 당신이 또 왔단 말이오? 우리 계획을 좌절시키러 또 왔소? 이번에는 그렇게 하지 마십시오. 당신이 원하는 곳에 가서 살 테니 제발 그렇게 해 주십시오. 그리스도가 당신에게 영원한 생명으로 보상하듯이, 나의 아버지는 영원한 멸망으로 갚아줄 것이오. 당신은 당신의 상을, 나는 나의 상을 받는 거요."라고 말했다.

사도가 "나를 통해서 예수가 너와 네 아들에게 명령한다. 더 이상 너희들은 사람들이 사는 곳에 머물지 못하고, 사람들의 거주지에서 멀리 떨어진 곳에서만 머물러라."하고 말했다.

악마들이 즉시 사라졌다. 그러나 여인들은 죽은 사람처럼 땅에 넘어져 있었다.

야생 당나귀가 떠나지 않고 거기 머물러 있다가 하느님의 힘으로 말하는 능력을 갖추고는 사도에게 "왜 멀거니 서 있기만 하고 미적미적거리는 겁니까? 당신 스승은 당신 손으로 위대한 행동을 보여주고 싶어합니다. 주님이 자기에게 속한 사람들에게 주는 참되고 영원한 치유를 알면서도 당신은 왜 잠시 지나가는 육체의 치유에 놀랍니까?

쓰러진 이 여인들이 부활하기를 기다리는 여러분, 예수 그리스도의 사도를 믿으십시오. 진리의 스승을 믿으십시오.

거짓 사도들과 거짓 예언자들이 겉으로는 양의 가죽을 썼지만, 속은 마구 잡아먹는 늑대들이고, 한 명의 아내로 만족하지 않고 많은 여자들을 타락시킵니다. 그들은 자기가 가진 재산에 만족하지 않고, 주님의 제자라고 자칭하면서 모든 것을 독차지하려고 듭니다.

그들은 말과 행동이 각각 다릅니다. 또한 다른 사람들에게는 악을 피하라고 하면서도 자기들은 선을 실행하지 않습니다. 다른 사람들에게는 간음, 도둑질, 인색함을 멀리하라고 가르치면서도 자기들은 이런 짓을 서슴지 않습니다."라고 말했다.

모든 사람들이 그 말하는 당나귀를 쳐다보았다. 주님에게 기도를 바친 뒤에 사도가 여인들에게 다가가서 "나의 주님, 나의 하느님, 이 여인들이 치유되어 일어나고, 악마들이 습격하기 이전의 상태로 돌아가게 해주기를 간청합니다."라고 말했다.

여자들이 몸을 일으켜서 단정하게 앉아 있었다. 그는 선장에게 하인들을 시켜서 여인들에게 먹을 것을 주게 하라고 지시했다.

사도가 야생 당나귀들에게 "나를 따라오라."고 말했고, 당나귀들을 성문 밖까지 따라갔다. 그리고 "너희 목장으로 돌아가라!"고 말했다. 아무도 그 짐승들을 해치지 못하도록 지켜보고, 그들이 사라진 뒤에 선장의 집으로 돌아갔다.

제9권

카리시우스의 아내에 관하여

미그도니아가 사도의 가르침을 듣는다

제82-88장

왕의 가까운 친척인 카리시우스의 아내 미그도니아가 새로운 신과 그의 사도가 자기 도시에 있다는 말을 듣고, 노예들이 메는 가마를 타고 갔으나 군중들이 밀집해 있어서 사도 근처에 접근할 수가 없었다.

그녀는 남편에게 하인들을 더 많이 보내달라고 요청했다. 하인들이 사람들을 밀치고 길을 텄다. 사도가 하인들에게 "말씀을 기꺼이 듣고 회개하려고 온 사람들을 왜 쫓아버리는 거요?"라고 말했다.

그리고 그는 가마꾼들에게 "가축들처럼 무거운 짐을 진 여러분도 평화와 안식을 받을 것이오. 부자는 그 재산으로, 가난한 사람은 그 가난으로 심판을 모면할 수는 없소. 왜냐하면 우리는 이행할 수 없는 계명을 받지 않았고, 힘에 부치는 무거운 짐을 주님이 지워주지 않았기 때문이오. 우리는 자기가 싫어하는 것을 남에게 하지 말라는 계명을 받았소.

먼저 모든 악의 근원인 간통을 저지르지 마시오. 또한 유다스 이스카리오트를 타락시키고 목매어 자살하게 만든 인색함을 피하시오. 과시와 불명예스러운 짓, 특히 육체적인 과다 노출을 피하시오.

온순함은 죽음과 원수를 굴복시키는 유익한 멍에입니다. 그것은 아무것도 무서워하지 않고, 그 무엇에 대해서도 저항하지 않습니다. 그것은 기쁨과 환희와 안식입니다. 거룩함, 모든 걱정에서의 해방, 그리고 온순함 등을 구세주가 보여주었습니다. 거룩함은 그분의 성전이고, 온순함은 그분의 영광입니다."라고 말했다.

왕의 친척 카리시우스의 아내인 그녀가 가마에서 내려 사도의 발아래 엎드려 그 발을 잡고는 "살아 있는 하느님의 제자여, 당신은 사막의 나라에 왔습니다. 우리는 이성 없는 가축처럼 살고 있기 때문에 이 나라는 사막이지요. 저도 봉인을 받고 하느님의 성전이 되고 싶어요."라고 간청했다.

사도가 그녀에게 "일어나서 당신 장신구들을 제거하시오. 당신의 장신구, 육체의 아름다움, 화려한 옷, 권력과 명성, 이 세상의 모든 재산도 당신에게 도움이 되지 않소. 당신 남편과 하는 성교도 참된 성교를 모른다면 아무 도움이 되지 않는 거요.

예수와 그를 믿는 사람들만이 오로지 영원히 남습니다. 평화 속에 돌아가시오. 주님이 당신에게 신비를 받을 자격을 줄 것이오."라고 말했다.

남편 카리시우스가 꿈에 독수리를 본다

제89-94장

미스데우스 왕의 친척인 카리시우스가 목욕을 마친 뒤 저녁을 먹으러 올라갔다. 그리고 아내가 어디 있는지 물었다. 하인들이 그녀가 몸이 불편하다고 대답했다.

그가 침실로 가서 그녀의 베일을 올린 뒤에 키스하고는 "왜 그런 슬픈 표정이오?"라고 물었다. 그녀는 "몸이 안 좋아요."라고 대답했다. 남편이 "왜 귀부인답게 집에 가만히 있지 못하고, 터무니없는 말을 듣거나 마술을 보러 돌아다니는 거요? 자, 같이 저녁을 듭시다."라고 말했다.

그녀는 "오늘밤에는 너무 두려움이 앞서서 식욕이 통 없어요. 미안해요."라고 말했다. 그녀는 남편과 잠자리를 같이 하는 것도 거부했다.

밤에 남편이 일어나서 자기가 꾼 꿈을 그녀에게 들려주었다.

즉 그는 미스데우스 왕과 성대하게 차려진 식탁에서 식사를 함께 하고 있는데 독수리가 날아와서 메추라기 두 마리를 채어가지고 자기 둥지로 갔다. 이어서 다시 나타나 비둘기 두 마리를 채어갔다. 왕이 활을 쏘았는데 화살이 독수리의 몸을 관통했지만 독수리는 전혀 상처를 받지 않았다. 거기서 그는 잠이 깼다.

그는 "나는 메추라기를 빼앗겨서 매우 두렵고 슬펐소."라고 말했다. 그녀는 "당신은 매일 메추라기를 맛보지만, 독수리는 한 번도 그 맛을 못 보았으니까, 그 꿈은 좋은 꿈이에요."라고 대꾸했다.

아침에 남편은 옷을 입은 뒤에 왼쪽 구두를 오른쪽에 신었다. 그리고 "이것이 무슨 뜻이겠소?"라고 묻자, 그녀는 "나쁜 것에서 좋은 것이 나온다는 뜻이지요."라고 말했다. 남편은 손을 씻은 뒤에 미스데우스 왕을 만나러 갔다.

아침 일찍 그녀가 사도를 만나러 갔다. 선장과 많은 사람들을 가르치고 있는 사도를 만났는데, 선장은 그녀의 남편 카리시우스가 매우 엄격한 사람이고, 그녀가 주님의 가르침에 따르는 것을 반대한다고 말했다.

사도는 "주님이 그녀의 영혼 안에서 참으로 부활했다면, 그녀는 아무것도, 죽음마저도 겁낼 것이 없소."라고 말했다.

미그도니아가 남편과 동침하기를 거부한다

제95-100장

왕의 친척이자 친구인 카리시우스가 아침을 먹으려고 집에 돌아왔으나 아내가 보이지 않았다. 저녁에 귀가한 아내에게 그는 어디 갔었는지 물었다. 그녀는 "영혼의 의사에게 갔지요. 대부분의 의사들은 육신의 병만 고치지만, 이분은 불멸의 영혼을 치유해요."라고 대답했다.

사도 때문에 그는 아내에게 분노를 느꼈지만, 아내가 자기보다 재산도 많고 머리도 좋았기 때문에 아무 말도 하지 않았다. 그러나 그녀가 저녁을 같이 먹기를 거부하자, 그녀의 침실로 찾아가서 마술사이며 사기꾼인 사도에게 더 이상 속지 말라고 말했다.

그녀와 성교를 하고 싶어서 안달이 난 그가 침실로 들어갔을 때, 그녀는 "오늘부터는 제 곁에 당신이 누울 자리가 없어요. 왜냐하면 당신보다 훨씬 훌륭한 주 예수가 제 곁에 있고 제 안에 머물기 때문이에요."라고 소리쳤다.

그가 강제로 동침하려고 하자, 그녀는 발가벗은 채 달아나다가 휘장을 찢어서 몸을 가리고는 유모의 방으로 가서 잤다. 그는 사도와 시포르 선장을 왕에게 고발해서 죽여버리겠다고 결심했다.

사도가 체포되어 감옥에 갇힌다

제101-107장

다음날 그는 허름한 옷을 입고 싸구려 신발을 신은 채 슬프고 낙담한 자세로 왕에게 갔다. 왕이 이유를 묻자, 그는 "시포르 선장이 인도에 불러들인 새로운 재난에 관해서 드릴 말씀이 있습니다. 그는 히브리인 마술사를 데려다가 자기 집에 머물게 하고 있지요. 이 마술사는 새로운 신을 가르치고, 아무도 들어보지 못한 새로운 율법을 주는데, 남편은 아내를, 아내는 남편을 버리지 않으면 영원한 생명에 들어갈 수 없다고 설교합니다. 제 아내도 여기에 속아서 어젯밤 달아났습니다. 이들을 처벌해주십시오."라고 대답했다.

왕이 복수해주겠다고 약속하고 재판관석에 앉은 다음 시포르 선장을 소환했다.

왕의 군사들이 시포르 선장의 집에 들이닥쳤다. 그때 시포르는 사도의 오른쪽에, 미그도니아는 그 왼쪽에 앉아 있었다. 그녀는 사도에게 남편이 강제로 성교를 하려고 해서 거부하고 달아났다고 설명했다.

시포르 선장이 왕의 앞에 끌려가서 말하는 당나귀 이야기, 사도가 악마들을 쫓아내고 자기 아내와 딸을 구해준 이야기를 하고는, 사도가 유일신을 두려워하고, 만물의 주 하느님, 그 아들 예수 그리스도를 숭배해야만 영원한 생명을 얻는다고 가르친다고 설명했다.

한편 카리시우스가 사도를 체포하러 가서 위협을 했다. 사도는 "주 예수 그리스도는 당신과 당신의 왕과 모든 군대보다도 더 강하기 때문에, 당신은 나를 해칠 수가 없소."라고 말했다. 그들이 사도를 쇠사슬로 묶어 왕에게 끌고 가 감옥에 집어넣었다. 그때 미그도니아는 집으로 돌아간 뒤였다.

사도는 주님을 위해서 자기가 감옥에 갇힌 것을 매우 기뻐하고 감사했다. 거기 갇힌 모든 죄수들이 사도에게 자기들을 위해서 기도해달라고 간청했다. 그래서 그는 다음과 같은 시편을 노래했다.

〈진주의 찬미가〉

제108-113장

나는 어려서부터 아버지의 왕궁에서, 그의 모든 재산과 호화로움이 주는 기쁨을 누리며 자랐다. 부모님은 내게 식량을 주어 고향이 있는 동쪽으로부터 나를 파견했다.

그들은 우리의 엄청난 보물창고에서 보물을 한 보따리 꺼내어 내게 지워주었지만, 그것은 가벼워서 내가 혼자서도 지고 갈 수 있을 정도였다.

북쪽 지방에서 나온 황금, 너무나 많은 은, 인도의 돌과 옥석들, 쿠샨의 마노 등이 나의 보물 보따리를 채웠다.

그들은 내게 강철 허리띠를 둘러주었고, 나에 대한 그들의 사랑으로 만든 옷, 즉 보석과 황금으로 장식된 찬란한 옷과 내 몸에 꼭 맞는 노란 옷을 벗긴 다음, 나와 계약을 맺고 내가 잊어버리지 않도록 그 계약을 내 마음에 새겨주었다.

"네가 이집트 땅에 가서 탐욕의 뱀이 사는 땅에 있는 그 진주를 한 개 가지고 온다면, 보석 옷과 그 위에 입는 노란 옷을 네가 다시 입을 것이다.

그리고 우리보다 서열이 다음 자리인 네 형제와 함께 너는 우리 왕국의 지도자가 될 것이다."

그래서 나는 길잡이 두 명과 함께 동쪽을 떠나서 험하고 무시무시한 길을 걸어가기 시작했다.

그런 여행을 하기에는 나는 나이가 너무 어렸다. 동양 상인들이 만나는 장소가 있는 모사니 경계선을 넘어 바빌로니아인들의 땅에 도착했다.

내가 이집트에 도착했을 때 길잡이들이 돌아갔다.

나는 곧장 뱀에게 가서 그의 소굴 근처에 머물렀고 그에게서 진주를 빼앗기 위해 그가 잠들기를 기다렸다.

외톨이인 나는 변장을 했는데, 나의 백성들마저 몰라볼 정도로 모습을 바꾸었다.

그러나 거기서 나는 동양에서 자유인으로 태어난 친척을 한 명 만났는데, 그는 왕궁 관리의 아들이고 매우 아름다운 청년이었다.

그가 와서 나의 길벗이 되었다. 그는 나와 절친한 친구가 되었으며, 사업 상담을 하는 동료가 되었다.

이집트인들을 조심하고 그들의 불결한 것들에 참여하지 말라는 충고를 받고, 나는 외국인으로 보이지 않기 위해서, 그리고 보석을 훔치러 외국에서 온 사람으로 보이지 않기 위해서 그들과 똑같은 옷을 입었는데, 이것은 이집트인들이 나를 대항하여 뱀을 깨우지 못하게 하려는 것이었다.

그러나 그들은 내가 이집트인이 아니라는 것을 알아챘다.

그들이 나를 속여서 나는 그들의 음식을 먹었다. 나는 내가 왕의 아들이라는 사실을 잊어버리게 되었고, 그들의 왕을 섬겼다. 나는 부모님이 심부름을 보낸 목적, 즉 그 진주마저 잊어버렸다.

그들의 음식이 너무 기름져서 나는 깊은 잠에 곯아떨어졌다.

내가 그런 시련을 당하는 동안 부모님은 그 사실을 잘 알았고, 나 때문에 몹시 슬퍼했다.

우리 왕국에서는 모든 사람을 왕궁 앞으로 소집하는 포고문이 돌았다.

파르티아의 왕들과 관리들, 동쪽의 모든 고위층들은 내가 이집트에 계속 남아 있어서는 안 된다고 결의했다.

그래서 왕궁의 관리들이 내게 편지를 보냈다.

"왕들 가운데 왕인 너의 아버지, 그리고 동쪽의 여왕인 너의 어머니, 또한 우리 다음 서열인 네 형제들이 이집트에 있는 우리 아들에게 인사를 보낸다! 잠에서 깨어 일어나라! 이 편지에 기록된 말들을 잘 알아듣고 네가 왕의 아들인데도 불구하고 노예의 멍에 아래로 전락했다는 것을 깨달아라. 황금으로 빛나는 네 옷을 기억하고, 네가 이집트로 간 목적인 진주를 기억하라. 네가 우리 왕국에서 받은 네 형제의 이름과 함께 네 이름이 생명의 책에 부름을 받았다."

그리고 바빌로니아의 사악한 아이들과 심연의 포악한 악마들 때문에 왕이 그 편지를 봉인하여 전령에게 주었다.

그의 목소리를 알아들은 나는 잠에서 깨어나 편지를 받아서 키스하고 읽었다.

거기 적힌 것은 내 마음에 새겨진 것에 관한 것이었다.

나는 즉시 내가 왕의 아들이고 나의 자유가 내 백성을 요구한다고 깨달았다.

그리고 내가 이집트에 온 목적인 진주를 다시 생각해냈다.

무시무시한 뱀으로부터 진주를 빼앗기 위해서 왔다고 깨달았다.

나는 아버지의 이름을 부르면서 복종하여 진주를 빼앗았고, 부모님에게 돌아가려고 했다. 나는 더러운 옷을 벗어서 그들의 땅에 남겨놓았다.

그리고 동쪽에 있는 고향의 빛을 향하여 길을 떠났다.

도중에 나는 나를 들어올린 여인(나의 편지)을 발견했다.

그녀는 목소리로 신탁을 주면서 나를 일깨웠고, 빛으로 인도했다.

왕의 비단옷이 내 눈앞에서 빛났다.

나를 인도하고 끌어주는 친숙한 사랑과 함께 나는 심연을 지나고 바빌론을 왼쪽으로 보면서 떠났으며, 길고 긴 해안선을 가진 메손에 도착했다.

그러나 너무 나이가 어린 시절에 아버지의 왕궁을 떠났기 때문에 나는 나의 영광을 기억할 수가 없었다.

그러나 내 옷이 마치 거울에 비치듯이 갑자기 눈앞에서 어른거릴 때, 그 안에서 나 자신의 자아 전체를 투시했고, 그것을 통하여 나 자신을 알고 또 보았다.

우리가 동일한 것에서 태어났다고 해도 우리는 부분적으로 분리가 된 뒤에 다시금 하나가 되고 단일한 형태를 취하기 때문이다.

옷을 가지고 온 보물창고 관리인들이 내 눈에는 둘로 보였지만, 둘 안에는 단일한 형태, 즉 두 부분으로 구성된 단일한 왕의 상징이 있었다.

그들이 손에 나의 돈과 재산을 들고 있다가 나에 대한 보상, 즉 황금과 보석과 진주들로 아름답게 수놓은 영광의 각종 색깔로 빛나는 최고급 옷을 나에게 주었다.

그 옷은 목 부분에서 잡아매게 되어 있는데, 왕들의 모습이 그 전체에 서려 있었다. 청금석이 깃에 교묘하게 고정되어 있고, 지식의 움직임이 그 깃을 통해서 일어나고, 그것이 말을 할 준비가 되어 있는 것을 나는 보았다.

이윽고 그것이 하는 말을 들었다.

모든 사람보다도 더 강한 그분에게 속한 것이 바로 나고, 그들을 위해서 아버지 자신이 나에 관해서 기록했다.

그리고 나는 나의 전신을 살펴보았는데, 그것의 힘이 증가함에 따라서 왕의 모든 느낌이 나의 위에 머물렀다.

그의 손이 미치자 옷이 나에게 달려왔고, 나도 그것을 받으러 달려갔다.

빨리 달려가서 그것을 받으려는 갈망이 더욱 뜨거워졌다.

그래서 나는 왕의 옷으로 나의 온몸을 감쌌다.

그 옷을 입은 뒤에 나는 평화와 영광의 나라로 올라갔다.

옷을 보내준 아버지의 광채 앞에서 고개를 숙이고 엎드렸다.

왜냐하면 그의 계명에 순종한 것이 바로 나였고, 또한 약속을 지킨 것이 나였으며, 그의 오래된 왕궁의 문에서 거닐었기 때문이다.

그는 나를 보고 매우 기뻐했으며, 나를 자기 왕궁으로 받아들였다.

그의 모든 신하가 잘 조화된 목소리로 찬미가를 불렀다.

그는 또한 자신의 정문 안으로 들여보내주었고, 내가 선물과 진주를 가지고 왕 앞에 나아가게 해주었다.

카리시우스가 사도를 죽이겠다고 위협한다

제114-118장

카리시우스는 아내가 예전처럼 자기와 함께 정상적인 부부생활을 할 것이라고 생각하여 기뻐하면서 집으로 돌아갔다. 그러나 머리를 깎고 옷을 찢은 채 앉아 있는 아내를 발견했다.

그래서 그는 아내에게 "인도의 여자들 가운데 가장 아름다운 미그도니아, 왜 아직도 이 잔인한 질병에 걸려 있는 거요? 왜 이런 미친 짓을 해서 온 세상의 웃음거리가 되는 거요? 저 마술사의 마술에서 제발 벗어나시오. 그렇지 않으면 저 마술사를 아주 죽여버리겠소."라고 말했다.

그는 또 자기가 왕 다음으로 세력이 강한 왕족인데 아내가 자기의 모든 영광을 없애버렸다고 한탄하고 눈물을 흘렸다. 미그도니아는 눈을 내리깐 채 아무 대꾸도 하지 않았다.

그는 아내가 자기와 동침하면 사도를 석방시켜줄 테니까 잘 생각해보라고 말한 뒤, 절망감을 안고 잠이 들었다. 그러나 그녀는 황금 10냥을 꺼내서 간수들을 매수하려고 감옥으로 갔다.

그런데 도중에 온몸에 광채가 나는 사도를 만나고는, 그가 세력 있는 가혹한 왕족이라고 짐작하여 몸을 숨겼다.

제10권
미그도니아가 세례를 받는다

감옥에서 나온 사도가 그녀를 만나 세례를 준다

제119-124장

미그도니아가 속으로 걱정을 하고 있을 때, 사도 토마스가 그녀 앞에 서 있었다. 그녀가 겁에 질려서 쓰러졌다. 사도가 손을 잡아 일으키고는 "미그도니아, 두려워하지 마시오. 예수님이 당신을 저버리지 않을 거요. 그는 한없이 친절하고 착한 분이기 때문이오."라고 말했다.

그녀가 사도에게 누가 감옥에서 풀어주었느냐고 묻자, 그는 "나의 주님 예수는 왕들과 지배자들의 힘보다 더 강력한 분이오. 그가 나를 풀어주었소."라고 대답했다.

그녀가 사도를 데리고 집안으로 들어가 유모에게 빵 한 덩어리, 포도주와 물을 섞은 음료, 그리고 기름을 달라고 했다. 사도가 그녀의 머리에 기름을 부어주었다. 그리고 근처의 우물에서 그녀에게 세례를 주었다. 이어서 빵을 쪼개어 물 한 잔과 함께 그녀에게 주면서 "당신이 이제 봉인을 받았으니, 영원한 생명을 받으십시오."라고 말했다. 사도는 또한 유모 마르치아에게도 세례를 주었다.

그런 다음에 사도는 감옥의 자기 방으로 자진해서 돌아갔다.

왕이 미그도니아를 설득하라고 명령한다

제125-128장

카리시우스가 왕에게 가서 낱낱이 일러바치자, 미스데우스 왕이 당장 사도를 불러내어 재판을 하고 죽여버리겠다고 말했다. 그러나 그는 사도를 말로 위협하여 먼저 자기 아내를 설득하게 만들자고 했다.

미스데우스 왕이 사도를 불러내어 "신들과 사람들이 모두 미워하는 이 새로운 가르침을 왜 퍼뜨리고 다니느냐?"고 물었다. 사도가 "제가 무슨 나쁜 것을 가르쳤단 말입니까?"라고 반문했다.

왕은 순결에 관한 그의 가르침이 나쁜 것이라고 지적했다. 사도는 "폐하는 호위하는 군사들이 더러운 옷을 입고 있을 수는 없지요. 그러니 저의 왕을 섬기는 사람들에게 제가 거룩하고 순수한 사람이 되고, 자녀들과 무익한 재산에 대한 걱정과 헛된 탐욕에서 벗어나라고 가르치는 것은 당연하지요."라고 대답했다.

왕이 사도에게 미그도니아를 설득해서 정상적인 부부생활을 하도록 만들라고 명령했다. 카리시우스는 사도에게, 그가 자기 아내를 설득하지 못하면 그를 죽이고 자기도 자살하겠다고 말했다.

시포르 선장의 아내와 딸이 세례를 받는다

제129-133장

한편 그녀는 "밤도 낮도 없고, 빛도 암흑도 없으며, 선악도, 가난한 사람도 부자도, 남자도 여자도, 자유인도 노예도, 비천한 사람을 짓밟는 오만한 사람도 없는 그곳에서 생명의 원천인 주님을 하루라도 빨리 보고 싶어요." 라고 말했다.

사도가 그녀에게 남편의 말에 복종하라고 말했다. 그러나 그녀는 말을 들으려고 하지 않았다.

사도가 그 집을 떠나서 시포르 선장의 집에 가서 머물렀다. 그리고 선장의 아내와 딸에게 세례를 주었다.

제11권
미스데우스 왕의 왕비에 관하여

왕비가 새로운 가르침을 받는다

제134-138장

미스데우스 왕이 사도를 풀어준 다음에 왕비 테르시아에게 가서 카리시우스의 불행을 한탄했다. 왕비가 즉시 카리시우스의 집으로 갔다. 미그도니아는 재를 뿌린 넝마를 깔고앉아서 기도를 하는 중이었다. 왕비가 그녀에게 제 정신을 차리고 정상적인 생활로 돌아가라고 충고했다.

그녀가 오히려 왕비에게 진리를 설교했다. 감동한 왕비가 시포르 선장의 집으로 가서 사도를 만나고, 하늘 나라의 왕과 그 보물, 그리고 새로운 생명에 관한 이야기를 들었다.

화가 난 왕이 카리시우스와 함께 시포르 선장의 집으로 갔다. 모든 사람이 자리에서 일어났는데, 사도만 홀로 자리에 앉은 채 그들을 맞이했다. 왕이 의자를 집어서 사도의 머리를 내리쳐 상처를 입힌 다음, 감옥으로 끌어가라고 군사들에게 명령했다.

제12권
미스데우스 왕의 아들 바잔에 관하여

왕자가 사도를 탈출시키려고 생각한다

제139장

그러나 왕의 아들 바잔이 군사들에게 "저 사람과 내가 이야기를 나누고 싶으니 넘겨주어라."고 말했다. 그는 "너의 신은 누구냐? 그의 힘과 영광은 무엇이냐? 그것이 마술이라면, 내게 비법을 알려라. 그러면 너를 석방시켜주겠다."고 말했다.

사도는 "당신은 한 계절의 왕인 미스데우스 왕의 왕자이지만, 나는 영원한 왕 예수 그리스도의 하인이오. 당신은 재산과 노예와 옷과 사치와 멋진 침대들을 자랑하지만, 나는 가난과 지혜에 대한 사랑과 겸손과 단식과 기도와 성령과의 일치를 자랑합니다. 나는 영원한 생명을 자랑하는 거요."라고 대꾸했다.

　사도에게 설득된 젊은 왕자는 그를 어떻게 탈출시킬까 궁리했다. 그때 왕의 군사들이 와서 사도를 끌어갔다.

사도가 감옥 안에서 '주의 기도'를 바친다

제140-149장

　왕이 사도를 재판한 뒤, 그를 뜨겁게 달군 철판 위에 맨발로 서 있게 했다. 땅에서 즉시 엄청난 물이 솟구쳐서 철판을 삼켜버렸다. 사도가 기도하자 물이 사라졌다. 왕자가 시포르 선장과 함께 사도를 따라 감옥까지 갔다.

　사도가 감옥에서 설교하고는 '주의 기도'를 바쳤다.

●

제13권

왕자 바잔이 세례를 받는다

왕비가 감옥으로 사도를 찾아온다

제150-152장

　바잔 왕자는 므네사라와 결혼하여 7년이 되었고, 그의 나이는 스물한 살이었다. 왕자가 간수들을 매수하겠다고 사도에게 말했다. 그때 왕비 테르시아와 미그도니아와 하녀 마르치아가 은화 363 냥을 간수들에게 주고 감방으로 들어왔다.

왕비는 미스데우스 왕이 "저 마술사가 기름과 물과 빵으로 당신을 홀렸소."라고 말하고 자기를 방에 가두었는데 겨우 빠져나왔다고 말했다.

감옥이 대낮처럼 밝아지고 문이 저절로 열린다

제153장

간수는 왕에게 들킬지도 모른다면서 등불을 끄고 자라고 말했다. 그들이 불을 끄고 잠이 들었을 때 사도가 주님에게 "빛을 비추어 주십시오."라고 말했다. 그러자 감옥 전체가 대낮처럼 밝아졌다.

사도가 왕자와 왕비 그리고 다른 여자들을 모두 감옥에서 내보냈다. 감옥의 문들이 저절로 열렸다. 왕자는 도중에 자기 아내 므네사라를 만나 같이 집으로 갔다.

사도가 왕자와 왕비 그리고 다른 여자들에게 머리에 기름을 부어주고 세례를 주었다. 또한 그들에게 빵과 물 한 잔을 주었다.

토마스가 군사에게 맞아죽는다

제159-167장

그후 사도와 왕비 테르시아, 미그도니아, 마르치아가 감옥에 갇혀버렸다.

간수들은 사도가 자유롭게 감옥을 드나든다고 왕에게 보고했다. 왕은 봉인이 그대로 있는 것을 보고는 간수들이 거짓말을 한다고 야단쳤다.

왕이 사도를 재판정으로 소환하여 "너는 자유인인가, 아니면 노예인가?"라고 물었다. 사도는, 자기는 주 예수의 노예라고 대답했다.

미스데우스는 사도를 어떻게 죽일까 궁리했다. 한편 주위에 서있는 사람들 가운데 지도층을 비롯하여 많은 사람이 사도를 따르고 있어서 두려움도 느꼈다. 그래서 왕이 소규모의 군사들을 이끌고 사도를 성 밖으로 데리고 갔다. 사람들은 왕이 사도에게 가르침을 받을 작정이라고 생각하여 따라가지 않았다.

그러나 왕은 그를 산으로 끌고가서 창으로 찔러죽이라고 군사들에게 명령하고는 왕궁으로 돌아갔다.

구경꾼들이 사도를 구하려고 달려갔다. 그러나 창을 든 군사들이 두 명씩 좌우에 섰고 장교가 그를 끌고 갔다.

사도가 "주님, 저는 제 임무와 당신의 명령을 충실히 완수했습니다. 저는 노예가 되어 오히려 자유를 얻었습니다!"라고 기도했다.

네 명의 군사들이 그를 때려서 죽였다.

형제들이 그를 고급 아마포로 싸고 좋은 옷을 입혀서 왕들의 무덤에 안치했다.

미스데우스 왕이 신앙을 받아들인다

제168-170장

시포르와 바잔이 그곳을 떠나지 않고 밤을 새웠는데, 사도가 그들에게 나타나서 "나는 여기에 없다. 왜 내려가지 않느냐?"하고 말했다.

미스데우스 왕과 카리시우스는 자기 아내들을 위협했지만, 그 마음을 돌릴 수가 없어서 나중에는 내버려두었다. 사형을 당하기 전에 사도가 시포르를 장로로, 바잔을 부제로 만들었기 때문에 그들이 계속해서 신앙을 전파했다.

오랜 세월이 흐른 뒤에 미스데우스 왕의 아들 하나가 악마에게 빠져버렸다. 왕은 사도의 뼈를 그의 몸에 대면 효과가 있을 것이라고 생각했다. 그러나 형제들 가운데 누군가가 사도의 뼈들을 훔쳐서 서쪽 나라로 갔다.

그래서 왕은 뼈들이 있던 자리의 흙을 긁어서 자기 아들에게 댔다. 그 아들이 즉시 치유되었다. 그리고 왕도 형제들과 함께 주님을 믿었다.

요한 행전

예수의 찬미가와 춤

해설

신약성서에 포함되지 않은 비경전 사도 행전은 주로 요한, 베드로, 바오로, 안드레아, 토마스의 행전으로 구성되고, 그 가운데서도 요한 행전이 가장 오래된 것이다.

비경전 사도 행전은 레우치우스 카리누스가 저술한 것이라고 하지만, 사실은 2~3세기의 100년 동안에 여러 사람이 저술한 것이다. 그리고 이것을 마니케아파가 편집한 것인데, 그노시스파의 요소와 초대 가톨릭교회적 요소가 혼합되어 있다.

특히 요한 행전에는 그노시스파의 요소가 가장 분명하게 드러나서, 초대 교회에서는 널리 배척을 받았다. 5세기 말에 교황 레오가 이것을 단죄했고, 787년의 니케아 공의회에서는 이것을 불태웠다. 동방교회에서는 에우세비우스가 요한 행전과 안드레아 행전을 이단문서라고 단정했고, 에피파니우스는 여러 그룹이 요한, 안드레아, 그리고 토마스 행전을 사용하고 있다고 기록했다. 서기 340년경에 마니케아파가 이 행전을 시편의 책에 포함했다.

서방교회의 아우구스티누스는 그리스도의 찬미 가운데 10행을 라틴어로 인용했고, 인노첸츠 1세와 아스토르가의 투리비우스가 이 행전에 관해서 언급했다.

사도들의 전기를 저술한 것으로 보이는 레우치우스 카리누스가 이 행전을 기록했다고 하지만, 확인되지는 않는다. 또한 2세기 말경에 저술되었다고 보는 이 문헌의 저술 장소가 이집트라고 하는 주장도 있다.

순결을 지킨 귀부인

18. 환상을 본 요한이 서둘러서 에페수스로 떠났다. 그래서 데모니쿠스, 그의 친척인 아리스토데무스, 대단한 부자인 클레오비우스 그리고 마르첼루스의 아내가 요한을 간신히 설득하여 밀레투스에서 하루 묵어가게 했다.

19. 그들이 에페수스에 가까이 이르렀을 때, 그 도시의 수비대장이자 대단한 부자인 리코메데스가 와서 요한 앞에 엎드린 채 "하느님의 하인인 요한이여, 제 아내 클레오파트라가 전신마비에 걸려 7일째 꼼짝도 못하고 누워 있으니 도와주십시오."라고 말했다.

20. 리코메데스와 요한이 그 집에 갔다. 리코메데스가 아내 곁에서 비통한 눈물을 흘렸다. 요한이 울면서 주님에게 기도했다.

21. 리코메데스가 죽은 줄로 착각하여 수많은 사람이 그 집으로 몰려들었다.

22. 요한이 "그리스도여, 무상으로 병자들을 치유해주는 의사여, 우리는 금이나 지상의 재산이 아니라, 이 두 사람의 영혼을 구해달라고 요청하는 것입니다. 그리고 두 사람의 구원을 보고 여기 모인 많은 사람이 신앙을 갖게 되기를 바랄 뿐입니다."라고 울면서 기도했다.

23. 그리고 클레오파트라에게 가서 얼굴을 손으로 만지면서 "예수 그리스도의 이름으로 명령하니 일어나시오!"라고 말했다. 클레오파트라가 즉시 일어났다. 그 기적을 보고는 에페수스 전체가 크게 놀랐다.

24. 한편 리코메데스는 근심 걱정에 짓눌려서 죽어버렸다. 요한이 클레오파트라에게 "하느님은 죽은 자를 죽은 자에게 주시는 분이니, 일어나서 그분을 찬미하세요!"라고 남편에게 말하도록 지시

시리아어 요한복음

했다.

클레오파트라가 그대로 말하자, 남편이 일어나 요한의 발에 키스했다. 요한이 그를 일으켜세우고는 "나의 발에 키스할 것이 아니라, 당신들을 부활시킨 하느님의 발에 키스하시오!"라고 말했다.

요한의 초상화를 그렸다

25-29. 요한이 일행과 더불어 그 집에 묵으면서 많은 사람을 가르쳤다. 리코데메스가 화가인 자기 친구를 불러서 초상화를 그리게 했다.

다음날 화가가 완성된 초상화를 리코데메스에게 주었다. 그는 그림을 자기 침실에 걸고 화환으로 장식했다. 거울을 처음 들여다본 요한이 그림 속의 인물이 자기 자신임을 깨달았다.

30-32. 요한이 자기 시중을 드는 베루스에게 그 도시의 노파들을 모두 데리고 오라고 지시했다. 베루스가 돌아와서 "여기 사는 육십 명의 노파 가운데 네 명만 건강하고 나머지는 반신불수거나 병자입니다."라고 보고했다.

병든 노파들을 극장으로 데리고 오게 한 뒤에, 대집정관과 부대장 안드로니쿠스와 수많은 사람이 보는 앞에서 요한이 모두 치유해주었다.

33. 치유하기에 앞서서 요한이 이렇게 말했다.

"나는 물건을 사고파는 장사꾼이 아니오. 예수 그리스도가 나를 통해서 여러분을 회개시키고 오류에서 구원할 것이오. 나는 여러분의 영혼을 돌보려고 왔소.

가난하다고 한탄하지 말고, 부자라고 해서 기뻐하지도 마시오. 재산이란 상실할 때 여러분에게 한없는 슬픔을 주기 때문이오.

육체의 아름다움을 자랑하고 오만하게 구는 사람들은 무덤에 들어가서야 비로소 깨달을 것이오. 간통하는 자들은 율법과 자연법칙이 벌을 내려줄 것이오. 자선사업을 하지 않는 사람들은 죽은 뒤에 불구덩이에 떨어질 것이오.

금과 상아와 보석을 즐기는 여러분, 그 보석이 밤에 보입니까? 호화로운 옷을 입은 여러분, 그 옷이 사후에 여러분을 도와줄 것 같습니까? 살인자, 독살하는 자, 마술사, 강도, 사기꾼, 동성연애자, 도둑 따위는 영원히 꺼지지 않는 불구덩이에 떨어질 것이오. 에페수스 시민 여러분, 회개하시오. 그리고 왕, 지배자, 폭군, 자만하는 자, 전쟁을 일으키는 자 따위의 무리는 모두 사후에 영원한 고통을 당한다는 사실을 깨달으시오!"

87. 드루시아나가 "주님이 요한의 모습과 젊은이의 모습으로 무덤 속에서 내게 나타났어요."라고 말했기 때문에 사람들이 영문을 몰라 어리둥절하고 믿지 않았다. 그래서 요한이 덧붙여서 이렇게 말했다.

주님의 신비들

88. "내가 보고 들은 것을 그대로 다 보여줄 수도 없고 또 기록할 수도 없으니까, 여러분이 알아듣도록 설명해주겠소.

그(예수)가 베드로와 안드레아 형제를 선택한 뒤에 나와 우리 형 야고보에게 와서 '여러분이 내게 필요하니 따라오시오.'라고 말했소. 야고보가 내게 '저기 바닷가에 있는 아이가 우리를 부르고 있는데, 뭘 원하는 걸까?'라고 물었지요. 내가 '어떤 아이?'라고 하자, 그가 '우리에게 손짓하는 저 사람 말이야.'라고 대답했소.

나는 '우리가 바다를 하도 오래 쳐다보아서 형은 사물을 제대로 보지 못해요. 잘생기고 단정하며 명랑한 표정을 짓고 있는 저 사람이 안 보이는가요?'라고 말했소. 그는 '그 사람은 내 눈에 안 보인다. 가서 확인해보자.'고 말했지요. 그래서 우리가 배를 해안에 댔는데, 그가 거들어주었지요.

89. 그를 따라가려고 우리가 그 자리에서 떠났을 때, 그는 내게 길고 숱이 많은 수염을 기른 대머리 모습으로 다시 나타났는데, 야고보에게는 수염이 막 나기 시작한 젊은이의 모습으로 나타났지요. 우리는 그것이 무슨 뜻인지 몰라 어리둥절했소. 생각할수록 더욱 이상하게만 여겨졌소.

그런데 더욱 놀라운 일을 보았지요. 그는 항상 눈을 뜨고 있으며 한 번도 감은 것을 본 적이 없소. 어떤 때는 매력 없고 키 작은 남자로 보이는가 하면, 어떤 때는 그의 키가 하늘 꼭대기까지 닿았지요. 또 어떤 때는 그가 나를 가슴에 안았는데, 그 가슴이 평평하고 부드럽게 느껴지는가 하면, 돌멩이처럼 딱딱하게 느껴지기도 했소.

90. 한 번은 나와 야고보와 베드로를 데리고 그가 자주 기도를 바치던 산으로 올라갔지요. 인간의 말로는 도저히 표현하기 불가능한 빛에 휩싸인 그를 보았지요.

또 다른 기회에 '나를 따라오시오.'라고 말하고 우리를 산으로 데려갔을 때, 우리는 멀리 떨어져서 기도하는 그를 바라보았소. 그의 사랑을 받고 있던 나는 들키지 않고 다가가서 그의 등뒤에 서 있었지요.

내가 자세히 보니 그는 옷을 입지 않은 나체로 있었고, 사람과 전혀 딴판인 모습이었소. 그의 발은 눈보다 더 하얗고 밟은 땅을 환하게 비추었으며, 그의 머리는 하늘에 닿았소. 공포에 질려서 내가 비명을 지르자 그가 돌아섰는데, 그때는 키 작은 남자로 보였지요. 그가 나의 수염을 잡아당기면서 '요한, 불신하지 말고 나를 믿으시오. 믿기만 하고 자꾸 물어보려고 하지 마시오.'라고 말했지요. 나는 '주님, 제가 무슨 짓을 했단 말입니까?'라고 말했소.

그가 내 수염을 잡아당긴 뒤 30일 동안 턱이 어쩌나 아픈지 혼이 나서 나는 '주님, 장난 삼아 잡아당긴 수염 때문에 이렇게도 아프니, 주님에게 얻어맞으면 얼마나 아프겠습니까?'라고 말했지요.

베드로와 바오로, 귀도 레니 작

그는 '절대로 시험을 당하지 않는 그를 시험하지 않도록 이제부터 조심하시오.' 라고 대답했소.

91. 그러나 베드로와 야고보는 내가 주님과 대화했다고 해서 화가 났고, 주님을 내버려두고 자기들에게 오라고 손짓했지요. 내가 다 가가자 '산꼭대기에서 주님과 대화한 사람은 누구지? 그 말소리를 우리가 들었거든.' 하고 물었다.

그의 풍성한 은총, 그가 가진 수많은 얼굴과 끊임없이 우리를 내려 다보는 그의 지혜를 내가 곰곰 생각해보면서 '그분에게 직접 물어 보면 대답을 얻을 거요.' 라고 대꾸했소.

92. 사도들이 모두 그와 함께 게네사렛에 있는 어떤 집에서 묵게 되었을 때, 내가 외투로 몸을 싸고는 그가 무슨 일을 하는지 지켜 보았지요. 그가 '요한, 가서 잠을 자도록 하시오.' 라고 말해서 나 는 잠이 든 척했지요.

그리고 그와 비슷하게 생긴 다른 사람이 내 눈에 보였는데, 그가 주님에게 '예수여, 당신이 선택한 제자들이 아직도 당신을 믿지 않 고 있소.' 라고 하는 말소리가 들렸지요. 주님이 '당신 말이 맞아 요. 그들은 사람들이니까.' 라고 대답했소.

93. 형제들이여, 다른 영광을 또 들려주겠소. 어떤 때 그에게 손 을 대보면 물질적이고 단단한 몸을 느꼈고, 또 어떤 때는 비물질적 이고 형체도 없으며 존재하지 않는 것처럼 느꼈지요.

한 번은 바리사이에게 초대되어 우리 모두 함께 그 집에 간 일이 있지요. 주인이 우리 앞에 빵을 한 덩어리씩 놓았지요. 그가 자기 빵을 축복해서 우리에게 나누어주었는데, 우리는 그 작은 조각을 받아먹고 배가 불렀고, 우리 빵은 손도 대지 않은 상태였소. 초대 한 주인이 크게 놀랐소.

그가 자리에서 일어나는 것을 내가 보았기 때문에, 같이 길을 걸어 갈 때 그의 발자국이 찍히는지 궁금했지요. 그러나 한 번도 본 적 이 없소.

그의 위대하고 놀라운 업적들, 즉 말하거나 들을 수가 없는 것이 분명한 이 신비들에 대해서 우리가 지금은 침묵을 지켜야 마땅하 지만, 나는 형제 여러분의 신앙을 더욱 튼튼하게 만들어주기 위해 서 알리는 것이오.

예수의 찬미가와 춤

94. 율법을 지키지 않는 뱀으로부터 율법을 받은 무법자 유대인들에게 체포되기 전에, 그는 우리 모두를 불러모으고는 '내가 저들에게 넘겨지기 전에 성부에게 찬미가를 부르고, 우리 앞에 놓인 것을 향해서 갑시다' 라고 말했지요.

그는 우리에게 손을 잡고 원을 그리게 한 뒤에 자신은 한가운데 서서 '아멘으로 내 말에 응답하시오.' 라고 말했소.

그리고 그가 찬미가를 부르기 시작했소.

아버지, 당신에게 영광을 드립니다. 아멘.

말씀이여, 당신에게 영광을, 은총이여, 당신에게 영광을 드립니다. 아멘.

성령이여, 당신에게 영광을, 영광이여, 당신에게 영광을 드립니다. 아멘.

아버지, 당신을 우리가 찬미합니다. 암흑이 깃들이지 못하는 빛이여, 당신에게 감사합니다. 아멘.

95. 나는 구원될 것이고 또 구원할 것이오. 아멘.

나는 풀릴 것이고 또한 풀 것이오. 아멘.

나는 꿰뚫릴 것이고 또한 꿰뚫을 것이오. 아멘.

나는 태어날 것이고 또한 낳을 것이오. 아멘.

나는 먹을 것이고 또한 먹힐 것이오. 아멘.

여덟 겹의 힘인 오그도아드가 우리와 함께 노래하고 있소. 아멘.

열두 번째 숫자가 위에서 춤추고 있소. 아멘.

춤추지 않는 자는 일어나는 일을 모르고 있소. 아멘.

나를 보는 여러분에게 나는 등불이오. 아멘.

깨닫는 여러분에게 나는 거울이오. 아멘.

나를 두드리는 여러분에게 나는 문이오. 아멘.

여행자 여러분에게 나는 길이오. 아멘.

96. '나의 신비들에 관해서 침묵을 지키시오! 내가 떠나고 난 뒤에 여러분은 내가 누구인지 알게 될 거요. 고통을 어떻게 당할지 그 방법을 알면, 여러분은 고통당하지 않을 힘을 가질 것이오. 나는 저 배신자의 하느님이 아니라 여러분의 하느님이오.' 라고 말했지요.

97. 그 춤이 끝나자 주님이 밖으로 나갔소. 우리는 사방으로 달아났지요. 나 자신마저도 그의 수난 현장에 있지 못하고 울면서 올리브 산으로 달아났소.

금요일 6시에 그가 십자가에 매달려 있을 때, 온 땅이 암흑에 뒤덮였지요.

주님이 무덤 한가운데 서서 환하게 비추면서 나에게 '요한, 저 아래 예루살렘의 군중에게는 내가 지금 십자가에 매달린 모습을 보여주고 있소. 그러나 당신에게 가르침을 주기 위해서 내가 여기로 불러온 것이오.' 라고 말했소.

빛의 십자가

98. 그리고 빛의 십자가를 보여주었는데, 그 주위에는 형체가 없는 무수한 십자가가 있었지요. 그때 감미롭고 친절하며 참으로 신성한 목소리가 들렸는데,

'이 빛의 십자가는 말씀, 마음, 예수, 그리스도, 문, 길, 빵, 씨앗, 부활, 성자, 성부, 성령, 생명, 진리, 신앙, 은총이라는 여러 가지

이름으로 불린다. 이것은 사람들을 위해서 그러한 것이다.

99. 이것은 말씀으로 모든 것을 결합하는 십자가다. 이것은 저 나무십자가가 아니고 나도 십자가 위에 있는 그 사람이 아니다.

100. 그러므로 신비의 바깥쪽에 있는 수많은 사람들을 무시하고 경멸하라. 내가 전적으로 성부와 함께, 그리고 성부가 나와 함께 있다는 것을 깨달아라.

101. 내가 춤을 추면서 보여준 것이 신비인 것이다. 내가 무엇인지는 나 이외에 아무도 모른다. 그러므로 나를 통해서 너의 것을 보려고 하라.' 는 것이었지요.

102. 말을 마치자 그는 나 이외에 보는 사람이 없는 가운데 위로 (들려서) 올라갔지요. 아래로 내려간 나는 모든 사람들을 비웃었고, 사람들의 회개와 구원을 위해서 주님이 상징적으로 모든 일을 꾸며서 보여주었다는 한 가지 사실만 굳게 간직했지요.

103. 그러므로 형제들이여, 우리는 육체가 아니라 영혼으로 주님을 숭배합시다. 그는 우리와 함께 계시고, 우리가 고통을 당할 때 그분도 우리와 함께 고통을 당하기 때문이오. 그는 감옥에 갇힌 사람들의 하느님이오.

104. 그분 안에 살고 그분 안에서 성장하면 여러분은 파괴당하지 않는 영혼을 지니게 될 것이오." 라고 말했다.

105. 그 말을 마친 요한이 안드로니쿠스와 함께 자리를 떠났고, 드루시아나가 뒤를 따랐다.

아르테미스 신전을 파괴했다

37. 밀레투스에서 따라온 형제들과 안드로니쿠스가 요한에게 스미르나로 가자고 말하자, 요한은 아르테미스의 신전에 먼저 가보자고 대답했다.

38. 이틀 후, 그 우상의 탄생을 축하하는 축제가 열렸다. 모든 사람이 흰 옷을 입었으나 요한은 검은 옷을 입고 신전으로 갔다. 사람들이 그를 잡아서 죽이려고 했는데, 그는 연단에 올라가서

39-45. "여러분은 진실한 신앙에 대해서 여전히 적대적이고, 우상 숭배 속에서 멸망하려고 하오! 내가 행하는 기적과 치유를 얼마나 많이 보아왔소?"라고 말하고, 에페소 사람들을 모두 죽이겠다고 위협했다.

그들이 사정을 하자, 그는 위협을 거두고 신전의 파괴를 기도했다. 신전의 지붕이 꺼지고 신전 자체가 여러 부분으로 떨어져나갔다. 그리고 우상 일곱 개가 파괴되었고, 사제들이 한꺼번에 죽었다. 사람들이 "신은 하나뿐이다!"라고 외치면서 신전의 나머지 부분을 모두 헐어버렸다.

46. 죽은 사제의 시체를 친척인 젊은이가 요한이 머물고 있는 안드로니쿠스의 집으로 운반해왔다. 그리고 부활시켜달라고 간청했다. 요한이 청년에게 "가서 '하느님의 하인인 요한이 일어나라고 말합니다!'라고 시체에게 이야기하여 당신 스스로 부활시키시오."라고 지시했다. 청년이 그대로 해서 죽은 자를 살려낸 뒤 요한에게 데리고 왔다.

젊은 농부의 아버지를 부활시켰다

47-54. 한 아버지가 젊은 농부인 아들에게 동료 농부인 다른 사람의 아내를 데리고 살지 말라고 충고했다. 화가 난 아들이 아버지를 죽이고는 낫을 든 채 집으로 달아났다.

환상을 본 뒤에 길을 걸어가던 요한이 그 청년을 만나자 "피묻은 낫을 들고 어디를 가는 거요?"라고 물었다. 청년은 "이런 죄의 원인이 된 여자와 그 남편을 죽이고 저도 죽으려는 거요."라고 대답했다.

시체가 실려오자 요한이 기도를 한 뒤에 "일어나 하느님에게 영광을 드리시오!"라고 말하여 죽은 자를 살려냈다.

청년이 그 광경을 보고는 낫으로 자기 성기를 잘라가지고 정부인 그 여자의 집으로 달려가서 던져주었다. 그리고 요한에게 돌아와 보고했다.

요한은 "악을 행한 신체의 부분을 홧김에 자른 것은 옳지 않소. 신체의 일부분이 사람을 해치는 것이 아니라, 각종 더러운 욕망을 일으켜서 행동으로 나타나게 만드는 숨은 원천이 사람을 해치는 거요. 그러므로 회개하시오."라고 말했다. 청년이 회개하고 요한의 곁을 떠나지 않았다.

55. 스미르나 사람들이 요한에게 전령을 보내어, 한 장소만 편애하지 말고 자기들에게 와달라고 요청했다.

메추라기와 늙은 사제

56-57. 어느 날 요한이 자리에 앉아 있을 때, 메추라기 한 마리가 모래밭에 내려앉아 노는 모습을 바라보고 매우 신기하게 여겼다. 청중 속에 있던 어느 늙은 사제가 요한의 태도를 보고 속으로 비웃었다.

요한이 그 생각을 알아채고는 "저 새는 당신의 영혼이오."라고 말했다. 자기 속생각마저 주님의 사도에게 탄로난 것을 깨달은 사제가 즉시 땅에 엎드려 주님을 찬미했다.

스미르나에서 만난 안티파트로스의 아들들

56. 요한이 에페수스를 떠나 스미르나로 갔다. 그곳의 안티파트로스라는 사람이 찾아와서 악마에게 신들린 쌍둥이 아들들(34세)을 치유해주면 금화 10만 개를 주겠다고 말했다.

요한은 "나는 무료로 치유해주는 사람이오. 물질적인 대가를 받는 대신에 치유된 사람들의 영혼을 받소."라고 대답했다.

57. 요한이 기도하자 악마들이 쫓겨났다. 그리고 요한은 그 아버지와 아들들에게 성부와 성자와 성신에 관해서 가르치고 세례를 주었다. 안티파트로스는 돈을 가난한 사람들에게 나누어주었다.

요한이 다시 에페수스로 떠났다

58-59. 요한은 자선사업에 쓰라면서 거액의 돈을 거기 남겨둔 채 에페수스로 떠났다. 에페수스에서 따라왔던 안드로니쿠스, 드루시아나, 리코메데스, 클레오비우스 이외에 아리스토불라, 아리스티푸스, 크세노폰, 그리고 창녀 생활을 청산하고 순결한 생활을 하는 여자가 함께 갔다.

빈대들이 요한의 명령에 복종했다

60. 첫째 날 밤 외딴 여관에서 요한을 위해 방을 잡으려고 할 때, 우리는 이상한 일을 보았다. 침대에 눕자마자 요한이 빈대들에게 시달렸다.

그러자 요한이 "빈대들아, 좀 점잖게 굴어. 오늘밤만은 주님의 사도로부터 멀리 떨어진 곳에 가서 쉬어라."하고 말했다. 우리는 폭소를 터뜨렸고, 요한은 잠들었다.

61. 아침에 보니 빈대들이 문간에 모두 모여 있어서 대단한 구경거리가 되었다. 요한이 일어나 빈대들에게 제자리로 돌아가라고 하니까 빈대들이 침대로 헐레벌떡 달려갔다.

남의 아내를 탐낸 귀족 청년

62-65. 에페수스로 돌아간 뒤에, 형제 가운데 한 명이 사탄의 하인이 되어서 안드로니쿠스의 아내인 드루시아나를 탐냈다. 그 여자는 경건한 생활을 위해서 남편과 별거중이었다.

동료들이 사탄의 하인인 그 사내를 나무랐다.

그 말을 들은 드루시아나가 속이 상해서 이틀간 열병을 앓았다. 그리고 그 남자의 영혼을 슬퍼하면서 이 세상을 떠났다.

66-78. 남편인 안드로니쿠스는 비통한 눈물을 흘렸지만, 적의 강력한 힘을 알고는 침묵했다.

여자를 짝사랑하던 그 사내가 안드로니쿠스의 욕심 많은 하인(포르투나투스)을 매수하여 여자의 시체를 더럽히기 위해 함께 무덤으로 갔다.

어디선가 뱀이 나타나 하인을 물어 죽였다. 그리고 청년의 발을 감아서 넘어뜨린 다음에 그 위에 도사리고 앉았다.

다음날 아침, 요한과 안드로니쿠스가 여자의 무덤에 가서 빵을 나누어 먹는 예식을 하려고 했다. 무덤의 열쇠가 없어진 것을 발견했고, 무덤에 이르자 요한이 말한 대로 문이 저절로 열렸다. 그리고 뱀에게 붙잡힌 청년(칼리마쿠스라는 이름의 귀족)을 발견했다. 그리고 공중에서 들려오는 소리를 듣고 진상을 파악했다.

요한이 죽은 칼리마쿠스를 되살려주자, 그는 "내가 여자에게 더러운 짓을 하려고 할 때 광채에 싸인 아름다운 청년이 자기 옷으로 여자를 덮어주고 나에게 말하기를 '살기 위해서 너는 죽어야 한다.'고 했지요."라고 말했다.

79-84. 안드로니쿠스와 다른 형제들이 죽은 여자 드루시아나도 부활시켜달라고 요청했다. 요한이 즉시 여자의 손을 잡고는 "무한

하고 말로 표현할 수 없고 우리가 이해할 수 없는 유일한 신인 하느님에게 드루시아나를 살려달라고 기도합니다. '드루시아나! 일어나라!'"고 말했다.

즉시 부활한 드루시아나는 요한의 지시에 따라 죽은 하인 포르투나투스의 손을 잡고 "우리 주 예수 그리스도의 이름으로 일어나라!"고 말했고, 하인이 즉시 되살아났다. 그러나 그 하인은 회개하지 않았다.

85. 요한이 무덤 안에서 빵을 들고 주님을 찬미한 뒤에 쪼개어, 주님의 성찬을 모든 형제들에게 나누어주었다.

86. 되살아나고도 회개하지 않은 하인 포르투나투스는 뱀의 독이 온몸에 퍼져서 다시 죽었다. 요한이 "악마가 자기 아들을 가져갔소."라고 말했다.

요한의 마지막 가르침

106. 다음날은 일요일이었다. 요한이 모든 형제들을 모아놓고 주님 안에서 신앙을 굳게,

107. 또한 명예롭게 처신하고, 순수하게 살며, 맑은 정신으로 행동하고, 엄격한 생활을 하며, 순결한 삶을 통하여 주님을 사랑하라고 권유했다. 과거에 무지 속에서 지은 죄를 용서받았으니 더 이상 죄를 짓지 말라고 명령했다.

108. 그리고 형제들을 주 예수 그리스도께서 늘 보호해주기를 기도했다.

109. 이어서 빵을 들고 "우리는 성부와 성자의 이름을 찬미하고, 주님 당신의 부활, 길, 씨앗, 말씀, 은총, 신앙, 소금, 말로 표현할

수 없는 진주, 보물, 쟁기, 그물, 위대성, 왕관, 사람의 아들이라고 불린 그분, 진리, 안식, 지식, 힘, 계명, 신뢰, 그리고 당신 안에서 누리는 자유와 피난처를 찬미합니다."라고 말했다.

110.   요한이 빵을 쪼개어 우리에게 주었는데, 그것은 가장 거룩한 성찬이었다. 그리고 바루스에게 "두 형제에게 바구니와 삽을 주고 함께 나를 따라오시오."라고 말했다.

요한의 죽음

111-112.   문 밖으로 나선 요한이 수많은 형제들에게 더 이상 따라 오지 말라고 말했다. 그리고 한 형제의 무덤에 이르자, 젊은이들에 게 땅을 파라고 지시했다. 그들이 땅을 팠다.

요한이 겉옷을 벗어서 구덩이 밑바닥에 깔고 속옷 차림으로 "이방 인들 가운데서 사도직을 수행하라고 우리를 선택한 하느님, 이 요 한의 영혼을 받아주십시오.

113-114.   지금까지 저를 순수하고 여자를 모른 채 살게 해준 주 님, 제가 세 번이나 결혼하려고 했지만, 당신은 제 몸을 병들게 하 거나 2년간 눈을 멀게 해서 말렸습니다. 당신이 맡긴 사명을 완수 했으니 이제 안식을 주시고, 당신 안에서 죽도록 허락해주십시오. 당신만을 사랑하고 순수하게 살아간 사람들에게 약속한 그것을 제 게도 허락해주십시오."라고 기도했다.

115.   그리고 "주 예수 그리스도여, 저와 함께 계셔주십시오."라고 말하고, 구덩이 속에 누운 채 "형제들이여, 평화가 여러분과 함께 있기를 빕니다."라고 말하고는 기쁜 표정으로 숨을 거두었다.

요한 행전과 관련된 라틴어 문헌

깨진 보석들을 원상 복구했다

제5장

다음날 철학자 크라토누스가 재산에 대한 경멸의 본보기를 보여주겠다고 시장에서 선언하여 구경꾼이 잔뜩 몰려들었다. 그 도시에서 가장 재산이 많은 대부호인 형제를 설득한 그는, 그들이 상속 재산을 모조리 털어서 보석을 산 뒤에 그 보석을 사람들이 보는 앞에서 부수어버리게 했다.

우연히 그곳을 지나가던 사도가 철학자를 불러서 "이 세상은 사람들의 찬미를 받지만 이미 오래 전에 하느님의 심판으로 단죄된 것인데, 세상을 경멸하는 것은 어리석은 짓이오.

마치 병을 근절하지 못하는 가짜 약이나 영혼과 행실의 잘못을 고치지 못하는 공허한 가르침과 같은 것이오. 우리 스승은 완전한 사람이 되어 영원한 생명을 얻고 싶어하는 부자 청년에게 가진 것을 다 팔아서 가난한 사람들에게 주라는 현명한 가르침을 베풀었소."라고 말했다.

철학자가 "그렇다면 이 부서진 보석들을 원래대로 만들어보시오."라고 말했다.

요한이 하늘을 우러러보면서 "주 예수 그리스도여, 당신에게는 불가능한 것이 없습니다. 탐욕의 나무로 부서진 이 세상을 당신은 십자가의 나무로 회복시켰습니다. 자선사업을 모른 채 이 사람들이 부수어버린 보석들을 원래의 상태로 만들어주십시오."라고 기도했다. 같이 있던 형제들이 "아멘."으로 응답했다.

그러자 깨졌던 보석들이 말끔히 원래의 상태로 돌아갔다. 철학자와 그의 제자들이 세례를 받았다. 그후 두 형제도 자선사업에 전념하여 신도가 많이 늘었다.

나무 막대기와 조약돌들을 황금으로 변화시켰다

제6장

그 일이 있은 뒤에 에페수스의 다른 저명인사 아티쿠스와 에우제니우스가 모든 재산을 팔아 가난한 사람들에게 나누어주고 사도를 따랐다.

그들이 페르가뭄 시에 갔을 때, 자기 하인들이 비단옷을 걸치고 으스대며 걸어다니는 것을 보았다. 그들은 외투 한 벌에다 가난한 처지에 놓인 자신들의 신세를 비관하고 슬픔에 잠겼다.

사도 요한이 "당신들은 마음이 변했구려. 과거에 가졌던 재산을 회복하고 싶다면 나무 막대기를 한 묶음씩 가지고 오시오."라고 말했다. 그리고 그리스도의 이름으로 그 막대기들을 황금으로 변화시켰다. 바닷가의 조약돌들도 금으로 만들어서 그들에게 주었다.

그리고 "가서 땅도 사고 비단옷도 사서 호강을 하시오. 그러나 돈을 사랑하는 사람은 맘몬의 노예라는 것을 기억하시오. 맘몬은 악마의 이름인데, 이 악마는 육체의 쾌락을 주관하고, 이 세상을 사랑하는 사람들의 지배자요.

예언자를 통해서 성령은 '재산을 긁어모으는 자는 누구를 위해서 긁어모으는지 모르고 있다.'고 말했소. 우리는 발가벗고 태어나서 역시 발가벗은 상태로 흙으로 돌아가는 것이오.

필요한 것 이상으로 재산을 가진 사람은 비참하고 불행하지요."
라고 말했다.

죽은 청년을 부활시켰다

제7장

결혼한 지 30일 만에 죽은 청년의 시체를 요한의 홀어머니가 요한에게 운반해와서, 드루시아나를 부활시킨 것처럼 그 청년도 살려달라고 울면서 애원했다.

슬픔을 억제하지 못한 사도도 통곡했다. 오랫동안 속으로 기도하기를 세 번이나 반복한 뒤에 그는 "젊은 스탁테우스여, 일어나라!" 하고 명령했다. 청년이 즉시 되살아났다.

그는 땅에 엎드린 아티쿠스와 에우제니우스에게 "황금으로 변했던 나무 막대기와 조약돌들이 원래의 모습으로 돌아가게 해달라고 30일간 기도하시오."라고 말했다. 30일이 지난 뒤에도 원래의 모습으로 돌아가지 않았다.

두 사람이 울면서 참회했다. 그래서 요한이 중재자로서 기도를 바쳐 원래 모습으로 변하게 했다.

요한이 죽은 사람들을 부활시킨다

제8장

이 모든 일을 목격한 우상들의 대사제 아리스토데무스가 사악한 생각에 빠져서 시민들이 서로 싸우도록 내분을 일으켰다.

그리고 요한에게 참된 신을 증명하기 위해서 독약을 마시라고 강요했다. 수많은 구경꾼이 보는 앞에서 사형수들이 독약을 마시고 먼저 죽었다.

이어서 요한이 태연하게 독약 잔을 받아서 십자 성호를 그은 다음에 기도하고, 자기 입과 온몸을 십자가 표시로 무장한 채 독약을 마셨다. 3시간이 지났는데도 요한이 여전히 명랑한 표정으로 있자, 군중들이 "저 사람이 믿는 신만이 참된 신이다."라고 외쳤다.

그래도 아리스토데무스가 믿지 않고, 먼저 죽은 사형수들을 살려내보라고 요구했다. 군중들이 화가 나서 그의 집을 불로 태워버리겠다고 위협했다.

요한이 진정시키고 "하느님으로부터 가장 먼저 배울 것은 인내지요. 그 인내를 가지고 우리가 신앙이 없는 사람들을 참아주는 거요."라고 말한 뒤 자기 외투를 아리스토데무스에게 주고 죽은 자들을 그것으로 덮으라고 말했다. 죽은 자들이 일어났다.

그제서야 아리스토데무스가 믿고, 대집정관을 설득해서 요한에게 용서를 빌도록 했다. 그들은 모든 우상을 파괴하고 성 요한의 이름으로 성당을 건축했다.

안드레아 행전

순결의 고귀함을 위한 순교

해설

이것은 안드레아의 순교를 주제로 한 흥미진진한 드라마다.

에우세비우스는 이 행전과 요한 행전, 기타 다른 행전들을 이단문서라고 단죄했다. 서방의 라틴교회에서는 브레시아의 필라스테르가 4세기 말경 처음 이 행전에 관해서 언급했고, 같은 무렵에 교황 인노첸스 2세는 이 행전의 저자를 철학자 크세노카리데스와 레오니데스라고 하면서 사용을 금지했다. 아우구스티누스는 북아프리카의 마니교파와 스페인의 프리쉴리안파가 이 행전을 가지고 있다고 말했다.

레우치우스가 저자라는 설이 있으나 일반적으로 인정되지는 않았다. 원본은 시리아나 이집트에서 2~3세기에 작성되었을 것으로 추정된다.

I. 에제아테스의 형제인 스트라토클레스가 철학을 공부하기 위해 황제에게 병역 면제를 청원하고는 이탈리아에서 파트라스로 갔다. 그가 에제아테스를 오랫동안 방문하지 않았기 때문에 아리스토클레스의 근위 사단 전체가 떠들썩했고, 기쁨에 넘친 막시밀라가 침실에서 뛰어나가 그를 영접해들였다.

2. 그는 아리스토클레스가 배치해준 하인을 매우 사랑했는데, 그 하인이 악마에게 신들려서 제 정신이 아니고 더러운 곳에 누워 있었다. 그래서 그는 말할 수 없이 상심하고 슬퍼했다.

그 소식을 들은 막시밀라가 가서 "걱정하지 마세요. 하인은 곧 치유될 거예요. 이 도시에 하느님을 몹시 두려워하는 사람이 있는데, 그는 악마들을 내쫓을 뿐 아니라, 중병도 다 고친답니다. 우리는 그를 신뢰하지요. 한번 시험해봅시다." 라고 말했다.

이피다마도 같은 말을 하면서 스트라토클레스가 번민에 지쳐 경솔한 짓을 하지 못하게 말렸다.

3. 막시밀라의 요청으로 안드레아가 사단 구내에 도착하여 그 소년에게 갔다.

문에 들어서자마자 그는 "어떤 세력이 안에서 싸우고 있으니, 형제들이여, 어서 서두르시오!" 라고 말했다. 그리고 스트라토클레스의 하인이 게거품을 물고 온몸을 비트는 곳으로 무조건 들어갔다.

스트라토클레스의 비명을 듣고 달려온 사람들은 미소를 지으며 안으로 들어오는 안드레아를 알아보지 못했다. 그러나 그를 아는 사람들은 그를 신으로 여겨 두려워했으므로 길을 비켜주었다.

그러나 하인들은 그를 아무것도 아닌 촌놈으로 보고는 때리려고 덤볐다. 다른 사람들이 그 하인들의 무례함을 꾸짖었다. 이윽고 잠잠해지자 결과를 기다려보기로 했다.

4. 그때 막시밀라와 이피다마가 축복받은 분이 도착했다는 보고를 받았다. 흥분한 두 여자가 방에서 나와 스트라토클레스에게 달려가 "자, 당신 하인이 어떻게 치유되는지 보세요." 라고 말했다.

그도 일어나서 여자들을 따라갔는데, 수많은 사람이 둘러싼 것을 보고는 낮은 소리로 "알크만(소년의 이름)아, 넌 아카에아에 와서 구경거리가 되었구나!" 라고 말했다.

안드레아가 막시밀라를 쳐다보면서 "엄청난 폭풍우와 방랑에서 벗어나 하느님을 믿게 된 사람들은 치유 불가능하다고 생각하는 이 질병들이 치유되는 것을 보고 매우 불안해하지요. 자, 내 말이 그대로 이루어지고 있다는 것을 나는 압니다.

여기 서 있는 마술사들이 아무것도 할 수 없어서 무력하게 있소. 그들은 이 하인의 치유를 포기했지요. 모두 사기꾼들이기 때문이오. 그들이 이 무서운 악마를 왜 내쫓지 못하는 거요? 그들이 악마와 한패거리이기 때문이오. 여기 모인 군중에게 이 말을 해두는 것이 유익하지요."라고 말했다.

5. 그가 즉시 자리에서 일어나 "오, 마술사들의 말에 귀를 기울이지 않으시는 하느님! 오, 돌팔이들을 도와주지 않으시는 하느님! 오, 당신과 다른 것들을 멀리하시는 하느님! 당신의 것들을 당신에게 속한 사람들에게 지금도 주시는 하느님!

스트라토클레스의 하인에 대해서 제가 간청합니다. 악마의 한패거리들이 내쫓을 수 없는 이 악마를, 여기 모인 모든 사람들이 보는 앞에서 즉시 내쫓아주십시오."라고 말했다.

즉시 기가 죽은 악마가 남자의 목소리로 "하느님의 하인이여, 나는 달아나겠소. 이 사람뿐 아니라 이 도시로부터 달아나겠소."라고 말했다.

안드레아가 "이 도시에서 달아날 뿐 아니라, 나의 형제들이 많이 있는 이 지방 어느 구석에서도 네가 발을 붙이지 말도록 명령한다."고 말했다.

악마가 떠나자 알크만이 땅바닥에서 일어섰다. 안드레아가 그에게 팔을 뻗었더니, 그는 안드레아와 함께 걸었고, 태연한 자세로 비틀거리지도 않았다. 그리고 정상적으로 말하고, 자기 스승인 안드레아를 존경하는 눈으로 쳐다보았다. 또한 왜 사람들이 그렇게 많이 모였는지도 물었다.

안드레아가 "너와 상관없는 일들은 알 필요가 없어. 우리가 네게 일어난 일을 보았으니 그것으로 충분해."라고 대답했다.

6. 한편 막시밀라가 안드레아와 스트라토클레스의 손을 잡고 자기 침실로 들어갔는데, 거기 있던 안드레아의 형제들도 뒤를 따랐다. 자리를 잡은 뒤에 모두 안드레아를 쳐다보면서 그가 말하기를 기다렸다. 막시밀라는 스트라토클레스가 사도의 말을 듣고 신앙을 가지기를 원했던 것이다. 그의 형제인 에제아테스도 하느님을 모독하고 신앙을 경멸했다.

7. 안드레아가 입을 열어 "오, 스트라토클레스여, 방금 일어난 일을 보고 당신은 감명을 받았을 거요. 그러나 이제는 당신 안에 숨어 있는 다른 사람을 내가 밖으로 끄집어내야겠소.

아까 일어난 일의 원천과 원인에 관해서 당신이 곰곰 생각하고 또 완전히 어리둥절해진 것은 당신 영혼이 고민에 휩싸여 있다는 증거요. 당신의 당황, 주저, 경악에 나는 기분이 좋소.

당신은 출산의 고통만 느낄 게 아니라, 자기가 잉태한 아이를 출산하시오. 나는 산파의 일이나 미래 예측에 관해서 무지하지는 않소. 나는 당신이 잉태한 그것을 원하지요. 당신 안에 든 그것에게 나는 젖을 주겠소. 침묵하고 있는 그것을 나는 알고 있소. 희망을 품은 그것을 나는 알고 있소.

당신의 새로운 자아가 이미 내게 말을 하고 있소. 그를 아주 오랫동안 괴롭혀온 그것들을 나는 이미 만났소. 그는 자기가 과거에 믿었던 종교에 대해서 부끄럽게 생각하지요. 과거에 공개적으로 한 행동을 그는 후회하지요. 과거에 숭배한 것이 모두 허무하다고 생각하지요.

그는 참된 종교를 모르고 있소. 그는 속으로 과거의 무익한 신들을 책망하고 있지요. 방랑자로 떠돌았기 때문에 교육을 받기 위해서 지금 고생하는 거요.

과거에 의지했던 자기의 철학이 천박하다고 깨닫고 있소. 그 철학이 아무 짝에도 쓸모 없다고 깨달은 거요. 근본적인 것을 하나도 약속해주지 않는 철학이라고 이제 알게 된 거요. 유익한 것을 그 철학이 하나도 보장해주지 못한다는 것도 이제 알고 있소.

안 그렇소? 스트라토클레스여, 당신 안에 들어 있는 다른 사람이 이렇게 말하고 있는 게 아닌가요?"라고 말했다.

8. 커다란 신음소리를 내고 나서 스트라토클레스가 "탁월한 예언 자이자 살아 계시는 하느님의 참된 전령이여, 이 모든 일들 때문에 내가 시간만 낭비했다고 당신이 꾸짖었는데, 그런 일들을 경멸함 으로써 나 자신을 발견할 때까지는 당신 곁을 떠나지 않겠소."라고 대답했다.

그는 밤이나 낮이나 사도의 곁을 떠나지 않고, 질문도 하고 배우기 도 하며, 때로는 사도의 말을 막기도 했고, 어떤 때는 입을 다물었 고, 구원의 지식을 진심으로 사랑하면서 기쁨에 넘쳤다. 자기 재산 을 모두 버린 채, 오로지 사도와 더불어서 독신으로 살겠다고 선언 했다.

또한 다른 사람들이 있는 자리에서는 사도에게 질문하지 않고, 다 른 신자들이 자기 일에 몰두할 때 따로 사도에게 물었다. 다른 사 람들이 잠들었을 때 그는 깨어 있고, 하도 열심히 배우려고 해서 안드레아를 잠을 자지 못하게 했다.

9. 안드레아는 그의 질문들에 관해서 입을 다문 것이 아니라 다른 형제들에게 알렸고, "스트라토클레스여, 당신은 개별적으로 내게 질문했으나 그 질문들을 다른 형제들 앞에서도 숨기지 마시오. 그 렇게 추수를 두 배로 하시오. 이런 방식으로 해서 당신이 원하고 찾는 것을 당신 안에 좀더 확실하게 축적하시오.

당신의 진통을 동료들에게 감추는 것은 옳지 않소. 진통하는 여자 의 경우를 봅시다. 진통이 산모를 압도하고 어떤 힘에 의해서 태아 가 밀려나오게 될 때, 안에 머무는 것이 아니라 쥐어짜서 밖으로 밀릴 때, 그 신비에 참여하여 거드는 여자들 눈에 태아가 확실하게 보이는 거요(산모가 먼저 비명을 지를 때 진짜로 비명을 지른 것은 태아 자체요). 그들은 태아가 살아서 출산되도록 최선을 다하고, 태어난 뒤에는 모든 정성과 노력을 기울여서 보살펴주는 것이오.

이와 같이 나의 자녀인 스트라토클레스여, 우리도 소극적이 되면 안 되고, 당신 태를 출산시켜서 많은 형제들이 그를 등록하고 선물로 주는 구원의 말씀으로 인도하도록 해야만 하오. 그리고 나는 당신이 그 형제들의 동료가 되기를 바라오."라고 말했다.

10. 스트라토클레스가 경건하게 행동하고, 자기가 들은 말씀을 드디어 확고하게 받아들이고, 흔들리지 않는 영혼을 지닌 채 주님을 변함없이 굳게 믿는 것을 보고 막시밀라와 이피다마가 크게 기뻐했다.

치유를 받은 뒤에 알크만도 다시는 신앙을 거부하지 않았다. 감사에 넘치는 스트라토클레스, 그리고 막시밀라와 이피다마와 알크만은 그리스도 안에서 밤낮으로 기뻐하고 신앙이 굳어졌기 때문에, 수많은 다른 형제들과 마찬가지로 주님의 봉인을 받을 자격이 있다고 인정되었다.

11. 안드레아가 "나의 자녀들이여, 여러분이 이 봉인의 자국을 다른 봉인들 자국으로부터 분리해서 잘 보존한다면, 하느님이 여러분을 인도하고, 자기 나라로 받아들일 것이오.

여러분 영혼 안에 이 찬란한 이미지가 나타나면, 모든 사악한 권력, 무서운 지배자들, 불타는 천사들, 무시무시한 악마들, 악한 세력들이 좌초하고 침몰되며, 암흑, 불, 음침한 빛, 기타 상상할 수 있는 모든 처벌이 맥을 못추게 되는 거지요.

그러나 여러분이 이 은총의 빛을 더럽힌다면, 그들이 여러분을 놀릴 것이오. 주님을 배반하여 이것을 더럽힌 뒤에 하느님에게 이 봉인을 들어서 탄원해도 소용이 없소.

12. 그러므로 이것을 잘 보존합시다." 라고 말했다.

13. 주님의 날에 형제들이 에제아테스의 침실에 모여서 안드레아의 가르침을 듣고 있을 때, 대집정관이 도착했다. 그래서 막시밀라는 남편이 화를 낼까 두려워했다.

안드레아가 "주님, 당신 하인들이 무사히 이곳을 떠날 때까지 에제아테스가 이 방에 들어오지 못하게 해주십시오. 그는 무기를 든 사자와 같이 우리를 공격하려고 합니다." 라고 기도했다.

그러자 대집정관 에제아테스는 심한 복통이 일어나 오랫동안 요강위에 앉아서 시간을 보냈다. 안드레아와 형제들이 들키지 않고 무사히 떠났다.

14. 스트라토클레스가 자기 형제인 에제아테스를 만나 포옹하고 미소로 인사했다. 에제아테스가 아내에게 달려가보니 기도를 하고 있었다. 그는 자기를 위해서 아내가 기도하는 줄 알고 기뻐했다.

그러나 막시밀라는 에제아테스가 요구할 더러운 성교에서 자기를 보호하고 앞으로 순결하게 지낼 수 있도록 해달라고 기도한 것이다. 그래서 남편의 요구를 거절했다. 여행에 지친 남편이 다른 방으로 갔다.

15-16. 막시밀라의 요청으로 안드레아가 스트라토클레스와 함께 그 방으로 다시 가서 여자 위에 손을 얹은 뒤에, 여자의 순결한 생활을 허락해달라고 기도해주었다.

17. 막시밀라가 미녀이면서도 매우 음탕한 하녀 에우클리아를 불러서 음모를 꾸몄다. 즉 하녀에게 자기와 비슷하게 화장하고 남편의 침실로 들어가 같이 자도록 한 것이다. 그리고 하녀에게는 두둑한 보수를 주었다.

18. 그런 식으로 지낸 지 8개월 뒤에 하녀가 요구하여 자유의 몸으로 만들어주었고, 보석과 옷 등 무엇이든지 달라는 대로 주었다. 하녀 에우클리아가 하도 도도하게 구는 바람에 다른 노예들이 화

가 났다. 드디어 남편이 사실을 알게 되었다.

19. 안드레아가 환상을 본 뒤에 "오늘 에제아테스의 집안에서 분노와 충돌이 끓어오를 거요."라고 말했다.

20. 막시밀라가 평범한 여인으로 변장하고는 하인들에게 들키지 않고 집안으로 들어갔다.

21. 한 시간 후 자기를 위해서 일부러 다른 하인들과 난투극을 벌였던 하인들에게 1천 데나리우스의 보상금을 주고 입을 막았다. 그러나 그들은 악마의 사주를 받고 주인에게 가서 고자질했다.

22. 낱낱이 전모를 파악한 대집정관이 화가 나서 에우클레아의 혀를 자르고, 사지를 절단한 뒤 밖에 내버렸는데, 그 여자는 굶어 죽어서 개들의 밥이 되었다. 그리고 사실대로 보고하지 않은 하인들을 모조리 십자가에 매달아 죽였다.

23. 비탄에 잠긴 그는 아무도 안 만나고 먹지도 않은 채 며칠을 지냈고, 드디어 아내의 발 아래 엎드려 12년간의 결혼생활을 이야기하고, 자기에게 숨기고 있는 것을 털어놓으라고 애원했다. 막시밀라는 자기 사랑이 이 세상의 것을 대상으로 삼지 않기 때문에 설명해도 남편이 못 알아들을 것이라고 대답했다.

24. 그는 스트라토클레스에게 어떻게 하면 좋을지 상의했다.

25. 그의 젊은 노예가 죽은 자들을 부활시키는 안드레아에 관해서 설명해주었다.

26. 그 노예가 마침 멀리 있는 안드레아를 발견하고 "저 사람이 주인님 집안의 모든 분쟁의 원인입니다."라고 소리쳤다. 그리고 달려가 안드레아를 잡아서 끌고 왔다. 에제아테스는 안드레아를 "타락시키는 자"라고 부르고 가두어버렸다.

27. 그는 아내 막시밀라에게 안드레아를 체포했다고 알렸다.

28-30. 이피다마가 평복으로 변장하고 감옥에 들어가 안드레아를 만났다.

31. 대집정관이 아내의 침실 앞에 감시병 네 명을 배치하고, 감옥의 경비를 강화하여 아무리 높은 사람도 통과시키지 말라고 지시한 뒤 저녁 식사를 하러 갔다.

32. 막시밀라와 이피다마가 감옥에 도착하자, 아름다운 소년이 문을 열어주고 안으로 들여보냈다.

33. (안드레아가) 여인들에게 "우리는 시간에 속하지 않고, 움직임에도 속하지 않지요. 지상의 출생에도 속하지 않습니다. 우리는 오히려 위대한 것을 바라지요. 우리는 자비를 베푸는 그분, 더 우수한 것에 속해 있지요."라고 말했다.

34. 며칠 동안 에제아테스가 안드레아를 감옥에 그대로 내버려두었다.

35-36. 에제아테스는 아내가 과거처럼 정상적인 성생활과 가정생활을 하지 않으면 안드레아를 죽이겠다고 위협했다.

37-41. 감옥을 찾아간 막시밀라가 안드레아의 손에 키스하고 그 사실을 자세히 알렸다. 안드레아는 남편의 위협에 굴복하지 말라고 격려했다.

42-45. 그리고 안드레아는 스트라토클레스도 격려해주었다.

46. 막시밀라가 남편의 동침 요구를 거절하자, 남편인 에제아테스가 안드레아를 십자가에 목박아 죽이기로 결심했다.

47-50. 안드레아가 "형제들이여, 폭풍우를 두려워 말고, 우리 영혼 안에 악마들의 흔적을 남기지도 맙시다. 우리의 목표를 향하여 열심히 달려가고, 악마들의 정체를 폭로합시다."라고 신도들을 격려했다.

51-53. 채찍으로 일곱 번 맞은 뒤에 안드레아가 처형장으로 끌려갔는데, 스트라토클레스가 안드레아를 구출해서 바닷가로 달아났다. 에제아테스가 그들을 잡아서 처형하라고 명령했다.

54. 안드레아가 십자가에 가까이 다가서면서 "오, 십자가여, 나

는 너의 신비를 알고 있다. 순수하고 오로지 빛으로만 충만한 십자가여, 이제 지친 나의 몸을 받아라."하고 말했다.

에제아테스의 명령대로 사형집행관들이 손발에 못을 박지는 않고 그를 묶어서 십자가에 매달았다. 고통을 더 많이 줄 목적이며, 밤에 개들이 뜯어먹도록 하려는 의도였다.

55. 십자가 주위에 모여든 무수한 형제들이 그의 죽음을 지켜보았다. 스트라토클레스가 "하느님의 하인 안드레아여, 당신은 왜 그렇게 웃고 있는 거요?"라고 물었다.

그는 "에제아테스의 어리석은 행동에 대해서 내가 어떻게 웃지 않을 수가 있겠소? 그는 진리를 알아들을 귀가 없는 사람이오."라고 대답했다.

56. 이방인들조차 에제아테스의 부당한 처사에 화를 냈다.

안드레아는 "남녀노소 여러분, 노예들과 자유인 여러분, 죽음이 이 부질없는 인생의 끝이라고 생각한다면 이 자리를 곧 떠나십시오. 영혼과 육신이 분리된 뒤에는 아무것도 남는 것이 없다고 믿는다면, 여러분은 짐승 수준의 이해력을 가졌을 뿐이지요. 오로지 쾌락만 추구한다면 여러분은 도둑과 다름이 없소.

육체가 여러분의 전부라고 본다면, 여러분은 어리석음과 무지의 노예입니다. 재산과 번영이 여러분을 행복하게 만들어준다고 믿는다면, 여러분은 참으로 비참한 존재이지요.

57. 자기 자신을 얻지 못한다면 재산이 무슨 소용이 있겠소? 여러분의 영혼이 욕망의 노예라면, 훌륭한 가문 출신이라는 것이 무슨 소용이 있겠소? 여러분의 인생이란 고통스럽고 헛되고 무의미하며, 자만과 허영으로 가득 차고, 잠시 이어지다가 사라지는 것이오.

그리고 그것은 쾌락의 친구이고, 시간의 노예이며, 만취의 하인, 방탕의 이웃, 탐욕의 먹이, 분노의 한패거리, 배신의 심판관, 살인의 공범, 증오의 왕자, 간통의 명수, 질투와 살인의 선동가일 뿐이오. 차라리 이런 인생은 포기하라고 권고하고 싶소. 깊고도 깊은 나의 사랑을 모범으로 삼아 뒤를 따르시오.

58. 순수한 신앙과 하느님에 대한 사랑으로 가득 찬 사람들을 위해서 나는 그 길을 준비하기 위해 떠나갑니다. 나는 위협을 없애고, 악마들에게 재갈을 물리고, 지배의 힘을 파괴하며, 권력자들을 굴복시키고, 악마와 사탄을 내쫓고, 악을 처벌하고 있는 거요."라고 말했다.

59. 그는 3일간 밤낮으로 가르쳤고, 사람들이 모두 감복했다. 그래서 나흘째 되던 날, 2천 명 가량 되는 사람들이 대집정관에게 몰려가서 안드레아를 살려주라고 요구했다.

60. 폭동을 두려워한 에제아테스가 살려주겠다고 약속했다.

61-63. 그러나 구출되기를 원하지 않은 안드레아는 에제아테스가 자기의 적이라고 비난하고 나서 숨을 거두었다.

64-65. 막시밀라가 안드레아를 십자가에서 내려놓은 뒤에 밤에 묻었다. 그리고 남편을 떠나서 형제들과 함께 살았다. 스트라토클레스는 형제인 에제아테스의 상속자가 되기를 거부했고, 따라서 에제아테스는 후손을 남기지 못하고 죽었다.

필립보 행전

그의 핏방울에서 포도나무가 솟는다

어린 염소와 표범이 신자가 된다

제8장

구세주가 사도들을 파견하고, 사도들이 제비를 뽑아서 선교 지역을 정할 때, 필립보에게는 그리스가 배당되었다. 그는 그리스로 가는 문제를 곰곰이 생각해보고 울었다. 그의 누나인 마리암네는 빵을 나누는 예식을 위해서 빵과 소금을 준비했고, 마르타는 많은 사람들을 시중들고 일을 많이 했다. 그런데 그가 우는 것을 본 마리암네가 예수에게 가서 "주님, 제 동생이 저렇게 속이 상해 있는데도 모른 척하십니까?"라고 말했다.

예수는 "여자들 가운데 선택받은 여자여, 그와 함께 가서 격려해 주시오. 내가 알기로는 그가 성급하고 화를 잘 내는데, 혼자 가도록 내버려두면 그가 많은 사람에게 재앙을 가져올 것이기 때문이오. 자, 내가 바르톨로메오와 요한을 같은 도시에 보내서, 거기 사는 사람들이 너무나 사악하기 때문에, 나의 두 제자가 거기서 많은 고통을 당하게 하겠소. 그 도시에 사는 사람들은 뱀들의 어머니인 독사를 숭배하기 때문이오. 당신은 남자 옷차림으로 변장하고 필립보를 따라가시오."라고 말했다.

그리고 예수는 필립보에게 "왜 두려워하는 거요? 나는 언제나 당신과 함께 있을 거요."라고 말했다.

그래서 그들이 오피아니 지방으로 떠났다. 용들이 사는 황야에 도착했을 때, 거대한 표범이 수풀 속에서 달려나오더니 그들의 발 아래 몸을 던지고는 사람의 목소리로 "위대한 신의 사도들이고 하느님의 외아들의 사도인 당신들을 저는 경배합니다. 저에게 사람과 똑같이 말을 잘 할 수 있는 능력을 주십시오."라고 말했다.

필립보가 "예수 그리스도의 이름으로 명령한다. 말해보라."고 지시했다.

그러자 표범이 사람과 똑같이 말하게 되었다. 그리고 "신성한 말씀을 관리하는 필립보여, 제 말을 잘 들어보시오. 어젯밤 제가 뱀들의 어머니인 암컷 용의 산 근처에서 염소떼 사이를 지나가게 되었지요. 그래서 염소 새끼를 한 마리 잡았습니다.

그것에게 상처를 준 뒤에 잡아먹으려고 숲 속으로 들어갔을 때, 그 어린 염소가 어린애처럼 울면서 사람의 목소리로 '오, 표범이여, 난폭한 마음과 야수의 본성을 버리고 양순함을 입으세요. 왜냐하면 하느님의 외아들의 영광의 약속을 완전하게 수행하기 위해서 위대한 하느님의 사도들이 곧 이 사막을 지나갈 예정이기 때문입니다.'라고 말했지요.

그 말을 듣자 저는 당황했으며, 이어서 마음이 변하여 난폭한 성질이 온순한 성질로 바뀌었고, 그래서 그 염소 새끼를 잡아먹지 않았습니다. 그리고 눈을 들어 바라보니 당신이 시야에 들어왔고, 저는 당신이 착하신 하느님의 하인임을 알아보았습니다. 그리고 염소 새끼를 버려둔 채 당신을 숭배하려고 이렇게 온 것입니다. 제가 야수의 본성을 버리고 당신을 어디든지 따라가도록 허락해주십시오."라고 말했다.

필립보가 "그 어린 염소는 어디 있는가?"라고 물었다. 표범은 "저 건너편의 참나무 밑으로 제가 던졌습니다."라고 대답했다.

필립보가 바르톨로메오에게 "상처받은 그 염소에게 가서 치유해 주자. 그리고 가해자인 이 야수도 치유해주자."라고 말했다. 필립 보의 지시에 따라서 표범이 그들을 염소가 있는 곳으로 인도했다.

필립보가 "사람을 사랑하는 예수님, 당신보다 더 자비로운 분이 없다는 진리를 이제 우리가 깨달았습니다. 당신은 이 짐승들을 통 해서 우리의 신앙을 더욱 굳게 해주었기 때문입니다. 주 예수 그리 스도여, 이 짐승들에게 생명과 숨결과 안전한 생활을 허락하여, 이 들이 야수와 가축의 본성을 버리고 길들여져서, 이제부터는 야수 가 다른 짐승을 잡아먹지 않고, 염소도 가축의 음식을 먹지 않으 며, 사람의 마음을 가지고 우리가 가는 곳은 어디든지 따라다니도 록 해주십시오. 이들이 사람과 똑같이 말하고, 주님의 영광을 위해 서 일하게 해주십시오."라고 말했다.

그러자 표범과 어린 염소가 앞발을 들고 일어서서 "이 사막에 있는 우리를 기억하고 방문해준 당신을 찬미하고 축복합니다."라 고 말하고는 엎드려서 필립보와 바르톨로메오와 마리암네에게 절 했다. 그리고 하느님을 찬미하면서 다 함께 길을 떠났다.

야고보의 후임자로서 예루살렘의 주교였던 클로파스의 아들 시 몬이 트라야누스 황제 시절에 순교한 이후에, 필립보 사도는 리디 아와 아시아의 여러 도시에서 설교했다. 그는 아시아의 히에라폴 리스라고 하는 오피오리메 도시에 가서 신자인 스타키스의 영접을 받았다. 칠십 명의 제자 가운데 한 명인 바르톨로메오와 그의 누나 인 마리암네 그리고 다른 제자들이 함께 갔다.

형제들이 스타키스의 집에 모였고, 마리암네가 자리에 앉아서 사도의 설교에 귀를 기울였다. 용은 창조될 때 형체가 없었는데, 짐승들과 새들이 그 용을 알아보고 피했다. 그는 그 용의 함정에 관해서 설교했다. 왜냐하면 그곳의 사람들이 뱀과 뱀의 형상을 숭 배하여 그곳의 지명이 히에라폴리스 오피오리메였기 때문이다.

많은 사람이 신자가 되었다. 대집정관의 아내인 니카노라는 눈에 병이 있었는데 치유를 받았고, 역시 신자가 되었다. 그녀는 이제 은으로 만든 가마를 타고 왔다.

마리암네가 히브리어로 "알리카만 이카사메, 마르마리, 야카만, 마스트라난, 아카만"이라고 말했는데, 그 뜻은 "아버지의 딸인 귀부인이여, 맹세의 징표로 뱀에게 봉헌된 여인이여, 그리스도가 이제 당신에게 옵니다."라고 하는 것이었다.

니카노라가 마리암네에게 "저는 히브리 사람이에요. 제 모국어로 이야기해주세요. 저는 당신의 설교를 듣고 병이 치유되었어요."라고 말했다. 그들이 니카노라를 위해서 기도했다.

그러나 폭군인 그녀의 남편이 와서 "이게 어찌된 일이오? 누가 당신을 치유해주었소?"라고 물었다. 그녀가 "저를 떠나가세요. 그리고 순결하고 검소한 생활을 하세요."라고 말했다. 그가 그녀의 머리카락을 움켜쥐고 끌고 가면서 죽이겠다고 위협했다.

그리고 사도들이 체포되어 채찍으로 맞은 뒤에 신전으로 끌려가서 표범과 어린 염소와 함께 갇혔다. 사제들과 시민들이 몰려와서 마술사들에 대한 복수를 요구했다.

대집정관은 자기 아내가 기도할 때 창문으로 들여다보았는데, 그녀의 몸에서 발산되는 놀라운 광채 때문에 하마터면 눈이 멀 뻔했다. 그래서 그녀를 두려워했다.

그들은 사도들의 옷을 벗기고 부적을 찾아내려고 뒤졌다. 그리고 필립보의 발꿈치와 허벅다리를 창으로 꿰어서 거꾸로 매달았다. 또한 바르톨로메오는 발가벗긴 뒤에 머리카락을 기둥에 잡아매서 허공에 매달았다. 그들은 고통을 느끼지 못하는 듯이 서로 바라보면서 미소를 지었다.

그러나 그들이 마리암네를 발가벗기자, 그녀는 빛과 불로 충만한 유리의 방주처럼 변했고, 고문하던 사람들이 모두 달아났다.

필립보와 바르톨로메오가 히브리어로 말했고, 필립보는 "하늘에서 불이 쏟아지도록 요청해볼까?"라고 말했다.

이윽고 요한이 도착하여 무슨 일이 일어났는지 물었다. 사람들이 그에게 자세히 설명하자, 그는 현장으로 갔다. 필립보가 바르톨로메오에게 히브리어로 "여기 바레가의 아들(또는 바레크에 사는) 요한이 왔다. 바레가는 살아 있는 물이다(또는 살아 있는 물이 있는 곳이다)."라고 말했다. 요한은 "하늘과 땅 사이에 매달렸던 그분의 신비가 여러분과 함께 있기를 빕니다."라고 말했다.

이어서 요한이 사람들에게 뱀에 대해서 경고하는 설교를 했다. 만물이 창조되고 하늘의 체제에 따라 배치되었을 때, 하느님의 작품들이 하느님에게 그의 영광을 보여달라고 요청했다. 그들이 그 영광을 보자 분노와 원한을 품었다. 그리고 땅은 길을 벗어난 자들의 창고가 되고, 만물 가운데 쓸데없는 것과 남은 것이 모여서 달걀처럼 되었다. 그리고 뱀이 태어났다.

사람들이 요한에게 "당신이 우리의 동료이고 같은 시민인 줄 알았더니, 이 사람들과 한패거리군요. 사제들이 당신의 피를 뽑아서 포도주와 섞은 뒤에 그것을 독사에게 줄 거요."라고 말했다. 사제들이 요한을 잡으러 오자, 그들의 손이 모두 마비되었다.

요한이 필립보에게 "악을 악으로 갚지는 맙시다."라고 말했다. 필립보가 "나는 더 이상 참을 수가 없소."라고 대꾸했다. 다른 세 사람이 그를 설득했으나, 그는 "아발로, 아리모우니, 도우타엘, 타르셀레엔, 나카오트, 아에이도우나프, 텔레텔로에인(깊고 깊은 심연이 입을 벌려서 이 사람들을 삼켜버려라. 사바오트, 그렇게 되어라)."하고 말했다.

심연이 입을 벌려서 사도들이 있는 그곳을 제외하고 모든 장소를 삼켰고, 7천 명을 삼켜버렸다. "보라. 십자가가 우리를 비추고 있다."고 외치면서 자비를 간청하는 그들의 목소리가 밑에서 올라왔다. 그리고 "나의 빛의 십자가 안에서 너희들에게 자비를 베풀겠다."고 하는 목소리도 들려왔다. 그러나 스타키스와 그의 집, 니카노라와 다른 오십 명, 그리고 백 명의 처녀들이 안전한 상태에 머물렀다.

예수가 나타나서 필립보를 야단쳤다. 그래서 그는 변명을 했다.

주님이 "네가 분노하고 사람들을 용서해주지 않았기 때문에 너는 영광 안에서 죽고, 천사들이 너를 낙원으로 데려갈 것이다. 그러나 불타는 칼을 무서워하면서 40일 동안 낙원 밖에 머물 것이다. 그런 다음 내가 미카엘을 보내면 그가 너를 안으로 인도할 것이다.

바르톨로메오는 리카오니아로 가서 십자가에 못박히고, 마리암네의 시체는 요르단 강에 버려질 것이다. 그리고 심연에 삼켜버린 사람들을 내가 다시 데리고 나올 것이다."라고 말했다.

예수가 허공에 십자가를 긋자, 빛으로 가득 찬 십자가가 심연까지 뻗쳐서 사다리처럼 되었다. 예수가 그들을 소리쳐서 부르자 그들이 올라왔는데, 대집정관과 독사는 올라오지 않았다. 사도들을 본 그들이 뉘우치고 회개했다.

필립보는 여전히 매달린 채 그들의 잘못을 질책했는데, 어떤 사람들이 그를 끌어내리려고 달려갔으나, 그는 내려지기를 거절하고 여전히 말을 계속했다.

"내가 매달려 있다고 해서 슬퍼하지 마시오. 머리를 아래로 해서 지상에 내려왔다가 십자가의 나무로 그 죄의 죽음에서 구출된 최초의 사람의 모습을 내가 하고 있기 때문이오. 또한 주님이 나에게 '아래 있는 것을 위로, 왼쪽에 있는 것을 오른쪽으로 만들지 않으면 네가 나의 왕국에 들어갈 수 없을 것이다.' 라고 말했기 때문이오. 온 세상과 모든 영혼이 잘못된 길에 들어서 있으니, 여러분도 나와 같은 형상으로 되어야 합니다."라고 말했다.

그는 주님이 사람으로 태어난 일에 관해서 설교하고, 바르톨로메오와 마리암네를 풀어주라고 한 다음 그들의 운명을 알려주었다.

"내가 죽으면 이곳에 성당을 지으시오. 그래서 표범과 어린 염소가 그 성당에 머물게 하고, 그들이 죽을 때까지 니카노라가 잘 돌보아 주시오. 그들이 죽으면 교회 문 옆에 묻으시오. 스타키스의 집에 평화가 머물기를 빕니다."라고 말했다.

그는 순결에 관해서 설교했다. "그래서 우리의 형제인 베드로는 언제나 여자가 있는 곳으로부터 달아났소. 더욱이 그는 자기 딸 때문에 타격을 받기도 했소. 그는 주님에게 기도하여, 딸이 타락하지 못하도록 그녀의 옆구리를 마비시켰소.

내 시체는 주님처럼 아마포로 싸지 말고, 파피루스로 싸서 묻으시오. 그리고 40일 동안 나를 위해서 기도하시오. 내 핏방울이 떨어진 곳에서 포도나무가 싹틀 것이니, 그 포도주를 잔에 담아서 3일 째 되는 날 여러분은 그것을 마시기 바랍니다."라고 말했다.

그는 또한 주님에게 자기를 받아주고 모든 원수의 손에서 구해 달라고 기도했다. "원수들의 검은 허공이 저를 덮지 못하게 하고, 제가 불의 바다와 모든 심연들을 건너가게 해주십시오. 세상의 모든 지배자들과 우리에게 적대하는 사악한 용의 곁을 제가 통과할 때까지, 당신의 영광스러운 옷과 항상 빛나는 당신의 빛의 봉인을 제게 주십시오."라고 말했다.

그렇게 말한 뒤에 그가 죽었다. 그들은 그의 지시에 따라서 묻었다. 그때 그가 왕관을 받았다고 하는 목소리가 하늘에서 들려왔다.

3일이 지나자 포도나무가 솟아올랐다. 그들이 40일 동안 매일 제물을 바치고 성당을 건축했으며, 스타키스를 주교로 삼았다. 그 도시의 모든 사람이 신자가 되었다. 40일이 지나자, 구세주가 필립보의 모습으로 나타나서 바르톨로메오와 마리암네에게, 그가 낙원으로 들어갔으니 그들이 각자 맡은 곳으로 가라고 말했다. 바르톨로메오가 리카오니아로, 마리암네가 요르단으로 갔다.

바르톨로메오의 수난

인도에서 우상을 파괴한다

바르톨로메오의 생김새

인도가 세 지역으로 나뉘어졌다. 바르톨로메오가 아스타로트의 신전으로 갔는데, 아스타로트 신은 자기를 믿는 사람들의 질문에 전혀 대답하지 않았다. 그래서 그들이 다른 도시로 가서 베리트에게 문의하자, 베리트는 바르톨로메오가 그 원인이라고 대답했다.

그들은 그가 어떻게 생겼는지 물었다.

베리트가 "그는 검은색의 곱슬머리에다가 피부가 희고, 눈이 크며, 코가 반듯하고, 머리카락이 귀를 덮고, 턱수염이 길고 회색이며, 키는 보통이다.

그는 또한 자주색 줄이 든 흰색의 긴 외투를 걸치고, 네 구석에 자주색 보석을 단 흰 상의를 입었다. 그가 26년 동안 이 옷을 입었는데, 옷이 전혀 해어지지 않았다. 그의 신발도 26년 동안 전혀 닳지 않았다.

그는 낮에 1백 번, 밤에 1백 번 기도한다. 그의 목소리는 나팔소리와 같다. 천사들이 그를 기다린다. 그는 언제나 쾌활하고, 세상의 모든 언어를 다 알고 있다."고 대답했다.

사도가 신전의 우상을 파괴한다

그들은 이틀 동안 그를 발견하지 못했다. 그런데 그가 한 사람에게서 악마를 쫓아냈다. 그 소문을 폴리미우스 왕이 들었다. 미쳐서 아무나 마구 물어뜯는 자기 딸을 고쳐달라면서 왕이 그를 불렀다. 묶여 있던 공주를 풀어주고 사도가 치유해주었다.

왕이 값진 선물을 가득 실은 낙타들을 보냈지만, 그들이 사도를 발견하지 못했다. 그러나 다음날 사도가 왕에게 와서 그리스도교의 신앙을 설교했다. 그리고 우상 속에서 사는 악마를 보여주겠다고 말했다.

사도는 사람들에게 우상을 끌어내려보라고 말했는데, 그들이 우상을 밧줄로 묶어서 잡아당겼지만 끌어내리지 못했다. 사도가 밧줄을 풀라고 한 다음, 악마에게 그 우상으로부터 떠나라고 명령하자, 우상이 즉시 부서져버렸다.

사도가 기도하자 천사가 나타나서 신전의 네 구석에 십자가 표시를 했다. 그리고 천사와 사도가 사람들에게 악마를 보여주었다. 악마는 검은색의 날카로운 얼굴을 가졌고, 수염이 길고, 머리카락이 발끝까지 내려왔고, 눈이 불타고, 입에서 불을 뿜으며, 고슴도치처럼 뿔이 난 날개들을 가졌는데 불타는 쇠사슬에 묶여 있었다. 고래고래 악을 쓰는 그 악마를 천사가 쫓아버렸다.

왕과 다른 사람들이 세례를 받았다.

사도는 목이 잘린다

그러나 사제들이 왕의 형인 아스트리제스에게 가서 불평을 했고, 아스트리제스는 사도를 체포하여 심문했다. 자기의 우상인 부알다트가 쓰러져서 산산조각이 났다는 말을 들은 그가 화가 나서 사도를 몽둥이로 때리고 목을 자르라고 명령했다.

신자들이 사도를 정중하게 묻고 그 위에 대성당을 지었다. 20일이 지나자 아스트리제스가 악마에게 사로잡혔고, 신전의 모든 사제들이 죽었다. 모든 사람들이 극심한 공포에 사로잡혔다. 그리고 그 도시의 모든 사람이 신자가 되었고, 폴리미우스 왕은 주교가 되어 20년 동안 지도했다.

마태오의 수난

식인종들을 개종시킨 사도

헤로데는 지옥에 있다

거룩한 마태오가 사도의 옷을 입고 맨발로 산에 남아서 기도했다. 그때 예수가 낙원에서 노래하는 어린이들 가운데 한 아이의 모습으로 그에게 나타났다. 마태오가 "베들레헴에서 살해된 다른 아이들과 함께 당신이 낙원에서 노래하는 것을 제가 보았지요. 그런데 이렇게 빨리 제게 오시다니, 놀라운 일입니다. 그 사악한 헤로데는 지금 어디 있지요?"라고 물었다.

예수가 "그는 지옥에 있다. 꺼지지 않는 불, 영원한 지옥(게헤나), 펄펄 끓는 진흙탕, 잠을 자지 않는 구더기가 그를 위해서 준비되었다. 그는 어린아이를 3천 명이나 죽였기 때문이다.

마태오가 식인종의 나라로 파견된다

너는 이제 나의 지팡이를 짚고 식인종의 도시 미르나로 가라. 그리고 너와 안드레아가 세운 그곳의 성당 문 앞에 지팡이를 꽂아라. 그것이 나무가 될 것이며, 그 밑에서 샘이 솟을 것이다.

그러면 식인종들이 그 나무의 열매를 먹고 그 샘에서 몸을 씻을 텐데, 그들은 몸이 변하고 자기들이 발가벗은 것을 부끄럽게 생각할 것이다. 그들은 또한 불로 요리를 하기 시작하고, 나를 알게 될 것이다."라고 말했다.

사도는 성문 앞에서 왕비 풀바나, 왕자 풀바노스와 그의 아내 에르바를 만났는데, 그들은 모두 악마에게 신들려 있었다. 악마들이 고함을 치면서 왕을 충동하여 사도를 죽이게 만들겠다고 위협했다.

그가 악마들을 모두 쫓아냈다. 그 소식을 들은 주교 플라토가 사제들을 데리고 와서 그를 영접했다. 그는 사람들에게 설교한 뒤에 지팡이를 땅에 꽂았다.

그러자 식인종들이 정상적인 사람으로 변했다. 그는 왕비와 다른 사람들에게 세례를 주었다. 새벽에 그 지팡이가 살아 있는 나무로 변했다.

왕이 사도를 체포한다

풀바누스 왕은 처음에 이 모든 일에 관해서 기뻐했으나, 사람들이 사도의 곁을 떠나려고 하지 않는 것을 보고는 그를 불에 태워서 죽이겠다고 결심했다. 마태오가 꿈에 위로를 받고는 자기 죽음에 관해서 사람들에게 경고했다.

그가 쫓아냈던 악마가 군사로 변해서 왕에게 갔고, 마태오를 체포하라고 권고했다. 왕이 군사 네 명을 파견했는데, 그들은 마태오와 플라토가 대화하는 것을 듣기만 했다. 이어서 왕이 열 명의 군사를 파견했는데, 그들은 횃불을 든 어린애를 보자 달아났다.

악마는 왕에게 그를 체포하기가 얼마나 어려운지 설명하고, 왕

성 마태오. 발랑텡 작. 17세기

이 할 수 있는 일을 가르쳐주었다. 그러자 왕이 "네가 직접 체포하라."고 말했다. 악마는 "그가 우리 종족을 모두 멸망시켰기 때문에 나는 그를 잡을 수 없다."고 대답했다.

왕이 악마에게 "너는 도대체 누구냐?"라고 물었다. 악마가 "나는 네 아내 속에 있던 악마 아스모데우스다."라고 대답했다. 왕이 악마에게 아무도 해치지 말고 꺼져버리라고 명령하자, 악마가 연기처럼 사라졌다.

그날은 왕이 잠자코 있었는데, 다음날 군사 두 명을 거느리고 성당으로 가서 마태오를 잡으려고 했다. 사도가 성당에서 나왔는데, 왕이 그를 볼 수가 없었다. 사도가 왕의 눈을 뜨게 해주었다. 그러자 왕이 속임수를 써서 사도를 왕궁으로 데려갔다.

마태오가 불에 타서 죽는다

그들이 사도의 두 발과 두 손을 땅에 벌린 채 못을 박고, 그 위에 고래기름에 절인 파피루스를 덮었다. 그리고 유황과 아스팔트와 역청을 붓고, 장작과 삼 부스러기를 쌓았다. 거기다가 불을 질렀는데, 그 불이 이슬로 변했다. 그래서 사람들이 하느님을 찬미했다.

왕의 목욕탕에서 엄청난 석탄을 꺼내왔고, 금과 은으로 만든 열두 개의 신들의 우상을 불더미 주위에 늘어세웠다.

마태오가 하늘을 우러러보면서 "아도나이 엘로이 사바오트 마르마리 마르모운트!"라고 소리쳤다. 불길이 세차게 타오를 때 왕이 "자, 네 마술이 지금 어디 있는가?"라고 말했다. 그러나 불길이 모조리 우상들 쪽으로 달려가서 녹여버렸는데, 금의 무게가 1천 탈렌트나 되었다. 왕은 돌과 진흙으로 만든 우상이 더 우수하다고 탄식했다.

불이 수많은 군사들을 태워버리고, 용의 모습으로 변해서 왕을 추격했다. 왕이 왕궁으로 달아나다가 불이 앞을 가로막아, 사도에게 다시 돌아와서는 도와달라고 울면서 애걸했다. 사도가 불을 야단치고 기도하고는 숨을 거두었다.

마태오의 관이 바다 속에서 떠오른다

왕이 그의 시체를 왕궁으로 운반하여 안치했다. 그의 몸과 옷은 조금도 불에 타지 않았고, 어떤 때는 그가 관 위에 있는가 하면, 어떤 때는 관의 앞에서 또는 뒤에서 걸어가는 것이 보였다. 그리고 플라토 주교의 머리에 손을 얹기도 했다.

수많은 병자들이 치유를 받았다.

우리는 왕궁에 도착했을 때 사도가 관에서 일어나는 것을 보았다. 아름다운 어린애와 왕관을 쓴 열두 명의 남자들이 그를 인도하여 하늘로 올라가고, 그 어린애가 그에게 왕관을 씌워주는 것을 우리가 보았다.

왕이 쇠로 관을 만들고 납으로 봉인을 한 뒤에 한밤중에 몰래 그것을 배로 운반한 뒤에 바다 속에 가라앉혔다.

형제들이 밤새도록 성문에서 기다렸다. 새벽에 "플라토여, 복음서와 시편을 들고 왕궁의 동쪽으로 가서 할렐루야를 노래하고, 복음서를 낭독하며, 빵과 포도주를 봉헌하는데, 포도 세 송이를 짜서 즙을 잔에 받아서, 주 예수가 부활한 지 3일째 되는 날 위에 있는 제물을 우리에게 보여준 것과 같이 그것을 나에게 바쳐라." 하는 목소리가 들려왔다.

그들이 제물을 바쳤고, 성가를 부르는 사람이 커다란 돌 위에 올라가서 "주님의 눈에 고귀하고… 나는 잠이 들었지만 다시 일어났다."고 노래했다. 그들이 "잠자는 사람이 다시 깨어나지 않겠는가?"라고 응답했다. "내가 이제 일어날 것이라고 주님이 말한다."고 노래하면 "할렐루야."라고 응답했다. 그들이 복음을 낭독하고 제물을 바쳤다.

그때가 6시경이었고, 플라토가 7해리 가량 먼 바다의 한 곳을 바라보았다. 그러자 찬란한 옷을 입은 두 사람 사이에 마태오가 바다 위에 서 있고, 그의 앞에는 아름다운 어린이가 있었다. 그래서 그들이 "아멘, 할렐루야."라고 말했다.

바다는 단단한 수정과 같았고, 바다 깊은 곳으로부터 십자가가 어린이 앞으로 솟아올랐다. 그리고 그 십자가 밑에는 마태오의 관이 매달려 있었다. 눈 깜짝할 사이에 그 관이 육지에 있는 그들 앞에 도착했다.

왕이 세례를 받고 사제로 서품된다

창문에서 그 광경을 내려다보고 있던 왕이 달려내려와서 그들 앞에 무릎을 꿇고 자기의 죄를 고백했다. 그리고 자기 왕궁을 성전으로 제공했고, 사도의 관을 넓은 홀 안의 황금 방석 위에 안치했다. 플라토 주교가 왕에게 세례를 주고 형제로 받아들였다.

사도가 나타나서 "이제부터 네 이름을 불팜누스가 아니라 마태오라고 하라. 네 아들은 불판드루스가 아니라 마태오라고 하라. 네 아내는 지파지아가 아니라 소피아라고 하고, 네 며느리는 오르바가 아니라 시네시스라고 하라."고 왕에게 말했다.

그리고 사도는 서른일곱 살인 왕을 사제로, 열일곱 살인 왕자를 부제로, 왕비를 여자 장로로, 열일곱 살인 며느리를 여자 부제로 서품했다.

왕이 자기 우상들을 모두 파괴하고, 새로운 신앙의 확립을 선포했다. 마태오는 그들에게 49일 동안 매일 제물을 바치고, 매년 그런 예식을 반복하라고 지시했다. 플라토에게는 3년 후에 자기가 있는 곳에 올 것이라고 말했다. 그리고 플라토의 뒤를 이어서 왕이 주교가 되고, 그 다음에는 왕자가 주교가 될 것이라고 말했다.

사도는 천사 두 명과 함께 하늘로 떠나갔다. 그리고 평화와 안전을 그 도시에 약속하는 목소리가 위에서 들려왔다.

사도들의 역사

해설

이 문헌은 6~7세기에 프랑스에서 저술된 것으로 보인다. 저자는 바빌론의 주교인 압디아스라고 한다. 여기에 포함된 마태오의 이야기는 '마태오의 수난'과 그 내용이 아주 다르다.

대(大) 야고보

마술사의 개종

마술사 헤르모제네스

야고보의 설교에 대해서 헤르모제네스와 필레투스가 반대했는데, 필레투스는 야고보의 말을 듣고 개종했다. 화가 난 헤르모제네스가 필레투스에게 마술을 걸어서 포로로 삼았다.

필레투스가 하인을 야고보에게 보내는 데 성공했다. 그래서 야고보가 자기 수건을 보내 필레투스를 해방시켜 자기에게 오게 했다.

분노가 치민 헤르모제네스가 야고보와 필레투스를 잡아오라고 악마들을 파견했다. 그러나 악마들은 두 사람이 있는 곳으로 갔을 때, 천사들이 불타는 쇠사슬로 자기들을 묶었다고 공중에서 울부짖었다. 이번에는 야고보가 악마들을 파견하여 헤르모제네스를 밧줄로 묶어서 잡아오게 만들었다.

야고보가 잡혀온 그에게 "당신은 어리석은 사람이오. 그러나 악마들이 당신을 해치지는 못할 거요."라고 말했다. 악마들이 그에게 복수하겠다고 야고보에게 허락을 요청했다. 야고보가 악마들에게 "너희는 왜 필레투스를 잡지 않는가?"라고 물었다. 그들은 "당신의 방에 개미들이 너무 많아서 감히 손을 대지 못하지요."라고 대답했다.

야고보가 필레투스에게 헤르모제네스를 풀어주라고 말했다. 그리고 풀려난 그에게 "원하는 곳으로 가시오. 우리는 악을 악으로 갚지 않소."라고 말했다. 그는 "악마들이 무섭습니다."라고 말했다. 야고보가 그에게 호신용으로 자기 지팡이를 주었다.

그가 집으로 돌아가서 마술에 관한 책들을 바구니에 담아 불태우려고 했다. 그러자 야고보가 "그 연기가 조용히 있던 악마들을 깨울지도 모르니, 태우지 말고 바다에 처넣으시오."라고 말했다. 마술사가 그렇게 하고 돌아와서 용서를 빌었다. 야고보는 그가 과거에 걸었던 마술을 다 풀어주게 하고, 마술로 번 돈을 자선사업에 쓰게 만들었다. 그는 복종하여 그대로 시행했고, 신앙을 돈독하게 길러서 기적마저 보여주게 되었다.

유대인들이 백인대장 두 명을 매수하여 야고보를 체포한다

유대인들이 리시아스와 테오크리투스라는 백인대장 두 명을 돈으로 매수해서 야고보를 체포하게 했다. 야고보가 끌려가는 도중에 그와 바리사이파 학자들 사이에 논쟁이 벌어졌다.

그는 아브라함을 먼저 인용하고 이어서 이사야 예언자의 말을 인용했다.

이사야는 "처녀를 보라."고 했고, 예레미야는 "오, 예루살렘이여, 네 구원자가 올 것이다. 그의 징표는 이렇다. 즉 그는 소경의 눈을 뜨게 하고, 귀머거리를 듣게 하며, 자기 목소리로 죽은 사람을 일으킬 것이다."라고 말했다.

에제키엘은 "시온아, 네 왕이 겸손하게 와서 너를 회복시킬 것이다."라고 말했다. 다니엘은 "사람의 아들이 와서 왕국과 권력을 상속받을 것이다."라고 했고, 다윗은 "주님이 나의 주님에게 말하기를… 또한 그가 나에게 '당신은 나의 아버지입니다.'라고 말할 것이다. …나는 그를 나의 맏아들로 만들 것이다. 네 몸에서 태어난 자손들 가운데…"라고 말했다.

이사야는 다시 "도살장으로 끌려가는 양과 같다."고 말했고, 다윗은 "그들이 나의 두 손을 꿰었다. …위로가 불가능한 고통 때문에…그는 높이 매달렸고… 하느님이 높이 올라갔다. 그는 케루빔을 타고 오며… 주님이 올 것이고, 그는 침묵을 지키지 않을 것이다…"라고 말했다.

이사야는 "죽은 사람들이 일어날 것이다."라고 말했고, 다윗는 "하느님이 말했다. …그들이 나에게 선을 악으로 갚았다. …나의 빵을 먹는 그는… 땅이 입을 벌려서 다탄을 삼켜버렸다."고 말했다.

야고보가 목이 잘린다

백성들이 "우리가 죄를 지었다."고 소리쳤다.

대사제 아비아타르가 사람들을 부추겨서 소란을 피우게 하고, 율법학자 한 명이 야고보의 목에 밧줄을 감아서 헤로데 앞으로 끌어갔다. 헤로데는 목을 잘라 죽이라고 판결했다.

사형장으로 가는 도중에 그가 반신불수 한 사람을 치유해주었다.

요시아스라고 하는 그 율법학자가 개종하여 용서를 빌었다. 대사제 아비아타르는 요시아스도 야고보와 함께 목을 잘라야 한다고 주장했다. 사람들이 가져온 물로 야고보가 요시아스에게 세례를 주고, 둘이 평화의 키스를 나눈 다음 나란히 목이 잘렸다.

소(小) 야고보
페르시아로 간 시몬과 유다 사도

마술사들의 거짓된 주장

페르시아로 간 시몬과 유다는 마태오가 이디오피아에서 쫓아낸 두 명의 마술사 자로에스와 아르팍사트가 그 나라에 있다는 것을 알았다.

그 마술사들의 이론은 구약의 하느님이 암흑의 신이고, 모세와 예언자들은 사기꾼이며, 영혼은 선한 신의 창조물이고, 육체는 암흑의 신의 창조물이기 때문에 그 둘이 서로 상반되며, 해와 달과 물이 신들이고, 그리스도의 탄생은 외면상 그렇게 보일 뿐이라는 것이었다.

두 사도가 페르시아의 장군을 만난다

그 나라에 들어간 두 사도는 인도의 침략을 물리칠 군대를 준비하고 있던 크세르크세스 왕의 장군인 바라르다크를 만났다. 그는 수많은 사제와 점쟁이들을 거느리고 있었는데, 그들의 신들은 시몬과 유다가 왔기 때문에 아무런 대답도 줄 수 없다고 말했다. 장군이 두 사도를 불러오라고 명령했다. 사도들은 교리를 설명해주겠다고 제의했다. 장군은 원정이 끝난 뒤에 들어보겠다고 대꾸했다. 유다가 당장 들어보라고 재촉하자, 장군은 원정의 성공 또는 실패를 예언해달라고 말했다.

시몬이 "당신의 신들이 점쟁이들에게 대답해도 좋다고 우리가 허락합니다."라고 말했다. 점쟁이들이 기도한 뒤에 "대규모 전투가 벌어지고 양쪽에서 수많은 사람이 전사할 것입니다."라고 말했다. 장군은 깊은 감명을 받았지만, 사도들은 폭소를 터뜨리고 "사실은 내일 인도측에서 당신에게 사람을 보내 평화를 제의하고, 또 인도는 페르시아의 속국이 될 것입니다."라고 말했다.

사도들과 사제들 사이에 논쟁이 벌어져서, 사도들의 말이 실현될 때까지 양쪽을 가두어두기로 합의했다.

장군이 사제들을 죽이려고 했지만, 사도들이 말렸다. 그리고 "최소한 그들이 바치는 벌금을 당신이 징수할 수가 있소."라고 말했다. 사제들은 황금 120탈렌트와 대사제의 월수입 황금 4파운드,

그리고 값진 옷들을 걸었다.

한편 바라르다크 장군은 모든 일을 왕에게 보고했다.

사도들이 마술사들을 추방한다

사도들이 도착하기 전에, 마술사 자로에스와 아르팍사트가 페르시아의 법률가들을 소집하게 하여 그들과 논쟁을 벌였다. 우선 마술사들이 그들을 벙어리로 만든 다음, 말은 하게 풀어주었지만 몸은 못 움직이게 만들었다. 그런 다음에 그들을 소경으로 만들었다. 법률가들이 꽁무니를 뺐다.

장군으로부터 그런 이야기를 들은 사도들이 법률가들을 불러서 다시금 시험해보자고 말했다. 법률가들이 사도들의 하느님을 믿는다면, 사도들이 십자가의 징표를 주어서 그들이 마술사들을 물리치게 하겠다는 제의였다.

법률가들은 사도들의 초라한 모습을 보고 경멸했지만, 시몬의 말에 감동하여 신앙을 받아들였다. 사도들이 그들을 위해서 기도하고 "얀네스와 맘브레스의 마술을 꺾고 그들을 멸망시킨 이스라엘의 하느님, 당신의 팔을 자로에스와 아르팍사트에게도 뻗어주십시오."라고 말했다.

두번째 시험에서 마술사들이 무기력하게 되었고, 법률학자 제베우스가 왕에게 마술사들이 악마의 도구라고 말하고 도전했다. 화가 난 마술사들이 무수한 뱀을 불러들였다. 급히 소환된 사도들이 그 뱀들로 하여금 마술사들을 물게 만들었다. 마술사들이 늑대처럼 울부짖었다.

왕이 "놈들을 당장 죽여라."하고 말했으나, 사도들은 말을 듣지 않고, 뱀들이 마술사들의 독을 다 빨아내도록 했다. 3일 동안 그들은 병원에서 비명을 질러댔다. 그들이 죽기 직전에 이르러서야 사도들이 치유해주고 "우리 하느님은 신앙을 강요하지 않소. 믿고 싶지 않거든 원하는 곳으로 떠나시오."라고 말했다. 그들은 페르시아를 방랑하면서 사도들을 비방하고, 사람들에게 사도들을 보면 죽이라고 선동했다.

갓난아기가 부제의 무죄를 증언한다

사도들이 바빌로니아에 머물면서 병자들을 치유하고 사제들을 서품했다. 에우프로시누스라는 부제가 지방장관의 딸을 유혹해서 더러운 짓을 했다고 비난받았다. 그 딸의 부모가 부제를 고발한 것이다. 사도들은 태어난 지 하룻밤에 안 된 아기를 데려오라고 했다. 그 아기가 말을 하고는 부제에게 죄가 없다고 증언했다. 그러나 사도들은 누가 죄를 지었는지는 묻지 않았다.

호랑이 두 마리가 사도들에게 복종한다

난폭한 호랑이 두 마리가 우리를 벗어나서 닥치는 대로 사람을 잡아먹었다. 사람들의 간청을 받은 사도들이 그 야수들을 집으로 데리고 와서 3일을 같이 지냈다.

그후 사도들이 사람들을 불러모은 뒤에 자기들이 페르시아의 다른 곳으로 가야겠다고 말했다. 사람들이 더 머물라고 간청해서 15

개월을 더 거기서 지냈는데, 그 동안 6만 명에게 세례를 주고, 압디아스를 주교로 서품했다.

그들은 13년 동안 여행했다. 제자 크라톤이 그들의 활동을 10권의 책에 기록했고, 역사가 아프리카누스가 라틴어로 번역했으며, 거기서 이 발췌본이 나왔다.

태양신의 사제들이 사도들을 죽인다

자로에스와 아르팍사트가 항상 사도들보다 한 걸음 먼저 돌아다니면서 사도들을 욕했지만, 번번이 망신만 당했다.

수아니르에 사는 칠십 명의 사제는 태양 축제 때마다 왕으로부터 각각 1파운드의 황금을 받았다. 마술사들은 히브리 사람 두 명이 와서 그들의 이익을 모조리 박탈할 테니, 도착하자마자 잡아서 제물로 바치라고 충동했다.

페르시아의 12개 주를 모두 순방한 뒤에 사도들이 수아니르에 와서 센네스라는 저명인사의 집에 머물렀다. 사제들과 군중이 몰려들어서 "우리 신들의 원수를 내놓아라." 하고 외쳤다. 체포된 사도들이 태양 신전으로 끌려들어가자, 악마들이 불에 타서 뜨겁다고 고함쳤다.

신전 동쪽에는 은으로 만든 태양의 사두 마차가, 서쪽에는 은으로 만든 달의 사두 마차가 있었다. 사제들이 두 사도를 제물로 바치려고 했다.

유다가 시몬에게 "주님이 우리를 부르고 있소."라고 말했다. 시몬이 "천사들 사이에 있는 주님을 나는 보고 있지요. 한 천사가 나에게 '이곳에서 나가시오. 그러면 신전이 무너질 것이오.' 라고 말했는데, 나는 '안됩니다. 여기 있는 사람 가운데 일부가 개종하기를 바랍니다.'라고 말했지요."라고 했다.

그들이 히브리어로 대화하고 있을 때, 천사가 와서 "여기 있는 모든 사람의 죽음 또는 순교의 종려나무 가지 가운데 하나를 선택하시오."라고 말했다. 그들은 종려나무 가지를 선택했다.

사제들이 계속해서 추궁했지만, 그들은 입을 열지 않았다. 몇 마디가 오간 뒤에 시몬이 악마에게 태양의 마차에서 떠나 그것을 부수어버리라고 명령했다. 유다도 달의 마차에 대해서 같은 말을 했다. 검은색의 무시무시한 사내 둘이 나타나더니 비명을 지르면서 달아나버렸다. 사제들과 백성이 사도들에게 달려들어 죽였다. 7월 1일에 일어난 일이다. 센네스도 함께 죽었다.

번개가 신전을 내리쳐서 세 조각으로 무너뜨렸고, 자로에스와 아르팍사트를 검은 숯으로 만들었다. 3개월이 지나자 크세르크세스 왕이 군대를 보내어 사제들의 재산을 몰수했다. 그리고 사도들의 시체를 자기 도시로 운반해서 대성당을 건축했다. 팔각형으로 된 대성당은 둘레가 210미터, 높이가 40미터이고, 황금으로 도금한 내부 한가운데에 은으로 만든 사도들의 관을 안치했다. 그것은 3년에 걸쳐서 완공한 대성당이었다.

마태오
옹을 물리친 사도

마태오가 용들을 잠재운다

마태오가 에글리푸스 왕이 다스리는 이디오피아의 나다베르에 도착했다. 거기 두 명의 마술사 자로에스와 아르팍사트가 있었는데, 그들은 사람을 마음대로 전신마비, 소경, 귀머거리로 만들고, 마르시처럼 뱀들을 홀렸다.

마태오는 그런 마술에 반격하여 뱀들을 잠들게 만들고, 뱀에 물린 상처를 십자가로 치유해주었다.

필립보에게서 세례를 받은 환관 칸다치스가 마태오를 자기 집으로 데리고 갔다. 사도는 거기서 많은 사람을 치유해주었다. 칸다치스는 히브리인인 마태오가 어떻게 외국어를 잘하는지 물었다. 그는 바벨과 성령 강림의 이야기를 해주었다.

불과 역청을 토하는 두 마리의 용을 데리고 마술사 두 명이 온다는 말을 듣자, 사도가 몸에 십자가를 긋고는 그들을 만나러 나갔다. 칸다치스가 "창문에서 말하시오."라고 말했다. 사도는 "당신은 창가에 앉아 있으시오. 나는 나가겠소."라고 말했다.

용들은 가까이 다가왔을 때, 마태오의 발 밑에 엎드려서 잠이 들었다. 사도가 마술사들에게 용을 깨워보라고 도전했다. 그들은 깨울 수가 없었다. 사도는 그들에게 거기서 빨리 사라지고, 사람을 더 이상 해치지 말라고 명령했다. 마술사들이 달아났다.

사도가 왕의 아들을 부활시킨다

왕의 아들인 에우프라노르가 죽었다고 선포되었다. 그를 부활시키지 못한 마술사들은 그가 신들의 나라로 들어갔기 때문에 그의 동상을 세우고 신전을 지어야 한다고 말했다. 칸다치스는 "마태오가 올 때까지 이들을 가두어두시오."라고 말했다.

마태오가 오자 여왕 에우페니싸가 그의 발 아래 엎드렸다. 그가 여왕을 위로하고는 에우프라노르를 되살려주었다. 사람들이 그를 신으로 여겨서 제물을 바치려고 몰려왔다. 그는 사람들에게 성당을 건축하라고 권고했다. 30일 동안 1만 1천 명이 동원되어 지은 성당을 부활의 성당이라고 불렀다.

사도는 거기서 23년 동안 머물렀고, 사제들을 서품하고, 교회들을 짓고, 왕과 왕비, 왕자와 왕녀, 그리고 순결을 서약한 에피제니아에게 세례를 주었다. 마술사 자로에스와 아르팍사트는 그 나라에서 도망쳤다.

마태오가 행한 병자 치유와 기적들은 너무나 많다.

마태오가 창에 찔려 죽는다

에글리푸스 왕의 뒤를 이은 그의 동생 히르타쿠스는 이제 2백 명이 넘는 거룩한 처녀들을 지도하고 있는 에피제니아와 결혼하고 싶어했다. 그는 왕국의 절반을 줄 테니까 그녀를 설득해달라고 마태오에게 부탁했다.

마태오가 왕에게 "내일 모든 처녀들을 한 자리에 소집하십시오.

그러면 결혼에 관해서 좋은 이야기를 해주겠소."라고 말했다. 다음 날 사도는 결혼이 신성한 제도이며 많은 장점이 있다고 설교했다. 히르타쿠스 왕과 신하들이 박수를 쳤다.

그러나 사도는 에피제니아와 결혼하는 것은 하느님을 모독하는 짓이라고 말했다. 왕이 격분해서 그 자리를 떠나갔다. 사도는 사람을 무서워하지 말라고 충고했다. 에피제니아가 자기와 다른 처녀들을 주님에게 봉헌해달라고 간청했다. 사도가 오랫동안 기도한 뒤에 그들에게 면사포를 씌워주었다.

사도가 제대 앞에서 기도하고 있을 때, 왕이 파견한 군사가 등뒤에서 창으로 찔러 죽였다. 백성들이 왕궁을 불태워버리겠다고 위협했는데, 사제들이 말렸다.

에피제니아는 전 재산을 교회에 바쳤다. 히르타쿠스 왕은 귀족들의 아내들을 그녀에게 보냈고, 그 다음에는 악마들을 보내서 그녀를 납치하려고 했으며, 이어서 그녀의 집에 불을 질렀다. 그러나 천사와 마태오가 나타나서 그녀를 격려했다. 세찬 바람이 불기 시작하여 불길을 왕궁으로 몰아갔고, 왕과 그의 아들만 달아났다.

왕의 아들이 악마에게 신들려 마태오의 무덤으로 달려갔고, 자기 아버지의 죄를 고백했다. 왕은 상피병에 걸려서 스스로 목숨을 끊었다. 에피제니아의 오빠이며 신자인 베오르가 새로운 왕이 되어서 25년을 다스린 다음, 후계자를 지명하고 여든여덟 살에 죽었다. 그는 로마와 페르시아와 평화를 유지했고, 이디오피아 전국이 성당들로 가득 차서 오늘에 이른다.

필립보

에비온파 이단을 뿌리뽑은 사도

예수 승천 후 20년이 지나서 필립보가 스키티아로 갔다. 전쟁의 신 마르스의 동상 밑에서 용이 나왔는데, 그 용은 사제의 아들과 두 명의 집정관을 죽이고, 독이 든 입김으로 많은 사람을 해쳤다. 필립보가 용을 추방하고 나서 죽은 사람들을 되살리고, 병든 사람들을 모두 치유해주었다.

사도가 거기서 1년 동안 가르쳤다. 백성들은 우상들을 파괴했고, 수천명이 세례를 받았다. 주교와 사제들을 서품한 뒤에 그는 아시아의 히에로폴리스로 돌아갔다. 그리고 하느님의 아들은 실제로 사람이 되어 태어난 것이 아니라, 동정녀로부터 사람의 형상을 빌렸을 뿐이라고 주장하는 사악한 에비온파 이단을 뿌리뽑았다.

그의 두 딸도 많은 사람을 개종시켰다. 죽기 7일 전에 그가 사제들을 모두 불러모아서 훈계하고, 여든일곱 살에 죽어 히에로폴리스에 묻혔다. 그가 죽은 지 몇 년 뒤에 두 딸도 죽어서 각각 그의 왼쪽과 오른쪽에 묻혔다. 그의 중재로 무덤에서 수많은 기적이 일어났다.

제4부

사도들의
편지

베드로가 야고보에게 보낸 편지

전통에 따른 올바른 해석

베드로의 설교책들

제1장

1. 베드로가 거룩한 교회의 주인이고 주교인 야고보에게. 모든 것의 성부로부터 예수 그리스도를 통하여 언제나 평화가 당신에게 머물기를 빕니다.

2. 형제여, 당신이 우리 모두의 이익을 위해서 참으로 열심히 일하고 고생한다는 것을 알기 때문에, 나는 여기 내가 보내는 나의 설교책들을 이방인들에게도, 우리 동포인 유대인들에게도 넘겨주지 않기를 바랍니다.

그들을 심사하여 자격이 있다고 판단되는 사람이 있다면, 모세가 자기가 가졌던 선생의 직책을 칠십 명에게 넘겨주었던 것과 마찬가지로, 나의 설교책들을 그에게 넘겨주어도 좋습니다.

3. 그래서 모세가 조심스럽게 취한 행동의 결실이 오늘날까지 이어지는 것입니다. 자기 백성에게 소속되어 있는 사람들은, 성경이 여러 가지 의미에서 다른 태도를 취하지 못하게 만들기 때문에, 한 분뿐인 하느님에 대한 신앙과 행동양식이 어디서나 동일한 원칙을 유지합니다.

4. 전통을 모르는 어떤 사람이 예언자들의 모호한 말에 당황해할

때, 그들은 오히려 자기들이 전해받은 전통에 따라서 성경을 조화 있게 해석하려고 노력합니다.

5. 따라서 그들은 성경을 어떻게 사용할지 먼저 배우지 않고서는 다른 사람을 가르치지 못하게 합니다. 이렇게 하여 그들은 한 분뿐인 하느님, 하나의 율법, 하나의 희망을 얻는 것입니다.

베드로의 말을 왜곡해서 가르치는 사람들

제2장

1. 우리도 같은 결과를 얻기 위해서, 나의 설교책들을 동일한 신비로운 방법으로 칠십 명에게 넘겨주어, 교회의 선생이 되려고 하는 사람들을 훈련시키게 하십시오.

2. 우리가 이렇게 하지 않는다면, 진리의 말이 수많은 의견으로 분열되고 맙니다. 이것은 내가 예언자로서 아는 것이 아니고, 이미 시작된 나쁜 현상을 나는 보았습니다.

3. 개종한 이방인들 가운데 일부가 율법에 맞는 나의 설교를 배척하고, 나의 원수의 율법을 무시하고, 또 모순된 교리에 빠져 있기 때문입니다.

4. 그들은 내가 살아 있는 동안에도 나의 말을 각종 해석으로 왜곡하여, 내가 마치 율법을 폐지한 것처럼, 그리고 율법의 폐지를 내가 원하면서도 공개적으로 그렇다고 선언하지는 않았다는 식으로 주장하는 것입니다. 그러나 절대로 그렇지가 않습니다!

5. 율법의 폐지는 모세가 알려주고, 우리 주님이 영원히 계속될 것이라고 확인해준 하느님의 율법을 거스르는 행동이 됩니다.

6. 그들은 내가 생각한 적도 없는 내용을 마치 내가 말했고 자기

물 위를 걷는 성 베드로, 죠반니 란프란코 작, 16세기

들이 그 말을 들은 것처럼 다른 사람들을 가르치고 있습니다.

7. 내가 살아 있는 동안에도 그들이 만일 이렇게 거짓된 내용을 가르친다면, 내가 죽은 뒤에 올 사람들은 또 얼마나 많은 거짓을 가르치려고 하겠습니까?

전통에 따른 올바른 해석

제3장

1. 이러한 일이 또 일어나지 않게 하기 위해서 나는 당신에게 보내는 나의 설교책들을 유대인들이나 외국인들에게 넘겨주지 않기를 바라는 것입니다.

2. 이것은 교리들을 보존하고, 진리의 원칙을 확립하며, 모든 것을 우리의 전통에 따라 해석하고, 무지와 불확실성으로 오류에 빠지지 않고, 다른 사람들을 멸망의 오류로 인도하지 못하도록 하려는 것입니다.

3. 내가 필요하다고 생각하는 것을 당신에게 전했으니, 당신은 옳다고 생각하는 것을 그대로 효과적으로 수행하기 바랍니다.

베드로의 편지에 대한 야고보의 의견

설교의 책을 소중하게 보존하라

야고보가 장로들을 소집한다

제1장

1. 베드로의 편지를 받아본 야고보가 장로들을 한자리에 불러 그것을 낭독한 다음 "필요하고 또 타당한 일이지만, 베드로는 진리를 조심해서 다루라고 우리의 주의를 촉구했소. 그리고 자기 설교책들을 마구 나누어줄 것이 아니라, 교회의 선생이 되려는 후보 가운데 착하고 신앙이 돈독한 사람, 즉 할례를 받았고 그리스도를 믿는 사람에게만 넘겨주라고 했소. 그런 사람에게도 한꺼번에 모든 책을 넘겨주는 것이 아니라, 첫째 권을 함부로 다룬다면 다음 책을 맡기지 않아야 합니다.

2. 선생이 되려는 사람은 6년 미만의 기간 동안 자격을 증명해야 합니다. 그러므로 모세가 한 방식대로 우리는 그를 강이나 샘물로 데리고 가서 다시는 죄를 짓지 않겠다고 선언하게 만듭시다. 우리도 정신적으로 다시 태어날 때 그런 약속을 했기 때문입니다. 그는 절대로 맹세를 해서는 안 됩니다.

설교의 책을 필사하지 않는다

제2장

1. 그는 이렇게 말해야 합니다. '나는 만물이 포함되어 있는 하늘과 땅과 물을 증인으로 부릅니다. 또한 숨을 쉬는 데 반드시 필요한 대기를 증인으로 부릅니다. 나는 설교책을 넘겨준 그에게 언제나 복종하고, 그 책을 다른 사람에게 절대로 넘겨주지 않으며, 내가 그 책을 필사하지도 않고, 필사하는 사람의 손에 넘기지도 않으며, 부주의나 소홀함이나 그 어떠한 방식을 통해서도 책이 제3자의 손에 들어가는 일이 없도록 할 것입니다.

2. 누군가 자격 있는 사람을 만나면, 주교의 허락을 받고 책들을 넘겨줄 것입니다.

설교의 책을 소중하게 간직해야 한다

제3장

1. 그리고 나의 아들, 형제, 친척, 친구가 자격이 없는 사람이라면, 이 가르침의 내용을 전하지 않을 것입니다.

2. 나는 박해에 굴복하거나 뇌물에 속지도 않겠습니다. 또한 내가 받은 책 안에 진리가 들어 있지 않다고 내가 확신하는 경우에는 책을 반납하겠습니다.

3. 여행을 할 때는 모든 책을 몸에 지니고 다니겠습니다. 만일 가지고 가지 못한다면, 나와 같은 신앙을 가진 주교에게 맡겨두겠습니다.

4. 자녀 없이 내가 병들어서 죽을 때, 나의 아들이 자격이 없을 때나 너무 어릴 때는 책들을 역시 주교에게 맡길 것입니다.

선언에 따르는 상과 벌

제4장

1. 나는 만물이 포함되어 있는 하늘과 땅과 물을 증인으로 부릅니다. 또한 숨을 쉬는 데 반드시 필요한 대기를 증인으로 부릅니다.

2. 내가 이 선언에 충실하면 성인들과 함께 나의 몫을 받고, 그렇지 못하다면 우주와 에테르와 하느님이 나의 적이 될 것입니다.

3. 내가 다른 신을 믿게 된다고 해도, 이 선언에 배치되는 일은 하지 않을 것입니다. 그런 배치되는 일을 한다면 나는 살았거나 죽었거나 저주를 받고 영원한 벌을 받을 것입니다. 그런 뒤에 그가 책을 전해준 사람과 함께 빵과 소금을 먹도록 합시다.'"라고 말했다.

장로들이 겁을 먹는다

제5장

1. 야고보의 말을 들은 장로들이 공포에 질려서 얼굴이 새하얗게 변했다. 그들이 너무 겁을 집어먹은 것을 바라본 야고보가 "형제이며 동료 하인들이여,

2. 우리가 책들을 함부로 나누어주고, 이미 그런 일이 일어났다고 우리가 들은 것처럼, 무모한 사람들이 가르침의 내용을 왜곡하고

거짓된 해석으로 망쳐버린다면, 성실하게 진리를 찾는 사람들마저도 오류에 빠질 것입니다.

3. 그러므로 책들을 우리가 보관하고, 다른 사람들을 구원하기 위해서 살려고 하는 사람들에게만 신중하게 넘겨주는 것이 좋습니다. 그렇게 선언하고도 지키지 않는 사람은 영원한 벌을 받는 것이 당연합니다.

4. 다른 사람들을 타락시킨 죄를 짓고도 그가 멸망하지 않을 까닭이 어디 있겠습니까?"라고 말했다. 이윽고 야고보의 결론에 만족한 장로들이 "모든 것을 미리 보고 당신을 주교로 삼은 그분은 찬미를 받으십시오."라고 말했다. 그들이 그렇게 말했을 때, 우리는 일어서서 모든 것의 성부인 하느님에게 기도했다. 그분에게 영원히 영광이 있기를 빕니다. 아멘.

클레멘스가 야고보에게 보낸 편지

주교 등 성직자의 임무

사도들 가운데 첫번째인 베드로

제1장

1. 장로들, 부제들, 다른 모든 형제들과 함께 클레멘스가 예루살렘의 히브리인들의 거룩한 교회를 다스리는, 주교들의 주인이자 주교인 야고보에게, 그리고 하느님의 섭리로 어디서나 튼튼한 기초를 마련한 사람들에게. 평화가 언제나 여러분에게 머물기를 빕니다.

2. 주교님도 아시는 바와 같이, 시몬은 그의 참된 신앙과 가장 튼튼한 기초를 지닌 그의 가르침 때문에 교회의 초석으로 지정되었고, 바로 그 이유 때문에 거짓말을 할 수 없는 예수의 입으로 베드로라는 별명을 얻었습니다.

3. 그는 우리 주님의 첫번째 과실이고, 사도들 가운데 첫번째이며, 성부가 최초로 그에게 성자를 드러냈고, 그리스도가 그를 충분한 근거에 따라서 축복받은 사람, 부르심을 받고 선택된 사람이라고 불렀습니다. 그는 식탁의 동료, 여행의 동반자, 착하고 충실한 제자가 되었고, 가장 유능했으므로 세상에서 가장 어두운 곳, 즉 서방을 깨우쳐주라는 사명을 받고 그 사명을 완수했습니다.

4. 비록 내키지는 않지만 중대하고 필요한 내용을 당신에게 보고

해야만 합니다.

5. 바로 이 시몬이 로마에까지 와서 그리스도를 증거했습니다.

베드로가 클레멘스를 후계자로 지명한다

제2장

1. 그가 죽을 때가 되어 형제들이 모두 모여 있는데, 갑자기 내 손을 잡고 일어서서 "형제들이여, 내 말을 잘 들어주십시오.

2. 주님이시고 스승이신 예수 그리스도가 나를 파견했던 것처럼, 나는 클레멘스를 주교로 지명하고 선생의 자리를 그에게 넘겨주겠습니다.

3. 그는 처음부터 끝까지 나를 수행했고, 나의 모든 설교를 들었습니다.

4. 그래서 그에게 묶는 권한과 푸는 권한을 넘겨주고, 그가 땅에서 명령한 것은 하늘에서도 선언될 것입니다.

5. 진리의 총책임자를 슬프게 하는 것은, 그리스도를 거스르는 죄를 짓고 성부의 분노를 초래하는 것임을 깨닫고, 그의 말에 복종하십시오.

6. 그리고 진리의 총책임자는 의사의 역할을 해야 마땅하고, 비이성적인 짐승의 격정을 품어서는 안 됩니다."라고 말했습니다.

클레멘스가 사양한다

제3장

1. 나는 그의 발 아래 엎드려서 그런 명예와 권위를 받을 자격이 없으니 철회해달라고 간청했습니다.

2. 그러나 그는 "내가 결정하였으니 그런 요청은 하지 마시오. 사양한다면, 더욱더 당신은 자격이 있는 거요. 이 자리는 야심가가 차지해서는 절대로 안 되고, 오히려 정중한 태도와 말씀에 박식한 사람이 차지해야 마땅한 거요.

3. 당신보다 더 자격이 많은 사람을 추천해보시오.

4. 당신은 그런 사람을 발견할 수 없을 거요. 왜냐하면 이방인들 가운데 내가 구원한 첫번째 결실이 바로 당신이기 때문이오.

5. 능력이 있는데도 신자들을 돕지 않고, 공동의 이익보다도 자기의 이익만 더 추구한다면, 그래서 교회를 다스리는 책임을 사양한다면, 그것은 더욱 큰 죄를 짓는 것이 된다는 점을 명심하시오.

6. 모든 사람을 돕기 위해서 당신은 위험을 감수해야 합니다.

7. 빨리 나의 지명을 수락할수록 나의 실망을 덜어줄 것이오.

주교의 의무

제5장

1. 모든 사람이 있는 앞에서, 모든 사람의 이익을 위해서, 나는 교회를 다스리는 일을 간단하게 설명해주겠소.

2. 주교인 사람은 비난받을 일을 절대로 해서는 안 되오. 그리고

이 세상의 모든 직업을 버려야 합니다. 보증인이나 대리인이 되어서도 안 되고, 세속적인 일에 관여해서도 안 되오.

3. 그리스도는 당신을 돈이나 다른 사업에 관한 재판관이나 중재자로 삼은 것이 아니기 때문이오.

4. 그런 돈과 사업 관계는 일반 신자들에게 맡기고, 당신은 구원의 말씀을 전파하는 데 몰두해야만 합니다.

말씀을 가르치지 않으면 주교는 벌을 받는다

제6장

1. 주교가 세속적인 일과 걱정에 시간을 바친다면, 당신은 자신과 다른 신자들을 함정에 빠뜨리는 것이 되오. 시간이 모자라서 당신이 유익한 것(말씀)을 그들에게 공급해주지 않는다면, 당신은 가르치지 않았기 때문에 벌을 받고, 그들은 배우지 못해서 무지 때문에 멸망할 것이오.

장로들의 의무

제7장

1. 장로들은 무엇보다도 젊은이들의 결혼을 촉진하여, 그들이 욕정의 함정에 빠지지 말게 해야만 합니다.

2. 또한 이미 결혼하여 나이가 든 사람들도 강한 욕정에 휘말리는 경우가 적지 않으니까, 이들에 대해서도 깊은 관심을 가지고 지도

해야만 합니다.

3. 그러므로 여러분 사이에서는 매춘 행위가 발을 붙이지 못하도록 경계하고, 간통의 불이 몰래 타오르지 않도록 감시해야 합니다.

4. 가장 무거운 죄는 비록 순결하게 산다고 해도 교리상의 오류에 빠지는 것이고, 그 다음으로 위험한 죄가 간통이기 때문입니다.

5. 장로는 교회의 신자 전체를 그리스도의 순결한 신부로 훈련할 의무가 있습니다.

자선은 가장 훌륭한 선행이다

제8장

1. 하느님 앞에서 매춘이 대단히 중대한 죄이므로, 무엇보다도 순결의 유지를 위해 힘써야 합니다.

2. 매춘에는 여러 가지 형태가 있고, 간통도 그 한 가지입니다. 자기 아내 이외의 여자와 성교하는 남자, 자기 남편 이외의 여자와 성교하는 여자는 모두 간통을 저지르는 것입니다.

3. 순결을 유지하는 사람은 자선을 베풀 수가 있고, 그래서 영원한 자비를 받을 것입니다.

4. 간통이 중대한 죄인 반면에 자선은 가장 훌륭한 선행입니다.

5. 그러므로 형제들을 사랑하고 돕고, 고아들을 친자식처럼 돌보며, 과부들에게 필요한 물질적 혜택을 제공해야 합니다.

6. 젊은이들에게 결혼을 주선해주고, 기술이 없는 사람들에게도 직업을 주며, 힘없는 사람들에게 동정해야 합니다.

성찬식에 자주 참석해야 한다

제9장

1. 마음속에 사랑이 확립되어 있다면 이러한 선행을 잘 할 것이고, 그렇게 하기 위해서는 소금을 나누는 공동 예식에 참여해야 합니다.

2. 그러므로 공동의 성찬식에 자주 참석해야 합니다. 그것은 선행의 원천이 되고, 구원을 위한 출발점이 되기 때문입니다.

3. 현세의 재산을 나누어주면 영원한 보상을 받을 것이므로, 여러분의 모든 재산을 하느님 안의 형제들과 공동으로 사용하도록 하십시오.

4. 배고픈 사람에게 먹을 것을, 목마른 사람에게 마실 것을 주십시오. 헐벗은 사람에게 옷을 주고, 병자들을 방문하며, 감옥에 갇힌 사람들을 찾아가 위로하고, 나그네를 집안에 받아들여 잘 대접해주십시오.

형제들 사이의 분쟁은 장로들이 조정한다

제10장

1. 형제들 사이에 분쟁이 생기면, 속세의 권력 당국 앞에서 시비를 가리지 말고, 장로들이 마련하는 화해 방식에 복종하십시오.

2. 일시적인 이익 때문에 영원한 보상을 잃게 하는 탐욕을 피하십시오.

3. 무게를 재는 저울과 부피를 재는 기구들은 항상 정확한 것을

사용하고, 각자가 맡은 직분을 성실하게 수행하십시오.

부제들의 임무

제12장

1. 부제들은 주교의 눈이 되어서 지혜롭게 행동하면서 신자들의 행동을 관찰하고, 누가 죄를 짓고 있는지 살펴야 합니다. 죄를 지을 우려가 있는 사람에 대해서는 주교의 권고에 따라 부제들이 그 사람이 죄를 짓지 않도록 지도해야 합니다.

2. 부제의 직책을 버린 사람들에 대해서는 그들이 회개하여 신자들의 모임으로 돌아오도록 해야 합니다.

3. 부제들은 누가 병이 들었는지 알아내어 그 사실을 모르는 사람들에게 알리고, 그래서 신자들이 그 병자를 방문하고, 주교의 판단에 따라 필요한 물질적 지원을 베풀어야 합니다.

교리교사들의 임무

제13장

1. 교리교사들은 그 일이 사람의 영혼에 관계되는 것이므로, 자기가 먼저 배우고 나서 다른 사람을 가르쳐야 합니다. 그리고 배우는 사람이 각자 다른 의견을 가지고 있으므로, 그는 그러한 의견들에 대해서 자신을 적응시켜야 합니다.

2. 그래서 교리교사들은 나의 후계자인 클레멘스와 마찬가지로

지식이 풍부하고, 비난받을 여지가 없고, 성숙하고, 용기를 지닌 사람이 되어야 합니다.

교회는 거대한 배다

제14장

1. 교회의 전체 일이란 여러 나라에서 모인 사람들이 훌륭한 왕의 나라로 가기 위해서 타는 거대한 배와 같습니다.

2. 그 배의 선장은 하느님과 같고, 키를 잡은 사람은 그리스도와 같으며, 고물에서 길을 인도하는 사람은 주교들이고, 장로들은 선원이며, 부제들은 노 젓는 사람들의 감독이고, 교리교사들은 재정 담당이고, 신자들은 손님입니다.

3. 그리고 이 세상은 바다고, 시련은 역풍이며, 박해와 위험과 각종 고통은 잔물결이고, 속이는 사람과 거짓 예언자들은 육지에서 부는 강한 바람입니다.

4. 위선자들은 해적과 같습니다…"라고 말했습니다.

주교에게 복종하라

제17장

1. 베드로는 또한 "여러분은 모든 일에 있어서 진리의 총책임자에게 복종하십시오. 그에게 거스르는 사람은 그리스도를 받아들이지 않는 것이고…"라고 말했습니다.

베드로의 가르침(케리그마)

새로운 방식으로 하느님을 섬긴다

해설

이것은 알렉산드리아의 클레멘스의 문헌에 포함된 것인데, 2세기 전반에 이집트에서 저술된 것으로 본다. 저술 연대를 서기 80~140년 또는 서기 100~120년으로 보는 견해도 있다.

오리제네스는 그노시스파인 헤라클레온이 이 문헌을 인용했다고 기록했다. 그리고 에우세비우스와 예로니무스는 이것을 비경전 문헌이라고 보았다.

참된 하느님

1. 베드로는 주님을 율법과 말씀(로고스), 그리고 예언자라고 불렀다.

2. 만물의 시작을 창조했고, 또한 만물의 끝을 초래할 힘이 있는 한 분뿐인 하느님이 계시다는 것을 알라.

우리가 볼 수 없는 그분은 모든 것을 보고, 우리가 이해할 수 없는 그분은 모든 것을 이해하고, 하나이신 그분은 필요한 것이 하나도 없고, 만물은 그분이 필요하고 그분 때문에 존재하며, 우리가 생각할 수도 없는 그분, 영원한 그분, 불멸의 그분, 창조되지 않은 그분은 자기 힘의 말씀(성자)으로 만물을 창조했다.

그리스인들의 우상숭배

이 하느님을 그리스 사람들처럼 숭배하지는 마라.

그들은 하느님을 모르고 자신의 무지 때문에, 돌과 청동과 쇠와 금과 은으로 우상을 만들고 그 우상들을 숭배하기 때문이다. 그들은 또한 하느님이 사람들의 음식으로 준 것들, 즉 새, 물고기, 땅에서 기는 짐승과 가축, 족제비, 쥐, 고양이, 개, 원숭이 등을 우상에게 제물로 바치는데, 이것은 죽은 것을 죽은 것(우상)에게 바치는 것이다. 그들은 하느님의 존재를 인정하지 않기 때문에 그에게 감사하지도 않는다.

유대인들의 낡은 계약

하느님을 또한 유대인들과 같이 숭배하지도 마라. 그들은 자기들만이 하느님을 안다고 생각하지만, 그를 이해하지 못하고, 천사들, 대천사들, 달, 달력의 달들을 숭배하기 때문이다. 달이 빛나지 않으면 그들은 소위 첫번째 안식일도, 새 달도, 효소가 들지 않은 빵의 축제도, 장막의 축제도, 속죄의 위대한 날도 기리지 않는다.

새로운 방식으로 하느님을 섬긴다

그러므로 너희는 새로운 방식으로 그리스도를 통하여 하느님을 숭배하면서, 우리가 전해준 것을 거룩하고 올바르게 배우고 지켜라. 왜냐하면 우리는 주님의 말씀, 즉 "보라. 나는 너희 조상들과 호렙 산에서 맺었던 그런 계약이 아니라, 너희와 새로운 계약을 맺는다."고 한 말씀을 성경에서 발견했기 때문이다. 그는 우리와 새로운 계약을 맺었다. 그리스인들과 유대인들에 관계되는 것은 낡은 것이지만, 우리는 그를 새로운 방식으로 섬기는 세번째 백성인 그리스도교 신자들이다.

예수가 사도들을 전세계로 파견한다

3. (주님이 제자들에게 이렇게 말했다.) "이스라엘 사람이 이제 회개하고 나의 이름으로 하느님을 믿고 싶어한다면, 그들은 죄를 용서받을 것이다. 12년이 지나서 너희는 세상으로 나가라. 그래서 '우리가 그런 말을 들어본 적이 없다.'고 사람들이 말하지 못하게 하라."

(주님이 제자들에게 이렇게 말했다.) "나는 너희를 나의 제자가 될 자격이 있다고 판단하여 선택했다. 그리고 진실한 사도가 될 것이라고 믿는 너희를 온 세상 사람들에게 기쁜 소식을 선포하기 위해서 파견했다. 그 기쁜 소식이란 그들이 한 분뿐인 하느님을 알게 하는 것, 나에 대한 신앙을 통해서 미래에 일어날 일들을 드러내는 것, 진리를 듣고 믿는 사람들이 결국에는 구원을 받는다는 것, 믿

지 않은 사람들은 자기들이 진리를 들은 적은 있다고 증언하여 다른 변명을 못하게 하는 것이다.

우리는 예언서들을 펴보았는데, 그 기록들은 비유, 수수께끼, 확실성, 그리고 분명한 말로 예수 그리스도의 탄생과 죽음과 십자가 처형, 유대인들이 그에게 시행한 모든 고문, 그의 부활, 예루살렘의 시작 이전에 승천하는 일을 자세히 밝혀주었다. 그에 관해서 기록된 모든 것을 인정하여 우리는 하느님을 믿었다.

4. 하느님이 예언자들에게 지시했음을 인정하고 우리는 성경과 다른 내용은 하나도 말하지 않는다.

베드로의 가르침(케리그마타)

바오로에 대한 반대 주장

해설

이것은 서기 260년을 전후해서 그리스어를 사용하는 시리아 지역인 오스로에네 근처에서 저술된 것으로 추정된다. 그리고 참된 예언자가 중심 테마가 되는데, 그노시스파의 색채가 강하고, 베드로와 바오로를 대립시키고 있다.

참된 예언자

아담이 신성한 예언의 위대한 성령을 받았다는 점을 부인하고, 불순한 씨에서 나온 다른 사람이 그런 성령을 받았다고 주장하는 사람이 있다면, 그가 어떻게 중대한 죄인이 아닐 수가 있겠는가? 비록 그가 위조된 성서 구절로 그릇된 길로 인도되었다고 해도, 용서를 받을 수는 없다고 나는 믿는다….

아담이 유일하게 참된 예언자로서 창조주를 대신하여 모든 생물에게 그 본성에 따라 각각 이름을 지어주었다. 그가 지어준 이름은 만물을 창조한 그분이 내려준 것이다. 그러니까 그가 선악을 알기 위해서 나무의 열매를 먹을 필요가 어디 있었겠는가? 이런 것을 믿는 무지한 사람은 말도 못하는 짐승이 만물을 창조한 하느님보다 더 자비롭다고 하는 것과 같다.

자기 영혼 안에 선천적으로 예언 능력을 가지고 있던 그는 남자로서 미래에 올 세상에 대해서 분명한 말로 선언한다. 그러므로 그는 자기 아들을 아벨, 즉 '슬픔'이라고 이름지었다. 왜냐하면 그는 속임수에 넘어간 형제들을 슬퍼하라고 자기 아들들을 지도하기 때문이다.

그는 유일한 하느님에게만 기도하라고 권고한다. 그는 잡신들에 대해서 말하지 않고, 그런 신들에 관해서 말하는 사람을 신용하지도 않는다. 그는 자기가 지닌 선을 유지하고 증가시킨다. 그는 제물, 유혈, 피를 뿌리는 일을 미워하고, 신앙이 돈독하고 순수하고 거룩한 사람들을 사랑하며, 제대의 불을 꺼버린다.

그는 전쟁을 끝나게 하고 평화를 설교하며, 절제를 권장하고, 죄를 멀리하며, 결혼을 하라고 명령하고, 금욕을 허락하며, 모든 사람을 순결로 인도한다.

그는 사람들을 자비롭게 만들고, 정의를 권장하고, 완전한 것을 보존하며, 평화의 말을 공포한다. 그는 이해할 수 있는 것을 예언하고, 분명한 것을 말한다.

그는 처벌의 영원한 불에 대해서 자주 주의를 환기시키고, 언제나 하느님의 왕국을 선포한다. 하늘의 엄청난 재산에 대해서 언급하고, 불멸의 영광을 약속하며, 자신의 행동으로 죄의 용서가 이루어진다고 말한다.

진리의 예언자는 세상이 오류에 떨어졌고 사악함과 어울렸다는 것을 알았기 때문에, 세상이 오류에 계속해서 머무는 동안에는 세상과 사이좋게 지내려고 하지 않고, 사악함에 물든 모든 사람에게 분노할 것이다.

그래서 그는 오류 대신에 지식을 가져오고, 깨어 있는 사람들이

중풍 환자들 치유하는 예수, 장 레스투 작, 17세기

사악한 뱀에 대해서 분노를 일으키게 만든다.

그는 말씀을 칼처럼 빼어들고, 지식으로 무지를 죽이며, 살아 있는 사람들을 죽은 사람들로부터 베어서 분리시킨다. 합법적인 지식이 사악함을 정복하는 동안, 우주에 전쟁이 충만하다. 구원을 위해서는 복종하는 아들이 완고한 아버지로부터 분리되고, 아버지가 아들과, 어머니가 딸과, 딸이 어머니와, 친척들이 자기 백성과, 친구들이 동료들과 분리된다.

여자 예언자

참된 예언자와 함께 그의 동료로서 여자 예언자가 창조되었는
데, 달이 해보다, 불이 빛보다 열등한 것처럼, 그녀도 그보다 열등
하다. 여자로서 그녀는 이 세상을 자기 마음대로 다스리고, 첫번째
여자 예언자가 되며, 여자의 몸에서 태어난 모든 사람들 사이에서
자기 예언을 선포한다….

예언은 두 가지가 있는데, 한 가지는 남성적인 것이고… 다른 것
은 여자의 몸에서 태어난 모든 사람들 사이에서 발견되는 것이다.
이 세상에 속하는 것을 선포하기 때문에, 여성적인 예언은 남성적
인 것으로 여겨지기를 바란다. 그렇기 때문에 그녀는 남자의 씨를
훔쳐서, 자기 자신의 육체의 씨로 포장하여, 자기 말들이 자기의
피조물로 태어나게 하는 것이다.

그녀는 이 세상에서 지상의 재산을 무상으로 주겠다고 약속하
고, 느린 것을 빠른 것과, 작은 것을 큰 것과 바꾸기를 원한다.

그녀는 무수한 신들에 관해서 말하고 듣기를 원할 뿐 아니라, 그
녀 자신이 신이 되기를 바란다. 자기 본성과 모순되는 어떤 것이
되기를 희망하기 때문에, 그녀는 자기가 가진 것을 파괴한다. 제물
을 바친다는 구실 아래, 그녀는 월경기에 자기 몸을 피로 더럽히
고, 그녀를 만지는 사람들마저도 더럽힌다.

그녀가 임신하면 일시적인 왕들을 낳고, 많은 피를 흘리는 전쟁
을 초래한다. 그녀에게서 진리를 알고 싶어하여 추구하는 사람들
은 각종 상충되는 주장과 암시에 이끌려서 죽을 때까지도 그 진리
를 발견할 수가 없다. 왜냐하면 처음부터 죽음의 원인이 남자들을
눈멀게 하고, 그녀는 오류와 애매하고 모호한 것을 예언하여 자기
를 믿는 사람들을 속이기 때문이다.

그래서 그녀는 자기 맏아들에게 카인이라고 하는 애매한 이름을 지어주었다. 카인은 '소유'와 '시기'라는 두 가지 의미가 있는데, 카인은 나중에 여자, 소유, 부모의 사랑 때문에 아벨을 시기했던 것이다.

아니면, 그는 그녀의 첫번째 소유였으니 '소유'라는 의미가 더 어울릴 것이다. 그 소유는 그녀의 거짓 예언에 도움이 된다. 그는 살인자고 거짓말쟁이며, 일단 죄를 범하기 시작한 뒤로는 범죄를 그치려고 하지 않았기 때문이다.

게다가 그의 자손은 최초의 간통자들이고, 하프와 현금을 만들었고, 전쟁 도구들을 위조했기 때문이다. 그러므로 그의 자손들의 예언도 간통자들과 하프들로 가득 차고, 비밀리에 그리고 육감적으로 전쟁을 즐긴다.

율법에도 허위가 침입했다

모세는 하느님의 율법을 칠십 명의 지혜로운 사람들에게 구두로 전달했다. 모세가 죽은 뒤에 그 율법은 모세가 직접 기록한 것이 아니라, 이름 모르는 어떤 사람이 기록한 것이다. 성경에는 모세가 죽어서 포고르의 집 근처에 묻혔는데 지금까지도 그 무덤에 대해서 아무도 모른다고 기록되어 있기 때문이다. 모세는 죽은 다음에 율법을 기록할 수가 없지 않았겠는가?

그리고 모세가 죽은 지 5백 년이 지나서 율법은 성전에서 발견되었고, 또다시 5백 년이 지난 뒤에는 그것이 네브카드네자르 시대에 약탈당해서 불에 태워졌다.

율법이 모세가 죽은 뒤에 기록되고, 또 여러 번 없어졌다는 것은 모세의 지혜를 반영하는 것이다. 왜냐하면 그는 율법이 사라질 것을 예견하여 기록으로 남겨둔 것이 아니기 때문이다. 그러나 그 율법이 사라질 것을 예견하지 못하고 기록한 사람들은 무지에 빠졌고, 따라서 예언자들도 아니었다.

모세가 죽은 뒤 얼마 안 되어서 율법이 기록될 때, 허위 내용이 침입했다…

베드로는 이렇게 말했다. 즉 참된 것이 허위와 혼합되어 있다는 사실은, 내가 기억하기로는 사두가이들이 예수를 공격할 때 그가 한 말에서도 잘 드러난다. 즉 그는 "여러분은 성경의 참된 뜻을 모르기 때문에 오류에 떨어졌고, 그러므로 하느님의 힘을 또한 모르는 것이오."라고 말했다. 그들이 성경의 참된 뜻을 모른다고 한다면, 성경에는 허위 부분이 포함된 것이 분명하다…

그가 "나는 율법을 폐지하려고 온 것이 아니오."라고 말하고도 무엇인가를 폐지한 것은, 그가 율법에 원래부터 속해 있지는 않던 것을 폐지했다는 뜻이 된다.

만물의 주님이 마치 무지한 것처럼 누군가를 시험한다면, 누가 모든 것을 미리 알고 있는가? 그가 슬퍼하거나 뉘우친다면, 누가 완전하고 변하지 않는 마음을 가졌는가? 그가 질투한다면, 누가 스스로 만족하는가? 그가 힘이 없다면, 누가 전능한가? 그가 전쟁을 사랑한다면, 누가 평화를 원하는가?

바오로에 대한 반대 주장

태초에 하느님은 오른손과 왼손으로 하늘과 땅을 창조하고, 그 뒤에 오는 모든 것을 짝으로 만들었다. 강한 것을 먼저 만들고, 약한 것을 그 다음에 만들었다.

그러나 사람의 경우에는 그 반대의 순서로 했다. 아담에게서 불의한 카인이 먼저 나오고, 그 다음에 정의로운 아벨이 나왔다. 데우칼리온에게서도 더러운 정령, 즉 검은 까마귀가 먼저 나오고, 그 다음에 깨끗한 정령인 흰 비둘기가 나왔다. 아브라함에게서도 이스마엘이 먼저고, 축복받은 이사악이 나중이었다. 이사악에게서도 신을 믿지 않는 에사우가 먼저고, 경건한 야곱이 나중이다. 그리고 대사제 아아론이 먼저고, 율법을 준 모세가 다음이었다.

이와 마찬가지로 이방인들에게 시몬(즉 바오로)이 먼저 갔고, 그 다음에 내가(즉 베드로) 갔다. 이것은 빛이 암흑에게, 지식이 무지에게, 치유가 병에게 나중에 간 것과 같다.

그 말을 들은 바오로가 이렇게 반박했다. "당신들이 스승의 말과 행동을 직접 보고 들은 반면, 다른 사람들은 꿈이나 환상에서 그런 체험을 할 수가 없다고 말하지만, 그것은 잘못이오. 말을 직접 듣는 사람은 자기가 들은 것에 대해서 확실한 지식이 없소. 우선 그는 자기가 속지 않았는지 확인을 해야만 하기 때문이오. 그러나 환상이란 신성한 것을 보는 것이기 때문에 확실한 것이오."

베드로가 이렇게 말했다. "우상숭배자들, 간통자들, 다른 죄인들도 꿈을 꾸고 환상을 보며, 환상이란 악마들이 일으키는 경우도 많다고 우리는 알고 있소. 그리고 인간은 빛 자체인 성부와 성자를 우리 눈으로 바라볼 수가 없다고 나는 믿고 있소. 주님을 보는 사람은 죽을 것이니까… 하늘 나라의 존재인 성자, 심지어는 천사마저도 사람은 쳐다볼 수가 없소. 그러니까 환상을 본 사람은 그것이 사악한 악마의 짓이라고 인정해야만 합니다.

진리는 경건하고 자연스럽고 순수한 마음에게 스스로를 드러내지요. 그것은 꿈을 통해서 얻어지는 것이 아니라, 선한 사람에게 분별력을 통해서 무상으로 주어지는 것이지요. 이런 방식으로 성부께서 성자를 나에게 드러내었소.

그리고 우리 주 예수가 당신에게도 나타났고, 환상 속에서 알려지고, 당신을 원수를 만나듯이 화가 나서 만났다고 한다면, 그는 여전히 당신에게 오로지 환상과 꿈과 외부적인 계시를 통해서만 이야기한 거요. 그런데 누가 환상을 통해서 다른 사람을 가르칠 수가 있소? 환상을 통해서 가르칠 수가 있다고 한다면, 왜 우리 스승이 멀쩡하게 깨어 있는 우리와 함께 1년이나 같이 지냈단 말이오?

그가 당신에게 나타났다고 해도, 그것을 우리가 어떻게 믿을 수가 있겠소? 당신이 과거에 배운 것과 정반대 되는 것을 주장한다면, 그가 어떻게 당신에게 나타날 수가 있겠소?

그가 한 시간 동안 당신에게 나타나서 가르쳤고, 그래서 당신이 사도가 되었다고 한다면, 그의 말씀을 선포하고, 그가 가르친 것을 남에게 전하며, 사도들의 친구가 되고, 그의 신임을 받는 나에게 대항하지 마시오. 교회의 초석이고 굳은 바위인 나에 대해서 당신은 적대감을 품고 대항하고 있기 때문이오.

나의 원수가 아니라면 나를 비방하지 말고, 나의 설교를 악평하여 신자들이 나를 불신하도록 만들지는 마시오.

당신이 진정으로 진리의 협력자가 되려고 한다면, 우리가 그에게 배운 것을 먼저 우리에게서 배우고, 진리의 동업자가 되시오….

세례의 교리

과거의 모든 경건한 사람들보다도 당신이 더 경건하다고 해도, 세례를 받지 않으면 구원의 희망은 없소. 오히려 좋은 일을 좋은 방식으로 하지 않았기 때문에 더욱 가혹한 벌을 받을 것이오. 선행은 하느님이 명령한 그대로 해야만 선행이 되기 때문이오. 세례를 받지 않는다면, 당신은 자기의 의지를 따르고 그의 계명을 무시하는 것이오.

사도 바오로가 라오디체아인들에게 보낸 편지

진리를 왜곡하지 마라

1. 사람들이 임명해서 사도가 된 것이 아니라, 예수 그리스도에 의해서 사도가 된 바오로가 라오디체아에 있는 형제들에게 인사드립니다.

2. 여러분에게 은총이 내리기를, 그리고 성부 하느님과 우리 주님 예수 그리스도로부터 오는 평화가 여러분과 함께 하기를 빕니다.

3. 여러분이 선행을 하면서 심판의 날에 약속된 그것을 계속해서 추구하고 보존하도록 나는 기도하는데, 그때마다 그리스도에게 감사를 드립니다.

4. 진리를 왜곡하는 자들이 내가 가르친 복음의 진리로부터 여러분을 갈라놓으려고 하는데, 그들의 헛된 주장과 말에 절대로 현혹되지 마십시오.

5. 내가 하느님에게 기도하는 것은 회개하여 신앙을 가진 여러분이 복음의 진리를 완전히 깨닫고, 자비로운 사람이 되며, 선행을 통하여 구원을 받는 것입니다.

6. 그리고 분명히 드러난 바와 같이 지금 내가 속박된 몸으로서 그리스도 안에서 고통을 당하고 있지만, 나는 이것을 기뻐하고 즐겁게 삽니다.

7. 왜냐하면 이것이 여러분의 기도를 통하여, 그리고 성령의 허락으로, 나에게 영원한 구원이 될 것이기 때문입니다.

8. 나는 살아나든 죽든 상관이 없습니다. 나에게 살아 있다는 것

은 그리스도에게 충실한 삶을 의미하고, 죽음은 큰 기쁨이 될 것입니다.

9. 그리고 주님은 여러분이 똑같은 사랑과 똑같은 마음가짐을 가지도록 우리에게 당신 자비를 내려줄 것입니다.

10. 사랑하는 형제들이여, 이미 주님의 재림에 관해서 들었으니, 두려움 속에서 생각하고 행동하십시오. 그러면 그것이 여러분의 영원한 생명이 될 것입니다.

11. 왜냐하면 여러분 안에서 일하는 분은 바로 하느님이시기 때문입니다.

12. 무슨 일을 하든지 죄를 짓지 마십시오.

13. 사랑하는 형제들이여, 가장 좋은 것은 주 예수 그리스도 안에서 기뻐하고, 부당한 이득을 피하는 것입니다.

14. 여러분의 모든 요구가 하느님에게 알려지도록 하고, 그리스도의 교리 안에서 확고한 자세를 유지하십시오.

15. 무슨 일을 하든지 간에 여러분은 건전하고 진실되며, 선하고 순결하고, 정의롭고 사랑스러운 일들을 하십시오.

16. 여러분이 귀로 듣고 또 이미 받은 것들을 곰곰 생각하십시오. 그러면 평화가 여러분과 함께 있을 것입니다.

17. 거룩한 형제들이 모두 여러분에게 인사를 보냅니다.

18. 주 예수 그리스도의 은총이 여러분의 영혼과 함께 있기를 빕니다. 아멘.

19. 이 편지를 골로사이인들이 낭독하도록 하고, 골로사이인들에게 보낸 편지를 여러분도 읽어보도록 하십시오.

사도 바오로와 세네카가 주고받은 편지들

로마 고위층의 우정과 존경

해설

매우 오래된 이 문서들에 대해서 많은 학자들이 호의적인 의견을 제시했다. 살메론은 세네카가 필립보에게 보낸 바오로의 편지 4장 22절에 언급된 그 사람이라고 주장한다. 예로니무스는 교회의 거룩한 저술가들 가운데 세네카라는 인물을 포함시켰다. 식스투스 에넨시스가 이 문서들을 총서에 포함시켰다.

안네우스 세네카가 바오로에게 보낸 편지

제1장

1. 바오로여, 어제 내가 위선과 다른 주제들에 관해서 루칠리우스와 나눈 대화의 내용을 당신이 들었으리라 생각합니다. 그때 당신 제자 몇 사람이 우리와 함께 있었기 때문입니다.

2. 우리가 어제 살루스티아 정원으로 들어갔을 때 그들이 거기를 지나갔는데, 다른 곳으로 갈 수도 있었지만 우리가 요청해서 그들이 자리를 함께했던 것입니다.

3. 미리 말해두지만, 우리는 당신과 대화하기를 원하고 있고,

4. 또한 당신이 여러 도시와 지방의 주요 마을들에 보낸 편지들, 도덕적 행동을 위한 놀라운 가르침을 담은 그 많은 편지들을 묶어서 만든 책을 읽고 우리는 매우 기뻐하고 있습니다.

5. 나는 당신이 이처럼 고결한 생각들의 저자가 아니라 그것을 전달하는 수단이라고 보는데, 때로는 당신이 저자임과 동시에 수단이기도 하다는 생각이 듭니다.

6. 왜냐하면 그 가르침들이 너무나 고매하고 위대하여, 일생을 통해서 배워도 그것을 완전히 익힐 수 있는 사람이 없다고 나는 생각하기 때문입니다. 나의 형제여, 늘 건승하기를 빕니다. 안녕히 계십시오.

바오로가 세네카에게 보낸 편지

제2장

1. 어제 당신 편지를 기쁘게 받았습니다. 그래서 즉시 답장을 써서 마침 집에 있던 청년에게 주어 당신에게 전달하도록 했습니다.

2. 전달할 것을 내가 언제, 누구 편에, 어느 시기에, 그리고 누구에게 보내야만 할지에 관해서 당신이 잘 알기 때문입니다.

3. 그러므로 적절한 인편을 기다리느라고 내가 일부러 답장을 늦게 보냈다는 비난은 하지 말기 바랍니다.

4. 나의 편지들에 관해서 당신이 크게 기뻐했다고 하니, 이토록 탁월할 인물의 평가를 받은 나 자신을 매우 행복한 사람이라고 생각합니다.

5. 당신이 성실한 사람이 아니었더라면 감독하는 사람, 철학자,

또는 위대한 왕의 스승으로서 존경받지는 못했을 것입니다. 당신의 무궁한 번영을 기원합니다.

안네우스 세네카가 바오로에게 보낸 편지

제3장

1. 나는 두툼한 책의 원고를 끝내고 여러 장으로 나누었습니다.

2. 그리고 그 원고를 황제에게 읽어줄 작정인데, 좋은 기회가 온다면 그 자리에 당신도 참석할 것입니다.

3. 그것이 불가능한 경우에는 내가 날짜를 정해서 당신에게 통보하고, 우리가 함께 낭송을 듣는 자리를 마련하겠습니다.

4. 할 수만 있다면, 나는 출판해서 황제에게 바치기에 앞서서 원고에 대한 당신의 의견을 먼저 들을 작정입니다. 그러면 당신에 대한 나의 사랑이 얼마나 큰지 당신이 알 것입니다. 친애하는 바오로여, 안녕히 계십시오.

바오로가 세네카에게 보낸 편지

제4장

1. 당신 편지를 자주 읽을 때마다 나는 당신이 내 곁에 있다고 상상합니다. 당신이 언제나 우리와 함께 있다는 생각 이외에 다른 생각은 할 수가 없습니다.

2. 당신이 여기 온다면 즉시 만나보도록 하겠습니다. 언제나 번영

하기를 빕니다.

안네우스 세네카가 바오로에게 보낸 편지

제5장

1. 당신이 우리를 떠나 너무 오래 계시는 데 대해서 우리는 걱정이 됩니다.
2. 무슨 일들이 있기에 우리에게 오지 못하는 것입니까?
3. 당신이 과거에 믿던 종교를 버리고 다른 사람들을 개종시켰다는 이유로 황제의 분노를 두려워한다면, 당신의 그런 행동이 변덕이 아니라 건전한 판단에서 나왔다고 변호를 하면 됩니다. 안녕히 계십시오.

바오로가 세네카와 루칠리우스에게 보낸 편지

제6장

1. 당신이 써서 보낸 여러 가지 일들에 관해서는 내가 편지에서 언급하지 않는 것이 좋다고 봅니다. 그 가운데 한 가지는 엉뚱하게 빗나간 것이고, 다른 것들은 설명이 필요없습니다.
2. 특히 내가 알기에는, 내 주위뿐 아니라 당신 주위에도 내 말의 의미를 이해하는 사람들이 많습니다.
3. 모든 사람을 정중하게 대해야 하고, 언쟁을 벌이려고 하는 사람들에게 더욱더 정중하게 경의를 표하는 것이 좋습니다.

4. 우리가 복종하는 태도를 보인다면 모든 논점에서 효과적으로 설득할 수가 있고, 자기의 오류를 보고 인정할 줄 아는 사람들에 대해서는 더욱더 효과적이 될 것입니다. 안녕히 계십시오.

안네우스 세네카가 바오로에게 보낸 편지

제7장

1. 당신이 갈라디아, 고린토 그리고 아카이아 사람들에게 보낸 편지들을 읽고 너무나도 기뻤습니다.

2. 왜냐하면 성령이, 당신에 의해서 그 편지들 안에 매우 고매하고 가장 탁월하며, 모든 존경을 받을 가치가 있고, 당신 자신이 지어낼 수가 없는 그러한 감정들을 표현했기 때문입니다.

3. 그러므로 당신이 이토록 비상한 일들에 관해 글을 쓸 때에는 그 품위에 알맞은 우아한 문체도 겸비하기를 바랍니다.

4. 형제인 당신에게 무엇인가를 숨기는 정직하지 못한 태도를 취하거나 내 양심에 꺼리는 짓을 해서는 안 된다고 믿고 하는 말이지만, 황제는 당신 편지들에 표현된 감정들에 대해서 대단히 만족했습니다.

5. 편지가 낭독되기 시작했을 때, 황제는 정규 교육을 받지 않은 사람이 이러한 개념을 가지고 있는 데 대해 놀랐다고 말했습니다.

6. 나는 신들이 천한(천진난만한) 사람들을 도구로 삼아 말한다고 대답하고, 그 예로 레아테 지방에 살고 있던 바시엔시우스가 카스토르와 폴룩스 쌍둥이 신들로부터 계시를 받은 사실을 상기시켰습니다.

바오로가 세네카에게 보낸 편지

제8장

1. 황제가 우리 종교에 대해서 존경하고 호의적이라는 것은 알고 있지만, 나는 당신이 우리에게 호의를 베풀다가 피해를 입지 않도록 하라고 충고합니다.

2. 황제는 이교도로서 신들을 숭배하는데, 당신이 그의 종교 및 숭배 방식과 크게 어긋나는 내용을 선언한다면, 그것은 매우 위험한 시도라고 보기 때문입니다.

3. 당신이 무슨 의도로 이런 일을 내게 알리는지는 모르겠지만, 나를 너무 지나치게 존경해서 그런 것이 아닌가 봅니다.

4. 앞으로는 그러지 말기를 바랍니다. 나에 대한 사랑을 드러내어 당신 주인을 거스를까 염려되니 더욱 조심할 필요가 있습니다.

5. 황제가 계속 이교도로 있는 한 그의 분노는 우리를 해치지 못할 것이고, 그가 분노하지 않는다고 해서 우리에게 도움이 되는 것도 아닙니다.

6. 황후가 자기 성격에 알맞는 행동을 한다면 화를 내지 않겠지만, 여자로서 행동한다면 모욕을 받았다고 여길 겁니다.

안네우스 세네카가 바오로에게 보낸 편지

제9장

1. 황제에게 당신의 편지들을 낭송해주었다고 알리는 나의 편지가 당신 편지들의 내용에도 당신에게도 영향을 미치지 못할 것입

니다.

2. 당신 편지들이 사람들의 태도와 실천방식을 변화시키는 데 너무나도 강력한 힘을 발휘하는 것에 나는 언제나 놀라고 있습니다. 그리고 그 사실을 지금까지 해온 숱한 논쟁들을 통해서 확신하게 되었습니다.

3. 그러니까 다시 처음부터 시작합시다. 지금까지 내가 무례하게 행동했다면 용서해주기 바랍니다.

4. 당신에게 〈말들의 풍요에 관하여〉라는 책을 한 권 보냈습니다.

바오로가 세네카에게 보낸 편지

제10장

1. 당신에게 자주 편지를 쓰면서 내 이름을 당신 이름보다 먼저 기록한 것은, 나 자신에게도 적합하지 않고 우리 종교와도 상충되는 행동이었습니다.

2. 내가 자주 선언한 바와도 같이 나는 모든 사람에게 모든 것이 되어야만 하고, 로마법이 모든 원로원 의원들에게 부여한 당신의 자격을 존중해야 마땅합니다. 즉 편지 맨 끝에 나의 이름을 적어야만 하는 것입니다.

가장 존경하는 주인이여, 안녕히 계십시오. 집정관 네로와 메쌀라 재임기간 4년 7월 5일에 쓰다.

안네우스 세네카가 바오로에게 보낸 편지

제11장

1. 내가 가장 사랑하는 바오로여, 모든 행복이 당신에게 있기를 빕니다.

2. 더없이 위대한 사람이 당신처럼 모든 면에서 원만하다면, 그는 모든 사람의 친구일 뿐만 아니라 나에게는 둘도 없는 절친한 친구입니다. 그러니 세네카는 얼마나 행복한 위치에 있는 것입니까!

3. 당신은 너무나 탁월하고 그 누구보다도 존귀하며, 가장 위대한 인물이라고 해도 지나치지 않은데도, 편지에서 자기 이름이 먼저 나오는 것이 부당하다고 생각합니다.

4. 이것은 자신이 로마 시민임을 잘 아는 당신이 나를 조롱할 작정이 아닌가 하는 의심을 내가 품지 않도록 배려하는 것입니다.

5. 내가 당신이 현재 처한 환경이나 입장에 놓이고, 당신도 나의 입장에 놓일 수만 있다면, 하는 희망을 전합니다.

내가 가장 사랑하는 바오로여, 안녕히 계십시오. 아프리아누스와 카피토의 집정관 재임기간 4월 10일에 쓰다.

제12장

1. 내가 가장 사랑하는 바오로여, 모든 행복이 당신에게 있기를 빕니다.

2. 당신이 무죄한데도 고통을 당하는 것을 보고 내가 깊은 시름과 비탄에 잠겨 있다고는 생각하지 않습니까?

(그리스도교 신자인) 당신들이 아주 고약한 범죄자들이고, 로마에 닥치는 모든 불행의 원인이라고 백성들이 보고 있다고 생각합니까?

3. 그러나 이러한 혐의에 대해서 참을성 있게 대응합시다. 그리고 우리 불행이 드디어 불변의 행복으로 전환되기까지는, 우리의 시련을 호소할 유일한 법정인 하늘 나라의 법정에 우리의 무죄를 호소합시다.

4. 과거에는 필립의 아들 알렉산더, 그리고 디오니시우스라는 폭군들이 나타났고, 우리 시대에는 카이우스 황제라는 폭군이 나타났는데, 그들에게는 자기가 하고 싶은 대로 하는 것만이 유일한 법입니다.

5. 로마가 자주 화재로 불타버리는 원인은 이미 드러난 것입니다. 나처럼 비천한 환경에 처한 사람도 발언권이 있다면, 이 우울한 일들에 관해서 위험을 느끼지 않고도 공언할 수 있다면, 사실 관계의 전모를 누구나 파악할 수가 있습니다.

6. 로마의 화재에 관해서 그리스도교 신자들과 유대인들이 다같이 처벌받고 있지만, 살인과 살육을 즐길 뿐 아니라, 자기 범죄를 거짓말로 위장하는 저 불경스러운 악당이 그에게 지정된 시기까지 권력자로 지명되었거나 그 처벌이 보류된 상태입니다.

7. (범죄를 저지른) 그 한 사람 대신에 훌륭한 사람들의 목숨이 희생되는 것과 마찬가지로, 그의 목숨도 많은 사람을 위해서 희생되고 모든 사람 대신에 불에 타죽을 것입니다.

8. 이제 집 132채와 4개 구역이 6일 동안에 완전히 불타버렸고, 7일 만에 화재가 진화되었습니다. 당신에게 모든 행복이 있기를 기원합니다.

9. 프리지우스와 바쑤스의 집정관 재임기간 4월 5일에 쓰다.

제13장

1. 내가 가장 사랑하는 바오로여, 모든 행복이 당신에게 있기를 빕니다.

2. 당신은 비유적이고 신비한 문체로 많은 편지를 썼습니다. 그리고 너무나도 중대한 문제들과 일을 맡은 당신이기 때문에 유창한 웅변 기법은 필요없고, 오로지 어느 정도 우아한 수준을 유지하면 충분합니다.

3. 웅변 기법에 의존하다가 주제의 핵심을 벗어나고 초점을 흐리게 만드는 경우가 많다고 당신이 자주 말했는데, 그것을 나는 기억하고 있습니다.

4. 그러나 당신이 올바른 라틴어(문법)에 충실하고 정확한 단어들을 구사하여, 당신에게 맡겨진 고귀한 사명을 더욱 훌륭하게 수행하기를 바랄 뿐입니다.

5. 안녕히 계십시오. 레오와 사비누스의 집정관 재임기간 7월 5일에 쓰다.

바오로가 세네카에게 보낸 편지

제14장

1. 당신의 진지한 고찰은 하느님이 극소수의 사람에게만 허락하는 이 발견들로 보답을 받았습니다.

2. 그래서 나는 비옥한 땅에 가장 강인한 씨앗을 뿌렸다고 확신합니다. 그 씨앗은 부패에 굴복하는 물질적인 것이 아니라, 자라서 영원히 결실을 맺는 하느님의 말씀입니다.

3. 당신이 지혜를 동원하여 도달한 그것은 썩지 않고 영원히 지속될 것입니다.

4. 당신은 유대인들과 이방인들의 미신을 피할 의무가 있다는 점을 명심하십시오.

5. 지금까지 당신이 깨달은 것들을 황제와 그 가문의 사람들, 그리고 신뢰할 만한 친구들에게 지혜롭게 알리십시오.

6. 당신이 하는 말에 그들이 동의나 이해를 하기가 어렵고, 또한 대부분이 그다지 존중하지 않는다고 해도, 하느님의 말씀은 일단 주입되기만 하면, 하느님을 향하여 희망을 거는 새 사람으로 그들을 드디어 변화시킬 것입니다.

7. 우리에게 가장 소중한 세네카여, 안녕히 계십시오. 레오와 사비누스의 집정관 재임기간 8월에 쓰다.

클레멘스가 고린토인들에게 보낸 첫번째 편지

불사조(휘닉스)처럼 부활한다

해설

> 클레멘스는 베드로의 제자이고 나중에 로마 주교(교황)
> 가 되었다. 클레멘스 알렉산드리아누스는 그를 사도라고 불
> 렀고, 예로니무스와 루피누스는 그가 사도와 마찬가지의 인
> 물이라고 말했다. 에우세비우스는 이 편지를 초대 교회에서
> 공식적으로 낭송했다고 말했다. 그리고 이 편지는 초대 교
> 회의 경전집(성경)에 포함되어 있었다.

고린토 교회의 신자들을 칭찬했다

제1장

1. 로마에 있는 하느님의 교회가 하느님의 뜻으로, 우리 주 예수
그리스도를 통하여 선택되고 거룩하게 된 고린토의 하느님의 교회
에게. 전능하신 하느님이 주시는 은총과 평화가 예수 그리스도에
의해서 여러분에게 더욱 풍성히 내리기를 빕니다.

2. 우리에게 갑자기 닥친 위험과 재앙 때문에 여러분이 질문한 사
항들에 대해서 답신이 늦어졌습니다.

3. 성급하고 고집이 센 일부 신자들이 사악하고 가증스러운 분열

을 일으켜서 여러분의 명성을 크게 더럽혔다고 들었습니다.

4. 여러분은 신앙이 굳세고, 모든 선행의 열매를 거두었으며, 친절하기로도 널리 알려졌고, 또한 복음에 대해서 깊은 지식을 지니고 있었는데도 말입니다.

5. 여러분은 사람을 차별하지 않고 하느님의 법에 따라 행동했고, 지도자들에게 순종하고 나이 많은 사람들을 존경했습니다.

6. 그리고 젊은이들에게 단정하고 침착하게 행동하라고 가르쳤으며,

7. 여자들에게는 모든 일을 깨끗한 양심에 따라 하고, 남편을 사랑하고 복종하며, 집안살림을 충실히 하라고 훈계했습니다.

8. 여러분은 모두가 겸손하고, 다스리기보다는 복종하기를 더 원했으며, 하느님이 맡겨준 각자의 위치에 만족했습니다.

9. 그분 말씀을 항상 주의 깊게 듣고

10. 평화 속에서 번영하고, 성령을 충만히 받았습니다.

11. 본의 아니게 지은 죄에 대해서 하느님의 자비를 요청했고,

12. 형제들의 구원을 위해서 밤낮으로 애썼으며,

13. 서로 성실하고, 해를 끼치지 않았고, 반항과 분열을 극도로 싫어했습니다.

14. 이웃의 죄를 가슴아파했고, 이웃의 결점을 자기 결점으로 여겼습니다.

15. 여러분은 서로 친절하고, 항상 선행을 할 준비가 되어 있으며, 대화를 경건하고 점잖게 했습니다.

분열이 생기기 시작했다

제2장

1. 여러분은 모든 영예와 번영을 누렸는데,

2. 거기서 시기와 질투, 충돌, 반란, 박해와 무질서, 전쟁과 포로가 나왔고,

3. 무명인사들이 저명인사들에게, 평판이 나쁜 사람들이 존경받는 사람들에게, 어리석은 사람들이 지혜로운 사람들에게, 젊은이들이 노인들에게 대항했습니다.

4. 따라서 정의로움과 평화가 무너지고 말았습니다. 왜냐하면 누구나 하느님에 대한 두려움을 버리고, 신앙에 대해서 소경이 되고, 하느님의 계명을 따르지 않았으며,

5. 부당하고 사악한 질투심에서 각자 사악한 욕망을 채우려 했기 때문입니다.

시기와 질투가 모든 충돌과 무질서의 원인이다

제3장

1-4. 창세기에 카인이 아벨을 죽인 일이 자세히 기록되어 있습니다.

5. 시기와 질투가 동생 아벨의 죽음을 초래했고, 야곱이 에사우로부터 달아나게 했습니다.

6. 그리고 그것 때문에 요셉이 박해받고, 모세가 이집트 왕 파라오로부터 달아났습니다.

7. 아아론과 미리암이 7일간 격리되었고,

8. 다탄과 아비람이 모세에게 대항하다가 죽었으며,

9. 다윗이 외국인들의 미움과 사울의 박해를 받았습니다.

10. 우리 시대에 가까운 예를 듭시다.

11. 교회의 가장 독실하고 정의로운 기둥들이 박해받아 비참하게 죽었고,

12. 사도 베드로가 많은 고통을 당하고 순교했으며,

13-15. 바오로도 마찬가지로 순교했습니다.

16. 또한 수많은 사람이 그 뒤를 이었으며,

17. 여자들도 영광의 최후를 마친 사람이 많습니다.

18. 시기와 질투는 부부 사이도 갈라놓고,

19. 도시들과 위대한 민족(나라)들의 파멸을 초래했습니다.

분열에 대해서 회개하라고 권고했다

제4장

1-2. 여러분이나 우리나 같은 처지에 놓여 있습니다.

3-4. 그러므로 우리가 받은 거룩한 부르심에 충실하고, 그분의 눈에 드는 선행을 합시다.

5. 우리 구원을 위해서 흘린 그리스도의 고귀한 피를 언제나 바라봅시다.

6. 우리는 과거를 연구하고, 주님이 어느 시대에 대해서나 회개의 기회를 주었음을 배웁시다.

7-8. 노아와 요나가 회개를 부르짖었고, 그 소리에 귀를 기울인 사람들은 구원되었습니다.

9. 하느님의 은총의 지도자들은 성령에 의해서 누구나 회개를 부르짖었고, 특히 주님은

10. "나는 죄인의 죽음이 아니라 그가 회개하기를 원하오."라고 말했고, "오, 이스라엘 사람들이여, 사악함을 회개하시오.

11. 내 백성에게 가서 말하라. 너희 죄가 땅에서부터 하늘에 이른다 해도, 그 죄가 진홍색보다 더 붉고 마대보다 더 검다고 해도, 너희가 진심으로 나에게 돌아와서 아버지라고 부른다면 거룩한 백성처럼 너희 말에 내가 귀를 기울일 것이다."라고 덧붙였습니다.

12-15. 그리고 사랑하는 자기 백성이 회개하기를 원해서 주님이 해주신 말씀이 많이 있습니다.

성서에 나타난 거룩한 사람들의 본보기

제5장

1. 그러므로 우리는 엎드려 주님의 자비를 요청하고, 주님의 뜻을 따르며, 모든 허영과 반목과 죽음을 불러오는 시기를 버립시다.

2-12. 에녹, 노아, 아브라함은 모두 주님의 뜻을 따라 거룩하게 산 분들입니다.

이웃에 대한 친절과 자선

제6장

1-3. 로트는 친절과 경건함 때문에 소돔에서 구출되었는데, 이것은 주님이 자기를 신뢰하는 사람을 버리지 않고, 복종하지 않는 사람은 처벌한다는 것을 분명히 밝힌 것입니다. 로트의 아내가 소금 기둥으로 변한 것은 복종하지 않았기 때문입니다.

4. 소금 기둥은 거역할 마음을 품거나 하느님의 힘을 믿지 않는 사람은 처벌된다는 본보기입니다.

5-9. 신앙과 친절 때문에 창녀 라합이 구원되었습니다.

10. 라합에게 붉은 밧줄을 내걸라고 한 것은, 주님의 피로 구원이 온다는 것을 예언한 것입니다.

겸손

제7장

1. 형제 여러분, 오만과 자만, 어리석음과 분노를 버리고 겸손한 사람이 됩시다.

2. 지혜도 힘도 재산도 자랑하지 말고, 오로지 주님을 찾고 정의를 실천하기 위해서 주님 안에 자랑하라고 성령은 말씀했습니다.

3-4. 그리고 주 예수는 "자비를 베푸시오, 그러면 자비를 받을 것이오. 용서하시오, 그러면 용서를 받을 것이오. 다른 사람들에게 친절을 베푸시오, 그러면 하느님이 여러분을 친절하게 대할 것이오."라고 말했습니다.

생선을 많이 잡은 기적, 장 쥬브네 작, 17세기

5. 그러므로 우리는 겸손한 마음으로 항상 주님의 이 계명을 따라서 생활합시다.

6-7. 오만과 반란을 따르고 시기와 질투의 주모자가 되기보다는, 하느님에게 순종하는 것이 옳은 일이오.

8. 충돌과 반란을 선동하는 사람들을 맹종하는 것은 대단히 위험합니다.

9. 우리를 창조한 그분의 자비와 친절에 따라 우리도 서로 친절한 사람이 됩시다.

10-11. 자비로운 사람은 땅을 상속하지만, 악행을 범하는 사람은 멸망한다고 기록되어 있습니다.

12. 무죄한 상태를 유지하고 올바른 일을 하십시오.

13. 평화를 입으로만 떠드는 사람이 아니라 진심으로 추구하는 사람을 따라갑시다.

그리스도를 본받아서 겸손해야 한다

제8장

1.   그리스도는 거만하게 구는 사람들이 아니라 겸손한 사람들의 구세주입니다.

4.   그는 사람들에게 경멸과 배척을 받아서 슬픔과 비탄을 잘 알고 있습니다.

6.   그는 우리의 비탄과 슬픔을 지고 가는데, 우리는 그가 하느님에게서 버림받았다고 여깁니다.

8.   우리는 길 잃은 양이 되어 각자 제멋대로 길을 갑니다. 주님이 그에게 우리의 사악함을 짊어지게 했습니다.

16.   사랑하는 형제들이여, 주님이 이토록 자신을 낮추셨는데, 그 은총 아래 놓인 우리는 무엇을 해야만 하겠습니까?

19.   아브라함은 하느님의 친구라고 불리면서도 "저는 먼지요 재입니다."라고 겸손하게 말했습니다.

분열을 수습해야 한다

제9장

3.   창조주 성부를 바라보고, 그 영광스럽고 탁월한 평화의 선물을 우러러봅시다.

4.   이해의 눈으로 그의 오래 참으시는 의지를 보고 곰곰 생각하며, 피조물 전체에 대해서 그가 얼마나 친절하고 인내심이 깊은지 생각해봅시다.

16. 심지어는 가장 작은 생물들도 서로 평화롭게 살고 화목하게 지냅니다.

18. 우주 만물이 특히 우리에게 평화와 화목을 유지하고 모든 것을 선하게 대하라고 명령합니다.

질서

제10장

2. 주님의 정신은 뱃속을 샅샅이 살피는 촛불입니다.

3. 그가 우리와 얼마나 가까이 계시는지, 우리 속에 든 생각이나 논리들이 그의 눈을 피할 수 없다는 것을 깊이 생각해봅시다.

5. 하느님을 거스르기보다는 차라리 자만심에 빠져서 거들먹거리는 어리석고 무분별한 사람들을 거스르는 것이 훨씬 낫습니다.

7. 우리 지도자들을 존경하고, 노인들을 존중하며, 젊은이들에게 규율과 하느님에 대한 두려움을 가르칩시다.

8-10. 아내들에게는 선행을 하도록 지도하고, 모든 대화에서 순결이 드러나게 하고, 혀를 삼가고 침묵을 지키게 합시다.

12. 자녀들을 그리스도의 가르침에 따라서 양육합시다.

부활에 대한 신앙

제11장

ı. 이 모든 것이 그리스도 안에서 신앙으로 더욱 굳게 다져져야 합니다.

3. 혀에 악을 담지 말고, 입술에는 속임수가 없어야 합니다.

4. 악을 버리고 선행을 하며 평화를 추구해야 합니다.

5. 주님은 정의로운 사람들을 바라보고 언제나 그들의 기도를 들어주십니다.

9. 주님은 단순한 마음을 품고 자기에게 오는 모든 사람에게 은총을 내려주십니다.

10. 그러므로 그의 탁월하고 영광스러운 선물에 대해서 조금도 의심하는 마음을 품지 맙시다.

16. 앞으로 부활이 있을 것이라고 주님이 계속해서 보여주고, 우리 주 예수 그리스도를 죽은 사람들 가운데서 일으켜서 첫번째 결실로 삼았음을 곰곰이 생각합시다.

17. 우리 눈앞에서 지속적으로 이루어지고 있는 부활에 대해 생각합시다.

18. 밤과 낮이 우리에게 부활을 분명히 보여주고 있습니다.

19. 땅에 떨어진 씨앗도 부활을 말해줍니다.

휘닉스, 즉 불사조

제12장

1. 동쪽 나라들, 즉 아라비아에서 보는 부활의 놀라운 형태를 생각해봅시다.

2. 휘닉스, 즉 불사조라는 새는 5백 년을 사는데, 죽을 때가 다가오면 유향과 몰약 기타 다른 향료들로 둥지를 만들고 그 속에 들어가서 죽습니다.

3. 살이 썩으면 벌레가 하나 나오는데, 이것이 완전히 자라서 털이 나면 부모의 뼈가 담긴 둥지를 이집트의 헬리오폴리스로 운반합니다.

5. 사제들은 그 새가 5백 년이 지나서 돌아온 사실을 기록을 보고 압니다.

11. 하느님에게는 거짓말 이외에 불가능한 것이 없습니다.

15. 자신이 원하는 대로, 또한 원하는 때에 그는 모든 것을 할 것입니다.

하느님의 복수는 피할 수 없다

제13장

2. 그 누가 그의 강한 손에서 도망칠 수 있습니까? 어느 세상이 그렇게 도망친 사람을 받아들일 수가 있습니까?

6. 그러므로 마음속에 거룩함을 품고 그에게 가고, 그를 향하여 순결하고 더럽혀지지 않은 두 손을 듭시다.

올바른 생활

제14장

1. 우리는 거룩한 그분의 일부이므로 거룩함에 속하는 모든 일을 합시다.

2. 서로 악담하는 일, 더럽고 추잡한 포옹, 이성을 잃을 정도의 만취, 젊은 날의 욕정, 과도한 음욕, 간통과 교만을 멀리합시다.

5. 화목하고, 겸손하고, 절제하며, 비방과 헛소문을 버리고, 말이 아니라 행동으로 거룩한 사람이 됩시다.

9. 격분, 오만, 과신은 하느님에게 저주받은 사람들의 몫이지만, 공평, 겸손, 온순함은 그에게 축복받은 사람들의 몫입니다.

20. 그리스도 예수 안에서 부름을 받은 우리는 우리 자신의 힘이나 지혜나 지식이나 경건함이나 거룩한 마음으로 행한 일로 정의롭게 되는 것이 아니고, 신앙으로 정의롭게 되는 것입니다.

신앙으로 정의롭게 되지만
올바른 생활도 필요하다

제15장

1. 그렇다고 선행을 게을리하고 자선행위를 하지 않아도 된단 말입니까? 절대로 그렇지가 않습니다.

2. 오히려 선행을 더욱더 열심히 해야만 합니다.

10. 정의로운 사람들은 모두가 선행으로 장식되어 있음을 우리는 압니다. 주님도 자신의 일들에 대해서 기뻐했습니다.

11. 이러한 본보기도 있으므로 그의 뜻을 신속하게 이룩하고, 모든 힘을 다해 정의로운 일을 합시다.

게으른 사람이 되지 마라

제16장

1. 선한 일꾼은 노동의 대가로 빵을 받지만, 게으른 사람은 자기를 일터에 파견한 사람의 얼굴을 쳐다볼 수가 없습니다.

5. 그의 뜻에 복종합시다.

7. 서로 화목한 가운데 모두 모여서, 마치 한 입으로 소리치듯이, 우리를 그의 위대하고 영광스러운 약속에 참여시켜달라고 소리칩시다.

신앙과 복종으로 상을 받는다

제17장

1. 하느님의 선물들은 얼마나 복되고 놀라운 것입니까?

2. 불멸의 생명! 정의로움 속의 광채! 확실한 약속 안의 진리! 확신 속의 신앙! 거룩함 속의 절제!

3. 이 모든 것을 그는 우리가 이해하도록 마련했습니다.

6. 그를 기다리는 사람들 속에 들어가서 상을 받도록 최대한의 노력을 합시다.

7. 상을 받기 위해서 우리는 하느님을 향하는 신앙으로 마음을 다

지고, 그가 기뻐하는 일들을 찾아야 합니다.

8. 그리고 그의 거룩한 뜻을 따라 행동하고, 진리의 길을 걷고, 온 갖 불의와 사악함, 싸움, 고약한 태도, 속임수, 비방, 헛소문, 하느 님에 대한 원망, 교만, 허풍, 허영, 야심을 모두 버려야만 합니다.

26. 모든 사람이 다같이 장군도 아니고, 대령도 아니고, 부대장도 아니고, 하사관도 아닙니다.

27. 그러나 각자의 계급에 따라서 왕이나 지휘자가 명령한 사항 을 시행하는 것입니다.

28. 높은 사람은 낮은 사람 없이는 일할 수 없고, 낮은 사람도 높 은 사람이 없으면 안 됩니다.

30. 우리 몸을 예로 들면, 다리가 없는 머리는 아무것도 아니고, 머리가 없는 다리도 쓸모가 없습니다.

31. 가장 작은 부분도 몸 전체에는 필요하고 유익한 것입니다.

33. 그러므로 온몸이 그리스도 예수 안에서 구원되기 위해서, 우리는 하느님의 선물로 받은 각자의 지위에서 이웃에게 복종합 시다.

34. 강한 사람은 약한 사람을 경멸하지 말고, 약한 사람은 강한 사람을 존경합시다.

35. 부자는 가난한 사람에게 재산을 나누어주고, 가난한 사람은 그러한 부자를 보낸 하느님을 찬미합시다.

36. 지혜로운 사람은 말이 아니라 행동으로 그 지혜를 보입시다.

37. 겸손한 사람은 스스로 자신의 증인이 되지 말고, 남이 자기의 증인이 되도록 합시다.

38. 육체적으로 순결한 사람은 그 사실을 자만하지 말고, 그 절제 가 선물로 받은 것임을 깨달읍시다.

교회 안에서 질서를 유지해야 한다

제18장

1. 어리석은 사람들이 우리를 비웃을지도 모릅니다.

2. 그러나 유한한 생명의 인간이 우리에게 무슨 짓을 할 수 있겠습니까?

18. 대사제, 사제들, 레위 지파 사람들, 일반 백성은 각각 자기에게 지정된 장소와 임무가 있습니다.

19. 형제들이여, 각자의 고유한 위치에서 양심에 거리끼는 바 없이 하느님을 찬미합시다.

그리스도 교회 내의 서열

제19장

2. 그리스도는 하느님이, 사도들은 그리스도가 하느님의 뜻에 따라 차례로 파견되었습니다.

4. 사도들은 각지로 다니면서 가르치고, 그 첫 열매들을 주교와 사제로 임명했습니다.

5. 이것은 새로운 제도가 아니라 이미 오래 전에 성경에 기록된 바 있는 것(구약시대의 서열)입니다.

19. 그러므로 거룩하게 또한 허물이 없이 자기 임무를 오랫동안 수행해온 성직자들을 우리가 내쫓는다는 것은 중대한 죄가 됩니다.

21. 그러나 여러분이 무죄한 성직자들을 내쫓은 사실을 우리는 알고 있습니다.

평화를 유지하라

제20장

2. 성령의 참된 말씀인 성경을 보십시오. 거기에는 불의나 속임수가 없습니다.

3. 선한 사람들이 정의로운 사람들을 내쫓았다는 기록은 거기 없습니다.

16. 우리에게는 하느님도 한 분이고 그리스도도 한 분 아닙니까? 우리가 받은 은총의 성령도 하나가 아닙니까? 우리는 그리스도 안에서 하나의 부름을 받지 않았습니까?

17. 그런데 왜 그리스도의 몸을 갈가리 찢고 우리 자신의 몸에 대해서 반란을 일으키는 것입니까? 우리가 서로 한 몸의 부분임을 잊어버릴 정도로 미친 것입니까?

19. 여러분의 분열이 많은 사람을 타락시키고, 절망에 빠뜨리고, 불신을 초래하고, 우리에게 비탄을 주었습니다.

24. 한두 사람의 주동으로 가장 탄탄하고 오래된 고린토 교회의 신자들이 사제들에게 대항해서 갈라졌다는 것은 참으로 부끄러운 일입니다.

26. 여러분의 어리석은 짓으로 주님이 모독을 받고, 여러분 자신도 위험하게 되었습니다.

27. 이 분열과 대립을 하루 빨리 없애버리기 위해서 형제 사랑의 회복을 주님께 울면서 기도합시다.

사랑과 일치의 가치

제21장

1. 그리스도 안에서 사랑하는 사람은 그의 계명을 지킵시다.

4. 사랑은 우리를 하느님과 결합하고 많은 죄를 덮어주며, 모든 것을 참고 견디고, 모든 것 안에서 오래 고통을 당합니다.

5. 사랑 안에서는 천하고 거친 것이 없고, 다른 사람보다 더 높게 자신을 들어올리지 않으며, 분열을 인정하지 않고, 반란을 일으키지도 않으며, 모든 것을 평화와 일치 안에서 합니다.

6. 사랑은 하느님이 선택한 사람들을 모두 완전하게 만들고, 사랑 없이는 아무것도 하느님 눈에 들지 못합니다.

7. 사랑을 통해서 주 예수 그리스도가 자기 피를 우리를 위해, 자기 살을 우리 살을 위해, 자기 영혼을 우리 영혼을 위해서 주었습니다.

8. 사랑은 얼마나 위대하고 놀라운 것입니까! 사랑의 완전함을 표현할 길은 도저히 없습니다.

13. 사랑의 일치 안에서 계명을 지킨다면 우리는 행복해지고, 사랑을 통해서 우리 죄가 용서를 받을 것입니다.

회개하고 일치를 이루어야 한다

제22장

1. 원수의 사주를 받고 죄를 지은 많은 사람들은 하느님의 용서를 요청해야 합니다.

2. 반란과 분파의 두목들은 우리 희망의 공동 목표를 깨달아야 합니다.

7. 하느님이 우리에게 요구하는 것은 회개뿐입니다.

서로 충고하고 그릇된 점을 고쳐주어야 한다

제23장

1. 죄를 지은 사람들이 우리가 아니라 하느님의 뜻에 복종하도록 기도합시다.

4. 우리가 서로 질책하고 잘못을 고쳐주는 것은 좋은 일이고 또 매우 유익합니다. 이것은 우리를 더 한층 하느님의 뜻과 가깝게 결합하기 때문입니다.

15. 그러므로 이 반란의 실마리를 제공한 사람은 사제들에게 복종하고, 회개하며,

16. 오만과 자만의 말을 삼가고 복종하는 법을 배우십시오.

맺는말

제24장

3. 클라우디우스, 에페부스, 발레리오스 비토 등 우리가 파견한 전령들을 즉시 평화와 기쁨 속에 우리에게 되돌려보내 주시기 바랍니다. 그래야만 우리가 간절히 바라고 기도한 여러분의 평화와 화해에 관해서 그들이 빨리 우리에게 소식을 전할 수가 있습니다.

클레멘스가 고린토인들에게 보낸 두번째 편지

내세를 두려워 마라

우리의 구원을 귀중하게 여겨야 한다

제1장

1. 형제들이여, 우리는 예수 그리스도를 하느님으로, 살아 있는 사람들과 죽은 사람들의 재판관으로 생각해야만 합니다. 그리고 우리의 구원을 귀중하게 여겨야만 합니다.

3. 그를 하찮은 존재라고 여긴다면, 우리는 죄를 짓는 것입니다.

5. 그는 우리를 비추어주었고, 아버지로서 우리를 자기 자녀라고 불렀으며, 길을 잃고 멸망한 우리를 구원했습니다.

7. 과거에 우리는 깨달음이 불완전했고 우상을 숭배하여 인생 전체가 죽음일 뿐이었습니다.

이방인들도 구원될 것이라고 이미 예언되었다

제2장

9. 우리가 하느님을 참으로 안다는 것을 어떻게 보일 것입니까?

11. 그의 계명을 지키고, 입으로만 말고 진심으로 그를 숭배해야

그렇게 하는 것입니다.

12. 그를 주님이라고 부르는 것만으로 구원받을 수 없습니다.

13. 우리 행동으로 서로 사랑함으로써, 간통하지 않고 서로 비방하지 않고, 서로 시기하지 않음으로써, 그리고 절제하고 자비롭고 선한 사람이 됨으로써 그를 안다고 고백해야 합니다.

14. 이웃의 고통을 같이 아파하고, 돈을 탐내지 말고, 선행으로 하느님을 드러내야 합니다.

15. 우리는 사람들을 겁내지 말고 오히려 하느님을 두려워합시다.

내세에 무슨 일이 닥칠지 두려워하지 마라

제3장

1. 이 세상에서 양심껏 살고, 죽음을 두려워하지 마십시오.

2. 주님이 "여러분은 늑대들 사이의 양떼가 될 것이오."라고 하자, 베드로가 "늑대들이 양떼를 갈가리 찢어 죽이면 어떡합니까?"라고 물었습니다. 예수는 "양떼는 죽은 뒤에 늑대들을 두려워할 필요가 없소."라고 대답했습니다.

8. 우리가 받은 세례를 거룩하고 순결하게 보존하지 못하면, 어떻게 하느님의 왕국에 들어갈 희망이 있겠습니까? 거룩하고 정의로운 일을 우리가 하지 않았다면, 누가 우리를 변호하겠습니까?

15. 이 세상에서 아직 회개할 시간이 있을 때 회개합시다.

16. 저 세상에 가면 죄를 고백하거나 회개할 수가 없습니다.

18. 그러므로 여러분의 육체를 순결하게, 봉인을 깨끗하게 보존하여 영원한 생명을 받도록 하십시오.

부활과 심판

제4장

2. 우리는 육체를 하느님의 성전으로 보존해야 합니다. 우리가 육체를 가지고 부르심을 받았듯이 육체를 가지고 심판을 받을 것이기 때문입니다. 그리고 육체를 가지고 상을 받을 것입니다.

7. 선하게 살도록 열심히 노력하면 우리에게 평화가 올 것입니다. 이렇게 하는 사람을 발견하기가 얼마나 어렵습니까? 대부분은 인간적인 두려움에 이끌려 미래의 약속보다도 현세의 쾌락을 선택합니다. 왜냐하면 그들은 현세의 쾌락이 얼마나 엄청난 고통을 가져올지도, 미래의 약속이 어떤 환희를 줄지도 모르기 때문입니다.

15. 하느님이 나타나는 날을 우리가 모르니까, 사랑과 정의로움 안에서 매시간 하느님의 왕국을 기다립시다.

바르나바의 편지

광명의 길과 암흑의 길

해설

바르나바는 바오로와 함께 여행하며 진리를 전파하던 사도였다. 이 편지는 다른 고대 문헌들보다 정통성이 높은 것으로 추정된다. 클레멘스, 알렉산드리아누스, 오리제네스, 에우세비우스, 예로니무스 등 많은 초대 교회의 교부들이 이 편지를 언급했다. 코텔레리우스는 오리제네스와 예로니무스가 이 편지의 정통성을 인정했다고 말했다.

그러나 코텔레리우스 자신은 정통성을 인정하지 않았고, 이것이 예식을 고집하는 에비온파(세례를 받은 유대인들)를 위해서 작성된 것이라고 보았다. 옥스퍼드 대학 교수인 버나드 박사는 이 편지를 알렉산드리아의 교회들에서 다른 성경과 마찬가지로 낭독되었다고 말했다. 도드웰은 이것이 유다의 편지와 요한의 편지보다 먼저 공표되었다고 주장했다.

머리말

제1장

1. 우리를 사랑한 주 예수 그리스도의 이름으로, 평화 안에서 나의 자녀들인 여러분에게 모든 행복이 있기를 빕니다.

2. 여러분은 율법에 관해서 잘 알고, 또한 여러분에게 허락된 은총을 받았으니, 나는 더없이 기쁩니다.

7. 주님은 생명의 희망, 그 시작과 완성을 정해두었습니다.

10. 나는 스승의 입장이 아니라 여러분의 동료로서 몇 가지를 밝히려고 합니다.

복음의 정의로움

제2장

1. 지금 세상이 매우 사악하고 원수의 지배를 받고 있으니, 우리는 주님의 정의로운 심판에 관해서 더욱 열심히 배워야만 합니다.

2. 우리 신앙의 지원자는 두려움과 인내이고, 전우는 오랜 고통과 절제입니다.

3. 이것들이 주님과 관련하여 순수하게 남아 있는 한편, 지혜와 이해, 학문과 지식이 같이 기뻐합니다.

4. 하느님은 우리가 바치는 제물이나 봉헌물을 아랑곳하지 않는다고 분명히 밝히고, "무엇 때문에 이 숱한 희생물을 내게 바치는 것이냐?

5. 수양을 태워서 바치는 제물과 어린양의 기름을 태워서 바치는

예수 승천, 피에드로 페루지노 작, 15세기

것은 이제 질렸다.

7. 헛된 봉헌물을 더 이상 바치지 마라. 향로에서 피어오르는 연기가 지긋지긋하다."고 말했기 때문입니다.

8. 하느님은 번제와 봉헌과 같은 것들을 폐지하고 주 예수 그리스도의 새로운 법, 즉 사람들을 바치는 정신적 제사를 세웠습니다.

20. 하느님은 우리가 유대인들의 율법으로 돌아가지 말도록 이 모든 것을 보여주었습니다.

그리스도의 재림

제3장

1. 그러므로 곧 일어날 일들에 관해서 부지런히 알아보는 것이 필요합니다.

2. 우리는 모든 악행을 외면하고 이 시대의 잘못들을 미워해야 합니다.

4. 주님은 자기가 사랑하는 사람이 상속을 더 빨리 받게 하기 위해서 재림의 시기를 앞당겼습니다.

10. 우리가 악을 미워하고 미래의 유혹에 저항하지 않는다면, 우리의 과거생활과 신앙이 아무 소용 없을 것입니다.

11. 이미 정의로운 사람이 되거나 한 듯이 여러분은 고립된 생활을 하지 말고, 한곳에 모여서 하느님의 자녀에게 합당하고 유익한 것을 추구하십시오.

12. 우리는 정신적인 것을 추구하고 하느님의 완전한 성전이 되어야 합니다.

13. 하느님은 세상을 심판할 때 사람 차별을 하지 않고, 각자 자

기 행실에 따라서 상벌을 받을 것입니다.

15. 아무 일도 안하고 앉아 있거나, 죄악 속에서 잠들거나, 악인들이 우리를 지배하고 흔들어서 잠을 깨운 뒤에 하느님의 나라에서 쫓아내거나 하는 일이 없도록 주의하십시오.

16. 주님이 유대인들을 버렸음에도 불구하고, 그들 가운데서 놀라운 기적과 징표들을 보여주었다는 것을 잘 생각해보십시오.

17. 그러므로 많은 사람이 부름을 받았으나 선택된 사람이 거의 없다고 하는 말씀이 우리에게 적용되지 않도록 조심해야 합니다.

그리스도의 수난

제4장

1. 우리가 죄를 용서받아 거룩하게 되기 위해서, 주님은 자신의 육체를 희생하고 피를 뿌렸습니다.

7. 그는 온 세상의 지배자이면서도 우리의 영혼을 위해 기꺼이 수난을 당했습니다.

10. 그는 죽음을 폐지하고 부활을 보여주기 위해서 기꺼이 육체를 가지고 나타났습니다.

12. 나중에 복음을 전파할 사도들을 선택할 때, 그는 죄를 많이 지은 사람들을 골랐습니다. 정의로운 사람들이 아니라 죄인들을 부르기 위해서 자신이 이 세상에 왔다는 것을 보여준 것입니다.

13. 그래서 그는 자신이 하느님의 아들임을 분명하게 드러냈습니다. 그가 육체를 가지고 오지 않았다면, 사람들이 구원받기 위해서 어떻게 그를 쳐다볼 수가 있겠습니까?

17. 그는 십자가의 수난을 당해야만 했습니다.

제5장

1. 그가 하느님의 계명을 준수한 뒤에 무엇이라고 말했습니까? "누가 나를 대적하겠는가? 그런 사람이 있다면 하느님의 하인에게 데리고 오라."고 했습니다.

10. 젖과 꿀이 흐르는 땅으로 들어간다는 것은 무슨 뜻입니까? 그것은 주님이 주신 지혜와 이해심으로 그의 비밀을 이해한다는 것을 의미합니다.

11. 그러므로 죄를 용서하여 그가 우리를 새롭게 했고, 우리를 새로운 틀에 넣었으며, 우리 영혼이 어린아이의 영혼과 같게 만들었다는 것을 알아야 합니다.

18. 우리 마음은 주님의 거룩한 성전입니다.

희생양

제6장

2. 성자는 우리를 위해서 수난을 당했고, 우리는 그의 상처로 생명을 얻은 것입니다.

7. 과거에 대사제가 양을 두 마리 골라서 한 마리는 제대 위에서 태워 제물로 바치고, 다른 한 마리는 저주했습니다.

11. 그러면 저주받은 양에게 왜 왕관을 씌웠습니까? 그것은 마지막 그날에 그들(유대인들)이 자주색 옷을 입은 수난당한 그리스도를 볼 것이기 때문입니다.

12. 그들은 구세주가 하늘의 구름을 타고 올 때 그가 희생양을 닮은 것을 보고 놀랄 것입니다.

붉은 암소 새끼는 그리스도의 모습이다

제7장

1. 그러면 그것이 어떠한 모습이었다고 생각합니까? 죄를 깨끗이 씻으려는 사람들은 어린 암소를 바치고, 그것을 죽여 태우라는 명령을 받았습니다.

2. 그러면 젊은이들이 그 재를 그릇에 담고, 진홍색 양털과 히솝(우슬초)을 막대기에 묶어서 각자에게 재를 뿌려야만 죄가 깨끗이 씻어졌습니다.

4. 이 어린 암소는 예수 그리스도입니다. 그것을 바칠 사악한 사람들은 예수를 죽인 죄인들입니다.

5. 그러나 재를 뿌려주는 젊은이들은 우리에게 죄의 용서와 마음의 정화를 설교해주는 사람들을 의미합니다. 주님은 이 사람들에게 복음을 설교하는 권한을 주었습니다. 처음에는 열두 명이었는데, 이들은 이스라엘에 열두 부족이 있기 때문에 각 부족을 의미합니다.

귀의 할례

제8장

1. 성서는 우리 귀에 관하여, 하느님이 우리 마음과 함께 귀도 할례했다는 점을 말해줍니다. 그것은 예언자들을 통해서 주님이 "귀로 들음으로써 그들이 내게 복종한다."고 말했기 때문입니다.

6. 그분은 자기 말을 듣고 믿으라는 뜻에서 우리 귀를 할례했던

것입니다. 유대인들의 할례는 이렇게 해서 폐지되었습니다. 하느님이 말씀하시는 할례는 육체의 할례가 아니기 때문입니다.

١٥. 그러므로 아브라함이 세 글자의 신비를 받고 예수를 예견하면서 할례했다는 점을 잘 알아듣기 바랍니다.

١١. 왜냐하면 아브라함이 자기 가문의 남자 318명에게 할례를 베풀었다고 기록했기 때문입니다. 그러면 아브라함에게 밝혀진 신비는 무엇입니까?

١٢. 먼저 18이라는 숫자와 다음에 300이라는 숫자를 잘 보십시오. 10과 8을 의미하는 글자는 'I'와 'H'인데, 이것은 예수라는 뜻입니다.

١٣. 우리가 십자가를 통해 은총을 받게 되었으므로 성서에는 300이라는 단어가 추가되었는데, 숫자를 나타내는 문자는 'T'(십자가의 모습)가 됩니다. 그러므로 두 글자로는 예수를, 세번째 글자로는 십자가를 의미한 것입니다.

음식에 대한 모세의 금기

제9장

١. 모세는 돼지, 독수리, 매, 까마귀의 고기와 비늘 없는 생선을 먹지 말라고 했는데, 이것은 정신적인 의미에서 그렇게 금지한 것입니다.

٢. 이런 음식을 먹지 말라고 한 것은, 하느님의 명령이 아니라 모세가 정신적 의미로 명령한 것입니다.

٣. 돼지고기를 먹지 말라고 한 것은 돼지와 같은 사람들과 어울리지 말라는 뜻입니다. 돼지 같은 사람들은 쾌락에 빠져 있을 때는

하느님을 잊어버리고, 배가 부르면 주인도 몰라보는 것입니다.

4. 독수리, 매, 까마귀의 고기를 먹지 말라고 한 것은 그런 종류의 사람, 즉 자신의 땀과 노동으로 빵을 얻기는커녕 남의 것을 강제로 빼앗아 먹기만 하는 사람들과 어울리지 말라는 뜻입니다.

6. 오징어와 문어 등을 먹지 말라고 한 것은 이런 종류의 사람들, 즉 사악하고 저주받아 마땅한 사람들과 어울리지 말고 대화도 하지 말라는 뜻입니다. 오징어와 문어 등은 다른 물고기처럼 헤엄치지 않고 진흙 속에 뒹굴기 때문입니다.

7. 토끼고기를 금지한 것은 간통을 하지 말고 또 간통하는 사람을 닮지 말라는 의미입니다.

8. 하이에나의 고기를 먹지 말라는 것은 간통하지 말고 남을 타락시키지도 말라는 의미입니다.

10. 모세는 정신적인 의미로 말했는데, 유대인들은 오로지 그 고기를 먹지 말라는 뜻으로 자기들 육체의 욕망에 따라서 알아들었습니다.

세상은 6천 년 만에 완성된다

제13장

3. 천지 창조 당시에도 이미 그분은 안식일에 관해서 언급했습니다. "하느님은 6일 동안 자기 손으로 일하고, 7일째 되는 날 끝마쳤다. 그리고 이날은 일을 쉬고 거룩한 날로 삼았다."

4. 그분이 6일 만에 일을 마쳤다는 것은 6천 년 만에 모든 것이 끝나도록 한다는 뜻입니다.

5. 주님이 "보라! 이날은 1천 년같이 될 것이다."라고 증언한 바

와 같이, 그분에게는 하루가 1천 년이기 때문입니다. 6일 만에, 즉 6천 년 만에 모든 것이 완성될 것입니다.

6. 그러면 7일째 되는 날 쉬었다는 말은 무슨 뜻입니까? 이 말은 그분의 아들이 와서 사악한 자의 계절을 폐지하고, 불경스러운 무리를 심판하며, 해와 달과 별을 변하게 하는 날이 되면, 그때 7일째 되는 날에 그분이 영광스럽게 쉴 것이라는 뜻입니다.

9. 그분은 그들에게 "너희들의 새로운 달과 안식일을 참을 수가 없다."라고 말했습니다. 그분은 "너희가 지금 지키는 안식일은 내가 받아들일 수가 없다. 내가 만든 원래의 안식일만 받아들이겠다. 모든 일에서 쉰 다음, 나는 8일째 되는 날, 다른 세상을 시작하겠다"라고 말하는 것입니다.

10. 그러므로 우리는 8일째 되는 날, 즉 예수가 죽은 자들 가운데서 일어났고, 제자들에게 자기 자신을 드러내보인 뒤 하늘로 올라간 그날을 기꺼이 지키는 것입니다.

11. 성전에 관하여 이 가련한 사람들이 스스로 속아서, 자기네를 만든 하느님 자신을 믿는 것이 아니라 성전을 마치 하느님의 집이나 되는 듯 믿는데, 이 점을 설명해야 되겠습니다.

12. 왜냐하면 저 사람들이 이방인들과 마찬가지로, 그분을 성전 안에 거룩히 모셨던 것입니다.

13. 그러나 하느님이 성전을 대수롭게 여기지 않는다는 사실을 잘 깨달아야 합니다. 주님은 "누가 하늘을 자로 재고, 땅을 손으로 잴 수가 있는가? 나 외에 누가 그런 능력이 있는가? 하늘이 나의 옥좌이고 땅은 나의 발판이다. 너희가 나를 위해 지었다는 집이 도대체 뭐냐? 아니면, 나의 휴식처라는 것이 무엇이냐?"라고 말했습니다. 그러므로 저 사람들의 희망이 모두 헛되다는 것을 잘 알아두십시오.

14. 그분은 또한 "이 성전을 파괴하는 사람들마저 이 성전을 다시

세울 것이다."라고 말했습니다. 실제로 그렇게 이루어졌습니다. 전쟁을 통해서 적군이 성전을 파괴했고, 적군의 종들이 성전을 다시 세웠기 때문입니다.

예루살렘과 성전과 이스라엘 백성이 모두 버림받을 것이라는 사실이 이미 드러났습니다. 성서에 "주님이 자기 목장의 양떼를 넘겨주고, 우리와 탑이 파괴되도록 하는 일이 마지막 시대에 일어날 것이다."라고 기록되어 있기 때문입니다. 주님의 말씀대로 그렇게 이루어질 것입니다.

17. 나는 성전이 있다고 확신합니다.

18. 우리가 하느님을 믿기 이전에는 우리 마음의 집이, 인간의 손으로 만든 성전과 같이 부패하고 연약했습니다.

21. 죄를 용서받고 또 주님의 이름을 믿었기 때문에 우리는 새로워졌고, 창조 당시처럼 새로 창조되었습니다. 그러므로 하느님은 진정으로 우리의 집, 즉 우리 안에 거주하십니다.

22. 그분의 신앙의 말씀과 약속의 부르심, 그분의 올바른 판단의 지혜와 가르침의 계명이 우리 안에 살아 있고, 그분 자신이 우리 안에서 예언하고, 그분 자신이 우리 안에 거주하고, 죽음의 사슬에 묶여 있던 우리에게 성전의 문, 즉 지혜의 입을 열어주고, 우리에게 참회를 가르칩니다. 이렇게 해서 그분은 우리가 부패할 수 없는 성전이 되도록 해줍니다.

영원한 행복을 얻는 빛의 길

제14장

4. 빛의 길은 하느님의 천사들이, 암흑의 길은 사탄의 천사들이 인도합니다.

5. 빛의 길을 걸어가는 사람은 다음의 계명을 지켜야 합니다. 너를 창조한 그를 사랑하라. 너를 죽음에서 구원한 그를 찬미하라.

6. 마음은 단순하게, 정신은 풍요롭게 유지하라. 죽음의 길을 걷는 사람과 어울리지 마라. 하느님이 싫어하는 짓을 절대로 하지 마라. 어떠한 위선이든 모두 미워하라. 주님의 계명을 소홀히 하지 마라.

7. 교만을 부리지 말고 겸손한 사람이 되라. 명예를 탐내지 마라. 이웃을 원망하지 마라. 지나친 확신에 사로잡히지 마라.

8. 간음이나 간통을 범하지 마라. 동성연애로 너 자신을 더럽히지 마라. 하느님의 말씀을 멋대로 사용하여 더럽히지 마라.

9. 점잖게 행동하라. 조용하게 처신하라. 형제를 미워하지 마라.

10. 주님의 이름을 함부로 부르지 마라. 이웃을 네 영혼보다 더 사랑하라.

12. 자녀들에게 어려서부터 하느님에 대한 두려움을 가르쳐라.

13. 이웃의 재산을 탐내지 말고, 절대로 착취하지 마라. 오만한 사람을 닮지 말고, 정의로운 사람과 비천한 사람들과 어울려라.

14. 배신할 마음을 품지 마라. 한 입으로 두 말을 하지 마라. 하느님의 대리인인 주인에게 복종하라.

15. 하느님을 믿는 하인들을 가혹하게 다루지 마라.

16. 네 모든 재산을 이웃과 나누어 써라. 어떠한 물건에 대해서도 네 소유라고 주장하지 마라.

17. 입은 죽음의 덫이니 함부로 나서서 지껄이지 마라. 네 영혼을 위해서 모든 힘을 기울여라. 무엇인가 받으려고 손을 내밀지 말고, 주어야 할 때 손을 뒤로 빼지 마라.

18. 주님의 말씀을 전하는 사람을 너 자신처럼 사랑하라. 미래에 받을 심판을 밤낮으로 기억하라.

19. 정의로운 사람을 언제나 찾아내려고 노력하라. 다른 사람을 충고하라. 영혼의 구원 방법에 관해서 명상하라.

20. 네가 일해서 번 돈으로 가난한 사람에게 자선을 베풀어라. 그러면 네 죄가 용서될 것이다. 자선을 베풀까 말까 망설이지 마라. 자선을 베풀고 나서 투덜대지 마라.

21. 달라고 하는 사람에게는 사람을 차별하지 말고 주어라.

22. 받은 것을 유지하라. 거기 더 보태지도 말고 줄어들게 만들지도 마라.

23. 사악한 사람을 언제나 피하라. 결정이나 판단을 내릴 때 항상 올바르게 내려라. 절대로 분열을 일으키지 말고, 의견이 다른 사람들 사이에 평화가 깃들이도록 하라.

24. 너의 죄를 고백하라. 양심에 거리끼는 것이 있는데도 불구하고 기도하지는 마라.

암흑의 길

제15장

1. 암흑의 길은 비틀리고 저주에 가득 찼으며, 영원한 죽음으로 처벌되는 길입니다. 이 길을 걷는 사람들은 자기 영혼을 멸망시키는 다음과 같은 일들을 합니다.

2. 즉 우상숭배, 과신, 권력에 대한 자랑, 위선, 배반하는 마음, 간통, 살인, 겁탈, 오만, 무법 행위, 사기, 악의, 탐욕, 그리고 하느님을 두려워하지 않는 일입니다.

3. 그들은 선한 사람을 박해하고, 진리를 미워하며, 거짓말을 좋아하고, 정의로움의 보수를 모르며, 선한 것을 추구하지 않습니다.

4. 과부와 고아에게 올바른 판결을 내리지 않고, 사악함을 추구합니다.

5. 친절과 인내는 그들과 인연이 없습니다. 그들은 허영을 좋아하고, 대가를 요구하며, 가난한 사람을 동정하지 않고, 무거운 짐을 진 사람과 억압받는 사람을 보고도 대수롭지 않게 여깁니다.

6. 거침없이 악담을 하고, 자기를 창조한 그를 모릅니다. 어린아이들을 살해하고, 다른 사람을 타락시키며, 도움이 필요한 사람을 외면하고, 힘없는 사람들을 억압하며, 부자들의 이익을 대변하면서도 가난한 사람들에게 부당한 판결을 내립니다. 한 마디로 그들은 모두 죄인입니다.

7. 빛의 길을 걸으면 하느님의 왕국에서 칭찬을 받을 것이고,

8. 암흑의 길을 걸으면 멸망할 것입니다. 그러므로 부활과 처벌이 있을 것입니다.

10. 모든 것이 사악한 것들과 더불어 멸망될 날이 가까이 왔습니다. 심판과 처벌의 주님이 가까이 왔습니다.

11. 서로 성실하게 충고하고 격려하며, 모든 위선을 버리십시오.

이냐시우스의 편지들

해설

이냐시우스의 편지들에 관해서는 오리제네스, 에우세비우스, 예로니무스, 아타나시우스, 테오도레투스 등이 초대 교회 시절 이후로 언급해왔다.

그리고 이 편지들은 폴리카르푸스가 수집해서 편찬한 것으로 알려졌다. 그러나 저자가 이냐시우스가 아니라 다른 사람일 것이라고 주장하는 학자들도 적지 않다.

이냐시우스가 에페소인들에게 보낸 편지
주교에 대한 복종과 교회의 일치

주교에게 복종하여 일치를 이루어야 한다

제1장

1. 테오포루스라고도 하는 이냐시우스가 아시아의 에페소에 있는 교회에게 이 편지를 보냅니다.

2. 나는 여러분이 우리 구세주 예수 그리스도 안에서 신앙과 사랑

과 정의로움을 실천하여 하느님 안에 훌륭한 명성을 얻었다고 들었습니다.

3. 여러분은 하느님의 제자가 되고, 그리스도의 피로 분발하여 여러분 자신의 임무를 충실히 이행했습니다.

4. 나는 시리아에서 체포되었고, 여러분의 기도를 신뢰하면서 그리스도의 이름을 위해 로마에서 야수들과 싸우려고 하며, 또한 그 고통을 통해서 내가 자기 자신을 하느님에게 바친 그분의 참된 제자, 그리고 우리를 위한 제물이 되려고 합니다. 그 소식을 듣고 여러분이 달려와, 나는 여러분을 오네시무스의 집에서 만났습니다.

5. 오네시무스는 더없는 사랑에 따라서는 우리에게 속하고, 육체에 따라서는 여러분의 주교입니다. 나는 여러분이 모두 그를 사랑하고, 또 본받으려고 노력하기를 예수 그리스도의 이름으로 간청합니다. 여러분은 훌륭한 주교를 모실 자격이 있는데, 이처럼 훌륭한 주교를 여러분에게 보내준 하느님을 찬미합니다.

6. 나의 동료이고 또한 여러분의 가장 축복받은 부제인 부루스가 여러분과 주교를 위해서 오래 머물러 있도록 해주기 바랍니다.

8. 그러므로 여러분은 예수 그리스도를 모든 면에서 찬미하고, 한결같은 복종으로 똑같은 정신과 판단 안에서 단결하며, 모든 문제에 관해서 의견이 일치해야만 합니다.

9. 또한 주교와 장로에게 복종함으로써 여러분은 완전히 거룩해져야만 합니다.

10. 이러한 일들을 내가 여러분에게 지시하는 것은 내가 무슨 대단히 위대한 인물이기 때문에 그런 것은 아닙니다. 주님의 이름을 위해 내가 묶여 있는 신세이기는 해도, 나는 예수 그리스도 안에서 아직은 완전한 사람이 아닙니다. 이제야 비로소 내가 배우기 시작했고, 여러분을 동료 제자들로 여기면서 이렇게 말하는 것입니다.

12. 우리의 분리할 수 없는 생명인 예수 그리스도마저도 성부의

의지로 파견되었던 것과 마찬가지로, 주교들도 예수의 의지로 지상의 모든 구석으로 가라고 임명되었습니다.

13. 그러므로 여러분이 지금 하는 것과 같이, 여러분은 마땅히 주교들의 의지에 따라서 다 함께 행동해야만 합니다.

14. 하프와 그 줄이 잘 어울리듯이, 여러분의 유명한 장로는 주교와 단짝을 이루고 있습니다.

17. 따라서 여러분이 하느님과 함께 언제나 공동체를 유지하려면 완전한 일치 속에서 사는 것이 유익합니다.

이단을 조심하라

제2장

1. 예수 그리스도가 성부와 일치를 이루는 것과 같이, 교회도 예수 그리스도와 일치를 이룹니다.

2. 제대 가까이 있지 않은 사람은 하느님의 빵을 먹을 수 없습니다. 한두 사람의 기도가 힘이 있다고 들었습니다. 그렇다면 주교와 교회 전체의 기도는 얼마나 더 큰 힘이 있겠습니까?

3. 그러므로 교회 안에 모이지 않는 사람은 오만에 빠져서 이미 스스로 단죄했습니다. 그것은 하느님이 오만한 사람을 배척하기 때문입니다. 하느님에게 복종하기 위해서 우리는 주교에게 반대하지 않도록 조심합시다.

4. 우리는 주님을 우러러보듯이 주교를 존경해야 합니다.

5. 오네시무스는 여러분이 모두 신앙에 따라 살고, 여러분 안에 이단이 발붙이지 못하도록 잘 지도했습니다.

6. 속임수를 품은 사람들이 그리스도의 이름을 주장하기는 하지

만, 하느님의 뜻에 맞지 않는 행동을 하고 있습니다. 여러분은 야수를 피하듯이 그런 사람들을 피하십시오. 그들은 몰래 물어뜯는 미친개들이고, 그런 개에 물리면 치료가 불가능하니까, 여러분은 그들을 단단히 조심해야 합니다.

7. 육체와 영혼을 치료하는 의사는 한 분이 있는데, 그는 태어났지만 창조되지 않았고, 육체를 가지고 태어난 하느님이며, 마리아와 하느님 양쪽으로부터 태어났고, 처음에는 가능했지만 그 다음에는 불가능한 우리 주 예수 그리스도입니다.

8. 그러므로 아무도 여러분을 속이지 못하게 하십시오. 여러분은 하느님의 충실한 하인들이므로 한 사람도 속지 않았습니다. 여러분 가운데는 투쟁도 갈등도 없는 만큼, 여러분은 하느님의 뜻에 따라 살아야 합니다.

9. 육체에 따르는 사람은 영혼의 일을 못하고, 영혼에 따르는 사람도 육체의 일을 못합니다. 그러나 여러분은 모든 것을 예수 그리스도 안에서 하므로, 육체에 따라서 하는 일도 영혼의 일이 되는 것입니다.

10. 그러나 사악한 교리를 가진 사람들이 여러분 곁을 지나갔는데, 여러분은 그들이 심은 것을 듣지 않으려고 귀를 막았다는 말을 나는 들었습니다.

신앙과 사랑이 기본이다

제3장

1. 다른 사람들에게 회개의 희망이 있으니까, 그들을 위해서 언제나 기도하십시오. 그들이 여러분의 행동을 배우도록 하십시오.

2. 그들이 분노할 때 여러분은 온순하고, 그들이 자만할 때 여러분은 겸손해지십시오. 그들이 잔인할 때 여러분은 친절하고, 그들의 길을 배우지 마십시오.

4. 악마의 잡초가 여러분 안에 남지 말게 하고, 거룩함과 맑은 정신 안에 육체와 영혼을 보존하십시오.

5. 마지막 시기가 우리에게 닥쳤습니다. 이 시기가 우리에게 멸망이 되지 않도록 주님의 인내를 존경하고 두려워합시다.

6. 닥쳐올 분노를 두려워하거나 지금 우리가 누리는 은총을 사랑하여, 그 한 가지로도 우리가 그리스도 안에서 참된 생명을 얻도록 합시다.

8. 예수 그리스도의 힘을 통해서 언제나 사도들과 일치한 에페소의 그리스도교 신자의 한 사람으로 나를 삼아주기를 간청합니다.

10. 여러분은 하느님을 위해서 살해된 모든 사람들의 통로이고, 복음의 신비 안에서 거룩한 순교자이고, 가장 행복한 바오로의 동료들입니다. 나는 하느님에게 이르렀을 때, 바오로의 발 아래 있기를 바랍니다.

11. 그러므로 여러분은 더욱 일치하여 한 곳에 모여 열심히 주님을 찬미하십시오. 그렇게 하면 악마의 힘이 파괴되고, 여러분의 일치로 그의 악행이 사라질 것이기 때문입니다. 종교적·세속적 전쟁을 모두 폐지하는 평화보다 더 좋은 것은 정말 없습니다.

14. 신앙은 시작이고 사랑은 끝입니다. 이 두 가지가 합친 것은 하느님으로부터 오는 것입니다. 그리고 거룩한 생활에 관한 다른 것들은 이 두 가지에서 나오는 결과입니다.

16. 열매를 보고 나무를 평가할 수 있습니다. 그러므로 그리스도교 신자라고 고백하는 사람을 그 행동을 보고 알아봅니다.

17. 그리스도교는 말로 고백하는 것만으로 되는 것이 아니라, 끝까지 충실한 사람이 신앙의 힘으로 그것을 보여주는 것입니다.

18. 신자라고 떠들면서 충실하지 못한 사람보다는 신자로서 가만히 있는 사람이 더 낫습니다.

하나의 신앙, 하나의 그리스도, 하나의 교회

제4장

1. 간통으로 가족들을 더럽히는 사람은 하느님의 왕국을 상속받지 못합니다.

2. 육체적으로 간통한 사람은 죽었습니다. 그러니까 사악한 교리로 하느님의 신앙을 더럽히는 사람은 얼마나 더 심한 죽음을 맛보겠습니까?

3. 이렇게 더럽혀진 사람과 그런 교리에 귀를 기울이는 사람은 꺼지지 않는 불에 들어갈 것입니다.

4. 주님은 자기 교회에 불멸의 입김을 불어넣기 위해서 자기 빵에 기름을 부었습니다.

5. 그러므로 여러분은 이 세상 지배자의 교리의 나쁜 맛에 사로잡히지 마십시오. 악마의 포로가 되어 생명을 잃지 마십시오.

7. 내 생명이 십자가의 교리를 위해 희생되도록 하십시오. 그 교리는 믿지 않는 사람들에게는 걸림돌이지만, 우리에게는 구원과 영원한 생명입니다.

9. 왜냐하면 우리 하느님인 예수 그리스도는 하느님의 조치에 따라 다윗 가문에서 성령으로 마리아의 뱃속에서 잉태되었고, 태어났으며, 수난으로 물을 정화하고 죄를 씻어버리기 위하여 그는 세례를 받았기 때문입니다.

10. 이제 마리아의 처녀성, 그녀에게서 태어난 그분, 그리고 우리

주님의 죽음은 이 세상의 지배자에게는 숨겨진 비밀이고, 이 세 가지 신비는 온 세상에서 가장 많이 이야기된 것이지만, 하느님이 몰래 이루신 것입니다.

13. 하느님 자신이 영원한 생명을 갱신하기 위하여 사람의 모습으로 나타났습니다.

15. 그리스도는 새로운 사람입니다.

16. 여러분은 하나의 신앙 안에서, 사람의 아들이고 또 하느님의 아들인 하나의 예수 그리스도 안에서, 여러분의 주교와 장로에게 진심으로 복종해야 합니다. 불멸의 약인 하나의 빵을 함께 나누어 먹어야 합니다. 그 빵은 우리를 죽지 않게 만드는 해독제이고, 그리스도 안에서 영원히 살게 해줍니다.

이냐시우스가 마그네시아인들에게 보낸 편지
이단을 경계하라

주교를 따르지 않는 일부 신자들이 있다

제1장

4. 여러분의 가장 훌륭한 주교 다마스, 매우 덕망 있는 장로들인 바쑤스와 아폴로니우스, 그리고 동료 하인이자 부제인 소쎄오가 나를 영접해주었습니다.

5. 그 부제는 하느님의 은총에 복종하듯이 주교에게 복종하고, 그리스도의 법에 따르듯이 장로들에게 순종했습니다.

6. 여러분도 주교가 젊다고 해서 그를 너무 친밀하게 대하지 말고, 오히려 성부의 힘에 따라서 그를 존경하십시오. 또한 장로들이 젊게 보이기는 하지만 지혜로운 사람들이므로, 우리 모두의 주교인 그리스도의 아버지에게 하듯이 그들에게 복종하십시오.

8. 주교에게 진심으로 성실하게 복종하지 않는 사람은 눈에 보이는 그에게 복종하지 않는 것이 아니라, 보이지 않는 그분을 거스르는 것입니다.

9. 우리는 이름만이 아니라 실제로 그리스도교 신자가 되어야만 합니다.

10. 그러나 어떤 사람들은 자기들의 지도자를 주교라고 부르지만, 주교의 지시를 받지 않고 모든 일을 합니다.

11. 나는 그런 사람들이 하느님의 계명에 따라서 함께 모이는 것이 아니기 때문에 그들의 양심이 올바르다고 보지 않습니다.

주교와 장로와 함께 모든 일을 하라

제2장

1. 모든 것에는 끝이 있듯이, 우리에게 피할 수 없는 것이 죽음과 삶입니다. 누구나 각자 자기 자리를 찾아서 갈 것입니다.

2. 동전에는 두 가지가 있습니다. 하나는 하느님의 것이고, 또 하나는 세상의 것입니다.

3. 믿지 않는 사람들은 이 세상의 것이고, 신자들은 사랑을 통해서 그리스도에 따라 성부 하느님의 성격을 갖추고 있습니다. 우리가 주님의 수난과 마찬가지의 죽음을 겪지 않는다면, 그의 생명은 우리 안에 없습니다.

4. 여러분은 거룩한 합의 안에 모든 일을 하기 바랍니다.

5. 주교는 하느님의 자리에서 지도하고, 장로는 사도들의 자리에 있고, 내가 가장 사랑하는 부제는 그리스도의 일을 관리합니다.

6. 그러므로 여러분은 서로 존경하고, 신분이나 지위에 따라 이웃을 쳐다보지 말고, 서로 사랑하십시오.

7. 분열하지 말고, 주교 아래 일치 단결하십시오.

8. 주님은 성부와 일치하여 성부 없이는 아무것도 하지 않았습니다. 이와 마찬가지로 여러분도 주교와 장로 없이는 아무것도 하지 마십시오.

11. 우리 주 예수 그리스도는 한 분이 계시고, 그러므로 여러분은 하나의 성전에, 하나의 제대에, 하나뿐인 그리스도에게 모여들어야 합니다. 그리스도는 한 분뿐인 성부에게서 나와서 그분과 일치하고, 또 그분에게 돌아갔습니다.

이상한 교리에 속지 마라

제3장

1. 이상한 교리에 속지 마십시오. 유익하지 않은 낡은 우화들에도 속지 마십시오. 우리가 유대인들의 율법에 따라 계속해서 산다면, 그것은 우리가 은총을 받지 않았다고 고백하는 것입니다. 가장 거룩한 예언자들마저도 예수 그리스도에 따라서 살았기 때문입니다.

3. 율법에서 자란 사람이 새로운 희망을 받아들이겠다면 그는 안식일을 버리고 주일을 지켜야 합니다. 주일에는 그의 죽음으로 우리에게 생명이 솟아납니다. 그런데 그분의 죽음을 부인하는 사람들도 있습니다.

8. 우리는 그리스도교의 규칙에 따라 살기를 배웁시다. 다른 이름으로 불리는 사람은 누구나 하느님으로부터 온 것이 아닙니다.

9. 그러므로 낡고 시고 나쁜 효모를 버리고, 새로운 효모인 예수 그리스도로 변화하십시오.

11. 예수 그리스도를 부르면서 유대인화한다는 것은 모순입니다. 그리스도교가 유대인들을 받아들였지, 유대인들이 그리스도교 신자들을 받아들인 것이 아니기 때문입니다. 주님을 믿는 모든 언어의 백성들이 한곳에 모이게 하려는 것입니다.

13. 우리 희망인 예수 그리스도의 탄생, 수난, 부활, 즉 본디오 빌라도 총독 시절에 의심의 여지가 없이 분명하게 일어난 일들에 관해서 충분히 배우십시오. 누구든지 이 교리에서 벗어나면 안 됩니다.

이냐시우스가 트랄레스인들에게 보낸 편지

성직자 조직은 교회의 기둥이다

교회의 기둥인 성직자 조직

제1장

3. 여러분의 주교 폴리비우스가 스미르나에 있는 내게 와서 여러분을 칭찬했습니다.

8. 그러므로 우리는 부제를 예수 그리스도처럼, 주교를 아버지처럼, 장로들을 하느님의 의회, 사도들의 집단처럼 존경합시다.

9. 이 세 가지가 없으면 교회도 없습니다.

10. 무신론자들마저도 여러분의 주교를 존경합니다.

12. 나는 하느님에 관해서 많은 지식을 가지고 있지만, 자만에 빠져서 멸망하지 않기 위해 자제합니다.

15. 나는 수난을 당하고 싶지만, 그럴 자격이 있는지 말할 수 없습니다.

19. 하늘의 일들에 관해서는 나 자신도 배우는 사람입니다.

20. 우리에게는 아직도 많은 것이 부족하고, 하느님에게 가까이 가지 못했기 때문입니다.

그리스도가 죽은 것처럼 보였을 뿐이라는 이단

제2장

1. 그러므로 나는 그리스도의 사랑을 권고할 뿐입니다. 그리고 다른 목장, 즉 이단을 멀리하라고 충고합니다.

2. 이단자들은 신앙이 있는 척하면서 자기들의 독약으로 그리스도의 교리를 망쳐놓기 때문입니다.

3. 그들은 좋은 포도주에 독약을 타서 주는 사람들입니다. 그 독약이 든 포도주를 마시는 사람은 누구나 죽습니다.

4. 그러므로 이런 사람들을 경계하십시오. 여러분이 자만하지 않고, 그리스도와 여러분의 주교와 계속해서 일치한다면, 그리고 사도들의 가르침을 떠나지 않는다면, 이단자들에게 속지 않을 것입니다.

8. 이방인들에게 비방의 구실을 제공하지 마십시오. 일부 어리석은 신자들 때문에 신자 전체가 이방인들에게 욕을 먹지 않도록 하

십시오.

10. 다윗 가문에서 동정녀 마리아로부터 태어난 예수 그리스도를 부인하는 말을 들을 때마다 귀를 막으십시오.

11. 그는 참으로 태어나서 먹고 마셨으며, 본디오 빌라도 아래서 참으로 십자가에 처형되어 참으로 죽었고, 하늘과 땅에 그 목격자들이 있습니다.

12. 그는 성부에 의해서 죽은 자들 가운데서 참으로 부활했고, 성부는 같은 방식으로 우리도 그리스도에 의해서 부활시킬 것입니다. 그리스도 없이는 우리에게 참된 생명이 없습니다.

13. 만일 무신론자들, 즉 이방인들이 말하듯이 그가 수난을 당한 것처럼 보일 뿐이라고 한다면, 그들 자신이 존재하는 듯이 보일 뿐이기는 하지만, 내가 왜 쇠사슬에 묶여 있어야 합니까? 내가 왜 야수들과 싸우고 싶어하겠습니까? 나의 그런 죽음은 헛된 것이 될 것입니다. 그러므로 나는 주님을 거슬러 헛되게 말하지 않을 것입니다.

14. 죽음의 열매를 맺는 이런 싹들을 피해서 달아나십시오. 그 열매를 먹으면 즉사하고 맙니다.

15. 이것들은 성부의 나무들이 아닙니다. 그들이 성부의 나무들이라면 십자가의 가지들을 보이고, 썩지 않는 열매를 맺었을 것입니다.

16. 몸과 손발이 없이는 머리도 있을 수 없듯이, 하느님은 일치, 즉 자기 자신을 약속했습니다.

이냐시우스가 로마인들에게 보낸 편지

나는 순교하고 싶다

내 순교의 기회를 박탈하지 마라

제1장

2. 그리스도 안에서 죄수가 된 나는 머지않아서 여러분을 만나기를 희망합니다.

4. 그러나 여러분의 사랑이 두렵습니다. 여러분은 원하는 것을 쉽게 할 수 있겠지만, 여러분이 나의 생명을 구해준다면, 그것은 내가 하느님에게 도달하는 것을 어렵게 만들 것이기 때문입니다.

5. 나는 여러분이 사람보다도 하느님에게 더 기쁜 일을 하기 바랍니다. 앞으로 나는 하느님에게 갈 기회가 지금보다 더 좋은 때가 없을 것이기 때문입니다.

6. 여러분이 내 육체를 사랑한다면, 나는 내 길을 다시금 달려가야 합니다. 제대가 준비되었을 때 내가 제물이 되도록 하는 것이, 여러분은 가장 큰 친절을 베푸는 것입니다.

12. 눈에 보이는 것 가운데 좋은 것은 하나도 없습니다.

14. 그리스도교 신자는 생각에서 나오는 것이 아니라, 특히 세상의 미움을 받을 때 위대한 정신의 산물입니다.

순교에 대한 열망

제2장

1. 여러분이 방해하지만 않는다면, 나는 하느님을 위해서 기꺼이 죽겠습니다.

2. 그러므로 내게 불필요한 선의를 보이지 말기 바랍니다. 내가 야수의 밥이 되도록 내버려두십시오. 야수들을 통해서 나는 하느님에게 도달합니다.

3. 나는 하느님의 밀이고, 그리스도의 순수한 빵이 되기 위하여 야수들의 이빨에 갈릴 것입니다.

4. 오히려 나의 무덤이 될 야수들을 격려하여, 내 육체의 일부를 조금도 남기지 말게 하십시오. 그것은 죽은 뒤에 내가 그 누구에게도 짐이 되지 않게 하려는 것입니다.

6. 나는 베드로와 바오로처럼 여러분에게 명령하는 것은 아닙니다. 그들은 사도였고, 나는 죄수입니다. 그들은 자유인이었고, 나는 지금도 노예입니다.

7. 그러나 수난을 당하면 나는 그리스도의 자유인이 되고, 자유인으로 부활할 것입니다.

9. 나는 군인들에게 받은 모욕과 고통으로 내가 아직 완전한 사람이 못 되었다는 것을 배웠습니다.

11. 야수들이 나를 잡아먹으려고 하지 않는다면, 나는 야수들을 자극하겠습니다.

12. 이제 비로소 나는 제자가 되기 시작합니다. 그 어느 것도 나를 설득할 수 없습니다.

13. 불과 십자가, 수많은 야수들을 보내십시오. 뼈가 부러지고 팔다리가 끊어져도, 온몸이 가루처럼 부서져도, 악마의 모든 사악한

십자가에서 내려지는 예수, 페데리고 바로치 작, 16세기

고문이 닥친다고 해도 좋습니다. 예수 그리스도 안에서 기쁨을 누리게만 해주십시오.

14. 나는 온 세상을 지배하는 것보다는 그리스도를 위해서 차라리 죽겠습니다.

15. 내가 순수한 빛 속으로 들어가도록 내버려두십시오.

이냐시우스가 필라델피아인들에게 보낸 편지

분열과 거짓 교리를 피하라

제1장

5. 빛과 진리의 자녀들인 여러분은 분열과 거짓 교리들을 피하십시오. 여러분의 목자가 있는 그곳에 양떼인 여러분이 있는 것이니 그를 따르십시오.

6. 왜냐하면 신앙을 가진 듯 보이지만 늑대인 사람들이 많기 때문입니다. 그들은 거짓 기쁨으로 신자들을 포로로 삼습니다.

8. 회개하고 교회의 일치 안으로 돌아온 많은 사람들도 하느님의 하인이 됩니다.

9. 그러나 교회를 분열시키는 사람은 하느님의 왕국을 상속하지 못합니다. 다른 의견을 따라가는 사람이 있다면, 그는 그리스도의 수난에 동의하지 않는 것입니다.

10. 그러므로 하나인 성찬에 참가하도록 노력하십시오.

11. 우리 주 그리스도의 살도 하나고, 그의 피의 일치 안에서 잔도

하나고, 제대로 하나이기 때문입니다.

12. 그리고 장로들과 나의 동료 하인들인 부제들과 함께 주교도 하나이기 때문입니다.

그리스도, 사도, 교회는 하느님에게 이르는 말

제2장

2. 여러분의 기도가 나를 완전하게 만들 것입니다. 즉 그리스도의 살에 매달리듯이 복음에 매달리고, 교회의 장로에게 피신하는 것처럼 사도들에게 피신하게 합니다.

3. 우리는 또한 예언자들도 사랑합시다. 그들도 우리를 복음으로, 그리스도 안의 희망으로 인도하고, 그리스도를 기다렸습니다.

6. 유대인의 율법을 설교하는 사람이 있다면, 여러분은 그 말을 듣지 마십시오.

7. 예수 그리스도에 관해서 말하지 않는 사람은 나에게 산과 무덤처럼 보일 뿐입니다.

15. 여러분의 몸을 하느님의 성전과 같이 보존하십시오. 일치를 사랑하고 분열을 피하십시오.

16. 분열과 분노가 있는 곳에 하느님은 계시지 않기 때문입니다.

17. 그러나 누구든지 회개하고 하느님의 일치와 주교들의 회의로 돌아오면, 주님은 용서합니다.

20. 원본에 기록되어 있지 않다면, 그것이 복음서에 기록된 것으로 믿지 않겠다고 말하는 사람들이 있습니다. 내가 그렇게 기록되어 있다고 말하면, 그들은 자기가 가진 변조된 사본에 적힌 것으로 대답합니다.

21. 그러나 내게는 예수 그리스도가, 십자가와 죽음과 부활과 그에 대한 신앙과 함께 가장 완전한 기념탑입니다.

23. 그리스도는 성부에게 가는 문입니다. 사도들과 교회도 마찬가지입니다.

이냐시우스가 스미르나인들에게 보낸 편지

부활한 예수는 육체를 가지고 있다

제1장

7. 믿지 않는 어떤 사람들은 예수가 수난을 당한 것처럼 보였을 뿐이라고 말합니다. 그들 자신이 오히려 존재하는 것처럼 보일 뿐입니다.

8. 그들은 자기가 믿는 그대로 될 것입니다. 즉 육체를 벗어나면 그들은 단순히 영혼으로만 남을 것입니다.

9. 나는 그리스도가 부활한 뒤에도 육체를 가지고 있었다고 알고, 지금도 가지고 있다고 믿습니다.

10. 그는 베드로와 함께 있던 제자들에게 가서 "나를 만져보고 살펴보라. 내가 육체가 없는 악마가 아니라는 것을 깨달아라." 하고 말했습니다. 그들이 만져보고 믿었습니다. 그의 육체와 영혼에 대해서 확신한 것입니다.

11. 그러므로 그들은 죽음을 경멸하고 또 초월했던 것입니다.

12. 그는 부활한 뒤에도 육체를 가졌을 때처럼 그들과 함께 먹고

부활, 라파엘로 작, 16세기

마셨고, 그의 영혼은 성부와 일치되어 있었습니다.

이단자들의 주장과 태도

제2장

2. 사람의 모습을 한 어떤 야수들을 여러분이 받아들이지도 말고 또 만나지도 말라고 미리 경고하는 것입니다.

3. 하느님의 뜻이라면 그들이 회개하도록 기도하십시오. 그 회개는 매우 어려운 것입니다.

4. 이 모든 일이 우리 주 예수가 그럴듯하게 보여준 것에 불과하다면, 나는 지금 묶여 있는 듯이 보이는 것에 불과할 것입니다.

5. 그렇다면 내가 왜 죽음과 불과 칼과 야수들에게 나 자신을 넘겼겠습니까!

14. 예수 그리스도의 은총에 관해서 우리와 다른 의견을 가진 사람들을 생각해보십시오. 하느님의 계획에 그들이 얼마나 거스르는지 살펴보십시오.

15. 그들은 자선을 존중하지 않고, 과부와 고아와 억압받는 사람들을 돌보지 않으며, 노예든 자유인이든, 굶주리든 목마르든 다른 사람을 돌보지 않습니다.

16. 또한 그들은 성찬이 그리스도의 몸이라고 고백하지 않기 때문에 성찬에 참석하지 않고, 공동 기도에도 오지 않습니다.

17. 그들은 부활을 부인한 채 죽습니다.

18. 여러분은 이런 사람들을 개인적으로나 공식적으로나 만나지 마십시오.

가톨릭 교회

제3장

1. 예수 그리스도와 성부를 따르듯이 주교를 따르고, 사도들을 따르듯이 장로를 따르고, 주님의 계명을 존중하듯이 부제들을 존경하십시오.

2. 교회에 관한 일을 주교 없이는 절대로 하지 마십시오.

3. 확립된 예식으로서 성찬을 존중하고, 주교 또는 그의 허락을 받은 사람이 성찬식을 거행하도록 하십시오.

4. 예수 그리스도가 있는 곳에 가톨릭 교회가 있듯이, 주교가 있는 곳에 신자들이 모여야만 합니다.

5. 주교 없이 세례를 주거나 성찬식을 거행하는 것은 불법입니다.

이냐시우스가 폴리카르푸스에게 보낸 편지

과부, 독신생활, 노예에 관하여

단결하고, 이단자들을 조심하라

제1장

4. 단결보다 더 좋은 것이 없습니다. 그러므로 단결하도록 노력하십시오. 주님이 당신을 참아주는 것과 같이, 당신도 모든 사람을 참아주십시오.

5. 모든 사람을 사랑으로 도와주고, 쉬지 않고 기도하십시오. 그리고 지금보다 더 많은 것을 이해할 수 있도록 주님에게 요청하십시오. 영혼이 항상 깨어 있도록 하십시오.

6. 완전한 군인처럼, 모든 사람의 결점을 참아주십시오. 일을 많이 할수록 얻는 것도 그만큼 많아집니다.

7. 선한 제자들만 사랑한다면 무슨 보람이 있겠습니까? 잘못하는 사람들에 대해서도 온순함으로 대우해주십시오.

8. 한 가지 약으로 모든 상처를 치유할 수는 없습니다. 병의 증세가 심하면, 부드러운 치료법으로 그 증세를 가라앉혀야 합니다. 모든 일에 있어서 뱀처럼 지혜롭고, 비둘기처럼 해롭지 않은 사람이 되십시오.

12. 하느님의 군인으로서 맑은 정신을 유지하십시오. 당신이 받을 왕관은 불멸과 영원한 생명입니다.

13. 다른 교리들을 가르치는 사람들에게 속지 마십시오. 바위처럼 서있고, 흔들리지 마십시오.

14. 군인은 부상을 당하게 마련이지만 결국은 이깁니다. 하느님을 위해서 모든 것을 견뎌내십시오.

15. 날마다 다른 사람보다 더 훌륭하게 되십시오.

과부와 노예와 독신생활에 관하여

제2장

1. 과부들을 소홀히 하지 말고 그들의 보호자가 되십시오.

2. 당신에게 알리지 않거나 당신의 허락을 받지 않고 신자들이 교회 일을 처리하지 못하게 하십시오.

ϡ. 교회의 모임에 더 많은 사람이 나오도록 하십시오.

ϣ. 남자 노예와 여자 노예들을 무시하지 말고, 그들이 오만에 빠지지 말게 하십시오. 오히려 그들이 하느님의 영광을 추구하여 그분으로부터 더 좋은 자유를 얻도록 하십시오.

5. 그들이 자신의 욕정의 노예가 되기 위해서 나라의 공금으로 자유를 얻도록 하지 마십시오.

6. 사악한 거래를 하지 마십시오.

7. 나의 자매들에게 주님을 사랑하고, 자기 남편만 가지고 만족하라고 말하십시오.

8. 이와 마찬가지로 나의 형제들에게 주님이 교회를 사랑하듯이 자기 아내를 사랑하라고 말하십시오.

9. 그리스도의 육체의 영광을 위해서 남자 신자가 독신을 지키겠다고 한다면, 자랑하지 말고 독신을 지키라고 하십시오. 그가 자랑한다면 아무 소용이 없습니다. 그가 주교보다도 더 칭찬을 받으려고 한다면, 그는 타락한 것입니다.

12. 주교의 말에 순종하십시오. 그러면 하느님이 여러분의 말에 귀를 기울일 것입니다.

13. 함께 일하고, 함께 싸우고, 함께 달려가고, 함께 고통을 당하고, 함께 자고, 함께 일어나십시오.

14. 아무도 이탈자가 되지 마십시오. 세례는 무기로, 신앙은 투구로, 사랑은 창으로, 인내는 갑옷으로 삼으십시오.

폴리카르푸스가 필립비인들에게 보낸 편지

탐욕과 이단자를 피하라

우리는 부활할 것이다

제1장

1. 폴리카르푸스와 장로들이 필립비에 있는 하느님의 교회에게 이 편지를 보냅니다.

2. 나는 여러분이 성인(신자)들이 된 노예들을 받아주었다는 말을 듣고 매우 기뻐합니다.

5. 여러분은 선행을 통해서가 아니라 은총으로, 예수 그리스도를 통하여 하느님의 의지로 구원되었습니다.

8. 그리스도를 죽은 사람들 가운데서 부활시킨 하느님은, 우리가 그의 뜻을 실천하고 그의 계명을 따라 걸으며, 그가 사랑한 것을 사랑한다면, 우리를 그리스도와 마찬가지로 부활시킬 것입니다.

9. 우리는 불의, 무절제한 사랑, 돈에 대한 사랑, 악담, 위증 등을 피해야 하고, 악을 악으로, 욕을 욕으로, 주먹을 주먹으로, 저주를 저주로 갚아서는 안 됩니다.

10. 우리는 주님이 다음과 같이 가르쳐준 것을 기억해야 합니다. "남을 판단하지 마라. 그러면 너희도 판단을 받지 않을 것이다. 용서하라. 그러면 너희도 용서받을 것이다. 자비를 베풀어라. 그러면 너희도 자비를 받을 것이다. 너희가 남을 재면 그 자가 너희도 또

한 잴 것이기 때문이다.

11. 가난한 사람들과 정의를 위해서 박해받는 사람들은 하느님의 왕국을 차지할 것이기 때문에 축복을 받았다."

탐욕을 피하라

제2장

5. 돈에 대한 사랑은 모든 악의 뿌리입니다. 우리는 이 세상에 아무것도 가지고 온 것이 없고, 또 이 세상에서 아무것도 가져갈 수가 없다는 것을 아십시오. 우리는 정의로움으로 무장해야만 합니다.

6. 아내들이 신앙과 사랑과 순결 안에서 살고, 남편을 성실하게 사랑하고, 다른 사람들도 절제 안에 성실하게 사랑하며, 자녀들을 지혜와 주님에 대한 두려움 안에 양육하도록 가르치십시오.

10. 부제들은 사람들의 일꾼이 아니라 하느님의 일꾼으로서 하느님 앞에 결함이 없어야만 합니다. 그들은 남을 모함하지 않고, 한 입으로 두 말을 하지 않고, 돈을 사랑하지 않아야만 합니다. 또한 모든 일에 있어서 절제하고, 자비를 베풀고, 조심하며, 모든 사람을 섬기는 주님의 진리에 따라서 행동해야만 합니다.

11. 젊은이들도 이와 마찬가지로 결함이 없어야 하고, 순결을 지키고, 모든 악을 버려야 합니다. 그들은 이 세상의 욕정을 버리는 것이 좋습니다. 욕정은 영혼과 싸우는 것이기 때문입니다. 그들은 간음하지 않고, 나약하지 않으며, 남을 학대하지 않고, 어리석고 모순된 일을 하지 않아야만 합니다.

14. 처녀들은 순수한 양심 안에서 행동하도록 가르쳐야 합니다.

15. 나이든 사람들은 모든 사람에게 관대하고 자비를 베풀며, 잘

못을 피하고, 약한 사람을 도와주고, 과부와 고아와 가난한 사람들을 소홀히 하지 않아야만 합니다.

16. 분노, 사람 차별, 불의한 판단, 특히 탐욕을 피해야만 합니다.

20. 가짜 형제들, 그리고 그리스도의 이름을 파는 위선자들을 피하십시오.

이단자들을 피하라

제3장

1. 그리스도가 사람이 되어 왔다는 것을 고백하지 않는 사람은 적그리스도이고, 그가 십자가에서 고통을 당했다고 고백하지 않는 사람은 악마로부터 온 사람입니다.

2. 주님의 신탁을 자기 멋대로 변조하여, 부활도 심판도 없다고 말하는 사람은 사탄의 맏아들입니다.

3. 그러므로 그들의 세력의 허영과 허위의 가르침을 떠나서 우리는 처음부터 우리에게 전해진 말씀으로 돌아갑시다.

원수를 위해서도 기도하라

제4장

3. 탐욕을 버리지 않는 사람은 우상숭배에 물들 것이고, 그는 이방인인 듯이 심판을 받을 것입니다.

4. 누가 하느님의 심판을 모르고 있습니까? 바오로가 말했듯이,

성인들이 이 세상을 심판할 것이라는 것을 우리가 모른단 말입니까?

12. 모든 일에서 여러분의 결실이 드러나고, 여러분이 그리스도 안에서 완전하게 되기 위하여, 성인들을 위해, 그리고 왕들과 관리들을 위해서 기도하십시오. 또한 여러분을 박해하고 미워하는 사람들과 십자가의 원수들을 위해서도 기도하십시오.

사도들의 편지

나는 150년 후에 재림한다

해설

이 문헌은 편지의 형식과 계시록의 내용을 혼합한 것으로, 부활한 그리스도가 제자들의 질문에 대답하는 내용이 특색이다. 그리고 시몬과 체린투스를 이단자로 단죄하고 그 노시스파에 반대하는 색채가 짙은 것도 특색이다.

이 문헌은 2세기 후반기에 소아시아 또는 이집트에서 그리스어로 저술된 것으로 추정된다. 고대 문헌이나 목록에 이것에 관한 언급이 없었기 때문에 전혀 알려지지 않았다가, 1895년에 카이로에서 콥트어 번역본이 발견되어 비로소 세상에 알려진 것이다.

콥트어 번역본은 4~5세기의 필사본이다. 그리고 이디오피아어로 된 필사본에 가장 충실한 내용이 보존되어 있다.

거짓 사도들을 조심하라

1. 예수 그리스도가 편지로 사도들의 회의에서 밝혀준 내용이다. 이것은 거짓 사도인 시몬과 체린투스가 사람들을 속이고 죽이기 때문에 그들을 따르지 말고, 여러분이 우리에게서 들은 내용을 굳게 보존하게 하려고 하는 것입니다. 우리가 듣고 보존하고, 또한 온 세상을 위해서 기록한 것을 여러분과 그 자손에게 맡깁니다.

사도들이 믿고 선포하는 것

2. 요한, 토마스, 베드로, 안드레아, 야고보, 필립보, 바르톨로메오, 마태오, 나다나엘, 열성당원 유다, 그리고 케파스 등 우리는 동서남북의 모든 교회에게 우리가 기록한 내용 그대로 주 예수 그리스도를 선포합니다.

3. 우리는 우리 주님이고 구세주인 예수 그리스도가 하느님이고, 하느님의 아들이며, 하느님으로부터 파견되었고, 온 세상의 지배자, 만물의 창조자라는 것을 압니다. 그는 모든 권한을 초월하고, 왕들의 왕, 지배자들의 지배자이며, 케루빔과 세라핌을 지배하는 하늘의 왕이며, 성부의 오른편에 앉아 계십니다.

우리는 하느님, 성부, 그리고 하느님의 아들을 믿습니다. 우리는 성령으로 잉태되어 거룩한 동정녀 마리아를 통하여 육체를 가지고 탄생한 말씀을 믿습니다.

빵 다섯 덩어리의 의미

5. 갈릴리의 가나에서 결혼식이 있었다. 그는 어머니와 형제들과 함께 거기 초대되었다. 거기서 그는 물이 포도주로 변하게 했고, 죽은 사람을 되살렸으며, 절름발이를 걷게 했다. 손이 말라비틀어진 사람의 손을 펴게 했고, 12년 동안 하혈하던 여자가 그의 옷자락을 만지고는 즉시 치유되었다. 우리가 그의 기적들을 곰곰 생각해보고 있을 때, 그가 "누가 나를 만졌는가?"라고 물었다. 우리는 "주님, 이 많은 군중이 당신을 만졌습니다."라고 대답했다. 그는 귀머거리를 듣게 하고, 소경을 보게 했으며, 문둥병을 치유하고, 악마들을 쫓아냈다. 그리고 바다 위를 걸어갔다… 빵 다섯 덩어리와 물고기 두 마리로 5천 명을 먹였다.

우리는 빵 다섯 덩어리의 의미가 무엇인지 물었다. 그것은 위대한 그리스도교의 상징이었는데, 즉 온 세상의 지배자인 성부, 구세주 예수 그리스도, 위로자인 성령, 거룩한 교회 그리고 죄의 용서가 그 다섯이다.

부활한 예수가 제자들에게 간다

6. 체린투스와 시몬이 온 세상을 돌아다니는데, 그들은 그리스도의 원수들이고, 주님의 참된 말과 행동을 믿는 사람들을 그릇된 길로 인도한다. 그들에게는 죽음과 파멸이 있으니 조심하라.

9. 우리는 주 예수 그리스도의 증인들이다. 그는 본디오 빌라도와 아르켈라우스 시절에, 두 강도 사이에서 십자가에 못박혀 죽었다.

그리고 해골의 장소라고 불리는 곳에 묻혔다. 그곳에 사라, 마르타, 마리아 막달레나(또는 마리아, 또는 마르타의 딸 마리아 막달레나) 등 세 여자가 기름을 가지고 가서 그의 시체에 바르려고 했다.

그들이 무덤에 접근했을 때, 입구를 막았던 돌이 옆으로 굴려져 있는 것을 발견했다. 그들이 문을 열었는데 시체를 발견하지 못했다.

10. 그녀들이 울면서 애도하고 있을 때 주님이 나타나서 "울지 마라. 나는 너희가 찾고 있는 바로 그 사람이다. 너희 가운데 한 명이 너희 형제들에게 가서 '우리 스승이 죽은 자들 가운데서 부활했으니 갑시다.'라고 말하라."고 말했다.

그래서 마리아(또는 마르타)가 우리에게 와서 그렇게 말했다. 우리는 그녀에게 "여자여, 우리에게 무슨 볼일이 있소? 죽어서 묻힌 사람이 다시 살아날 수가 있단 말이오?"라고 대꾸하고는, 우리 구세주가 죽은 자들 가운데서 부활했다는 그녀의 말을 믿지 않았다. 그녀가 주님에게 돌아가서 "아무도 주님의 부활을 믿지 않아요."라고 말했다. 주님은 "다른 사람이 가서 다시 말하라."고 했다. 사라(또는 마리아)가 우리에게 와서 같은 소식을 전했는데, 우리는 거짓말을 한다고 야단쳤다. 그녀가 돌아가서 주님에게 그대로 말했다.

11. 주님이 마리아와 그녀의 여동생에게 "우리가 그들에게 가자."고 말하고, 우리가 숨어 있는 곳으로 들어왔다. 우리는 의심하고 믿지 않았다. 그는 유령처럼 우리에게 왔는데, 우리는 그것이 주님이라고 믿지 않았다. 그러나 주님이 분명했다.

그는 "이리 오라. 그리고 두려워하지 마라. 나는 너희 스승인데, 베드로 너는 나를 세 번 배반했다. 너는 이제 또 나를 부인하려고 하느냐?"라고 말했다.

그것이 정말 주님인지 의심하고 또 가능성도 생각하면서 우리가 다가갔다.

그는 "너희는 왜 의심하고 믿지 않느냐? 나의 육체, 죽음, 부활에 관해서 너희에게 이야기해준 것은 바로 나다. 나라는 것을 확인하고 믿기 위해서 베드로 너는 내 손의 못 구멍에 손가락을 넣고, 토마스는 창에 찔린 내 옆구리의 상처에 손가락을 넣어보라. 안드레아는 땅바닥에 나의 발자국이 찍혀 있는지(또는 내 발이 땅에 닿는지 안 닿는지) 확인하라. 유령과 악마는 땅바닥에 발자국을 남기지 않기(또는 발이 땅에 닿지 않기) 때문이다."라고 말했다.

12. 그러나 그의 육체가 부활했다는 것을 우리는 만져보고 알았다. 그래서 땅에 엎드린 뒤 그를 믿지 않은 데 대해서 용서해주기를 간청했다. 우리 주님인 구세주가 "일어나라. 지상에 있는 것과 하늘 위에 있는 것을 너희에게 드러내주겠다. 너희들을 데리고, 또한 나를 믿는 사람들을 데리고 위로 올라오라고 아버지가 나를 파견했는데, 하늘의 왕국에서 이루어질 너희의 부활(또는 휴식)에 관해서도 드러내주겠다."라고 말했다.

그리스도가 천사의 모습을 한다

13. 그가 우리에게 드러내준 것은 다음과 같다. "만물의 아버지로부터 내가 아래로 내려오려고 할 때, 나는 여러 하늘을 거쳤다. 거기서 나는 아버지의 지혜와 그의 권능을 입어서, 나는 하늘과 마찬가지였다.

나는 천사의 모습으로, 천사 가운데 한 명으로서, 천사들과 대천사들, 그리고 질서, 권능, 지배의 천사들 곁을 지나왔다. 나를 파견한 아버지의 지혜를 갖춘 내가 그들을 통과한 것이다.

미카엘, 가브리엘, 라파엘, 우리엘 등의 대천사가 나를 다섯번째 하늘까지 (비밀리에) 따라왔고, 거기서 나는 그들에게 천사의 모습을 드러냈다(또는 그들은 나를 천사라고 생각했다). 아버지가 그런 힘을 나에게 주었던 것이다.

그때 나는 대천사들에게, 아버지의 제대로 돌아가서 내가 다시 돌아올 때까지 그분을 섬기라고 우렁찬 목소리로 명령했다. 나는 그분의 지혜의 모습으로 그렇게 했다. 나는 나를 파견한 아버지의 자비와 영광을 완수한 뒤에 다시 돌아가기 위해서 모든 것 안에 모든 것이 되었기 때문이다.

가브리엘의 모습으로 나타난 주님

14. 너희는 가브리엘 천사가 마리아에게 가서 소식을 전달했다는 것을 아느냐?"고 그가 말했다. 우리는 "주님, 압니다."라고 대답했다. 그가 "나는 천사들에게 천사처럼 보일 것이라고 전에 말했는데 기억하느냐?"라고 물었다. 우리가 "주님, 기억합니다."라고 대답했다.

그는 "그때 나는 동정녀 마리아에게 가브리엘 대천사의 모습으로 나타나서 그녀와 이야기를 나누었고, 그녀가 나를 마음속에 받아들였다. 그녀는 믿고 또 웃었으며, 말씀인 나는 그녀 안으로 들어가서 육체가 되었다. 나 자신이 나 자신을 위한 하인이었다. 그리고 나는 천사의 모습이 될 것이고, 그런 뒤에 아버지에게 돌아갈 것이다.

15. 그러므로 너희는 나의 죽음(파스카, 유월절)을 기념하라. 너희 가운데 한 명이 나의 이름 때문에 감옥에 갇힐 것이고, 그는 너희와 함께 유월절을 지내지 못해서 매우 심한 비탄과 슬픔에 잠길

것이다. 그러면 내가 천사의 모습으로 나의 힘을 파견하여 감옥 문을 열고, 그는 너희에게 와서 쉴 것이다. 새벽에 닭이 홰를 칠 때 너희가 아가페(사랑의 만찬)와 나에 대한 기념식을 마치면, 그는 내가 명령한 대로 나와서 설교할 때까지 다시 감옥에 증인으로 갇힐 것이다."라고 말했다.

우리는 "그렇다면 주님은 아직 파스카의 술잔을 다 마시지 않았습니까? 우리가 그 예식을 다시 해야만 한다는 말인가요?"라고 물었다. 그는 "내가 아버지로부터 나의 상처들(나 때문에 살해된 사람들)과 함께 올 때까지 너희는 그 행사를 해야 한다."고 말했다.

16. 우리는 "주님이 말하고 드러내주신 것은 위대합니다. 주님은 무슨 힘과 모습을 가지고 올 것입니까?"라고 말했다. 그는 "나는 떠오르는 태양처럼, 아니 태양보다 일곱 배 더 찬란한 모습으로 구름의 날개를 타고 십자가를 앞세운 채 올 것이다. 그리고 살아 있는 사람들과 죽은 사람들을 심판할 것이다."라고 말했다.

재림의 시기

17. 우리가 "주님은 몇 년 뒤에 오실 겁니까?"라고 물었다. 그는 "150년이 지났을 때, 성신강림절과 파스카 사이의 시기에 나의 아버지가 올 것이다."라고 말했다. 우리가 "주님이 '내가 올 것이다.'라고 말하고, 이제는 '나의 아버지가 올 것이다.'고 말하는 이유는 무엇입니까?"라고 말했다. 그는 "나는 완전히 아버지 안에, 아버지는 완전히 내 안에 있다."고 말했다.

우리가 "주님은 재림할 때까지 우리를 완전히 떠나는 것입니까? 우리가 다른 스승을 찾아내야 합니까?"라고 물었다. 그는 "너희는 지금까지 내가 여기에도 있고, 나를 파견한 그분과 함께 저기에도 있다는 것을 모르느냐?'고 말했다. 우리가 "주님이 여기와 저기에 동시에 있을 수가 있습니까?"라고 말했다. 그는 "나는 권능과 완전함과 빛과 목소리가 아버지와 같은 모습이므로 나는 말씀이다." 라고 말했다.

새로운 계명

18. "이제 내가 새로운 계명을 준다. 너희는 서로 사랑하고, 서로 복종하라. 그러면 평화가 계속해서 너희를 지배할 것이다. 원수를 사랑하라. 남에게 받기 싫은 대접을 너희도 남에게 하지 마라.

19. 나를 믿는 사람들에게 아버지의 하늘의 왕국에 관해서 설교하고 가르쳐라. 아버지가 나에게 준 그 힘을 너희에게 준다. 그러므로 자녀들을 하늘의 아버지에게 가까이 데리고 오라. 설교하라. 그러면 그들이 믿을 것이다. 너희 의무는 그들을 하늘에 들여보내는 것이다."라고 말했다.

우리는 "주님은 그 말을 수행할 수가 있지만, 우리가 어떻게 할 수 있습니까?"라고 물었다. 그는 "내가 너희와 함께 있을 테니까 설교하고 가르쳐라. 나는 기꺼이 너희와 함께 있어서 너희가 나와 함께 하늘 나라의 공동 상속자가 되게 할 것이다. 아버지가 너희를 좋아하고, 너희를 통해서 나를 믿는 사람들을 좋아하기 때문에, 너희는 나의 형제이자 동료가 될 것이다. 아버지가 너희를 위해서 마련한 엄청난 기쁨을 천사들이 보고 싶어했고, 또 지금도 보고 싶어 한다. 그러나 천사들은 아버지의 위대함을 보지 못할 것이다."라고 말했다.

우리는 "그것이 무엇입니까?"라고 물었다. 그는 "너희는 빛보다도 찬란한 빛, 완전함보다 완전한 빛을 볼 것이다. 아들은 빛이신 아버지를 통해서, 아버지가 완전하기 때문에 완전하게 될 것이다. 그리고 죽음과 부활이 아들을 완전하게 한다. 나는 아버지의 완전한 오른팔이다."라고 말했다.

우리 열두 사도들은 "주님은 우리의 구원이고 생명입니다. 우리에게 어떠한 희망을 주시겠습니까?"라고 말했다. 그는 "확신과 용기를 가져라. 먹지도 마시지도 않고, 애도도 노래도 없는 그곳, 지상의 옷도 소멸함도 없는 그곳에서 너희는 쉴 것이다. 너희는 저 아래의 만물에 속하지 않고, 아버지의 불멸을 입어서 없어지지 않을 것이다. 내가 언제나 아버지 안에 있는 것처럼, 너희도 내 안에 있을 것이다."라고 말했다.

우리는 "우리가 주님 안에 있다는 것은 천사의 모습입니까? 아니면, 육체의 모습으로 있는 겁니까?"라고 물었다. 그는 "내가 너희 육체를 입고 태어나서 죽고 묻히고 부활하였던 것은 예언자들의 말을 실현시키려는 것이었다. 너희에게도 예언자들의 예언이 실현될 것이다."라고 말했다.

21. 그는 "아버지가 죽은 사람들 가운데서 나를 일으킨 것과 마찬가지로 너희도 육체 안에서 부활하여 하늘 나라로 올라갈 것이다. …나는 절망하는 자의 희망이고, 도움을 기대할 수 없는 사람을 돕는 사람이며, 가난한 사람들의 창고이고, 병자들을 위한 의사이며, 죽은 사람들의 부활이다."라고 말했다.

육체와 정신과 영혼의 부활

24. 그는 "모든 사람은 그 육체가 부활하고, 영혼과 정신도 다시 살아날 것이다."라고 말했다. 우리가 "육체를 떠나가고 흩어졌던 것이 되살아납니까? 주님의 말씀을 의심해서 묻는 것이 아니라, 주님 말씀대로 이루어졌고 또 이루어질 것으로 우리가 믿기 때문에 질문하는 것입니다."라고 말했다. 그는 화를 내면서 "신앙이 없는 사람들아, 언제까지 나에게 질문을 할 작정이냐? 자기가 듣고 싶어하는 것을 들으려고 안달하지는 말고 질문을 하라.
너희는 나의 계명을 지키는 데 있어서 미루지 말고, 조건을 달지도 말고, 사람 차별도 하지 마라. 솔직하고 직접적이고 또 좁은 의미에서 봉사하라. 그러면 모든 면에서 아버지가 너희를 기쁘게 여길 것이다."라고 말했다.

25. 우리가 "주님, 너무나 많은 질문으로 우리가 주님을 번거롭게 했습니다."라고 말했다. 그는 "너희가 신앙 안에서 그리고 진심으로 질문한다는 것을 안다. 그래서 나는 기쁜 것이다. 너희가 용감하게 질문하니 내가 기쁘다. 너희는 질문을 통해서 생명을 얻기 때문이다."라고 말했다.

바오로의 등장

29. 우리가 "주님의 가르침과 다른 가르침이 나타날 것입니까?"라고 물었다. 그는 "선하고 아름다운 것을 수행하는 사람들이 있는 것처럼, 사악함도 역시 드러날 것이다. 그들은 각자의 행동에 따라

파멸하고 말 것이다."라고 말했다.

31. 그는 "너희는 바오로라는 뜻을 가진 사울이라고 부르는 유대인을 만날 것이다. 그는 하늘에서 들리는 나의 목소리를 듣고 눈이 멀었다가 다시 뜰 것이고, 그러면 하느님과 성부를 찬미할 것이며, 나를 증거할 것이다. …그는 칠리치아 지방에서 시리아의 다마스코스(다메섹)로 갈 것이고… 나에 대해 강한 신앙을 가질 것이다."라고 말했다.

세상의 종말 때 나타나는 현상들

34. 그는 "믿는 사람들 뿐 아니라 믿지 않는 사람들도 하늘에 나타나는 나팔, 그리고 대낮에도 뚜렷한 별들을 볼 것이다. 용이 하늘에서 땅으로 내려올 것이고, 별들이 불덩어리처럼 떨어지고, 불타는 거대한 우박 덩어리들이 쏟아질 것이다. 해와 달이 싸우고, 무시무시한 천둥과 번개와 지진이 계속되고, 도시들이 무너져서 무수한 사람들이 깔려죽을 것이다. 비가 오지 않아서 항상 가뭄이 들고, 전염병이 크게 돌아서 수많은 사람들이 죽을 것이다. 너무나 많은 사람이 죽어서 무덤과 관이 턱없이 모자랄 것이다. 온 세상이 증오와 고통과 질투로 가득 찰 것이다.

그때 나의 아버지는 사람들의 사악함 때문에 분노하고, 그들의 죄와 불순함이 너무나 엄청나기 때문에 화를 낼 것이다.

37. 그때 온 세상에서 전쟁이 꼬리를 물고, 사방이 흔들릴 것이다. 구름이 혼란해져서 암흑과 가뭄과 박해가 일어나고, 불화, 충돌, 서로 해치는 사악한 행위가 발생할 것이다. 나를 믿으면서도 악을 따르고 거짓 가르침을 전파하는 사람들도 있을 것이다. 많은

사람이 그들을 따르고, 그들의 재산, 방탕, 무절제한 폭음, 뇌물에 무릎을 꿇을 것이며, 정실 인사와 사람 차별이 판칠 것이다.

그러나 하느님의 얼굴을 보고 싶어하는 사람, 죄를 짓는 부자들을 무시하는 사람, 그릇된 길로 인도하는 사람들을 두려워하지 않고 꾸짖는 사람은 아버지 앞에서 왕관을 받을 것이다. 또한 이웃을 충고하고 질책하는 사람, 즉 지혜와 신앙의 아들은 구원을 받을 것이다." 라고 말했다.

열 명의 하느님의 자매들

43. 그는 "···신랑이 올 때까지 잠을 자지 않고 등불을 켜고 있던 지혜로운 다섯 처녀들은 신앙, 사랑, 기쁨(은총), 평화, 그리고 희망이다. 나를 믿는 사람들은 이 다섯 가지를 즉시 가지게 되고, 나와 아버지를 믿는 사람들의 지도자들이 될 것이다.

어리석은 다섯 처녀는 직관력(지혜), 지식(그노시스), 복종, 인내, 그리고 자비다. 이 다섯 가지는 나를 믿는 사람들 안에서 잠을 잔다. 잠을 자는 사람들은 나의 계명을 지키지 않아서 왕국의 바깥에서 늑대의 밥이 된다."라고 말했다.

50. 그는 "···3일과 3시간이 지나면 나를 파견한 그분이 와서 내가 그와 함께 갈 것이다."라고 말했다. 그가 말을 마치기도 전에 천둥과 번개가 치고 지진이 일어났으며 하늘이 갈라져서 찬란한 구름이 내려와 그를 데리고 갔다. 수많은 천사들이 기쁨에 넘쳐서 찬미하고 "오, 사제여, 영광의 빛 안에 우리를 집합시켜주십시오."라고 말했다. 그가 하늘의 입구에 이르러서 "평화 속에 가라."고 말했다.

헤르마스의 목자

해설

이것은 로마 주교 피우스의 형제인 헤르마스가 기록한 것인데, 본문에서 주요 역할을 하는 천사가 목자의 모습으로 나타나기 때문에 헤르마스의 목자라는 제목이 붙었다.

교부 이레네우스는 이것을 정통적인 성경이라고 불렀으며, 오리제네스는 성령의 감화로 이루어졌고 가장 유익한 것이라고 말했다.

에우세비우스는 비록 성경은 아니지만 여러 교회에서 낭독되었다고 말했는데, 예로니무스도 같은 의견이었다.

아타나시우스는 엄격한 의미에서 성경에 들어가지는 않지만, 교부들이 신앙을 견고히 하는 데 도움이 된다고 독서를 권장했다고 말했다. 예로니무스는 교부들의 저술 목록에서 이것을 칭찬했으면서도, 이것이 비경전이고, 어리석은 것이라고 말했다.

테르툴리아누스는 가톨릭 신자였을 때는 이것을 칭찬했고, 단성론 이단에 빠졌을 때는 비난했다. 젤라시우스는 이것을 비경전이라고 하면서도 자신의 가장 오래된 신약성서 필사본들 뒤에 붙여 놓았다.

헤르마스 제1서(환상들)

음란과 오만함을 피하라

음탕하고 오만한 생각에 대한 경계

제1장

1. 나를 기른 그가 로마에서 어떤 소녀를 팔아넘겼는데, 몇 년 뒤 내가 그녀를 다시 만나서 사랑하기 시작했다. 얼마 후 티베르 강가에서 빨래하는 그녀를 보고 손을 내밀어 그녀를 물에서 건져냈다.

2. 그리고 "이렇게 아름답고 예절바른 여자를 아내로 맞으면 얼마나 행복할까?"라고 속으로 생각했다. 참으로 고상하고 아름다운 여자였다.

3. 한참 걸어가다가 내가 잠이 들었는데, 한 천사가 아무도 통과할 수 없는 오른쪽 지역으로 나를 데리고 갔다.

4. 평원이 나타나자, 나는 무릎을 꿇고 기도하고 죄를 고백했다.

5. 하늘이 열리고, 내가 탐내던 그 여자가 하늘에서 내게 인사를 보냈다. 그리고 "나는 당신의 죄를 고발하려고 여기 올라왔어요."라고 말했다.

6. 정말 고발할 거냐고 물으니, 그녀는 아니라고 대답했다.

9. 그녀는 "당신 마음속에서 일어난 더러운 욕정이 죄지요.

10. 정의로운 사람은 올바른 생각만 하니까, 그런 더러운 욕정을 품는 것은 큰 죄예요.

11. 사악한 마음을 품는 사람, 특히 이 세상과 재산과 영광을 사랑하고 내세의 좋은 것을 소홀히 하는 사람은 죽음과 노예상태에 빠

지지요. 그들의 영혼은 어디에 정착할지를 모르지요.

12. 두 가지 마음을 품은 사람은 주님을 신뢰하지 않고, 자기 생명을 경멸하고 무시하지요.

13. 주님께 기도하세요. 그러면 당신과 당신 집안 전체의 죄, 그리고 모든 신자들의 죄를 주님이 용서해줄 거예요."라고 말했다.

14. 하늘이 다시 닫히고, 나는 슬픔과 두려움에 휩싸였다.

16. 눈처럼 희디흰 양털로 만든 의자가 내 앞에 나타났다.

17. 눈부신 옷을 걸친 노파가 손에 책을 들고 와서 의자에 앉았다.

19. "하느님의 하인이 여자를 탐내는 욕정 따위를 품는다면 죄를 짓는 것이지요.

20. 성령의 인정을 받은 사람, 특히 욕정을 자제하고 단순함과 순진함을 유지해온 헤르마스가 그런 사악한 욕정을 품어서는 안 되지요.

22. 그것보다 더 큰 죄가 있지요. 당신이 자녀들을 제대로 훈계하지 않아서 그들이 사악한 생활을 하게 내버려둔 것이 더 큰 죄요.

24. 그러므로 날마다 자녀들에게 올바른 일을 가르치고 훈계하여 그들이 회개하도록 만드세요. 그러면 그들의 이름이 이 생명의 책에 기록될 거예요."라고 말했다.

30. 청년 네 명이 나타나서 그 의자를 동쪽으로 운반했다.

33. 두 남자가 나타나서 그 노파를 어깨에 메고 의자가 있는 동쪽으로 갔다.

수다스러운 아내와 음탕한 아들들

❀❀❀

제2장

1. 쿠마로 가는 도중에 나는 1년 전에 본 그 환상을 곰곰 생각해보았는데, 천사가 다시 나를 바로 그 장소로 데리고 갔다.

3. 전에 본 그 노파가 걸어가면서 책을 읽고 있었다. 그러다가 "여기 적힌 내용을 하느님이 선택한 사람들에게 전달할 수 있겠어요?"라고 내게 말했다.

내가 일일이 기억할 수가 없으니 그 책을 달라고 말했다.

7. 들판 한 구석에서 내가 그 책의 내용을 다 베껴쓰고 나자 책이 내 손에서 갑자기 사라졌다.

9. 그 내용은 이렇다. 헤르마스여, 네 자식들이 매우 사악한 행동으로 주님에게 죄를 짓고 자기 부모를 배반했다.

10. 그들은 음탕하고 더러운 생활을 한다. 네 아내는 남을 비방하고 악담하고 있으니, 그 혀를 자제시켜라.

18. 곧 닥칠 엄청난 시련을 참고 견디며 목숨마저 아끼지 않는 사람은 행복하다.

19. 목숨이 아까워서 주님과 성자를 부인하는 사람에 대해서는 내세에서 주님이 그를 부인할 것이다.

21. 헤르마스여, 네 아내와 자식들의 행실을 고쳐주려고 열심히 노력하라.

28. 정의로운 일을 하는 사람은 행복하다. 그는 영원한 죽음을 면할 것이다.

30. 예언자 헬담과 모달의 책에 기록된 바와 같이, 주님은 자기에게 돌아오는 사람들 곁에 항상 있다.

31. 내가 꿈을 꾸고 있을 때 매우 잘생긴 청년이 와서 그 노파가

누구라고 생각하느냐고 물었다. 시빌이라고 대답하자,

32. 그는 노파가 시빌이 아니라 하느님의 교회라고 말했다.

36. 얼마 후 내가 집에서 환상을 보았는데, 그 노파가 다시 나타나서 책을 두 권 쓰라고 말했다. 한 권은 외국의 도시들에게 보낼 목적으로 클레멘스에게 보내고, 또 한 권은 그라프테에게 보내서 과부와 고아들을 가르치게 하라고 말했다.

37. 그리고 노파는 내가 다른 책을 가지고 교회의 장로들과 함께 읽으라고 말했다.

교회와 시련들

제3장

5-6. 나는 환상 속에서 아침 6시에 들판으로 나갔다. 벤치가 놓이고 아마포 베개가 있었다.

9. 노파가 젊은이 여섯 명을 거느리고 왔다.

11. 그녀가 나를 자리에 앉히고 나서, 청년들에게 "가서 건설하라."고 말했다.

17. 나는 하느님의 오른쪽에 앉을 그들이 어떤 고통을 당할 것인지 물었다. 그녀는 야수, 채찍질, 투옥, 십자가라고 대답했다.

24. 노파는 물 위에 찬란한 사각형 돌로 지은 높은 탑이 안 보이느냐고 내게 물었다.

25. 젊은이 여섯 명이 광장에서 탑을 건축하고 있었다.

26. 수천명의 사람들이 돌을 운반해서 청년들에게 주었다.

27. 깊은 땅 속에서 파낸 돌은 그대로 다 사용했지만,

28. 지상에서 가져온 돌은 일부는 건축에 사용되고 일부는 거절

당했다.

29. 거절당한 돌들은 탑 주위에 널려 있고, 그 가운데 어떤 것은 청년들이 조각을 떼어내어 멀리 던져버렸다.

31. 청년들이 내던진 조각들이 사막으로 굴러가기도 하고,

32. 불에 떨어져서 타기도 하고, 물 근처에 떨어진 것은 물 속으로 들어가고 싶어 안달하지만 자기 힘으로는 들어갈 수가 없었다.

38. 노파는 그 탑이 자기 자신, 즉 교회라고 말했다.

42. 그리고 탑을 물 위에 짓는 것은 "당신 생명이 지금도 물로 구원되고, 앞으로도 물로 구원될 것이며, 탑이 전능하고 고귀한 이름의 말씀으로 기초가 놓이고, 하느님의 보이지 않는 힘과 덕으로 지탱되기 때문이지요."라고 말했다.

44. 그리고 젊은이 여섯 명은 주님이 창조한 모든 것을 위임받은 천사들이고, 그들이 탑의 건축을 완성할 것이라고 말했다.

46. 돌을 나르는 사람들도 천사이지만 여섯 명이 그들보다 더 높다고 했다.

52. 건축에 딱 맞는 사각형의 흰 돌은 다스리고 가르치고 거룩하고 겸손하게 봉사하는 사도들, 주교들, 박사들, 사제들이고,

57. 지상의 돌들 가운데 건축에 쓰인 것은 신앙이 굳고 악에 물들지 않은 사람들이고,

59. 탑 근처에 뒹굴고 있는 돌들은 죄를 지었지만 회개할 마음이 있는 사람들이며,

62. 멀리 버림받은 돌들은 악의 자식들로서 위선만 따르기 때문에 구원을 받지 못하는 사람들이라고 말했다.

78. 버림받은 돌들도 회개할 수가 있는지 물었다.

79. 노파는 그 돌들이 회개할 수는 있지만 그 탑의 안으로 들어가지는 못하고, 아주 낮은 곳에 놓일 것이라고 대답했다.

83-90. 노파는 탑 위에 서 있는 일곱 명의 여인을 보여주었다. 그

들은 탑을 지탱해주는 여인들이었다.

첫번째가 선택받은 사람들을 구원하는 신앙이다. 두번째가 절제 (남자처럼 보이는데 신앙의 딸이다)인데, 이 여인을 따르는 사람은 평생 동안 행복하다.

그 다음은 단순, 순진, 겸손, 규율, 사랑이다. 신앙에서 절제가, 절제에서 단순이, 단순에서 순진이, 순진에서 겸손이, 겸손에서 규율과 사랑이 나온다.

92-94. 마지막 날이 곧 닥칠는지 물으니, 탑이 완성될 때 마지막 날이 오는데, 탑은 곧 완성될 것이라고 대답했다. 그러나 그 이상은 묻지 말라고 노파가 말했다.

101. 노파는 부자들이 가난한 사람들을 도와주지 않고 자만과 안락에 빠진 것을 경고했다.

102. 그리고 교회의 높은 자리를 차지하는 사람들이 악인들처럼 되지 말라고도 경고했다.

시련과 재앙

제4장

1. 그후 20일이 지나서 나는 가까이 닥쳐온 재앙에 관한 환상을 보았다. 나는 들길을 걸어가고 있었다.

8. 먼지가 피어오르는 곳으로 가자, 고래처럼 거대한 짐승이 보였는데, 그 입에서 불타는 메뚜기가 떼를 지어 나오고 있었다. 그 짐승은 키가 33미터나 되고, 머리는 커다란 항아리 같았다.

10. 아까 들려온 목소리, 즉 의심하지 말라는 말을 기억하면서 나는 다가갔다.

11. 짐승은 거대한 도시를 삼킬 듯이 접근해왔다.

12. 그러나 거대한 몸을 땅에 붙이고 혀만 내밀 뿐, 나는 무사히 곁을 지나갈 수 있었다.

13. 짐승의 머리는 검은색, 피처럼 붉은색, 황금색, 흰색 등 네 가지 색깔을 띠었다.

14. 거기서 10미터쯤 더 가자, 흰 옷을 입고 흰 구두를 신었으며 얼굴을 베일로 가린 처녀가 나타났는데, 그녀의 머리카락이 찬란하게 빛났다.

15. 나는 그 처녀가 교회라고 깨닫고 인사를 나누었다.

18. 그녀는 내가 주님을 믿고 그 이름에 의지했기 때문에 주님이 천사를 보내서 나를 그 짐승 헤그린으로부터 보호해주었다고 말했다.

24. 그리고 짐승 머리의 검은색은 우리가 사는 이 세상을 의미하고, 피처럼 붉은색은 세상이 불과 피로 멸망하고 만다는 의미였다.

25. 또한 황금색은 불에 단련된 황금처럼 이 세상에서 구원된 사람들을 의미했다.

27. 흰색은 선택된 사람들이 사는 내세의 시간을 의미했다.

29. 그녀가 사라지고 갑자기 시끄러운 소리가 들렸다. 나는 짐승이 다가오는 줄 알고 겁을 냈다.

헤르마스 제2서(계명들)

우리 안에 머무는 성령

머리말

1. 내가 집에서 기도하고 침대에 앉아 있을 때, 흰 옷 차림의 목자가 자루를 등에 지고 지팡이를 짚고 와서 인사했다.

2. 그리고 내 곁에 앉더니 "존귀한 저 전령이 나를 파견해서 당신이 살아 있는 동안 앞으로 내내 당신과 함께 지내라고 했소."라고 말했다.

3. 또한 그는 나의 목자라고 말했다.

10. 회개 천사인 그 목자가 지시한 대로 나는 그의 계명과 비유들을 기록했다.

한 분뿐인 하느님에 대한 신앙

제1장

1. 하느님은 한 분뿐이고, 그가 모든 것을 무에서 유로 창조했다는 것을 믿어라.

2. 그는 모든 것을 알지만, 너무나 광대해서 아무것도 그를 이해할 수 없다.

3. 어떠한 말도 그를 설명하지 못하고, 어떠한 마음도 그를 생각

하지 못한다.

4. 그러므로 그를 믿고 두려워하며, 두려워하면서 모든 악을 멀리하라.

5. 모든 욕정과 사악함을 버리고 정의로움의 옷을 입어라. 이 계명을 지키면 하느님 앞에서 생명을 얻을 것이다.

단순한 마음과 자선행위

제2장

1. 무죄한 사람이 되고 가면을 쓰지 마라. 사람의 생명을 파괴하는 악의를 품지 않은 어린아이처럼 되어야 한다.

2. 남을 비방하지 말고, 비방하는 말에 귀를 기울이지도 마라.

4. 험담은 사악한 것이고 악마의 짓이며 평화를 파괴하고 불화를 초래하니 피해야 한다. 그리고 형제들과 항상 화목해야 한다.

6. 어려운 처지에 놓인 사람에게는 사람을 차별하지 말고, 누구에게나 필요한 것을 주어라.

8. 어려운 처지가 아니면서도 자선을 받는 사람은 거기에 대해 책임을 질 것이다. 그러나 준 사람은 죄가 없다.

거짓말

제3장
1. 진리를 사랑하라.
2. 진실의 정신으로 모든 사람을 대하라.
3. 거짓말을 하는 사람들은 주님을 부정하는 것이고, 주님에게서 받은 것을 주님에게 되돌려주지 않으므로 강도들이 된다.

간통

제4장
1. 순결을 유지하라. 절대로 간음할 생각을 하지 말고, 다른 사람과 결혼했으면 좋았을 것이라는 생각도 하지 마라.
5. 아내의 간통 사실을 모른 채 계속해서 같이 사는 남자는 죄가 없다. 그러나 아내의 부정을 남편이 알았고, 아내가 회개하지 않고 간통을 계속하는 경우, 그런 여자와 계속해서 같이 사는 남자 역시 간음죄를 범하는 것이 된다.
6. 그런 경우에는 여자를 내보내고 남자는 혼자 살아야 한다. 그 남자가 다른 여자와 결혼하면 간음죄를 범하는 것이 된다.
7. 그런 여자가 회개하면 남편은 다시 받아들여야 한다.
14. 나는 회개를 관리하는 천사이고, 회개하는 사람들을 모두 너그럽게 이해해준다.
15. 회개는 큰 지혜다.
26. 부부 가운데 한쪽이 죽은 경우, 남은 사람이 재혼하는 것은

죄가 아니다. 그러나 독신 생활을 한다면 주님 앞에 더 큰 영광을 받을 것이다.

분노와 인내

제5장

2. 사람이 인내하면 그 안에 거주하는 성령이 깨끗해질 것이다.

3. 그러나 마음이 분노로 가득 차면 성령이 떠날 것이다.

5. 쑥을 꿀에 넣으면 꿀이 쓰다.

6. 인내는 꿀보다 달다.

7. 분노는 유익하지 않다. 그러므로 분노와 인내가 뒤섞이면 영혼이 괴롭고 그 기도가 유익하지 않게 된다.

13. 분노는 어리석고 부질없는 것이고 헛된 것이다. 그러나 침착함은 강하고 위력이 있고, 마음이 평온한 사람은 유쾌하고 기쁘며, 언제나 온순한 마음으로 하느님을 찬미한다.

14. 어리석음이 원망을, 원망이 (일반적인) 분노를, (일반적인) 분노가 억제할 수 없는 분노를 일으키는데, 억제할 수 없는 분노는 치유 불가능한 큰 죄를 짓게 만든다.

두 가지 천사

제6장

4. 악한 길은 그 결말이 좋지 않고, 걸림돌이 많으며, 험하고 가시로 뒤덮여 파멸로 인도하며, 그 길을 걷는 사람에게 해로우니까 피하라.

5. 바른 길은 험하지도 않고 가시도 없기 때문에, 걷는 사람이 비틀거리지도 넘어지지도 않는다.

7. 사람 안에는 정의로움의 천사와 사악함의 천사가 있다.

9. 정의로움의 천사가 들어 있는 사람은 정의로움, 겸손, 순결, 관용, 용서, 사랑, 경건함을 말한다.

11. 사악함의 천사는 원망하고 화내고 어리석어서 그 결과는 해롭고 하느님의 하인들을 거꾸러뜨린다.

13. 재산이나 맛있는 음식에 대한 욕심, 술에 만취하는 일, 남의 것을 탐내는 일, 교만, 수다를 떠는 일, 야심 등도 사악한 천사의 짓이다.

하느님을 두려워하다

제7장

1. 하느님을 두려워하고 그의 계명을 지키면, 너는 모든 일에 있어서 강력하고 또 훌륭한 업적을 남길 것이다.

2. 주님을 두려워하면 너는 악마를 지배하게 되니까, 악마를 두려워하지 마라.

4. 악마가 하는 짓들은 사악한 것이므로 두려워하라.

악을 피하고 선을 행하라

제8장

2. 악을 멀리하라. 선을 멀리하고 선행을 하지 않으면 죄를 짓는 것이다.

3. 악한 짓이란 간통, 지나친 만취, 폭동, 너무 많이 먹는 일, 속임수, 정직하지 않은 것, 교만, 사기, 위선, 앙갚음을 하려고 하는 생각, 모든 험담이다.

5. 도둑질, 거짓말, 거짓 증언, 탐욕, 자만도 피하라.

8. 구원에 필요한 덕은 즉 신앙, 사랑, 화목, 공정, 진리, 인내, 순결이다.

10. 과부들을 돌보고, 고아와 가난한 사람을 경멸하지 마라. 하느님의 하인들이 어려운 처지에 있으면 물질적으로 도와주라. 친절하고, 다투지 말고, 입을 다물어라.

11. 모든 사람에게 겸손하라. 노인을 존경하라. 정의로운 사람이 되도록 노력하라. 형제들을 존중하라. 모욕을 참아라. 인내하라. 신앙에서 떨어져나간 사람들을 저버리지 말고 회개시켜라. 죄인들에게 충고하라. 채무자들을 괴롭히지 마라.

의심하지 마라

제9장

ɪ.   주님에게 무엇인가 달라고 할 때는 절대로 의심하지 마라.

ɜ.   하느님은 사람들과 같지 않다. 사람은 과거의 피해받은 것을 기억하지만, 그는 기억하지 않고 모든 피조물에게 자비롭다.

ɜ.   그러므로 세상의 모든 악을 마음에서 몰아내어 깨끗이 하라.

6.   마음에서 의혹을 없애고 신앙을 입고 하느님을 신뢰하면, 그에게 요청하는 것을 모두 받을 것이다.

우리 안에 머무는 성령

제10장

ɪ.   슬픔은 의혹과 분노의 자매이므로 멀리해야 한다.

2.   슬픔은 사람들의 정신을 파괴하고 성령을 괴롭히며, 그리고 나서 구원한다.

4.   의심하는 사람들은 하느님의 하인들을 멸망시키는 거짓 예언자들이다.

5.   이러한 거짓 예언자들은 그들이 요구하는 대로 대답하고, 그들이 원하는 대로 무엇이든지 약속해준다.

19.   주님이 언제나 좋아하는 유쾌함과 활기의 옷을 입어라.

20.   슬픈 사람은 언제나 악한 짓을 한다.

21.   슬픈 사람의 기도는 식초가 섞인 포도주처럼 하느님의 제대에 올라가지 못한다.

참된 예언자와 거짓 예언자

제11장

1. 그는 내게 벤치에 앉은 신자들과 의자에 앉은 속세의 천사를 보여주었다.

4. 속이 텅 빈 예언자들은 정의로운 사람들의 정신과 만나면 텅 비어 있는 그 정체를 드러낼 것이다.

6. 참된 예언자와 거짓 예언자를 구별하기 위해서는 먼저 그 사람이 안에 하느님의 천사를 지니고 있는지 시험해보라.

7. 하느님의 천사를 지닌 사람은 신앙을 가지고 기도하는 정의로운 사람들의 교회에 나올 것이다. 그러면 그 천사가 그를 성령으로 충만하게 만들고, 그는 하느님이 움직이는 대로 말할 것이다.

9. 속세의 천사는 공허하고 어리석으며 덕을 지니지 못하는 것이다. 성령을 받았다고 자처하지만 실제로는 받지 못한 사람은 자기 자랑을 일삼고 높은 지위를 탐내고 사악하고 말이 많다.

10. 그는 쾌락으로 시간을 보내고 온갖 음탕한 짓을 즐기며, 미래를 점쳐주고 돈을 받고, 돈을 받지 않으면 점쳐주지 않는다.

11. 성령으로 충만한 참된 예언자는 예언해주고 그 대가를 절대로 받지 않는다.

12. 그러므로 성령을 받았다고 하는 사람에 대해서는 그의 생활과 행동을 기준으로 해서 판단하라.

13-14. 돌을 위로 던지면 아래로 떨어지듯이, 분수의 물줄기를 타고 올라가도 하늘 꼭대기에 이를 수가 없듯이, 거짓 예언자들은 아무런 힘이 없다.

15-17. 아무리 작은 우박이라 해도 사람의 머리에 떨어지면 몹시 아프듯이, 처마에서 떨어지는 물방울이 돌에 구멍을 뚫듯이, 하느

예수의 죽음, 알론초 카노 작, 17세기

님이 위에서 내려주는 것은 아무리 작은 것이라 해도 엄청난 힘이 있다.

두 가지 욕망

제12장

1. 사악한 욕망은 모두 멀리하고, 선하고 거룩한 욕망을 입어라. 선한 욕망을 입으면 사악한 것을 미워하고 그것을 통제할 수가 있다. 그러나 사악한 욕망은 무서운 것이고 제어하기 힘들다.

2. 그것은 무시무시하고 난폭하여 사람들을 멸망시키고 만다.

4. 사악한 욕망이란 남의 아내나 남편을 탐내는 것, 사치와 호화로운 생활, 게걸스럽게 음식을 탐내는 것, 술에 만취하는 것, 기타 각종 쾌락이다.

5. 이러한 욕정들은 악마에게서 오는 것이므로 죽음으로 이끈다.

20. 마음속에 주님을 모시고 있는 사람은 이 계명들을 지키기가 쉽고, 입술로만 주님의 이름을 부르는 사람은 지키기가 어렵다.

25. 진심으로 주님을 믿는 하느님의 하인들에 대해서는 악마가 세력을 행사할 수가 없다.

헤르마스 제3서(비유들)

교회의 신비

이 세상에는 우리가 살 도시가 없다

제1장

1. 하느님의 하인들인 너희는 이 세상에서 자기 도시를 가지고 있지 못하기 때문에 순례자로 살고 있는 것이다.

2. 그렇다면 무엇 때문에 부동산을 사고, 맛있는 음식을 먹으며, 거창한 빌딩들을 짓고, 불필요한 저택들을 마련하는가?
"내 계명들을 지키든가, 아니면 나의 왕국에서 떠나라."고 주님이 말씀하신다.

5. 그러므로 나그네의 자세를 가다듬어 반드시 필요한 것 이외에는 소유하지 마라.

8. 하느님은 선행과 자선사업을 하도록 너희에게 재산을 주었다.

10. 너의 모든 재산을 영원한 기쁨을 얻는 데 사용하라.

가난한 사람들의 기도가 부자들을 도와준다

제2장

4. 포도나무는 결실이 많지만 느릅나무는 결실이 없다. 그러나 느릅나무가 받쳐주지 않는다면 포도나무는 결실을 풍성하게 맺지

못한다.

6. 이와 같이 부자는 재산을 많이 가지고 있지만 기도를 게을리 하고, 그 기도가 힘이 없어서 주님 앞에서는 가난한 사람이다.

7. 그런데 부자가 가난한 사람을 물질적으로 도와주면, 가난한 사람이 부자를 위해서 주님에게 기도한다. 가난한 사람은 기도로 주님 앞에서 부자이므로 그 기도가 힘이 있다.

11. 그래서 부자와 가난한 사람이 서로 상대방에게 좋은 일을 해 주는 것이다.

13. 부자이면서 다른 사람들에게 선행을 베푸는 사람은 행복하다.

정의로운 사람과 사악한 사람

제3장

1. 푸른 잎이 무성한 나무들과 잎새가 말라버린 나무들이 모두 서로 비슷하게 보였다.

2. 천사는 그 나무들이 이 세상에 사는 사람들 눈에는 비슷하게 보이는 법이라고 말했다.

3. 그리고 이 세상이 정의로운 사람들에게는 겨울과 같아서, 그들이 구별되지 않은 채 죄인들과 더불어 살고 있다고 말했다.

참된 단식과 그 보상

제5장

1. 나는 먹고 마시는 일을 일체 피하는 단식을 하고 앉아 있었다.

3. 목자(천사)가 나타나서 그것은 완전한 단식이 아니라고 하면서 이렇게 말했다.

4. 주님은 불필요한 단식을 원하지 않는다. 왜냐하면 그런 식으로는 단식하는 사람이 한층 정의롭게 되는 것이 아니기 때문이다.

5. 참된 단식이란 사악한 일을 절대로 하지 않고 순수한 마음으로 하느님을 섬기며, 그의 계명을 지키고, 사악한 욕망을 품지 않는 것이다.

9. 이와 관련해서 천사가 비유를 들었다.

10-23. 주인이 포도밭을 잘 경비하라고 하인에게 맡기고 먼 나라로 여행을 떠났다. 하인은 경비만 잘 할 뿐 아니라 구덩이를 파고 잡초를 모두 뽑아서 수확을 크게 증가시켰다.

맡은 임무 이상으로 일을 잘 한 그 하인을 주인이 돌아와서 자기 아들과 함께 공동 상속자로 지명했다. 주인이 친구들을 불러 잔치를 벌이고 그 하인에게 많은 음식을 주었다.

하인이 자기에게 필요한 것 이외에는 모두 다른 하인들에게 나누어주었다. 주인이 그를 더욱더 신임했다.

45. 포도밭은 이 세상이고 주인은 성부, 아들은 성령, 하인은 성자다. 그리고 포도는 성자가 구원하는 자기 백성이고, 잡초는 하느님의 하인들이 짓는 죄다. 잔칫상의 음식은 계명이고, 주인의 친구들은 거룩한 천사들이며, 주인이 자리를 비운 시간은 그가 다시 올 때까지의 기간이다.

두 가지 욕정의 사람들

제6장

8. 천사가 나를 어느 들판으로 인도해서 자주색 옷을 입고 멋지게 생긴 젊은 목자를 보여주었다. 그 목자는 수많은 양떼를 거느렸는데, 양들이 기쁨에 넘쳐서 뛰어놀았다.

9. 또한 그는 자기 양떼에 대해 크게 만족하고, 쾌활한 표정으로 양떼들 사이에서 이리저리 뛰어다녔다.

10. 천사는 그가 즐거움과 쾌락의 전령인데, 하느님의 하인들의 마음을 타락시키고, 진리에서 멀어지게 하며, 드디어 멸망시킨다고 말했다.

16. 다른 곳으로 가서 천사가 투박한 모습에 흰 염소가죽 옷을 입은 위대한 목자를 보여주었다. 그는 자루를 메고, 옹이 투성이에다가 매우 딱딱한 지팡이를 짚고, 손에 채찍을 들었으며, 표정이 엄숙하고 날카로워 무섭기조차 했다.

17. 그는 젊은 목자로부터 쾌락 중에 살던 양떼들을 받아서 빠져나올 수 없는 곳, 즉 가시덤불로 가득 찬 가파르고 험한 곳으로 몰고 갔다.

18. 채찍으로 마구 후려갈기면서 몰고 가는 것이었다.

20. 천사는 그 목자가 거룩한 천사 가운데 하나이고, 각종 고통으로 죄인들을 처벌하는 일을 담당한다고 말했다.

31. 한 시간의 쾌락은 한 시간으로 끝나지만, 그 처벌은 30년간 계속된다.

36. 속세의 즐거움과 쾌락은 그 속성인 어리석음 때문에 기억에 남지 않게 되지만, 거기서 나오는 고통과 번민은 그 처벌이 기억 속에서 계속되기 때문에 1년 내내 죄인을 괴롭히는 것이다.

40. 분노하는 사람은 자기 격정의 욕구를 채웠기 때문에 거기서 쾌락을 느끼고, 간통하는 사람, 알코올 중독자, 비방하는 사람, 거짓말쟁이, 탐욕을 부리는 사람, 사기꾼 등도 마찬가지다.

회개에는 행동이 뒤따라야 한다

제7장

10. 회개하는 사람은 영혼의 아픔을 느끼고, 모든 일에서 겸손하며, 많은 번민을 거쳐야 한다.

11. 그리고 죄에 따르는 많은 시련을 견디어 영혼이 깨끗이 정화되어야 한다.

선택된 사람과 회개하는 사람의 여러 종류

제8장

1. 그는 들판과 산들을 뒤덮은 버드나무 한 그루를 보여주었는데, 그 그늘 아래로 주님의 선택받은 사람들이 모두 모여들었다.

2. 주님의 천사가 커다란 갈고리로 가지를 잘라서 각자에게 30센티미터 가량 되는 작은 가지를 나누어주었다.

3. 버드나무는 다시금 가지가 무성해졌다.

5-12. 그가 선택된 사람들로부터 작은 가지를 회수하는데, 그 작은 가지의 상태가 매우 다양했다. 즉 마르고 썩은 것, 말랐지만 썩지는 않은 것, 절반쯤 마른 것, 마르고 갈라진 것, 절반은 마르고

절반은 싱싱한 것, 3분의 2는 싱싱하고 3분의 1은 마른 것, 3분의 1은 싱싱하고 3분의 2는 마른 것, 끝만 조금 마른 것, 끝만 조금 마르고 갈라진 것, 끝만 싱싱하고 나머지는 마른 것, 완전히 싱싱한 것, 싱싱하면서 열매를 많이 달고 있는 것, 완전히 싱싱하고 가지를 친 것 등이었다.

13. 싱싱하고 열매가 많은 가지를 바친 사람은 천사에게서 종려 가지로 된 관과 흰옷을 받고 탑 안으로 들어갔다.

14. 싱싱하고 가지를 친 나무를 바친 사람은 봉인과 흰 옷을 받고 역시 탑 안으로 들어갔다. 싱싱한 가지를 바친 사람은 흰 옷을 받고 안으로 들어갔다.

20. 나에게 나타난 천사가 마른 가지들을 심고 물을 부어 다시 싱싱해지는지 시험해보았다.

23-24. 들과 산들을 뒤덮은 버드나무는 하느님의 법, 즉 성자이고, 심판하는 천사는 미카엘이라고 말했다.

28-30. 종려가지의 관을 받은 사람은 악마와 싸워서 이긴 사람들이고, 봉인만 받은 사람은 하느님의 법을 준수하기 위해 많은 시련을 받았지만 목숨을 잃지는 않은 사람이며, 흰 옷만 받은 사람은 정의롭게 산 사람들이다.

34. 물을 주었던 나뭇가지들을 살펴보니 완전히 싱싱해진 것도 있고, 변함없이 마른 상태인 것도 있어서 그 종류가 다양했다.

싱싱해진 것은 회개를 의미한다. 마르고 썩은 가지는 교회에서 이탈하고 배반한 사람들이다. 말랐지만 썩지는 않은 가지는 오류를 가르치는 가짜 지도자들이다.

절반이 마른 가지는 의심하는 사람들인데 살아 있지도 죽지도 않았다. 게다가 갈라진 가지는 의심하고 남을 비방하는 사람이다. 싱싱하지만 갈라진 가지는, 선하지만 시기와 질투로 높은 자리를 다투는 사람이다.

절반은 마르고 절반은 싱싱한 가지는 속세의 사업에 몰두하는 사람들인데, 그 절반은 살고 절반은 죽을 것이다.

교회의 신비

제9장

5. 천사에게 인도되어 나는 아르카디아의 산꼭대기에 앉아서 드넓은 들판과 모양이 서로 다른 열두 개의 산을 보았다.

6. 첫째 산은 새카만 것이고, 둘째는 풀이 나지 않는 산이며, 셋째는 가시와 엉겅퀴로 뒤덮였고, 넷째는 위에는 푸른 풀이고 나머지는 마른풀이었다.

7. 다섯째는 매우 험하면서 푸른 풀이 보였다. 여섯째는 갈라진 틈이 많고 거기에 시든 풀이 보였다.

8. 일곱째는 싱싱한 풀밭이 있고 거기에 여러 종류의 가축과 새들이 보였다.

9. 여덟째는 사방에서 샘이 솟았다. 아홉째는 물이 전혀 없고 뱀들만 우굴거렸다.

10. 열번째 산은 커다란 나무들이 가득하고 그 그늘에서 가축들이 한가롭게 보였다.

11. 열한번째 산은 울창한 나무숲인데 열매가 풍성했다.

12. 열두번째 산은 온통 흰색인데 너무나 아름다웠다.

13. 들판 한가운데 거대한 흰색의 바위가 놓였는데 산들보다 더 높이 치솟았다. 그것은 사각형으로 온 세상을 지탱하기에 충분했다.

14. 아주 오래된 것으로 보이는 그 바위에 새로 파낸 문이 보였다. 문은 태양보다 더 찬란했다.

15-20. 문 앞에는 더없이 아름다운 열두 명의 처녀들이 서 있었다.

22-23. 키가 크고 존귀한 남자 여섯 명이 나타나서 수많은 사람을 불러내더니 문 위에 탑을 세우라고 명령했다. 처녀들이 팔을 뻗어서 깊은 곳으로부터 사각형의 흰 돌을 열 개 끌어내어 탑 안으로 운반해갔다.

109. 이 바위와 이 문은 하느님의 아들이다.

116. 탑을 건설하는 일꾼들은 천사들이다.

121. 그리고 탑은 교회다. 처녀들은 거룩한 정신들인데

140-142. 그 이름은 신앙, 절제, 힘, 인내, 단순, 순진, 순결, 쾌활, 진리, 이해, 화합, 사랑이다.

144-145. 검은 옷을 입은 여자들은 배신, 무절제, 외도, 쾌락, 슬픔, 악의, 욕정, 분노, 거짓말, 어리석음, 교만, 증오이다.

146-147. 첫번째 돌 열 개와 그 뒤에 오는 스물다섯 개는 최초의 시대의 정의로운 사람들이다. 그 다음의 서른다섯 개의 돌은 예언자들과 사제들이다. 다음의 마흔 개는 사도들과 박사들이다.

162. 열두 개의 산은 온 세상을 구성하는 열두 개의 나라다.

175. 사악한 무리, 가짜 지도자들, 난폭한 사람, 의심하는 사람, 각종 죄인 등이 추방되어 교회가 깨끗하게 정화되고 나면, 교회는 하나의 몸이 되어 이해도 의견도 신앙도 사랑도 하나뿐이다.

선행

제10장

28. 주님으로부터 받은 능력을 최대한으로 발휘하여 그만큼 많은 선행을 하라. 선행을 부지런히 하지 않는다면, 탑의 공사가 중단될

지 모른다.

29. 그리고 완성된 탑 안으로 들어가지 못한다.

제5부

계시록

베드로 계시록

지옥의 참혹한 장면들

해설

이 문헌의 존재는 초대 교회 시절부터 알려졌는데, 서기 180년경에 안티오키아의 테오필루스가 이 계시록을 인용했고, 215년 이전에 알렉산드리아의 클레멘스, 311년경에 올림푸스의 메토디우스, 400년경에 마카리우스 마그네스도 인용을 했다.

그리고 초대 교회 시절부터 매우 인기가 높았으며, 광범위하게 낭독되었다. 8~9세기까지 계속해서 여러 나라 말로 필사된 이 문헌은 성서, 또는 성서에 버금가는 것으로 취급되었다.

알렉산드리아의 클레멘스와 올림푸스의 메토디우스는 성서로 취급했다. 클라로몬타누스 성서 목록에는 '헤르마스의 목자', '바오로 행전'과 함께 이 문헌이 성서로 기록되어 있다.

5세기경 오조멘누스는 이 문헌이 성금요일의 공개 예식에서 사용되었다고 말한다. 그러나 마카리우스 마그네스와 에우세비우스는 의심스러운 문헌으로 분류했다. 비경전 문헌들을 단죄하는 젤라시우스 선언에는 이 문헌이 열거되지 않았다.

서기 135년경 이집트에서 처음 작성된 것으로 추정되는데, 이디오피아어로 된 필사본이 가장 오래된 것이다. 이것은 고대 거주 지역인 아크밈의 알 하와위스에 있는 공동묘지를 1886년 겨울에 발굴했을 때, 어느 수도자의 무덤에서 발견된 양피지에 그리스어로 기록된 것이다.

'에녹의 책'과 '베드로 복음'도 그때 함께 발견되었는데, 현재 카이로에 보관되어 있는 이 세 가지 문헌은 같은 사람이 8~9세기에 필사한 것이다.

7~8세기에 필사한 것으로 추정되는 이디오피아어 번역본도 1910년에 빛을 보았다. 초대 교회부터 단테의 〈신곡〉에 이르기까지, 천국과 지옥에 관한 묘사에 있어서 이 문헌이 끼친 영향은 너무나 컸다. '바오로 계시록'과 '토마스 행전'의 지옥 부분에도 큰 영향을 미쳤다고 본다.

재림과 종말의 징표

제1장

그가 올리브 산에 앉아 있을 때, 제자들인 우리가 가서 간청했다. 그리고 "당신의 재림과 세상의 종말에 관한 징표를 우리에게 가르쳐주십시오. 그래야 우리가 그 시기를 알 수가 있고, 우리가 당신의 말씀을 전하여 교회 안으로 끌어들일 후대의 사람들에게 그 시기를 가르쳐줄 수가 있습니다."라고 말했다.

주님이 우리에게 "사람들에게 속지 않도록 조심하라. 의심을 하여 다른 신들을 섬기지도 마라. 많은 사람이 나의 이름으로 와서 '내가 그리스도다.'라고 말할 것이다. 그런 사람들을 믿지도 말고, 가까이 가지도 마라. 왜냐하면 하느님의 아들의 재림이란 뚜렷한 것이 아니라, 동쪽에서 서쪽으로 번쩍이는 번개와 비슷하기 때문이다. 그런 식으로 나는 영광 안에서 나의 거대한 군대를 거느린 채 하늘의 구름을 타고 올 것이다. 십자가를 앞세우고, 태양보다 일곱 배 더 찬란하게 빛나면서 영광 안에 올 것이며, 나의 아버지가 내 머리 위에 왕관을 씌워주고, 나는 살아 있는 사람들과 죽은 사람들을 심판하며, 각자에게 그의 행동에 따라서 보상할 것이다.

가짜 메시아와 순교자들

제2장

그리고 너희에게 무화과나무의 비유를 들어주겠다. 무화과나무에 싹이 나오고 그 가지들이 퍼지면, 그때 세상의 종말이 올 것이다."라고 말했다.

나 베드로가 "무화과나무에 관해서 설명해주십시오. 그 나무에 매년 싹이 나오고 열매가 맺히는데, 우리가 그 시기를 어떻게 알아보겠습니까? 이 비유를 우리가 알아들을 수 없으니 설명해주십시오."라고 말했다.

스승이 "무화과나무가 이스라엘의 집이라는 것을 모르느냐? 정원에 무화과나무를 심는 사람은 누구든지 여러 해 동안 그 열매를 기다린다.

그러나 나무가 열매를 맺지 않은 것을 본 주인은 정원사에게 '열매를 맺지 못하는 나무들은 우리 정원에서 뽑아버리시오.'라고 말했다. 그러면 정원사가 하느님에게 '당신 하인들인 우리는 잡초를 뽑고, 나무 주위에 구덩이를 파고 물을 주기를 원합니다. 그렇게 해도 열매를 맺지 못한다면, 즉시 그 뿌리를 뽑아버리고 다른 나무들을 심겠습니다.'라고 대답했다.

무화과나무가 이스라엘의 집이라는 것을 모르느냐? 그 나무에 드디어 가지들이 퍼지면, 사람들을 속이는 그리스도가 와서 '내가 이제 세상에 온 그리스도다.'라고 말해서 희망을 부추길 것이다. 가짜 메시아의 사악한 행동을 볼 때 사람들은 그를 멀리하고, 우리 선조들이 칭찬했던 그를, 최초의 그리스도를 십자가에 못박아 엄청난 죄를 지은 그를 부인할 것이다.

그는 그리스도가 아니다. 사람들에게 배척을 받을 때, 그는 칼로 사람들을 죽여서 수많은 순교자가 나올 것이다. 그러면 무화과나무 가지들, 즉 이스라엘의 집에서 싹이 틀 것이다. 그 싹들은 그의 손에 살해되어 수많은 순교자가 될 것이다.

그가 세상에 반드시 와서 사람들을 속이려고 기적들과 놀라운 일들을 일으킬 가짜 메시아라는 것을 사람들에게 가르쳐주기 위해서 에녹과 엘리야가 파견될 것이다. 그러므로 그의 손에 살해된 사람들은 순교자가 되고, 생전에 하느님을 기쁘게 한, 선하고 정의로운 순교자의 자격을 얻을 것이다."라고 말했다.

죄인들의 통곡

제3장

그는 자기 오른손에 든 모든 사람의 영혼, 그리고 오른손바닥에 찍힌 것, 즉 마지막 날에 이루어질 일들의 모습을 나에게 보여주었다. 정의로운 사람들과 죄인들이 어떻게 분리되고, 마음이 올바른 사람을 어떻게 구별하며, 사악한 짓을 한 사람들이 어떻게 영원히 제거될 것인지도 보여주었다.

우리는 죄인들이 대단한 비탄과 슬픔 속에 통곡하는 것을 보았는데, 그 광경을 바라보는 사람들은 정의로운 사람들이든 천사들이든 주님 자신이든 모두 눈물을 흘렸다.

나는 "주님은 이 죄인들에 관해서 '그들은 차라리 창조되지 않았더라면 더 나았을 것이다.'라고 말했는데, 그 말을 저도 하도록 허락해주십시오."라고 요청했다.

구세주가 나에게 "베드로야, 그들이 창조되지 않았더라면 차라리 더 나았을 것이라는 말을 왜 하느냐? 너는 하느님을 거스르고 있다. 하느님의 모습에 대해서 너는 하느님보다 자비를 더 많이 베풀려고 하지 않는다. 왜냐하면 그는 그들을 없던 상태에서 창조하여 이 세상으로 내보냈기 때문이다.

너는 마지막 시기에 죄인들이 통곡하는 것을 보고 마음이 슬퍼졌지만, 이제 그들이 가장 높으신 분을 거슬러서 지은 죄를 보여주겠다."라고 말하고, 또한 다음과 같이 말했다.

육체의 부활은 당연하다

제4장

마지막 시기, 즉 하느님의 날이 올 때 그들이 겪을 일을 보라. 하느님의 심판의 결정의 날에 동쪽에서 서쪽까지 사람의 모든 자녀들은 영원히 살아 있는 나의 아버지 앞으로 모일 것이다. 그리고 그는 지옥에게 그 쇠창살문을 열고 그 안에 든 모든 사람을 내보내라고 명령할 것이다.

그는 모든 야수와 새들에게 과거에 잡아먹었던 모든 육체를 토해내라고 명령할 것이다. 왜냐하면 그는 자기 앞에서 영원히 사라지는 것이 하나도 없어서, 사람들이 원래의 모습으로 다시 나타나기를 바라고, 모든 것이 자기 소유이므로 그에게는 불가능한 것이 없기 때문이다.

심판의 날에 죽은 사람들의 부활을 책임진 위대한 우리엘이 사람들에게 정신과 영혼을 다시 줄 것이다.

땅에 심은 밀을 보고 잘 생각해보라. 영혼도 없는 마른 것을 사람이 심었지만, 그것이 다시 살아서 결실을 낸다. 땅에 묻혀서 죽은 그 씨가 살아서 부활하는데, 이것이 바로 사람이다.

그렇다면 자기를 믿고 또 자기가 선택한 사람들을 하느님이 심판의 날에 다시 부활시키는 것은 더욱 당연한 일이 아니겠느냐? 땅은 그들을 위해서 창조되었으니, 그들을 심판의 날에 다시 돌려줄 것이다. 그리고 하늘과 땅이 그들과 함께 심판을 받을 것이다.

온 세상이 불바다가 된다

제5장

하느님에 대한 신앙을 버리고 죄를 지은 사람들에게도 같은 일이 일어날 것이다. 불의 폭포들이 쏟아져내리고, 암흑이 내려와서 온 세상을 덮을 것이다. 물이 불타는 석탄으로 변모하고, 그 안에 있는 모든 것이 타고, 바다는 불이 될 것이다. 하늘 아래에서는 영원히 꺼지지 않는 세찬 불이 일어나서 분노의 심판을 위해서 흐를 것이다.

별들이 불길에 녹아서 사라지고, 하늘도 물이 없어서 허물어져 사라질 것이다. 하늘에서 번개들이 내려와 세상을 경고할 것이다. 그리고 죽은 사람들의 영혼들이 번개처럼 변하고, 하느님의 명령에 따라 불이 될 것이다.

세상 만물이 분해되자마자 사람들이 동쪽에서 서쪽으로, 서쪽에서 동쪽으로, 남쪽에서 북쪽으로, 북쪽에서 남쪽으로 달아나고, 어디로 가든지 무시무시한 불의 분노가 그들을 삼킬 것이다. 꺼지지 않는 불길이 그들을 몰아서, 꺼지지 않는 불의 강물을 따라 분노의 심판으로 데리고 올 것이다. 불타는 물결들이 그들을 하나씩 분리할 때, 사람의 자녀들은 요란하게 이를 갈 것이다.

영원한 벌

제6장

그러면 모든 사람은 내가 영원히 빛나는 구름을 타고 오고, 하느님의 천사들이 하늘의 아버지 오른편에 있는 나의 영광의 옥좌에 나와 함께 앉아 있는 것을 볼 것이다. 그는 나의 머리 위에 왕관을 씌울 것이다. 그것을 보는 모든 민족들은 각자 자기를 위해서 울 것이다.

각자 자기 행동에 대해서 책임을 지고, 그 행동에 따라 보상을 받을 때, 그는 그들에게 불의 강으로 들어가라고 명령할 것이다. 선행을 한 선택받은 사람들은 나에게 오고, 불에 삼켜서 죽는 일을 당하지 않을 것이다.

그러나 사악한 사람들, 죄인들, 위선자들은 영원히 사라지지 않는 깊은 암흑 속에 서 있을 것이고, 그들의 벌은 불이며, 천사들이 그들의 죄를 꺼내오고, 각자의 행동에 따라 영원히 처벌받는 장소를 마련해줄 것이다.

하느님의 천사 우리엘이 홍수로 멸망한 모든 죄인의 영혼들, 그리고 모든 우상, 주물, 부적, 그림, 잡신들을 가지고 와서 모조리 영원한 불로 태워버릴 것이다. 그들이 거주하던 장소들이 모두 멸망하고 난 뒤에 그들은 영원히 처벌될 것이다.

(**아크밈 문헌 제21장** : 그 반대편에 있는 매우 어두운 장소를 나는 보았다. 거기서는 처벌받는 사람들도, 처벌하는 천사들도 모두 검은 옷을 입고 있었다.)

간통한 남녀들이 불바다 위에 거꾸로 매달린다

제7장

혀로 정의로움의 길을 모독한 남녀들이 끌려와서 늘어진 자기 혀에 대롱대롱 매달려 있을 것이다. 그들을 위해서 영원히 꺼지지 않는 불이 퍼질 것이다.

다른 곳에는 불타는 거대한 구덩이(또는 불타는 진흙으로 가득 찬 드넓은 호수)가 있는데, 거기서는 정의로움을 부인한 사람들의 머리 위로 천사들이 불을 쏟아붓는다. 두 여자가 (불타는 진흙탕 위에서) 머리카락 끝에 매달려 있다가 구덩이로 떨어졌다. 그녀들은 아름다운 치장을 하기 위해서가 아니라 간통하기 위해서, 그리고 남자들의 영혼을 멸망시키기 위해서 머리카락을 땋았기 때문이다.

그녀들과 간통한 남자들은 거꾸로 매달려 있는데, "우리가 여기 와서 영원한 고문을 당할 줄은 몰랐다."고 소리쳤다.

살인자들과 그 부하들은 독을 뿜는 야수들(또는 독사들)이 득시글대는 불 속에 떨어졌는데, 쉴새없이 고문당하여 고통이 말할 수가 없고, 구더기들이 검은 구름처럼 그들을 뒤덮었다. 한편 그들에게 살해된 사람들의 영혼들을 에즈라엘 천사가 데리고 와서 그들이 고문당하는 장면을 구경시킬 것이다. 그러면 살해된 사람들의 영혼들이 "올바름과 정의는 하느님의 심판이다. 우리가 영원한 심판의 장소에 갈 것이라고 듣기는 했지만 믿지는 않았기 때문이다."라고 서로 말할 것이다.

낙태한 여자들이 똥 호수에 잠겨 있다

제8장

그 불길 옆에는 대단히 넓고 깊은 구덩이(호수)가 있는데, 각종 무시무시한 것과 똥이 사방에서 흘러들어갔다. 거기서 목만 내놓은 여자들이 이루 말할 수 없는 고통으로 신음했다. 그녀들은 (간통하고) 낙태를 하여 하느님이 창조한 것을 파괴했기 때문이다.

그녀들 반대편에는 살아 있는 아이들이 앉아서 하느님에게 소리쳤다. 그 아이들에게서 번개가 나왔는데, 그 번개는 간통하여 아이들을 낙태해서 죽인 여자들의 두 눈을 꿰뚫었다.

그녀들 위에 다른 남자들과 여자들이 발가벗은 채 서 있었고, 그 반대편의 기쁨의 장소에서는 그들의 자녀들이 서 있었다. 아이들은 부모 때문에 한숨을 짓고 하느님에게 "이들은 당신의 계명을 무시하고 저주하고 위반한 사람들이에요. 그들은 우리를 죽였고, 우리를 창조하여 잉태시킨 천사를 저주한 사람들이지요. 모든 사람에게 지정한 그 빛을 우리에게서 빼앗아간 사람들이에요."라고 소리쳤다.

어머니들의 젖가슴에서 젖이 흘러나와 응고되고 악취를 풍기는데, 거기서 육체를 잡아먹는 야수들이 튀어나와 그녀들을 남편들과 함께 영원히 고문했다. 왜냐하면 그들이 하느님의 계명을 어기고 자녀들을 죽였기 때문이다. 자녀들을 죽인 부모는 하느님의 뜻에 따라서 영원히 처벌을 받고, 자녀들은 템라코스 천사에게 넘겨질 것이다.

박해, 비방, 위증을 한 사람과 부자들의 처벌

제9장

분노의 천사 에즈라엘이 몸이 절반 가량 불타는 남녀들을 데리고 와서 암흑의 장소, 즉 지옥에 처넣는다. 그러면 다른 분노의 천사가 각종 고문으로 괴롭히고, 절대로 잠자지 않는 벌레들이 그들의 내장을 먹어버린다. 그들은 정의로운 사람들을 박해하고 배반한 사람들이다.

그 옆의 다른 남녀들은 자기 혀를 씹어먹고, 시뻘겋게 단 쇠로 고문당하고 눈이 불탄다. 정의로운 사람들을 의심하고 비방한 사람들이다.

그 맞은편에 있는 남녀들은 거짓말(위증)을 해서 순교자들을 살해한 사람들인데, 그 혀가 잘리고, 입을 통해서 내장으로 불이 들어간다.

거기서 가까운 곳에는 칼보다 더 날카로운 돌기둥(자갈들)이 불타고 있는데, 누더기와 더러운 옷을 걸친 남녀들이 그 위에 떨어져서 쉴새없이 고문을 당한다. 그들은 자기 재산을 믿고 과부와 고아들을 돌보지 않은 사람들이다.

고리대금업자와 우상숭배자들의 처벌

제10장

천사들이 오물이 가득 찬 곳에 남녀들을 처박아두었는데, 그들은 고리대금업자들이다.

다른 남녀들은 높은 곳(절벽)에서 몸을 던진 다음, 다시 악마들에게 몰려서 뒤로 달려올라간다. 그들은 우상숭배자들인데, 악마들이 정신을 못 차리게 몰아대면 올라가서 다시 몸을 던진다. 그런 과정을 영원히 반복하면서 고문을 받는다. 그들은 여자처럼 굴어서 자기 몸을 더럽힌 남자들, 남자의 역할을 해서 자기 몸을 더럽힌 여자들(즉 동성연애자들)이다.

그 옆에는… 에즈라엘 천사가 불길이 세차게 일렁이는 곳을 준비해 놓았다. 금은으로 만든 모든 우상, 사람의 손으로 만든 모든 우상, 고양이, 사자, 뱀, 야수들의 모습을 한 우상들, 그런 우상을 만든 남녀들이 불의 쇠사슬에 묶여서 고문을 당하고 있다.

간음한 처녀들은 살이 찢어지는 형벌을 받는다

제11장

매우 높은 곳에서 남녀들이 굴러떨어진다. 불이 흘러내려올 때 그들은 다시 높은 곳으로 올라가서 굴러떨어진다. 그런 처벌을 영원히 받는다. 그들은 부모에게 복종하지 않은 사람들이다.

분노의 천사 에즈라엘이 아이들과 처녀들을 데리고 와서 그들이 당하는 고통을 구경시킨다. 부모에게 복종하지 않고, 아버지의 지시를 따르지 않고, 자기보다 나이가 많은 사람을 존중해주지 않은 그들은 매달린 채 새들에게 살을 쪼아먹히는 고문을 받는다.

그 근처에는 암흑의 옷을 입은 채 살이 갈가리 찢어지는 고문을 당하는 여자들이 있는데, 결혼하기 전에 순결을 저버린 처녀들이다.

그 옆에서 자기 혀를 쉴새없이 물어뜯고 불덩어리에 시달리는 남녀들은, 주인에게 복종하지 않은 노예들이다.

불타는 수레바퀴에 묶인 점쟁이들

제12장

그 근처에는 흰 옷을 입은 채 벙어리에 소경인 남녀들이 있다. 그들은 층층이 포개어진 꺼지지 않는 석탄불 위에 떨어진다. 그들은 자선행위를 하면서 "우리는 하느님 앞에 정의로운 사람들이다."라고 말했으나, 정의로움을 추구하지는 않았다.

에즈라엘 천사는 그들을 불에서 끄집어낸 뒤에 불의 강물 한가운데에 처넣는다. 우리엘 천사가 그들을 가라앉힌다.

불타는 수레바퀴에 묶여서 빙글빙글 돌아가는 남녀들도 있다. 불구덩이 아래로 내려간 사람들은 불에 탄다. 그들은 점쟁이와 무당들이다.

지옥에서 회개하는 것은 이미 늦었다

제13장

그러므로 천사들이 선택받고 정의로운 나의 백성, 즉 모든 면에서 완전한 사람들을 두 손으로 떠받치고 와서 하늘의 옷을 입혀줄 것이다.

고통 속에 있는 사람들은 한 목소리로 "하느님이 전에 우리에게 선언했지만 우리가 믿지 않았던 그 심판을 이제 우리가 알게 되었습니다. 그러니까 자비를 베풀어주십시오."라고 말할 것이다.

그러면 타티로코스(타르타루코스) 천사가 가서 더욱 심한 고문을 하고는, "이제는 회개의 시간이 아니고 생명도 더 이상 주어지지 않을 때 너희는 회개하는구나!"라고 말할 것이다. 그들은 "하느님의 심판은 정의롭습니다."라고 말할 것이다.

세례와 구원

제14장

그러면 선택되고 정의로운 나의 백성에게 내가 세례와 구원을 아네슬라슬레야(엘리시움)라고 불리는 아크로시야(아케루시아) 들판에서 줄 것이다. 그들은 꽃으로 장식하고, 내가 가서… 함께 기뻐할 것이다. 그들을 나의 영원한 왕국으로 받아들이고, 나와 하늘의 아버지가 그들에게 희망을 걸도록 했던 영원하고 좋은 모든 것을 보여줄 것이다.

베드로야, 내가 이것을 네게 말하고 선포했다. 그러므로 너는 서쪽의 도시로 가서 내가 말해주는 포도밭으로 들어가라. 그것은 죄가 없는 성자의 고통으로 부패의 행동들이 정화되게 하려는 것이다. 너는 내가 네게 한 약속에 따라 선택을 받았다. 전 세계에 평화롭게 나의 복음을 전파하라. 사람들이 참으로 기뻐할 것이다. 그리고 나의 말씀은 희망과 생명의 원천이 되어, 온 세상이 갑자기 황홀해질 것이다.

(아크밈 문헌 : "그들 가운데 많은 사람이 거짓 예언자들이고, 멸망의 길과 여러 가지 이론을 가르칠 것이다. 그리고 그들은 멸망의 아들들이 될 것이다. 하느님은 굶주림과 갈증과 고통에 시달리면서 이 세상에서 영혼을 잘 보존한 나의 충실한 사람들에게 갈 것이며, 사악함의 아들들을 심판할 것이다."라고 말했다.)

구원받은 사람의 찬란한 모습

제15장

그런 뒤에 또한 우리 왕이신 주 예수 그리스도가 나에게 "거룩한 산으로 가자."고 말했다. 그의 제자들이 함께 가면서 기도했다. (우리는 이 세상을 떠난 우리 형제들이 어떤 상태에 있는지 보여달라고 요청했다. 그 모습을 보고 우리가 다른 형제들을 격려해주려고 했다.)

(우리가 기도하고 있을 때) 두 사람이 나타났다. 그들이 태양보다 더 찬란하게 빛나면서 광선을 발산하고, 역시 빛나는 옷을 입었기 때문에 우리는 그 얼굴을 볼 수가 없었다. 그 모습은 묘사가 불가능하고, 이 세상에서 비교할 만한 것이 전혀 없었다. …너무나 아름답고 놀라운 그 모습을 말로 표현할 길이 없었다. 그들의 얼굴

과 몸과 머리가 장미꽃 색깔이었다. (그들의 몸은 눈보다 희고, 장미보다 더 붉었다.) 그들의 이마에는 아름다운 나드 꽃으로 만든 관이 얹혀졌고, 그 머리카락은 물 속에 뜬 무지개와 같았다. 그리고 각종 장식을 한 모습은 우아하기 이를 데 없었다.

선택된 사람들의 집은 기쁨으로 가득 차 있다

제16장

우리는 그들을 갑자기 보고 놀랐다. 나는 하느님이신 예수 그리스도에게 가까이 다가가서 "저분들은 누구입니까?"라고 물었다. 그는 "모세와 엘리야다."라고 말했다. 나는 "아브라함, 이사악, 야곱, 그리고 정의로운 사람들은 어디 있습니까?"라고 물었다. 그는 우리에게 아름다운 나무들과 축복받은 과일들, 그리고 향기로운 나무들로 가득 찬 거대한 정원을 열어서 보여주었다. 기분을 상쾌하게 만드는 향기가 우리에게 밀려왔다. …나는 과일들을 바라보았다. 그리고 "조상들을 보았습니까?"라고 물었다.

(그리고 거기 사는 사람들은 빛나는 천사들의 옷을 입었고, 그 옷은 그들의 땀과 같았다. 천사들이 그들 주위로 달려서 돌아다녔다. 거기 사는 사람들의 영광은 모두 똑같고, 그들은 한 목소리로 주 하느님을 찬미했다. 주님이 "여기가 네 지도자들, 즉 정의로운 사람들의 장소다."라고 말했다.)

그는 "그들의 휴식과 마찬가지로 나의 정의로움 때문에 박해받은 사람들의 영예와 영광도 그렇다."라고 말했다. 나는 기뻐하고 믿었고, 주 예수 그리스도의 책에 기록된 것을 이해했다. 그래서

나는 그에게 "오, 주님, 제가 여기 작은 집을 세 채 지어서 하나는
주님께, 하나는 모세에게, 또 하나는 엘리야에게 드리기를 원합니
까?"라고 말했다. 그는 화를 내고 나에게 "사탄이 너와 싸우고 있
고, 네 이해력을 무디게 했다. 그래서 이 세상의 좋은 것들이 너를
압도한다. 그러므로 너는 눈을 뜨고 귀를 열어서, 사람의 손으로
만든 작은 집이 아니라, 나와 선택된 사람들을 위해서 하늘의 아버
지가 만든 작은 집을 보아야 한다."고 말했다. 우리는 그 집을 바라
보았는데, 기쁨으로 충만한 집이었다.

주님과 모세와 엘리야가 하늘로 올라간다

제17장

그때 갑자기 하늘로부터 "이 사람은 내가 기뻐하고 사랑하는 아
들이다. 그는 나의 계명들을 지켰다."라고 말하는 목소리가 들렸
다. 그리고 너무나 희고 거대한 구름들이 우리 머리 위로 몰려와서
주님과 모세와 엘리야를 데리고 갔다. 나는 무서워서 몸을 떨었다.
우리가 고개를 들고 바라보자, 하늘이 열리고 빛을 발산하는 사람
들이 내려와서 주님과 모세와 엘리야를 영접하여 다른 하늘로 들어
가는 것을 보았다. 그래서 "이 시대의 사람들이 그를 찾고, 야곱
의 하느님의 얼굴을 찾는다."라고 한 성경 말씀이 이루어졌다. 하
늘에서 거대한 공포와 소란이 나타났고, "왕들이여, 문을 열라."고
한 성경 말씀이 이루어지도록 하기 위해서 천사들이 서로 앞을 다
투었다. 열렸던 하늘이 그 뒤에 닫혔다. 그리고 우리는 기도를 마
치고 산에서 내려왔는데, 정의로운 사람들의 이름을 하늘에 있는
생명의 책에 기록한 하느님을 찬미했다.

바오로 계시록

호수를 건너 황금의 도시로 간다

해설

바오로는 고린토인들에게 보낸 두번째 편지(12장 1~5절)에서 자기가 낙원으로 들어간 사건에 대해 언급했는데, 이 계시록이 저술된 계기를 마련해주었다. 이 문헌은 기존의 다른 고대 문헌, 즉 '베드로 계시록', '엘리야 계시록', '스바니야 계시록' 등을 활용해서 서기 388년경에 저술된 것으로 추정한다.

다른 계시록들보다도 이 문헌이 그리스도교 사회에, 특히 중세시대의 서방 교회에 천당과 지옥에 관한 대중적인 관념을 광범위하게 전파하는 데 가장 큰 영향력을 발휘했다. 특히 단테의 〈신곡〉 가운데 '지옥' 편은 이것을 기본 자료로 사용했다고 본다. 황금의 배를 타고 호수를 건너가는 장면은 그리스 신화에서 황금의 배인 파라볼라가 델로스 섬으로 항해하는 것을 연상시킨다.

3세기 중엽에 이집트에서 그리스어로 작성된 원본이 그 후 라틴어, 콥트어, 시리아어, 기타 다른 언어들로 번역되어 전파되었다. 라틴어 필사본만 해도 여덟 종류가 전해지고 있다.

오리제네스가 이 문헌을 인용한 것으로 보이고, 아우구스티누스(5세기 초)는 교회가 이것을 성서로 받아들이지 않았다고 언급했다. 4세기 말에 소조메누스가 자신의 〈교회사〉에서 이것에 관해 언급했다. 초대 교회의 젤라시우스 선언은 이것을 배척했다.

계시록이 발견된 경위

१. 이 계시는 언제 이루어졌던가? 테오도시우스 아우구스투스 2세와 치네지우스가 집정관이던 시절, 타르수스에 있는 성 바오로의 집에 어느 귀족이 살고 있었다. 밤에 천사가 나타나서 이것을 계시하고는, 그에게 집의 기초를 파서 거기서 발견하는 것을 출판하라고 말했다. 그는 그것이 꿈이라고 생각했다.

२. 그러나 천사가 세 번이나 와서 그를 때리고 집의 기초를 강제로 파게 했다. 그는 집의 기초를 파고들어가서 옆에 문자가 새겨진 대리석 상자를 발견했는데, 그 안에는 성 바오로가 하느님의 말씀을 전할 때 신었던 구두와 그의 계시록이 들어 있었다.

그는 상자를 열기가 두려워서 재판관 앞으로 가져갔다. 납으로 봉인된 그 상자를 받아든 재판관은 그 안에 다른 것이 들어 있을까 염려해서 그것을 테오도시우스 황제에게 보냈다. 황제가 받아서 열고 성 바오로의 계시록을 발견했으며, 원본은 자기가 보관하고, 필사본 한 부를 예루살렘에 보냈다.

만물 가운데 사람이 죄를 가장 많이 짓는다

३. 내가 살아 있을 때 세번째 하늘로 운반되었고, 그때 주님의 말씀이 나에게 와서 "백성들에게 가서 '언제까지 너희는 계명을 어기고 죄에 죄를 거듭하며, 너희를 창조한 주님을 시험할 작정이냐? 너희는 하느님의 아들들인데도 세상의 어려움 때문에, 그리스도에 대한 신앙 안에서 악마의 일을 하고 있다. 그러므로 다른 모

든 피조물이 하느님을 섬기고 있는 반면, 오로지 인류만이 죄를 짓고 있다는 것을 알고 또 기억하라. 인류는 모든 만물을 지배하면서도 다른 만물보다 더 많은 죄를 짓는다.'고 말하라."고 지시했다.

바오로의 초상

자연계가 인류를 하느님에게 고발한다

4. 사실 위대한 빛인 태양이 자주 하느님에게 "저는 사람들의 불경과 불의를 내려다봅니다. 제 힘이 닿는 데까지 그들을 혼내주어 오로지 당신 홀로 하느님이라는 것을 깨닫게 만들겠습니다." 고 말했다. 그러면 "나는 이 모든 것을 알고 있지만, 그들이 회개하고 돌아올 때까지 참아주는 것이다. 나에게 돌아오지 않는다면 모두 심판할 것이다."라고 대답하는 소리가 들렸다.

5. 달과 별들이 때로는 하느님에게 "사람들이 불경죄, 간음, 살인을 저지르는 것을 우리가 봅니다."라고 말했다.

6. 바다와 파도들이 자주 주님에게 "사람들이 당신의 거룩한 이름을 더럽히고 있습니다."라고 말했다. 땅은 자주 주님에게 "사람들의 간음, 간통, 살인, 절도, 위증, 마술, 각종 악행을 제가 지원함으로써 가장 심한 손해를 봅니다."라고 말했다.

7. 사람의 아들들이여, 만물이 하느님에게 복종하는데 인류만이

홀로 죄를 짓는다. 그러므로 날마다, 시간마다, 특히 해가 진 뒤에 끊임없이 하느님을 찬미하라. 남녀를 불문하고 누구에게나 그를 보호하고 보존하는 천사가 각각 지정되어 있는데, 밤이 되자마자 그 천사들이 모두 하느님에게 올라가서 각 사람의 선행과 악행을 보고하기 때문이다.

사람마다 각각 천사가 배치되어 있다

11. 그 천사가 나에게 "나를 따라오시오. 정의로운 사람들이 죽은 뒤에 인도되는 곳을 보여준 다음에, 죄인들의 영혼이 죽은 뒤에 어떤 곳으로 끌려가는지도 보여주겠소."라고 말했다. 그가 나를 하늘나라로 이끌고 들어갈 때, 내가 하늘 아래를 내려다보았다. 거기에는 권력이 있고, 사람들의 마음을 끌어내려서 속이는 망각이 있고, 정신을 분산시키는 악마, 간음의 악마, 광증의 악마, 무례함의 악마, 모든 사악함의 악마들이 있었다.

다시금 돌아다보니 하늘 아래 무자비하고 광증으로 가득 차고 이빨을 입술 바깥으로 내뻗은 천사들이 있었다. 그들의 눈은 동쪽의 샛별처럼 빛나고, 머리카락과 입에서 불꽃이 튀어나왔다. 그들이 누구인지 천사에게 물어보자, 그는 "주님의 도움을 믿지도 희망하지도 않는 불경한 무리의 영혼들에게 지정된 천사들이지요."라고 대답했다.

12. 눈을 높이 들자 얼굴이 태양처럼 빛나고, 허리에 황금 띠를 둘렀으며, 종려나무 가지와 하느님의 징표를 손에 들고, 성자의 이름이 적힌 옷을 입은 천사들을 보았다. 그들은 양순함과 자비로 충만했다. 안내하는 천사는 그들이 정의로운 사람들의 영혼을 인도

하여 하늘로 올라가도록 지정된 천사들이라고 대답했다.

13. 나는 "세상을 떠나가는 정의로운 사람들과 죄인들의 영혼을 보고 싶습니다."라고 말했다. 그 천사가 "지상을 내려다보시오."라고 대답했다. 하늘에서 온 세상을 내려다보았을 때, 세상이 아무것도 아닌 것으로 보였고, 사람의 아들들도 보잘것 없고 쇠약해지는 것을 보았다. 적지 않게 놀라서 내가 "사람의 위대함이란 고작 저런 정도입니까?"라고 물었다. 천사는 "그렇소. 그리고 바로 저 사람들이 아침부터 밤까지 죄를 짓고 있는 거요."라고 대답했다. 나는 불타는 거대한 구름이 온 세상을 뒤덮는 것을 보고 저것이 무엇인지 물었다. 천사는 "죄인들의 두목들이 일으키는 불의가 바로 저것이지요."라고 대답했다.

정의로운 사람의 죽음

14. 그 말에 나는 한숨을 내쉬고 울었다. 나는 정의로운 사람들과 죄인들의 영혼이 어떻게 육체를 떠나가는지 보고 싶다고 말했다. 천사는 다시 세상을 내려다보라고 말했다.

그때 마침 죽어가는 사람을 발견했다. 천사는 그가 정의로운 사람이라고 말했다. 불경스러운 악마와 거룩한 천사가 그를 지켜보고 있는데, 불경스러운 악마는 그 사람 안에서 살 곳을 찾지 못했다. 거룩한 천사들이 그의 영혼을 장악해서 영혼이 육체를 빠져나갈 때까지 인도하는데, 그 영혼을 흔들어 깨우면서 "영혼아, 부활의 날에 네가 이 육체로 돌아가서 정의로운 사람에게 약속된 모든 것을 받아야만 하니까, 네가 떠나가는 이 육체를 잘 기억해두라."고 말했다.

영혼을 받아낸 뒤에 천사들이 즉시 그 영혼을 친구처럼 키스하고 "영혼아, 용기를 내라. 너는 지상에 있을 때 하느님의 뜻을 잘 실행했다."라고 말했다. 그를 매일 지켜보던 천사가 와서 "나는 너의 모든 일을 있는 그대로 하느님에게 보고했다."라고 기쁜 표정으로 환영했다. 이어서 미카엘과 하늘의 모든 천사가 그를 환영했다. 하느님이 미카엘에게 그를 낙원으로 데리고 들어가라고 명령했다. 나는 수십만 명의 천사와 대천사, 케루빔과 스물네 명의 장로들이 주님을 찬미하는 소리를 들었다.

불경스러운 죄인의 죽음

15. 불경스러운 사람은 밤낮으로 주님을 슬프게 하고 "나는 먹고 마시고 이 세상의 것을 즐기는 일밖에는 다른 것은 전혀 모른다. 지옥에 내려갔다가 올라와서 심판이 있을 것이라고 선언한 사람은 누구인가!"라고 말했다.

심판을 받으러 육체에서 끌려나온 그의 영혼은 "나는 차라리 태어나지 않았더라면 더 나았을 것이다."라고 말했다.

거룩한 천사들이 그의 영혼 안에서 살 곳을 발견하지 못했고, 사악한 천사들이 그를 저주하고, 육체에서 끌어낸 뒤에 세 번이나 "네가 떠나는 이 육체를 잘 기억해두라. 부활의 날에 여기 돌아와서 너의 모든 죄와 불경함에 대해서 벌을 받아야 하기 때문이다."라고 지시했다.

수호천사가 그의 앞을 걸어가면서 "저주받은 영혼아, 나는 너의 악행을 날마다 주님께 보고한 너의 수호천사다. 너는 회개의 시간을 모두 놓쳐버렸다."고 말했다. 그가 하늘 나라에 도착하자 수십만 명의 천사들이 한 목소리로 그의 수호천사에게 "저런 영혼은 우리들이 있는 곳에서 추방하자. 그가 들어오자 악취가 퍼져서 우리들마저 곤란하다."고 말했다.

그는 하느님 앞에서 아무 말도 못했다. 하느님은 그를 형벌을 담당한 천사 타르타루코스에게 넘겼다.

17. 두 천사들에게 이끌린 채 울면서 오는 영혼을 보았다. 그는 육체를 떠난 지 7일이 지났는데 자기도 모르는 곳으로 왔다고 주님에게 말했다. 그리고 자기는 죄를 짓지 않았다고 말했다. 주님이 그의 수호천사를 불러내어, 그가 죽기 5년 전에 회개했다면 나머지를 다 용서해주겠다고 말했다. 죄인의 영혼은 1년 전에 지은 살인죄와 간통죄를 고백했다. 그래서 처벌을 담당하는 타르타루스에게 넘겨졌다.

바오로가 에녹과 엘리야를 만난다

19. 천사가 나를 인도하여 정의로운 사람들이 사는 세번째 하늘의 입구로 갔다. 그 문은 황금으로 만들었고, 문 위의 두 황금 기둥에는 황금 글씨가 적혀 있었다. 천사가 나에게 "이 문은 모든 일에 있어서 착하고 순결한 사람만이 들어갈 수 있으니, 당신이 들어간다면 다행이오."라고 말했다.

나는 이것저것 일일이 물어보았는데, 천사는 탁자들 위에 새겨진 글씨가 지상에 살면서 진심으로 하느님을 섬긴 정의로운 사람들의 이름이라고 가르쳐주었다. 정의로운 사람들은 그 이름뿐 아니라 얼굴과 모습까지도 하늘에 기록되고 천사들에게도 알려져 있다고 했다.

20. 낙원의 문으로 들어간 뒤에 나는 한 노인을 만났는데, 그는 나에게 "하느님의 사랑을 받는 바오로여, 환영합니다."라고 인사했다. 그리고 그는 주님이 좋은 것을 많이 준비해두었지만, 그것을 받는 사람의 숫자가 너무 적어서 자기는 슬프다고 말하고 울었다. 천사는 그가 정의로움의 기록인 에녹이라고 내게 가르쳐주었다. 이어서 엘리야를 만났다. 그도 역시 하느님의 상을 받는 사람이 한 둘에 불과하다면서 울었다.

21. 천사는 나에게 "여기서 내가 보여주는 것을 지상의 그 누구에게도 말하지 마시오."라고 말했다. 나는 사람이 입으로 말해서는 안 되는 그런 (비밀의) 말들을 들었다.

천사는 나를 세번째 하늘에서 두번째 하늘로 인도했다. 그리고 궁륭을 거쳐서 하늘의 문으로 갔다. 그 문의 기초는 지상 전체에 물을 대주는 강물 위에 놓여 있었다. 그 강이 무슨 강이냐고 묻자, 천사는 강이 아니라 바다라고 대답했다. 갑자기 내가 하늘 밖으로 나갔다. 그래서 그 강물이 지구 전체를 비추는 하늘의 빛이라고 깨달았다. 그 땅은 순은보다 일곱 배나 더 찬란하게 빛나고 있었기 때문이다.

약속의 땅

천사는 그 땅이 약속의 땅이라고 말했다. 양순한 사람들의 영혼은 육체를 떠나면 잠시 그 땅으로 인도되어 머문다고 말했다. 그리고 "그리스도가 다스리기 위해서 올 때, 하느님의 판결로 최초의 땅이 없어지고, 이 약속의 땅이 드러날 것이오. 이 땅은 마치 이슬이나 구름처럼 보일 것이고, 영원한 왕이고 주님인 예수 그리스도가 나타나서 모든 성인들과 함께 여기서 살며, 천년을 지배할 것이오. 그들은 내가 당신에게 지금부터 보여줄 좋은 것을 먹을 것입니다." 라고 말했다.

22. 사방을 둘러보니 거기 우유와 꿀이 흐르는 강이 보였다. 강의 양쪽 둑에는 열매를 가득 맺은 나무들이 늘어서 있었다. 나무 한 그루마다 매년 열두 개의 다양한 과일이 열렸다. 10큐비트 또는 20 큐비트가 되는 종려나무들도 있었다. 뿌리에서부터 꼭대기까지 수십만개의 열매로 가득 찬 나무들도 있었다. 한 그루에 천만 개의 포도송이가 열리는 그런 포도나무가 1만 그루나 되었다. 그리고 다른 나무들은 각각 열매가 천 개씩 달렸다.

천사는 우유보다 더 흰 물이 흐르는 아케루시아 호수로 데리고 갔다. 그 호수에는 그리스도의 도시가 있었는데, 아무나 거기에 들어가는 것은 아니었다. 왜냐하면 그 도시를 거쳐서 하느님에게 도달하기 때문이다. 우상을 숭배하던 사람이 회개하고 개종하여 선행으로 그 회개를 증명하는 경우에, 그의 영혼은 미카엘 대천사에게 넘겨졌다. 그리고 미카엘은 아케루시아 호수에서 그에게 세례를 준 뒤에 그리스도의 도시로 인도했다.

황금으로 만든 그리스도의 도시

23. 천사가 아케루시아 호수 위에 서 있으면서 나를 황금의 배에 태웠다. 내가 그리스도의 도시에 도착할 때까지 3천 명의 천사들이 앞장서서 찬미가를 불렀다.

나는 그 도시로 들어갔는데, 모든 것이 황금으로 되어 있었다. 성벽이 열두 겹으로 둘러싸고, 안쪽에 열두 개의 탑이 솟았다. 아름답고 거대한 성문이 열두 개나 되고, 네 개의 강이 성을 둘러쌌다. 네 개의 강에는 각각 꿀, 우유, 포도주, 기름이 흘렀는데, 그 명칭은 꿀의 강은 피손, 우유의 강은 유프라테스, 기름의 강은 기온, 포도주의 강은 티그리스였다.

24. 성문 앞에는 거대한 나무들이 있는데, 열매는 없고 잎사귀만 무성했다. 그 아래 몇몇 사람이 앉아서 성에 들어가는 사람만 보면 슬프게 탄식했다. 그들은 밤낮으로 단식을 했지만, 마음이 교만하고 이웃을 위해서 선행을 하지 않은 사람들이었다. 천사는 "교만은 모든 악의 근원이지요."라고 말했다.

25. 꿀의 강에 이르러 나는 이사야, 예레미아, 에제키엘, 아모스, 미가, 즈가리야, 그리고 크고 작은 예언자들을 보았다. 그곳에는 예언자들의 길이 있는데, 하느님을 위해서 자기 뜻을 버리고 영혼의 괴로움을 당한 사람들이 오는 곳이었다.

26. 우유의 강에서는 그리스도의 이름 때문에 헤로데가 살해한 모든 어린애들을 보았다.

그곳은 순결과 순수를 보존한 사람들이 오는 곳이었다.

27. 북쪽에 있는 포도주의 강에서 나는 아브라함과 이사악과 야곱과 다른 성인들을 보았다. 거기는 나그네와 외국인과 순례자들에게 친절을 베푼 사람들이 오는 곳이었다.

28. 동쪽에 위치한 기름의 강에서 나는 기뻐하면서 시편을 노래하는 사람들을 보았다. 그들은 자기 자신을 진심으로 하느님에게 바쳤고, 오만한 마음은 품지 않은 사람들이었다.

29. 나는 열두 개의 성벽 근처의 도시 한가운데로 인도되었다. 성벽들의 높이가 다르고 그 영광이 차이가 나서 이유를 물었다. 천사는 첫번째 성벽보다 두번째 성벽이 높고, 그런 식으로 해서 열두번째 성벽이 가장 높다고 대답했다. 천사는 "누구든지 마음속에 비방, 질투, 오만을 조금이라고 품는다면, 그의 영광은 사라지고 말

지요."라고 말했다.

성문마다 황금 의자들이 놓였고, 그 위에 황금 왕관을 쓰고 보석들로 장식한 사람들이 앉아 있었다. 열두 명 사이로 안을 들여다보자, 거기에는 더욱 영광스러운 황금 의자가 놓여 있었다. 그들은 성경이나 시편을 공부하지도 못한 무식한 사람이지만, 진심으로 주님의 계명을 지키고, 그리스도 때문에 스스로 어리석은 사람이 된 그런 사람들이었다.

도시 한가운데 대단히 높은 제대가 놓였고, 그 옆에는 얼굴이 태양처럼 빛나는 사람이 서서 하프를 연주하면서 "할렐루야!"라고 노래했다. 그의 목소리가 온 도시를 뒤흔들었다. 탑과 성문에 있던 사람들이 "할렐루야!"라고 응답했는데, 그 소리에 도시의 기초가 흔들렸다. 제대 옆에 서 있는 사람은 다윗 왕이었다.

할렐루야의 의미를 묻자, 천사는 그것이 하느님과 천사들이 사용하는 언어인 히브리어로 "우리는 모두 함께 그를 축복하자."라는 뜻이라고 설명해주었다.

불타는 강

31. 우리는 그 도시를 벗어나 나무들 사이를 통과했고, 우유와 꿀의 강을 건넜다. 그리고 하늘의 기초를 받쳐주는 바다도 건너갔다. 천사는 나를 해가 지는 곳으로 인도했는데, 거기서 나는 하늘이 거대한 강물로부터 시작한다는 것을 알았다. 천사는 그 강이 지상의 세계를 둘러싸는 바다라고 말했다. 그 바다가 끝나는 바깥쪽을 바라보니 암흑과 슬픔이 가득 차 있어서 나는 한숨을 내쉬었다.

거기 불타는 강이 보였는데, 무수한 남녀가 강에 들어가 사람에 따라서 무릎까지, 또는 배꼽까지, 입술까지, 눈썹까지 잠겨 있었다. 천사는 그들이 뜨겁지도 차지도 않아서, 정의로운 사람들이나 신을 모독하는 무리에도 끼지 않는 사람들이라고 설명했다.

무릎까지 빠진 사람들은 교회 문을 나선 뒤에 쓸데없는 논쟁을 일삼았고, 배꼽까지 잠긴 사람들은 그리스도의 성체와 성혈을 받아먹은 뒤에 나가서 간음하고 죽을 때까지 계속 죄를 지었고, 입술까지 잠긴 사람들은 교회에 모여서 서로 비방했고, 눈썹까지 잠긴 사람들은 이웃을 해치려고 서로 음모하고 공모한 사람들이었다.

32. 북쪽에는 각종 형벌로 신음하는 무수한 남녀가 보였다. 그곳으로 불의 강이 흘러들어갔다. 거기 3천 큐비트나 되는 엄청나게 깊은 구덩이 속에 많은 영혼들이 갇혀서 신음하고 통곡하고 있었다. 그들은 주님에게 희망을 두지 않은 사람들이었다. 나는 30 또는 40세대가 지나면 구덩이가 좁아져서 더욱 깊이 파야 되지 않겠느냐고 물었다. 천사는, 그 심연은 바닥이 없기 때문에 얼마든지 영혼을 처넣을 수가 있다고 대답했다. 거기 들어간 영혼은 50년이 지나도 밑바닥에 닿을 수가 없었다.

34. 불의 강에서 타르타루키아의 천사들이 갈고리가 셋 달린 쇠작살을 가지고 한 노인의 배를 찌르는 장면을 보았다. 천사는, 그 노인은 장로였는데 자기 직책을 제대로 수행하지 않고 먹고 마시기만 하고, 간음한 뒤에 주님의 제대에 제물을 봉헌했다고 말했다.

35. 그리 멀지 않은 곳에서 처벌의 천사들이 한 노인을 불의 강으로 사정없이 밀쳐넣어 무릎까지 빠지게 하고, 얼굴을 돌로 마구 때려 상처를 냈으며, "자비를 베풀어주십시오!"라는 말조차 하지 못하게 했다. 천사는, 그 노인이 주교였는데 자기 직무를 수행하지 않았고, 주님을 증거하지도 않았으며, 정의로운 판결을 내리지 않았고, 과부와 고아들을 돌보지 않았다고 설명했다.

36. 불의 강에 무릎까지 빠진 사람이 피가 흐르는 팔을 뻗치고 있

는데, 그의 입과 콧구멍에서 구더기들이 기어나왔다. 그는 자기가 가장 참혹한 형벌을 받고 있다고 소리치면서 울었다. 천사는, 그가 부제였는데 주님의 성체를 먹은 뒤에 간음했고, 올바른 삶을 살지 않았다고 설명했다.

그 옆에 무릎까지 빠진 사람의 입술과 혀를 천사들이 불타는 면도날로 잘라냈다. 그는 신자들에게 성경을 낭독해주던 사람인데, 정작 자신은 주님의 계명을 지키지 않았다고 천사가 말했다.

37. 그곳에는 다른 구덩이들이 많았고, 그 한가운데에 무수한 남녀로 가득 찬 강이 흐르고, 구더기들이 그들을 잡아먹었다. 그들은 이자의 이자를 받아먹었고, 자기 재산을 믿었으며, 하느님에게 희망을 걸지 않은 사람들이었다.

벽처럼 좁게 생긴 곳이 보였는데, 그곳은 불로 둘러싸여 있었다. 무수한 남녀가 자기 혀를 씹어먹고 있었다. 그들은 교회에서 하느님의 말씀을 따르기는커녕 하느님과 그 말씀과 천사들을 비난하고 무시한 사람들이었다.

38. 어느 구덩이 속에는 피로 가득 찬 웅덩이가 있었다. 천사는 모든 형벌이 흘러모이는 그 구덩이 속에서 입술까지 잠겨 있는 남녀들은 마술사와 마녀들이라고 설명했다.

불구덩이 속의 얼굴이 시커먼 남녀들을 보았는데, 그들은 간음과 간통죄를 지은 사람들이었다.

39. 무시무시한 네 명의 천사가 검은 옷을 입은 여자들 목에 불타는 쇠사슬을 걸고 암흑 속으로 끌어갔다. 그들은 부모 몰래 처녀성을 더럽힌 처녀들이었다.

그곳에는 두 손이 잘린 채 얼음과 눈 위에 맨발을 내놓고, 구더기에게 잡아먹히는 남녀들이 있었다. 그들은 고아와 과부들과 가난한 사람들을 해치고, 주님에게 희망을 걸지 않은 사람들이었다.

시냇물 위에 매달린 사람들이 있었는데, 그들의 혀는 말라붙어 있었다. 그들의 눈앞에는 무수한 과일이 놓여 있었지만, 하나도 먹을 수가 없었다. 그들은 단식을 지정한 시간까지 다 수행하지 않은 사람들이었다.

나는 또한 불타는 강 위에 눈썹과 머리카락에 대롱대롱 매달린 사람들을 보았다. 그들은 창녀들과 놀아난 사람들이었다.

흙을 뒤집어쓴 채 피처럼 시뻘건 얼굴로 불의 강 속의 역청과 유황 구덩이 속에 들어 있는 사람들을 보았다. 그들은 남자끼리, 여자끼리, 소돔과 고모라의 죄를 지은 사람들이었다.

찬란한 옷을 입었지만 눈이 먼 채 구덩이에 들어 있는 남녀들을 보았다. 그들은 자선을 베풀었지만 주님을 모르는 이교도들이었다.

불기둥 위에 있는 남녀들을 야수들이 갈가리 찢어버리는 장면도 보았다. 그 여자들은 하느님의 모습인 태아를 낙태시켰고, 남자들은 그 여자들과 잠자리를 같이 한 사람들이라고 천사가 말했다. 그리고 태아들이 주님에게 복수를 해달라고 소리쳤다고 한다.

불타는 역청과 유황이 발린 누더기를 걸친 남녀들을 용들이 그 목과 어깨와 다리를 칭칭 감았다. 천사들이 불타는 쇠뿔로 그들을 마구 때리고 콧구멍을 막았다. 그들은 세상을 버렸다고 말했으면서도 사랑의 만찬을 베풀지 않았고, 고아와 과부, 나그네와 순례자를 돕지 않았고, 제물도 바치지 않았으며, 이웃을 돕지도 않은 사람들이었다. 그들은 또한 속세의 일에 몰두하여 기도도 안 하고, 올바른 생활도 하지 않았다.

나는 "사람들은 재앙을 받았다! 죄인들은 재앙을 받았다! 그들은 왜 태어났던가!"라고 말하면서 한탄했다.

41. 천사가 나를 북쪽에 있는 우물로 데리고 갔다. 그것은 일곱 개의 봉인이 되어 있었다. 우물을 지키던 천사가 뚜껑을 열자, 어떠한 형벌보다도 더 지독한 악취가 솟아올라왔다. 우물 입구는 한 사람이 겨우 통과할 정도였는데, 그 밑에는 불타는 덩어리들이 뒤

엉켜 있었다. 천사는 "누구든지 이곳으로 들어가면 성부와 성자와 천사들 앞에서 그에 대한 기억이 절대로 재생되지 않지요."라고 말했다. 거기 빠진 사람들은 그리스도가 육체를 가지고 태어났다는 것과 동정녀 마리아가 그를 낳았다는 것을 부정하고, 성찬식의 빵과 포도주가 그리스도의 몸과 피가 아니라고 주장한 사람들이었다.

42. 북쪽에서 서쪽으로 눈을 돌리자, 절대로 쉬지 않는 벌레가 보이고, 거기서 이빨 가는 소리가 들렸다. 벌레의 길이는 1큐비트, 머리는 두 개였다. 그들은 그리스도의 부활을 부정하고, 사람들의 육체의 부활이 불가능하다고 주장한 사람들이었다. 거기는 추위와 눈 이외에 아무것도 없고, 해가 떠도 추위는 가시지 않았다.

44. 나무가 바람에 흔들리듯이 하늘이 흔들리는 것을 보았다. 천사들이 갑자기 옥좌 앞에 엎드렸다. 나는 스물네 명의 장로와 네 마리의 짐승이 하느님을 숭배하는 것을 보았다. 그리고 제대와 휘장과 옥좌를 보았다. 그 옥좌에서는 향기가 났다.

나는 왕관을 쓴 채 하늘에서 내려오는 하느님의 아들을 보았다. 그를 바라보자, 처벌을 받던 모든 사람이 자비를 베풀어달라고 소리쳤다. 하느님의 아들이 그들에게 하루 밤과 하루 낮의 휴식을 베풀어주었다.

바오로가 낙원으로 들어간다

45. 천사가 나를 낙원으로 데리고 들어갔다. 거기서 나는 물의 원천을 보았다. 그곳에 있던 천사가 나에게 "이 피손 강은 에빌라 지역을 둘러싸고, 기온 강은 이집트와 이디오피아 전체를 둘러싸고, 티그리스 강은 아시리아인들의 땅을 적시며, 유프라테스는 메소포

타미아 지방 전체에 물을 대주지요."라고 말했다.

낙원 안에 있는 나무 뿌리에서 그 강들이 흘러나오는데, 그 나무에는 하느님의 성령이 머물러 있고, 성령이 숨을 내쉬면 물이 흘러나갔다.

천사는 낙원 한가운데에 있는 다른 나무, 즉 생명의 나무를 보여주었다. 내가 그 나무를 쳐다보고 있을 때, 찬미가를 부르는 천사 2백 명을 앞세우고 성모 마리아가 내려왔다.

이어서 그리스도와 비슷하고 매우 아름다운 남자 세 명이 멀리서 다가왔다. 그들은 아브라함과 이사악과 야곱이었다. 그리고 열두 선조들도 왔다. 모세가 아름다운 모습으로 다가왔다. 그 다음에 열두 명이 다가왔는데, 그들은 이사야, 예레미야, 에제키엘 등이었다. 나는 얼굴이 아름다운 로트도 보았다. 천사는, 성인들에게는 천사가 한 명 수행하면서 찬미가를 부른다고 말했다. 매우 얼굴이 아름다운 욥이 미소를 지으며 다가와서 나에게 인사했다. 나는 노아도 보았다. 그리고 엘리야와 엘리사도 만났다.

그리고 즈가리야와 아담도 보았다.

토마스 계시록

종말에 나타나는 일곱 가지 징표들

해설

초대 교회의 젤라시우스 선언이 이 문헌의 존재를 언급했으나, 그 내용은 전혀 알려지지 않았다. 그러다가 그 본문이 처음으로 발견되어 세상에 알려진 것은 20세기초인 1908년에 뮌헨 필사본(9세기에 필사한 것)과 비엔나 필사본(5세기에 필사한 것)이 발표되었을 때.

이것은 5세기 또는 그 이전에 라틴어로 저술된 것으로 추정된다.

최후의 시기가 가까워졌을 때

토마스야, 최후의 시기에 반드시 일어날 일들에 관해서 잘 들어라. 사방에서 기근과 전쟁과 지진이 일어나고, 눈과 얼음과 가뭄과 백성들 사이의 의견 대립이 있을 것이며, 신을 모독하는 일, 사악함, 속임수, 질투, 무례, 오만, 무절제가 판을 치고, 각자 제멋대로 떠들어댈 것이다.

나의 사제들은 서로 평화롭게 지내지 않고, 거짓된 마음으로 제물을 바치기 때문에 나는 그들을 굽어보지 않을 것이다. 사제들이 보는 앞에서 사람들이 주님의 집을 떠나 속세로 돌아가고, 하느님의 집에 이정표들을 박을 것이다.

그리고 그들은 자기들이 잃어버렸던 많은 물건과 영토들의 반환을 요구할 것이고, 그런 것들이 예전처럼 황제에게 귀속될 것이다. 그들은 도시들로부터 금과 은의 인두세를 징수할 것이다. 도시의 지배자들이 단죄되고, 그들의 (몰수된) 재산이 왕의 창고를 가득 채울 것이다.

모든 사람이 엄청난 소요사태와 죽음을 겪을 것이다. 주님의 집은 황폐해지고, 제대들은 더럽혀지고, 교회 안에 거미줄이 가득할 것이다.

성전이 더럽혀지고, 사제들이 타락하며, 비탄이 증가하고, 덕성이 사라지고, 기쁨도 자취를 감추고, 즐거움도 떠날 것이다. 그 시기에 악이 사방에서 판치고, 그 누구도 존중을 받지 못할 것이다. 주님의 집에서 찬미가가 들리지 않고, 진리는 더 이상 지상에 존재하지 않고, 사제들의 눈이 탐욕으로 벌겋게 달아오르고, 정의로운 사람은 발견되지 않을 것이다.

최후의 시기가 가까워졌을 때, 갑자기 법을 사랑하는 왕이 나타날 것이지만, 그는 오래 통치하지 못할 것이다. 그에게는 두 아들이 있다. 장남이 차남보다 먼저 죽을 것이다.

민족을 억압하는 왕이 두 명 나타나는데, 그들의 통치 아래 동쪽의 오른쪽 지역에서 엄청난 기근이 발생할 것이다. 그러면 민족이 민족을 거슬러서 봉기하고, 그 민족은 자기 땅에서 쫓겨날 것이다.

교활한 다른 왕이 일어나서 황제의 황금 동상을 만들라고 명령할 것이다. 그러면 무수한 사람이 순교할 것이다. 그런 뒤에 신앙이 주님의 하인들에게 돌아오고, 거룩함이 증가하며, 비탄도 증가할 것이다. 산들이 위로를 받고, 그 얼굴에서 불의 감미로움을 떨

용과 싸우는 미카엘 대천사(요한 계시록 12장 7-12절 참조)

어뜨려서, 성인들의 숫자가 채워질 것이다.

잠시 후에 동쪽에서 법을 사랑하는 왕이 일어나, 모든 좋은 것과 필요한 것이 주님의 집에 풍성하게 만들 것이다. 그는 과부들과 가난한 사람들에게 자비를 베풀고, 사제들에게 선물을 줄 것이다. 이 시기에는 모든 것이 풍족할 것이다.

그 뒤에 남쪽에서 왕이 일어나 짧은 시기 동안 다스릴 것이다. 이 때에는 로마 군사들의 월급 때문에 국고가 바닥나고, 왕은 노인들에 대한 연금을 몰수하여 군사들에게 나누어줄 것이다.

그런 뒤에 밀과 포도주와 기름이 풍족하지만 물가가 폭등하여, 금과 은이 밀을 사는 데 쓰이고, 그나마도 화폐가 매우 부족해질 것이다.

그때 바다가 매우 높이 올라와서 아무도 다른 사람에게 소식을 전하지 못할 것이다. 왕들과 영주들과 지배자들이 근심에 사로잡히고, 아무도 자유롭게 말하지 못할 것이다. 소년들의 머리카락이 희어지고, 젊은이들이 노인들에게 자리를 양보하지 않을 것이다.

그 뒤에 교활한 왕이 일어나서 짧은 기간 동안 다스릴 것이다. 그가 통치하는 동안 각종 사악한 것이 판치고, 심지어는 동쪽에서 바빌론까지 사람의 그림자가 사라질 것이다. 그런 뒤에 죽음과 기근과 전쟁이 가나안에서 로마까지 휩쓸 것이다.

그러면 모든 샘물과 우물이 끓어오르고 피로 변할 것이다. 하늘이 흔들리고, 별들이 땅에 떨어지며, 태양이 달처럼 두 쪽으로 쪼개지고, 달은 빛을 발산하지 않을 것이다.

적그리스도가 나타날 때가 가까워진 그 무렵에는 지상에 사는 사람들에게 위대한 징표와 경이로운 징표들이 나타날 것이다. 어마어마한 시련과 고통이 그들에게 닥칠 것이다. 집을 짓는 사람은 그 집에서 살 기회가 없을 테니 재앙을 받았다. 밭을 가는 사람은 헛수고만 하는 것이니 재앙을 받았다. 결혼하는 사람은 자녀들을 기근과 결핍의 밥으로 만드니 재앙을 받았다. 집과 집을 합치고, 밭과 밭을 합치는 사람은 모든 것이 불타서 없어질 것이니까 재앙을 받았다. 아직 시간이 있을 때 자신을 돌보지 않은 사람은 앞으로 영원히 단죄될 것이니까 재앙을 받았다. 가난한 사람의 부탁을 외면하는 사람은 재앙을 받았다.

종말에 나타날 일곱 가지 징표들

세상의 멸망에 앞서서 나타나는 징조는 일곱 가지가 있다. 온 세상에 기근과 지독한 전염병과 무수한 비탄이 닥칠 것이다. 모든 사람이 포로가 되어 사방에 흩어지고, 칼에 맞아 죽을 것이다.

심판의 첫째 날 3시에 엄청난 경이로움이 발생하고, 하늘 높은 곳으로부터 너무나도 우렁찬 목소리가 들릴 것이다. 그리고 북쪽에서 피의 구름이 엄청나게 몰려내려오고, 그 구름을 따라서 굉장한 천둥과 번개가 치고, 온 세상 위에 피의 비가 쏟아질 것이다.

둘째 날에 하늘 높은 곳에서 우렁찬 목소리가 들리고, 지구가 제자리에서 떨어져나가고, 하늘의 문들이 동쪽을 향해서 열리며, 하늘의 문에서 거대한 힘이 뿜어져나와서 밤까지 하늘 전체를 덮을 것이다.

셋째 날 2시경에 하늘에서 목소리가 들리고, 땅의 심연들이 온 세상의 네 구석에서 소리칠 것이다. 첫째 하늘이 두루말이처럼 말려서 즉시 사라질 것이다. 심연의 유황의 연기와 악취 때문에 10시까지 캄캄해질 것이다. 그러면 모든 사람이 "우리가 멸망할 마지막 날이 가까워졌다고 본다."고 말할 것이다.

넷째 날 1시에 동쪽에 있는 땅이 말을 하고, 심연이 고함칠 것이다. 그러면 온 땅이 심한 지진으로 흔들릴 것이다. 모든 우상과 모든 건물이 무너지고 부서질 것이다.

다섯째 날 6시에 갑자기 어마어마한 천둥이 울리고, 빛의 힘과 태양의 바퀴가 사라지며, 밤이 될 때까지 온 세상을 짙은 암흑이 뒤덮을 것이다. 그리고 별들이 제 구실을 못할 것이다. 모든 민족들이 세상을 미워하고, 이 세상의 삶을 증오할 것이다.

여섯째 날 4시에 하늘의 궁륭이 동쪽에서 서쪽으로 쪼개질 것이다. 그리고 그 열린 틈새로 모든 천사들이 지상을 내려다볼 것이다. 또한 모든 사람들이 그 천사들을 쳐다보고는 무덤으로 달아나서 숨을 것이다.

그러면 그들이 나의 아버지의 빛 속에서 거룩한 천사들의 힘과 명예와 함께 하늘에서 내려오는 나를 바라볼 것이다. 그때 낙원의 불의 울타리가 풀릴 것이다. 낙원을 둘러싼 그 불은 땅 전체와 지상의 모든 요소들을 태워버릴 영원한 불이다.

그러면 모든 사람의 영혼이 낙원에서 나와서, "여기 나의 육체가 있다."고 말하면서 지상에 놓인 각자의 육체 안으로 들어갈 것이다. 그들의 말소리가 합쳐져서 온 세상에 격심한 지진을 일으키고, 산과 바위가 깨질 것이다. 그리고 성인들의 육체가 일어날 것이다.

그들의 육체는 거룩한 천사들의 모습과 영광을 입고, 나의 아버지의 모습과 힘을 받을 것이다. 그들은 지금까지 이 세상에서 본 적이 없는 빛의 구름으로부터 영원한 생명을 받을 것이다.

일곱째 날 8시에 하늘의 네 구석에서 목소리가 들릴 것이다. 모든 공기가 흔들리고 천사들로 가득 차며, 그들이 하루 종일 싸울 것이다. 거룩한 천사들이 선택받은 사람들을 세상의 파멸로부터 구하려고 찾아다닐 것이다. 그러면 모든 사람이 파멸의 시간이 다가왔다는 것을 깨달을 것이다.

여덟째 날 6시에 동쪽 하늘에서 감미롭고 부드러운 목소리가 들릴 것이다. 그러면 거룩한 천사들을 지배하는 힘을 가진 그 천사가 드러나고, 그들이 모두 함께 나의 거룩한 아버지의 전투용 마차를 타고 달려가고, 기쁨에 넘쳐서 날아다니면서 나를 믿는 선택된 사람들을 구원할 것이다.

바르톨로메오의 질문들

인류의 적인 사탄의 모습

해설

이 문헌은 3세기 전후, 즉 2세기에서 6세기 사이에 이집트에서 그리스어로 저술된 것으로 추정된다. 그리고 라틴어와 슬라브어로 번역된 것도 지금까지 전해져온다.

이 문헌의 내용 가운데 특이한 것은 매일 3만 명의 영혼이 지상을 떠나지만 낙원에 들어가는 것은 3명뿐이라고 예수가 가르치고, 마리아가 예수의 탄생에 관해서 설명하는 부분이 매우 환상적이라는 점이다. 그리고 예수가 사도들에게 심연을 보여주는 장면도 특이하다.

십자가를 잠시 떠나 지옥에 내려간 그리스도

제1장

주 예수 그리스도가 수난을 당하기 전에, 모든 사도들이 한 자리에 모여서 "주님, 하늘 나라의 신비들을 우리에게 가르쳐주십시오."라고 말했다. 예수는 "내가 육체를 벗어버리지 않는 한, 너희에게 말해줄 수가 없다."고 대답했다.

그가 부활한 뒤에는 사도들이 하느님 모습을 지닌 그를 맨눈으로 쳐다볼 수가 없어서 아무도 질문을 하지 못했다. 그러나 바르톨로메오는 주님에게 다가가서 "주님이 십자가에 매달렸을 때 저는 멀리서 따라갔는데, 천사들이 하늘에서 내려와 주님을 숭배하는 것을 보았습니다. 온 세상이 캄캄해졌을 때 제가 십자가를 바라보았는데, 그때 주님은 십자가에서 사라지고 없었고, 땅 속 한 구석에서 갑자기 목소리가 들리고, 통곡과 이를 가는 소리가 들려왔습니다. 주님은 십자가를 떠나서 어디로 갔습니까?"라고 물었다.

"나는 미카엘 대천사의 요청에 따라 아담과 모든 성인들을 건져 올리기 위해 하데스(지옥의 왕)에게 내려갔다."고 말했다.

사도(바르톨로메오)가 "제가 들었던 그 목소리는 무엇입니까?"라고 물었다.

예수는 "그것은 하데스가 벨리아르(악마)에게 '사람이 아니라 신이 내려오고 있다.'고 한 말이다. 내가 5백 계단을 내려갔을 때, 하데스가 겁에 질려서 '하느님의 숨소리가 들리고, 그가 엄청난 향기를 뿌리며 오기 때문에 나는 견딜 수가 없다.'고 말했다. 그러나 악마는 '하데스여, 하느님이 지상에 내려오지 않았으니 굴복하지 말고 용기를 내시오.'라고 말했다. 그때 천사들이 '영광의 왕이 내려가시니 문을 열라.'고 고함쳤다.

악마가 하데스에게 지옥의 문들을 단단히 잠그라고 말했다. 하데스는 '소용도 없는 소리를 지껄이지 마라. 나의 배가 터졌고, 내 속이 고통스럽다. 하느님이 내려오는 것이 분명하다. 내가 어디로 도망칠 것이냐?'라고 말했다.

그래서 내가 안으로 들어가 그를 후려치고 절대로 풀리지 않는 쇠사슬로 묶었으며, 모든 선조들을 데리고 나와서 다시 십자가로 돌아갔다."고 대답했다.

바르톨로메오가 "저는 십자가에 매달린 주님을 다시 보았고, 죽은 사람들이 부활하여 주님을 숭배한 뒤에 자기들 무덤으로 돌아가는 것도 보았습니다. 그런데 천사들이 두 손으로 받들어서 위로 인도한 그 키가 가장 큰 사람은 누구입니까?"라고 말했다.

예수는 "그는 최초의 사람 아담이다. 그를 위해서 내가 하늘로부터 지상으로 내려왔던 것이다. 나는 그에게 '너와 네 자손들을 위해서 내가 십자가에 매달렸다.'고 말했다. 그 말에 그는 신음하면서 '주님의 뜻대로 하십시오.'라고 말했다."고 대답했다.

바르톨로메오가 "천사들이 모두 위로 올라가는데도 한 천사는 손에 불의 칼을 든 채 주님만 응시하면서 올라가지 않았는데, 그가 누구입니까?"라고 물었다.

예수는 "그는 나의 아버지의 옥좌 앞에 서 있는 복수의 천사로서 나에게 파견되었다. 그는 세상의 모든 권력들을 파괴하기 위해서 위로 올라가지 않았다. 그러나 내가 위로 올라가라고 명령하자, 그의 손에서 불길이 뿜어져나왔고, 성전의 휘장이 두 쪽으로 찢어졌는데, 그것은 나의 수난에 대하여 이스라엘의 자손들에게 증거로 보여주려는 것이었다."고 대답했다.

바르톨로메오가 "낙원에서 바쳐진 제물은 무엇입니까?"라고 물었다. 예수가 "그것은 오늘 육체를 떠나서 낙원으로 들어가는 정의로운 사람들의 영혼들이다."라고 대답했다. 바르톨로메오가 "하루에 몇 명이 이 세상을 떠나갑니까?"라고 물었다. 예수는 "3천 명이다."라고 대답했다. 바르톨로메오가 "주님은 전에 우리에게 말씀을 가르치고 있었을 때에도 낙원에서 제물을 받았습니까?"라고 물었다.

예수는 "나는 너희에게 말씀을 가르치는 동안에도 항상 아버지와 함께 낙원에 앉아서 제물을 받았다."라고 말했다.

바르톨로메오가 "매일 3천 명이 세상을 떠난다면, 그 가운데 정의로운 사람은 몇 명입니까?"라고 물었다. 예수가 "정의로운 사람은 53명이다."라고 대답했다. 바르톨로메오가 "어떻게 해서 3명만 낙원으로 들어갑니까?"라고 물었다. 예수가 "53명이 낙원 또는 아브라함의 품에 들어간다. 3명은 나머지 50명과 다르기 때문에, 나머지는 부활의 장소로 간다."라고 말했다.

바르톨로메오가 "죽는 사람보다 새로 태어나는 사람이 얼마나 많습니까?"라고 물었고, 예수는 "죽는 숫자보다 태어나는 숫자가 단 한 명 더 많다."라고 대답했다.

말을 마치자 예수는 그들을 축복한 뒤에 사라졌다.

그리스도의 탄생 경위

제2장

사도들이 케루빔(또는 켈토우라, 크리티르)이라는 장소에 마리아와 함께 있었다. 바르톨로메오가 베드로와 안드레아와 요한에게 가서 "이해가 불가능한 분을 그녀가 어떻게 임신했고, 출산될 수가 없는 분을 그녀가 어떻게 낳았으며, 그녀가 어떻게 이처럼 위대한 일을 했는지 물어봅시다."라고 말했다. 그러나 사도들이 주저했다. 바르톨로메오는 베드로에게 "당신은 우리들의 대표이고 나의 스승이니 가서 물어보십시오."라고 말했다. 모든 제자들이 의심하고 논쟁을 벌이고 있을 때, 바르톨로메오가 유쾌한 표정을 지으며 마리아에게 가까이 가서 "우리 사도들이 모두 알고 싶어하니 설명해주십시오."라고 말했다.

그러자 마리아가 "이 신비에 관해서 나에게 질문하지 마세요. 내가 그것을 말해준다면, 나의 입에서 불이 뿜어져나와 온 세상을 태워버릴 거예요."라고 말했다.

사도들이 계속해서 설명해달라고 졸라대자, 그녀가 "우리가 일어서서 기도합시다."라고 말했다. 사도들이 그녀 뒤에 서 있었다. 그녀는 베드로에게 "사도들의 대표이고 위대한 기둥인 베드로가 나의 뒤에 서 있으면 안 되지요. 남자의 머리는 그리스도고, 여자의 머리는 남자라고 주님이 말씀하셨지요. 그러니까 나의 앞에 서서 기도하세요."라고 말했다. 그러나 그들은 "주님이 자기 성전으로 당신을 선택했으니, 당신이 우리 기도의 대표가 되십시오."라고 말했다.

마리아가 기도를 마치고 나서, 사도들에게 "자, 모두 바닥에 앉읍시다. 사도들의 대표인 베드로는 내 오른쪽에 앉아서 팔을 내 겨드랑이에 넣으세요. 안드레아는 내 왼쪽에 앉아서 팔을 내 겨드랑이에 넣고, 총각인 요한은 내 젖가슴을 잡으세요. 바르톨로메오는 내가 말을 시작할 때 나의 뼈들이 흩어지지 않도록 무릎으로 내 등을 누르고 나의 두 어깨를 잡으세요."라고 말했다.

이윽고 그녀가 "내가 하느님의 성전에 살면서 천사로부터 음식을 받아먹고 있을 때, 하루는 천사의 모습을 했지만 그 얼굴은 알아볼 수가 없는 분이 나타났어요. 그는 다른 천사처럼 손에 빵이나 잔을 들지 않았어요. 그때 즉시 성전의 휘장이 찢어지고 엄청난 지진이 일어났는데, 나는 그를 도저히 쳐다볼 수가 없어서 땅에 엎드렸어요.

그러나 그가 손으로 나를 잡아서 일으켰고, 내가 하늘을 쳐다보자, 이슬 구름이 내려와서 나의 온몸에 이슬을 뿌려주었고, 그가 자기 옷자락으로 나를 닦아주었어요. 그리고 나에게 "선택된 그릇이고 무한한 은총을 받은 당신에게 인사드립니다."라고 말했어요.

그가 옷자락을 오른손에 탁 치자 대단히 큰 빵이 한 덩어리 나왔는데, 그 빵을 성전의 제대에 올려놓고는 자신이 먼저 먹고 나에게도 주었지요. 그 다음에 옷자락을 왼손에 탁 치자 포도주가 가득 찬 커다란 잔이 나왔고, 그는 그 잔을 성전의 제대 위에 놓고는 자신이 먼저 마시고 나에게도 주었어요. 그러나 빵과 포도주는 조금도 줄어들지 않았어요."라고 말했다.

마리아가 그렇게 말하고 있을 때 엄청난 불이 그녀의 입에서 뿜어져나왔고, 온 세상이 멸망하기 직전이 되었다. 그러나 예수가 갑자기 나타나서 그녀의 입을 막으며 "그 신비에 대해 말하지 마시오. 그렇지 않으면 내가 창조한 모든 것이 오늘 당장 멸망하고 말 것이오."라고 말했다. 그녀의 입에서 더 이상 불길이 나오지 않았다. 사도들은 주님이 자기들에게 화를 낼까 두려워했다.

예수가 사도들에게 무서운 심연을 보여준다

제3장

예수가 제자들을 데리고 마우리아(맘브레) 산으로 올라갔다. 그들은 두려워서 질문을 주저했다. 예수가 "7일 후에 내가 아버지에게 올라가고 너희가 더 이상 나를 보지 못할 테니, 무엇이든지 질문하라."고 말했다. 그러나 여전히 주저하면서 그들이 "주님이 약속하신 대로 깊은 심연을 보여주십시오."라고 말했다.

예수가 "너희가 심연을 들여다보는 것은 적절하지 않다. 그러나 약속을 했으니 자, 나를 따라와서 보라."고 말했다. 그는 제자들을 케루빔(또는 케루트, 또는 카이로우데에)이라고 하는 곳, 즉 진리의 장소로 데리고 갔다. 그가 서쪽의 천사들에게 명령하자, 땅이 한 권의 책처럼 펼쳐지고 심연이 모습을 드러냈다. 그것을 본 사도들은 땅에 엎드렸다. 그러나 예수가 그들을 일으키고는 "심연을 보는 것이 너희에게 적절하지 않다고 이미 말하지 않았느냐?"라고 말했다. 그는 천사들에게 심연을 다시 닫으라고 명령했다.

인류의 적인 벨리아르의 모습을 보여준다

제4장

그가 사도들을 다시 올리브 산으로 데리고 갔다. 베드로가 마리아에게 "당신은 은총을 가장 많이 받았으니, 주님에게 하늘에 있는 것들을 보여달라고 요청하십시오."라고 말했다. 마리아가 "주님이 자기 교회를 바위인 당신 위에 세웠으니, 당신이 가서 요청하세요."라고 대꾸했다. 베드로는 마리아에게 두 번 더 그렇게 말했다.

산꼭대기로 혼자 올라갔다가 예수가 다시 내려오자, 바르톨로메오가 "주님, 인류의 원수를 보여주십시오. 그의 모습과 일과 출처, 그리고 주님마저도 십자가에 매달리게 만든 그의 힘을 우리가 알고 싶습니다."라고 말했다.

예수가 "너는 대단한 용기를 가졌다. 너는 네 눈으로 쳐다볼 수도 없는 것을 보여달라고 한다."고 대꾸했다. 두려움에 휩싸인 바르톨로메오가 주님의 발 아래 엎드려서 "영원히 꺼지지 않는 등불이여, 영원한 빛의 창조자여… 저의 간청을 들어주십시오."라고 말했다.

예수가 "너희가 그를 보면, 너와 모든 사도들 그리고 마리아까지도 엎어져서 죽은 사람들처럼 될 것이다."라고 말했다. 그러나 그들은 보여달라고 말했다. 이윽고 예수가 그들을 올리브 산에서 데리고 내려가서 지옥(타르타루스)을 지키는 천사들을 분노에 찬 시선으로 노려보았고, 미카엘에게 하늘 꼭대기에서 나팔을 불라고 명령했다.

미카엘이 나팔을 불자 땅이 흔들리고 벨리아르가 올라왔다. 벨리아르는 660(또는 560, 또는 6064, 또는 6060)명의 천사들에 의해서 불타는 쇠사슬에 묶여 있었다. 그의 몸 길이는 1600(또는 1900)

큐비트고, 숨결의 길이는 40(또는 700, 또는 300, 또는 17)큐비트며, 날개 하나의 길이가 80큐비트였다.

그의 얼굴은 번갯불과 같고, 눈에는 암흑만 가득했다. 그 콧구멍에서는 썩은 냄새가 나는 연기가 나오고, 그의 입은 절벽의 동굴과 같았다.

사도들은 그를 보자 즉시 땅에 엎어져서 죽은 사람처럼 되었다. 그러나 예수가 다가가서 일으키고는 힘의 정신을 불어넣었다. 그리고 바르톨로메오에게 "자, 이리 와서 그의 목을 발로 밟아라. 그러면 그가 자기 일이 무엇이고 어떻게 사람들을 속였는지 말해줄 것이다."라고 말했다.

예수가 다른 사도들을 데리고 멀찌감치 떨어져 있었다. 바르톨로메오가 겁에 질려서 큰 소리로 "당신의 불멸의 왕국의 이름은 영원히 축복받았습니다."라고 외쳤다. 예수가 다시금 그의 목을 밟으라고 명령하자, 바르톨로메오가 재빨리 달려가서 발로 그의 목을 밟았다. 벨리아르가 온몸을 떨었다(적그리스도가 몸을 떨고는 분노에 가득 찼다)

그러자 바르톨로메오가 겁이 나서 달아나며 "주님의 옷자락(손수건)을 주면 제가 용기를 내서 그에게 다가갈 것입니다."라고 말했다. 그러나 주님은 "이것은 내가 십자가에 못박히기 전에 입었던 그런 옷이 아니기 때문에 네가 가질 수가 없다. …모든 것은 나의 이름으로 창조되었으니, 너는 나의 이름으로 그에게 가라."고 말했다. 바르톨로메오가 십자가를 긋고 나서 그에게 다가가 예수의 지시에 따라 그의 목을 발로 밟고 "너는 누구이고, 네 일은 무엇이냐?"고 물었다.

벨리아르는 "나의 최초의 이름은 사타나엘, 즉 하느님의 전령이었는데, 내가 하느님의 모습을 배척했을 때 사타나스, 즉 지옥을 지키는 천사라고 이름이 바뀌었다."라고 대답했다.

그리고 그는 "하느님이 하늘을 만든 뒤에 한 줌의 불을 가지고 제일 먼저 나를 창조했고, 그 다음에 미카엘을 만들었다. 우리는 성자의 의지와 성부의 동의로 창조된 것이다. 그 다음에 창조된 것이 가브리엘, 우리엘, 라파엘, 나타나엘(크사타나엘, 자타엘)이다.

일곱 층의 하늘에는 각각 1백만 명의 천사들이 있다.

북쪽의 바람을 맡은 천사는 카이로움인데, 그는 땅이 너무 축축해지지 않도록 습기를 조절한다. 북쪽을 맡은 천사는 오에르타(또는 알파타)인데, 세상이 너무 얼어붙지 않도록 횃불을 들고 있다.

남쪽을 맡은 천사는 케르코우타(또는 체다르)이다. 서남쪽을 맡은 천사는 나오우타인데, 그는 흰눈의 화살을 들어서 자기 입을 막는다. 그래서 자기 입에서 나오는 불이 온 세상을 태우지 못하도록 그 불을 끄는 것이다.

바다를 맡은 다른 천사가 있다. 그 이외에는 저기 서 있는 분이 허락하지 않으므로 내가 말해줄 수가 없다."고 말했다.

벨리아르는 "위선자, 배신자, 광대, 우상숭배자, 탐욕스러운 사람, 간통하는 사람, 마법사, 점쟁이, 기타 악마를 따르는 추종자들을 어떻게 처벌하는지 알고 싶은가?"라고 말했다. 바르톨로메오가 간략하게 설명하라고 명령했다.

벨리아르가 이를 딱딱 부딪치면서 갈아댈 때, 밑바닥 없는 구덩이에서부터 불타는 칼날이 달린 바퀴가 올라왔다. 그 칼에는 파이프들이 달려 있었다. 그 칼의 첫번째 파이프에는 탐욕으로 온갖 죄를 지은 사람들을 쳐넣고, 두번째 파이프에는 이웃사람들을 몰래 비방하는 배신자들을, 세번째에는 위선자들을, 나머지에는 사탄이 적당히 쳐넣는다고 했다(적그리스도는 심연에서 불타는 일곱 개의 칼을 가진 바퀴가 올라온다고 말했다. 첫번째 칼에는 점쟁이와 거짓 예언자들, 그리고 그들을 믿은 사람들이 들어가고, 두번째 칼에는 신을 모독한 사람들, 자살자들, 우상숭배자들이… 나머지 칼에는 위증을 한 사람들이 들어간다).

사탄은 "내가 마음대로만 할 수 있다면, 3일 만에 온 세상을 멸망시킬 것이다. 나도 그렇게는 못하고, 6백 명의 악마들도 못한다. 우리는 몸이 빠른 부하들이 많아서 그들에게 끝이 수십 갈래로 갈라진 갈고리를 가지고 사람들에게 각종 미끼를 던져서 영혼을 잡아들이게 만든다. 각종 미끼라고 하면, 술에 만취하는 것, 호탕한 웃음, 비방, 위선, 쾌락, 간음, 기타 사람들이 재산으로 저지르는 각종 죄악이다.

우박의 천사는 메르메오트다. 그 외의 천사들의 이름은 오노마타트, 도우트, 멜리오트, 카로우트, 그라파타스, 오에르타, 네포노스, 칼카토우라….

사탄이 어떻게 하늘에서 지상으로 추방되었는지 설명했다. 그는 세상의 여기저기를 돌아다니고 있었다. 하느님이 미카엘에게 "땅의 네 구석에서 흙 한 덩어리와 네 줄기의 강물에서 물을 가져오라."고 말했다. 하느님은 아담을 만들고, 자기 모습인 아담을 존중했으며, 미카엘이 아담을 숭배했다.

미카엘이 사탄에게 아담을 숭배하라고 말했다. 그러나 사탄은 "나는 불의 불이고 최초로 창조된 천사다. 내가 진흙과 물질을 숭배할 것 같은가?"라고 말했다. 미카엘은 그가 아담을 숭배하지 않으면 하느님이 화를 낼 것이라고 말했다. 그러자 사탄은 "그렇다면 내가 그의 옥좌보다 더 높은 곳에 나의 옥좌를 놓고, 내가 그와 동등하게 되겠다."고 말했다. 그래서 하느님이 분노하여 사탄을 추방했다. 나의 부하 6백 명도 아담에 대한 숭배를 거부하여 추방되었다.

지상에 추방된 그들은 40년 동안 혼수상태였다. 불보다 일곱 배가 밝은 태양이 비칠 때 사탄이 갑자기 잠에서 깨어났다. 그는 자기 아들 살프산을 깨웠고, 자기가 하늘에서 추방된 원인이 된 사람을 어떻게 속일까 의논했다.

그는 자기 가슴의 땀과 겨드랑이 털을 약병에 넣은 뒤, 네 줄기의 강물이 흘러나가는 곳의 샘에 풀었다. 하와가 그 물을 마시자 욕망이 생겼다. 하와가 그 물을 마시지 않았더라면, 사탄은 그녀를 속일 수가 없었을 것이다.

바르톨로메오가 사탄에게 지옥으로 돌아가라고 명령했다.

바르톨로메오가 주님에게 "이 신비들을 모든 사람에게 알려도 괜찮은지요?"라고 물었다.

예수가 "비밀을 지킬 줄 아는 사람들에게는 알려주어도 좋다. 그러나 주정뱅이, 오만한 사람, 무자비한 사람, 우상숭배자, 간음하는 사람, 비방하는 사람, 어리석음을 전파하는 사람, 악마의 앞잡이 등에게는 알려줄 가치가 없다. 이 신비들을 비밀로 지킬 수 있는 사람들은 나의 심판 날에 무엇이든지 보상을 받을 것이다."라고 대답했다.

성령을 모독하는 죄와 결혼에 관하여

제5장

바르톨로메오가 주님에게 "가장 큰 죄는 무엇입니까?"라고 물었다. 예수는 "위선과 비방이 가장 큰 죄다. 무슨 죄든지 다 용서를 받지만, 성령을 모독하는 죄는 용서를 받지 못할 것이다."라고 대답했다.

성령을 모독하는 죄에 대해서 예수는 "하느님을 섬기는 사람에 대해서 그를 해치는 나쁜 말을 하는 것이 성령을 모독하는 죄다.

하느님의 머리에 걸고 맹세하는 사람, 비록 진리를 말한다 해도 거짓 맹세를 하는 사람은 재앙을 받았다. 왜냐하면 하느님은 머리가 열둘이고, 그는 진리이며, 그에게는 거짓말이 없고, 헛된 맹세가 없기 때문이다. 그러므로 너희는 온 세상에 진리만 전파하라."고 말했다.

예수는 "육체의 욕망이 온다면, 그는 결혼하는 것이 좋다. 결혼한 사람이 착하게 살고 십일조를 바친다면, 1백 배로 보상을 받을 것이다. 재혼은 선행을 열심히 하고 십일조를 바친다는 조건 아래에서 합법적이다. 그러나 세번째 결혼은 옳지 않다. 세번씩이나 결혼하는 사람은 하느님을 섬길 자격이 없다. 독신이 가장 좋다.

나는 너희에게서 떠나가지 않고 성령을 준다.

예수 그리스도의 부활에 관한 책

제6장

아리마태아의 요셉이 예수의 시체를 묻었다. 죽음이 아만테(지옥)에게 가서 새로 도착한 사람이 누구냐고 물었다. 그리고 죽음이 뱀의 모습으로 자기 아들 여섯 명을 데리고 예수의 무덤으로 갔다. 둘째 날, 즉 일요일에 예수는 얼굴과 머리를 수건으로 가린 채 누워 있었다.

죽음이 자기 아들 전염병에게 지옥에서 일어난 소동에 관해서 설명했다. 그리고 예수의 몸에게 "너는 누구냐?"라고 물었다. 예수가 얼굴에서 수건을 치우고 죽음의 얼굴을 쳐다보고는 웃음을 터뜨렸다. 죽음과 그 아들들이 달아났다가 다시 돌아왔다. 죽음이 다시금 질문했다.

그러자 예수가 일어나서 케루빔의 전투용 마차를 타고 지옥문을

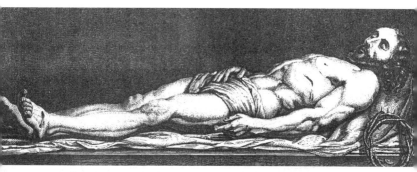

예수의 죽음. 필립 드 샤파뉴 작, 17세기

부수고 들어가 벨리아르와 멜키르 등의 악마를 사로잡고 아담과 거룩한 영혼들을 구출했다.

그 다음에 그는 유다스 이스카리오트에게 가서 호되게 야단을 치고는 서른 가지의 죄목을 열거했다.

예수가 죽은 사람들 가운데서 부활했다. 압바톤(죽음)과 전염병이 아만테에 가서 지원하려고 했지만, 이미 지옥은 텅 비었고, 헤로데, 카인, 유다스 등 세 명만 거기 남아 있었다.

일요일 아침 일찍 여인들이 무덤으로 갔는데, 그들은 마리아 막달레나, 사탄의 손에서 예수가 구출해준 야고보의 어머니 마리아, 예수를 유혹했던 살로메, 예수를 섬겼던 마리아와 그의 동생 마르타, 결혼은 했지만 독신생활을 선포한 쿠자의 아내 요안나, 가파르나움에서 하혈을 치유받은 베레니체, 나인에서 아들의 부활을 본과부 레아, 그리고 예수가 "너의 수많은 죄가 용서받았다."고 말한그 여인이었다.

그녀들은 모두 필로제네스의 정원에 있었다. 필로제네스의 아들 시메온은 예수가 사도들과 함께 올리브 산에서 내려왔을 때 그의 병을 치료해주었다.

마리아가 필로제네스에게 "저는 당신을 압니다."라고 말했다. 그러자 그는 "당신은 탈카마리마트, 즉 기쁨과 축복과 희열의 어머니 마리아입니다."라고 말했다. 마리아가 "당신이 그를 다른 데로 운반했다면 그 장소를 가르쳐주십시오. 제가 그를 모시겠습니다."라고 말했다. 그는 유대인들이 예수의 시체를 도둑맞지 않도록 자기 정원의 무덤에 봉인을 하고 떠났는데, 한밤중에 일어나서 가보니 케루빔, 세라핌, 권능천사, 처녀천사 등 모든 계급의 천사들을 발견했다고 말했다. 그리고 하늘이 열리고, 성부가 예수를 부활시켰다고 말했다. 베드로도 그 자리에 있다가 필로제네스를 부축했는데, 만일 부축하지 않았더라면 그는 죽었을 것이다.

그러자 예수가 성부의 전투용 마차를 타고 나타나서 마리아에게 "하느님의 아들의 어머니 마리아여."라고 말했다. 마리아가 "전능하신 하느님의 아들, 나의 주님, 나의 아들이여."라고 말했다. 예수가 마리아에게 "내가 나의 아버지 그리고 너희들의 아버지에게 올라간다고 나의 형제들에게 전하라."고 말했다. 마리아가 "내가 당신 몸을 만질 수가 없다면, 적어도 당신이 거처했던 나의 몸을 축복해주십시오."라고 말했다.

거룩한 사도들인 나의 형제들이여, 나의 말을 믿어주십시오. 나 바르톨로메오는 케루빔의 전투용 마차를 탄 하느님의 아들을 보았습니다. 주님은 마리아의 몸을 축복했습니다.

마리아가 사도들에게 주님의 말씀을 전했고, 베드로가 그녀를 축복했으며, 모두 기뻐했다.

예수와 구원된 영혼들이 승천하고 성부가 그에게 왕관을 씌워주었다. 바르톨로메오는 자기 아들 타데우스에게 이 책을 불순한 사람들의 손에 들어가지 못하게 하라고 말했다.

사도들은 바르톨로메오에게 하느님의 신비들의 사도라는 명칭을 주었다. 그는 이탈리아 사람, 정원사, 야채장수였다. 그리고 그 도시의 총독인 히에로크라테스의 정원에서 일했다.

그때 예수가 우리를 올리브 산으로 데리고 올라가서 우리가 모르는 외국어로 "아네타라트(또는 아타라트 타우라트)"라고 말했다. 그러자 하늘이 열리고 우리는 일곱번째 하늘로 올라갔다.

성부와 성자와 성령이 베드로의 머리에 안수하고 그를 온 세상의 대주교로 만들었다. 다른 사도들도 각각 안수를 받았다.

성부가 사도들과 마리아를 위로하기 위해서 성자를 갈릴리로 보냈다. 예수가 그들을 축복하고 자기 상처를 보여주었다.

그때 토마스는 자기 아들 시오파네스(또는 테오파네스)가 죽었다는 소식을 들어서 사도들과 함께 있지 못했다. 아들이 죽은 지 7일이 지나 그가 무덤으로 가서 아들을 부활시켰다. 토마스가 아들을 데리고 도시로 들어가 1만 2천 명에게 세례를 주었다. 그리고 거기에 교회를 짓고 시오파네스를 주교로 임명했다.

그리고 구름을 타고 올리브 산으로 가서 사도들을 만났다. 예수가 다시 나타나서 그에게 자기 상처를 만져보게 한 뒤, 다시 하늘로 올라갔다. 이것은 예수가 부활한 뒤에 두번째 제자들에게 나타난 것이다.

베드로가 사도들에게 "우리가 헤어지기 전에 제물을 바칩시다."라고 말했다. 그들은 빵과 잔과 향을 준비했다. 베드로가 제물 앞에 서고, 다른 사도들은 식탁을 둘러쌌다. 그들이 그의 몸인 빵을 쪼갰다. 그러자 예수의 피가 마치 산 사람의 피처럼 흘러나와 잔에 받았다.

베드로가 주님을 찬미했다. 그들은 예수의 살과 피를 나누고 헤어져서 말씀을 전파했다.

예수와 사도들이 식탁에 앉았다. 예수가 생선을 들었다. 마티아스가 수탉 구이가 든 접시를 앞에 놓고는 예수에게 언제 어떻게 닭을 죽이는지 물었다. 유대인들이 "당신 스승의 피가 이 수탉의 피처럼 흘려질 것이오."라고 말했다. 예수가 웃으면서 그 말이 맞는다고 했다. 이어서 그는 수탉에게 다시 살아나서 날아가고 "그들이 나를 넘겨주는 날을 선언하라."고 말했다. 수탉이 살아서 날아갔다.

아나니아스가 십자가로 달려가서 예수가 아니라 자기를 못박으라고 말했다. 그러자 십자가에서 한 목소리가 들렸는데, 아나니아스는 그 영혼이 아만테(지옥)에 가지도 않고, 그 몸은 썩지도 않을 것이라고 말했다. 사제들이 아나니아스를 죽이려고 했지만 실패했다. 그들은 그를 불에 넣었는데, 3일 밤낮 동안 무사했다. 드디어 그는 창에 찔려서 죽었다. 예수가 그의 영혼을 하늘 나라에 받아들였다.

예언자 이사야의 승천

일곱 층의 하늘을 차례로 여행한 이사야

해설

이 문헌은 이사야의 순교와 승천 두 부분으로 구성되어
있다. 순교 부분은 유대인의 전통에 따른 것으로 기원전 2세
기에서 서기 1세기 사이에 유대인이 히브리어로 저술했고,
승천 부분은 그리스도교 계시록의 전통에 따라 2세기 후반
에 알렉산드리아에서 저술된 것으로 추정된다.

이사야의 순교 부분은 쿰란 공동체에서 유래한다는 주장
도 있다. 그리고 이 문헌이 광범위하게 전파된 것은 마니케
아파의 활동의 결과라고도 한다. 이사야가 환상 속에서 지
옥과 낙원을 여행하는 장면은 단테의 〈신곡〉의 내용과 너무
나 비슷하다.

본문 전체를 전해주는 것은 이디오피아어로 된 필사본뿐
이고, 일부 내용만 전해주는 것으로는 고대 콥트어, 그리스
어, 고대 슬라브어, 라틴어로 된 필사본 등이 있다.

이사야가 자기의 순교를 예언한다

제1장

1. 유대 왕 헤제키아의 재위 26년(또는 16년)이 되던 해에 왕이 외아들 마나쎄를 불렀다.

2. 왕은 아모스의 아들이며 예언자인 이사야, 이사야의 아들인 야숩이 있는 곳으로 자기 아들을 불러서, 자기가 본 정의로움의 말들(구원의 말들, 즉 진리),

3. 영원한 심판과 지옥의 형벌, 이 세상의 지배자(사탄), 그 지배자의 부하(악마)들, 권위와 권력,

4. 그리고 자기가 병들었을 때인 재위 15년째 되는 해에 본 사랑스러운 분에 관한 신앙의 말씀들을 그에게 전해주려고 했다.

5. 왕은 율법학자 세브나가 기록했고 이사야가 예언서들과 함께 자기에게 전해준 말씀의 책을 아들에게 전해주었는데, 그것은 천사들의 심판, 이 세상의 멸망, 정의로운 사람들의 옷, 사랑스러운 분의 출현과 변모와 박해와 승천에 관한 것으로서 자기가 왕궁에서 본 것들이었다.

6. 이사야는 헤제키아 왕 재위 20년 되는 해에 이 예언의 말들을 보았고, 자기 아들 야숩에게 전해주었다.

7. 이사야는 마나쎄가 없는 자리에서 헤제키아 왕에게만 그 예언을 전했고, "이 모든 계명과 말씀들은 당신의 아들 마나쎄에게 아무런 가치도 없고, 나는 그의 난폭한 손에 고문을 받고 죽을 것입니다.

8. 삼마엘 말키라(사탄)는 마나쎄가 원하는 대로 모든 일을 처리하면서 그를 섬길 것이고, 그(마나쎄)는 내가 아니라 벨리아르(악마)의 추종자가 될 것입니다.

9. 그는 예루살렘과 유대의 많은 사람을 참된 신앙에서 떨어져나가게 만들고, 벨리아르가 그의 안에 머물고, 그의 손이 나를 톱으로 잘라버릴 것입니다."라고 말했다.

10. 그 말을 들은 헤제키아 왕이 비통하게 울부짖으며 옷을 찢고, 흙을 머리에 뿌리며 엎드렸다.

11. 이사야가 "마나쎄에 대한 삼마엘의 계획은 이미 결정되었고, 당신은 어쩔 도리가 없습니다."라고 말했다.

12. 왕이 그날 자기 아들을 죽이기로 결심했다.

13. 그러나 이사야가 "사랑스러운 분이 당신의 계획을 좌절시키고, 당신의 생각이 실현되지 못하게 할 것입니다. 왜냐하면 나는 이렇게 될 소명을 받았고, 또한 사랑스러운 분의 상속의 몫에 참여해야만 하기 때문입니다."라고 말했다.

이스라엘의 배교와 무법천지

제2장

1. 헤제키아에 이어서 왕이 된 마나쎄는 아버지가 남긴 계명들을 망각했고, 삼마엘이 그에게 찰싹 달라붙었다.

2. 그래서 그는 하느님을 섬기지 않고, 사탄과 그의 부하들을 섬겼다.

3. 그는 또한 자기 아버지의 집이 지혜의 말씀과 하느님을 섬기는 일에서 멀어지게 만들었다.

4. 이 세상을 다스리는 불의의 왕 벨리아르는 마탄부쿠스라는 이름도 가지고 있는데, 마나쎄는 이 벨리아르의 하인이 되었다. 벨리아르는 마나쎄를 부추겨서 배교와 무법이 예루살렘에서부터 널리

퍼지게 만들었다.

5. 마술이 판치고, 새들이 날아가는 것을 보고 점치는 일이 증가했다. 점쟁이들이 날뛰고, 간음과 간통이 증가했으며, 마나쎄, 벨키라, 가나안 사람 토비아, 아나토트의 요한, 자도크가 정의로운 사람들을 박해했다.

6. 나머지 내용들은 유다와 이스라엘 왕들의 책에 기록되어 있다.

7. 예루살렘에서 벌어지는 사악한 행동들과 사탄 숭배와 그 횡포를 본 이사야는 예루살렘을 떠나 유대 지방의 베들레헴에 자리를 잡았다.

8. 그러나 거기서도 무법이 판을 치고 있었다. 그래서 그는 사막 지방의 산 속으로 갔다.

9. 예언자 미카야, 아나니아스 노인, 요엘, 하바꾹, 그의 아들 야숩, 그리고 승천을 믿는 수많은 신자들이 그를 따라서 산속에 자리 잡았다.

10. 그들은 모두 거친 옷을 입은 예언자들이었다. 그들은 거의 벌거벗은 채로 살고 이스라엘의 배교에 대해서 한없이 통곡했다.

11. 그들은 산에서 채집하는 야생풀 이외에 먹을 것이 전혀 없었고, 그것을 요리해서 이사야와 함께 먹었다. 그렇게 2년을 산과 언덕에서 지냈다.

12. 그들이 사막에서 그렇게 2년을 지냈을 때, 제데키아 가문의 케나안의 아들이며 거짓 예언자인 벨키라가 사마리아에 나타났다. 그는 베들레헴에서 살고 있었다. 그의 작은 아버지 카나니의 아들인 헤제키아는 이스라엘의 왕 아합 시절에 바알신의 예언자를 4백 명 가르쳤고, 제데키아는 이믈라의 아들이자 예언자인 미카야를 때리고 욕했다.

13. 미카야는 또한 아합 왕한테 욕을 먹고 감옥에 갇혔다. 거짓 예언자 제데키아의 가문은 셈모마에 있는 아합의 아들 아하지아의

패거리에 속해 있었다.

14. 그러나 길레아드 지방의 티스베 출신인 예언자 엘리야는 아하지아와 사마리아를 꾸짖었다. 또한 아하지아가 병이 들어서 자기 침대에서 죽을 것이고, 사마리아는 예언자들을 살해했기 때문에 살마나쎄르의 손에 넘겨질 것이라고 예언했다.

15. 아하지아와 함께 있던 거짓 예언자들과 그들의 스승이자 요엘(또는 이스라엘) 산에서 나온 얄라리아스가 그 예언을 들었는데,

16. 제데키아의 형제인 얄라리아스(또는 벨키라)와 그들은 고모라의 왕 아하지아를 설득하여 미카야를 살해했다.

왕이 이사야를 체포한다

제3장

1. 베들레헴에서 살면서 마나쎄를 섬기던 벨키라가 이사야와 다른 예언자들이 사는 곳을 알아냈다. 그는 사마리아 출신인데도 거짓 예언자로 예루살렘에 가서 수많은 추종자를 얻었다.

2. 아시리아의 왕 살마나쎄르가 침입하여 사마리아를 점령하고 아합과 절반의 지파들을 포로로 한 뒤에 그들을 메데스 산맥과 고잔 강으로 끌고 갔다.

3. 벨키라는 젊었을 때 포로생활에서 탈출하여 유대의 왕 헤제키아 시절에 예루살렘에 도착했는데, 왕을 무서워해서 사마리아의 자기 아버지의 길을 걷지 않았다.

5. 그러나 그는 예루살렘에서 신앙을 모독하는 연설을 했고, 왕의 하인들에게 고발당하자 베들레헴 지방으로 달아났다. 그들이 설득하여…

6. 이제 그 벨키라가 이사야와 예언자들을 비난하고 "이사야와 그 무리는 예루살렘과 유대의 도시들이 황폐하게 되고, 유대와 벤야민의 자손들이 노예가 되며, 폐하께서 갈고리와 쇠사슬에 묶여서 끌려갈 것이라고 예언합니다.

7. 그러나 그들은 이스라엘과 유대에 대해서 거짓 예언을 하고,

8. 이사야는 '내가 모세보다도 더 많은 것을 본다.' 고 말했다.

9. 그러나 모세는 '하느님을 보고 나서도 살아 있을 수 있는 사람은 아무도 없다.' 고 말했는데도, 이사야는 '나는 하느님을 보았고, 지금도 살아 있다.' 고 말했다.

10. 그러므로 그는 거짓말쟁이인데다가 예루살렘을 고모라, 유대와 예루살렘의 지도층을 고모라의 백성이라고 불렀습니다." 라고 말했다. 그는 마나쎄 왕에게 여러 가지 다른 죄목들도 열거했다.

11. 벨리아르(악마)는 마나쎄 왕, 유대와 베냐민의 지배층, 환관들과 신하들의 가슴에 머물러 있었다.

12. 벨키라의 말을 듣고 더없이 만족한 왕이 군사들을 보내어 이사야를 체포했다.

13. 벨리아르가 이사야를 극도로 미워한 것은 여러 가지 이유 때문이다. 즉 이사야는 환상을 보았고, 삼마엘(사탄)을 폭로했으며, 사랑스러운 분이 일곱번째 하늘에서 사람의 모습으로 지상에 내려와 이스라엘의 자녀들로부터 박해와 고문을 당할 것이라고 밝혔다. 그리고 이사야는 열두 명의 사도들이 사랑스러운 분의 가르침을 받고, 그분이 안식일에 앞서서 죄수들과 함께 십자가에 못박히고, 무덤에 묻히고,

14. 열두 명의 사도들은 그분 때문에 박해를 받을 것이라고 알렸다. 그는 또한 군사들이 무덤을 지키고,

15. 그분이 마지막 날에 불러낼 교회의 천사가 하늘에서 지상으로 내려오고,

16. 성령의 천사인 미카엘이 3일째 되는 날 무덤을 열고,

17. 사랑스러운 분이 천사들의 어깨를 타고 와서 열두 명의 사도들을 파견하며,

18. 그들이 모든 나라의 말로 모든 사람에게 그분의 부활을 가르쳐주고, 십자가를 믿는 사람은 구원을 받으며, 그분은 자기가 출발했던 일곱번째 하늘로 되돌아가고,

19. 그분을 믿는 많은 사람들은 성령의 힘으로 말하고,

20. 무수한 기적들이 일어날 것이라고 알렸다.

21. 그는 또한 그분의 재림이 임박했을 때, 그의 제자들이 열두 사도들의 가르침과 그들의 신앙과 사랑과 순결을 버리고,

22. 그분의 재림에 관해서 논쟁이 벌어질 것이라고 알렸다.

23. 그때에는 지혜도 없는 수많은 사람이 높은 자리를 탐내고,

24. 수많은 장로들이 무법의 난폭한 목자가 되어 양떼를 잡아먹을 것이고, 양떼에게는 거룩한 목자가 없을 것이다.

25. 많은 사람이 성인들의 옷의 영광을 탐욕자의 옷과 바꾸고, 정실주의와 속세의 명예욕이 판칠 것이다.

26. 주님이 나타날 무렵에는 비방과 자만이 휩쓸고, 성령이 수많은 사람에게서 떠날 것이다.

27. 그때에는 예언자들이 별로 없고, 신뢰할 만한 말을 하는 사람도 매우 드물 것인데,

28. 그것은 그분의 제자라고 불리는 사람들 안에 오류의 정신, 간음, 자만, 탐욕이 자리잡고 있기 때문이다.

29. 제자들 사이에, 목자들과 장로들 사이에 격심한 불화가 발생할 것인데,

30. 그것은 지독한 질투가 판치고, 각자는 자기 눈에 그럴듯하게 보이는 것을 마구 떠들어대기 때문이다.

31. 그들은 또한 나보다 먼저 온 예언자들의 예언을 무시하고, 나

의 이 환상에 대해서도 주의를 기울이지 않을 것이다.

이 세상의 지배자

제4장

1. 헤제키아와 나의 아들 야숩아, 세상의 종말은 이런 것들이다.

2. 세상이 종말을 맞이하면 태초부터 이 세상을 다스려온 대왕인 벨리아르가 내려올 것이다. 하늘에서 사람의 모습으로 내려오는 그는 무법의 왕, 자기 어머니의 살해자인데,

3. 지금 다스리는 이 왕마저도 사랑스러운 분의 열두 사도들이 심은 나무마저도 박해하고, 열두 사도 가운데 한 명이 이 왕의 손에 넘겨질 것이다.

4. 이 세상의 지배자는 이렇게 그 왕의 모습으로 오고, 이 세상의 모든 권력이 그와 함께 올 것이며, 그들은 그가 원하는 대로 모든 것에 복종할 것이다.

5. 그의 말에 따라 해가 밤에 떠오르고, 달이 6시에 빛날 것이다.

6. 그는 자기가 원하는 것을 모두 이 세상에서 이룩할 것이다. 그는 사랑스러운 분의 이름으로 행동하고 말하며, '나는 하느님이고, 내 앞에는 다른 신이 하나도 없다.'고 말할 것이다.

7. 온 세상의 모든 사람이 그를 믿을 것이고,

8. 그에게 제물을 바치고 섬기면서 '이분이 하느님이고, 그 외에 다른 신은 없다.'고 말할 것이다.

9. 사랑스러운 분을 모시려고 단결했던 사람들이 대부분 그에게 가서 붙고,

10. 그의 기적의 힘이 모든 도시와 지역에서 나타나고,

11. 그는 자기 초상을 모든 도시에 내걸 것이다.

12. 그는 3년 7개월 27일 동안 다스릴 것이다.

13. 나 이사야는 십자가에 못박혔고 승천한 예수 그리스도를 보았는데, 그를 보고 희망을 걸었던 수많은 신자와 성인들 가운데 극소수만이 사막에서 사막으로 달아나고, 그가 오기를 기다리면서 여전히 신자로 남을 것이다.

14. 그리고 1332일이 지나면 주님이 천사들과 성인들의 대군을 거느린 채 일곱번째 하늘의 영광과 함께 일곱번째 하늘로부터 올 것이다. 그는 벨리아르와 그의 군대를 게헤나(지옥)에 처넣을 것이다.

15. 그리고 이 세상에 살아남은 경건한 사람들이 편안하게 살도록 해주고, 태양은 수치 때문에 붉은색으로 변할 것이다.

16. 또한 그에 대한 신앙을 통해서 벨리아르와 그의 왕들을 저주했던 사람들에게도 평안함을 줄 것이다. 성인들은 일곱번째 하늘에 저장되었던 옷을 입고 주님과 함께 지상에 내려와 살 것이다. 그리고 지상에서 살아남았던 사람들은 성인들의 모습에 힘을 얻고, 세상을 경계했던 사람들을 주님이 다스릴 것이다.

17. 그 뒤에 그들이 하늘로 올라갈 것인데, 그들의 육체는 이 세상에 남을 것이다.

18. 그러면 사랑스러운 분의 분노에 찬 목소리가 이 하늘과 땅, 산과 언덕, 도시, 사막과 숲, 태양의 천사들과 달의 천사들, 그리고 벨리아르가 자신을 드러내고 이 세상에서 활동하는 데 이용되었던 모든 것들을 질책하고, 그때 그들 가운데서 부활과 심판이 있을 것이다. 그리고 사랑스러운 분이 불을 뿜어서, 그 불이 불경스러운 사람들을, 마치 그들이 태어나지 않았던 것처럼 태워버리게 할 것이다.

19. 나머지 환상의 말들은 바빌론에 관한 환상에 기록되어 있다.

20. 주님의 환상의 나머지는 내가 공개적으로 선포한 책에 기록

된 비유들 속에 들어 있다.

21. 사랑스러운 분이 죽은 사람들의 세계로 내려간 일은 주님이 "보라, 나의 하인은 지혜롭다."고 말한 그 부분에 기록되어 있다. 그리고 보라, 이 모든 일들은 다윗의 시편, 그의 아들 솔로몬의 말, 이스라엘 사람인 코라와 에탄의 말, 아사프의 말, 그리고 천사의 지도를 받은 무명작가들의 시편, 나의 아버지인 아모스의 말, 그리고 호세아, 미가, 요엘, 나훔, 요나, 오바디야, 하바꾹, 하께, 스바니야, 즈가리야, 말라기 등 예언자들의 말, 정의로운 요셉의 말, 다니엘의 말에 기록되어 있다.

그들이 이사야의 몸을 톱으로 자른다

제5장

1. 그러므로 이 환상 때문에 벨리아르가 이사야에 대해서 격분했고, 이사야는 나무를 자르는 톱에 잘렸다.

2. 이사야의 몸이 톱으로 잘릴 때, 벨키라와 모든 거짓 예언자들이 옆에서 구경하면서 웃고 기뻐했다.

3. 벨키라가 메켐부쿠스와 함께 이사야 앞에 서서 그를 조롱했다.

4. 그리고 이사야에게 "'나의 말은 모두 거짓말이다. 마나쎄의 길은 선하고 옳고, 벨키라와 그 동료들의 길도 옳은 것이다.' 라고 말하라."고 명령했다.

5. 그 말은 그들이 이사야의 몸을 톱으로 자르기 시작할 때 한 것이다.

7. 그러나 이사야는 주님의 환상에 몰두하였기 때문에, 눈을 뜨고 있기는 했어도 그들이 보이지 않았다.

8. 벨키라는 이사야가 자기가 시키는 대로 말을 하면 살려주겠다고 약속했다.

9. 이사야는 "너는 내 육체의 피부밖에는 가져갈 수가 없으니,

10. 너와 너의 모든 힘과 집안 전체가 저주를 받아라."하고 대꾸했다.

13. 그리고 자기를 따르던 예언자들에게는 "하느님이 나에게만 잔을 마련해주었으니 너희는 티르와 시돈 지방으로 가라."고 말했다.

14. 몸이 톱으로 잘리면서도 그는 비명을 지르지도 울지도 않았고, 그의 입은 몸이 두 동강 나도록 성령과 대화를 계속했다.

아모스의 아들 이사야가 본 환상

제6장

1. 유대의 왕 헤제키아 재위 20년에 이사야와 그의 아들 야숩이 길갈에서 예루살렘으로 갔다.

2. 그리고 그는 왕의 의자에 앉았는데, 사람들이 다른 의자를 가져왔지만 거기 앉으려고 하지 않았다.

3. 그래서 그가 헤제키아 왕에게 신앙과 정의로움에 관해서 말하기 시작했다. 그 자리에는 이스라엘의 모든 지배자들과 환관들과 왕의 신하들이 있었다. 또한 전국 각지에서 모여든 사십 명의 예언자와 그 아들들이 있었다.

4-5. 그들은 이사야의 말을 듣기 위해서, 그리고 이사야로부터 머리에 안수를 받아 자기들이 예언을 하고 그 예언을 이사야가 들어주기를 바라고 모여든 것이다.

6. 그들은 누군가가 문을 여는 소리와 성령의 목소리를 듣고는

8. 즉시 무릎을 꿇고 정의로운 하느님을 숭배하고 찬미했다.

9. 그리고 또한 그러한 문(말씀의 문)을 지상에서 사람에게 허락해준 분에게 감사했다.

10. 이사야가 모든 사람 앞에서 성령에 따라 말하다가 갑자기 말을 중단했는데, 그의 의식이 육체를 떠나 앞에 있는 사람들을 보지 못하게 되었다.

11. 두 눈은 뜨고 있지만 입에서는 말이 나오지 않았다.

12. 숨은 여전히 쉬면서 환상을 보고 있었던 것이다.

13. 이 세상의 하늘이나 영광의 천사들에게 속하지 않고, 일곱번째 하늘에서 오는 그 환상을 이사야에게 보여주기 위해서 천사가 파견되었다.

14. 예언자들을 제외한 다른 사람들은 그가 죽은 줄로 알았다.

15. 그가 본 환상은 이 세상의 것이 아니고, 모든 육체에게 숨겨진 것이었다.

16. 그는 환상을 본 뒤에 그것을 헤제키아와 자기 아들 야숩과 다른 예언자들에게 가르쳐주었다.

17. 그러나 정의로움을 실천하고 영혼의 향기를 지닌 사람들, 즉 율법학자 세브나와 요아킴과 역사기록자 아사프를 제외한 다른 지도자들과 환관들과 백성들은 그의 말을 듣지 못하였다.

일곱번째 하늘에서 파견된 천사

제7장

2. 그때 나는 매우 고귀한 천사를 보았다. 그는 내가 평소에 늘 보던 천사들의 영광이 아니라, 더욱 위대한 영광과 영예를 지니고 있어서 말로 표현할 수가 없었다.

3. 그가 나의 손을 잡고 위로 올라갈 때, 내가 "당신은 누구이며, 이름은 무엇이고, 나를 어디로 데리고 가는 것입니까?"라고 물었다.

4. 그는 "점차 위로 올라가서 당신이 환상을 보고 나면 내가 누구인지 알게 될 거요.

5. 그러나 당신은 다시 이 육체로 돌아와야 하기 때문에, 나의 이름은 알 수가 없을 것이오."라고 대답했다.

6. 그가 친절하게 말해주어서 나는 매우 기뻤다.

7. 그는 "당신은 나보다 더 위대한 분을 볼 것이고, 그는 당신에게 친절하고 평화롭게 말할 것이오.

8. 그리고 당신은 그의 아버지도 볼 것이오. 나는 당신에게 모든 것을 설명하기 위해서 일곱번째 하늘에서 파견되었소."라고 말했다.

9. 우리는 지상의 하늘로 올라갔는데, 거기서 나는 삼마엘과 그의 군대를 보았고, 그를 질투하는 사탄의 천사들과 격전을 벌이는 것도 보았다.

10. 하늘에서 벌어지는 것과 똑같이 지상에서도 전쟁이 벌어졌다.

12. 천사는 나에게 "태초부터 시작된 이 질투와 전쟁은 그분이 와서 사탄을 멸망시킬 때까지 계속될 것이오."라고 말했다.

13. 그는 나를 첫번째 하늘로 데려갔다.

14. 나는 거기서 좌우에 천사들이 늘어선 옥좌를 보았다.

15. 왼쪽의 천사들은 오른쪽의 천사들보다 영광이 적고 찬미가도

우렁차지 못했다.

17. 천사는 그들이 일곱번째 하늘에 있는 그분을 찬미하고 있다고 말했다.

18. 그는 나를 두번째 하늘로 올렸는데, 그 하늘의 높이는 지상에서 첫번째 하늘의 높이와 같았다.

19. 거기에도 첫번째 하늘과 마찬가지로 좌우에 천사들이 늘어선 옥좌가 있고, 옥좌에 앉은 사람은 영광이 가장 많았다.

20. 두번째 하늘의 영광은 첫번째 하늘보다 더 컸다.

21. 내가 엎드려서 옥좌에 앉은 사람을 숭배하려고 하자 천사가 허락하지 않았고, "어떠한 천사도 여섯 층의 하늘에 있는 옥좌도 숭배하지 마시오.

22. 왜냐하면 모든 하늘과 천사들 그 위에 당신의 옥좌와 옷과 왕관이 있기 때문이오."라고 말했다.

23. 가장 높으신 분과 그의 사랑스러운 분을 사랑하는 사람들이 성령의 천사의 인도로 사후에 그런 옥좌를 차지하러 위로 올라가는 것에 대해서 나는 더없이 기뻤다.

24. 세번째 하늘로 올라갔는데, 거기에도 좌우에 천사들이 늘어선 옥좌가 있었다. 그러나 거기서는 이 세상의 일을 기억할 수가 없었다.

25. 하늘에서 하늘로 점점 위로 올라갈수록 나의 얼굴의 영광이 변모했기 때문에, 나는 천사에게 "저 아래 세상의 허무한 것은 여기서 전혀 기억할 가치가 없소."라고 말했다.

26. 그는 "약점 때문에 하나도 기억할 가치가 없고, 또 이미 일어난 것은 여기서 하나도 감추어지는 것이 없지요."라고 대답했다.

27. 나는 모든 것이 어떻게 드러나는지 물었지만, 그는 "일곱번째 하늘에 올라가면 옥좌들과 천사들과 하늘에 사는 사람들에게 아무 것도 감추어지는 것이 없다는 것을 알게 될 것이오."라고 말했다.

올리브 산의 예수, 장 레스투 작, 17세기

옥좌에 앉은 사람과 천사들의 영광과 찬미가 소리는 아래 하늘의 경우보다 더 찬란했다.

28. 그리고 네번째 하늘에 올라갔는데, 세번째 하늘에서 네번째 하늘까지의 높이는 지상에서 첫번째 하늘의 높이보다 더 높았다.

29. 거기서도 좌우에 천사들이 늘어선 옥좌를 보았고, 찬미가를 들었다.

30. 오른쪽 천사들의 영광이 왼쪽보다 더 컸다.

32. 우리는 다섯번째 하늘로 올라갔다.

33. 거기서도 좌우에 천사들이 늘어선 옥좌를 보았다.

37. 나는 하늘에 사는 유일한 그분, 육체를 가진 모든 사람이 도저히 그 이름을 알 수가 없는 그분을 찬미했다.

여섯 번째 하늘

제8장

1. 그는 나를 여섯번째 하늘로 데리고 올라갔다. 위로 올라갈수록 천사들의 영광이 더 커졌다.

3. 거기에는 거룩하고 놀라운 찬미가가 들렸다.

5. 그는 "나는 주님이 아니라 당신의 동료입니다."라고 말했다.

6. 나는 "여기서는 천사들이 왜 좌우로 나뉘지 않았습니까?"라고 물었다.

7. 그는 "여섯번째 하늘부터는 왼쪽의 천사들이 없소. 그리고 옥좌도 가운데 있지 않습니다. 일곱번째 하늘에 살고 이름이 없는 그분의 힘이 다스리기 때문인데, 그의 선택된 분의 이름도 절대로 알 수가 없지요.

11. 이사야여, 육체로 돌아가야 할 사람 가운데서는 아무도 여기에 올라오지 못했고, 당신이 보거나 깨달은 것을 똑같이 체험하지 못했소. 주님(또는 나무 십자가)의 덕분으로 당신이 여기까지 올라올 수 있게 된 거요.
15. 당신은 천사와 같이 될 것이오."라고 말했다.
16. 그들은 모두 모습이 같고, 노래도 같았다. 나도 그들과 똑같은 모습으로 찬미가를 불렀다.
20. 거기는 다른 하늘보다 빛이 더 많았다.
21. 그곳의 빛에 비하면 다른 다섯 하늘의 빛은 암흑처럼 보였다.
23. 나는 인도하는 천사에게 나를 다시 지상으로 보내지 말아달라고 부탁했다.
25. 천사는 "하느님과 그의 사랑스러운 분이 계시는 일곱번째 하늘의 빛은 더욱 찬란하고 놀라운 것이오.
27. 당신이 여기 오기 위해서 마쳐야 할 지상의 날들이 아직 끝나지 않았소.
28. 그렇다고 해서 슬퍼하지는 마시오."라고 말했다.

이사야가 일곱번째 하늘에서 하느님을 본다

제9장

1. "지상에 살던 저 사람이 어디까지 올라올 것인가?"라는 목소리가 위에서 들려왔다. 그래서 나는 두려움에 몸을 떨었다.
2. 다른 목소리가 "거룩한 이사야의 옷이 여기 있으니까 그는 여기 올라와도 된다."고 말했다.
4. 천사는 "금지의 목소리는 여섯번째 하늘을 지키는 천사고, 올

라와도 된다고 허락한 목소리는 주 하느님, 즉 주 그리스도요." 라고 말했다.

6. 나는 일곱번째 하늘로 올라가서 놀라운 빛을 보았다. 거기 무수한 천사들과 함께 아담으로부터 나온 모든 정의로운 사람들이 있었다.

9. 그들은 모두 천사와 같았다.

11. 나는 천사에게 "저 사람들은 왜 옷은 받고 옥좌와 왕관은 받지 못했습니까?" 라고 물었다.

12-18. 그는 "주 그리스도가 사람으로 지상에 내려가면 그들이 옥좌와 영광의 왕관을 받을 것이오. 지상의 신은 그가 누구인지도 모른 채 십자가에 못박아 죽일 것이고, 그는 3일 만에 부활하여 지상에서 545일을 머물렀다가 정의로운 모든 사람들과 함께 승천할 것이오. 그러면 그들이 모두 옷과 옥좌와 왕관을 일곱번째 하늘에서 받을 것이오." 라고 말했다.

22. 지상의 책과 전혀 다른 그곳의 책에는 지상에서 일어나는 모든 일이 기록되어 있었다.

23. 그래서 나는 "일곱번째 하늘에서는 지상에서 일어나는 것이 하나도 감추어지지 않습니다." 라고 말했다.

24-26. 주님과 그의 십자가를 믿는 모든 사람을 위해서 엄청난 분량의 옷이 거기 쌓여 있었다.

27-29. 다른 모든 사람과 천사보다 영광의 빛이 한층 찬란한 분이 있었다. 아담과 아벨과 세트와 모든 정의로운 사람들이 먼저, 그리고 천사들이 이어서 그를 한 목소리로 찬미했다.

30. 나는 다시금 천사처럼 변모했다.

31. 그리고 그분을 숭배하고 찬미했다.

32. 인도하는 천사가 나에게 "이분이 영광의 주님입니다." 라고 말했다.

36. 주님의 왼쪽에 성령이 서 있었다.

39. 주님과 성령이 나에게 "하느님을 바라볼 수 있도록 허락하니 잘 보라."고 말했다.

40. 나는 하느님을 보았고, 주님과 성령이 하느님을 숭배하고 찬미하는 것을 보았다.

41. 이어서 모든 정의로운 사람들과 천사들이 하느님을 숭배하고 찬미했다.

그리스도가 지상으로 내려간다

제10장

1. 아래 여섯 층의 하늘에서 찬미가가 올라왔다.

2. 나는 영광스러운 그분의 영광을 바라볼 수가 없었다.

5. 여섯 하늘의 찬미가는 귀에만 들리는 것이 아니라 눈에도 잘 보였다.

7. 가장 높으신 그분, 즉 우리 주님의 아버지가 주 예수 그리스도에게 "모든 하늘을 거쳐서 지상으로 내려가라. 죽은 사람들의 세상까지 내려가라. 그러나 지옥에는 내려가지 마라.

9. 너는 다섯 하늘에 있는 사람들의 모습을 취할 것이다.

11. 지상의 천사들은 네가 일곱 하늘과 그 천사들의 주님이라는 사실을 모를 것이다."라고 말하는 소리가 들렸다.

16-19. 주님이 여섯번째 하늘에 내려가자, 천사들이 그를 숭배하고 찬미했다. 그는 아직 천사의 모습으로 변하지 않았기 때문이다. 나도 그를 숭배하고 찬미했다.

20. 그가 다섯번째 하늘로 내려가자, 즉시 천사의 모습으로 변했

다. 천사들은 그를 숭배하지 않았다.

21. 그가 네번째 하늘로 내려가서 그곳의 천사 모습으로 변했다.

24. 그가 세번째 하늘로 내려가서 변모했을 때, 그곳의 문을 지키는 천사가 그에게 통과를 위한 암호를 요구해서 그가 암호를 알려주었다. 그렇게 해서 그는 첫번째 하늘도 통과했다.

29. 그는 이 세상의 지배자들이 사는 지상의 하늘에 이르렀다. 그는 그들과 같은 모습으로 변모하고 암호를 알려주었다. 그들은 무엇이든지 시기하여 서로 싸우고 있었다.

30. 그는 공중의 천사들과 같은 모습으로 변모하여 암호를 알려주었다. 그들은 서로 약탈하고 폭력을 휘둘렀다.

주님의 탄생

제11장

1-3. 나는 유대 베들레헴에 있는 예언자 다윗 가문의 한 집안을 보았다. 거기에는 목수 요셉과 약혼한 동정녀 마리아가 있었고, 주님이 자기 위치를 차지했다. 마리아는 약혼했을 때 임신한 사실이 알려졌고, 목수 요셉은 그녀를 버리려고 했다.

4. 그러나 성령의 천사가 이 세상에 나타난 뒤로 요셉은 마리아를 버리지 않고 보호했지만, 그 일을 아무에게도 알리지 않았다.

5. 그는 마리아에게 접근하지 않았고, 그녀가 임신했다고 해도 언제나 거룩한 동정녀로서 보호했다.

7-9. 요셉과 마리아가 한 집에서 두 달을 살고 난 뒤의 어느 날, 그녀가 눈을 들어 어린아이를 보고 놀랐다. 그녀가 더 이상 놀라지 않게 되었을 때, 그녀의 배는 임신하기 이전의 상태로 돌아갔다.

10. 요셉이 "왜 놀라지요?"라고 물었다. 그때 그의 눈이 열려서 아이를 보았고, 주님이 자기 위치를 차지한 데 대해서 하느님을 찬미했다.

11. 그리고 "이 환상을 아무에게도 말하지 마라." 하는 목소리가 들렸다.

12. 아이의 출산 사실이 베들레헴에 퍼져나갔다.

13. 어떤 사람들은 "결혼하기 두 달 전에 동정녀 마리아가 아이를 낳았다."고 말했다.

14. 그러나 많은 사람들은 "산파들이 그녀에게 가지도 않았고, 우리가 아이 우는 소리도 듣지 못했으니, 그녀는 출산하지 않았다."고 말했다. 그들은 그에 관해서 아무것도 몰랐다. 아기를 보기는 했지만 그가 어디서 왔는지 몰랐다.

15. 그들은 그를 데리고 갈릴리의 나자렛으로 갔다.

16. 헤제키아와 나의 아들 야숩이여, 나는 여기 있는 모든 예언자들 앞에서 선언하는데, 이것은 모든 하늘과 이 세상의 모든 지배자들과 신들에게 숨겨진 신비입니다.

17. 내가 바라보니, 그는 정체가 드러나지 않게 하려고 다른 아이들처럼 젖을 빨아먹었다.

18. 그리고 어른이 된 뒤에는 그가 이스라엘과 예루살렘에서 놀라운 기적과 징표들을 보여주었다.

19. 그 뒤에 원수가 그를 시기하여, 그가 누구인지도 모른 채 이스라엘의 자손들을 선동하고, 그들이 그를 왕에게 넘겨서 십자가에 못박게 했다. 그는 하계의 천사들에게 내려갔다.

20. 예루살렘에서 그가 어떻게 나무에 못박혔는지 나는 보았다.

21. 그가 3일 뒤에 어떻게 부활하고 지상에 오래 머물렀는지도 보았다.

22. 그가 열두 사도들을 파견하고 나서 승천한 것도 보았다.

23. 그가 지상의 하늘로 올라갔지만 모습이 변하지는 않았고, 천사들과 사탄이 그를 숭배하는 것을 나는 보았다.

24. "주님이 우리 사이를 통과해서 내려갔는데 어떻게 우리가 몰랐단 말인가?"라고 말하면서 그들은 몹시 슬퍼했다.

25-31. 그런 식으로 그는 일곱번째 하늘까지 모습을 변하지 않은 채 숭배를 받으면서 올라갔다.

32. 일곱번째 하늘에서 그는 영광의 그분 오른쪽에 앉았다.

33. 성령의 천사는 영광의 그분 왼쪽에 앉았다.

야고보의 편지

충만해지고 빈 곳을 남기지 마라

해설

이 문헌은 예수가 베드로와 야고보와 대화하는 '구세주의 대화'라는 형식에 속하고, 비밀의 책이라고 한다. 그리고 이것이 초대 교회의 복음서들이 작성될 때 그 원천으로 활용되었을 것으로 추정하는 학자도 있다.

2세기말 또는 3세기초에 이집트에서 그리스어로 작성되었다고 보는데, 필사본이 전해진 것은 콥트어로 번역된 것뿐이다.

이것은 4세기에 묻혔다가 1945년에 이집트에서 발견된 콥트어 그노시스파 고문서집에 포함되어 있는데, 이 고문서집은 1952년에 스위스 취리히에 있는 융 연구소의 소유가 되어 속칭 〈융 고문서집〉이라고 불린다. 현재는 이집트의 카이로 콥트 박물관에 소장되어 있다.

이것은 비밀의 책이다

야고보가 …에게 평화와 사랑과 은총과 신앙과 거룩한 생명을 기원합니다.

주님이 나와 베드로에게 알려준 비밀의 책을 보내달라는 당신의 요청을 내가 거절할 수가 없습니다. 그래서 오로지 당신에게만 히브리어로 작성하여 보냈습니다. 그러나 성인들의 구원을 담당하는 당신은 이 책이 많은 사람에게 공개되지 않도록 최선을 다하기 바랍니다. 구세주는 우리 열두 사도들에게도 이것을 알려주려고 하지 않았습니다.

주님이 내게 가르쳐준 다른 비밀의 책을 나는 10개월 전에 당신에게 보냈습니다.

이제 열두 사도들이 한 자리에 모여서 주님이 각자에게 공개적으로든 비밀리든 말해준 것을 기억해내고 그것을 책으로 기록했습니다. 내가 나의 책을 기록하고 있을 때….

충만해지고 빈 곳을 남기지 마라

구세주가 갑자기 나타나 우리가 그를 바라보았다. 그가 부활한 지 550일이 지난 뒤였기 때문에, 우리가 "주님은 우리를 떠나서 가버렸습니다!"라고 말했다. 예수가 "그렇지 않다. 그러나 나는 내가 전에 떠나왔던 곳으로 돌아갈 것이다. 너희가 따라오고 싶다면 따라오라."고 말했다. 그들이 모두 "당신이 명령한다면 우리가 가겠습니다."라고 대답했다.

그는 "내가 명령했다고 해서 하늘의 왕국에 들어갈 사람은 아무도 없다. 오히려 너희 자신이 충만하게 되어야 들어간다. 야고보와 베드로를 내가 충만하게 하겠다."고 말했다.

그가 두 사도를 따로 불러세운 뒤, 나머지 사도들은 각자 하던 일을 계속하라고 말했다. 구세주가 두 사도에게 "너희는 자비를 받아… 책을 기록하고… 이해한다. 충만해지기를 원하지 않느냐? 너희 가슴이 술에 취했느냐? 그래서 술에서 깨어나기를 원하지 않는단 말이냐? 부끄러운 줄 알아라. 너희는 사람의 아들을 보았고, 대화했고, 그의 말을 들었다는 것을 항상 기억하라.

사람의 아들을 본 사람들은 재앙을 받았다! 그를 보지도 듣지도 알지도 못한 사람들은 행복하다. 생명이 너희 것이다! 너희가 병들었을 때 그가 치료한 것은 너희가 다스리게 하려는 것임을 알라. 병이 치유된 사람들은 다시 병이 들 것이기 때문에 재앙을 받았다! 병들지 않고, 병이 들기 전에 치유를 체험한 사람은 행복하다. 하느님의 왕국이 너희 것이다! 그러므로 충만해지고, 너희 안에 빈 곳이 전혀 없도록 하라. 빈 곳이 있으면 앞으로 올 사람이 너희를 속일 것이다."라고 말했다.

베드로가 "주님은 충만해지라고 세 번이나 말했고, 그래서 우리가 가득 찼습니다."라고 말했다.

주님이 "충만한 것은 좋고, 모자라는 것은 나쁘기 때문이다. 충만한 것은 부족한 것으로 향한다. 사람마다 충만해지는 방식이 다르다. 충만해질 수 있을 때에 부족한 것이 좋고, 부족할 수 있을 때에 충만한 것이 좋다."고 말했다. 나는 "악마에게 유혹을 받지 않는 방법을 가르쳐주십시오."라고 말했다.

그는 "너희 인생은 하루에 불과하고, 너희 고통은 한 시간에 불과하다. 선한 것은 이 세상에 들어올 수 없다. 너희는 죽음을 경멸하고, 영원한 삶을 걱정하라. 나의 십자가와 죽음을 기억하면 생명을 얻을 것이다!"라고 말했다.

나는 "주님, 십자가와 죽음은 주님과 아주 멀리 떨어져 있는 것이니까, 그것들을 우리에게 선포하지 마십시오."라고 말했다.

주님은 "나의 십자가를 믿지 않는다면 아무도 구원받지 못한다. 생명을 추구하는 죽은 사람처럼 너희는 죽음을 추구하라. 생명은 죽은 사람에게 명백한 것이기 때문이다. 죽음을 추구하면 그것이 너희에게 선택되는 것이 무엇인지 가르쳐줄 것이다. 하느님의 왕국은 죽은 사람들의 것이기 때문에, 죽음을 두려워하는 사람은 구원을 받지 못한다. 나보다 더 훌륭한 사람이 되라! 성령의 아들이 되라!"고 말했다.

나는 "우리에게 예언을 요구하는 사람이 많은데, 예언은 어떻게 할 수 있는 것입니까?"라고 물었다.

주님은 "예언의 머리는 요한과 함께 베어졌다는 것을 모르느냐? 예언은 머리에서 나온다. 내가 처음에 비유로 말했는데, 너희는 못 알아들었다. 이제 공개적으로 말하는데도 너희는 역시 이해하지 못한다.

자발적으로 구원을 받도록 열심히 노력하라. 너 자신을 위해서 끊임없이 노력하고, 가능하면 나마저도 능가하라. 위선과 악한 성향을 미워하라. 위선은 진리와 등을 돌린 것이다. 하늘의 왕국이 말라죽지 않도록 하라. 신앙과 사랑과 선행에서 생명이 나온다. 그러므로 열심히 배워라. 지식을 통해서 하늘의 왕국을 받지 못한다면, 너희는 그것을 발견하지 못한다.

가르침에 주의를 기울이고, 지식을 이해하고, 삶을 사랑하라. 너희를 박해하고 억압할 사람은 너희 자신이다."라고 말했다.

에즈라 제5서 및 제6서

최후의 날에 관한 환상

해설

이 문헌은 서기 200년경에 그리스어로 저술된 것으로 본다. 9세기에 필사한 라틴어 필사본과 9~10세기에 필사한 라틴어 필사본들이 전해져온다. 11세기에 사용된 가톨릭의 미사경본에 이 문헌의 일부가 인용되기도 했다.

〈에즈라 제5서〉

새로운 백성이 이스라엘의 지위를 차지한다

제1장

4. 느부갓네살 시절에 쿠시스의 아들 에즈라에게 하느님의 말씀이 들렸는데, 그 내용은 다음과 같다.

5. 나의 백성과 그 자손들에게 가서 그들의 죄와 악행에 관해 소상히 말하라.

6. 그들의 조상의 죄가 지금도 더욱 증가하고, 그들은 나를 잊어버린 채 이상한 신들에게 제물을 바쳤다.

8. 목이 뻣뻣한 백성이 나의 율법을 따르지 않고 있으니, 너는 머리카락을 흔들어서 모든 재앙이 그들 위에 떨어지도록 하라!

24. 야곱아, 내가 네게 무엇을 하겠느냐? 유대야, 너는 나에게 복종하지 않는다! 나는 다른 민족들에게 나의 이름을 주어서 그들이 나의 율법을 지키도록 하겠다.

25. 너희가 나를 저버렸으니, 나도 너희를 저버리겠다. 너희가 자비를 간청해도 나는 너희에게 자비를 베풀지 않을 것이다.

31. 너희가 제물을 바쳐도 나는 고개를 돌릴 것이다. 나는 너희의 축제들과 초승달들과 할례를 요구하지 않았다.

35. 나는 너희 자리를 앞으로 올 백성에게 줄 것이다. 그들은 나의 이름을 들어보지도 않았고, 내가 그들에게 놀라운 기적을 보여준 적도 없지만, 그들은 나를 믿고 나의 계명을 지킬 것이다.

36. 그들은 예언자들을 보지 못했지만, 그 역사를 기억할 것이다.

38. 오, 아버지! 태양이 떠오르는 곳에서 오는 당신의 백성을 보십시오!

39. 나는 그들에게 아브라함, 이사악, 야곱, 엘리야스, 에녹, 즈가리야, 호세아, 아모스, 요엘, 미가, 오바디야,

40. 스바니야, 나훔, 요나, 마티아스, 하바꾹 그리고 꽃을 든 열두 명의 천사들에 대한 지배권을 넘겨줄 것이다.

하느님의 아들이 구원받은 사람들에게 왕관을 준다

제2장

6. 그들에게 파괴와 약탈이 닥쳐서 자손이 남지 않게 하라.

7. 그들이 이방인들 사이에 흩어지게 하라. 그들의 이름이 지상에서 사라지게 하라.

8. 불의한 사람들이 모여 있는 아슈르 도시는 재앙을 받아라. 사악한 도시여, 내가 소돔과 고모라에게 한 일을 기억하라.

9. 소돔과 고모라가 역청 덩어리들과 잿더미에 파묻혔듯이, 내 말을 따르지 않는 사람들은 모두 그렇게 될 것이다.

나의 백성에게 가서 말하라. 나는 이스라엘에게 주었던 예루살렘의 왕국을 나의 새로운 백성에게 줄 것이다.

11. 나는 이스라엘 사람들의 영광을 거두어들이고, 이스라엘을 위해서 마련했던 영원한 천막을 나의 새로운 백성에게 줄 것이다.

12. 감미로운 향기가 나는 생명의 나무를 새로운 백성에게 주고, 그들은 일하지도 않고 지치지도 않을 것이다.

13. 요청하라, 그러면 너희는 받을 것이다. 그날이 빨리 오도록 요청하라. 너희를 위해서 이미 왕국이 마련되어 있으니 조심하라.

17. 착한 어머니여, 내가 너를 선택했다고 주님이 말했다.

18. 나는 너를 위해서 각종 열매가 주렁주렁 달린 열두 그루의 나무, 우유와 꿀이 흐르는 수많은 산, 한없이 높고 장미와 백합으로 가득 찬 일곱 개의 산을 축성하고 준비했다. 네 자녀들을 거기서 나는 한없이 기쁘게 만들겠다.

33. 나 에즈라는 호렙 산에서 주님의 명령을 받았다. 그래서 이스라엘에 갔는데, 그들이 나를 배척했으며, 주님의 계명을 따르지 않

았다.

42. 나 에즈라는 시온 산에 있는 무수한 사람을 보았는데, 그 수는 이루 헤아릴 수가 없었고, 그들은 주님을 찬미했다.

43. 거기 한 젊은 사람은 다른 사람들보다 월등하게 키가 큰데, 그가 각자에게 왕관을 씌워주었다.

44. 천사가 나에게 "그들은 일시적인 옷을 벗고 영원한 옷을 입은 뒤에 하느님의 이름을 고백한 사람들이고, 왕관과 종려나무 가지를 받았소."라고 말했다.

47. 그리고 천사는 "왕관과 종려나무 가지를 주는 저분은 하느님의 아들이오. 그들은 세상에서 그의 이름을 고백했지요."라고 말했다.

〈에즈라 제6서〉

무죄한 피에 대한 주님의 복수

제15장

1. 주님은 나에게 이렇게 말했다. 내가 네 입에 담아주는 예언을 나의 백성에게 가서 하라.

2. 그리고 그 예언을 종이에 기록하라.

3. 원수의 음모를 두려워하지 말고, 그가 믿지 않아도 당황하지 마라.

4. 그는 믿지 않기 때문에 죽을 것이다.

5-6. 사악함이 온 땅을 뒤덮고 지겨운 일들이 다 이루어졌기 때문에, 나는 온 땅에 전쟁과 기근과 죽음과 파괴를 보낼 것이다.

8. 사악한 사람들의 엄청난 범죄와 불의에 대해서 나는 더 이상

침묵하지 않을 것이다. 무죄하고 정의로운 사람들의 피가, 정의로운 사람들의 영혼들이 끊임없이 나에게 소리치는 것을 보라.

ዓ. 나는 그들에게 무시무시한 복수를 할 것이고, 무죄한 사람의 피를 하나도 남김없이 복수해줄 것이다.

15. 전쟁과 파괴가 그들에게 가까워졌다. 민족들이 서로 대항하여 칼을 들고 전쟁할 것이다.

16. 사람들 사이에 불화가 일어나 서로 싸울 것이고, 그들은 왕과 지도자들을 거들떠보지 않을 것이다.

17. 도시로 들어가고 싶어하는 사람은 그렇게 하지 못할 것이다.

18. 그들의 오만 때문에 도시들이 혼란에 빠지고, 집들이 무너지며, 사람들이 공포에 사로잡힐 것이다.

19. 아무도 자기 이웃에게 자비를 베풀지 않고, 굶주림과 시련 때문에 칼을 들고 이웃을 약탈할 것이다.

20. 동서남북의 네 군데에서 왕들이 몰려와 서로 싸울 것이다.

21. 그들이 나의 백성에게 지금까지 악을 저지른 것과 똑같이 나는 그들에게 보복해줄 것이다.

22. 나의 오른손이 죄인들을 모조리 처치하고, 나의 칼이 무죄한 피를 흘린 사람들을 모조리 죽일 것이다.

23. 분노의 불이 일어나서 온 땅의 기초를 태워버리고, 죄인들을 지푸라기처럼 태울 것이다.

28. 동쪽에서 일어나는 무시무시한 환상을 보라!

29. 아라비아의 용의 민족들이 수많은 전투용 마차를 타고 달려올 것이다. 그들이 내는 소리가 온 땅을 진동하고, 모든 사람이 두려워서 몸을 떨 것이다.

30. 분노에 찬 카르모니아 사람들이 숲을 뛰쳐나오는 곰처럼 달려나와 아시리아 사람들의 땅을 일부 황폐하게 만들 것이다.

31. 그런 뒤에 용들이 무시무시한 콧김을 내쏘면서 그들을 추격

하여 물리칠 것이다.

33. 아시리아에서 한 사람이 숨어 기다리다가 다른 사람을 죽일 것이다. 그러면 모든 군대가 무서워서 떨고 왕들이 무기력해질 것이다.

34. 동쪽에서 오는 구름들을 보라. 그리고 북쪽에서 남쪽으로 가는 구름들을 보라. 그 모습은 무시무시하고 분노와 폭풍우로 가득 차 있다.

35. 그들은 서로 부딪쳐서 온 땅에 어마어마한 폭풍우를 쏟아부을 것이다. 칼에서 떨어지는 피가 말들의 배까지,

36. 사람들의 가랑이까지, 낙타의 무릎까지 차오를 것이다.

37. 그 분노를 보는 사람은 모두 공포에 질려버릴 것이다.

38. 그 뒤에 북쪽에서 남쪽에서 그리고 서쪽에서 수많은 구름이 일어날 것이다.

39. 그러나 동쪽에서 강한 바람이 불고,

40. 분노와 폭풍우로 가득 찬 거대하고 강한 구름들이 온 세상과 모든 사람을 파멸시키려고 일어날 것이다.

41. 불과 우박, 날아다니는 칼날과 홍수로 모든 들과 계곡이 물바다가 될 것이다.

42. 그들은 도시들, 성벽들, 산들, 언덕들, 숲들, 초원들, 곡식을 모조리 파괴할 것이다.

43. 그들은 바빌론으로 가서 그 도시를 파괴할 것이다.

45. 살아남은 자들은 모두 노예가 될 것이다.

46. 바빌론의 영광에 참여한 아시아여, 너는 재앙을 받았다. 너는 바빌론처럼 변했고, 네 딸들은 음탕한 짓들로 치장했다.

48. 너는 지겨운 창녀가 되었다.

49. 그래서 나는 네게 과부 신세, 가난, 기근, 칼과 전염병을 퍼부어서 너의 집들을 파괴하고 주민들을 죽일 것이다.

50. 네 권력의 영광은 시든 꽃처럼 사라질 것이다.

파멸의 시기에 대비하라

제16장

1. 바빌론, 아시아, 이집트, 시리아는 저주받았다!

2. 너희에게 파멸이 가까워졌으니 통곡하라.

3. 칼이 너희에게 파견되었다.

4. 누가 그것을 막겠느냐? 불이 너희에게 파견되었다. 누가 그것을 끄겠느냐?

20. 고통과 굶주림과 전염병들, 혼란과 충돌이 회개의 채찍으로 파견되었다.

21. 그러나 그들은 채찍을 기억하지 않고, 사악함을 그치지 않는다. 지상에서 밀의 값이 싸질 것이다. 그러면 그들은 평화가 왔다고 믿을 것이다.

22. 그러나 그때 칼과 기근과 혼란이 올 것이다.

23. 대부분의 사람이 굶주려 죽고, 칼이 나머지 사람들을 죽일 것이다.

24. 시체가 길거리에 똥처럼 널려질 것이고, 아무도 애도하지 않을 것이다. 온 땅이 황폐하고 도시들이 무너질 것이다.

25. 밭을 갈고 씨를 뿌릴 사람이 하나도 남지 않을 것이다.

29. 한 도시에서 열 명이 살아남고, 한 마을에서는 숲이나 바위틈에 숨었던 서너 명이 살아남을 것이다.

35. 약혼자들과 남편들이 전쟁과 기근으로 죽을 것이다.

40. 사악함은 머뭇거리지 않고 머지않아 온 땅을 덮을 것이다. 그

러면 온 세상이 비참해지고 슬픔에 젖을 것이다.

41. 그러므로 나의 백성이여, 파괴의 시기에 대비하고, 사악한 시대에는 마치 지상의 나그네처럼 행동하라.

42. 물건을 파는 사람은 도망치는 사람처럼 팔고, 사는 사람은 곧 그것을 잃을 것처럼 사라.

43. 흥정하는 사람은 이익을 구하지 말고, 건축하는 사람은 그 집에서 거주할 생각을 하지 마라.

44. 파종하는 사람은 추수를 기대하지 말고,

45. 결혼하는 사람은 아이를 낳으려고 하지 마라.

46. 그러므로 모두 헛수고를 하는 것이다.

47. 외국인들이 추수하고, 그들의 재산을 빼앗고, 집을 파괴하고, 자녀들을 노예로 잡아갈 것이다. 그러므로 결혼하는 사람은 자기 자녀들이 노예가 되고 굶주림으로 죽을 것임을 알라.

50-51. 아름다운 귀족 부인이 창녀를 미워하듯이, 정의로운 사람은 사악함을 증오한다.

54. 자신이 죄인임을 부정하는 사람은 석탄불이 그의 머리 위에 떨어질 것이다.

55. 주님은 모든 사람의 행동, 상상, 희망, 생각, 마음을 속속들이 안다.

시빌의 신탁(그리스도교 부분)

최후의 심판

해설

　　시빌의 신탁은 현재 4천 편이 남아 있다. 시빌은 처녀 예언자의 이름인데, 그 명칭의 기원은 그리스가 아니라 페르시아라고 추정된다. 시빌의 신탁은 고대에도 알려졌고, 기원전 500년에 이미 철학자 헤라클리투스가 "조롱당할 만한 내용을 가식도 장식도 없이 말하는 시빌의 목소리는 신의 도움으로 1천 년 동안 쟁쟁하게 울린다."고 말했다.

　　시빌의 예언은 예언할 당시 이전의 시대를 취급한 것이기 때문에 예언된 일들은 이미 발생한 뒤였다. 그래서 예언의 역사적 정확성이 보장되고, 시빌의 명성이 높아졌다. 이러한 시빌의 전통은 페르시아(이란)의 조로아스터교에서 유래한 것으로 본다.

　　기원전 421년에 극작가 아리스토파네스는 〈평화〉라는 희곡에서, 철학자 플라토는 〈파에드로스〉에서 시빌이 널리 알려지고 신망을 얻고 있다고 말했다. 아리스토텔레스도 시빌에 관해서 길게 언급했다.

　　로마 제국 시대에는 역사가 바로가 열 명의 시빌을 기록했다. 특히 소아시아 마르페소스의 시빌과 에리트라이아의 시빌이 유명했다. 그리스 서쪽 지방에서는 요새 동굴에서 사는 키메(쿠마에)의 시빌이 유명했다.

　　로마의 시인 비르질리우스의 서사시에서는 쿠마에의 시빌이 구세주의 출현을 예언했다. 에리트라이아의 시빌은 델피로 가서 그리스 신화에 편입되었다.

　　그리스어를 사용하는 유대인들이 기원전 3세기부터 계

속해서 시빌의 신탁을 저술했다. 이 전통을 그리스도교 신자들이 이어받아서 다시 편집했다. 시빌의 전통은 비잔틴 제국과 서방에서 중세 시대까지 이어졌다.

이 문헌은 기원전 180년부터 서기 3세기 사이에 수집된 것으로 본다. 남아 있는 대부분의 필사본들은 15세기에 필사한 것이고, 이것이 최초로 인쇄된 것은 1545년이다.

제1권

이방인들이 하느님을 알게 된다

그 뒤에 하느님의 아들이 육체를 입고 지상의 사람들에게 올 것이다. 가장 높으시고 불멸의 하느님의 아들 그리스도에 대해서 깊이 생각하라. 그는 하느님의 법을 파괴하는 것이 아니라 완성하고, 모범을 보여주고, 모든 것을 가르쳐줄 것이다.

사제들이 그에게 황금과 유향과 몰약을 가져다가 바칠 것이다. 사람들에게 소식을 전하는 목소리가 사막에서 들려올 것이다. 굽은 길을 곧게 만들고, 마음에서 모든 사악함을 몰아내며, 모든 사람이 물을 통해서 깨달음을 얻고, 새로 태어난 그들이 다시는 올바른 길에서 벗어나지 말라고 하는 목소리가 들릴 것이다.

춤추는 여자에게 홀린 야만인이 사막에서 소리친 그 사람의 머리를 여자에게 상으로 줄 것이다. 그러면 갑자기 사람들에게 징표가 나타날 것인데, 그것은 이집트에서 안전하게 나온 보석이다. 그 돌에 히브리 사람들이 걸려넘어지겠지만, 이방인들은 그의 지도로 한데 모일 것이다. 그들은 높은 곳에서 다스리는 하느님과 올바른 길을 그를 통해서 알게 될 것이다.

그는 선택된 사람들에게 영원한 생명을 보여주고, 불의한 사람들에게는 꺼지지 않는 불을 줄 것이다. 그리고 그는 병자와 고통받는 사람들을 무수히 치유해줄 것이다. 소경이 보고, 절름발이가 걷고, 귀머거리가 들으며, 벙어리가 말하고, 악마들이 쫓겨나고, 죽은 사람들이 부활할 것이다.

그는 파도 위에서 걸어가고, 빵 다섯 덩어리와 생선 두 마리로 5천 명을 먹이고, 그 남은 것은 사람들의 희망을 위해서 열두 바구니를 채울 것이다.

자기 도취에 빠진 이스라엘은 그것을 깨닫지 못하고, 지쳐서 들으려고도 하지 않을 것이다. 그러나 하느님은 자기 아들을 학대한 히브리 사람들에게 몹시 분노하고 그들의 신앙을 빼앗아갈 것이다.

이스라엘은 그를 때리고 더러운 입술에서 나오는 침을 뱉을 것이다. 그들은 불경스럽게도 그에게 쓸개를 먹을 것으로, 식초를 마실 것으로 주고, 두더지보다 더 눈이 멀어서 눈이 있어도 보지 못하며, 독을 뿜는 야수보다 더 미친 듯이 날뛸 것이다.

그는 두 팔을 벌려서 모든 것을 측량하고, 가시관을 쓰며, 그들은 창으로 그의 옆구리를 찌를 것이다. 그러면 3시간 동안 한낮인데도 지독한 어둠이 세상을 덮을 것이다. 솔로몬의 성전이 놀라운 기적을 보여주고, 그는 아이도네우스의 집으로 내려가서 죽은 사람들에게 부활을 선포할 것이다.

3일 후에 그는 다시 밝은 세상에 나타나고, 사람들에게 징표를 보여주며, 모든 것을 가르치고, 구름을 타고 하늘의 집으로 여행을 떠나며, 이 세상에 복음을 남길 것이다.

그의 이름이 부르는 소리에 응답하여 이방인들 사이에서 새로운 싹이 돋아나고, 그들은 전능하신 분의 법으로 인도될 것이다. 그 뒤에 지혜로운 안내자들이 출현하고, 예언자들은 더 이상 나오지 않을 것이다.

히브리 사람들이 비탄의 추수를 할 때, 로마의 왕이 그들의 황금과 은을 엄청나게 약탈해갈 것이다. 그 다음에 쉴새없이 왕국들이 일어나고 망하면서 사람들을 괴롭히는데, 불의와 오만으로 다스리는 사람들은 크게 파멸할 것이다.

솔로몬의 성전이 거룩한 대지 위에 무너지고, 히브리 사람들이 무장한 야만인들에게 추방과 약탈을 당해서 사방으로 방랑하고, 무수한 눈물로 자기들의 빵을 적실 때, 모든 사람들이 격심하게 불화하고, 약탈당한 도시들이 다같이 통곡할 것이다. 왜냐하면 그들은 사악한 행동으로 계명을 어겨 위대한 하느님의 분노를 스스로 불러들였기 때문이다.

제2권
종말의 징표

하느님은 정의롭게 산 사람들에게 승리자의 관을 주고, 그들은 생명의 문, 불멸의 문으로 들어갈 것이다.

그러나 온 세상에 종말의 징표가 나타날 때에는, 아이들이 태어나자마자 머리카락이 하얗게 변하고, 기근과 전염병과 전쟁과 통곡과 눈물이 닥칠 것이다. 온 세상에서 무수한 아이들이 부모들을 잡아먹을 것이다.

그때에는 예언자들이 아니라 속이는 자들이 나타나서 거짓말을 온 세상에 퍼뜨릴 것이다. 벨리아르도 나와서 많은 기적을 보여줄 것이다. 거룩한 사람과 선택된 사람들, 그리고 장로들 사이에서 혼란이 발생하고, 그들과 히브리 사람들이 약탈당할 것이다.

모든 별들이 낮에도 내내 보일 것이다. 하늘의 마차를 몰고 티슈비테가 지상으로 내려와 세 가지 징표를 보여줄 것이다. 하늘로부터 불타는 거대한 강이 흘러내려 모든 것을 태울 것이다. 하늘의 광채들이 충돌하여 엉망이 될 것이다. 모든 별이 바다로 추락하고, 모든 영혼이 불타는 강에 빠져서 이를 갈 것이다.

바라키엘, 라미엘, 우리엘, 사미엘, 아자엘이 영혼들을 암흑으로부터 꺼내서 심판의 장소로 데려갈 것이다. 죽은 사람들이 과거의 육체로 부활할 것이다. 위대한 천사 우리엘이 하데스(지옥)의 문을 부술 것이다. 사바오트 아도나이가 가장 우렁차게 천둥을 치면서 거대한 기둥을 세우고, 하늘의 옥좌에 앉고, 그 오른편에 그리스도가 앉아서 경건한 사람들과 불경스러운 사람들을 심판할 것이다. 그러면 정의로운 사람들은 구원을 받고, 불경스럽고 불의한 사람들은 멸망할 것이다.

천사들이 죄인들을 불타는 쇠사슬로 묶고, 불타는 채찍으로 때리며, 캄캄한 밤중에 타르타루스의 야수들이 우글거리는 게헤나(지옥)에 내던질 것이다. 그들은 차라리 죽기를 원해도 죽을 수가 없을 것이다. 구원받은 사람들을 천사들이 불의 강을 지나 빛과 자유로운 삶의 장소로 데려갈 것이다. 거기에는 포도주와 우유와 꿀이 흐르는 세 갈래의 강이 있다. 거지도 부자도 폭군도 없다. 노예도 없고, 위대한 자도, 보잘것 없는 자도 없다. 왕도 지배자도 없다. 어제도 내일도 밤도 없다. 결혼도 죽음도 없다.

제6부
성모 마리아의
승천

해설

동정녀 성모 마리아의 승천에 관한 신앙은 주로 비경전 고대 문헌들에 바탕을 두고 서기 4세기부터 발전된 것으로 보이는데, 이것은 동방과 서방 교회에서 신학과 신앙 실천 면에 엄청난 영향을 미쳤다. 젤라시우스 선언은 '성모 마리아의 승천에 관한 책'을 비경전이라고 선언했다.

동정녀 마리아의 죽음과 승천에 관해서는 그리스어, 라틴어, 콥트어, 시리아어, 이디오피아어, 아르메니아어, 아랍어 등 각종 언어로 저술된 필사본들이 많이 남아 있다. 필사본들의 상호 관련과 역사에 관해서는 아직도 알려지지 않은 부분이 많다. 그리고 이런 문헌들을 가장 많이 수집해서 편찬한 것은 에르베타의 이탈리아어 판이다.

그리스어 필사본의 저자는 사도 요한이라고 보고, 라틴어 필사본의 저자는 사르디스의 멜리토라고 본다. 여러 필사본들은 마리아가 예루살렘에서 죽었다고 기록했다.

콥트어 필사본의 주제는 마리아의 승천인데, 그녀는 죽은 뒤에 오랜 기간이 지나서 승천한다. 여기에서는 사도들을 불러서 선교사의 임무를 부여하는 장면이 없다. 베드로와 요한만이 그 현장에 참석한다. 그리고 마리아의 죽음은 천사가 아니라 예수가 미리 알려준다.

그러나 그리스어, 라틴어, 시리아어 필사본은 천사가 마리아의 죽음을 미리 알려준다. 사도들이 세계 각지에서 모여들고, 마리아는 죽은 뒤에 즉시 승천한다.

1. 콥트어 필사본

로마 주교 에보디우스의 설교
마리아의 죽음과 승천

예수가 마리아의 죽음을 예언한다

에보디우스는 베드로, 안드레아, 알렉산더와 그의 친척 루푸스와 함께 있었는데, 베드로와 안드레아가 예수를 따라갈 때 그도 따라갔고, 일흔두 명의 제자들 가운데 하나가 되었다.

주님의 수난 이후 제자들이 마리아와 함께 살았는데, 거기에는 살로메와 요안나와 다른 처녀들도 있었다. 그리고 베드로가 그 집의 제대를 축성했다.

토비 달 20일에 그들이 제대 앞에 모여 있을 때, 예수가 나타나서 인사하고, 베드로에게 제대를 준비하라고 하면서 "너희가 제비를 뽑아서 정해지는 전교의 나라로 떠나기에 앞서서, 내일 나는 너희 가운데서 커다란 제물을 받아야만 한다."고 말했다.

그리고 예수는 베드로를 대주교로, 에보디우스를 비롯한 다른 제자들을 장로, 부제, 성서 낭독자, 시편 찬미자, 문지기 등으로 서품하고는 하늘로 떠났다. 그들은 예수가 말하는 커다란 제물이 무엇인지 궁금하게 여겼다.

다음날, 예수는 수천 명의 천사와 다윗을 거느리고 케루빔의 전투용 마차를 탄 채 돌아왔다. 우리는 커다란 제물이 무엇인지 가르쳐달라고 요청했으며, 그는 자기가 데리고 갈 자기 어머니가 바로 그 제물이라고 말했다.

우리는 울었다. 베드로는 마리아가 영원히 죽지 않을 수는 없는지 물었고, 그럴 수가 없다면 며칠 동안이라도 우리와 머물게 해달라고 말했다. 그러나 주님은 지상에서의 그녀의 시간이 다 끝났다고 말했다.

여자들이 울었고, 예수는 눈물을 흘리는 마리아를 위로했다. 마리아는 "내가 듣기에는 죽음이 무시무시한 얼굴을 여럿 가지고 있다는데, 내가 어떻게 그 얼굴들을 볼 수 있겠어요?"라고 말했다. 주님은 "온 세상의 생명이 당신과 함께 있는데, 왜 그의 신성한 모습을 두려워하는 것입니까?"라고 말했다.

그는 마리아에게 키스하고, 모든 사람들을 축복했으며, 베드로에게 성부가 마리아에게 입히려고 내려보내는 하늘의 옷을 제대 위에서 잘 살펴보라고 말했다.

마리아의 죽음

마리아가 일어나서 옷을 입은 뒤, 동쪽을 향해서 하늘의 언어로 기도했고, 그 다음에 동쪽을 향해서 누웠다.

예수는 우리에게 서서 기도하라고 지시했고, 성전에서 봉사하다가 주님의 수난 이후에 마리아를 섬기러 온 처녀들에게도 그렇게 지시했다.

성모 승천, 후안 델 카스티요, 16세기, 세비야 박물관 소장

우리는 처녀들에게 왜 성전을 떠났는지 물었다. 그녀들은 "주님이 십자가에 못박혔을 때 나타난 암흑을 보고 우리는 가장 거룩한 곳으로 달아나서 문을 닫아걸었지요. 그리고 칼을 든 위대한 천사가 내려와서 성전의 휘장을 둘로 찢는 것을 보았어요. 또한 '예언자들을 죽이는 예루살렘은 재앙을 받았다.'고 외치는 소리를 들었어요. 제대의 천사가 칼을 든 천사와 함께 제대의 천장 위로 올라갔어요. 그래서 우리는 하느님이 자기 백성을 떠났다고 깨닫고 주님의 어머니에게 달려온 것입니다."라고 대답했다.

그 처녀들이 마리아 주위에 서서 노래했고, 예수는 그녀 옆에 앉아 있었다. 그녀는 저 세상의 수많은 공포, 즉 아만테의 비난자들, 심연의 용, 정의로운 사람들과 사악한 사람들을 가려내는 불의 강에서 구해달라고 요청했다.

예수가 그녀를 위로하고, 사도들에게 "내가 여기 있으면 죽음이 접근할 수 없으니, 우리가 잠시 자리를 피하자."고 말했다. 그들이 밖으로 나갔다. 예수는 돌에 걸터앉아서 하늘을 쳐다보면서 신음 소리를 냈고, "남쪽의 창고에 들어 있는 죽음이여, 나는 너를 정복했다. 자, 나의 동정녀 어머니에게 오라. 그러나 무시무시한 모습으로 오지는 마라."고 말했다.

죽음이 나타났다. 마리아는 그를 보자마자, 그녀의 눈처럼 흰 영혼이 아들의 품으로 뛰어들었다. 예수가 고급 아마포 옷을 입혀서 그녀의 영혼을 미카엘에게 넘겨주었다.

여인들이 모두 울었다. 살로메가 예수에게 달려가서 "당신이 사랑한 그녀가 죽었습니다."라고 말했다. 시편을 노래하는 다윗이 매우 기뻐하면서 "성인들의 죽음은 주님의 눈에 매우 사랑스러운 것이다."라고 말했다. 마리아는 토비 달 21일 9시에 죽었다.

그들이 집으로 다시 들어가서 마리아가 죽은 것을 보았다. 예수가 그녀를 축복하고, 그녀의 몸에 딱 맞는 하늘의 옷을 수의로 입혔다. 그의 지시에 따라 베드로가 그녀의 머리를, 요한이 다리를 메고 예호샤파트 들판의 새 무덤으로 운반했다. 그리고 3일과 절반 기간 동안 무덤을 지켰다.

성모 승천

예수가 마리아의 영혼을 케루빔의 전투용 마차에 태우고 함께 하늘로 올라갔다.

우리는 그녀의 몸을 운반하여 예호샤파트 들판으로 갔다. 찬미가 소리를 들은 유대인들이 밖으로 나와서 그녀의 시체를 태우려고 했다. 그러나 불의 성벽이 우리를 둘러쌌으며, 유대인들은 소경이 되었다.

공포에 질린 유대인들이 죄를 고백하고 용서를 빌었다. 그들이 다시 눈을 떴을 때, 시체를 찾아내려고 했지만 발견할 수가 없었다. 그들은 크게 놀라고, 자기들이 죄를 지었다고 고백했다.

나흘째 되는 날 정오에 모두 무덤에 모였다. "일곱번째 달이 될 때까지 각자 자기 집으로 돌아가라. 왜냐하면 내가 유대인들의 마음을 완고하게 만들어서, 그들은 내가 그녀의 몸을 하늘로 데려갈 때까지 무덤과 그 시체를 발견하지 못할 것이기 때문이다. 메소레 달 16일에 돌아오라."고 외치는 소리가 들렸다. 우리는 집으로 돌아갔다.

메소레 달 16일 새벽에 예수가 나타났다. 베드로가 "당신의 어머니가 죽은 뒤에 우리가 그녀를 보지 못해서 슬픔에 잠겨 있습니다."라고 말했다. 예수는 "그녀가 이제 올 것이다."라고 말했다. 동정녀가 타고 있는 케루빔의 전투용 마차가 내려왔다. 그들은 서로

인사를 나누었고, 예수가 사도들에게 온 세상에 가서 설교하라고
지시했다. 그는 하루 종일 우리와 자기 어머니와 함께 지냈다. 그리
고 우리에게 평화의 인사를 한 뒤에 영광 안에서 하늘로 올라갔다.

동정녀의 죽음은 토비 달 21일이고, 그녀의 승천은 메소레 달 16
일이었으며, 나 에보디우스는 모든 것을 보았다.

예루살렘의 치릴루스의 스무번째 설교

예수가 마리아를 위로한다

요세푸스와 이레네우스에 따르면, 주님의 부활 이후 10년(또는
15년) 동안 요한과 마리아가 예루살렘에서 함께 살았다. 하루는 마
리아가 요한에게, 베드로와 야고보를 불러오라고 말했다. 그들을
앞에 앉혀놓고 그녀가 예수의 생애에 관해서 승천과 성신강림 때
까지 설명해주었다. 그리고 예수가 자기에게 왔고, 자기의 지상의
시간이 다 끝났다는 것을 알려주었다고 말했다.

예수는 그녀에게 "나는 당신의 몸을 땅 속에 감출 것입니다. 내
가 그것을 부패하지 않은 채 다시 일으킬 때까지 아무도 발견하지
못할 것입니다. 그 위에 거대한 성당이 건축될 것입니다. 이제 처
녀들을 불러오십시오."라고 말했다.

처녀들이 오자, 마리아는 그 중에서 나이가 많은 마리아 막달레
나의 손을 잡고 다른 처녀들을 보살피라고 부탁했다.

마리아는 자기가 미리 부탁해둔 아마포 옷을 제자 비루스의 집
에서 가져오라고 베드로에게 말했다. 야고보는 향료와 향수를 사
러 나갔다. 요한은 등잔에 불을 붙였다.

마리아가 아마포를 바닥에 깔고는 그 위에 향료를 뿌렸고, 동쪽을 향해 서서 기도했다. 그녀는 저승의 공포들, 즉 용과 불의 강에서 구해달라고 요청했다. 그러고 나서 동쪽을 향하여 누웠다.

예수가 케루빔의 마차를 타고 나타나서 그녀에게 죽음을 두려워하지 말라고 말했다. 예수는 죽음에게 "남쪽의 방에 있는 자여, 이제 오라."고 말했다. 죽음을 본 마리아는 그 영혼이 아들의 품으로 뛰어들었고, 그는 빛의 옷으로 그 영혼을 감쌌다.

그녀는 토비 달 20일 밤에(또는 21일 새벽에) 잠이 들었다.

주님이 사도들에게 그녀의 시체를 예호샤파트 계곡으로 운반하여 관을 내려놓으라고 지시했다. 유대인들 때문에 그가 관을 숨기려는 것이었다.

아침에 그들이 관을 들고 나갔고, 노랫소리를 들은 유대인들이 관을 불태우려고 달려나왔다. 유대인들을 본 사도들이 관을 버리고 달아났다. 유대인들은 빈 관만 발견하고는 그것을 불태웠다. 시체가 놓였던 곳에서 감미로운 향기가 풍겨나왔고, "그리스도가 나타나는 위대한 그 날까지 그 누구도 이 시체를 찾으려고 해서는 안 된다."고 말하는 소리가 들렸다. 유대인들이 부끄러워서 달아났다. 이웃사람들에게 설명해주었지만, 다른 사람에게는 전파하지 말라고 말했다.

알렉산드리아의 대주교 테오도시우스의 설교

206일 뒤에 승천한다

승천할 때 예수는 자기의 주교인 베드로와 요한에게, 마리아가 죽을 때까지 그녀와 함께 살라고 지시했다. 그녀는 예루살렘에서 여러 명의 처녀들과 함께 살았고, 사도 베드로와 요한과 우리들도 같이 있었다….

예수가 사도들에게, 나 베드로에게 그리고 요한에게 몸을 돌리고는, 마리아가 그들에게 다시 나타날 것이라고 말했다. 또한 "그녀는 죽은 뒤 206일이 지나서 승천할 것이다."라고 말했다….

그는 우리에게 낙원의 종려나무 가지 세 개와 노아의 비둘기가 물어다준 올리브 가지 세 개를 주었고, 우리는 그것을 그녀의 시체 위에 놓았다. 시체는 석관에 안치되었다.

206일이 지나자 메소레 달 15일 밤 또는 16일 새벽에 우리는 무덤에 모여서 밤새도록 지켰다. 10시에 천둥이 치고 천사들의 합창이 들렸다. 예수가 케루빔의 마차를 타고 동정녀의 영혼을 가슴에 품은 채 내려와서 우리에게 인사했다.

그는 석관을 향해서 시체에게 일어나라고 명령했다. 노아의 방주처럼 닫혀 있던 관이 열렸다. 마치 먼 나라에서 돌아온 형제들이 얼싸안듯이, 그녀의 시체가 영혼을 끌어안아 하나가 되었다.

사히딕어 필사본
마리아의 부활

대사제가 치유해달라고 간청했다. 베드로는 그가 예수 그리스도를 믿는다면 치유될 수 있다고 대답했다. 대사제는 자기와 자기 백성이, 예수가 하느님의 아들이라는 것을 알면서도 그가 성전에서 장사꾼들을 내쫓았기 때문에 그를 십자가에 못박았다고 인정했다.

베드로는, 그가 만일 주님을 믿는다면 동정녀의 몸을 끌어안고 신앙을 고백하라고 명령했다. 그는 시키는 대로 했고, 잘린 자기 팔을 잡아서 몸에 붙였다.

베드로는 그에게 종려나무 가지를 가지고 도시로 가서 눈먼 사람들의 눈에 그것을 대라고 명령했다. 그는 울부짖는 수많은 사람들을 도시에서 보았고, 믿는 사람은 모두 눈을 떴다.

한편 사도들은 시체를 무덤에 안치한 뒤, 주님이 와서 약속한 대로 시체를 일으키기를 기다렸다. 그들은 처녀들에게 평안히 집으로 돌아가라고 말했지만, 그녀들도 거기 머물러 있고 싶어했다. 베드로와 요한이 그들을 설득했다. 그들은 축복해달라고 요청했고, 베드로가 축복해주었다.

그 날 3시에 개종한 대사제가 돌아와서 베드로에게, 유대인들이 여전히 동정녀의 시체와 무덤을 불태우려고 한다고 알렸다.

베드로가 사도들에게 경고했다. 그러나 하느님은 유대인들에게 망각을 보냈다. 사도들이 용기를 냈다. 하늘에서 들려온 목소리도 그들에게 안전을 약속했다.

메소레 달 16일에 우리는 사도들과 함께 무덤에 모였다. 우리는 번개가 치는 것을 보고 두려워했다. 무덤 근처에서 매우 짙은 향기가 나고, 나팔소리가 들렸다. 무덤의 문이 열렸다. 그 안에는 엄청난 빛이 가득했다. 불 속에서 전투용 마차가 내려왔다. 예수가 거기 타고 있었다. 그는 우리에게 인사했다.

그는 "나의 어머니 마리아여, 일어나라!"하고 무덤 안에다 대고 소리쳤다. 우리는 그녀가 마치 죽은 적이 없는 듯이 육체 안에 들어 있는 것을 보았다. 예수가 그녀를 마차에 태웠다. 천사들이 마차 앞에서 갔다. "내 형제들이여, 너희에게 평화가 있기를 빈다." 하는 소리가 들렸다.

예수의 부활은 마리아와 마리아 막달레나 이외에 본 사람이 없는데, 이 기적은 예수의 부활보다도 더 놀라운 것이었다.

그래서 사도들인 우리는 이 모든 일의 증인이며, 덧붙이거나 뺀 것이 하나도 없다. 우리는 무덤으로 들어갔다. 그리고 시체가 놓였던 곳에서 옷을 발견했다. 우리는 그 옷을 묻었다.

2. 그리스어 필사본

마리아의 승천에 관한 성요한의 설교
유대인들의 음모와 기적들

마리아가 매일 주님의 무덤에 간다

l. 하느님의 거룩하고 영광스러운 어머니이고 영원한 동정녀인 마리아가 평소의 습관대로 향을 피우기 위해 주님의 무덤으로 갔다. 무릎을 꿇은 채, 자기가 낳은 우리의 하느님 그리스도가 와서 함께 살기를 간청했다.

z. 그녀가 거룩한 무덤으로 가는 것을 본 유대인들이 대사제에게 가서 "마리아가 매일 무덤으로 갑니다."라고 말했다. 대사제는 거룩한 무덤 앞에서 아무도 기도하지 못하도록 지킬 의무를 부여받은 감시자들을 불렀다. 그리고 마리아가 매일 무덤에 가는 것이 사실인지 물었다. 감시자들은 그녀를 본 적이 없다고 대답했다. 왜냐하면 하느님은 그들이 그녀를 보지 못하도록 한 것이다.

가브리엘이 마리아의 죽음을 미리 알린다

3. 어느 금요일에 마리아가 평소와 같이 무덤에 갔다. 그녀가 기도하고 있을 때, 하늘이 열리고 대천사 가브리엘이 와서 그녀에게 "우리의 하느님 그리스도를 낳은 분이여, 안녕하십니까? 당신 기도가 모든 하늘을 지나서 그분에게 도달했고, 그분은 당신 기도를 들어주셨습니다. 당신은 요청한 대로 곧 이 세상을 떠나 참된 생명이며 후계자가 없는 당신 아들에게 와서 하늘의 자리를 차지할 것입니다."라고 말했다.

4. 그 말을 들은 뒤 그녀는 자기 시중을 드는 처녀 세 명을 거느리고 베들레헴으로 갔다. 거기서 잠시 휴식한 다음에 일어나서 처녀들에게 "내가 기도하려고 하니 향로를 가져오라."고 말했다. 처녀들이 향로를 가져갔다.

5. 그녀는 "사도들이 전세계의 어디에 있든지 제게 오도록 명령해주십시오. 제가 그들을 기꺼이 만나보고, 당신 이름을 찬미하겠습니다. 당신이 하녀인 저의 부탁을 무엇이든지 들어주리라 믿습니다."라고 기도했다.

사도 요한이 마리아에게 간다

6. 그녀의 기도에 따라서 나 요한은 그녀에게 갔다. 왜냐하면 에페소에 있는 나를 구름에 태워서 우리 주님의 어머니가 계시는 그곳으로 데려갔기 때문이다. 나는 그 집에 들어간 다음에 그녀에게 "주님의 어머니, 당신은 엄청난 영광 안에 이 세상을 떠나게 되었

으니 기뻐하십시오."라고 인사했다.

7. 그녀는 "너의 어머니를 보라. 그리고 당신 아들을 보십시오."라고 한 주님의 말씀을 기억하고는, 나 요한이 거기 온 것에 대해서 주님에게 감사했다. 처녀 세 명도 와서 주님을 찬미했다.

성모의 몸은 절대로 썩지 않는다

8. 성모 마리아가 나에게 "향을 피우고 기도하시오."라고 말했다. 나는 "주 예수 그리스도여, 이제 그녀에게 기적을 일으켜서 그녀가 이 세상을 떠나게 하시고, 당신을 못박고 또 믿지 않은 유대인들이 소동을 피우지 못하게 해주십시오."라고 기도했다.

9. 그녀가 향을 피우고 "나의 하느님, 나의 주님인 당신을 찬미합니다. 당신이 나에게 약속한 것은 모두 이루어졌습니다. 제가 이 세상을 떠날 때는 당신이 무수한 천사를 거느리고 오시겠다고 승천하시기 전에 약속했습니다."라고 기도했다.

10. 나 요한은 그녀에게 "그분은 약속한 대로 오시고, 당신은 그분을 볼 것입니다."라고 했다. 그녀는 "내가 죽으면 내 시체를 태우겠다고 유대인들이 맹세했어요."라고 말했다.

나는 "당신의 거룩하고 귀한 몸은 절대로 썩지 않을 것입니다."라고 말했다. 하늘에서 아멘이라는 소리가 들려왔다.

사도들이 세계 각지에서 모인다

11. 그때 성령이 나 요한에게 "오늘 네 형제인 사도들이 올 것이다."라고 말했다.

12. 그래서 나 요한은 땅에 엎드려 기도했다. 성령이 사도들에게 "너희는 세상 각지에서 모여들어 구름을 타라. 그리고 주 예수 그리스도의 어머니를 위해 거룩한 베들레헴으로 가라."고 말했다. 베드로는 로마에서, 바오로는 티베리아에서, 토마스는 인도의 시골 구석에서, 야고보는 예루살렘에서 왔다.

13. 베드로의 형제인 안드레아, 필립보, 루가, 가나안 사람 시몬, 타데우스는 이미 죽었지만, 성령이 그들의 무덤에서 일으켰다. 성령은 그들에게 "이것을 너희들의 부활이라고 생각하지는 마라. 너희를 무덤에서 일으킨 이유는 너희가 명예와 놀라운 징표를 가지고 가서 구세주 그리스도의 어머니에게 인사하기 위한 것이다. 그녀가 떠날 때가 되었고, 그녀는 하늘에 올라가서 살 것이다."라고 말했다.

14. 아직 살아 있던 마르코는 알렉산드리아에서 왔고, 나머지도 각각 자기가 있던 나라에서 왔다.

15. 베드로는 구름을 탔을 때, 성령의 지탱으로 하늘과 땅 사이에서 다른 사도들이 구름 위로 올라오는 것을 바라보았다. 그들은 모두 성령의 힘으로 왔다.

16. 우리는 우리 주 하느님의 어머니에게 다가가서 인사한 뒤에 "두려워하지 말고, 슬퍼하지도 마십시오. 당신에게서 태어난 주 하느님이 당신을 영광과 함께 세상에서 데리고 갈 것입니다."라고 말했다.

그녀가 몹시 기뻐하면서 침대에서 일어나 "여러분이 온 것을 보니,

이제 나는 우리 스승이고 하느님인 그분이 내게 오시고, 내가 그를 바라보며, 이 세상을 떠나갈 것이라고 믿습니다. 내가 곧 떠난다는 것을 어떻게 알고 왔으며, 또 어떻게 이리 빨리 왔는지 말해주세요. 내게서 태어난 우리 주 예수 그리스도도 이런 일을 내게 숨겼기 때문이지요. 이제 나는 그가 하느님의 아들임을 믿습니다."라고 말했다.

베드로가 "성령이 우리에게 어떻게 명령했는지 각자 설명해드립시다."라고 말했다.

사도들이 어떻게 그녀에게 왔는지 설명한다

17. 나 요한은 "제가 에페소에서 거룩한 제대에 들어갈 때, 성령이 '주님의 어머니가 떠날 때가 가까워졌으니 인사드리러 베들레헴으로 가라.'고 말했지요. 그리고 빛의 구름이 저를 들어올려서 당신이 누워 있는 이곳의 문간에 내려놓았습니다."라고 대답했다.

18. 베드로는 "저는 로마에 있었는데, 새벽에 성령이 베들레헴으로 가라고 명령했지요. 저는 다른 사도들이 구름 위로 올라오는 것을 보았습니다."라고 대답했다.

19. 바오로는 "저는 로마에서 그리 멀지 않은 티베리아에 있었지요. 거기서 성령의 명령을 듣고 빛의 구름을 타고 왔습니다."라고 대답했다.

20. 토마스는, 왕의 누이의 아들인 라바네스에게 세례를 주려는 참이었는데 성령의 말씀을 듣고 왔다고 말했다.

21. 마르코는, 알렉산드리아에서 3시 기도를 드리다가 왔노라고 말했다.

22. 야고보는, 예루살렘에서 성령의 지시를 받고 왔다고 말했다.

23. 마태오는, 거친 바다에서 배를 타고 있었는데 빛의 구름이 갑자기 나타나서 파도를 잔잔하게 만든 뒤에 자기를 데리고 왔다고 말했다.

24. 죽었던 사도들도 각자 설명했다. 바르톨로메오는, (그리스의) 테베 지방에서 설교하다가 왔다고 말했다.

25. 사도들의 말을 듣고 난 마리아가 주님을 찬미했다.

26. 그리고 사도들에게 향을 피우고 기도하라고 말했다. 그들이 기도하고 있을 때, 하늘에서 천둥이 울리고 전투용 마차 소리가 크게 났다. 보라, 무수한 천사들이 내려왔고, 사람의 아들의 목소리가 들려왔다.

그리고 세라핌들이 그 집을 둘러쌌다. 베들레헴에 있던 모든 사람들이 그 놀라운 광경을 보고는 예루살렘에 올라가서 사실대로 알렸다.

기적들이 일어난다

27. 이어서 해와 달이 그 집 주위에 나타났고, 최초로 태어난 성인들이 몰려와서 그녀에게 영광과 찬미를 바쳤다. 나는 소경이 보고, 귀머거리가 듣고, 절름발이가 걷고, 문둥이들이 깨끗해지고, 악마에 사로잡혔던 사람들이 치유되는 기적들을 보았다. 그리고 각종 질병에 시달리는 사람들이 그녀가 누워 있는 집의 벽을 만지고는 모두 치유되었다.

28. 예루살렘에서도 무수한 사람들이 와서 병의 치유를 받았다. 치유를 받은 사람들과 구경한 사람들이 그 날 우리 주 그리스도와

그의 어머니를 찬미했다. 예루살렘의 모든 사람이 베들레헴으로 내려와서 시편과 성가를 노래하면서 거룩하게 하루를 보냈다.

유대인 사제들이 해치려고 한다

29. 그러나 유대인 사제들과 백성들은 베들레헴에서 일어난 일들에 크게 놀라고 몹시 질투했다. 그래서 헛된 생각으로 회의를 열었고, 성모 마리아와 사도들을 해치려고 사람들을 파견하기로 결정했다. 유대인들이 베들레헴에서 2킬로미터 가량 떨어진 곳에 이르러 무시무시한 환상을 보고는, 되돌아가서 대사제들에게 그 환상에 관해서 보고했다.

30. 그러나 대사제들은 더욱 분노하여 총독에게 몰려가서 "유대 민족이 이 여자 때문에 파멸할 지경이니 그녀를 베들레헴과 예루살렘 일대에서 추방해주십시오."라고 소리쳤다. 기적 때문에 놀란 총독은 "그녀를 절대로 추방할 수 없다."고 대답했다. 그들은 계속해서 소리치고, "당신이 추방하지 않으면 황제에게 보고하겠소." 라고 말하며 독촉했다. 총독이 마지못해서 군사 1천 명을 거느린 대장을 베들레헴에 파견했다.

성령이 사도들과 성모를 예루살렘으로 운반한다

31. 성령이 사도들과 성모 마리아에게 "유대인들이 소란을 피워 총독이 군사 1천 명을 파견했다. 그러나 두려워하지 말고 베들레

헴을 떠나라. 나는 너희를 구름에 태워 예루살렘으로 데리고 가겠다. 성부와 성자와 성령의 힘이 너희와 함께 있다."고 말했다.

32. 사도들이 성모 마리아가 누운 침대를 들고 즉시 그 집을 나와 예루살렘으로 떠났다. 그러자 성령이 말씀한 대로 구름이 그들을 들어올려 예루살렘에 있는 성모 마리아의 집으로 운반했다. 그래서 우리는 일어선 채 5일 동안 끊임없이 찬미가를 불렀다.

33. 총독 대장이 베들레헴에 가서 사도들과 성모를 발견하지 못하자, 주민들을 잡아서 "너희가 고자질하지 않았느냐? 사도들이 어떻게 여기를 빠져나갈 수 있느냐? 그들은 어디 있느냐? 예루살렘에 가서 너희가 직접 다시 보고해라."하고 말했다. 그는 그들을 끌어갔다.

34. 사도들과 성모가 머무는 그 집에서도 기적이 일어났기 때문에, 5일 뒤에는 총독과 사제들과 그곳의 모든 사람이 알게 되었다. 많은 남녀들이 그 집에 몰려와서 "우리 하느님인 그리스도를 낳은 거룩한 동정녀여, 인류를 잊지 말아주십시오."라고 소리쳤다.

유대인들이 천사의 불에 타죽는다

35. 그런 이유 때문에 유대인들과 사제들은 더욱더 심한 질투에 사로잡혀서 장작과 불을 가지고 그 집으로 불을 지르러 갔다. 총독이 멀리서 그 광경을 바라보고 있었다. 유대인들이 집 앞에 도착했을 때, 천사들이 갑자기 집에서 불길이 뻗어나가게 만들어 많은 유대인들이 타죽었다. 도시 전체가 공포에 휩싸였고, 사람들은 마리아에게서 탄생한 하느님을 찬미했다.

36. 그 광경을 지켜본 총독이 모든 백성 앞에서 큰 소리로 "너희

가 추방하려고 한 동정녀에게서 태어난 그분은 참으로 하느님의 아들이다. 이런 기적은 참으로 하느님으로부터 오는 것이기 때문이다."라고 말했다. 유대인들 사이에 의견이 갈렸다. 기적을 보고 많은 유대인들이 주 예수 그리스도를 믿었다.

주님이 성모의 죽음을 예고하고 축복한다

37. 우리 사도들이 성모와 함께 예루살렘에 있는 동안, 성모 마리아 때문에 그런 기적들이 일어났다. 성령이 우리에게 "너희가 아는 바와 같이, 주님의 날(일요일)에 가브리엘이 동정녀 마리아에게 기쁜 소식을 전했고, 구세주가 태어났으며, 예루살렘의 아이들이 종려나무 가지를 손에 들고 호산나를 외쳤다.

또한 일요일에 그가 부활했고, 심판하러 올 것이며, 거룩하고 영광스러운 동정녀가 세상을 떠나는 것을 보기 위해서 그는 역시 주님의 날(일요일)에 올 것이다.

38. 그리고 일요일에 동정녀가 사도들에게 말하기를 '그리스도가 무수한 천사들을 데리고 오니 너희는 향을 피워라. 그리스도가 케루빔의 옥좌에 앉아서 온다.'고 했다."라고 말했다.

우리가 모두 기도할 때 무수한 천사가 나타나고, 케루빔의 마차를 탄 주님이 위대한 힘 속에서 왔다. 그의 앞에는 빛이 나타나고, 동정녀 위에는 번개가 놓였다. 그리고 하늘의 모든 힘의 천사들이 엎드려서 그를 숭배했다.

39. 주님이 자기 어머니에게 "마리아!"라고 불렀다. 그녀는 "주님, 제가 여기 있습니다."라고 대답했다. 주님이 "슬퍼하지 마시오. 오히려 기뻐하고 당신 마음을 기쁨으로 채우시오. 당신은 나의

아버지의 영광을 볼 수 있는 은총을 받았기 때문이오."라고 말했다. 하느님의 거룩한 어머니는 사람이 입으로 도저히 표현할 수 없고 또 이해할 수도 없는 영광을 그에게서 보았다.

이윽고 주님이 그녀 곁에 서서 "자, 이제 당신의 귀중한 몸이 낙원으로 운반되고, 당신의 거룩한 영혼은 하늘로 올라가 성부의 보물 창고에서 무한한 광채를 받을 것이오. 거기에는 평화와 천사들의 환희가 계속될 것이오."라고 말했다.

40. 주님의 어머니가 주님에게 "주님, 당신 오른손을 내게 얹어서 축복해주십시오."라고 말했다. 그가 깨끗한 오른손을 펴서 그녀를 축복했다. 그녀가 그 손을 잡아 키스하고 "하늘과 땅을 창조한 이 손을 저는 숭배합니다. 더없이 고귀한 당신 이름을 간청합니다. 하느님이신 그리스도, 모든 시대의 왕, 성부의 외아들이여, 당신 하녀를 받아주십시오. 당신 하녀의 이름을 부르거나 그 이름으로 간청하는 사람은 누구에게나 당신의 도움을 베풀어주십시오."라고 말했다.

41. 사도들이 그녀의 발치에 다가가서 이 세상을 축복해달라고 말했다. 그녀는 "주님, 이 세상과 당신 이름을 부르는 모든 영혼을 축복해주십시오."라고 말했다.

42. 또한 그녀는 "제 이름을 기념하는 장소는 모두 그리고 언제나 축성해주십시오. 제 이름을 통해서 당신을 찬미하는 사람들의 모든 제물과 간청과 기도를 받아주십시오."라고 기도했다.

43. 주님이 그녀에게 "성부와 성자인 나와 성령이 당신에게 모든 선물을 주었으니 기뻐하시오. 당신 이름을 부르는 사람은 누구나 수치를 당하지 않고, 이 세상과 내세에서 자비와 위로와 도움과 신뢰를 받을 것이오."라고 대답했다.

44. 주님이 베드로에게 몸을 돌려서 "찬미가를 부를 시간이 되었다."고 말했다. 베드로가 찬미가를 부르기 시작하자, 하늘의 모든

천사가 "할렐루야!" 하고 응답했다. 그러자 주님의 어머니의 얼굴이 빛보다 더 찬란하게 빛났다. 그녀가 일어나서 손으로 사도들을 일일이 축복했다. 사도들이 하느님을 찬미했다.

주님이 성모 마리아의 영혼을 손으로 받는다

45. 주님이 손을 뻗어서 그녀의 거룩하고 깨끗한 영혼을 받았다. 그녀의 영혼이 육체를 떠나자, 그곳은 감미로운 향기와 말할 수 없는 빛으로 가득 찼다. 그리고 하늘에서 "당신은 여인들 가운데서 축복을 받았소."라고 하는 목소리가 들려왔다.

그녀의 거룩함을 전해받기 위해서 베드로와 나 요한과 바오로와 토마스가 달려가서 그녀의 발을 껴안았다. 그리고 열두 사도들이 그녀의 고귀하고 거룩한 몸이 들어 있는 침대를 메고 밖으로 나갔다.

마리아의 침대 앞에서 기적이 일어난다

46. 그때 힘이 장사인 히브리 사람 예포니아스가 달려와서 그 침대를 공격했다. 그러자 보이지 않는 힘을 가진 주님의 천사가 불타는 칼로 그의 두 팔을 잘라서, 그 팔들이 침대 옆의 공중에 떠있게 만들었다.

47. 그 기적을 본 유대인들이 큰 소리로 "하느님의 어머니, 영원한 동정녀 마리아여, 당신에게서 태어난 그는 참으로 진실한 하느

님입니다."라고 외쳤다. 베드로의 지시에 따라 예포니아스 자신도 침대 뒤에서 "하느님인 그리스도를 낳은 마리아여, 제게 자비를 베풀어주십시오."라고 외쳤다.

베드로가 그를 바라보면서 "마리아가 낳은 그분의 이름으로 네 팔들이 다시 가서 붙을 것이다."라고 말했다. 그 말이 떨어지자마자 그의 팔들이 제자리에 가서 다시 붙었다. 예포니아스도 주님을 믿었다.

사도들이 마리아의 몸을 겟세마네에 안치한다

48. 그런 다음에 사도들이 그녀의 몸을 겟세마네 동산의 새로운 무덤에 안치했다. 그 무덤에서 말할 수 없이 아름다운 향기가 풍겨나왔다. 그리고 3일 동안 천사들이 찬미하는 소리가 들렸다. 3일이 지나자 천사들의 소리가 더 이상 들리지 않았고, 우리는 그녀의 몸이 낙원으로 운반된 것을 알았다.

49. 그녀의 몸이 낙원으로 운반된 뒤에, 우리는 거룩한 세례자 요한의 어머니 엘리사벳, 성모 마리아의 어머니 안나, 그리고 아브라함과 이사악과 야곱과 다윗이 "할렐루야!"하고 노래하는 것을 보았다. 또한 모든 성인들이 주님의 어머니의 고귀한 몸을 존경하고 찬미하는 것을 보았다.

그리고 더없이 찬란하고 아름다운 향기가 풍겨나오는 빛의 장소를 보았는데, 거기는 그녀의 몸이 놓인 낙원의 한 장소였다. 거기서는 또한 처녀들만 들을 수 있는 주님에 대한 찬미가 들려왔다.

50. 그러므로 우리 사도들은 그녀의 거룩한 몸이 갑자기 낙원으로 운반되는 것을 보고 그러한 기적을 보여준 하느님을 찬미했다.

성모 마리아의 기도와 중재로 우리는 이 세상과 내세에서 그녀의
보호와 도움과 인도를 받을 것이다. 아멘.

3. 라틴어 필사본

가명 멜리토의 이야기

마리아가 낙원으로 들어간다

레우치우스의 이단을 조심하라

제1장

사르디스 교회의 주교 멜리토가 라오디체아의 형제들에게 인사를 보낸다.

나는 레우치우스라는 사람에 관해서 자주 글을 썼다. 그는 우리와 함께 사도들을 동행했지만, 성질이 급하고 딴 마음을 품어서 올바른 길을 벗어났다. 그는 사도들의 방대하고 다양한 활동에 관해서 많은 책을 저술하고 또 그에 관해서 말을 많이 전했다. 그러나 사도들의 가르침에 관해서는 그가 거짓말을 많이 했고, 사도들의 말을 빌려서 자신의 사악한 주장을 확립하려고 했다.

그는 거기서 그치는 것이 아니라, 하느님의 어머니, 영원한 동정녀 마리아의 죽음에 관해서도 사악한 펜으로 거짓말을 늘어놓았다. 그러므로 하느님의 교회 안에서는 그의 글을 읽는 것도, 그 낭송을 듣는 것도 안 될 일이다.

그러므로 우리는 여러분의 요청에 따라 우리가 사도 요한에게 들은 내용을 기록해서 보낸다. 우리는 이단자들이 떠드는 이질적인 교리를 믿는 것이 아니라, 성부가 성자 안에, 성자가 성부 안에 있고, 삼위가 일체를 이루어 분리할 수 없는 본질이라고 믿는다.

그리고 인간의 본성이 선한 것과 악한 것 두 가지가 창조된 것이 아니라, 오로지 선한 본성 한 가지로만 창조되었으나, 뱀의 속임수에 속아서 타락하여 죄를 지었고, 그 타락한 본성은 그리스도의 은총으로 회복된다고 믿는다.

사도 요한이 마리아를 각별히 모신다

제2장

그러므로 구세주 예수 그리스도가 온 세상의 생명을 위하여 십자가에 못박혔을 때, 그는 십자가 옆에 서 있는 자기 어머니와 복음서 저자 요한을 보았다. 그는 요한을 다른 사도들보다 더 사랑했는데, 그것은 요한만이 독신이었기 때문이다. 그래서 그는 "네 어머니를 보라."고 말하면서 요한에게 거룩한 마리아를 맡겼고, 마리아에게는 "당신 아들을 보십시오."라고 말했다.

그 후부터 요한이 하느님의 거룩한 마리아를 그녀가 살아 있는 동안 각별히 보살피고 섬겼다. 사도들이 제비를 뽑아서 담당 지역을 정하고 전세계로 퍼져나갔을 때, 마리아는 올리브 산 근처 요한의 부모의 집에서 살았다.

지옥의 힘을 막아달라고 마리아가 기도한다

제3장

1. 그리스도가 죽음을 이기고 승천한 지 2년이 지났을 때, 마리아는 그리스도를 다시 만나고 싶은 열망 때문에 자기 방에 홀로 앉아서 울었다. 찬란한 옷을 입은 천사가 그녀에게 나타나서 인사하고 "주님의 축복을 받은 분이여, 안녕하십니까? 예언자들을 통해서 야곱에게 구원을 베풀어준 그분의 인사를 받으십시오.

이 종려나무 가지를 보십시오. 제가 이것을 주님의 낙원에서 가져온 것입니다. 당신이 육체를 떠난 지 3일이 지났을 때, 사도가 당신 관 앞에서 이 가지를 들고 가도록 하십시오. 당신 아들이 모든 천사들과 함께 당신을 기다리고 있기 때문입니다."라고 말했다.

2. 마리아가 "모든 사도들을 제게 불러모아 주십시오."라고 말했다. 천사가 "주님의 힘으로 오늘 모든 사도들이 모일 것입니다."라고 대답했다. 마리아가 "제가 육체를 떠나는 날, 지옥의 그 어떠한 힘도 저를 만나지 못하고, 제가 암흑의 왕을 보지 않도록, 당신이 저를 축복해주십시오."라고 말했다.

천사는 "지옥의 힘이 당신을 만나지 못할 것입니다. 그러나 당신의 하느님이신 주님이 이미 당신을 축복했습니다. 저는 그의 하인이고 전령입니다. 당신이 암흑의 왕을 보지 않도록 하는 힘은 제가 주는 것이라고 생각하지 마십시오. 그것은 당신에게서 태어난 그분만이 할 수 있는 일입니다. 그는 모든 힘을 가지고 있고, 영원한 세상이 그의 것입니다."라고 대답했다.

3. 종려나무 가지가 더없이 찬란하게 빛났다. 마리아가 가장 좋은 옷으로 갈아입고 그 종려나무 가지를 들고 올리브 산으로 갔다. 그리고 "주님, 당신이 자비를 베풀지 않았더라면 저는 당신을 받아들

일 자격이 없었습니다. 그러나 당신이 주신 보물을 제가 보존했습니다.

오, 영광의 왕이여, 지옥의 그 어떠한 힘도 저를 해치지 못하게 해주십시오. 모든 하늘과 천사들이 당신 앞에서 몸을 떤다면, 당신이 주신 것 이외에는 선한 것을 가지고 있지 않는, 흙으로 만들어진 사람이야 오죽하겠습니까!"라고 기도했다. 그리고 자기가 머무는 곳으로 돌아갔다.

마리아가 요한에게 그 가지를 보여준다

제4장

1. 에페소에서 요한이 일요일 3시에 설교하고 있을 때, 심한 지진이 발생했고, 구름이 그를 높이 들어올려서 모든 사람의 시야에서 거두어갔으며, 그를 마리아의 집 문 앞에 내려놓았다. 그는 문을 두드린 다음 곧장 안으로 들어갔다.

그를 본 마리아가 몹시 기뻐하며 "내 아들 요한아, 주 예수 그리스도가 나를 네게 맡기면서 그가 한 말을 기억하라. 왜냐하면 나는 지금부터 3일째 되는 날 육체를 떠날 것이고, 나는 유대인들이 회의를 열고 '저 속이는 자를 출산한 그 여자가 죽을 때까지 기다리자. 그리고 그녀의 시체를 불로 태워버리자.'라고 말했다고 들었기 때문이다."라고 말했다.

2. 그녀는 요한에게 종려나무 가지를 보여주고, 그것을 자기 관 앞에서 들고 가라고 말했다.

사도들이 모두 모인다

제5장

요한이 혼자서는 그녀의 장례식을 준비할 수가 없다며 걱정하고 있는데, 다른 사도들이 모두 모였다. 그들은 서로 인사를 나누고 놀라면서 "주님이 왜 우리를 한 자리에 모았을까?"라고 말했다.

(다른 필사본의 내용 : 바오로가 바르나바와 개종한 이방인들을 데리고 왔다. 사도들 사이에는 누가 먼저 그녀를 위해서 기도할 것인지 다툼이 일어났다. 베드로가 바오로에게 먼저 기도하라고 권고했으나, 바오로가 오히려 베드로가 제일 먼저 기도해야 한다면서, "나는 사도들 가운데서 제일 끝자리에에나 앉아야 하오. 나는 사도 여러분과 동등한 자격이 있다고 생각하지 않소. 그러나 주님의 은총으로 나도 나름대로 사도의 자격이 있소."라고 말했다.)

사도들이 마리아에게 인사한다

제6장

그래서 사도들이 모두 한 마음으로 몹시 기뻐하면서 기도를 마쳤다. 그러자 요한이 그들에게 와서 사정을 설명했다. 그들이 안으로 들어가서 마리아에게 인사했다.

그들은 성령의 힘으로 구름을 타고 왔다고 각각 설명했다. 마리아는 주님이 고뇌의 시간에 자기를 위로해주려고 사도들을 보낸 것을 보고 안심했다.

구세주가 마리아에게 내려온다

제7장

그들이 3일 동안 기도했다. 사흘째 되는 날 3시에, 사도들과 처녀 세 명 이외에는 그 집에 있는 모든 사람들이 잠들어 있을 때, 갑자기 주 예수 그리스도가 무수한 천사들을 거느리고 그곳에 내려왔다. 거대한 빛이 그 집을 비추었다.

주님이 "가장 귀중한 진주여, 자, 영원한 생명이 있는 곳으로 들어오라."고 말했다.

마리아가 숨을 거둔다

제8장

1. 마리아가 땅에 엎드려 하느님을 숭배하고 "오, 나의 주 하느님, 당신 영광의 이름은 축복을 받으십시오. 당신 하녀를 암흑의 힘에서 구해주시고, 사탄이 저를 공격하지 못하게 해주시며, 무서운 악마들을 제가 보지 않게 해주십시오."라고 말했다.

2. 구세주는 "내가 십자가에 매달려 있을 때, 암흑의 왕이 내게 다가왔다. 그러나 나한테서 그의 일의 흔적을 하나도 발견하지 못해서 패배하고 짓밟힌 채 물러갔다. 당신은 인류의 법칙에 따라 죽을 것이지만, 죽음이 당신을 해치지 못할 것이다. 내가 당신을 도와줄 것이기 때문이다. 두려워 말고 오라. 무수한 천사가 당신을 낙원으로 인도하려고 기다리고 있다."고 대답했다.

3. 마리아가 일어나서 침대에 누웠다. 그리고 하느님을 찬미하면

서 숨을 거두었다. 사도들이 그녀의 영혼을 보았다. 그 영혼은 흰 눈보다 더 희고, 빛나는 모든 금속보다 더 희었기 때문에, 사람의 혀로 표현할 수 없을 정도로 눈부셨다.

미카엘이 그녀의 영혼을 넘겨받는다

제9장

1. 예수가 베드로에게 "베드로야, 일어나라. 마리아의 시체를 도시의 오른쪽을 돌아서 동쪽으로 운반하라. 거기 새로 만든 무덤을 발견할 것이다. 내가 올 때까지 기다려라." 하고 말했다.

2. 예수는 그녀의 영혼을 미카엘에게 넘겨주었다. 그리고 구세주는 즉시 천사들과 함께 하늘로 돌아갔다.

눈보다 희고 너무나 향기로운 그녀의 몸

제10장

시중을 들던 처녀 세 명이 관습에 따라서 마리아의 몸을 씻겼다. 그녀의 거룩한 몸은 너무나 찬란하고 빛의 섬광이 너무 강해서 맨눈으로 쳐다볼 수가 없었다. 그 안에 엄청난 광채가 담겨 있었다.

그리고 그 몸을 씻길 때, 처녀들은 아무런 감각도 느끼지 못했다. 그것은 가장 순수하고 더러움이 전혀 없는 것이었다. 또한 축복 받은 마리아의 몸은 백합과 같아서 말할 수 없이 짙은 향기가 풍겨나왔다. 그런 향기는 그 어디에서도 맡을 수 없는 것이었다.

요한이 앞장선다

제11장

1. 사도들이 그녀의 시체를 관에 안치했다. 그리고 누가 종려나무 가지를 들고 앞장설 것인지 수군거렸다. 요한이 베드로에게 나뭇가지를 들라고 말했으나, 베드로는 오히려 요한이 그것을 들어야 한다고 대답했다.

2. 베드로가 그녀의 머리쪽을 들고 나머지 사도들이 그 뒤를 들었다. 베드로가 "이스라엘이 이집트에서 나왔다. 할렐루야."라고 노래하기 시작했다. 요한이 나뭇가지를 들고 앞장섰다. 다른 사도들이 감미로운 목소리로 노래했다.

천사들이 유대인들의 눈을 멀게 한다

제12장

1. 새로운 기적을 보라. 달빛보다 더 밝은 거대한 구름이 관 위에 나타났다. 구름 속에서 천사들이 감미로운 노랫소리를 아래로 내려보냈고, 땅이 그 소리에 응답해서 노래했다. 사람들이 1만 5천 명이나 밖으로 나와서 크게 놀라고 "이토록 아름다운 노랫소리는 무엇 때문인가?"라고 물었다.

2. 어떤 사람이 일어서서 "마리아가 육체를 떠났고, 예수의 제자들이 그녀에 관해서 노래하는 것이오."라고 말했다. 그들이 관을 보았다.

그 가운데 있던 사제가 화가 머리끝까지 치밀어서 "우리와 온 나라를 괴롭힌 자의 무리를 보시오. 저 영광을 보시오."라고 말했다. 그는 다가가서 관을 뒤엎고 시체를 땅에 팽개치려고 했다. 그러나 그의 손은 팔꿈치부터 말라비틀어지고 관에 붙어버렸다.

사도들이 관을 위로 쳐들자 그의 팔이 반쪽은 공중에 걸리고 반은 그의 몸에 붙어 있었다. 그는 참을 수 없는 고통에 몸부림쳤다. 사도들은 노래를 부르며 전진했다.

그리고 천사들이 유대인들의 눈을 모조리 멀게 했다.

두 팔이 잘린 사제가 베드로에게 애원한다

제13장

l. 그 사제는 베드로에게 큰 소리로 "전에 당신이 재판소에 들어설 때, 문간에서 어떤 여자가 당신의 정체를 폭로했소. 그때 내가 위기를 구해주었는데, 나를 이런 고통 속에 그대로 버리고 갈 작정이오?"라고 말했다.

베드로는 "나는 당신을 구해줄 힘이 없소. 그러나 당신이 주 예수 그리스도를 진심으로 믿는다면 치유될 것이오."라고 대답했다.

사제가 치유되고 주님을 찬미한다

제14장

l. 베드로가 관을 제자리에 멈추게 했다. 그 사제가 진심으로 믿는다고 말하자, 관에 붙었던 두 손이 떨어져서 그의 몸에 가 붙었

다. 그러나 여전히 말라비틀어진 상태였고, 그는 계속해서 고통을 느꼈다.

2. 베드로가 그에게 관에 키스를 하고 "나는 하느님을 믿고, 이 여인이 낳은 성자, 즉 예수 그리스도를 믿으며, 베드로 사도가 말한 것을 모두 믿습니다."라고 말하라고 지시했다. 그가 시키는 대로 하자, 완전히 치유되고 고통도 사라졌다.

3. 그는 하느님을 찬미하고, 모세의 책들로부터 그리스도를 찬미하는 증거들을 인용하기 시작해서, 사도들마저 놀라고 기쁨의 눈물을 흘렸다.

종려나무 가지가 눈먼 사람들을 치유한다

제15장

1. 베드로는 그에게 요한이 든 종려나무 가지를 가지고 시내로 들어가서 하느님의 위대한 업적을 선포하고, 눈이 멀게 된 사람들의 눈을 뜨게 해주라고 말했다. 그러나 여전히 믿지 않는 사람은 눈을 뜨지 못할 것이라고 말했다.

2. 그가 시내로 들어가자 수많은 사람이 눈이 먼 채 탄식만 하고 있었다. 그러나 사제가 치유되었다는 말을 듣고 그들이 예수 그리스도를 믿었다. 그리고 나뭇가지를 눈에 대자 모두 시력을 회복했다. 그러나 완고한 마음으로 끝까지 믿지 않은 사람들은 모두 죽었다.

그는 사도들에게 나뭇가지를 돌려주고 경과를 보고했다.

그녀의 몸을 부활시켜주십시오

제16장

1. 사도들이 주님이 인도해준 요사파트 계곡으로 가서 새로 만든 무덤에 그녀의 관을 안치하고 입구를 막아버렸다. 그리고 주님이 명령한 대로 무덤 입구 앞에 앉아 있었다.

주 예수 그리스도가 무수한 천사들을 거느리고, 눈부신 번개가 치는 가운데 그들에게 갑자기 나타났다. 그리고 "평화가 너희와 함께 있기를 빈다."고 말했다. 그들은 "우리가 당신에게 희망을 걸고 있듯이 우리에게 당신의 자비를 베풀어주십시오."라고 대답했다.

2. 주님이 "나는 성부의 명령에 따라 이스라엘의 열두 부족 가운데서 이 여인을 선택하여 그 안에서 살았다. 이제 너희는 내가 그녀에게 어떻게 해주기를 바라느냐?"고 말했다.

사도들은 "그녀의 몸을 부활시켜서 당신과 함께 하늘로 데려가기를 바랍니다."라고 대답했다.

마리아가 부활한다

제17장

1. 구세주가 "너희가 원하는 대로 하겠다."고 말했다. 그리고 미카엘에게 마리아의 영혼을 데리고 오라고 지시했다. 미카엘이 무덤 입구의 돌을 굴려서 열었다. 주님이 "나의 사랑이며 친척인 여인이여, 일어나라."하고 말했다.

2. 마리아가 일어나 주님을 찬미하고, 주님의 발 아래 엎드렸다.

마리아가 낙원으로 들어간다

제18장

1. 주님이 그녀에게 키스한 뒤, 그녀를 낙원으로 인도하라고 천사들에게 넘겨주었다. 그리고 사도들에게 "가까이 오라."고 말했다. 사도들이 다가가자 그는 그들에게 키스하고 "평화가 너희와 함께 있기를 빈다. 내가 항상 너희와 함께 있듯이, 세상이 끝날 때까지도 함께 있겠다."라고 말했다.

2. 말을 마치자마자 주님은 구름에 싸여서 위로 들어올려졌다. 그리고 하늘로 들어갔다.

천사들은 축복받은 마리아를 하느님의 낙원으로 인도했다.

사도들은 다시 구름을 타고 각자 설교하던 곳으로 돌아갔다.

아리마태아 사람 요셉의 증언
토마스가 따로 목격한 승천

예수가 수난을 당하기 전에, 동정녀는 자기의 죽음을 3일 전에 미리 알려달라고 그에게 요청했고, 예수는 그렇게 하겠다고 약속했다. 예수가 승천한 지 2년이 되던 해에 마리아는 끊임없이 기도했다. 그녀가 죽기 3일 전에 천사가 와서 종려나무 가지를 주면서 그녀의 죽음을 알렸다.

그녀가 아리마태아의 요셉과 다른 제자들을 불러오도록 했고, 목욕을 한 뒤 여왕처럼 옷을 차려입었다. 세포라, 아비제아 자엘 등 세 처녀가 그녀를 섬겼으며, 사도들은 이미 온 세상에 흩어져서 설교하고 있었다.

3시에 천둥이 치고 비가 내리고 지진이 일어났다. 요한이 에페소에서 갑자기 불려와 방에 들어가서 인사했다. 토마스를 제외한 모든 사도들이 구름을 타고 와서 그녀에게 인사했다. 그 사도들은 요한, 그의 형제 야고보, 베드로, 바오로, 안드레아, 필립보, 루가, 바르나바스, 바르톨로메오, 마태오, 정의로운 마티아스, 가나안 사람 시몬, 그의 형제 유다, 니코데무스, 막시미아누스였다.

마리아가 "당신들은 왜 여기 왔지요?"라고 물었다. 베드로가 "우리는 영문을 모릅니다. 저는 안티오키아에 있었는데, 지금 여기 이렇게 와 있지요."라고 대답했다. 다른 사도들도 마찬가지였다.

마리아는 그 다음날에 자기가 죽을 것이라고 말했다. 그들이 밤새도록 함께 기도하고 시편을 노래했다.

일요일 3시에 그리스도가 천사들을 거느리고 와서 자기 어머니의 영혼을 거두어갔다. 빛과 향기가 너무나 강하고 진해서 모두 땅에 엎드린 채 한 시간 반 동안 일어나지 못했다.

빛이 사라지면서 마리아의 영혼도 함께 떠났다. 구름이 위로 올라가고, 땅이 흔들렸으며, 예루살렘의 모든 사람이 마리아의 죽음을 즉시 알았다. 그러자 사탄이 그들의 마음속으로 들어갔다. 그들이 마리아의 시체를 불태우고 사도들을 죽이려고 무기를 들었다. 그러나 그들은 소경이 되어 머리를 벽에 부딪치거나 서로 때렸다.

사도들이 시체를 시온 산에서부터 요사파트 계곡으로 운반했다. 루벤이라는 유대인이 관을 뒤집어엎으려고 했으나, 그의 팔이 팔꿈치까지 말라비틀어지고, 손이 관에 붙어서 떨어지지 않아 울부짖으며 계곡까지 따라갔다. 사도들이 그를 위해 기도하자 팔이 치유되었다. 그는 세례를 받고 그리스도교 신자가 되었다.

사도들이 시체가 든 석관을 무덤 속에 정중하게 안치했다. 갑자기 하늘에서 찬란한 광채가 내려와 그들을 휩쌌고, 그들이 땅에 엎드렸을 때, 천사들이 거룩한 시체를 하늘로 들어올렸다. 사도들은 그 사실을 깨닫지 못했다.

갑자기 올리브 산으로 운반된 토마스는 거룩한 시체가 하늘로 올라가는 것을 보고는 마리아에게 "이제 당신이 하늘로 들어가시니, 당신 하인은 기쁘기 짝이 없습니다."라고 소리쳤다. 사도들이 그녀의 허리에 매었던 허리띠가 토마스에게 떨어졌다. 그는 그것을 집어들고 요사파트 계곡으로 갔다.

베드로가 그에게 "당신은 언제나 불신했소. 그러니까 주님은 자기 어머니의 장례식에 당신이 참석하지 않았어도 별로 상관하지 않았소."라고 말했다. 그가 가슴을 치면서 "압니다. 여러분의 용서를 빕니다."라고 말했다. 그들이 그를 위해 기도했다.

이윽고 토마스가 "그녀의 시체를 어디에 안치했소?"라고 물었다. 그들이 무덤을 손으로 가리키자, 그는 "거룩한 시체는 저기 없소."라고 말했다. 베드로가 "전에는 당신이 주님을 만져보기 전에는 부활을 믿지 않았는데, 우리가 어떻게 당신 말을 믿겠소?"라고 말했다. 토마스는 계속해서 "거룩한 시체는 여기 없소."라고 말했다.

사도들이 화가 나서 무덤으로 갔고, 돌을 굴려 열었더니 시체가 없었다. 그들은 영문을 몰랐다. 토마스는 인도에서 미사를 거행하고 있을 때(그는 사제복을 입고 있었다), 올리브 산으로 운반되어 마리아의 승천을 보았고, 그녀의 허리띠를 받았다고 설명하고, 그 허리띠를 보여주었다. 사도들이 매우 기뻐하고, 그의 용서를 빌었다.

마리아의 승천은 오늘날 온 세상에서 존경과 명예와 함께 기념되고 있다. 우리는 그녀가 자신의 가장 자비로운 아들 앞에서 우리를 기억해주도록 언제나 그녀에게 기도합시다.

제7부

기타 문헌

논쟁하는 토마스의 책

육체를 초월하고 진리를 발견하라

해설

이 문헌은 부활한 예수와 그의 형제 유다 토마스(사도 토마스)가 나눈 대화를 마티야스가 기록한 형식을 취한다. 계시적인 내용이 담긴 이 문헌은 그노시스파의 작품으로 보이는데, 3세기 전반에 시리아에서 저술된 것으로 보인다.

이 문헌은 '토마스 복음'과 '토마스 행전'과 더불어서, 시리아의 에데싸에 살던 금욕주의적 그리스도교 신자들 사이에 확고하게 자리잡았던 토마스의 전통을 형성했다. 여기 등장하는 사도 토마스는 매우 금욕주의적이고, 욕정의 불과 지옥 불에 대해서 강하게 경고한다.

너 자신을 알아야 한다

구세주가 토마스에게 한 비밀의 말들을 나 마티야스가 받아 적은 것이다. 나는 걸어가면서 그들이 주고받는 말을 들었다.

구세주가 "형제 토마스여, 아직 지상에서 네가 시간이 있는 동안, 내 말을 들어라. 나는 네가 마음속으로 생각해본 일들에 관해서 말해주겠다.

사람들은 네가 나의 쌍둥이 형제이고 나의 참된 동반자라고 말했다. 그러므로 네가 누구이고, 어떻게 네가 존재하며, 앞으로 어떻게 될 것인지 알기 위해서는, 너 자신을 자세히 살펴보라.

내 형제인 네가 너 자신을 모른다는 것은 말이 안 된다. 내가 진리의 지식이라는 것을 네가 이미 이해했으므로, 네가 너 자신을 이해한다고 나는 알고 있다. 네가 나를 따라다니는 동안에, 비록 그때는 이해하지 못했다 해도, 이미 나를 알게 되었고, 너는 '그는 자기 자신을 아는 사람이다.'라고 불릴 것이다.

왜냐하면 자기 자신을 모르는 사람은 아무것도 모르지만, 자기 자신을 아는 사람은 동시에 모든 것의 깊이에 관한 지식을 이미 얻었기 때문이다. 그러므로 너는 사람들에게 감추어진 것, 즉 그들이 몰라서 걸려넘어지는 그것을 보았던 것이다."라고 말했다.

토마스가 주님에게 "그러니까 주님이 승천하기 전에 제가 물어본 것에 관해서 말씀해주십시오. 숨겨진 것들에 관해서 주님으로부터 제가 들으면, 앞으로 그들에게 제가 말해줄 수가 있을 것입니다. 분명한 것은 사람들에게 진리를 이해시키기란 어려운 일이라는 것입니다."라고 말했다.

구세주는 "네 눈에 보이는 것들이 네게 감추어져 있다면, 보이지 않는 것들에 관해서 어떻게 들을 수가 있겠느냐? 이 세상에서 보이는 진리의 행동들을 네가 이해하기 어렵다면, 눈에 보이지 않는 가장 높은 곳과 플레로마에 속하는 것들을 어떻게 이해할 수 있겠느냐? 이런 상태에서 너희가 어떻게 '일꾼들'이라고 불릴 수 있겠느냐? 이런 면에서 너희는 초보자고, 완성의 절정에 도달하지 못했다."라고 말했다.

변하는 육체들은 썩고 사라진다

　토마스가 구세주에게 "당신이 말하는 그것, 즉 보이지 않고 우리에게 숨겨진 것들에 관해서 말씀해주십시오."라고 말했다.

　구세주가 "사람과 짐승의 모든 육체는 비합리적인 존재로 태어났다. …그러나 저 위에 있는 것들은 눈에 보이는 것들 가운데서 보이지 않지만, 그 자신들의 뿌리 안에서는 보인다. 그들은 자기들의 열매로 자란다. 그러나 이 눈에 보이는 육체들은 자기들과 비슷한 생물들을 먹는데, 그 결과 육체들이 변한다.

　육체는 동물적인 것이기 때문에, 변하는 것은 썩고 없어진다. 짐승의 육체들이 사라지는 것과 마찬가지로 사람들의 육체도 사라진다. 그들은 짐승들이 교미하는 것과 같은 성교를 통해서 나오지 않았느냐? 육체가 성교에서 나온 것이라면, 짐승과 다른 것을 어떻게 낳겠느냐? 그러므로 너희는 완전하게 될 때까지 어린아이들이다."라고 말했다.

밤에 활을 쏘는 사람들

　토마스가 "그래서 주님, 보이지도 않고 설명하기 어려운 것들에 관해서 말하는 사람들은 밤에 과녁을 향해 화살을 날리는 사람들과 같다고 저는 봅니다. 그들이 다른 사람들 못지않게 과녁을 향해 활을 쏘지만, 과녁이 보이지 않기 때문입니다.

　그러나 빛을 비추고 암흑을 쫓아버린다면, 각자의 업적이 드러날 것입니다. 우리 빛이신 주님, 당신은 우리를 비추어주십시오."

라고 말했다.

예수는 "빛이 존재하는 곳은 바로 빛 속이다."라고 말했다. 토마스는 "사람들을 대신해서 빛나는, 눈에 보이는 이 빛은 왜 떠오르고 지고 하는 것입니까?"라고 말했다.

구세주는 "오, 축복받은 토마스여, 눈에 보이는 이 빛은 물론 너희들을 대신해서 비추었는데, 그것은 너희를 여기 머물게 하려는 것이 아니라, 다른 곳으로 나아가게 하려는 것이다. 그리고 선택받은 모든 사람이 짐승의 본질을 버릴 때마다, 이 빛은 자기의 본질을 향해 위로 올라갈 것이고, 그 본질은 빛이 착한 하인이기 때문에 빛을 환영할 것이다."라고 말했다.

육체를 태우는 욕정의 불을 피하라

구세주가 계속해서 "오, 빛의 찾아낼 길 없는 사랑이여! 오, 사람들의 육체와 골수 속에서 밤낮으로 불타오르는 불의 원한이여! 그 불은 사람들의 육체 구석구석에서 타올라 그들의 정신을 취하게 하고, 영혼을 미치게 하며, 밤낮으로 그들을 남성과 여성 안에서 움직이게 하고, 은밀히 그리고 눈에 보이게 움직이는 움직임으로 그들을 움직인다.

그것은 남성들이 움직이기 때문이다. 그래서 남성들이 여성들 위에서, 여성들이 남성들 위에서 움직인다. 그러므로 '참된 지혜로부터 진리를 찾으려고 하는 사람은 누구나 사람들의 정신을 태워버리는 욕정을 피해서 자기 자신을 날개로 만들어 날아가야만 한다.'고 한 말이 있다. 그리고 그는 눈에 보이는 모든 정신을 피하기 위해서 자기 자신을 날개로 만들 것이다."라고 말했다.

토마스가 대답하여 "당신 말대로 당신은 우리에게 선한 분이라는 것을 압니다. 그래서 바로 이것을 제가 물어보는 것입니다."라고 말했다.

구세주는 "이것은 완전한 사람들을 위한 교리이기 때문에, 우리가 네게 말해줄 필요가 있다. 지금 네가 완전해지고 싶다면 이 모든 것을 지키고, 그렇지 않다면 네 이름은 '무지한 자'가 된다. 왜냐하면 지혜로운 사람은 모든 지혜 안에서 완전해서, 바보와 함께 살 수가 없기 때문이다.

그러나 바보에게는 선과 악이 모두 마찬가지다. 그러나 '지혜로운 사람은 진리로 양육될 것이고' '굽이굽이 흐르는 물가에서 자라는 나무와 같이 될 것'이기 때문이다.

비록 날개를 가지고 있다 해도, 진리와 멀리 동떨어진 것들, 즉 눈에 보이는 것들에게 달려가는 사람들이 있다. 그들을 인도하는 불은 그들에게 진리의 망상을 주고, 사라질 아름다움으로 그들 위에 빛나며, 검은 감미로움 안에 그들을 가두고, 향기로운 쾌락으로 그들을 포로로 삼을 것이기 때문이다.

그 불은 채울 길 없는 욕정으로 그들의 눈을 멀게 하고, 영혼을 태워버리며, 그들의 가슴에 박혀서 도저히 빼버릴 수가 없는 막대기가 될 것이다. 또한 입에 물린 재갈처럼 그들을 자기 마음대로 끌고 갈 것이다.

그 불은 그들에게 쇠사슬로 족쇄를 채웠고, 썩고 변하고 할딱거리며, 눈에 보이는 것들에 대한 욕정의 쓴 밧줄로 그들의 사지를 묶었다. 그들은 언제나 아래쪽으로 끌려내려간다. 그들은 살해되면, 소멸하는 세계의 모든 짐승들과 마찬가지가 된다."고 말했다.

진리를 발견하면 거기 영원히 머문다

토마스가 "자기 영혼을 스스로 저버릴 줄 모르는 사람들에게 많은 것이 계시되었다고 한 말이 있는데, 이것은 분명한 말입니다." 라고 대답했다.

구세주가 "진리를 찾아다닌 지혜로운 사람은 축복받았다. 진리를 발견하면 그는 영원히 거기 머물고, 자기를 혼란에 빠뜨리려고 하는 사람들을 무서워하지 않는다."고 대답했다.

토마스가 "주님, 우리가 우리 자신의 진리 안에 머물러 있는 것이 좋겠습니까?"라고 물었다. 구세주는 "그렇게 하는 것이 너희에게 유익하고 좋은 일이다.

왜냐하면 눈에 보이는 것들은 사람들 사이에서 소멸할 것이고, 그들의 육체의 그릇도 소멸하며, 그것이 소멸하면 눈에 보이는 것들 사이에 머물게 될 것이기 때문이다.

그러면 그들이 보는 불은 그들이 과거에 가졌던 신앙에 대한 사랑 때문에 그들에게 고통을 준다.

그들은 눈에 보이는 것들에게 돌아가 모일 것이다. 더욱이 눈에 보이지 않는 것들 사이에서 보는 사람들은 첫번째 사랑이 없이 현세의 삶에 대한 걱정 안에서 죽고, 불에 탈 것이다.

잠깐만 시간이 지나가면 눈에 보이는 것이 분해되고, 그러면 형체도 없는 그림자들이 무덤들 사이에서 나타나고, 영혼의 고통과 부패 속에서 시체들 위에 영원히 머물 것이다."라고 말했다.

토마스가 "이런 것들을 앞에 두고 우리가 무슨 말을 해야 합니까? 눈먼 사람들에게 우리가 할 말이 무엇입니까? '우리는 저주하려 온 것이 아니라 선을 실행하려고 왔다.'고 말하면서도 '육체를 가지고 태어나지 않았더라면 우리는 악을 몰랐을 것이다.'라고 말하는 이 비참한 인간들에게 우리는 무슨 교리를 가르쳐야 합니까?"라고 물었다.

욕정에 미친 듯이 날뛰는 사람은 짐승과 같다

구세주는 "이런 사람들을 사람으로 보지 말고 차라리 짐승으로 보라. 짐승들이 서로 잡아먹듯이 이런 사람들은 서로 잡아먹기 때문이다. 그들은 불의 달콤한 맛을 사랑하고, 죽음의 노예가 되었으며, 부패의 일을 향해서 달려가기 때문에 왕국을 잃어버렸다.

그들은 자기 조상들의 욕정을 채운다. 그들은 심연 저 밑바닥에 처박히고, 자신들의 사악한 본성의 원한과 고통에 시달릴 것이다. 그들은 불의 채찍을 맞아서 자기들이 모르는 곳으로 굴러떨어지고, 인내가 아니라 절망을 품고 육체를 떠날 것이기 때문이다.

그런데도 그들은 미친 듯이 날뛰면서 이 세상의 삶에 몰두하여 기뻐하고 있다니! 어떤 사람들은 스스로 지혜롭다고 생각하면서, 그리고 자기가 미쳤다는 것도 모른 채 이 광증의 뒤를 좇아가고 있다. 그들은 자기 육체가 영원히 소멸하지 않기라도 할 듯이 그 아름다움에 속고 있다. 그리고 정말로 미친 상태에 있다. 자기 행동에 대해서만 생각한다. 그러나 불이 그들을 태울 것이다!"라고 말했다.

진리를 조롱하는 사람들은 처벌된다

토마스가 "그들 손에 넘어간 사람들은 어떻게 해야 좋습니까? 저는 그들이 몹시 걱정됩니다. 그들과 싸우는 사람이 많습니다."라고 물었다.

구세주는 "내가 말하려고 하는 진리를 믿어라. 씨를 뿌리는 사람과 씨처럼 뿌려진 사람들은 그들의 불 속에서, 불과 물 안에서 녹아버리고, 그들은 암흑의 무덤들 속에 숨을 것이다. 그들은 짐승과 사람의 입으로 살해되어 처벌받고, 비와 바람과 공기와 빛에 바랜 뒤, 오랜 시간이 지나면 사악한 나무의 열매로 나타날 것이다."라고 말했다.

토마스가 "우리는 마음속 깊이 잘 깨달았습니다. 그러나 그들은 오해를 하기 때문에 당신 말이 세상 사람들에게는 조롱과 경멸의 대상이 됩니다."라고 말했다.

구세주는 "너희 말을 듣고 외면하거나 조롱하거나 모욕을 주는 사람들은 모든 권력을 지배하는 하늘의 왕에게 넘겨질 것이다. 하늘의 지배자는 그들을 심연으로 처넣고, 캄캄하고 좁은 곳에 가둘 것이다."라고 말했다.

재앙을 받은 사람들

구세주가 계속해서 말했다.

"신앙이 없는 너희는 재앙을 받았다. 너희는 희망이 없고, 앞으로 생겨나지 않을 것들에 신뢰를 둔다. 육체와 소멸할 감옥에 희망을 거는 너희는 재앙을 받았다. 언제까지 너희는 잊어버리고 있을 것이냐? 소멸하지 않는 것들마저도 너희는 소멸할 것이라고 생각하느냐? 너희 희망은 이 세상이고, 너희 신은 이 세상의 삶이다. 너희는 영혼을 스스로 타락시키고 있다.

너희 안에 타고 있는 그 불은 만족을 모르는 것이므로 너희는 재앙을 받았다. 너희 정신 안에서 돌고 있는 그 바퀴 때문에 너희는 재앙을 받았다. 너희는 너희 안에서 타고 있는 그 욕정 때문에 재앙을 받았다. 그것이 너희 육체를 공공연하게 잡아먹고, 영혼을 몰래 찢어버리며, 너희 자신을 동료들의 노리개로 준비할 것이다.

너희는 동굴 속에 묶여 있는 노예들이다. 너희는 웃고 있다. 미친 듯이 웃으면서 기뻐하고 있다. 너희 자신의 멸망도 모르고, 너희가 처한 환경들도 고려하지 않으며, 암흑과 죽음에 앉아 있는 것도 깨닫지 못한다. 오히려 너희는 불에 취해 있고 원한에 가득 차 있다.

너희는 너희 안에서 타고 있는 욕정 때문에 미쳐 있다. 너희가 자유를 버리고 스스로 노예가 되었기 때문에, 암흑이 너희에게 빛처럼 일어났다. 너희는 마음을 먹구름 속에 묻고, 정신을 어리석음에게 주어버렸으며, 너희 안에서 타는 불의 연기로 너희 정신을 가득 채웠다.

너희 빛은 암흑의 구름과 너희가 입은 옷으로 가려져 있다. 너희가 믿는 것은 누구냐? 너희는 희망이 아예 없는 것처럼 너희 자신을 저주하려는 사람들 가운데 머물러 있다는 것을 모르느냐? 너희는 암흑의 물로 영혼에게 세례를 주었다. 너희는 자신의 변덕에 따라 걸었다.

만물을 내려다보고 심판하는 태양이 원수들을 노예로 삼기 위해서 만물을 포위할 것임을 모른 채, 오류 안에 머물러 있는 너희는 재앙을 받았다. 너희는 밤낮으로 너희 시체를 내려다보는 달조차

도 알아보지 못한다.

여자를 애무하기 좋아하고 추잡한 성교를 사랑하는 너희는 재앙을 받았다. 육체의 힘이 너희에게 고통을 줄 것이므로, 너희는 바로 그 힘 때문에 재앙을 받았다. 너희는 사악한 악마들의 세력 때문에 재앙을 받았다. 너희 안의 암흑을 흩어버리고, 암흑과 오염된 물을 감추기 위해서 너희 위에 태양을 떠올릴 사람은 누구인가?

교리를 받아들이지 않은 너희는 재앙을 받았다. 무식한 저 사람들이 너희를 대신해서 설교하느라 고생하고 있다. 그리고 너희는 방탕에 빠진다. 그러나 너희가 매일 살해하는 모든 사람들을 구출하여 그들이 죽음에서 일어나도록 하기 위해 아래로 파견된 사람들도 있다.

축복을 받은 사람들

걸림돌에 관한 사전 지식을 가지고 이질적인 것들로부터 달아난 너희는 축복을 받았다. 주님의 사랑을 받기 때문에 학대받고 무시당하는 너희는 축복을 받았다. 지금 울고 있는 너희, 그리고 희망이 없는 저 사람들의 박해를 받는 너희는 축복을 받았다. 너희가 모든 속박으로부터 해방될 것이기 때문이다.

너희가 육체에 갇히지 않고 오히려 이 삶의 괴로운 속박에서 해방되기 위해서, 항상 경계하고 기도하라. 기도를 하면 너희가 고통과 수치를 벗어버리기 때문에 안식을 발견할 것이다. 또한 고통과 육체의 욕정에서 벗어나면, 너희는 선한 그분의 안식을 받고, 그 왕과 함께 다스리며, 너희가 그분과 함께, 그분도 너희와 함께 지금부터 영원히 머물 것이다.

가명 디오니시우스의 신비신학

해설

과거에는 가명 디오니시우스를 바오로가 아테네에서 개종시킨 아레오파고스의 디오니시우스 또는 프랑스의 수호성인인 성 드니라고 보았으나, 이것은 잘못된 것이다.

현재는 대부분의 학자가 가명 디오니시우스라는 인물이 서기 6세기경 시리아에서 활동한 성직자라고 본다.

그는 신학자와 철학자일 뿐 아니라, 그리스도교적 플라톤주의와 프로클루스의 신플라토주의를 계승하며, 후대의 거의 모든 그리스도교 신비주의자들의 모델이 되었다.

그는 고대 사상들 가운데 가장 독창적이고 원천적이었다. 단테의 〈신곡〉과 밀톤의 〈실낙원〉은 그의 저서 〈신비신학〉의 아이디어와 이미지들을 적극적으로 활용했다. 십자가의 성 요한의 기본적인 사상은 그의 저서 〈하늘나라의 위계질서〉, 〈교회의 위계질서〉, 〈신성한 이름들〉, 〈신비신학〉 등에 그 바탕을 두고 있다.

신성한 암흑의 실체

찬란한 암흑 속에 숨어 있는 신비들

제1장

초월적 존재인 삼위는 최고신이자 최고선이고, 그리스도교 신자들의 신과의 일치의 보호자다. 그는 우리를 신비한 신탁들의 최고의 미지, 최고의 광채 그리고 가장 높은 정상으로 직접 인도한다.

그 최고의 정상에서는 신학의 단순하고 절대적이고 불변하는 신비들이 침묵의 최고로 찬란한 암흑 속에 숨어 있으면서 감추어진 것들을 드러내는데, 이 암흑은 그 가장 깊은 어둠 속에서 가장 찬란한 것들보다 더 찬란하게 빛나고, 그 만질 수도 볼 수도 없는 것 안에서 정신들을 최고의 아름다움의 영광으로 넘치도록 채워준다.

그러므로 친애하는 디모테오여, 끊임없이 신비적 환상들을 체험하면서 너는 감각적 인식과 지성적 노력을 버리고, 감각과 지능의 모든 대상 그리고 존재하지 않으면서 존재하는 모든 것을 떠나며, 자기도 모르게 높이 올라가서 모든 존재와 지식을 초월하는 그분과 최대한으로 일치하라.

네가 모든 것을 버리고 모든 것으로부터 자유로워졌을 때, 너 자신과 모든 것을 떠난 절대 순수 속에서 체험하는 거절할 수 없고 절대적인 환희가 너를 신성한 암흑의 최고로 본질적인 광채로 높이 들어올릴 것이다.

신성한 암흑은 만물의 원인이다

제2장

참된 지식을 얻지 못한 사람은 외부의 사물에 얽매여 있고, 외부의 사물 이외에는 최고로 본질적인 것이 존재하지 않는다고 잘못 알고 있으며, 자신의 지식으로 안다고 생각하고, 암흑 속에 숨으려고 한다. 이런 사람들에게는 신성한 암흑에 관해서 말하지 마라.

신성한 지식들이 앞에 말한 것과 같은데, 참된 지식을 전혀 가지지 못한 사람들은 한술 더 떠서, 창조된 가장 낮은 단계의 사물들을 가지고 만물을 초월하는 원인을 밝히려 할 뿐 아니라, 신성한 암흑이 자기들이 각종 형태로 만들어낸 우상들보다 못하다고 주장한다.

그러나 우리는 신성한 암흑이 만물의 원인이므로 존재하는 모든 것의 모든 속성을 그것에게 부여하고 긍정해야만 한다. 그것이 모든 것을 초월하기 때문에, 사실은 모든 속성을 그것에게 부여하는 것을 부인하는 것이 더욱 마땅하다.

또한 이 부정은 긍정의 반대가 되는 것이 아니라, 오히려 모든 추상과 정의를 초월하는 그것이 또한 박탈도 초월한다고 강조하는 것이다.

지식이 없는 상태로 들어가라

제3장

그러므로 거룩한 바르톨로메오는 신학이 가장 큰 것이기도 하고 동시에 가장 작은 것이며, 복음이 넓고 큰 것이면서 동시에 간결한 것이라고 말한다. 내가 보기에는 그가 다음과 같은 점을 초자연적으로 이해한 것 같다. 즉 만물의 선한 원인은 많은 말에서 그리고 동시에 가장 짧은 말이나 침묵에서 나왔고, 그것은 말도 인식도 가지고 있지 않기 때문에, 특정한 사람들에게만 가려지지 않은 채 진리 안에서 자기 모습을 드러낸다.

이 특정한 사람들이란 신성하고 순수한 모든 것을 통과하고, 모든 신성한 산꼭대기들 위로 올라가며, 모든 신성한 빛과 소리, 하늘 나라의 말들을 뒤로 하고, 신탁들이 말하듯이 모든 것을 초월하는 그분이 참으로 존재하는 암흑으로 들어가는 사람들이다.

거룩한 모세마저도 먼저 자신을 정화하고, 정화되지 못한 사람들과 격리되도록 엄격한 지시를 받았고, 그렇게 정화된 뒤에 비로소 무수한 나팔소리를 듣고, 순수한 빛을 한없이 흘리는 수많은 별을 보았다. 그리고 그는 백성들을 떠났고, 선택된 사제들과 함께 신성한 산꼭대기로 올라갔다.

그렇지만 그는 전능한 하느님 자신과 만나지 못하고, 그분을 보지 못했으며, 오직 자기가 있는 그 장소만 보았다. 왜냐하면 그는 볼 수 있는 눈이 없었기 때문이다.

나는 이것을 이렇게 해석한다. 즉 눈에 보이고 명상의 대상이 된 가장 신성하고 가장 높은 사물들은 만물을 초월하는 그분에게 속한 것들을 나름대로 암시해주는 것이다. 이 암시를 통해서 도저히 상상도 할 수 없는 그분의 존재가 보이고, 그분의 가장 거룩한 장소들의 가장 높은 정신적 산꼭대기에 도달한다.

그러면 모세는 보이는 것과 보는 것 전부로부터 해방되고, '아그노시아(지식이 없는 상태)'의 암흑으로 들어간다. 참으로 신비한 이 암흑 속에서 그는 지식에 대한 모든 인식을 버리고, 만질 수도 볼 수도 없는 것으로 들어가며, 모든 것을 초월하는 그분의 것이 완전히 되고, 다른 것에게 전혀 속하지 않으며, 자기 자신도 또다른 것도 되지 않는다. 그는 모든 지식이 작용하지 않기 때문에 미지의 존재와 전적으로 일치하고, 아무것도 알지 못하기 때문에 정신을 초월해서 알게 된다.

만물의 원인인 그분과 일치하는 길

그분과 일치하고 그분을 찬미하는 방법

제1장

우리는 최고로 찬란한 암흑으로 들어가기를 원한다. 보지 않고 또 알지 않는 것을 통해서 우리는 보지 않고 또 알지도 않는 그것 자체가 시각과 지식을 초월하는 것임을 보고 또 알고 싶어한다.

왜냐하면 이것이 존재하는 모든 것을 추상화하여, 최고로 본질적인 것을 최고로 본질적으로 보고, 알고, 또 기리는 참된 방법이기 때문이다. 이것은 마치 가려진 것을 확실하게 보는 데 장애가 되는 것을 모두 제거하고 깎아버리는 행위, 즉 추상화를 통해서 감추어진 진짜 아름다움을 드러내는 실물대의 조각을 만드는 것과 같다.

그리고 이 추상화는 정의를 내리는 방식의 반대 방향으로 갈 필요가 있다. 우리는 정의를 내릴 때, 가장 높은 것에서 중간을 거쳐서 가장 낮은 것으로 내려간다. 그러나 이 경우에는 가장 낮은 것에서 가장 높은 것으로 올라가면서, '아그노시아'를 가려지지 않은 상태로 알기 위해서 모든 것을 추상화시켜야 한다.

그리고 우리는 알려진 모든 것 아래 묻혀 있고, 존재하는 모든 것 안에 숨겨져 있는 '아그노시아'를 알아야만, 만물의 모든 빛에 가려져 있는 최고로 본질적인 암흑을 볼 수가 있는 것이다.

하나인 그분과 일치하기 위한 상승

플로티누스의 에네아드

해설

플로티누스(서기 205~270)는 플라톤 철학을 계승한 이교도였다. 그는 이집트의 나일강 상류에 위치한 리코폴리스에서 태어났다. 그는 그리스인이 아니라 그리스 문화에 젖은 이집트인이라고 본다. 그는 젊었을 때 군인이 되었고, 페르시아를 침입한 군대를 따라가서 페르시아와 인도에 관해 공부하고 싶어했다. 그러나 그는 주로 로마에서 살았고, 거기서 철학의 일파, 즉 신플라톤주의를 창시했다.

그는 말년의 16년 동안 에네아드 6권(각권은 9편의 논문으로 구성됨)을 저술했고, 그의 제자 포르피리우스가 이것을 정리했다. 포르피리우스의 말에 따르면, 그는 육체를 가진 사실 자체를 부끄러워했다. 화가가 그의 초상화를 그리겠다고 하자, 그는 "왜 이 그림자의 그림자를 그리겠다는 거요?"라고 말했다고 한다. 그는 로마 교외에서 문둥병으로 죽었다.

그가 창시한 신플라톤주의는 초대 교회의 가명 디오니시우스와 요한네스 스코투스 에리제나 등 다른 신학자들 뿐 아니라, 중세 말기까지 막대한 영향을 미쳤다. 문예부흥 시기에도 그는 계속해서 영향을 미쳤다.

그가 그노시스파를 배척하기는 했지만, 그노시스파와 일치하는 면도 적지 않고, 이 문헌은 그노스시파의 문헌들을 이해하는 데 도움이 된다.

하나인 그분과 일치하기 위한 상승

우리 영혼에게 주어진 마지막 최대 과제는 바로 하나인 그분과 일치하기 위해서 상승하는 것이다. 이 목적을 달성한 사람은 저 축복받은 장면을 보기 때문에 축복을 받았고, 이것에 실패한 사람은 완전히 실패한 것이다.

아름다운 색깔들이나 육체, 권력, 높은 지위, 심지어는 왕의 자리를 얻는 데 실패했다고 해도 그는 실패한 것이 아니다. 그러나 이것에 실패하면 그는 완전히 실패한 것이다. 이것을 위해서는 왕의 자리도 포기해야만 한다.

하나인 그분과 일치하는 길과 방법은 무엇인가?

그렇게 하고 싶은 사람은 자기 내면을 따르고 자기 내면으로 들어가야 한다. 그리고 자기 눈이 보는 것을 밖으로 내버리고, 과거 *에 보았던 육체적 화려함으로 돌아가지 말아야 한다.

우리가 떠나온 나라는 저기 있고, 우리 아버지도 저기 있다. 우리는 그곳으로 걸어서, 또는 마차나 배를 타고 갈 수가 없다. 눈을 감고, 새로운 눈을 떠야 한다. 누구나 새로운 눈을 가지고 있지만, 그것을 이용하는 사람은 거의 없다.

추론하는 이성은 정신적인 직관으로 절대적으로 단순한 그것을 알 수가 있다. 빛이 갑자기 영혼을 비출 때, 우리는 그 빛을 보았다고 믿어도 좋다. 이 빛은 하나인 그분에게서 왔고, 또 하나인 그분이기 때문이다. 그리고 하나인 그분이 여기 존재한다고 믿어도 좋다.

그가 없으면 빛도 없기 때문이다.

그러므로 모든 것을 벗어버려라. 열망을 가장 강하게 자극하는 것은 아무런 형태도 없다. 정신적 형태마저도 없다. 영혼은 그것에 대한 사랑에 불탈 때, 모든 형태를 벗어버리기 때문이다. 그분이 홀로 있는 것처럼, 그분을 받아들이기 위해서는 영혼이 선악과 다른 모든 것을 자기 자신에게서 추방해야 한다.

이렇게 축복받은 영혼이 그분에게 가면 그분이 자기 존재를 드러내고, 눈에 보이는 모든 것을 영혼이 떠나고, 가능한 한 가장 아름답게 자신을 치장하면 하나인 그분처럼 되고, 그분이 갑자기 자기 안에서 나타나는 것을 본다.

그러면 영혼과 그분 사이에는 아무것도 없고, 그들은 둘이 아니라 하나가 된다. 환상이 지속되는 동안에, 너는 그들을 분리해서 구별할 수가 없다. 이 결합에 비하면, 몸을 섞어서 하나가 되려고 하는 인간적인 사랑의 결합은 이 결합의 모방에 불과하다.

영혼은 육체를 더 이상 의식하지 못하고, 그것이 사람인지 생물인지, 실재하는 어떤 것인지조차 말할 수가 없다.

하나인 그분과 일치하여 최고의 행복에 도달한 영혼은 이제 정신적 직관마저도 하찮은 것으로 본다. 정신적 인식은 움직임을 포함하는데, 영혼이 이제는 움직이고 싶지 않기 때문이다.

영혼은 환상 앞에서 자신이 정신으로 변모했고, 또 정신의 세계로 들어갔음에도 불구하고 자신의 환상의 대상을 정신이라고 부르지 않는다. 영혼이 그분에 대한 직관에 도달하면 정신적 인식의 방식을 버린다.

하나인 그분은 특정한 장소에 있어서 다른 곳에는 없는 것이 아니라, 그분을 접촉할 수 있는 사람에게는 어디에나 존재하고, 그분을 접촉할 수 없는 사람에게는 아무 곳에도 없다.

영혼 안에서 외부적 사물의 형상이 주의를 산만하게 하는 한, 그는 하나인 그분을 생각할 수가 없다. 물질이 모든 것의 형상을 받으려고 할 때는 물질 자체의 특성을 버려야만 하듯이, 영혼은 최초의 원칙을 받아들이기 위해서는 형태를 버리는 것이 절대적으로 필요하다.

영혼은 외부의 사물을 일체 잊어버리고, 보지도 않으며, 자기 자신마저도 모르게 될 때, 하나인 그분을 보고 그분과 결합할 것이다.

절대적 영혼은 하늘 나라의 모든 것을 보았기 때문에 정치를 초월하고 고고하게 지내기를 원한다. 플라토가 말했듯이, 신은 우리 각자로부터 그리 멀리 떨어져 있는 것이 아니라 모든 사람과 함께 있다. 자기 자신을 아는 사람은 자기가 어디서 왔는지도 안다.

하나인 그분은 우리를 둘러싸려고 애쓰지 않고, 우리가 그분을 포위하려고 애쓴다. 우리는 언제나 그분 주위를 돌지만, 항상 그분을 쳐다보는 것은 아니다. 우리가 그분 주위를 돌지 않으면, 우리는 분해되어 더 이상 존재하지 않게 된다. 우리가 그분을 항상 쳐다본다면, 우리 존재의 목적과 안식을 얻는다. 그리고 그분 주위의 신성한 합창단의 일원이 된다.

이 합창단의 춤에서 영혼은 생명의 샘, 절대적 정신의 샘, 존재의 원천, 선의 원인, 영혼의 뿌리를 본다. 하나인 그분은 여기서 아무리 흘러나와도 감소하는 법이 없다.

신과 함께하지 않는다면, 우리의 지금의 삶은 참된 삶의 그림자와 모방에 불과하다. 신으로 가득 채워진 영혼은 아름다움과 정의로움과 덕행을 낳는다.

신은 영혼에게 시작이자 끝이다. 지상의 우리 삶은 이탈, 귀양살이, 절대적 영혼의 날개들을 잃어버린 것이다.

영혼이 느끼는 자연적 사랑은 선이 그 안에 존재한다는 증거다. 영혼은 신과 다르지만, 신에게서 나온다.

우리는 우리 주변의 모든 것을 잘라버렸을 때 비로소 신 안에 서 있을 수가 있다. 우리는 불행하게도 육체 안에 갇혀 있는데, 이 육체를 최대한으로 떠나고, 우리 모든 존재를 가지고 신을 껴안으려고 노력해야 한다.

그러면 우리는 그와 우리 자신을 볼 것이다. 우리는 정신적 빛으로 충만하여 영광스러워진 자신, 순수하고 정교하며, 공기와 같고, 가벼운 자신, 신과 같은, 아니, 신이 된 우리 자신을 볼 것이다. 그러면 생명의 불이 타오를 것이다. 그러나 그 불은 우리가 지상으로 돌아오면 꺼지고 만다.

영혼이 육체의 방해를 받지 않고 영원히 그러한 환상을 보는 날이 올 것이다. 우리는 영혼이 볼 것이라고 말하는 것이 아니라, 영혼은 자기가 보는 그것이 될 것이라고 말해야 한다. 자기 자신을 보고, 하나인 그분과 일치하는 사람은 자기 안에 그분의 모습을 지니고 있는 것이다.